中国秦汉史研究会
宁夏固原博物馆

U0953383

《丝绸之路暨秦汉时期固原区域文化国际学术研讨会论文集》

编 委 会

丝绸之路

暨秦汉时期固原区域文化

国际学术研讨会论文集

The International Conference on the Silk Road & Regional Culture of Guyuan during Qin–Han Dynasties

主　编　魏　瑾

副主编　苏银梅

黄河出版传媒集团
宁夏人民出版社

图书在版编目（CIP）数据

丝绸之路暨秦汉时期固原区域文化国际学术研讨会论文集／魏瑾主编．—银川：宁夏人民出版社，2016.12
ISBN 978-7-227-06560-9

Ⅰ．①丝… Ⅱ．①魏… Ⅲ．①文化史—固原—秦汉时代—国际学术会议—文集 Ⅳ．①K294.33-53

中国版本图书馆CIP数据核字（2016）第302940号

丝绸之路暨秦汉时期固原区域文化国际学术研讨会论文集

主　编　魏　瑾
副主编　苏银梅

责任编辑　陈　晶
封面设计　王育民　石　磊
责任印制　肖　艳

黄河出版传媒集团 宁夏人民出版社 出版发行

出 版 人　王杨宝
地　　址　宁夏银川市北京东路139号出版大厦（750001）
网　　址　http://www.nxpph.com　http://www.yrpubm.com
网上书店　http://shop126547358.taobao.com　http://www.hh-book.com
电子信箱　nxrmcbs@126.com　renminshe@yrpubm.com
邮购电话　0951-5019391　5052104
经　　销　全国新华书店
印刷装订　宁夏凤鸣彩印广告有限公司
印刷委托书号　（宁）0003651

开本　787mm×1092mm　1/16
印张　23　字数　700千字
版次　2016年12月第1版
印次　2016年12月第1次印刷
书号　ISBN 978-7-227-06560-9

定价　127.00元

与会领导、部分专家学者合影留念

第一排左起：薛正昌　魏　瑾　李进增　佘贵孝　刘　浩　周天游　刘学武　兰书臣　卜宪群　陈文豪
罗　丰　王　健　李开元　金庆浩　李鹏霄

第二排左起：王泽华　韩有成　杨　明　戴培义　晋　文　雷润泽　薛瑞泽　王文涛　赵国华　杨曙明
赵　凯　刘　敏　贾丽英　藏知非　史党社　邬文玲

第三排左起：安秀梅　苏银梅　师培轶　马升林　方建春　魏永康　苏　辉　苏正喜　兰茂景　胡玉冰
温乐平　郑先兴　袁延胜　杨宁国　陈月新　余　军　刘立青

第四排左起：赵志祥　周建设　刘治立　丁佳伟　苑　苑　祁小军　杨彦彬　祁悦章　马建军　刘世友
李进兴　杨满忠　张小倩　范瑞青　周佩妮　郭勤华　代学明　冯国富　王效军

研讨会现场掠影

卜宪群

中国秦汉史研究会会长、中国社会科学院历史研究所所长

金庆浩

韩国成均馆大学东亚学术院教授

晋　文

南京师范大学历史系教授

兰书臣

中国军事科学院原副部长、少将、研究员

赵国华

中国秦汉史研究会副会长、华中师范大学历史系教授

周天游

中国秦汉史研究会顾问、西安曲江艺术博物馆馆长

王子今

中国秦汉史研究会顾问、中国人民大学国学院教授

藏知非

中国秦汉史研究会副会长、苏州大学历史系教授

雷润泽

中国回族博物馆馆长、研究员

佘贵孝

宁夏固原市地方志办公室研究员

苏银梅

宁夏固原博物馆研究馆员

前　言

丝绸之路暨秦汉时期固原区域文化国际学术研讨会于2016年8月13日至16日在宁夏固原市召开，会议取得预期的理想效果。这次会议最大的收获是会务组收到来自全国各个高校、科研院所和文物考古及博物馆界专家学者撰写的有关丝绸之路与固原的60篇论文。内容涵盖固原历史与文化的方方面面，尤其是几位大家对秦汉“高平第一城”与丝绸之路交通、两汉时期安定郡的战略地位的论证及对安定名人乌氏倮、诅楚文、朝那铭文鼎、乌氏陶文与“朝那左尉”印章等的考证，为人们更进一步认识固原在丝路贸易、守卫都城、民族交往、中西文化交流中的重要地位提供了翔实的理论支持和事实依据。例如对乌氏倮的研究，证明在战国末年和秦始皇时期，居住在今固原与平凉交界的乌氏人倮就与戎王进行丝绸交易。固原北方青铜文化遗存折射出该地戎人与周边各族的交往关系，然而，考古至今未曾发现任何丝织物。史籍中“乌氏倮畜牧，求奇缯物，间献遗戎王”之举，至少把固原丝绸之路贸易有文字记载的历史向前推进了近百年。其他涉及固原区域文化研究、宁夏固原博物馆馆藏文物研究、固原文化发掘与固原社会经济发展等领域的论文，为固原丝绸之路申请世界文化遗产工作和固原社会经济发展提供了佐证及宝贵建议。

经过近一年的收集、整理、编辑、校稿和意见征求工作，本次学术会议论文集《丝绸之路暨秦汉时期固原区域文化国际学术研讨会论文集》即将正式出版发行，此时此刻，我和我的团队成员如释重负，由衷感到欣慰！一是实现了最初办会的承诺，二是对各位辛勤撰文的专家学者有所交代，三是能为后人留下宝贵资料。

在此，再次感谢中国秦汉史研究会为该论文集编辑出版建言献策！感谢相关专家的指导与帮助！感谢编委会各成员！对于书中出现的纰漏和错误，诚请各位方家批评指正！

宁夏固原博物馆馆长　魏　瑾

2017年6月6日

中国秦汉史研究会领导开幕致辞

尊敬的各位领导、各位专家、各位媒体的朋友：

上午好！

经过紧锣密鼓的筹备，由中国秦汉史研究会、固原市人民政府、宁夏回族自治区文化厅、固原市委宣传部共同主办，由宁夏固原博物馆、固原市文化体育新闻出版广电局、固原市“丝绸之路”申报世界文化遗产领导小组办公室承办，由宁夏考古研究所、宁夏博物馆、西夏博物馆、宁夏大学、宁夏师范学院协办的丝绸之路暨秦汉时期固原区域文化国际学术研讨会，今天正式召开了。在此，我谨代表中国秦汉史研究会，向会议的召开表示热烈的祝贺！向与会的领导、专家、媒体朋友们表示衷心的感谢！向为本次会议的召开付出辛勤劳动的会议组织者表示衷心的感谢！

中国秦汉史研究会是国家一级学会，自1981年成立以来，始终致力于推动秦汉历史研究，致力中华优秀传统文化的传承与弘扬。近些年来，我们积极响应中央文化大繁荣、大发展的号召，与地方合作，参与地方文化的研究与建设。仅2016年上半年，我们就在陕西汉中、江西南昌、河北柏乡举办了三次学术会议，就区域历史文化与地方社会发展等问题开展了讨论。通过这些会议，推动了相关历史问题研究的进一步深入，也为地方历史资源开发和社会经济发展提供学术支持。这次会议，是中国秦汉史研究会第一次在自然风光秀丽、人文底蕴厚重的固原举办的学术会议，也是第一次在宁夏有组织性的学术活动，很多学者也是第一次来到固原这片神奇的土地。我们希望通过这次国际学术研讨会，共同推动固原历史文化特别是丝路文明的研究，为固原市的文化发展做一点实实在在的贡献。

借此机会，我想就这个学术会议谈谈自己的几点感受，可以简单概括为天时、地利、人和。

第一，“天时”。会议在时间选择上非常合适。首先，2016年7月18日，习近平总书记来固原视察，体现了党和国家对固原这个地区的异乎寻常的重视。视察期间，习总书记就固原的经济、社会发展等问题，明确提出了一系列的指导意见，为固原市下一步的发展指明了方向，当然也为固原的历史资源发掘与文化建设提供了良机。其次，固原市目前正在全力以赴为“丝绸之路”申报世界文化遗产，需要学界的论证，需要学者的声音，需要媒体的宣传。我们这次学术会议的主题——丝绸之路暨秦汉时期固原区域文化，紧扣“申遗”主题，紧扣固原区域历史文化。会议提交的论文数量多、质量高，有的宏观，有的微观，从不同的角度解读固原历史文化，论证固原的丝路文明。我相信，严谨的学术论证，厚实的学术支撑，一定是“申遗”最基础、最需要重视的环节之一。我们的这次研讨会，一定能够为固原丝路“申遗”提供助力。基于以上两点，我们举办这次国际学术研讨会，在时间选择上可以说是天赐之机，恰逢其时。当然，我们在筹办会议之初并不知道习总书记要视察固原的计划，这里面也有巧合，但是机会总是给那些有准备的人，正是固原市委市政府、固原博物馆等单位领导极具前瞻性的眼光，主动并积极工作，才使得这种时间“巧合”成为可能，提升了这次会议的学术意义和现实意义。

第二，“地利”。我在2016年敦煌文化论坛上曾经谈到，区域文化与社会经济发展的互动关系今天已经发生了新的变化。改革开放近40年后，区位优势不再是唯一的优势，资源优势的地位日益凸显出来，资源优势因时、因地不同，而历史文化资源是各种资源中的重要资源之一，具有不可替代性与复制性。我们注意到，今天各地不再把历史文化资源当作包袱，而是作为社会经济发展新的增长点，作为经济发展新常态的重要支撑，多方设法挖掘其中的历史文化内涵，凝聚区域人文精神，提升地域文化品牌，全方位地服务各地社会经济发展建设。文化与经济社会发展呈现出良性互动的趋势。固原具有丰富、优质、独具特色的从古代至当代的历史文化资源。仅就秦汉时期而言，古老而沧桑的秦长城，丝路重镇高平城遗址，数以百计的汉代墓葬，兼具中原农耕文明与草原游牧文明因素的汉墓随葬品，精美绝伦的众多文物……数量之巨，品类之繁，都令人惊叹。这在同级行政区中并不多见。这些历史遗存为探讨秦汉大一统国家的形成拓展、民族融合、中外文化交流等问题的研究，提供了弥足珍贵的第一手资料。今天这么多专家千里迢迢不辞辛苦赶来固原参加这个会议，足以反映固原历史资源具有超强的魅力。学术研究之外，固原的历史文化资源也为固原的旅游经济开发和文化建设提供了厚重的人文支撑。固原要脱贫，要发展经济，有必要发挥本地区的资源优势。固原的资源优势是什么？我看除了优美的自然环境，就是丰富的历史遗产，可以说，丰富的历史文化遗产，就是固原先人给固原留下的“金饭碗”。这就是固原的“地利”。总之，固原，是有故事的地方。

第三，“人和”。这次会议得到有关各方的普遍重视。会议主办方有四家，承办方有三家，协办方有五家，此外，《光明日报》《中国文物报》《中国社会科学报》《中国史研究动态》等媒体刊物也参与其中。这充分反映了大家对这个会议的重视。我们秦汉史研究会对本次会议也是非常重视。这个会议从2015年底开始筹备，时间不长，半年以来，我们的秘书处与固原博物馆始终精诚合作，反复磋商，及时沟通，为会议的顺利召开做了大量工作。专家们对这个会议也非常重视。秦汉史研究会的顾问周天游先生、王子今先生在百忙之中挤出时间来参加会议。还有韩国成均馆大学的金庆浩教授、韩国淑明女子大学的任仲爀教授，从遥远的首尔来到固原，多次转机，舟车劳顿。正是各个单位、各位领导、各位专家、各位朋友的重视，保证了今天研讨会得以顺利召开。

天时、地利、人和，这三个有利因素，就是我们这个会议的主色调。我衷心希望参与这次会议的专家学者在这次会议上，利用自己的学术专长，多为固原的发展出谋划策，特别是在如何研究固原区域文化上下工夫，在如何总结提炼固原历史文化特色上下工夫，在固原所急需的文化命题上下工夫，让自己的专业知识转化为为固原人民服务、促进固原发展的动力。我也衷心希望固原领导利用党和国家，特别是习近平总书记高度重视优秀传统文化的契机，在改革开放近40年之后社会经济发展出现新常态之机，打好自身文化资源优势这张牌，在传承保护好固原传统历史文化的同时，又积极开发利用这一优势，使之成为固原经济社会文化发展新的增长点。

最后，我祝愿丝绸之路暨秦汉时期固原区域文化国际学术研讨会圆满成功！祝各位代表身体健康，心情愉快！

谢谢！

中国秦汉史研究会会长、中国社会科学院历史研究所所长　卜宪群

2016年8月14日

宁夏回族自治区文化厅领导致辞

各位专家、同志们，早上好！

丝绸之路暨秦汉时期固原区域文化国际学术研讨会隆重召开了，我谨代表宁夏回族自治区文化厅、文物局表示热烈祝贺！向莅临会议的专家学者表示诚挚欢迎！

固原，约在3万年前的旧石器时代晚期，就有人类活动。新石器时代，存在着一支农牧兼重、崇尚简朴、特色鲜明的区域文化，以菜园遗存为典型代表。西周时称“大原”，为中原王朝防御北方少数民族的边地要塞。春秋战国时期，主要是义渠、乌氏等西戎部落的生活之地。秦汉至北朝隋唐间，是丝绸之路东段北道上的贸易、文化、军事重镇，留下了萧关、朝那湫、瓦亭驿、朝那古城、回中宫、朝那铭文鼎、摇钱树等大量文化遗存和中西文化交流的珍贵文物。这些遗产是固原厚重文化的载体，蕴含着丰富的历史文化信息，值得深入探究。因此，今天召开学术研讨会，影响深远，希望各位专家在探讨历史文化的同时，为固原的文物保护事业、文化旅游发展奉献智慧，提供智力支持。

祝各位专家在固原诸事顺心，预祝会议圆满成功！

宁夏回族自治区文化厅副厅长　刘　浩

2016年8月14日

固原市领导致辞

女士们、先生们：

八月六盘古城，丝路古道开新运。相聚固原是我们的缘分，研讨秦汉时期丝绸之路固原区域文化是时代赋予我们的责任。在一天短暂而务实的学术研讨中，各位专家学者凝心聚力，奉献智慧，碰撞学术观点，洞悉传承发展，共同分享了学术研究的新成果。这次会议，我们邀请到了日本、韩国、台湾及中国社会科学院、中国秦汉史研究会、中国军事科学院、陕西省考古研究院、中国人民大学、对外经贸大学、南开大学、吉林大学、郑州大学等科研机构和高校，甘肃、陕西、四川、河南等省区考古所的专家学者50余人；还有自治区和固原地方文史、文博学者及文化工作者，参会代表达到80余人；还邀请到了14家国家和区市媒体到会，可以说群贤毕至、群英荟萃。本次会议是固原市历史上第一次举办高水平的国际性学术研讨会，取得了丰硕成果。主要体现在以下三个方面。

一是打开了固原秦汉区域文化学术研究的大门。今天，我们地方政府与学术机构共同举办这次会议，目的就是依托固原丝绸之路文化遗址的影响力，真诚邀请国内外专家学者聚焦固原，研究固原，感受固原，进而传承与创新发展固原秦汉时期丝路文化，凝炼提升具有固原精神的文化发展品牌。这次会议，学者们围绕固原秦汉时期文化的研究开发和保护利用，梳理分析了固原丝路文化的内涵、史学价值以及对人类生产生活的重要影响等，重启了固原丝绸之路文化学术研究的大门。通过这次会议，将极大推进固原的历史文化研究，让固原的历史文化价值充分彰显于学界与社会公众的面前。

二是明晰了固原千年文化遗产的资源禀赋。固原历史悠久，文化遗存丰厚。现有国家级文保单位8处，仅固原博物馆馆藏文物就有1.8万余件，这是世代生活在固原这块土地上的先辈们创造的文明奇迹，也是人类的宝贵财富。本次研讨会，对固原境内丝绸之路文化遗产的资源禀赋、历史价值进行了深入探析研究，对如何科学合理地保护利用这些散落在固原大地上的珍贵文化遗存，专家学者们见仁见智，献计献策，初步理清了固原文化遗产的历史价值，勾勒出了固原文化遗产保护利用的愿景。

三是指明了固原申报世界文化遗产努力的方向。在当前建设丝绸之路经济带的宏观大背景下，固原蓄势待发。这次研讨会，专家学者们围绕固原的文化遗产，对固原的秦汉文化、丝路文化、民族文化、红色文化、农耕文化等进行了多层面、多视角的学术解读，对传承和发展固原这些优秀的传统历史文化，提出了很好的意见与建议，为固原市依托地域特色文化资源——丝绸之路申报世界文化遗产提供了学术支撑，指明了努力方向。

女士们、先生们，相聚虽然短暂，但友谊天长地久。在这次盛会即将落幕之际，我代表大会组委会，真诚感谢国内外专家学者千里迢迢、不辞辛劳，专程莅临固原参加这次会议；感谢中国秦汉史研究会、中国社会科学院历史研究所为这次会议提供的学术帮助与支持，特别要感谢宁夏回族自治区文化厅对办好这次会议给予的关心与支持；感谢新闻媒体界的朋友们对这次会议的关注和报道。

最后，祝愿各位专家学者及全体代表身体健康，事业兴旺，阖家幸福！祝愿固原的明天更加美好！

固原市文化体育新闻出版广电局局长　李鹏霄

2016年8月14日下午

目　录

Contents

“高平第一城”与丝绸之路“陇道”交通

王子今

内容摘要 西汉安定郡郡治高平，据说因“险固”曾得名“第一城”。所谓“险固”，应包涵自关中西北行，对宁夏固原地方高原地貌的感受。秦人早期崛起，在这一地方曾经有活跃的历史表现。秦始皇、汉武帝的出巡行历安定，也留有重要的历史记忆。考察“陇道”这一丝绸之路重要路段的历史作用和文化影响，不能忽略“高平第一城”的地位。

关键词 安定郡　高平　第一城　陇道　丝绸之路　交通

西汉安定郡郡治高平，曾有“第一城”名号。或说“以险固名”。[①]“险固”一语，应当包含自关中政治、经济、文化中心地区西北行程中对宁夏固原地方高原地貌的感受。秦人早期崛起，在这一地方有活跃的历史表现。秦始皇、汉武帝的出巡活动，在这里也留有重要的历史记忆。考察丝绸之路重要路段“陇道”的历史作用和文化影响，对“高平第一城”的地位应予以重视。

一、“高平第一”

《汉书》卷二八下《地理志下》言安定郡形势：“安定郡，武帝元鼎三年置。户四万二千七百二十五，口十四万三千二百九十四。县二十一：高平，莽曰铺睦。复累，安俾，抚夷，莽曰抚宁。朝那，有端旬祠十五所，胡巫祝。又有湫渊祠。泾阳，幵头山在西，《禹贡》泾水所出，东南至阳陵入渭，过郡三，行千六十里，雍州川。临泾，莽曰监泾。卤，灈水出西。乌氏，乌水出西，北入河。都卢山在西。莽曰乌亭。阴密，《诗》密人国。有嚣安亭。安定，参䜌，主骑都尉治。三水，属国都尉治。有盐官。莽曰广延亭。阴槃，安武，莽曰安桓。祖厉，莽曰乡礼。爰得，眴卷，河水别出为河沟，东至富平北入河。彭阳，鹑阴，月氏道。莽曰月顺。”《续汉书·郡国志五》记录了东汉安定郡的历史行政地理信息，可见如下文字：

> 安定郡，武帝置。雒阳西千七百里。八城，户六千九十四，口二万九千六十。临泾。高平，有第一城。朝那。乌枝，有瓦亭，出薄落谷。三水。阴槃。彭阳。鹑觚。故属北地。

① （清雍正）《甘肃通志》卷四《固原州》：“州本汉高平县安定郡治也。州东有高平第一城，以险固名。王应麟曰：“原州当陇道之要。光武取陇右，先降高峻，而后可以毽隗嚣。赫连勃勃据高平，乘间以窥陇东岭北，得以病姚兴。宇文泰军于高平，因而规定关陇。诚要害之地也。”文渊阁《四库全书》本。

对于“第一城”，刘昭注补：“高峻所据。”

刘秀军于“高平第一城”击灭“高峻”战事，《后汉书》卷一六《寇恂传》有所记录。“高平第一城”写作“高平第一”或“第一”：“初，隗嚣将安定高峻，拥兵万人，据高平第一，帝使待诏马援招降峻，由是河西道开。中郎将来歙承制拜峻通路将军，封关内侯，后属大司马吴汉，共围嚣于冀。及汉军退，峻亡归故营，复助嚣拒陇阺。及嚣死，峻据高平，畏诛坚守。建威大将军耿弇率太中大夫窦士、武威太守梁统等围之，一岁不拔。十年，帝入关，将自征之，恂时从驾，谏曰：‘长安道里居中，应接近便，安定、陇西必怀震惧，此从容一处可以制四方也。今士马疲倦，方履险阻，非万乘之固，前年颍川，可为至戒。’帝不从。进军及汧，峻犹不下，帝议遣使降之，乃谓恂曰：‘卿前止吾此举，今为吾行也。若峻不即降，引耿弇等五营击之。’恂奉玺书至第一，峻遣军师皇甫文出谒，辞礼不屈。恂怒，将诛文。诸将谏曰：‘高峻精兵万人，率多强弩，西遮陇道，连年不下。今欲降之而反戮其使，无乃不可乎？’恂不应，遂斩之。遣其副归告峻曰：‘军师无礼，已戮之矣。欲降，急降；不欲，固守。’峻惶恐，即日开城门降。诸将皆贺，因曰：‘敢问杀其使而降其城，何也？’恂曰：‘皇甫文，峻之腹心，其所取计者也。今来，辞意不屈，必无降心。全之则文得其计，杀之则峻亡其胆，是以降耳。’诸将皆曰：‘非所及也。’遂传峻还洛阳。”

对于寇恂“杀其使而降其城”，后世有赞赏其“智决”者。①《寇恂传》“高平第一”，李贤注“高平，县，属安定郡。《续汉志》曰高平有第一城也。”寇恂“士马疲倦，方履险阻，非万乘之固”的劝谏，言“高平第一城”之所谓“险阻”，可以与上文引录“险固”对照理解。

这段记述中，所谓“帝使待诏马援招降峻，由是河西道开”，高平战事导致“河西道开”，直接体现出“高平第一”对于关中往“河西”方向交通作用，即后世所谓丝绸之路开通的重要性。而寇恂谏言“长安道里居中，应接近便，安定、陇西必怀震惧，此从容一处可以制四方也”，所谓“道里居中”，李贤注：“从洛阳至高平，长安为中。”也指出了“长安”以及“安定”地方在丝绸之路交通形势中的关系。

历史文献言及“高平第一”的例证，又有《后汉书》卷二三《窦融传》：“八年夏，车驾西征隗嚣，融率五郡太守及羌虏小月氏等步骑数万，辎重五千余两，与大军会高平第一。”李贤注：“高平，今原州县，《郡国志》云高平有第一城。”而“高平第一”又直接被称为“第一”。《后汉书》卷二四《马援传》：“八年，帝自西征嚣，至漆，诸将多以王师之重，不宜远入险阻，计冘豫未决。会召援，夜至，帝大喜，引入，具以群议质之。援因说隗嚣将帅有土崩之势，兵进有必破之状。又于帝前聚米为山谷，指画形势，开示众军所从道径往来，分析曲折，昭然可晓。帝曰：‘虏在吾目中矣。’明旦，遂进军至第一，嚣众大溃。”马援对当地“第一”一带“山谷”“形势”比较熟悉，促成了刘秀战略决策的确定。所谓“众军所从道径往来”，当然是指交通条件。

《太平御览》卷一六四引班固《安丰戴侯颂》曰：“高平第一，帝临我师。”也体现“高平第一”争夺的意义。

---

①（宋）李弥逊《筠谿集》卷九《议古》“寇恂斩高峻使皇甫文”条：“议曰：皇甫文，峻之腹心也。怀不廷之谋，抗方张之敌。乘其不虞而诛之，兵法所谓先人有夺人之心，降之必矣。夫利害之机，常隐于众人不见之地。一投其会，盘根错节，迎刃自解，不能犹治丝而棼之后，虽尽力难为工矣。恂之智决矣，岂诸将所能及哉？”文渊阁《四库全书》本。

秦汉语言习惯，“第一”称位列在上，序次最先。《史记》卷五三《萧相国世家》：“何乃给泗水卒史事，第一。”司马贞《索隐》：“谓课最居第一也。”刘邦成功建国，“列侯毕已受封，及奏位次，皆曰：‘平阳侯曹参身被七十创，攻城略地，功最多，宜第一。’上已桡功臣，多封萧何，至位次未有以复难之，然心欲何第一。关内侯鄂君进曰：‘群臣议皆误。夫曹参虽有野战略地之功，此特一时之事。夫上与楚相距五岁，常失军亡众，逃身遁者数矣。然萧何常从关中遣军补其处，非上所诏令召，而数万众会上之乏绝者数矣。夫汉与楚相守荥阳数年，军无见粮，萧何转漕关中，给食不乏。陛下虽数亡山东，萧何常全关中以待陛下，此万世之功也。今虽亡曹参等百数，何缺于汉？汉得之不必待以全。奈何欲以一旦之功而加万世之功哉！萧何第一，曹参次之。’高祖曰：‘善。’于是乃令萧何第一，赐带剑履上殿，入朝不趋。”有客劝诫萧何“自污”以令刘邦心安，言：“夫君位为相国，功第一，可复加哉？”《史记》卷九《吕太后本纪》：“太傅产、丞相平等言，武信侯吕禄上侯，位次第一，请立为赵王。”裴骃《集解》：“如淳曰：‘功大者位在上，《功臣侯表》有第一第二之次也。’”又《史记》卷五六《陈丞相世家》：“孝文帝乃以绛侯勃为右丞相，位次第一；平徙为左丞相，位次第二。”《史记》卷八四《屈原贾生列传》：“孝文皇帝初立，闻河南守吴公治平为天下第一，故与李斯同邑而常学事焉，乃征为廷尉。”秦汉政绩评定有“最”“殿”等级，“最”，就是“第一”。《史记》卷九五《樊郦滕灌列传》：“（樊哙）还定三秦……攻赵贲，下郿、槐里、柳中、咸阳；灌废丘，最。”裴骃《集解》：“张晏曰：‘最，功第一也。’”司马贞《索隐》：“其功最上也。”“其功特最也。”

通过这些记载，可以大体理解“第一”名号的等级意义。

二、秦人经营的“陇坂”交通

秦人的早期发展，立足陇东、陇南。陇山，是秦文化的根据地，也是秦崛起进程中向东发展突破的第一道障碍。

逾越陇山，实现陕甘宁的沟通，有多条通道。[①]而经漆（今陕西彬县）、安定（今甘肃泾川）、泾阳（今甘肃平凉西北）、高平（今宁夏固原）道路的开通，也是秦人交通建设的历史贡献。

前引《汉书》卷二八下《地理志下》“安定郡”条所见“阴密，《诗》密人国。有嚻安亭”值得注意。秦昭襄王时代名将白起悲剧人生的最后一幕，出现了与“阴密”相关的情节。《史记》卷七三《白起王翦列传》：“免武安君为士伍，迁之阴密。武安君病，未能行。居三月，诸侯攻秦军急，秦军数却，使者日至。秦王乃使人遣白起，不得留咸阳中。武安君既行，出咸阳西门十里，至杜邮。秦昭王与应侯群臣议曰：‘白起之迁，其意尚怏怏不服，有余言。’秦王乃使使者赐之剑，自裁。”杜邮，司马贞《索隐》：“按：故咸阳城在渭北。杜邮，今在咸阳城中。”张守节《正义》：“《说文》云‘邮，境上行舍’，道路所经过。今咸阳县城，本秦之邮也，在雍州西北三十五里。”经“杜邮”往“阴密”，应经行咸阳往西北方向的交通干线。“阴密”在今甘肃泾川南，即咸阳往安定郡交通大道左近。

另一个地点也值得注意，即《汉书》卷二八上《地理志上》“右扶风”条说到的“漆”：“漆，水在县西。有铁官。莽曰漆治。”漆县是与秦行政中心咸阳有较密切联系的地方。例证之一，是可能出身于“漆”的女子“㯃娥”服务于秦宫廷。《方言》卷二关于各个地方女子之美好

① 王子今：《秦人经营的陇山通路》，《文博》1990年第5期。

的语言表示方式，有这样一段文字：

> 娃、嫷、窕，艳美也。吴、楚、衡、淮之间曰“娃”。南楚之外“嫷”。[①]宋、卫、晋、郑之间曰“艳”。陈、楚、周南之间曰“窕”。自关而西，秦、晋之间凡美色或谓之“好”，或谓之“窕”。故吴有馆娃之宫，秦有榛娥之台。[②]秦、晋之间美貌谓之“娥”[③]，美状为“窕”[④]，美色为“艳”[⑤]，美心为“窈”[⑥]。

这里所谓“秦有榛娥之台”，与“吴有馆娃之宫”并说，应当也是指宫廷建筑。以往关于秦宫廷文化研究的论著有涉及秦宫高台建筑者，然而都没有说到这处“榛娥之台”。《方言》中有关“秦有榛娥之台”的信息，值得我们珍视。《史记》卷二《夏本纪》引《禹贡》：“黑水西河惟雍州：弱水既西，泾属渭汭。漆、沮既从，沣水所同。”关于“漆”，张守节《正义》：“《括地志》云：‘漆水源出岐州普润县东南岐山漆溪，东入渭。’”《汉书》卷二八上《地理志上》引《禹贡》同句，颜师古注：“漆、沮，即冯翊之洛水也。酆水出鄠之南山。言漆、沮既从入渭，酆水亦来同也。”由《地理志》“漆，水在县西”，可知“漆溪”“漆水”与“漆”县县名有关。言“漆溪”“漆水”，其字从水是自然的。如果强调作为经济林的漆木资源的优越，其字或可作“榛”。

李斯为赵高构陷，于狱中上书秦二世，自言七条罪状，实则自陈建国强国的政治功绩，“幸二世之寤而赦之”。其中说到主持驰道的规划和建设：“治驰道，兴游观，以见主之得意。罪六矣。”[⑦]指出秦帝国的交通建设事业，由最高执政集团策划并主持施工。丞相是工程的负责人，目的在于炫耀威权，“以见主之得意”。[⑧]

而“治驰道”的决策，是在秦始皇二十七年（前220年）向西北方向巡行之后确定的。《史记》卷六《秦始皇本纪》记载：“二十七年，始皇巡陇西、北地，出鸡头山，过回中。焉作信宫渭南，已更命信宫为极庙，象天极。自极庙道通郦山，作甘泉前殿。筑甬道，自咸阳属之。是岁，赐爵一级。治驰道。”[⑨]

---

① 原注：“言娃嫷也。”
② 原注：“皆战国时诸侯所立也。榛音七。”
③ 原注：“言娥娥也。”
④ 原注：“言闲都也。”
⑤ 原注：“言光豔也。”
⑥ 原注：“言幽静也。”
⑦《史记》，第2561页。
⑧ 秦始皇的交通行为可以“见主之得意”的例证，有《史记》卷七《项羽本纪》：“秦始皇帝游会稽，渡浙江，梁与籍俱观。籍曰：‘彼可取而代也。’”第296页。《史记》卷八《高祖本纪》：“高祖常繇咸阳，纵观，观秦皇帝，喟然太息曰：‘嗟乎，大丈夫当如此也！’”第344页。
⑨ 裴骃《集解》：“应劭曰：‘驰道，天子道也，道若今之中道然。’《汉书·贾山传》曰：‘秦为驰道于天下，东穷燕齐，南极吴楚，江湖之上，滨海之观毕至。道广五十步，三丈而树，厚筑其外，隐以金椎，树以青松。’”《史记》，第241–242页。

三、秦始皇“出鸡头山，过回中”

《史记》卷六《秦始皇本纪》关于“二十七年，始皇巡陇西、北地，出鸡头山，过回中”的记载，张守节《正义》：“陇西，今陇右；北地，今宁州也。”

关于“鸡头山”，张守节《正义》引《括地志》云：“鸡头山在成州上禄县东北二十里，在京西南九百六十里。郦元云：‘盖大陇山异名也。’《后汉书·隗嚣传》云‘王莽塞鸡头’，即此也。”张守节按：“原州平高县西百里亦有笄头山，在京西北八百里，黄帝鸡山之所。”① 据谭其骧主编《中国历史地图集》，“幵头山”在今宁夏北，大致六盘山东南的位置。而“萧关”在今宁夏固原南。②

关于“回中”，裴骃《集解》写道：“应劭曰：‘回中在安定高平。’孟康曰：‘回中在北地。’”张守节《正义》：“《括地志》云：‘回中宫在岐州雍县西四十里。’言始皇欲西巡陇西之北，从咸阳向西北出宁州，西南行至成州，出鸡头山，东还，过岐州回中宫。”③ 据谭其骧主编《中国历史地图集》，“回中”在今甘肃华亭南，陕西陇县西北。④马非百撰《秦集史》⑤，篇末列《遗迹表》，分列“今地”“遗迹名称”“传说”“备考”（即资料出处），没有今甘肃、宁夏“遗迹”。⑥ 其实，搜检《嘉庆重修一统志》，是可以看到相关信息的。如卷二五九《平凉府·山川》“崆峒山”条：“在平凉县西，即笄头山也。一作鸡头，一作幵头，亦作汧屯，又名牵屯，又名薄落。《史记》：黄帝西至空桐，登鸡头。又秦始皇二十七年，巡陇西、北地，出鸡头山，过回中。”又卷二六〇《平凉府·古迹》“回中宫”条：“在固原州境。汉武帝元封四年行幸雍，通回中道，遂出萧关。应劭曰：回中在安定平高，有险阻，秦置回中宫于此。”⑦ 当然，方志中相关信息未必可以作为历史确证，但是不妨引为参考。

四、汉武帝“西登崆峒”“北出萧关”

值得注意的是，与秦始皇实现统一后第一次出巡相对应，汉武帝“始巡郡国”，也取“行西踰陇”的方向。《史记》卷三〇《平准书》记载：“天子始巡郡国。东度河，河东守不意行至，不辨，自杀。行西踰陇，陇西守以行往卒，天子从官不得食，陇西守自杀。于是上北出萧关，从数万骑，猎新秦中，以勒边兵而归。新秦中或千里无亭徼，于是诛北地太守以下，而令民得畜牧边县，官假马母，三岁而归，及息什一，以除告缗，用充仞新秦中。”⑧ 而《汉书》卷六《武帝

①（唐）李吉甫撰《元和郡县图志》卷三《关内道三·原州·安定郡》“平高县”条：“本汉高平县，属安定郡。后魏太武帝太延二年，于今县理置平高县，属平高郡。”北京：中华书局，1983年，第58页。

② 谭其骧主编：《中国历史地图集》（第2册），第5–6页。

③《史记》，第241–242页。

④ 谭其骧主编：《中国历史地图集》（第2册），第5–6页。

⑤《秦集史》（下册），北京：中华书局，1982年，第1043页。

⑥《秦集史》（下册），北京：中华书局，1982年，第1022–1043页。

⑦《嘉庆重修一统志》（第16册），北京：中华书局，1986年，第12867–12868页、12904–12905页。

⑧《史记》，第1438页。《汉书》卷二四《食货志下》：“天子始出巡郡国。东度河，河东守不意行至，不辩，自杀。行西踰陇，卒，从官不得食，陇西守自杀。于是上北出萧关，从数万骑行猎新秦中，以勒边兵而归。新秦中或千里无亭徼，于是诛北地太守以下，而令民得畜边县，官假马母，三岁而归，及息什一，以除告缗，用充入新秦中。”第1172页。

纪》的记载是："（元鼎四年冬十月）行自夏阳，东幸汾阴。十一月甲子，立后土祠于汾阴脽上。""五年冬十月，行幸雍，祠五畤。遂踰陇，登空同，西临祖厉河而还。"①《资治通鉴》卷二〇的处理方式，也将"东度河，河东守不意行至，不辨，自杀"，与"行西踰陇，陇西守以行往卒，天子从官不得食，陇西守自杀"以及"新秦中或千里无亭徼，于是诛北地太守以下"分隶元鼎四年（前113年）和元鼎五年（前112年）：

> （元鼎四年）冬，十月……是时，天子始巡郡国；河东守不意行至，不办，自杀。
>
> （元鼎五年）冬，十月，上祠五畤于雍，遂逾陇，西登崆峒。陇西守以行往卒，天子从官不得食，惶恐，自杀。于是上北出萧关，从数万骑，猎新秦中，以勒边兵而归。新秦中或千里无亭徼，于是诛北地太守以下。②

可以看到，汉武帝元鼎五年（前112年）的这次出巡，几乎完全遵行秦始皇二十七年（前220年）西巡旧迹。"西登崆峒"，"北出萧关"，"猎新秦中"，到达并经过了今宁夏固原地方。

在汉武帝政治生涯的最后一年，又一次巡行北边。这是他最后一次出巡。《汉书》卷六《武帝纪》记载："后元元年春正月，行幸甘泉，郊泰畤，遂幸安定。""二月，诏曰：'朕郊见上帝，巡于北边，见群鹤留止，以不罗网，靡所获献。荐于泰畤，光景并见。其赦天下。'"③宋人林虙编《两汉诏令》卷六《西汉六·武帝》题《赦天下诏》（后元元年二月），列为汉武帝颁布诏令的倒数第二篇。④汉武帝后元元年（前88年）"幸安定"，可以看作他对这一方向交通与军事经营的最后关注。⑤

五、安定郡治的移位

西汉安定郡治所在高平（今宁夏固原），又有属县安定（今甘肃泾川）。安定郡治与安定县，都在咸阳、长安往西北方向的交通干线上。

东汉安定郡治所向东南迁移到安定。

这一情形与东汉北边防务的全面收缩的大局势是一致的。我们还看到，两汉安定郡的户口数量发生了急剧的变化。《汉志》记载西汉安定郡"户四万二千七百二十五，口十四万三千二百九十四"，下辖"县二十一"。《续汉志》说东汉安定郡"户六千九十四，口二万九千六十"，下辖"八城"。东汉户、口数分别只有西汉的14.26%和20.28%，东汉辖县只有西汉的38.10%。与这一形势相对应的，是大规模移民充实了江南地区的人口，促成了东南地方逐渐成为全国经济的重心。

① 《汉书》，第183页、185页。

② 《资治通鉴》，北京：中华书局，1956年，第660页、665页。

③ 《太平御览》卷五三七引《汉书》："《武纪》曰：'朕郊见上帝，巡于北边，见群鹤留止，不以罗网，靡所获。献荐于太畤，光景并见。'"《太平御览》卷六五二引《汉书》："后元年二月诏曰：'朕郊见上帝，巡于北边，见群鹤留止，以不罗网，靡所获献。荐于泰畤，光景并见。其赦天下。"有"不以罗网""以不罗网"的不同。

④ 最后一篇是四个月后颁布的《封莽通等》（后元元年六月）。

⑤ 王子今：《北边"群鹤"与泰畤"光景"——汉武帝后元元年故事》，《江苏师范大学学报（哲学社会科学版）》2013年第5期。

安定郡治的内移，由高平而安定，是循西北交通干线的方向迁徙的。《续汉志》："安定郡……雒阳西千七百里。"则是明确的交通"道里"信息。

六、"高平第一"与"陇道之雄"

"高平第一"体现的"险阻""险固"形势，是行历固原地方的旅人们的直接的交通体验。这种感觉，保留在长久的历史记忆中。

《述异记》卷上记录了这样的说法："安定西陇道，其谷中有弹筝之声。行人过闻之，谓之'弹筝谷'。"关于"陇道"，有多种说法。以"安定"为空间坐标的"陇道"，曾经是丝绸之路交通的重要路段。《太平御览》卷五三引《水经注》曰："泾水东南径都庐山。山路之中，常有如弹筝之声，行者鼓舞，乐而后去。即弦歌之山也。故谓此峡为'弹筝峡'。"《元和郡县图志》卷三《关内道·原州·安定郡》"百泉县"条："本汉朝那县地，故城在今县西四十五里。""泾水源出县西南泾谷。《地理志》云：泾阳县笄头山，泾水所出。《淮南子》云：笄头山，一名薄落山。故泾水亦曰薄落水。又南流经都卢山。山路之中，常如弹筝之声，故行旅因谓之'弹筝峡'。"《太平寰宇记》卷三二《关西道八·泾州·安定郡》："弹筝峡自原州百泉县界都卢山泾水所出，南流山谷之间，水声清响，有如弹筝。"所谓"水声清响，有如弹筝"，"行者鼓舞，乐而后去"，告知我们这条古路虽然艰险，却有清雅的风景和积极的精神使得行程有如同"弦歌"的音乐美感相伴随。

将我们讨论的这条道路称作"陇道"的古例，有宋人宋庠《赐奉宁军节度使就差知泾州夏竦充泾原秦凤两路沿边经略安抚使诏》有"出镇三秦"，及"自平凉以东，陇道交属，建防制要，当在临泾"语。① 宋人蔡襄说："陇道之雄为天下首。"此说也与"知秦州"有关。②

此"陇道"是向西拓展文化交流的丝绸之路的一个路段。沈约《白马》："白马紫金鞍，停镳过上兰。寄言狭斜子，讵知陇道难。赤坂途三折，龙堆路九盘。冰生肌里冷，风起骨中寒。功名志所急，日暮不遑食。长驰入右地，轻举出楼兰。直去已垂涕，宁可望长安。"③ 此"陇道"交通，与"赤坂""三折""龙堆""九盘"，以及"右地""楼兰"等丝绸之路沿途景观有密切的关系。明代文学家郑岳《陇州阻雨》诗写道："幽窗扃雨一灯明，独宿空堂此夜情。陇道寒深双鬓短，关山路险寸心惊。天连绝塞风烟色，秋入荒城鼓角声。"④ 其中"陇道"与"绝塞""荒城"相联系。又于慎行《阳春曲》："辽然流想心不欢，天山积雪久未干。尺书欲寄陇道难，安能随风到玉关。闺阴早霜岁欲阑，红颜寂寞空长叹。"⑤ 则"陇道"和"天山""玉关"亦形成关联。这种文学程式，体现在传统交通意识和传统文化理念中，"陇道"路段是丝绸之路交通体系的重要构成部分。

（作者系中国秦汉史研究会顾问、中国人民大学国学院教授）

---

①（宋）宋庠：《元宪集》卷二七《内制》，文渊阁《四库全书》本。

②（宋）蔡襄：《兵部员外郎知制诰何某可依前兵部员外郎充龙图阁直学士知秦州制》，《端明集》卷一〇《制诰》，文渊阁《四库全书》本。

③（宋）李昉等编：《文苑英华》卷二〇九，北京：中华书局，1966年，第1036页。

④（明）郑岳：《山斋文集》卷六《七言律》，文渊阁《四库全书》本。

⑤（明）于慎行：《谷城山馆集》卷一，文渊阁《四库全书》本。

文化丰碑屹千古

——诅楚文与秦汉时期固原区域文化

兰书臣

内容摘要 本文以战国秦诅楚文为研究对象，从诅楚文刻石的发现及其文献价值入手，重点分析了固原朝那湫何以为诅楚文投石所，以及诅楚文对秦汉时期固原区域文化的影响。认为，固原区域文化可由多视角观察。但综合地看，国防与军事的特点尤为凸显。

关键词 诅楚文 朝那湫 秦汉 固原 区域文化 国防军事

诅楚文作为战国时期秦刻石文字，是典型的战争动员令，属古代军事文告。自1947年郭沫若撰《诅楚文考释》（以下简称《考释》）[①]一文问世以来，关于诅楚文研究殆已剩义无多，一些基本问题大都已获解决。本文措意，拟就其未遑展开者试加论列。

一、诅楚文刻石的发现及其文献价值

诅，指诅咒，即以言告神，请加殃于敌。诅楚文，为秦王诅楚于神，祈神庇佑，抵御楚兵，复其边城的文字。

诅楚文刻石共发现三块。后人以其各自所祈之神名之，曰《巫咸文》，曰《大沉厥湫文》，曰《亚驼文》。当时，或沉于水，或埋于土。三石于北宋时先后发现，《巫咸文》出于陕西凤翔，《大沉厥湫文》出于宁夏固原朝那湫，《亚驼文》出于河南洛阳。欧阳修、苏轼、赵明诚、董逌等皆有记述。原石原拓久已不存，传世拓本均系翻刻，其中，以宋人所刻《绛帖》《汝帖》本较为流行，合并《巫咸文》与《大沉厥湫文》而成。1944年吴公望影印元至正中吴刻本，所据亦原石原拓之复刻，三石俱全，各自成文，为迄今所见之最完整者。

郭沫若《考释》一文指出，《亚驼文》出于宋人仿刻，《绛帖》《汝帖》仅收《巫咸文》《大沉厥湫文》而不及《亚驼文》，大概是早已见其为赝品的缘故。

诅楚文究竟系何种性质文字，其文献价值如何？见仁见智，臧否不一，贬抑者不乏其人。

苏轼（北宋文学家，字子瞻）《诅楚文诗》滥其觞。鉴于诅楚文所述史事多为旧书所无，尤其揭举楚怀王多罪诸语，认为秦人诡诈，乃至谩神。“刳胎杀无罪，亲族遭圉绊。计其所称诉，何啻桀纣乱。吾闻古秦俗，面诈背不汗。岂惟公子卬，社鬼亦遭谩。”于是，便采取了一种讥笑与嘲讽的态度，“辽哉千岁后，发我一笑粲”。王柏（南宋经学家，字鲁斋）《诅楚文辞并序》推其波：“凡数其罪，考其世家，亦无其实，岂有聪明正直之神而甘受绐于尔之浮词，而甘受谀

①《郭沫若全集·考古编·第九卷》，北京：科学出版社，1998年。

于尔之牲币乎？决无是理也明矣！”认为，“虐民慢（漫之误）神，言诬不怍”，“一时之妄，万世之箴。”周伯琦（元收藏家，字伯温）《诅楚文音释》助其澜：“秦以强诈得国，于冥冥中尚尔饰辞徼信，则其他可知矣。其事固无足取……”

“吾闻古秦俗，面诈背不汗”，苏轼将其归诸古秦俗，盖与楚怀王曾见欺于秦相张仪有关。为离间楚齐两国关系，拆散其联盟，张仪入楚，以愿意献商於（今陕西商县、商南一带）之地六百里为条件。楚怀王贪地，决定与齐断交，并派人随其入秦受地。张仪返秦，佯作堕车负伤，三月不朝，躲着不见楚国使者。后改变原口头承诺，说仅答应予楚属自己的俸邑六里。楚怀王大怒，发兵攻秦。于是，有丹阳（今河南西峡县西丹水以北地区）之战。

张仪魏人，早年入楚求仕，遭遇坎坷。在楚令尹昭阳门下为客，一次宴饮中，昭阳失璧，因张仪穷愁潦倒，别人竟疑其所盗，无辜挨了一顿痛打。一气之下，去楚入秦，受到秦惠文王赏识和重用，任秦相。为洗雪当年耻辱，其《告楚相檄》曰：“始吾从若饮，我不盗尔璧，若笞我。若善守汝国，我顾且盗尔城！”刘勰《文心雕龙·檄移》曾论及此文，认为中国文学史上的正式檄作，是从战国开始的：“暨乎战国，始称为檄。檄者，皎也。宣露于外，皎然明白也。张仪檄楚，书以尺二。明白之文，或称露布，播诸视听也。”[①]权诈相倾，本无专直，在春秋战国诸侯争雄称霸中可谓司空见惯。“兵者，诡道也。”（《孙子·计》）上兵伐谋，其次伐交，在伐谋、伐交中，用诈经常发生，本无可厚非，怪只怪楚怀王贪得无厌，愚不可及。卫人商鞅亦事魏，入秦为大良造，率军伐魏，魏使公子卬将而击之。商鞅致书公子卬，称“吾始与公子欢，今俱为两国将，不忍相攻”，在会盟中，伏甲士袭虏公子卬，尽破其军（《史记·商君列传》）。“吾闻古秦俗，面诈背不汗”，唯独秦人却背上了这口“黑锅”，仿佛连鬼神也受到他们的愚弄和欺骗，被玩于股掌之上。所谓“其事固无足取”云云，更是坐井观天，结论难脱片面。

郭沫若考证，诅楚文所反映的历史，当为秦惠文王后元十三年下半年、楚怀王十七年（前312年）时事，即秦楚丹阳之战后、蓝田（今陕西蓝田县西）之战前，秦进行的一次全国总动员 。[②]

《考释》一文，快笔英锋，一语中的。其真知灼见当数对诅楚文历史背景及原因所进行的揭示：“且诅文之作可证当时情势甚为严重，在楚乃‘悉兴其众’，即倾全国之师从事侵伐，而在秦亦等于下总动员令，所谓‘唯是秦邦之羸众敝赋，鞹输栈舆，礼使介老，将之以自救’，也是倾全国之师从事抵抗。为此，故须四处告神，连神鬼的力量都加以动员了。”此说，见前人之所未见，言前人之所未言，摆脱了一般考古学家拘泥于繁琐考证，对影响历史发展的重大事件和根本原因未能触及，因而缺乏深入发掘的通病。

郭沫若虽也承认秦国“多诈”，却并不认为诅楚文是什么“谩词”：“文中所述史事多为旧书所无，尤其诅咒楚王之语，因而前人多以秦人诡诈，竟至谩神。”又说：“其实这些都是拘虚之见。秦国固然多诈，但国与国之间何国不然？然秦人较原始，于信神之念实甚笃，观《史记·封禅书》所纪自明。故余信文中所述必非谩词，正足以补史之缺文。”

或曰“其事固无足取”，或曰“正足以补史之缺文”，各持其说。孰是孰非，不得不辨。

两国交兵，作为战争一方的秦国，于临战前发布军事文告，祈求神灵庇佑，虽具有明显的原

---

① 赵仲邑译注：《文心雕龙译注》，南宁：漓江出版社，1982年，第186页。

② 关于诅楚文的具体时间，有不同说法。或认为在丹阳之战前（张正明主编：《楚学文库》之一《楚史》，武汉：湖北教育出版社，1995年，第308页），或从郭说，认为在蓝田之战前（军事科学院主编：《中国军事通史》第三卷《战国军事史》，北京：军事科学出版社，1998年，第215页）。

始宗教色彩，但文中所述战争原因及理由，即所列楚怀王之罪行，谓其于内施行暴政，于外背叛与秦自秦穆公以来十八世之盟誓，又率诸侯之兵攻秦等事，对秦国军队和民众无疑具有重要的动员作用。所举“率诸侯之兵以临加我，欲划伐我社稷，伐灭我百姓……取吾边城……逼吾边境”等，与史书所载楚怀王十一年、秦惠文王后元七年“山东六国兵攻秦，楚怀王为纵长。至函谷关，秦兵出击六国，六国兵皆引而归”的史事（《史记·楚世家》）是基本一致的。可知，指诅楚文为秦人“诡诈”“谩神”，显然站不住脚。述此休明，叙彼苛虐，是檄文写作的主要特点。诅楚文除历数楚怀王的罪行以“叙彼苛虐”外，在讲述本国如何之好即“述此休明”方面，则未置一词，更没有渲染。相反，倒是实话实说，敢公开承认自己国家实力不足。所说“唯是秦邦之羸众敝赋，鞟輪栈舆”（羸众敝赋，指民众羸弱，军赋不足；鞟輪栈舆，指简陋革靴和以竹木制成的战车，形容装备落后）等，反映了经过丹阳之战大量消耗，秦国兵员和军需物资的短缺。

战争动员，是国家由平时状态转为战时状态，将战争潜力转化为战争实力的一种手段，除了政治与精神上的发动，鼓励士气，振奋民心以外，如实讲出国家的现状，存在的困难，特别是作为战争必需的人力、物力准备情况，尤为难得。敢说真话，是自信和有力量的表现。历代军事文告层出叠见，很少能这样做的。诅楚文独树一帜，可谓凤毛麟角，吉光片羽。究其原因，或与古秦俗有关。

“秦与戎翟同俗”，其统治者和人民在文化上乃至包括种族在内也深受近邻戎翟的影响。西周衰微，是从周穆王开始的。《国语上·祭公谏征犬戎》：“吾闻夫犬戎树惇，能帅旧德，而守终纯固，其有以御我矣。”评者指出：“言犬戎立心惇厚，能率循其先人之德而守国，终于专一，有拒我之备矣。周穆王废先王之训，则不可伐；有以御我，则不能伐，是极谏意。”然而，“王不听，遂征之，得四白狼、四白鹿以归。自是荒服不至。”诅楚文反映的秦对神的笃信，依靠战争动员以拒楚、备楚、御楚，且以奋发蹈厉、不畏强敌、敢于胜利激发民心士气，与戎之御周颇类似。

秦人尚实、务实之俗，《苏秦以连横说秦》《司马错论伐蜀》《李斯谏逐客书》等亦可佐证。

“夫苏秦起闾阎，连六国从亲，此其智有过人者。”（《史记·苏秦列传》）

苏秦游说六国，是从说秦开始的。“大王之国，西有巴蜀汉中之利，北有胡貉代马之用，南有巫山黔中之限，东有殽函之固，田肥美，民殷富，战车万乘，奋击百万，沃野千里，蓄积饶多，地势形便，此所谓天府，天下之雄国也。以大王之贤，士民之众，车骑之用，兵法之教，可以并诸侯，吞天下，称帝而治。愿大王少留意，臣请奏其效。”（《战国策》）苏秦的这段话，《史记》本传记载稍异。这大概也正是司马迁所说“然世言苏秦多异，异时事有类之者皆附之苏秦”吧！

尽管苏秦巧舌如簧，而秦惠文王却不为所动。“寡人闻之，毛羽不丰满者，不可以高飞；文章不成者，不可以诛伐；道德不厚者，不可以使民；政教不顺者，不可以烦大臣。今先生俨然不远千里而庭教之，愿以异日。”秦惠文王的回答，反映了对当时秦所处形势、所具国力的认识。

“说秦王书十上，而说不行”，说明秦惠文王不仅在认识上是清醒的，而且在行动上也是坚决的。

公元前316年，巴、蜀相攻，各来告急于秦。秦惠文王欲发兵伐蜀，因道险难至，而韩又来攻秦。欲先伐韩，后伐蜀，恐不利；欲先伐蜀，又恐韩袭秦之敝。在先伐蜀还是先伐韩的问题上，一时犹豫未决。司马错与张仪争论于秦惠王前。司马错欲伐蜀，张仪曰，不如伐韩。认为，伐韩，劫周，“据九鼎，按图籍，挟天子以令天下，天下莫敢不听，此王业也”。司马错曰：“欲富国者，务广其地；欲强兵者，务富其民；欲王者，务博其德。三资者备，而王随之矣。今王之地小民贫，故臣愿从事于易。夫蜀，西僻之国也，而戎狄之长也，而有桀纣之乱。以秦攻之，譬如使豺狼逐群羊也。取其地，足以广国也；得其财，足以富民。缮兵不伤众，而彼已服矣。故拔一国，而天下不以为暴，利尽四海，诸侯不以为贪，是我一举而名实两附，而又有禁暴止乱之名。"

司马错的观点反映了通过富国强兵、增加国家实力来建立王业的渐进主张。所谓"三资者备，而王随之""得蜀则得楚""从事于易""名实两附"等等，逻辑严密，无懈可击，避免了张仪所言攻韩、劫天子，将可能招致的"恶名"，以及由此给秦带来的诸多不利。惠王曰："寡人听子。"卒起兵伐蜀，十月取之，遂定蜀。秦益强富厚，轻诸侯。实践证明，在伐韩还是伐蜀上，秦惠文王所采取的策略是正确的。秦得巴、蜀，兼有汉中之地，具有重大战略意义。既开疆拓土，增加了国家的经济实力，又为迂回楚之翼侧，对其实施钳形攻击创造了有利条件。秦有巴、蜀，使楚失去了西部地区安全保障。秦军可一支自长江上游顺流而下，直捣楚国都城；一支出武关而南下攻楚，对楚形成两面夹攻，从而致之于死地。议者有评："秦王平日信任张仪，而此策独从错，可谓识时务之要。"

正因为如此，秦惠文王也就成了与秦穆公、秦孝公等并列的大有为之君。

《李斯谏逐客书》以秦爱惜人才，能重用客卿立论。如秦穆公之重用由余、百里奚、蹇叔、丕豹、公孙支；秦孝公之重用商鞅等。秦惠文王则能重用张仪。"惠王用张仪之计，拔三川之地，西并巴蜀，北收上郡，南取汉中，包九夷，制鄢郢，东据城皋之险，割膏腴之壤，遂散六国之从，使之西面事秦，功施到今。"前人注曰："惠王时，司马错请伐蜀，灭之。后武王欲通车三川，令甘茂拔宜阳。今并云仪者，以仪为秦相，虽错灭蜀，甘茂通三川，皆归功于相欤。"

此说不无见地。对秦来说，张仪属客卿，李斯以其为例，颇具说服力。实际上真正运筹帷幄，决策千里的不是别人，而是秦惠文王自己。

二、朝那湫何以为诅楚文投石所

据《史记·封禅书》载，秦祠官所常奉天地名山川鬼神中有"湫渊祠朝那"。《集解》引苏林语："湫渊在安定朝那县，方四十里，停不流，冬夏不增减，不生草木。"又《正义》引《括地志》："朝那湫渊祠在原州平高县东南二十里。"

诅楚文刻石《大沉厥湫文》，治平中，渭之耕者得之于朝那湫旁（容庚《古石刻零拾》）。郭沫若《考释》指出："今在甘肃平凉县境，《告厥湫文》出朝那湫旁，地望正合。"

"荒祠黑水龙湫暗，绝坂丹崖鸟道盘。"明末清初吴梅村《送朱遂初宪副固原》诗①，描写的也正是朝那湫一带的自然地理风貌。

朝那湫之所以会成为诅楚文的投石所，或与以下因素不无关系。

其一，祭祀名山川泽之神原始宗教文化的支配与影响。

湫渊之神，自古立有专祠，受到祭祀。《史记·封禅书》载："自华以西，名山七，名川四。"名川四，"水曰河，祠临晋；沔，祠汉中；湫渊，祠朝那；江水，祠蜀。""国之大事，在祀与戎。"（《左传·成公十三年》）"祀"，指祭祀；"戎"，则指军事。湫：沉泽，水

① 赵翼：《瓯北诗话》卷九，《吴梅村诗》，北京：人民文学出版社，1963年。

潭。如果说《巫咸文》是选择在秦都雍即祖茔宗庙重地以告天的话，那么，《大沉厥湫文》则是选择在秦管辖之地朝那湫，即名山川泽中的“泽”以告天，均属国之典祀。

曲折而漫长的古代社会，在“天命观”的笼罩下，相信人间万事特别是生死祸福，均由神安排决定。因此，一切行动皆求神庇祐，便成为一种习见之现象。诅楚文称湫渊为“不显大神厥湫”（不显，即丕显，古人恒语），奉吉玉宣璧以祭，祈其德赐，克剂楚师，即其说明。公元前220年，秦始皇统一中国的第二年，便率百官来到朝那湫进行祭祀。《史记·秦始皇本纪》：“二十七年，始皇巡陇西、北地，出鸡头山，过回中。”元狩五年，汉武帝首巡安定郡，从骑数万，依次祭祀崆峒山和朝那湫，太史公司马迁曾随驾纪盛。此后又五次巡视北部边防，而且每次都不忘祭祀朝那湫。御驾鸾铃，扈从喝道，其场面和威仪概可想见。关中通往朝那湫一路，留下了无数车辙马迹。

今固原境内，有东海子、西海子。东海子，在固原市彭阳县城西北部川口乡干海村，因湖水走漏，当地人称为“干海子”。西海子，在固原市原州区西南部约20公里处的海子峡。清代，被列为固原八景之一，称“西海春波”。

“告神之文当不仅限于《巫咸》《厥湫》等，将来可能还有出土的希望。”郭沫若《考释》的这一推测，尽管至今尚未被证明，但作为总动员令的秦告神之文当不限于以上两地，是可以肯定的。

立祠祭祀，祈福祛祸，是历代帝王之所以到名山川泽顶礼膜拜的主要原因。正因为受这一祭祀文化的支配与影响，所以才选择祠朝那的湫渊作为诅楚文投石告天之所。

其二，兵员赋役等战略资源供给亟需。

“夫圣王之制祀也，法施于民则祠之，以死勤事则祀之，以劳定国则祀之，能御大灾则祀之，能捍大患则祀之。”“凡禘郊祖宗报，此五者，国之典祀也。加之以社稷山川之神，皆有功烈于民者也。”“及天之三辰，民所以瞻仰也。及地之五行，所以生殖也。及九州名山川泽，所以出财用也。”从《展禽论祀爰居》（《国语·鲁语上》）的这些话中，似可看出，中国古代之所以盛行祭祀名山川泽之神，除原始宗教文化观念所致外，当还存在一定的物质原因。

湫渊在安定朝那。秦楚丹阳、蓝田之战，朝那为秦之大后方。该地区兼山川水草之利，为农耕文化与游牧文化接壤地带。物产丰富，品类繁多，以粮食和马、牛、羊等为主。当地山大沟深，草木丰茂，畜牧业发达，狼也比较多。朝那，读作叱奴，即蒙古语之“狼”字。“语言是人类历史的化石。而‘族名’，作为血缘的语音标识，可能产生于人类语言的早期发育阶段，而它们又往往转化为语言最稳定的深层沉淀：姓氏、人名和地名。”①

《史记·货殖列传》载：“乌氏倮畜牧，及众，斥卖，求奇缯物，间献遗戎王。戎王什倍其赏，与之畜，畜至用谷量马牛。秦始皇帝令倮比封君，以时与列臣朝请。”《集解》韦昭曰：“乌氏，县名，属安定。倮，名也。”

这段史料所载，虽然是秦始皇时史实，但“畜至用谷量马牛”，却反映了乌氏倮拥有财富之惊人程度。畜牧业的发展与繁荣，为战争所需要的战略资源供给创造了有利条件。

战争是人力、物力、财力的较量。随着战争的不断消耗，继续战争的力量需要及时补充。“杀敌一万，自损三千”，指的是战争常识。丹阳之战，楚遭重创，丧师八万，连大将屈匄等也当了俘虏。楚怀王大怒，乃悉全国之兵袭秦，发动了蓝田之战。

---

①〔美〕朱学渊著：《中国北方诸族的源流》，北京：中华书局，2002年，第3页、178页、213页。

丹阳之战，秦已付出相当代价。自孝公重用商鞅，实行变法，开阡陌，励耕战，经济有一定发展。至秦惠文王时，在同一年的时间内，连续进行两次大战，对秦来说绝非易事。“争城以战，杀人盈城；争野以战，杀人盈野”（《孟子·离娄章句上》），战国时期，战争的残酷性与破坏性空前增大，消耗人力、物力惊人。一次大战过后，仅就所损兵甲、车马而言，正如《战国策》所说，“十年之田，而不能偿也”。

战争规模和持续能力受战争动员量的制约与支配。恩格斯指出：“尽管补充军队的方法（如征兵征制、普鲁士的后备军制、瑞士的民兵制、法国的全民征集制）各不相同，但近六十年来的经验证明：在资产阶级和自由小农的制度下，在任何一个民族战争中，被召入伍的都没有超过全体人口的7%，而参战的大约只有5%……对于一个民族甚至5%已经是够多的了。”并以俄国为例，说明其兵力从未超过2.08%，而现役军队则从未超过1.39%。“原因非常简单，就是因为幅员广阔而人口稀少，交通工具缺乏，国民生产低微。”① 所说虽然指近代社会且是世界他国情况，但对分析中国古代战争也同样具有指导意义。

军赋是国家按一定程序和途径征收的实物，以充军备。蓝田之战在即，楚兵压境，对秦来说，军赋的动员和补充，便成为当务之急。“兵不如者勿与挑战，粟不如者勿以持久”（《史记·张仪列传》），军赋以粮秣征集为重点。秦选择朝那湫作为投石所，也与该地区可为战争提供军赋等战略资源有关。战国时期，为适应骑兵发展的需要，秦曾开辟大批牧场，牧养马匹，以供军需。安定朝那既产粮，又出马，具有后勤基地建设条件。

蓝田之战前，秦四处告神，远及边鄙，更说明了这次战争动员的规模之大、范围之广、程度之烈。

其三，团结义渠戎等游牧部族稳定后方并力向敌。

匈奴，中国古代北方游牧部族之一。殷曰獯鬻，周曰猃狁，秦曰匈奴，不事耕作，逐水草而居，随畜牧而转移，人习战攻。侵盗暴虐中原。

《诗》曰：“薄伐猃狁，至于大原。”大、太通假，解诗者或指大原为今山西太原。顾炎武考证，大原，即今固原。“古之言大原者多矣……然则大原当即今之平凉，而后魏立为原州，亦是取古大原之名尔。”“而《国语》‘宣王料民于大原’，亦以其地近边而为御戎之备，必不料于晋国也。又按《汉书》贾捐之言，‘秦地南不过闽越，北不过大原，而天下溃畔。’亦是平凉而非晋阳也。”②

义渠戎是一个古老的部族，立国较早，势力颇强。都城在今甘肃庆阳地区，范围辖今甘肃东部、南部，宁夏南部，陕西北部等地区。战国时期，义渠成为秦称霸西戎的主要障碍，与秦抗衡170多年。秦灭义渠，“开地千里，遂霸西戎”。《史记·匈奴列传》：“秦穆公得由余，西戎八国服于秦，故自陇以西有绵诸、绲戎、翟、獂之戎，岐、梁山、泾、漆之北有义渠、大荔、乌氏、朐衍之戎。”“其后义渠之戎筑城郭以自守，而秦稍蚕食，至于惠王，遂拔义渠二十五城。”《史记·秦本纪》亦载，秦惠文王“十一年，县义渠……义渠君为臣”。后元十年，“伐取义渠二十五城”，此前，魏、赵、韩、燕、楚等国“合纵”伐秦，以楚怀王为纵长。时任魏相的公孙衍（犀首）曾对朝魏的义渠君说：“中国无事，秦得烧掇焚杅君之国；有事，秦将轻使重

---

①《马克思恩格斯军事文集》第一卷《1852年神圣同盟对法战争的可能性与展望》，沈阳：战士出版社，1981年，第183-184页。

②《日知录集释》，长沙：岳麓书社，1994年，第94-95页。

币事君之国。”诸国伐秦，陈轸谓秦惠文王曰：“义渠君者，蛮夷之贤君也，不如赂之以抚其志。”秦王依其计，“乃以文绣千纯，妇女百人遗义渠君。义渠君致群臣而谋曰：‘此公孙衍所谓邪？’乃起兵袭秦，大败秦人李伯之下。”（《史记·张仪列传》，李伯，邑号，《战国策》作李帛）秦从中原战场脱出手来，遂大举进攻义渠，扩大了在西北的势力范围。“秦攻占了戎的二十五座城邑，这说明那时，这个一度以游牧为生的民族，至少有一部分人已经定居了。”[①]筑城郭以自守和至少有一部分人已经定居的义渠，游牧与农耕结合，有利于经济的发展。

秦惠文王时，义渠虽为秦所败，但叛服无常。公元前315年，秦伐取义渠二十五城，在蓝田之战前三年。秦楚交战，秦虽取得了丹阳之战胜利，楚不甘心，卷土重来，秦兵退至地形和群众基础相对有利的蓝田地区，诱敌深入，待机破敌，并一秉哀兵求胜之道，通过揭露楚怀王一系列罪行，以争取人心，稳定团结包括已归附的义渠在内的游牧部族。义渠君与宣太后故事，在蓝田之战后，惠王已殁，反映了秦与义渠间后来关系的发展与演变，后文还将提到，兹不赘述。

选择朝那湫作为投石之所，稳定后方，一致对敌，也是原因之一。

三、诅楚文与固原区域文化

诅楚文虽然为战国时秦刻石文字，但距秦扫除六合、一统天下为时不远，因此，也是研究秦汉时期固原区域文化的珍贵历史文献。

文化的含义相当广泛，分类亦多，通常可分为物化文化、观念文化、制度文化。

从诅楚文看秦汉时期固原区域文化，可以由多视角进行观察。但综合地看，国防与军事的特点尤为凸显。在源远流长的诸文化中，兼具物化文化和观念文化性质的长城更有代表性。

诅楚文所举楚“率诸侯之兵以临加我，欲刬伐我社稷，伐灭我百姓……取吾边城……逼吾边境”等，虽为告神之语，也是对秦国军民讲的。国防观念、国防教育，乃题中之意。所谓全国“总动员”者，亦当从中求之。

战国后期，处于中国北部地区的燕、赵、秦三国，除面对中原各国的纵横兼并之战外，还有一个防止北方游牧部族侵扰的问题。这些游牧部族精于骑射，来去剽疾，非步兵、车兵所能制。因此，筑长城以防，“以墙制骑”便成为国防建设体系的重要构成。“至于战国，井田始废，而车变为骑，于是寇抄易而防守难，不得已而有长城之筑。”（《日知录》卷三一“长城”）战国七雄，皆筑长城，就连不在此列的中山国也不甘落后。长城分内地长城和边地长城两种，边地长城主要防御北方游牧部族侵扰。

“秦昭王时，义渠戎与宣太后乱，有二子。宣太后诈而杀义渠戎王于甘泉，遂起兵伐残义渠。于是秦有陇西、北地、上郡，筑长城以拒胡。”（《史记·匈奴列传》）这段长城属边地长城，经今宁夏固原市境原州、西吉、彭阳三区县，长约200公里，其遗址至今犹存。宣太后所筑长城，在固原境内留有遗迹，开秦筑长城之先河，为秦并天下后所筑长城奠定了基础。这段秦长城是固原文化的见证，研究秦汉时期固原区域文化，特别是国防和军事文化的特点，似不能不涉及这一史实。

“秦已并天下，乃使蒙恬将三十万众北逐戎狄，收河南。筑长城，因地形，用险制塞，起临洮，至辽东，延袤万余里。于是渡河，据阳山，逶迤而北。暴师于外十余年。”（《史记·蒙恬

① ［英］崔瑞德、鲁惟一编：《剑桥中国秦汉史》，北京：中国社会科学出版社，1992年，第46页。

列传》）秦始皇所筑长城，将战国时秦、赵、燕三国修筑的长城连接起来，从临洮到辽东，绵延万里，始有“万里长城”之称。长城是中华文明的创造、世界文化的遗产，是与埃及金字塔齐名的古代建筑。在生产力尚不发达的两千多年前，在没有大型机械作业的条件下，硬是凭着血肉之躯和简单器具在地球上完成了如此艰巨的工程。贾谊《过秦论上》：“乃使蒙恬，北筑长城，而守藩篱，却匈奴七百余里，胡人不敢南下而牧马，士不敢弯弓而报怨。”长城对保卫中原及边远广大地区人民安定生活、和平劳动起到了重要作用。

长城作为一种物化文化，又是国防和军事的代名词。随着时代的发展和变化，围绕国防和军事这一核心又被不断赋予新的内容，如国家防务与安全、军队建设与将领等，反映了物化文化与观念文化的联系。《诗经·国风·周南》中的《兔罝》：“赳赳武夫，公侯干城”，干，盾牌；城，边墙。万里长城，《南史·檀道济传》载，道济善用兵，北魏畏服，后遭谗被害。临死前感叹道：“乃自坏汝万里长城！”意谓将领为国守边，作用重大。在重物，还是重人上，有的则认为修筑长城，不如重用善于用兵打仗的将领。“但得辕门能拜将，边墙何用两三重？”（汤显祖《朔塞歌》）“不到长城非好汉，屈指行程二万”，毛泽东“长征组诗”《清平乐·六盘山》，更使长城及其文化深入人心。这首词将“长城”与“好汉”联系起来，所标举与褒扬的不畏艰苦、不断进取精神，不仅激励当年的中国工农红军完成长征、北上抗日，奠基大西北，至今仍在鼓舞我们为实现中华民族伟大复兴的理想而努力奋斗。

诅楚文所谓“唯是秦邦之羸众敝赋，鞧输栈舆，礼使介老，将之以自救”，除体现哀兵求胜思想外，也包含有重视国防、重用将领的观念。刘邦《大风歌》“安得猛士兮守四方？”主要指防御匈奴，也是对国防的重视和将领的呼唤。固原作为中国古代北部军事重镇之一，历史上曾涌现众多著名将领。与由长城而衍生的国防观念在该区域的生根、发芽、开花、结果不无关系。

秦都关中，处四关之中，东有函谷关（今河南灵宝西南），南有武关（今陕西商县东），西有散关（今陕西宝鸡西南），北有萧关（今宁夏固原东南）。关塞控扼要点，便于军行，具有战略意义，因此，也是战争双方激烈争夺的重点目标。“汉孝文皇帝十四年，匈奴单于十四万骑入朝那、萧关，杀北地都尉印，虏人民畜产甚多，遂至彭阳。使奇兵入烧回中宫，候骑至雍甘泉”；“单于留塞内月余乃去，汉逐出塞即还，不能有所杀”（《史记·匈奴列传》）。萧关，作为关中北大门，是战国秦长城的雄关要塞。同时，也是秦长城与古丝绸之路交叉联结的交通枢纽。萧关道，作为古丝绸之路东道北路的一段，乃内地通往西域的主要孔道。固原，是闪耀在古丝绸之路上的一颗明珠

长城既是战争的产物，也是和平的屏障，见证了民族团结和由此带来的经济发展。“玉帛朝回望帝乡，乌孙归去不称王。天涯静处无征战，兵气销为日月光”（常建《塞下曲四首》其一），立足于民族团结的高度，突出了化干戈为玉帛的和平统一、友好相处的主题。乌孙是活动在伊犁河谷一带的游牧部族，属西域大邦之一。汉武帝为抚定西域，坚持与乌孙修好，相互聘问不绝。在中国历史上，中央王朝与西域诸族的关系错综复杂，战争与和平交替出现。该诗择取其中美好的一页加以歌颂，被认为是“赋予边塞诗一种全新的意境”①。“边城暮雨雁飞低，芦笋初生渐欲齐。无数铃声遥过碛，应驮白练到安西”（张籍《凉州词》），白练，即丝绸。全诗以追怀往昔丝绸之路的繁荣景象作结，表达了对战争的厌恶、对和平的向往。“无数铃声遥过碛，应驮白练到安西”，不也是历史上曾出现过的真实景象吗?

---

①《唐诗鉴赏辞典》，上海：上海辞书出版社，1983年，第754页。

以诗证史、以诗补史、诗史互证，作为观念文化的诗歌，可以说明许多问题。《诗·秦风·无衣》“岂曰无衣，与子同袍”，一件战袍，还要合着穿，歌颂了秦国在经济条件还相对薄弱的条件下，士兵却团结友爱、不畏艰苦、勇于战斗的精神，与楚诅文所称“羸众敝赋，鞟輸栈舆”显为同一底色。以弱胜强，是从战略上讲的。要做到这一点靠的是什么？除了谋略，就是精神，就是观念。秦人正是在富国强兵的物质基础上，凭借谋略、精神与观念，终于战胜了其他六国。或认为“与函谷关外的六国相比，秦国是落后的，物质文明固然落后，精神文明尤其落后”，这一观点，值得商榷。

秦之所以能够崛起并日趋强大，除了具有强大的军事力量以外，同时也与具有强大的文化力量分不开。这种文化，以朴茂强倔、自强不息为主要特征。究其原因，盖由秦砺山带河的特殊自然环境和物质并不富裕的生活条件所决定。同时，也与长期致力于教化有关。

书法艺术是一种观念文化，诅楚文在中国书法史上占有突出地位。它由小篆刻成，结体平稳端庄，字体呈正方形，每字各个部分摆放匀称，线条圆润流畅，保存了铜器铭文的痕迹，与大篆《石鼓文》并驾齐驱。后世攻篆书者，也多以之为范本。梁鹄，东汉书法家，安定乌氏（今宁夏固原东南）人，善师宜官八分体。“至灵帝。好书。时多能者，而师宜官为最，大则一字径丈，小则方寸千言，甚矜其能”。梁鹄亦善作大字，用笔能尽其势。魏武帝曹操甚爱其书，宫殿题署，多出鹄手。八分书，“去隶字八分取二分，去小篆二分取八分，故谓之八分。”（《宣和书谱》引蔡邕语）“龙腾虎踞兮势非一，交戟横戈兮气雄逸”，八分书以遒劲刚健取胜，主要从秦小篆中汲取了养分。《绛帖》为汇刻丛帖，共20卷，收集中国宋代以前的书法精品，因尚书郎潘师旦摹刻于绛州（今山西新绛）而得名。此帖刻于宋皇祐、嘉祐年间（1049—1063年），以《淳化阁帖》为底本而有所增删，属《淳化阁帖》谱系之一。《绛帖》以《淳化阁帖》为底本，但增删较大。《绛帖》重视和收入诅楚文，使之广泛流传，对保存和传播中国书法遗产起到了普及作用。

在战争中发布军事文告，动员人民和军队，是历代传承的重要军事制度之一。殽之战，由孟明视等三将率领的秦军在袭郑不成的返回途中遭到晋军伏击，全军覆没，三将为晋所俘，幸得放还。事前，老臣蹇叔曾苦谏，不听。《蹇叔哭师》，言之甚详。后来，秦穆公亲临殽山战场，收骨安葬，以恤亡灵。同时发布著名的《秦誓》以做检讨，认为这次战争失败的责任不在将士，而在身为国君的“余一人”。“三十六年，缪公复益厚孟明等，使将兵伐晋，渡河焚船，大败晋人，取王官及鄗，以报殽之役。晋人皆城守不敢出。于是缪公乃自茅津渡河，封殽中尸，为发丧，哭之三日。乃誓于军曰：‘嗟士卒！静无哗，余誓告汝。古之人谋黄发番番，则无所过。’以申思不用蹇叔、百里奚之谋，故作此誓，令后世以记余过。君子闻之，皆为垂涕，曰：‘嗟乎！秦缪公之与人周也，卒得孟明之庆。’”（《史记·秦本纪》）秦穆公能引咎自责，《秦誓》作为先秦军誓之一，向受史家重视。

诅楚文，上承《秦誓》，下启《秦正告天下文》，是秦军事文化链条中的重要一环。

秦始皇统一六国，先后有告诸国文，如《告楚文》《告韩文》《告魏文》等（见《史记·苏秦列传》），是对其前朝以文告助军事这一做法的继承与发扬。

“秦取天下，非行义也。秦之行暴，正告天下。”（苏代《阻燕昭王赴秦语》，正告，谓显然而告示天下也）。其《告楚文》曰：“蜀地之甲，乘船浮于汶（指长江所出之岷山），乘夏水而下江，五日而至郢（楚国都城）。汉中之甲，乘船出于巴，乘夏水而下汉，四日而至五渚（洞庭，或说五湖）。寡人积甲宛东下随（宛县之东而下随邑），智者不及谋，勇者不及怒，寡人如射隼（鹰）矣！王乃欲待天下而攻函谷，不亦远乎！”其《告韩文》曰：“我起乎少曲（地名，邻近河南宜阳），一日而断大行（太行山羊肠阪道，北过韩上党）。我起乎宜阳而触平阳（二地皆韩大都，隔河相望），二日而莫不尽繇（动摇）。我离两周（洛阳王城及巩，巩，今河南巩义）而触郑，五日而国举（拔）。”其《告魏文》曰：“我举安邑（今山西夏县），塞女戟（地名，在太行山之西），韩氏太原（或说当为“太行”）卷（断绝）。我下轵（今河南济源境），道南阳，封冀，包两周。乘夏水，浮轻舟，强弩在前，锬（利）戈在后，决荥口，魏无大梁（魏国都城，今河南开封）；决白马之口，魏无外黄、济阳；决宿胥之口，魏无虚（虚，殷墟，今河南安阳）、顿丘。陆攻则击河内，水攻则灭大梁。”

秦告楚、韩、魏诸国文，主要是展示自己的军事实力和有利于己的战略态势，是一种战略威慑。其结果是：“楚王为是故，十七年事秦”；“韩氏以为然，故事秦”；“魏氏以为然，故事秦”。

“汉承秦制”，不仅反映在政治制度上，而且也体现在军事制度上。在秦末农民大起义的浪潮中，刘邦“书帛射城上”，劝沛父老反秦，“父老乃率子弟共杀沛令”；出汉中为义帝发丧，传檄定三秦；在荥阳之战中“数项王十罪”，无不是依样画葫芦，以文告助军事，效秦做法。在战争的人力、物力动员上更是如此。“汉五年，既杀项羽，定天下，论功行封。群臣争功，岁余功不决。高祖以萧何功最盛，封为先酂侯，所食邑多。”群臣不服，关内侯鄂千秋认为：“夫上与楚相距五岁，尝失军亡众，逃身遁者数矣。然萧何常从关中遣军补其处，非上所诏令召，而数万众会上之乏绝者数矣。”又说：“夫汉与楚相守荥阳数年，军无见粮，萧何转漕关中，给食不乏。陛下虽数亡山东，萧何常全关中以待陛下，此万世之功也。”（《史记·萧相国世家》）就连刘邦本人也承认，“镇国家，抚百姓，给馈饷，不绝粮道，吾不如萧何”（《史记·高祖本纪》）。由此亦可看出，战争动员对于决定战争进程与结局的影响。

古史研究，文献难征。“薄伐猃狁，至于大原。”《诗经·六月》，赫然在册。“于是乎有刑罚之辟，有攻伐之兵，有征讨之备，有威让之令，有文告之辞”，《国语上·祭公谏征犬戎》，早见“文告”。周穆王之征犬戎，周宣王料民太原，周幽王亡于犬戎，无不与固原牵连。以上乃西周史事；而诅楚文所补史之缺文，则专指战国后期，其影响作用于秦汉者盖亦大矣！

文化丰碑屹千古，苔痕漫漶感怀多。《大沉厥湫文》作为诅楚文刻石之一，始沉于水，终得于田，饱经沧桑世变，为固原区域增添了丰厚的文化蕴藏。

（作者系中国军事科学院军事百科研究部原副部长、少将、研究员）

两汉时期的安定郡

赵国华

内容摘要 两汉时期的安定郡处在农耕民族与游牧民族、关中地区与河西走廊的交接点，伴随汉王朝西进政策的调整发生重大的转变。汉武帝时期，安定郡作为一线边郡，是拱卫京师的战略枢纽，而到河西四郡设立之后，不再属于一线边郡，但在应对羌乱方面仍发挥重要作用。东汉初期，随着汉王朝向东收缩，安定郡不再是战略枢纽，又沦为一线边郡，而到羌乱炽盛之际，安定郡已经难于维系，在反复内迁的过程中衰败下来。安定郡由盛到衰的转变同汉王朝的中央决策和地方治理有着密切的关系。从中央决策来看，汉朝廷实行西进政策，安定郡就快速地发展；汉朝廷采取收缩措施，安定郡就急剧地衰败。从地方治理来看，安定郡快速地发展，有赖于稳定的社会秩序；安定郡急剧地衰败，产生于严重的地方骚乱。汉王朝的中央决策与地方治理是决定安定郡由盛而衰的关键因素。

关键词 汉代 安定郡 区域史研究

两汉时期，安定郡东邻北地，北通武威，西连天水，南接扶风[①]，是汉王朝西北边区的一个行政区域。伴随汉王朝的发展和演变，安定郡历经了三个重要时期——汉武帝时期、两汉之际、汉安帝和顺帝时期。本文拟从中央决策与地方治理两个方面，探讨安定郡发生的重大事件，进而说明安定郡的区域特征。

一

汉武帝元鼎三年（前114年），汉朝廷为了巩固西北边区，继续推行西进政策，从北地郡分置安定郡，下辖十二县：高平、临泾、安武、彭阳、抚夷、参䜌、祖厉、鹑阴、阴密、泾阳、乌氏、爰得、安定，郡府设在高平。仅就区位优势而言，安定郡向内联结京城长安，对外直通河西走廊，是一个重要的战略枢纽。因此，安定郡的设置，可以说是汉武帝经略西北的重大举措。

从元鼎五年（前112年）到后元元年（前88年），基于安定郡的战略地位，汉武帝先后六次出巡安定郡。

> （元鼎）五年冬十月，行幸雍，祠五畤，遂逾陇，登空同，西临祖厉河而还。[②]

---

① 天水郡，汉武帝元鼎三年设置，明帝永平十八年改称汉阳郡。扶风，亦称右扶风，与京兆尹、左冯翊合为三辅地区。

②《汉书》卷六《武帝纪》，北京：中华书局，1962年，第185页。

这是汉武帝第一次出巡安定。所谓“陇”指陇山，“空同”即崆峒山，祖厉河流经今甘肃会宁、靖远，北入黄河。这次出巡安定是汉武帝巡视西北边区的一部分活动。《资治通鉴》记述这次活动，又说：“陇西守以行往卒，天子从官不得食，惶恐，自杀。于是上北出萧关，从数万骑猎新秦中，以勒边兵而归。新秦中或千里无亭徼，于是诛北地太守以下。”①可见汉武帝出巡阵仗庞大，致使陇西太守惊慌自杀，而北地太守被诛杀，则完全是整饬边防所致。

（元封）四年冬十月，行幸雍，祠五畤。通回中道，遂北出萧关，历独鹿、鸣泽，自代而还，幸河东。②

这是汉武帝第二次出巡安定。所谓“回中”，位于高平县内，其地建筑有宫室；“回中道”即回中至萧关的通道③，萧关在回中之北，亦属安定郡。汉武帝在安定期间，下令免除高平、朝那两县本年的租赋，以示皇恩浩荡。汉武帝离开安定之后，又越过独鹿山、鸣泽④，途经代郡、河东郡，折转返回长安。

（太初元年）秋八月，行幸安定，遣贰师将军李广利发天下谪民西征大宛。⑤

这是汉武帝第三次出巡安定，在高平部署军事行动，即派贰师将军李广利征讨大宛。汉武帝关注着大宛之战，在元封六年冬、太初四年冬、天汉二年春、太始二年春，先后四次“行幸回中”，都与征伐大宛和反击匈奴有关系。值得一提的是，唯涂光本为容城侯，担任太常一职，太始三年徙为安定都尉，当是一个特殊的行政案例。

（太始四年）十二月，行幸雍，祠五畤，西至安定、北地。⑥

这是汉武帝第四次出巡安定，在雍城祭祀五帝之后，又专程巡视安定、北地两郡，仍表明汉武帝对西北边防的重视。

（征和）三年春正月，行幸雍，至安定、北地。⑦

这是汉武帝第五次出巡安定。据《海内十洲记》，汉武帝在安定期间，“西胡月支国王遣使献香四两，大如雀卵，黑如桑葚，帝以香非中国所有，以付外库。又献猛兽一头，形如五六十日

①《资治通鉴》卷二〇《汉纪》，北京：中华书局，2012年，第674页。
②《汉书》卷六《武帝纪》，第195页。
③《汉书·武帝纪》应劭注：“回中在安定高平，有险阻，萧关在其北，通治至长安也。”颜师古注：“回中在安定，北通萧关，应说是也。而云治道至长安，非也。盖自回中通道以出萧关。”按应劭所云，回中道修成后，从萧关直通长安，亦未有误。
④《汉书·武帝纪》服虔注：“独鹿，山名也；鸣泽，泽名也，皆在涿郡遒县北界也。”
⑤《汉书》卷六《武帝纪》，第200页。
⑥《汉书》卷六《武帝纪》，第207页。
⑦《汉书》卷六《武帝纪》，第209页。

犬子，大似狸而黄。”由此可见，安定郡处于丝绸之路的交通要道，已经成为汉王朝与西域诸国进行外交活动的重要场所。

后元元年春正月，行幸甘泉，效泰畤，遂幸安定。[①]

这是汉武帝第六次出巡安定，也是他最后一次出巡活动。汉武帝先在甘泉祭祀太一神，而后来到安定郡。与前两次西巡相比，这次出巡仍带有祭祀、防务双重意义，所以他稍后下诏说：“朕郊见上帝，巡于北边，见群鹤留止，以不罗网，靡所获献。荐于泰畤，光景并见。其赦天下。”[②]也许因为年迈体弱，汉武帝只在高平逗留，而没有再去北地郡。

据《汉书·武帝纪》统计，汉武帝在位54年间，总共出巡39次，其中有6次出巡安定郡，另有4次旅居回中宫。这表明他非常重视安定郡，其用心在于经略西北边区，也表明安定郡在汉王朝经略西北过程中，具有重要的战略地位。

二

河西四郡设立以后，安定郡仍与陇西、天水、北地、西河、上郡统称“六郡”[③]，带有浓厚的军事特性，但不再是一线边郡。所以，自从昭宣以降，汉朝诸帝处理西北边区事务，都不像汉武帝那样，经常出巡安定郡。安定郡进入一个相对稳定时期，地方治理成为当务之急。这一时期的安定太守，见诸记载的有任胜、孙会宗、蒋辅、王尊、谷永、冯参、萧由、金参八人。[④]这八人在太守任上，大都没有什么作为，只有王尊治理安定，留下一段特殊政绩。

任胜是霍光的二女婿，在霍光执政时担任中郎将羽林监，掌管皇帝禁卫。地节二年（前68年）三月，在霍光去世后，他被调任安定太守。地节四年（前66年）七月，汉宣帝以“谋为大逆”之罪清除霍氏外戚，竟将任胜处死，而在诏书中称“中郎将任胜”，则任胜担任安定太守，为时不超过两年。

孙会宗，西河郡人，汉宣帝时任安定太守，与光禄勋杨恽交好。杨恽被贬为庶人，仍不停地置办产业，结交宾客。孙会宗为此致书劝诫，认为“大臣废退，当阖门惶惧，为可怜之意，不当治产业，通宾客，有称誉”。[⑤]杨恽不但不接受劝戒，反而抱怨朝廷，回信责怪孙会宗，“足下离旧土，临安定，安定山谷之间，昆戎旧壤，子弟贪鄙，岂习俗之移人哉？于今乃睹子之志矣。”[⑥]五凤二年（前56年），杨恽被人告发，因失爵“不悔过，怨望，大逆不道”被腰斩[⑦]，孙会宗受牵连被免职。在孙会宗任职期间，汉朝廷动用武力平定西羌，牵涉到安定郡。

神爵元年（前61年）三月，西羌发起暴动，汉宣帝下诏征发三辅、中都官徒弛刑，及应募

---

①②《汉书》卷六《武帝纪》，第211页。

③“六郡”的称谓，最初包括西河郡，而不包括金城郡。所以，《汉书·地理志》颜师古注：“六郡谓陇西、天水、安定、北地、上郡、西河。”汉昭帝分割陇西、天水，设置金城郡，金城被列入“六郡”，代替西河郡。所以，《汉书·赵充国传》服虔注：“金城、陇西、天水、安定、北地、上郡是也。”

④参见严耕望：《两汉太守刺史表》，上海：商务印书馆，1948年，第78–79页。

⑤《汉书》卷六六《杨敞传》，第2894页。

⑥《汉书》卷六六《杨敞传》，第2897页。

⑦《汉书》卷八《宣帝纪》，第266页。

佽飞射士、羽林孤儿，胡、越骑，三河、颍川、沛郡、淮阳、汝南材官，金城、陇西、天水、安定、北地、上郡骑士、羌骑，都集中到金城，继而派后将军赵充国、强弩将军许延寿率领征讨西羌。这次行动很快获得成功，但陇右诸郡损失惨重。有鉴于此，京兆尹张敞上书建议：

国兵在外，军以夏发，陇西以北，安定以西，吏民并给转输，田事颇废，素无余积，虽羌虏以破，来春民食必乏。穷辟之处，买亡所得，县官谷度不足以振之。愿令诸有罪、非盗受财杀人及犯法不得赦者，皆得以差入谷此八郡赎罪。务益致谷以豫备百姓之急。①

这一建议引起汉宣帝重视，随即交付公卿大臣讨论，经过左冯翊萧望之、少府李强的驳议和丞相、御史大夫两府的辩论，终究未被朝廷采纳。但从这一建议来看，在平息羌乱过程中，安定郡遭到巨大的损失。

王尊字子赣，涿郡高阳人，汉元帝时被举荐为直言之士，担任虢县令。初元四年（前45年），汉元帝行幸雍城，路过虢县，王尊依照相关规定，供给各种物品，后由于政绩突出，被提拔为安定太守。他上任伊始，就向各属县发布教令，其中写道：

令长丞尉奉法守城，为民父母，抑强扶弱，宣恩广泽，甚劳苦矣。太守以今日至府，愿诸君卿勉力正身以率下。故行贪鄙，能变更者与为治。明慎所职，毋以身试法。②

过了一个多月，王尊又向郡掾功曹发布教敕，其中写道：

各自底厉，助太守为治。其不中用，趣自避退，毋久妨贤。夫羽翮不修，则不可以致千里；阃内不理，无以整外。府丞悉署吏行能，分别白之。贤为上，毋以富。贾人百万，不足与计事。昔孔子治鲁，七日诛少正卯，今太守视事已一月矣，五官掾张辅怀虎狼之心，贪污不轨，一郡之钱尽入辅家，然适足以葬矣。今将辅送狱，直符吏诣阁下，从太守受其事。丞戒之戒之！相随入狱矣！③

依此可知，王尊担任安定太守，刚上任就亮出施政要领：一是告诫属县官员，必须奉公守法，切勿以身试法；二是要求郡府属吏，必须贤明尽能，不可庸碌无为。王尊说到做到，严厉地惩治贪腐行为，在上任一个月内，就查出五官掾张辅贪污一案，“辅系狱数日死，尽得其狡猾不道，百万奸臧。”这一惩治贪腐的案件，在安定郡反响极大，“威震郡中，盗贼分散，入傍郡界。”④令人遗憾的是，在整饬吏治过程中，“豪强多诛伤伏辜者”，因为执法手段严酷，王尊被免去太守职务。后来，班固为王尊作传，简要地评论说：“王尊文武自将，所在必发，谲诡不经，好为大言。”⑤这种对王尊的指斥，自然算不上公允。

谷永字子云，京兆长安人，汉成帝建始三年（前30年）被举荐为方正，参与对策，擢为光禄大夫。数年之后，他被调任安定太守，离开京城。但在朝任职期间，他涉入王氏外戚内部权力之

①《汉书》卷七八《萧望之传》，第3275页。
②③④《汉书》卷七六《王尊传》，第3228页。
⑤《汉书》卷七六《王尊传》，第3240页。

争，与平阿侯王谭交好，而与御史大夫王音失和。阳朔三年（前22年），王音接任大司马车骑将军，辅佐朝政。“永远为郡吏，恐为音所危，病满三月免。”[①]这说明谷永任安定太守，时间并不很长，还是因病被免职。其后，汉朝廷两度调派谷永，分别担任凉州刺史、北地太守，说明他对凉州事务还比较熟悉。

冯参字叔平，京兆杜陵人，少时为黄门郎给事中，宿卫宫廷十余年。汉成帝永始年间，从渭陵寝中郎擢升代郡太守，“以边郡道远，徙为安定太守。”[②]冯参不愿做代郡太守，而愿往安定郡做官，说明这时的安定郡较代郡有一定的优越性。冯参在任数年间，并无可称道之处，后因病被免职。

萧由字子骄，京兆杜陵人，前将军萧望之之子，汉成帝时被举荐为贤良，出任定陶令，继而升任太原都尉，转任安定太守。“治郡有声，多称荐者。”[③]绥和二年（前7年），汉哀帝继位之后，因为在做定陶王时，萧由曾经有失旨意，竟然特颁制书，将萧由免为庶人。这种公报私怨的举措，从一个侧面反映出当时朝廷政治的败坏。

金参本是匈奴人，光禄大夫金日磾之侄曾孙[④]，汉哀帝时曾经出使匈奴，历任匈奴中郎将、越骑校尉、关内都尉，改任安定、东海太守。然因缺乏记载，金参任安定太守的具体时间，已无从考知。

总起来说，西汉时期的安定太守大多数出自名门望族，在地方治理上乏善可陈。不过，从昭帝、宣帝，到哀帝、平帝，经过一百多年时间，在相对稳定的环境中，安定郡以其重要的战略地位，仍得到较大的发展。汉平帝元始二年（2年），全郡下辖21个县：高平、复累、安俾、抚夷、朝那、泾阳、临泾、卤、乌氏、阴密、安定、参䜌、三水、阴槃、安武、祖厉、爰得、眴卷、彭阳、鹑阴、月氏道，共有42725户、143294人，达到两汉时期的最高纪录，称得上安定郡繁荣的标志。

三

两汉之际，安定郡经历频繁的政权更迭，先后被新朝、更始政权、卢芳、隗嚣集团和东汉王朝所控制，成为各种政治势力争夺的焦点地区，因而一直处于战乱状态。

新朝建立以后，为了建构新的统治秩序，王莽全力改革土地、人口、工商、货币制度和民族政策，大幅度地变更行政区划、郡县和职官名称。天凤元年（14年），“以《周官》《王制》之文，置卒正、连率、大尹，职如太守；属令、属长，职如都尉……公氏作牧，侯氏卒正，伯氏连率，子氏属令，男氏属长，皆世其官。其无爵者为尹。”[⑤]安定郡的属县高平改称铺睦，乌氏改称乌亭，三水改称广延亭，安武改称安桓，祖厉改称鄉礼，月氏道改称月顺。仅从这一举措来看，王莽改制带有严重的缺陷，罔顾实效而急于求新，结果只能徒滋纷扰。正是在这种背景下，更始帝刘玄、卢芳、隗嚣和光武帝刘秀纷纷登场，在安定郡展开了激烈的争夺战。

---

①《汉书》卷八五《谷永传》，第3456页。

②《汉书》卷七九《冯奉世传》，第3306页。

③《汉书》卷七八《萧望之传》，第3291页。

④ 按《汉书·金日磾传》，日磾之弟伦，曾任黄门郎；伦生安上，宣帝时任建章卫尉；安上生敞，成帝时任卫尉；敞生参。

⑤《汉书》卷九九《王莽传》，第4136页。

本来，随着王莽改制失败，新朝统治急剧逆转，“人心思变”转向“人心思汉”。安定人卢芳凭借“天下咸思汉德”的社会心理，编造历史故事，诈称汉武帝的曾孙刘文伯，欺骗和迷惑安定民众，进而纠合三水属国羌胡，起兵反对新朝统治。更始二年（24年），更始帝进据长安，征召卢芳为骑都尉，“使镇抚安定以西”。①到更始政权垮台时，“三水豪杰共计议，以芳刘氏子孙，宜承宗庙，乃共立芳为上将军、西平王，使使与西羌、匈奴结和亲。”②匈奴单于派句林王领兵迎接卢芳，卢芳与其兄卢禽、弟卢程投奔匈奴。匈奴单于立卢芳为汉帝，任命卢程为中郎将，率领胡骑返回安定。

还在地皇四年（23年）七月，因为昆阳战役的惨败，新朝统治摇摇欲坠。天水人隗崔趁乱起兵，劫杀天水大尹李育，立其侄隗嚣为上将军，向各郡县发布檄文，声讨王莽的各种罪行，纠集部众十万人，攻杀雍州牧陈庆，继而进攻安定郡。安定大尹王向是平阿侯王谭之子③，“威风独能行其邦内，属县皆无叛者。嚣乃移书于向，喻以天命，反复诲示，终不从。于是进兵虏之，以徇百姓，然后行戮，安定悉降。”④隗嚣攻取陇右地区，并效忠于更始政权。

更始三年（25年）正月，平陵人方望在长安，鉴于更始政权混乱，预料更始帝必定失败，就对安陵人弓林说：“前定安公婴，平帝之嗣，虽王莽篡夺，而尝为汉主。今皆云刘氏真人，当更受命，欲共定大功，何如？”⑤弓林表示同意，在长安找到刘婴，把他带到安定临泾，正式立为皇帝，聚集党羽数千人，方望为丞相，弓林为大司马。更始帝得报之后，立即派丞相李松、讨难将军苏茂领兵征讨，斩杀刘婴、方望、弓林等人，进而占领安定郡。其后，更始政权发生内讧，张卬、廖湛、胡殷等人反叛更始帝，发动兵变。隗嚣被迫逃回天水，招聚原有的部众，自称西州上将军，迅速形成一方割据势力。

同年六月，刘秀在鄗城称帝，建立东汉政权。赤眉军进逼长安，立刘盆子为皇帝。前将军邓禹率军西进，占领安邑，企图乘势夺取关中。十二月，邓禹进驻云阳，裨将冯愔引兵叛变，向西进入天水。隗嚣出兵迎击，在高平击破冯愔，缴获其所有辎重。于是，邓禹承制遣使持节任命隗嚣为西州大将军，专制凉州、朔方政事。然而，隗嚣割据陇右地区，表面上归附于东汉政权，暗地里一直谋求独立自保，无法得到光武帝的信任。光武帝要隗嚣出兵伐蜀，隗嚣就派长史上书，宣称三辅兵力薄弱，又有卢芳在旁边，不宜出兵伐蜀。光武帝“知嚣欲持两端，不愿天下统一，于是稍黜其礼，正君臣之仪”。⑥直到建武六年（30年）四月，刘秀亲临长安，“遣虎牙大将军盖延等七将军从陇道伐公孙述”⑦，先派来歙携带玺书告谕隗嚣。五月，隗嚣公然反叛，盖延等人与隗嚣战于陇坻，遭到失败。光武帝为此下诏说：

①②《后汉书》卷一二《卢芳传》，北京：中华书局，1965年，第506页。

③王向，《汉书·王莽传》作“王旬”，称地皇四年秋，隗崔、隗嚣起兵，“攻杀雍州牧陈庆、安定卒正王旬”。然据《后汉书·隗嚣传》，当作“王向”，且官居大尹，而非卒正。

④《后汉书》卷一三《隗嚣传》，北京：中华书局，1965年，第519页。

⑤《后汉书》卷一一《刘玄传》，北京：中华书局，1965年，第473页。

⑥《后汉书》卷一三《隗嚣传》，北京：中华书局，1965年，第524页。

⑦《后汉书》卷一《光武帝纪下》，而《后汉书·隗嚣传》称“遣建威大将军耿弇等七将军从陇道伐蜀”，则此次军事部署，盖延、耿弇孰为主将，尚需考证。

惟天水、陇西、安定、北地吏人为隗嚣所诖误者，又三辅遭难赤眉，有犯法不道者，自殊死以下，皆赦除之。①

这是一道大赦诏令，光武帝之所以要赦免天水、陇西、安定、北地吏人，是为了瓦解隗嚣集团。十二月，隗嚣派行巡进攻扶风，被征西大将军冯异击破。此后四年间，安定郡作为光武帝与隗嚣集团的必争之地，上演了反复鏖战的场面。建武七年（31年）三月，公孙述立隗嚣为朔宁王。八月，隗嚣统率步骑兵三万人，进攻安定阴槃，被征西大将军冯异击退。建武八年（32年）正月，中郎将来歙袭取略阳，隗嚣“出不意，惧更有大兵，乃使王元拒陇坻，行巡守番须口，王孟塞鸡头道，牛邯军瓦亭，嚣自悉其大众围来歙”。②闰四月，光武帝率军征讨隗嚣，河西大将军窦融率领张掖、武威、酒泉、敦煌和金城五郡太守，与光武帝会师于高平。隗嚣集团分崩离析，有16个属县请降。隗嚣逃到西城，又被大司马吴汉、征南大将军岑彭包围。十一月，公孙述出兵援救隗嚣，加上汉军食粮用尽，吴汉等人撤回长安，于是安定、北地、天水、陇西重归隗嚣。

建武九年（33年）正月，隗嚣病死于冀城，王元、周宗立其子隗纯为王。八月，光武帝派中郎将来歙监护征西大将军冯异等，征讨隗纯。建武十年（34年）八月，光武帝亲临汧县指挥作战，派执金吾寇恂携带玺书，前往高平第一城，劝说守将高峻投降。高峻派军师皇甫文出城会谈，因皇甫文不肯屈从而被寇恂处斩，随即开城门请降。十月，来歙、盖延、耿弇等人攻破落门，隗纯等人被迫投降，整个陇右归属东汉。

尚须指出的是，东汉首任安定太守是冯异。冯异字公孙，颍川父城人，早年为郡掾，后随刘秀任主簿，经略河北有功，升任偏将军，被封为应侯。建武三年（27年），光武帝任命冯异为征西大将军，指挥对赤眉军作战，负责平定关中地区。建武六年（30年），冯异进军义渠，兼任北地太守；而后击破卢芳的部将贾览和匈奴薁鞬日逐王，上郡、安定两郡归附，又领安定太守。从冯异兼任安定太守来看，光武帝非常重视对安定郡的控制。

四

自光武中兴以后，西北边区大体上保持稳定，安定郡作为丝路重镇，得到了一定程度的恢复。但到安帝和顺帝时期，西羌各部接连发起暴动，安定郡不断遭受祸害，呈现出社会凋敝的景象。这一时期的安定太守，见诸记载的仅有杜恢、郭璜两人，还都与平息羌乱相联系。

早在东汉前期，汉朝廷为了治理羌族，采取剿抚并用的措施，收到不小的成效。许多羌族部落归附汉王朝，陆续走出西部荒原，向塞内迁徙。其中，烧当羌迁徙到安定郡，其他部落分散到各郡。羌人生活在新的地区，遭受当地政府和豪强的双重奴役，产生深重的怨恨情绪。这一时期的羌族暴动，对金城、陇西、汉阳诸郡冲击较大，安定郡所受的冲击较小。如永元十三年（101年），烧当羌首领迷唐攻打边塞，护羌校尉周鲔与金城太守侯霸统领诸郡兵，征讨迷唐。“羌众折伤，种人瓦解，降者六千余口，分徙汉阳、安定、陇西。”③安定郡安置一些降附的羌人，由

---

①《后汉书》卷一《光武帝纪下》，第48页。

②《后汉书》卷一三《隗嚣传》，章怀太子注：番须口，与回中相近，并在汧；鸡头，山道也，“鸡”或作“笄”，一名崆峒山，在今原州西；安定乌支县有瓦亭故关，有瓦亭川水，在今原州南。

③《后汉书》卷八七《西羌传》，第2884页。

此爆发了羌人反叛事件。永元十四年（102年），“安定降羌烧何种胁诸羌数百人反叛，郡兵击灭之，悉没入弱口为奴婢。”这种羌乱属于突发事件，仅靠当地官府就能平息，还停留在地方治理层面。

汉安帝永初元年（107年），羌族发起大规模暴动，先零羌大肆掳掠，切断关中通往诸郡的道路。汉朝廷派车骑将军邓骘、征西校尉任尚统率步骑兵五万人，进驻汉阳，以防止羌乱蔓延。但到次年正月，邓骘在冀县被钟羌击破，任尚在平襄被先零羌击败。先零羌首领滇零在北地称帝，公然向汉朝廷挑战。到了永初五年（111年），先零羌攻打河东，进入河内，当地百姓惊慌不安，纷纷往南逃过黄河。汉朝廷派北军中侯朱宠率领五营兵，在孟津布防，阻止羌人进犯京城；同时下令魏国、赵国、常山、中山等地修筑堡垒，防备羌人攻掠冀州。随着羌乱日趋炽盛，西北边郡太守都纷纷上书，请求把郡府向内地迁徙，以躲避战乱。三月，汉朝廷因为无法平息羌乱，被迫把安定郡迁到三辅地区。《后汉书·西羌传》记述：

> 羌既转盛，而二千石、令、长多内郡人，并无守战意，皆争上徙郡县，以避寇难。朝廷从之，遂移陇西徙襄武，安定徙美阳，北地徙池阳，上郡徙衙。①

这是安定郡第一次内迁。与此同时，汉朝廷把陇西郡迁到襄武，北地郡迁到池阳，上郡迁到衙县。在这次内迁过程中，真正受害的是各郡百姓。“百姓恋土，不乐去旧，遂乃刈其禾稼，发彻室屋，夷营壁，破积聚。时连旱蝗饥荒，而驱蹙劫略，流离分散，随道死亡，或弃捐老弱，或为人仆妾，丧其太半。”②从这里可以看出，严重的羌乱加上官府的迁徙，使内迁诸郡的人口减少过半，安定郡所受的损失是多么严重！

安定郡内迁以后，仍处于羌族暴动的漩涡，继续遭受战乱的蹂躏。永初六年（112年），先零羌首领滇零病死，其子零昌接任皇帝，同一部落人狼莫出谋划策，任命杜季贡为将军，驻扎在丁奚城（今宁夏灵武）。元初二年（115年）十月，汉朝廷派左冯翊司马钧代理征西将军，统率安定太守杜恢和右扶风仲光、北地太守盛包、京兆虎牙都尉耿溥、右扶风都尉皇甫旗，分道进入北地，征讨先零羌首领零昌，攻克了丁奚城。其后，杜恢、仲光不听司马均指挥，“乘胜深入，为虏所害，钧拥兵不救，收钧下狱。”③在这次平息羌乱过程中，杜恢成为唯一阵亡的安定太守。

在杜恢阵亡后，安定郡仍是平息羌乱的主战场。元初四年（117年），任尚担任中郎将，利诱羌人做刺客，先后刺杀了杜季贡和零昌，继而集中诸郡兵，与护羌校尉马贤会合，进入北地，征讨狼莫。马贤“先至安定青石岸，狼莫逆击，败之。会尚兵到高平，因合势俱进。狼莫等引退，乃转营迫之。至北地，相持六十余日，战于富平上河，大破之，斩首五千级还，得所略人男女千余人，牛、马、驴、羊、骆驼十余万头。”④次年十月，度辽将军邓遵招募羌人，刺杀了狼莫，羌乱得以平息。

汉顺帝永建四年（129年）九月，鉴于凉州局势较为稳定，尚书仆射虞诩上疏，建议恢复安定、北地和上郡，其中写道：

---

①《后汉书》卷八七《西羌传》，第2887-2888页。

②《后汉书》卷八七《西羌传》，第2888页。

③《后汉书》卷五《安帝纪》注引《东观记》，第224页。

④《后汉书》卷八七《西羌传》，第2891页。

> 夫弃沃壤之饶，损自然之财，不可谓利；离河山之阻，守无险之处，难以为固。今三郡未复，园陵单外，而公卿选懦，容头过身，张解设难，但计所费，不图其安。宜开圣德，考行所长。①

汉顺帝采纳这一建议，“使谒者郭璜督促徙者，各归旧县，缮城郭，置候驿。既而激河浚渠为屯田，省内郡费岁一亿计。遂令安定、北地、上郡及陇西、金城常储谷粟，令周数年。”②这是一个恢复西北边郡、重启地方治理的方案，包括修缮官府、设置斥候和驿站、兴修水利、实行屯田和储备粮食等措施。永建四年（129年）十月，为了落实这一方案，汉顺帝诏令各郡国和中都官，将在押的死刑犯人全部减罪一等，发往安定、北地、上郡戍守边区。

然而，因为羌人生存条件的恶劣，加上地方治理的缺陷，羌族暴动并未终止，呈现出此落彼起的态势。永和五年（140年）五月，且冻、傅难种羌攻掠金城，又与西塞和湟中杂种羌胡攻掠三辅，杀害地方长吏。汉顺帝任命马贤为征西将军，统领左右羽林、五校士及诸郡兵10万人，进驻于汉阳。永和六年（141年）正月，马贤率军出击，与且冻羌战于射姑山，结果全军覆没。是役，安定太守郭璜领本郡兵参与作战，因为违犯相关军法，被逮捕下狱处死。

在射姑山之战后，东羌和西羌联合起来，发起更大规模的暴动。同年闰正月，巩唐羌从陇西进入三辅，攻杀各地长吏。五月，罕种羌进入北地，北地太守贾福和武威太守赵冲合兵抗击，仍作战不利。九月，诸种羌攻掠武威，凉州刺史部大为震惊。十月，鉴于凉州羌乱的严重程度，汉朝廷再次决定把安定郡向内迁移。《后汉书·西羌传》记述：

> 于是复徙安定居扶风，北地居冯翊，遣行车骑将军执金吾张乔将左右羽林、五校士及河内、南阳、汝南兵万五千屯三辅。③

这是安定郡第二次内迁。汉顺帝把安定、北地分别迁至扶风、冯翊，同时调派左右羽林、五校士和河内、南阳、汝南诸郡兵进驻三辅，以加强对羌人的防御力量。经过这一次内迁，安定郡的管辖范围缩小，人口数量减少，尤其是向东南方收缩，使其西北部逐渐荒废。

据统计，永和五年（140年）全郡下辖8个县：临泾、高平、朝那、乌枝、三水、阴盘、彭阳、鹑觚，仅有6914户、29060人。④与西汉元始二年相比，全郡属县减少2.6倍，而人口锐减5倍。从上述可知，汉朝廷无论应对羌族暴动，抑或治理西北边区，都存在着严重的失误。

五

综上所述，从汉武帝到汉顺帝在安定郡的设置和发展过程中，呈现出一系列区域特征：

其一，随着汉王朝西进政策的调整，安定郡发生重大的转变。汉武帝时期，安定郡处于京畿外围，作为一线边郡，是拱卫京师的战略枢纽。河西四郡设立以后，安定郡不再属于一线边郡，

---

①②《后汉书》卷八七《西羌传》，第2893页。

③《后汉书》卷八七《西羌传》，第2896页。

④《后汉书》志二三《郡国五》，第3519页。

但在应对羌乱方面仍发挥重要作用。东汉初期，汉朝廷实行收缩政策，安定郡不再是战略枢纽，又沦为一线边郡；等到羌乱炽盛之际，安定郡已经难以维系，在反复内迁的过程中衰败下来。所以从总体上看，安定郡在两汉时期经历了一个从无到有、由盛而衰的过程。

其二，安定郡处在农耕与游牧民族的交汇点，与临近的陇西、天水、北地、上郡、西河五郡统称“六郡”，是汉朝征发骑士的主要地区。“天水、陇西，山多林木，民以板为室屋，及安定、北地、上郡、西河，皆迫近戎狄，修习战备，高上气力，以射猎为先。”因此，“汉兴，六郡良家子选给羽林、期门，以材力为官，名将多出焉”。[①]正是因为社会生活、文化传统的差异，汉代有所谓“山东出相，山西出将”的现象。然而，班固论六郡民俗，依据孔子所谓“君子有勇而亡谊则为乱，小大有勇而亡谊则为盗”，断言“此数郡，民俗质木，不耻寇盗”[②]，却需要另作商榷。

其三，安定郡作为一个军事重镇，处在关中地区与河西走廊的交接点，是汉朝抗御羌乱的战略枢纽。还在安定设郡之前，张良谈及关中形胜，就说“关中左殽函，右陇蜀，沃野千里，南有巴蜀之饶，北有胡苑之利，阻三面而固守，独以一面东制诸侯”。颜师古注释“胡苑之利”，“谓安定、北地、上郡之北与胡相接之地，可以畜牧者也”。[③]汉王朝为了维护西部边区的安全和稳定，既要从安定郡征发骑士外出作战，又要在安定郡与羌族做长期的较量，还要把安定郡当作经略西北的军事基地。因此，安定郡的政治和军事情势，就直接与抗御羌乱联系在一起。

其四，安定郡由盛到衰的转变，与汉王朝的中央决策与地方治理有着密切的关系。从中央决策来看，汉朝廷实行西进政策，安定郡就快速地发展；汉朝廷采取收缩措施，安定郡就急剧地衰败。从地方治理来看，安定郡快速地发展，有赖于稳定的社会秩序；安定郡急剧地衰败，产生于严重的地方骚乱。所以说，汉王朝的中央决策与地方治理是决定安定郡由盛而衰的关键因素。

（作者系华中师范大学历史文化学院教授）

①②《汉书》卷二八《地理志》，第1644页。
③《汉书》卷四〇《张良传》，第2032-2033页。

汉代安定郡的战略地位

薛瑞泽

内容摘要 自秦代开始，从关中到达北地郡或安定郡的线路逐步开通，秦始皇和汉武帝对这一地区多次巡视，有利于朝廷对这里的控制。汉代将这条重要的通道命名为回中道，为抗击匈奴调兵遣将提供了便利，汉武帝征讨匈奴结束后又成为连接草原丝绸之路的重要通道。安定郡战略地位的提升，与秦汉王朝不断向北拓展疆土，以及匈奴族、羌族持续进入内地，两种文明的冲突密切相关。在汉族与少数民族对这一战略要地的反复争夺上更彰显出安定郡具有举足轻重的战略地位。在各方势力争夺过程中，民众为了自保，形成了“好侠”和“尚气力”等民情风俗，养成了好战的秉性。

关键词 汉代 安定郡 战略地位

安定郡见诸记载的史实是在商周之际。周文王三年（前1054年），“伐密须”。密须在今甘肃灵台县，位于周的西北，属于汉代安定郡的阴密县。周文王进攻密须取得了胜利，解除了周人向东进攻的后顾之忧。①周平王迁都洛邑以后，安定地区为戎人所占领，秦穆公三十七年（前623年），“秦用由余谋伐戎王，益国十二，开地千里，霸西戎”。关于秦穆公所开拓的疆土，《正义》云：“陇西、北地郡是也。”②这说明秦穆公三十七年已经完全占领了北地郡地区。秦在此设北地郡是在秦昭襄王三十六年（前271年）。③秦始皇统一天下之后，对安定郡地区颇为重视，首次到此巡视。秦末到汉武帝元鼎三年（前114年）析北地郡设安定郡之前，这里仍然是汉匈双方争夺的战略要地。

一、从回中道开通看安定郡的战略地位

自秦代开始，从咸阳或长安到达北地郡或安定郡的郡治高平县的线路逐步开通，秦始皇首次巡视北地郡和汉武帝多次巡视安定郡的记载，显现出交通的便利形势，有利于朝廷对这里的控制。特别是汉代将这条重要的通道命名为回中道，更彰显了交通形势的优越性。

秦始皇帝二十六年（前221年）统一全国，次年就迫不及待地开始了全国巡游，首次巡游的地点就选在陇西、北地。“始皇巡陇西、北地，出鸡头山，过回中”。《集解》应劭曰：“回中在

---

①《史记》卷四《周本纪》。《集解》应劭曰：“密须氏，姞姓之国。”瓒曰：“安定阴密县是。”《正义》：“《括地志》云：‘阴密故城在泾州鹑觚县西，其东接县城，即古密国。’杜预云姞姓国，在安定阴密县也。”中华书局，1982年，第118页。赵逵夫编《先秦文学编年史（上）》，北京：商务印书馆，2010年，第142-143页。

②《史记》卷五《秦本纪》，第194页。汉代安定郡自北地郡析出而设。

③ 王蘧常：《秦史》，上海：上海古籍出版社，2000年，第110页。

安定高平。”孟康曰：“回中在北地。”《正义》：“《括地志》云：‘回中宫在岐州雍县西四十里。’言始皇欲西巡陇西之北，从咸阳向西北出宁州，西南行至成州，出鸡头山，东还，过岐州回中宫。”①秦始皇帝二十七年西巡所经过的地点有陇西、北地、鸡头山和回中。上述地点，应劭指出回中宫在安定郡的高平县，是以汉代的行政区划来说明的，而孟康所云回中在北地是以秦代的行政区划来记述的。《括地志》以唐人的地理知识指出秦始皇“西巡陇西之北，从咸阳向西北出宁州，西南行至成州，出鸡头山，东还，过岐州回中宫”。宁州是唐武德元年（618年）从北地郡改名而来，即今甘肃省宁县。成州是武德元年从隋的汉阳郡改名而来，辖境相当于今甘肃省礼县、西和、成县、康县等地。鸡头山虽然说歧义颇多，但较为权威的记载是崆峒山，属六盘山山系。这一条线路正是秦抗击匈奴的重要战略要道，可见秦始皇沿此道巡幸具有重要的战略意义。

汉代对回中道线路的开拓利用，实现了运兵、运粮等交通便利，将西北地区纳入中央政府的直接控制之下。从汉文帝开始，有的时候是巡幸其中一段，有的时候是走完全程。早在汉文帝前元十五年（前165年），“天子始幸雍，郊见五帝，以孟夏四月答礼焉”。②这说明汉文帝是从长安出发西行经鄠县、虢县，然后北行到达雍县（今陕西凤翔县）。汉景帝中元二年（前148年）二月“行幸雍，郊见五帝”③，也走的是这条路。汉武帝即位之后，在元光二年（前133年）、六年，元狩元年（前122年）、二年（前121年），元鼎四年（前113年）、五年（前112年），元封二年（前109年）、四年（前107年），多次“行幸雍，祠五畤”，都走的是这条道。如果说从长安到雍县仅仅是部分道路，那么汉武帝对由此延伸的道路沿途的巡幸，则表明了汉武帝宏大的抱负。元鼎五年（前112年）十月，“行幸雍，祠五畤。遂逾陇，登空同，西临祖厉河而还”。④应劭曰：“陇，陇阺坂也。”师古曰：“即今之陇山。”空同即崆峒山，属六盘山山系。祖厉河是黄河支流，流经甘肃、靖远、会宁二县境。《水经注》卷二《河水注》云：“（祖厉川水）水出祖厉南山，北流经祖厉县而西北流，注于河。”这是汉武帝开拓通过六盘山向北通往安定郡，又向西抵达祖厉河的交通道路。元封四年（前107年）冬十月，“上郊雍，通回中道，巡之。春，至鸣泽，从西河归”。⑤《汉书》卷六《孝武本纪》记载，汉武帝“行幸雍，祠五畤。通回中道，遂北出萧关，历独鹿、鸣泽，自代而还，幸河东”。在此次北巡过程中，汉武帝做了一件事“通回中道”，即开通回中道，于是实现了北出萧关的战略目的。因为萧关作为由高平通往崆峒山的重要关隘，在汉文帝十四年（前166年），“匈奴大入萧关”，威胁到了关中的安全。由于崆峒山的阻碍而难以通行，故而汉武帝“通回中道”，开辟了新的通道。据史念海先生考证，此次所经过的独鹿、鸣泽等，决非服虔所注“独鹿，山名也。鸣泽，泽名也。皆在涿郡遒县北界也”，而是在洛水上源，其地正在新秦中。⑥这条道路的开通表明这里已经纳入汉政府的控制之下。此后，太初元年（前104年）秋八月、太初四年（前101年）十二月、征和三年（前90年）春正月、后元元年（前88年）春正月，汉武帝多次巡幸安定，以加强对这一地区的控制。⑦

回中道作为连接关中与安定郡郡治高平的重要通道，形成了“自雍而次安定，至安定而通回

---

①《史记》卷六《秦始皇本纪》，第241页。

②《史记》卷十《孝文本纪》，第430页。

③《史记》卷一一《孝景本纪》，第446页。

④《汉书》卷六《孝武本纪》，北京：中华书局，1962年，第185页。

⑤《史记》卷一二《孝武本纪》，第480页。《史记》卷二八《封禅书》亦有相同记载。

⑥ 史念海著：《史念海全集》第四卷，北京：人民出版社，2013年，第380页。

⑦《汉书》卷六《武帝纪》，北京：中华书局，1962年，第200–201页。

中”的交通形势，为汉朝抗击匈奴调兵遣将提供了便利，到汉武帝征讨匈奴结束后又成为连接草原丝绸之路的重要通道。在开通过程中，“其有险碍，则皆平之，如堑山堙谷，使可通行，是其所以为治也”①，可见开通过程的艰难，也显示了开通此条道路的重要性。

二、政治视阈下的安定郡战略地位

从秦北地郡到汉武帝析分安定郡，安定郡地区所具有的战略地位与日俱增。这与秦汉王朝不断向北拓展疆土，以及匈奴族、羌族持续进入内地，两种文明的冲突密切相关。秦汉王朝为了西北地区的安定，不断加强这一地区的军事实力，特殊的战略环境使安定郡的战略地位得到了快速提升。

秦朝末年，北地郡已经成为争夺的战略要地，夺取北地郡的战略据点成为当时夺取天下的重要步骤。郦商早年追随刘邦立功卓著，刘邦被立为汉王后，赐爵郦商信成君，以将军的身份为陇西都尉，“别将定北地、上郡”。具体的战斗有“破雍将军焉氏，周类军栒邑，苏驵军于泥阳”。上述地点焉氏、泥阳就在北地郡中，焉氏，《集解》云“县名，属安定”，《正义》云“县在泾州安定县东四十里”。泥阳，《索隐》云“北地县名”。《正义》云“故城在宁州罗川县北三十一里。泥谷水源出罗川县东北泥阳。源侧有泉，于泥中潜流二十余步而流入泥谷。又有泥阳湫，在县东北四十里”。②这说明在秦汉之际夺取雍地是刘邦出汉中的重要军事行动，而趁机占有北地郡的一些重要战略要地，是以解除关中地区周边的不稳定因素为目的。而占有这些地点对于此后汉王朝定都关中有着重要的影响，因为在西汉初年，北方匈奴的势力迅速增长，多次威胁西汉的安全。为此汉政府在北方沿边地区驻扎了许多军队以抵抗匈奴的军事入侵，汉文帝前元十四年（前166年），“匈奴单于十四万骑入朝那、萧关，杀北地都尉卬，虏人民畜产甚多，遂至彭阳。使奇兵入烧回中宫，候骑至雍甘泉”③，面对匈奴强力进攻关中危急的情势，汉政府向沿边地区紧急派出大量军队，以抵御匈奴铁骑的进攻，“上乃遣三将军军陇西、北地、上郡，中尉周舍为卫将军，郎中令张武为车骑将军，军渭北，车千乘，骑卒十万”。④由此可见，北地郡作为北方边地的战略要地，是西汉抵抗匈奴战线的重要战略据点。

两汉之际，赤眉军进入长安之后杀掉更始帝，关中大乱，关中西部的陇右被隗嚣占据，“卢芳起安定”。⑤建武六年（30年）五月，“隗嚣反，盖延等因与嚣战于陇阺，诸将败绩”，为了瓦解隗嚣割据势力的基础，光武帝下诏曰：“惟天水、陇西、安定、北地吏人为隗嚣所诖误者，又三辅遭难赤眉，有犯法不道者，自殊死以下，皆赦除之。”⑥赦免包括安定郡等沿边各郡为隗嚣所控制地区参与叛乱的官员，其实是为了瓦解隗嚣的阵营。建武七年八月，“隗嚣寇安定，征

---

①（宋）程大昌撰，黄永年点校：《雍录》卷三《回中宫》，北京：中华书局，2002年，第48页。

②《史记》卷九五《樊郦滕灌列传》，第2661页。《汉书》卷四一《郦商传》云：“沛公为汉王，赐商爵信成君，以将军为陇西都尉。别定北地郡，破章邯别将于乌氏、栒邑、泥阳，赐食邑武城六千户。”师古曰：“乌氏，安定县也。栒邑今在豳州。泥阳，北地县。氏音支。栒音荀。”第2074页。

③《史记》卷一一〇《匈奴列传》，第2901页。

④《史记》卷十《孝文本纪》，第428页。《史记》卷一二〇《张释之冯唐列传》云：“当是之时，匈奴新大入朝那，杀北地都尉卬。”第2758页。

⑤《后汉书》卷一下《光武帝纪下》，北京：中华书局，1965年，第25页。

⑥《后汉书》卷一下《光武帝纪下》，北京：中华书局，1965年，第48页。

西大将军冯异、征虏将军祭遵击却之”。[①]建武八年（32年）春，刘秀派遣来歙从山道袭取隗嚣守将占据的略阳城，隗嚣害怕光武帝派遣更多的军队进攻，做了全方位的战略布署，“乃使王元拒陇坻，行巡守番须口，王孟塞鸡头道，牛邯军瓦亭”，自己亲自率军围攻占据略阳城的来歙。针对略阳城的紧急情况，闰四月，光武帝亲自率军征讨隗嚣，河西大将军窦融率领陇西、金城、天水、酒泉、张掖五郡太守，与光武帝在安定郡的郡治高平会合。隗嚣所布置的防线是为了抵抗刘秀军队的进攻，而刘秀占据高平，直接抄了隗嚣的后路。番须口与回中道相近，鸡头道即回中道，为穿越崆峒山（六盘山）的要道。虽然隗嚣的军队守住了上述战略要地，却被刘秀占据高平所打破，“帝乃率诸将西征之，数道上陇”，消灭了隗嚣的有生力量。[②]也是在这一年，王常“别击破隗嚣将高峻于朝那。嚣遣将过乌氏，常要击破之。转降保塞羌诸营壁，皆平之”。[③]建武九年，“耿弇与中郎将来歙分部徇安定、北地诸营保，皆下之”。[④]占有安定郡之后，光武帝对于当地的稳定极为重视，一遇反叛即行平定。建武二十一年夏四月，出现了“安定属国胡叛，屯聚青山”，朝廷“遣将兵长史陈䜣讨平之”。[⑤]对于安定郡原来已经定居的少数民族叛乱，即行镇压。

从安定郡所发生的一系列战争可以看出，每当王朝更替之际，安定郡必定成为割据势力和汉政权争夺的重要战略要地，夺取这一地区成为争夺天下的重要步骤。秦汉之际和东汉初年在安定郡所演绎的波澜壮阔的战争场景，更显示了这一认识的准确。

三、安定郡的战略地位与社会风俗

安定郡作为连接关中地区与西北边陲的桥头堡，其战略地位不仅体现在立体交通框架的构建，还体现在汉族与少数民族对这一战略要地的反复争夺上。在各方势力争夺过程中，民众为了自保，形成了“好侠”和“尚气力”等民情风俗，养成了好战的秉性。

少数民族长期入侵这一地区，使民众为了抵抗少数民族的掳掠奋起反抗，从而养成了好战的地方风俗。汉文帝前元十四年（前166年），匈奴单于十四万骑兵入侵朝那、萧关，除了杀北地都尉印外，还“虏人民畜产甚多”，激起民众对匈奴的仇恨，民众于是起而反抗也就在情理之中。正如班固所言：“天水、陇西，山多林木，民以板为室屋。及安定、北地、上郡、西河，皆迫近戎狄，修习战备，高上气力，以射猎为先。”在这种环境下，“故此数郡，民俗质木，不耻寇盗”。[⑥]正因为民风“修习战备，高上气力”，所以汉王朝建立后，“六郡良家子选给羽林、期门，以材力为官，名将多出焉”，选拔善于征战的青年充任皇家近卫羽林军和期门军，足以显示社会风尚的影响。这里随即成为汉朝兵员的征集地，元鼎六年（前111年）冬十月，汉武帝“发陇西、天水、安定

①《后汉书》卷一下《光武帝纪下》，第53页。

②《后汉书》卷一三《隗嚣传》，第528页。

③《后汉书》卷一五《王常传》，第581页。

④《后汉书》卷一九《耿弇传》，第713页。

⑤《后汉书》卷一下《光武帝纪下》，第73页。

⑥《汉书》卷二八下《地理志下》，第1644页。《汉书》卷六九《辛庆忌传》云：“山西天水、陇西、安定、北地处势迫近羌胡，民俗修习战备，高上勇力鞍马骑射……其风声气俗自古而然，今之歌谣慷慨，风流犹存耳。”第2998页。

骑士及中尉，河南、河内卒十万人，遣将军李息、郎中令徐自为征西羌，平之”。[①]此次征发包括安定骑士及中尉在内的军队，说明这里的民众善于骑马作战。即使到了汉宣帝时期，为了镇压西羌的反叛，神爵元年（前61年），征发包括金城、陇西、天水、安定、北地、上郡骑士、羌骑，诣金城平叛。[②]赵充国在徙金城令居后，“始为骑士，以六郡良家子善骑射补羽林”。所谓六郡，师古曰：“陇西、天水、安定、北地、上郡、西河是也。”[③]安定郡善于骑射的良家子弟补为羽林，说明安定郡民众善于骑射作战。这种尚战风俗在社会上的表现就是“好侠”和“尚气力”，其中较为典型的是王涣，年幼时其父亲任安定郡太守，在当地风俗的影响下，王涣“少好侠，尚气力，数通剽轻少年”。[④]正因为“好侠”和“尚气力”风行，安定郡中劫杀之事时有发生，《敦煌汉简释文》云：

与俱之子惠逋，安定郡界中共贼杀畏子及三人，以□君为匽，事发。（1783）[⑤]

这一简文是说某人与俱的儿子惠在安定郡杀畏子及三人之后，隐藏起来，结果事发，可见多民族的聚居使这里的风俗更加复杂。安定郡“好侠”和“尚气力”风俗的形成，除了现实环境的影响外，历史传承的影响也很明显。安定郡本来就是少数民族聚集区，秦穆公得由余后，“西戎八国服于秦”，在岐、梁山、泾、漆之北“有义渠、大荔、乌氏、朐衍之戎”。乌氏：《集解》徐广曰：“在安定。”《括地志》云：“乌氏故城在泾州安定县东三十里。周之故地，后入戎，秦惠王取之，置乌氏县也。”朐衍：《集解》徐广曰：“在北地。”《索隐》案：“《地理志》朐衍，县名，在北地。”《正义》引《括地志》云：“盐州，古戎狄居之，即朐衍戎之地，秦北地郡也。”[⑥]可见从秦惠王开始，北地郡即汉代的安定郡已有乌氏、朐衍之戎的分布。少数民族的长期分布使这里的风俗延续了旧有的传统，正如杨恽所云：“安定山谷之间，昆戎旧壤，子弟贪鄙。”[⑦]这一特殊的社会风俗，导致官僚群体也出现了“贪鄙”行为。初元年间（前48年—前44年），王尊出任安定太守，告诫属县官员要“勉力正身以率下”，即使“故行贪鄙，能变更者与为治”者，也既往不咎，并要求官员“明慎所职，毋以身试法”。[⑧]虽然这是王尊严格要求官员廉洁从政，但也说明此前安定郡有官员的贪腐行为。

除了历史传承的影响外，匈奴族和羌族不断进入安定地区，也使这里成为四战之地，其战略地位的重要性日益凸显。东汉中期，羌族转盛，至汉安帝以后，安定郡的羌族迅速崛起，与东汉军队多次作战。羌族的凌厉攻势使安定郡郡治受到很大威胁，“二千石、令、长多内郡人，并无守战意，皆争上徙郡县以避寇难”，永初五年（111年）三月，“诏陇西徙襄武，安定徙美阳，北地徙池阳，上郡徙衙”。[⑨]李贤注：“安定，郡，今泾州也。美阳，县，故城在今武功县北。”其目的是

---

①《汉书》卷六《武帝纪》，第188页。
②《汉书》卷八《宣帝纪》，第260页。
③《汉书》卷六九《赵充国传》，第2971页。
④《后汉书》卷七六《循吏·王涣传》，第2468页。
⑤吴礽骧、李永良等释校：《敦煌汉简释文》，兰州：甘肃人民出版社，1991年，第187页。
⑥《史记》卷一一〇《匈奴列传》，第2883页。
⑦《汉书》卷六六《杨敞传附弟恽传》，第2897页。
⑧《汉书》卷七六《王尊传》，第3228页。
⑨《后汉书》卷五《孝安帝纪》，第216页。

为了避开少数民族的进攻。在迁徙过程中，“百姓恋土，不乐去旧，遂乃刈其禾稼，发彻室屋，夷营壁，破积聚。时连旱蝗饥荒，而驱蹙劫略，流离分散，随道死亡，或弃捐老弱，或为人仆妾，丧其太半”。[①]为了躲避羌族的入侵，强迫百姓迁徙，给民众造成了无尽的痛苦。元初二年（115年）十月，“右扶风仲光、安定太守杜恢、京兆虎牙都尉耿溥与先零羌战于丁奚城，光等大败，并没。左冯翊司马钧下狱，自杀”。[②]李贤注引《东观记》曰：“安定太守杜恢与钧等并威击羌，恢乘胜深入，为虏所害，钧拥兵不救，收钧下狱。”在这次战斗中，安定太守杜恢因孤军深入，左冯翊司马钧拥兵自重，导致对羌族的作战失败。随着羌族逐渐被赶出这一地区，永建四年（129年）九月，“复安定、北地、上郡归旧土”。[③]李贤注：“安帝永初五年徙，今复之。”为了进一步充实新复地区的人口，永建五年（130年）冬十月丙辰，“诏郡国中都官死罪系囚皆减罪一等，诣北地、上郡、安定戍”。[④]永和六年（141年）春正月丙子，“征西将军马贤与且冻羌战于射姑山，贤军败没，安定太守郭璜下狱死”。此次东汉战败，使安定郡、北地郡的郡治受到威胁，东西羌人联合进攻陇西，威胁三辅，“冬十月癸丑，徙安定居扶风，北地居冯翊。[⑤]此后，少数民族不断进入内地，迫使东汉政府多次将上述郡的郡治迁移他处。

安定郡作为对少数民族作战的前沿阵地，除了社会风俗纷繁多彩外，民族关系也很复杂，为了抵御外族的进攻，汉政府在这里长期驻扎军队，社会的稳定受到很大影响。上述复杂的原因，使这里成为历代贬谪之人的去处。秦昭襄王四十九年（前258年），秦围攻赵都邯郸进入白热化，为了解除赵都的危机，“楚使春申君及魏公子将兵数十万攻秦军，秦军多失亡”。秦昭王强迫称病的武安君白起指挥作战，白起因秦昭王不采纳自己建议而称病重难以应命，秦昭王又派应侯范睢请白起，白起坚不从命，“于是免武安君为士伍，迁之阴密”，白起因病未能成行。三个月后，“诸侯攻秦军急，秦军数却，使者日至”。秦昭王“乃使人遣白起，不得留咸阳中”，让其到阴密去，白起最后自杀。白起所迁的阴密，《集解》徐广曰：“属安定。”《正义》：“故城在泾州鹑觚县，城西即古阴密国，密康公国也。”[⑥]可见阴密在秦昭王时期已经纳入秦的控制之下，大约是因为其地偏远，故而将白起贬谪于此。太始三年（前94年），容城侯唯涂光为太常，“徙为安定都尉”。[⑦]唯涂光的事迹史书没有记载，但从太常被迁徙为安定都尉，应当属于贬谪的范围，因为太常“秩皆中二千石”，都尉“秩比二千石”[⑧]，尽管俸禄基本相同，但太常在朝廷任职，而郡都尉则是地方的军政职务。汉宣帝即位后，为了铲除霍光的势力，“乃徙光女婿度辽将军未央卫尉平陵侯范明友为光禄勋，次婿诸吏中郎将羽林监任胜出为安定太守。”[⑨]将霍光的女婿赶出京城，到偏远的安定郡任太守，铲除了霍氏家族生存的政治土壤。傅燮多次劝说汉灵帝去除宦官，引起宦官的仇恨，故而当张

①《后汉书》卷八七《西羌传·东号子麻奴传》，第2888页。
②《后汉书》卷五《孝安帝纪》，第224页。
③《后汉书》卷六《孝顺帝纪》，第256页。
④《后汉书》卷六《孝顺帝纪》，第257页。
⑤《后汉书》卷六《孝顺帝纪》，第270页。《后汉书》卷八七《西羌传·东号子麻奴传》云：“（永和）六年春，马贤将五六千骑击之，到射姑山，贤军败，贤及二子皆战殁。顺帝愍之，赐布三千匹、谷千斛，封贤孙光为舞阳亭侯，租入岁百万。”第2895页。
⑥《史记》卷七三《白起王翦列传》，第2337页。
⑦《汉书》卷一九下《百官公卿表下》，第787页。
⑧《汉书》卷一九上《百官公卿表上》，第733页、第742页。
⑨《汉书》卷六八《霍光传》，第2952页。

角起义被镇压后，傅燮按功劳当封，宦官赵忠等诬陷他，结果“得不加罪，竟亦不封，以为安定都尉。以疾免”。[①]这实际上是被贬为安定都尉。

安定郡也是朝廷罪犯的服刑地。永建五年冬十月丙辰，汉顺帝“诏郡国中都官死罪系囚皆减罪一等，诣北地、上郡、安定戍”。[②]让郡国中死刑减免人员到北地、上郡、安定戍守，说明这里有相当数量的服刑人员。《敦煌悬泉汉简释粹》（一八）云：

元康四年五月丁亥朔丁未，长安令安国、守狱丞左、属禹敢言之：谨移髡钳亡者田赘等三人年、长、物、色，去时所衣服。谒移左冯翊、右扶风、大常、弘农、河南、河内、河东、颍川、南阳、天水、陇西、安定、北地、金城、西河、张掖、酒泉、敦煌、武都、汉中、广汉、蜀郡……（Ⅱ0111④：3）[③]

这条简是长安令追捕逃犯通告各地的通缉令，安定郡赫然在列，说明这里的社会环境适合逃犯落脚。陈汤因为犯了大不敬的罪，被贬到敦煌。后来敦煌太守上奏指出“汤前亲诛郅支单于，威行外国，不宜近边塞”，汉成帝“诏徙安定”[④]。一些朝廷的通缉令也发到了安定郡。《敦煌悬泉汉简释粹》云：

黄龙元年（前49年）四月壬申，给事廷史刑（邢）寿为诏狱，有沓（逮）捕弘农、河东、上党、云中、北地、安定、金城、张掖、酒泉、敦煌郡，为驾一封轺传。外二百卅七。御史大夫万年谓胃成，以次为驾，当舍传舍，如律令。[⑤]

正因为这里有相当数量的逃亡人员，所以才有汉宣帝时期下此诏令予以逮捕。

安定郡作为连接关中地区与西北草原地区的战略要地，从秦代开始已经引起重视，秦始皇巡视全国，首先从北地郡开始，主要是因为这里是抗击匈奴的前线。汉武帝开通回中道，实现了运粮和运兵的快捷便利。正因为安定郡如此重要的战略地位，所以在秦汉之际和两汉之际，争夺安定郡的控制权就成为占领关中地区必然步骤，并因此演绎出多样化的战争。安定郡战略地位的重要性，对社会风俗的影响也是巨大的。为了抵抗少数民族的掳掠，这里形成了“好侠”和“尚气力”等民风，养成了好战的秉性，也因此成为汉朝重要的兵源地。

（作者系河南大学历史文化学院教授）

①《后汉书》卷五八《傅燮传》，第1674页。
②《后汉书》卷六《孝顺帝纪》，第257页。
③ 胡平生、张德芳：《敦煌悬泉汉简释粹》，上海：上海古籍出版社，2001年，第21页。
④《汉书》卷七〇《陈汤传》，第3027页。
⑤ 胡平生、张德芳：《敦煌悬泉汉简释粹》，第36页。

秦汉时期固原战略地位的演变

臧知非

在汉武帝元鼎三年设立安定郡之前，属于上郡的固原地区一直是防御匈奴的桥头堡。武帝设立安定郡，选其“良家子”作为朝廷宿卫和进攻匈奴的精勇，继续其军事前沿功能的同时，其军事保障功能日益彰显。终西汉一代，一直是北部边郡建设的重点，社会经济发展迅速，至平帝时有县二十一，户四万二千七百二十五，口十四万三千二百九十四，在汉武帝时代设立的西北诸郡中发展速度处于领先地位。然而，到东汉时期，安定郡郡域、人口锐减，至顺帝时只有八城，户六千九十四，口二万九千六十，固原的战略地位下降。其原因复杂多样，根本原因则是政治中心东移，边防政策由西汉时的积极防御和主动出击，转变为消极防御与内迁边民，是东汉治国理念在边郡治理上的体现。本文不拟对这一变化过程和原因做全面论述，仅从比较的角度，就东汉边防政策与边郡治理的转变略陈管见，以就教于同仁。

一

尽管学界对固原历史地理、社会文化有过诸多研究，为便于分析，本文还需要就此做简单叙述。

置身历史的长河，商周时代的固原地区尚无固定的居民，是羌、戎各部的活动区，你来我往，一切以部族实力为转移。降至春秋，秦崛起于西北，在和西戎各部的角逐中发展壮大，固原及周边地区成为秦扩张的目标，至秦昭王兼并义渠戎设北地、上郡、陇西三郡，固原地区正式纳入秦国版图，成为秦国防御匈奴的重镇，秦昭王即以固原地区为核心修建长城、设立关隘以御匈奴，作为关中北方屏障的朝那、萧关大约设立于这一历史时期。当然，关隘的设立有其相应的交通、经济基础，无论朝那、萧关是否始设于此时，此前的固原地区无疑是秦与匈奴、义渠诸戎交往的枢纽，控制了这一地区，也就掌握了进退的主动权。

秦始皇统一六国，匈奴成为最大的边患，必予解除而后安。故统一伊始，即派蒙恬戍守北边，始皇帝三十二年（前215年），秦始皇巡守上郡等地之后，大规模用兵匈奴。《史记·秦始皇本纪》谓：

> （三十二年）始皇巡北边，从上郡入。燕人卢生使入海还，以鬼神事，因奏录图书，曰“亡秦者胡也”。始皇乃使将军蒙恬发兵三十万人北击胡，略取河南地。
>
> 三十三年，发诸尝逋亡人、赘婿、贾人略取陆梁地，为桂林、象郡、南海，以适（谪）遣戍，西北斥逐匈奴。自榆中并河以东，属之阴山，以为四十四县，城河上为

塞。又使蒙恬渡河取高阙、阳山、北假中，筑亭障以逐戎人。徙谪，实之初县。禁不得祠。明星出西方。三十四年，適（谪）治狱吏不直者，筑长城及南越地。①

《秦始皇本纪》记述的是蒙恬第二次大规模用兵匈奴事。蒙恬在统一之初就领兵驻守上郡了。《史记·蒙恬列传》云“（蒙恬）暴师于外十余年，居上郡”。②《史记·李斯列传》记载胡亥赐书扶苏云“今扶苏与将军蒙恬将师数十万以屯边，十有余年矣”。秦始皇于始皇帝二十六年统一六国，三十七年死于出巡途中，在帝位总共十一年，蒙恬传和李斯传谓蒙恬“暴师于外十余年”或“十有余年”，说明蒙恬是刚刚统一就领兵北上。《史记·匈奴列传》云：

始皇帝使蒙恬将十万之众北击胡，悉收河南地。因河为塞，筑四十四县城临河，徙適（谪）戍以充之。而通直道自九原至云阳因边山险堑溪谷可缮者治之，起临洮至辽东万余里。又度河据阳山北假中。③

“始皇使蒙恬将十万之众北击胡”是统一初期事。从当时军事形势判断，蒙恬十万军队驻守上郡，只能依托秦昭王、赵武灵王所修长城，统筹陇西、北地、上郡戍守匈奴。其时匈奴拥有河套及其以南地区，有广阔的战略纵深，随时可以南下，严重威胁着秦帝国安全。故秦始皇帝三十二年前大举用兵匈奴，以三十万之众，第一步占领河南地即现在的河套，“以河为塞”，设立四十四县，“徙適（谪）戍以充之”，同时修建直道，加强军事机动能力；第二步渡过黄河，占领阳山（狼山）以南、黄河以北地区，即“又使蒙恬渡河取高阙、阳山、北假中，筑亭障以逐戎人”。修建新的长城，把对匈奴的防御推进至河套以北，在阳山修建新的亭障，也就是长城，不仅彻底把匈奴赶出河套，也解除了匈奴长期以来对阳山的依托 。④这个成果从军事上说是辉煌的，其前提是原来秦赵长城为蒙恬提供了军事基础，蒙恬对匈奴的情况了如指掌，所以秦始皇一声令下，迅速取得如此辉煌战果。

秦汉之际，楚汉相争，匈奴崛起，“悉复收秦所使蒙恬所夺匈奴地者，与汉关故河南塞，至朝那、肤施，遂侵燕、代。”⑤西汉建立以后，虽然凭借“河南故塞”积极防备，在朝那、萧关驻扎重兵，但处于匈奴兵锋之下，疲于应付，匈奴是小入则小利，大入则大利，最严重的是文帝十四年（前）“匈奴单于十四万骑入朝那、萧关，杀北地都尉印，虏人民畜产甚多，遂至彭阳。使奇兵入烧回中宫，候骑至雍甘泉”。⑥直接威胁京师安全，文帝几乎举全国军力，才迫使匈奴撤军，朝那、萧关成为汉朝意义非凡的军事重镇。

汉武帝元鼎三年（前114年），设立安定郡。此时匈奴主力已被击溃，汉朝边界向北扩展，长城已经北推至狼山北侧，河套地区成为汉家的沃野，高平不再具有军事桥头堡的功能，安定郡

---

①《史记》卷六《秦始皇本纪》，第252－253页。

②《史记》卷八八《蒙恬列传》，北京：中华书局，1959年，第2566页。

③《史记》卷一一〇《匈奴列传》，北京：中华书局，1959年，第2886页。

④ 关于河套地区秦长城修建情况、秦赵长城关系及其相关问题，参阅拙文《论秦汉时期河套地区的开发及其意义》（《西北史地》1987年第3期）、《秦长城的历史基础及其意义再认识》（刊中国秦汉史研究会、中共包头市九原区委员会、包头市九原区人民政府编《2012·中国“秦汉时期的九原”学术论坛专家论文集》，呼和浩特：内蒙古人民出版社，2012年）。

⑤《史记》卷一一〇《匈奴列传》，北京：中华书局，1959年，第2890页。

⑥《史记》卷一一〇《匈奴列传》，北京：中华书局，1959年，第2901页。

的军事意义退于次要地位，经济、文化交流的意义日益凸显。特别是丝绸之路开通，固原的交通条件、经济基础、文化发展为丝绸之路提供坚实的支持，其具有民族交融特色的文化基础有利于汉朝和西北各族的进一步交往，推动了汉文化对各民族文化的吸纳，最典型的就是朝那境内的端旬祠和湫渊祠都成为汉家祭典的组成部分。《汉书·地理志》谓“朝那，有端旬祠十五所，胡巫祝。又有湫渊祠”。端旬祠十五所，祭祀对象不明，有胡巫祝祭祀；湫渊祠祭祀湖泊之神，均由秦朝延续而来。《史记·封禅书》谓秦统一以后，规范祭祀制度，“令祠官所常奉天地名山大川鬼神”，“自华以西，名山七，名川四……水曰河，祠临晋；沔，祠汉中；湫渊，祠朝那；江水，祠蜀。亦春秋泮涸祷塞，如东方名山川，而牲牛犊牢具圭币各异。”《集解》引苏林曰：“湫渊在安定朝那县，方四十里，停不流，冬夏不增减，不生草木。音将蓼反。”《索隐》云“湫音子小反，又子由反，即龙之所处也”。《正义》引《括地志》云：“朝那湫祠在原州平高县东南二十里。湫谷水源出宁州安定县”。[①]在临晋、汉中、蜀祭祀的是江河之神，朝那湫渊祠则湖泊之神。端旬祠有胡巫参与，湫渊祠亦然。规范的祭祀制度，体现了固原地区经济、文化的发展程度和多民族特色。[②]

二

行政设置是一个地区政治、经济、军事地位变迁的制度体现。汉武帝设置安定郡，凸显固原地区对于西汉王朝的重要性。可是，东汉以后，安定郡地位骤然下降，不能和西汉时同日而语，由原来的二十一县邑缩减为八个县邑，人口由西汉时的每县2034户6395人，减少至762户3633人，郡治由高平县迁至临泾。高平城垣依旧，依然扼守着南北东西的通衢，朝那湫方圆四十里，依然平静，但不见了国家主持的湫渊祠，也不见了西汉的十五所端旬祠，起码不见于文献记载，说明其重要性下降。这个过程首先始于王莽时代和西域关系的破裂。王莽代汉以后，自欺欺人地认为自己是应命之主，采用威逼利诱、欺瞒哄骗各种手段让周边少数民族首领称臣纳贡、自降身份，破坏了汉宣帝以来的民族关系，尤其是和匈奴、西域的关系，“贬易侯王，由是西域怨叛，与中国遂绝，并复役属匈奴”。[③]因王莽的错误政策，导致西域脱离汉朝而且陷于内乱，为匈奴控制，丝绸之路因此中断。

刘秀立国，忙于安定内政，加上长期战乱，人口锐减，国力疲惫，尽管西域诸国因不堪匈奴的“敛税重刻”而主动要求内附，但“闭玉门以谢西域之质，卑辞币以礼匈奴之使”。[④]不仅婉拒西域的内附请求，也拒绝了南匈奴的内附请求。建武十一年（前），羌人为乱，边民逃亡内地甚多，“朝臣以金城、破羌之西，涂远多寇，议欲弃之”。时任陇西太守马援指出“破羌以西，城多完牢，易可依固；其地田土肥壤，灌溉流通。如令羌在湟中，则为害不休”。[⑤]刘秀令武威太守和马援一起剿抚并用，羌乱始定，陇右清净。明章之世，东汉国力转强，北匈奴远遁，但西汉中后期丝绸之路的繁荣始终没能再现，作为关中北方锁钥的固原地区也就难以恢复昔日的辉煌。这

---

①《史记》卷二八《封禅书》，第1872页。

② 参阅王子今：《秦汉时期生态环境研究·秦汉时期的朝那湫》，北京：北京大学出版社，2007年，第116-124页。

③《后汉书》卷八八《西域传》，北京：中华书局，1965年，第2910页。

④《后汉书》卷一八《臧宫传》，北京：中华书局，1965年，第697页。

⑤《后汉书》卷二四《马援传》，北京：中华书局，1965年，第835页。

一方面因为西域和汉廷时密时疏，经济文化交流受限；另一方面是因东汉建都洛阳，关中不再是政治经济文化中心，洛阳成为丝绸之路交流的中心站，固原失去其西汉时期丝绸之路关中北方第一关隘的地位。

正因为东汉移都洛阳，安定、北地诸郡不存在捍卫京师的功能，所以在民族矛盾激化、发生战事的时候，不再是加强军事力量，积极经营，而是主动弃守，内移边民，安定辖县、人口减少，郡治变动与此有着直接的关系。安帝永初年间，第一次羌乱爆发，导火索是永初元年（107年）“发金城、陇西、汉阳羌数百千骑征西域”，因“迫促发遣，群羌惧远屯不还，行到酒泉，多有散叛。诸郡各发兵徼遮，或覆其庐落”，凉州境内羌人各部四散逃亡，东汉历史上规模最大、历时最久的羌人暴动由此发生，“大为寇掠，断陇道”。先零羌滇零于北地称帝，“招集武都、参狼、上郡、西河诸杂种，众遂大盛，东犯赵、魏，南入益州，杀汉中太守董炳，遂寇钞三辅，断陇道”。朝廷出兵，屡遭失败。至永初五年（111年），“羌遂入寇河东，至河内”，逼近京都洛阳。“羌既转盛，而二千石、令、长多内郡人，并无守战意，皆争上徙郡县以避寇难。朝廷从之，遂移陇西徙襄武，安定徙美阳，北地徙池阳，上郡徙衙。百姓恋土，不乐去旧，遂乃刈其禾稼，发彻室屋，夷营壁，破积聚。时连旱蝗饥荒，而驱蹙劫略，流离分散，随道死亡，或弃捐老弱，或为人仆妾，丧其太半。”①四郡移治三辅，百姓被强制迁离，造成的苦难远大于羌乱。直到永建四年（129年）“九月复安定、北地、上郡归旧土”。②同时“令安定、北地、上郡及陇西、金城常储谷粟，令周数年”。③“自羌叛十余年间，兵连师老，不暂宁息。军旅之费，转运委输，用二百四十余亿，府帑空竭。延及内郡，边民死者不可胜数，并凉二州遂至虚耗”。④中央财政空虚，地方经济破坏严重，尽管恢复安定、北地、上郡旧治，回迁居民已非昔日旧观。

顺帝永和五年（140年），第二次大规模羌乱爆发，“且冻、傅难种羌等遂反叛，攻金城，与西塞及湟中杂种羌胡大寇三辅，杀害长吏”，“罕种羌千余寇北地，北地太守贾福与赵冲击之，不利。秋，诸种八九千骑寇武威，凉部震恐。于是复徙安定居扶风，北地居冯翊”。经过十余年的反复，至永嘉元年（145年）“陇右复平”，十余年间，“费用八十余亿”。⑤《后汉书·段颎传》永康元年段颎上书灵帝陈述西北边情云谓“计东种所余三万余落，居近塞内，路无险折，非有燕、齐、秦、赵从横之势，而久乱并、凉，累侵三辅，西河、上郡，已各内徙，安定、北地，复至单危，自云中、五原，西至汉阳二千余里，匈奴、种羌，并擅其地，是为痈疽伏疾，留滞胁下，如不加诛，转就滋大”。⑥根据上下文，“复至单危”和“西河、上郡，已各内徙”对举，说明安定、北地仍治故地，则安定、北地已经从扶风、冯翊回迁。当时乱起湟中，上郡、西河首当其冲，平乱无力而内迁，导致安定、北地“单危”。

西汉的民族问题主要是汉匈关系，东汉则是西羌问题，但二者性质有别。匈奴问题纯粹是民族关系问题，匈奴并非作为汉朝臣民起兵为乱，其南下侵扰是基于两种生产方式——游牧与农耕的冲突，匈奴占据主动地位。羌人社会发展尽管和匈奴有诸多相同之处，从社会发展史层面

①《后汉书》卷八七《西羌传》，北京：中华书局，1965年，第2887-2888页。
②《后汉书》卷六《顺帝纪》，北京：中华书局，1965年，第266页。
③《后汉书》卷八七《西羌传》，北京：中华书局，1965年，第2893页。
④《后汉书》卷八七《西羌传》，北京：中华书局，1965年，第2891页。
⑤《后汉书》卷八七《西羌传》，北京：中华书局，1965年，第2896-2897页。
⑥《后汉书》卷六五《段颎传》，北京：中华书局，1965年，第2148页。

看，处于相同的社会发展阶段，但是经济结构和匈奴有所不同，羌人不完全以游牧为业，而是程度不同地从事农耕生产。羌人起兵并非完全为游牧民族和农业民族的冲突，而是有着官民冲突的性质。汉武帝以前，羌人受制于匈奴，在汉匈之间，羌人持首鼠两端立场，在和汉朝发生直接的利益冲突之后才举兵为乱，其叛乱是羌人统治阶层为了自身利益最大化发动的。汉宣帝派赵充国评定羌乱之后，设立金城属国，因其故俗，由其豪酋，治理其故众，汉羌和安。而东汉的羌乱则否。东汉羌民大都是在被逼无奈的情况下起兵的，或者迫于兵役，或者赋税过重，或者因为官吏的残酷，与内郡农民起义有其相似性。范晔谓“羌戎之患，自三代尚矣。汉世方之匈奴，颇为衰寡。而中兴以后，边难渐大朝规失绥御之和，戎帅骞然诺之信。其内属者，或倥偬于豪右之手，或屈折于奴仆之勤”。[①]这“朝规失绥御之和，戎帅骞然诺之信”指的是朝廷决策失误、用人不当。“其内属者，或倥偬于豪右之手，或屈折于奴仆之勤”则是指郡县官吏和地方豪右歧视、迫害、盘剥。歧视、迫害是因为羌人风俗习惯有异，郡县长吏视其生命如草芥，任意杀戮以立威。如羌乱初起，“时羌归附既久，无复器甲，或持竹竿木枝以代戈矛，或负板案以为楯，或执铜镜以象兵，郡县畏懦不能制”。[②]何以不能制？就是因为羌民受到欺压过于沉重，民族矛盾、官民矛盾交织在一起，是死里求生的不得已之举，羌民对官府充满怨恨，一旦爆发，尽管装备落后、组织散乱，但战斗力远非官府所能想象。

当时，头脑清醒的官僚对汉羌矛盾是有正确认识的，建武九年“隗嚣死，司徒掾班彪上言：“今凉州部皆有降羌，羌胡被发左衽，而与汉人杂处，习俗既异，言语不通，数为小吏黠人所见侵夺，穷恚无聊，故致反叛。夫蛮夷寇乱，皆为此也。旧制益州部置蛮夷骑都尉，幽州部置领乌桓校尉，凉州部置护羌校尉，皆持节领护，理其怨结，岁时循行，问所疾苦。又数遣使驿通动静，使塞外羌夷为吏耳目，州郡因此可得儆备。今宜复如旧，以明威防。”[③]班彪说的“旧制”是指西汉故事，尽管不无民族歧视的成分在内，但是确实道出了一个事实，就是矛盾源于“羌胡被发左衽，而与汉人杂处，习俗既异，言语不通，数为小吏黠人所见侵夺，穷恚无聊”。但是，大多数官吏没有这样的清醒认识，内心深处视羌胡生命如草芥，如明帝时“烧何豪有妇人比铜钳者，年百余岁，多智筭，为种人所信向，皆从取计策。时为卢水胡所击，比铜钳乃将其众来依郡县。种人颇有犯法者，临羌长收系比铜钳，而诛杀其种六七百人”。[④]比铜钳遭受卢水胡攻击率领族众主动归附，属下犯法，临羌县长不问青红皂白，“收系比铜钳，而诛杀其种六七百人”。比铜钳固然冤枉，被杀的六七百人中冤死的更多。章和元年，张纡任护羌校尉，迷吾率部众来降，“遂将种人诣临羌县，纡设兵大会，施毒酒中，羌饮醉，纡因自击，伏兵起，诛杀酋豪八百余人”。[⑤]采用欺诈手段，残杀归附的羌民，必然导致仇怨加深，激起进一步的反抗。这些学界多有研究，并认为这是改变西汉的属国制度为郡县制度而导致的，即将羌人纳入郡县的管理体制中，为郡县长吏、地方豪右歧视、欺压、盘剥羌民提供了制度上的支持，是一大错误。[⑥]这固然有其依据，但是，还有更深层的原因需要分析。因为就东汉来说，把羌人郡县化，有其合理性，是当时的自然选择。众所周知，东汉前

①《后汉书》卷八七《西羌传》，北京：中华书局，1965年，第2899页。
②《后汉书》卷八七《西羌传》，北京：中华书局，1965年，第2886页。
③《后汉书》卷八七《西羌传》，北京：中华书局，1965年，第2878页。
④《后汉书》卷八七《西羌传》，北京：中华书局，1965年，第2880页。
⑤《后汉书》卷八七《西羌传》，北京：中华书局，1965年，第2882页。
⑥ 代表性论文，参见赵明：《东汉对西羌长期作战的原因与教训》，《中国史研究》1994年第1期。高荣：《论两汉对羌民族政策与东汉羌族起义》，《广东社会科学》1998年第3期。

期，匈奴分裂，南匈奴内附之后，边患解除，羌人分布空间上已经和西北郡县呈交错状态，继续西汉属国制度，将羌人集中一处，使之自治，有势力做大的可能，迁于三辅、安定、北地、上郡等地，分而治之，在理论上有利于消除隐患，在文化上，也有利于民族交流，消除心理隔阂。而豪右的奴役、长吏的刻薄在制度设计上没有逻辑的联系。问题的核心在于吏治，在于郡县长吏潜意识中的民族歧视。这和刘秀确立的治国思想是有着内在联系的。

三

刘秀统一全国以后，实行重文轻武的治国方针，史称“帝在兵间久，厌武事，且知天下疲耗，思乐息肩。自陇、蜀平后，非儆急，未尝复言军旅。皇太子尝问攻战之事，帝曰：“昔卫灵公问陈，孔子不对，此非尔所及。”建武十七年十月，刘秀“幸章陵，修圆庙，祠旧宅，观田庐，置酒作乐，赏赐。时宗室诸母因酣悦，相与语曰：‘文叔少时谨信，与人不款曲，唯直柔耳，今乃能如此’。帝闻之，大笑曰‘吾理天下，亦欲以柔道行之’”。以柔道治天下的核心就是“退功臣而进文吏，戢弓矢而散马牛”。[①]所谓“退功臣”的内容是给予功臣以高爵厚禄而不以典权，使之颐养天年。从建武十三年开始，统一战争渐近尾声，刘秀则逐步收回兵权。无论朝中公卿还是地方守令，绝少授予功臣特权。当时，“列侯唯高密（邓禹）、固始（李通）、胶东（贾复）三侯与公卿参议国家大事，恩遇甚厚”。[②]其余大多在列侯之上加一个“特进”的名号“奉朝请”而已，也就是在规定的时间里给刘秀问问安、露露脸，对朝政是不置一词的。就是邓禹、李通、贾复三人能够“参议国家大事”，也只是“参议”而已，这三个人知道刘秀不欲功臣掌权的心思，主动让权，在“参议国家大事”的时候，是能少说就少说。

所谓“进文吏”，就是重用儒生。刘秀在戎马倥偬、南征北战的岁月里，即以“爱好经术”的形象称誉群雄，每占一地，“未及下车，而先访儒雅，采求阙文，补缀漏遗。先是四方学士多怀协图书，遁逃林薮。自是莫不抱负坟册，云会京师”。“建武五年，乃修起太学，稽式古典，笾豆干戚之容，备之于列，服方领习矩步者，委蛇乎其中”。[③]统一以后，每每在议论朝政时，和群臣讨论经义，“每旦视朝，日仄乃罢。数引公卿、郎、将，讲论经理，夜分乃寐……虽身济大业，兢兢如不及，故能明慎政体，总揽权纲，量时度力，举无过事。退功臣而进文吏，戢弓矢而散马牛”。不过，无论是“访儒雅”“求阙文”，还是和“公卿、郎、将讲论经理，夜分乃寐”，刘秀不完全是对经术的爱好，而是为了把那些原先归附于王莽，之后因为天下大乱而彷徨无所归依的儒生们收归帐下，以免被其他割据势力所用。儒生们投到刘秀驾前就要全心全意地按照既定程序完成岗位责任，否则，轻则免职，重则下狱，直至丢掉身家性命，故建武之治以“严切”著称。所以，刘秀标榜的以“柔道”治天下是有特殊指向的，这个“柔”是指对开国元勋的处理方式而言，用“柔道”解除了元勋们的军政权力，巧妙地避免了功臣们权重镇主而君臣反目的尴尬与残酷。而对于新选用的这些“文吏”而言，是不存在什么“柔道”的。范晔曾谓刘秀“高秩厚礼，允答元功；峻文深宪，责成吏职”。概括得十分确当。

通过这一进一退，刘秀偃武修文的目的是达到了：“戢弓矢而散马牛”。开国元勋也好，新

---

①《后汉书》卷一下《光武帝纪下》，北京：中华书局，1965年，第68页、85页。

②《后汉书》卷一七《贾复传》，北京：中华书局，1965年，第667页。

③《后汉书》卷七九上《儒林传上》，北京：中华书局，1965年，第2545页。

进的“文吏”也罢，都要远离武事，专心事“文”。在当时历史条件下，这有利于君主集权和社会秩序的恢复和稳定。但是儒家的夷夏之防也渗透于民族关系的处理过程之中，在文化上歧视少数民族，体现在行政过程中就是无视少数民族的生命财产，欺压瞒骗，滥杀无辜，上举护羌校尉张纡只滥杀无辜就是典型。

西汉时，尽管民族矛盾复杂剧烈，汉匈之间战争连绵，汉羌之间也有多次军事冲突。但是，即使是儒家学说意识形态化之后，夷夏观念并没有给民族政策带来什么影响。就和亲而论，西汉前期汉匈是兄弟之国，后期具有了宗主国与藩属国的色彩，但是，汉朝上下并没有视匈奴为蛮夷，无论是在战争状态还是在和平年代，汉匈之间不存在文化上的歧视，交流频繁，汉人流居塞外者所在多有，胡人任职汉廷、手握重权者不乏其例。王莽打着儒学旗号，以新易汉，提倡儒家的夷夏观念，改匈奴单于为降奴服于，先秦以来儒家主张的夷夏之防第一次在制度层面融入施政过程之中。刘秀拨乱反正，解王莽之繁密，还汉世之轻法，但是与重儒相伴的夷夏之防则延续下来了。“闭玉门以谢西域之质，卑辞币以礼匈奴之使”。固然决定了民生凋敝，但是在这重内轻外治边方针的背后也有着夷夏之防的文化考量。东汉一代，始终贯彻执行以夷治夷的军事方针，大量使用少数民族兵丁，是有着文化选择的因素在内的。在行政上的体现，一是轻视边郡建设，一切苟且，二是无视民族之间的经济文化差异，以歧视心态，视少数民族为低等居民，奴役侮辱在前，盘剥严刑在后。一旦发生战事，就以蛮夷凶悍、边郡荒凉为由而弃之，东汉初年放弃凉州之议，其后的安定、北地、上郡、陇西等郡的内迁与建设不足与此是有内在联系的。

因为重文轻武，东汉郡县守令大都卑薄武事。建武六年，刘秀精兵简政，在省并郡县的同时，裁减郡县兵，省都尉官，“并职太守”。本来郡守是一个郡的军政长官，但军事训练、治安维护等由都尉具体分管，“并职太守”之后，从职能上说，地方军备并没有因为都尉之省有所改变；从行政效率上说，郡守直接负责军事训练，减少中间环节，军政统一于一人，更有利于训练活动的展开和加强武备。但是客观情况则否。王符在分析羌乱久久不能平息的原因时对此有过系统分析：“然其士民又甚贫困，器械不简习，将恩不素结，卒然有急，则吏以暴虐发其士，士以所拙遇敌巧。此为将吏驱怨以御雠，士卒缚手以待寇也”。[①]“今观诸将，既无断敌合变之奇，复无明赏必罚之信”。这儿的“诸将”是指边郡太守。这些郡守长吏既无将帅之才，更无安边定国之心，一旦矛盾激化，或者弄虚作假、隐瞒军情；或者夸大羌族的凶悍，内徙边民，借机搜刮民财，贪污国库。王符谓羌乱之时“将帅皆怯劣软弱，不敢讨击，但坐调文书，以欺朝廷。实杀民百则言一，杀虏一则言百；或虏实多而谓之少，或实少而谓之多。倾侧巧文，要取便身利己，而非独忧国之大计”。但是，这些太守令长在强制边民内迁时，又显示出凶残的一面：“民之于徙，甚于伏法。伏法不过家一人死耳。诸亡失财货，夺土远移，不习风俗，不便水土，类多灭门，少能还者……太守令长，畏恶军事，皆以素非此土之人，痛不著身，祸不及我家，故争郡县以内迁。至遣吏兵，发民禾稼，发撤屋室。夷其营壁，破其生业，强劫驱掠，与其纳入，捐弃羸弱，使死其处。当此之时，万民怨痛，泣血叫号，诚愁鬼神而感天心……边地遂以丘荒，至今无人”。[②]结果只能是官民离心，甚至将农民推向反抗者的行列。

应劭曾把“不教民战”作为黄巾起义、天下蜂乱的原因。应劭《汉官》云：“概天生五才，民并用之，废一不可，谁能去兵？兵之设尚矣。《易》称‘弦木为弧，剡木为矢，弧矢之利，

---

①（汉）王符，（清）汪继培著，彭铎校正：《潜夫论笺校正》卷五《劝将》，北京：中华书局，1979年，第253页。

②（汉）王符，（清）汪继培著，彭铎校正：《潜夫论笺校正》卷五《实边》，北京：中华书局，1979年，第282页。

以威天下。’《春秋》‘三时务农，一时讲武’。《诗》美公刘‘匪居匪康，入耕出战，乃裹糇粮，干戈载扬，四方莫当’。自郡国罢材官、骑士之后，官无警备，实启寇心。一方有难，三面救之，发兴雷震，烟蒸电激，一切取办，黔首嚣然。不及讲其射御、用其戒誓，一旦驱之以即强敌，犹鸠雀捕鹰鹯，豚羊弋豺虎，是以每战常负，王旅不振”。[①]从“自郡国罢材官、骑士之后，官无警备，实启寇心”诸语看，“不教民战”是“自郡国罢材官、骑士之后，官无警备”的结果。其实，材官、骑士之罢仅是临时举措，教民战与否和罢材官、骑士之间没有逻辑关联，应劭所云旨在说明不教民战由来已久 。究其根源，可以列举很多，最根本的是刘秀确立的重文轻武的治国方针所导致的地方长吏出身文吏，轻视武事，虽然肩负“教民战”的职责，但在和平年代，履职甚少，随着政治衰败，儒学成为官员谋求功名利禄的手段，不存在什么家国天下的责任，更谈不上为边郡治理出谋划策、承担风险，在他们内心深处，认为非我族类，其心必异，歧视、奴役少数民族，一旦激起变乱，则弃边自保，视边民生命、国家利益于不顾。在这一政治背景之下，安定社会经济的衰落是历史的必然。

（作者系苏州大学历史系教授）

①《后汉书》卷一一八《百官五》，北京：中华书局，1965年，第3622页。

汉代的安定郡

袁延胜　张小倩

安定郡是汉武帝在元鼎三年（前114年）分北地郡设立的，郡治在高平（今宁夏固原），辖21县。安定郡因处在长安与北边匈奴的缓冲地带，军事地位重要，加之又是丝绸之路东段上一条重要的道路，交通地位重要，因此安定郡是汉代一个重要的地区。

关于安定郡及固原的历史，学者已经做了不少研究，取得了不少成果。如薛正昌在《固原历史地理与文化》一书中，论述了固原地理位置优势，各重大事件以及文化发展与民族融合的过程。明确指出安定郡的设立，是宁夏历史上第一个州郡级政权建制，并由此奠定了固原的历史地位和政治格局。[①]王茂福的《汉末北地、安定郡内徙新考》对东汉永和六年（141年）北地、安定郡的第二次内迁情况做了研究。[②]杜志强的《“六郡良家子”考论》，对包括安定郡在内的“六郡良家子”做了研究，认为安定等地受羌胡影响，多出勇猛将士。[③]马建军的《固原两汉时期墓葬考古学材料的文化内涵》一文，对固原周围发掘的汉墓群的考古材料所反映的文化内涵进行了深入研究，认为汉代高平（今固原）经济繁荣，手工艺制作水平较高。[④]这些研究，深化了对汉代安定郡的了解。但研究也存在不足，如对汉代安定郡军事、交通、人口、民族等的研究，还有待加强。因此，本文就前人的基础上，对汉代安定郡的有关历史再做一梳理，以期对汉代安定郡的历史研究有所帮助。

一、安定郡的军事地位

安定郡是关中通往西北地区的重要军事区。安定郡对内可以防御关中三辅，对外可以作为对羌、对匈奴作战的前线。

如在镇压羌人反叛中，安定郡等地的骑士常被征发到前线。

《汉书·武帝纪》载：

> 西羌众十万人反，与匈奴通使，攻故安，围枹罕。匈奴入五原，杀太守。六年冬十月，发陇西、天水、安定骑士及中尉，河南、河内卒十万人，遣将军李息、郎中令徐自为征西羌，平之。[⑤]

---

① 薛正昌：《固原历史地理与文化》，兰州：甘肃文化出版社，1998年。

② 王茂福：《汉末北地、安定郡内徙新考》，《西北史地》1997年第3期。

③ 杜志强：《“六郡良家子”考论》，《历史文献研究》2014年第2期。

④ 马建军：《固原两汉时期墓葬考古学材料的文化内涵》，《宁夏社会科学》2005年第2期。

⑤《汉书》卷六《武帝纪》，第188页。

《汉书·宣帝纪》亦载：

西羌反，发三辅、中都官徒弛刑，及应募佽飞射士、羽林孤儿，胡、越骑，三河、颍川、沛郡、淮阳、汝南材官，金城、陇西、天水、安定、北地、上郡骑士、羌骑，诣金城。①

面对西羌的反叛，汉朝第一反应就是从包括安定郡在内的周边郡县调骑士军卒前往。
正因为安定郡军事地位重要，所以汉武帝多次巡察安定郡。如：

太初元年秋八月，“行幸安定”。②
太始四年“十二月，行幸雍，祠五畤，西至安定、北地”。③
征和三年，“行幸雍，至安定、北地”。④
后元元年春正月，“行幸甘泉，郊泰畤，遂幸安定”。⑤

汉代安定郡重要的军事地位，除了区位优势外，还与这里尚武的风气有关。《汉书·地理志》载：

天水、陇西，山多林木，民以板为室屋。及安定、北地、上郡、西河，皆迫近戎狄，修习战备，高上气力，以射猎为先。故《秦诗》曰“在其板屋”；又曰“王于兴师，修我甲兵，与子偕行”。及《车辚》《四载》《小戎》之篇，皆言车马田狩之事。汉兴，六郡良家子选给羽林、期门，以材力为官，名将多出焉。孔子曰：“君子有勇而亡谊则为乱，小大有勇而亡谊则为盗。”故此数郡，民俗质木，不耻寇盗。⑥

《汉书·赵充国辛庆忌传》亦载：

山西天水、陇西、安定、北地处势迫近羌胡，民俗修习战备，高上勇力鞍马骑射。故《秦诗》曰：“王于兴师，修我甲兵，与子皆行。”其风声气俗自古而然，今之歌谣慷慨，风流犹存耳。⑦

①《汉书》卷八《宣帝纪》，第260页。
②《汉书》卷六《武帝纪》，第200页。
③《汉书》卷六《武帝纪》，第207页。
④《汉书》卷六《武帝纪》，第209页。
⑤《后汉书》卷八七《西羌传》，第2880页。
⑥《汉书》卷二八下《地理志第八下》，第1644页。
⑦《汉书》卷六九《辛庆忌传》，第2998-2999页。

《后汉书·百官二》载：

羽林中郎将，比二千石。本注曰：主羽林郎。羽林郎，比三百石。本注曰：无员。掌宿卫侍从。常选汉阳、陇西、安定、北地、上郡、西河凡六郡良家补。本武帝以便马从猎，还宿殿陛岩下室中，故号岩郎。

安定郡“迫近羌胡”，加之尚武的风气，使得这里武将辈出。如东汉的名将皇甫规，就是安定朝那人。

但重要的地位，也容易被割据者利用，成为割据地区。《后汉书·光武帝纪》载：“赤眉杀更始，而隗嚣据陇右，卢芳起安定。”①

二、安定郡的交通地位

安定郡的道路是汉朝通往西北的一条重要道路，被称为安定道。《肩水金关汉简》载：

从安定道 元康元年四月丙午日入时界亭 小史安以来望□行
劳边使者过界中费（73EJT21：2）②

安定郡的月氏、乌氏、泾阳、高平等都是重要的交通节点。《居延新简》载：

长安至茂陵七十里　月氏至乌氏五十里
茂陵至茯置卅五里　乌氏之泾阳五十里
茯置至好止七十五里　泾阳至平林置六十里
好止至義置七十五里　平林置至高平八十里
……（EPT59 582）③
（以上为第一栏）

《额济纳汉简》载：

泾阳到□百里泾阳到高平百（2002ES18SH1：8）④

以上简文，明确记载了月氏、乌氏、泾阳、高平之间的路线、距离。

---

①《后汉书》卷一上《光武帝纪上》，北京：中华书局，1965年，第25页。

② 甘肃简牍博物馆、甘肃省文物考古研究所、甘肃省博物馆、中国文化遗产研究院古文献研究室、中国社会科学院简帛研究中心编：《肩水金关汉简（贰）》下册，上海：中西书局，2013年，第10页。

③ 甘肃省文物考古研究所、甘肃省博物馆、文化部古文献研究室、中国社会科学院历史研究所编：《居延新简：甲渠候官与第四燧》，北京：文物出版社，1990年，第395页。

④ 魏坚主编：《额济纳汉简》，桂林：广西师范大学出版社，2005年，第282页。

高平作为安定郡的郡治，交通地位尤其重要，这在汉简和文献中有多处体现。如悬泉汉简载：

张掖千二百七十五一，冥安二百一七，武威千七百二，安定高平三千一百五十一里……（A）

金城允吾二千八百八十里，东南。天水平襄二千八百卌，东南。东南去刺史□三□……一八十里……长安四千八十……（B）（V1611③：39）[①]

这枚简所记路程的具体起点尚有争议，吴礽骧先生认为是从敦煌开始计算[②]，胡平生、张德芳先生认为是从悬泉置开始计算[③]，张俊民先生认为该简的起始点应为汉代效谷县城（墩墩湾古城）。[④]从这枚简计算，长安到高平的距离为929里（4080减去3151）。

《居延新简》亦载：

范君上月二十一日过当曲言：窦昭公到高平，还道不通。

天子将兵在天水，闻羌、胡欲击河以西。今张掖发兵屯诸山谷，麦熟石千二百，帛万二千，牛有买，马如故。七月中，恐急匆匆吏民未安。"（EPF22·325A：）[⑤]

简文中的"窦昭公"，是指窦融的胞弟窦友，"天子"是指光武帝。《后汉书·窦融列传》载："融即复遣钧上书曰：'……谨遣同产弟友诣阙，口陈区区。'友至高平，会嚣反叛，道绝，驰还，遣司马席对间行通书。帝复遣席封赐融、友书，所以慰藉之甚备。"又《后汉书·窦融列传》载：（建武）"八年夏，车驾西征隗嚣，融率五郡太守及羌虏小月氏等步骑数万，辎重五千余两，与大军会高平第一。"唐李贤注曰："高平，今原州县，《郡国志》云高平第一城。"

又《后汉书》卷十六《寇恂传》载："初，隗嚣将安定高峻，拥兵万人，据高平第一，帝使待诏马援招降峻，由是河西道开。中郎将来歙承制拜峻通路将军，封关内侯。"光武帝拿下高平城后，"由是河西道开"，高峻还因此被拜为"通路将军"，由此可见高平城的重要。

三、安定郡的人口

安定郡的人口，西汉和东汉差异较大。《汉书·地理志》载："安定郡，武帝元鼎三年置。户四万二千七百二十五，口十四万三千二百九十四。县二十一。"[⑥]东汉时期安定郡只辖八县，人口只有"户六千九十四，口两万九千六十。"[⑦]

---

① 胡平生、张德芳：《敦煌悬泉汉简释粹》，上海：上海古籍出版社，2001年，第59页。

② 吴礽骧：《河西汉代驿道与沿线古城小考》，《简帛研究（2001）》，桂林：广西师范大学出版社。该文使用的起点是敦煌郡治。

③ 胡平生、张德芳：《敦煌悬泉汉简释粹》，上海：上海古籍出版社，2001年，第60页。持悬泉置为起点。

④ 张俊民：《简牍学论稿——聚沙篇》，兰州：甘肃教育出版社，2014年，第424页。

⑤ 甘肃省文物考古研究所、甘肃省博物馆、文化部古文献研究室、中国社会科学院历史研究所编：《居延新简：甲渠候官与第四燧》，第498页。

⑥《汉书》卷二八《地理志下》，北京：中华书局，1962年，第1615页。

⑦《后汉书志》卷二三《郡国志五》，第3519页。

东汉安定郡人口的大规模减少，应与两汉之际的人口流亡和东汉中后期的内徙有关。

（一）两汉之际人口的流亡

更始年间和建武初年，凉州之地分别为隗嚣和窦融所割据。由于这里远离战区，局势相对稳定，所以三辅等地的百姓纷纷流向这里。特别是窦融为政宽和，礼敬士人，因此窦融所在的河西五郡更成为人们流亡的乐园。

《后汉书》卷一三《隗嚣传》载："及更始败，三辅耆老士大夫皆奔归嚣。"

《后汉书》卷四〇上《班彪传》载："班彪字叔皮，扶风安陵人也……年二十余，更始败，三辅大乱。时隗嚣拥众天水，彪乃避难从之……而嚣终不寤，遂避地河西。河西大将军窦融以为从事，深敬待之，接以师友之道。"

按：更始元年，隗嚣据有整个凉州九郡之地；建武元年之后，隗嚣只拥有天水、陇西、安定、北地四郡，其余五郡为窦融所统。

《后汉书》卷二三《窦融传》载建武初年，窦融拥有酒泉、金城、张掖、敦煌、武威五郡。"河西民俗质朴，而融等政亦宽和，上下相亲，晏然富殖。修兵马，习战射，明烽燧之警，羌胡犯塞，融辄自将与诸郡相救，皆如符要，每辄破之。其后匈奴惩乂，稀复侵寇，而保塞羌胡皆震服亲附，安定、北地、上郡流人避凶饥者，归之不绝。"

这些流向边郡的人们，在局势安定后，有的又迁回内地。如《后汉书·刘般传》载："建武八年，隗嚣败，河西始通，般即将家属东至洛阳，修经学于师门。"

（二）东汉中后期安定等郡的内徙

安帝和顺帝时期，由于受羌族起义以及匈奴反叛的影响，曾把一些西北边郡的郡治和人民内迁。

1. 安帝时期安定等郡的内徙

安帝永初元年（107年），第一次羌人大起义爆发。东汉政府予以武力镇压，但屡遭失败；地方官又多内地人，无心守卫西北之地，因此要求内迁西北诸郡。

永初五年（111年），东汉政府内徙陇西、安定、北地、上郡四郡。《后汉书·安帝纪》载永初五年三月："诏陇西徙襄武，安定徙美阳，北地徙池阳，上郡徙衙。"《后汉书·西羌传》亦载：

> 羌既转盛，而二千石、令、长多内郡人，并无守战意，皆争上徙郡县以避寇难。朝廷从之，遂移陇西徙襄武。安定徙美阳，北地徙池阳，上郡徙衙。①

按：安定郡，原治高平（今宁夏固原），现徙居右扶风美阳（今陕西扶风县和武功县之间）。

伴随郡治的内迁，便是大量居民的内徙。《后汉书》卷四七《梁慬传》载永初五年："安定、北地、上郡皆被羌寇，谷贵人流，不能自立。诏慬发边兵迎三郡太守，使将吏人徙扶风界。慬即遣南单于兄子将兵迎之。"

实际上，这次内徙是百姓的一次浩劫，许多百姓在迁徙时死亡。《后汉书·西羌传》载，"百姓恋土，不乐去旧，遂乃刈其禾稼，发彻室屋，夷营壁，破积聚。时连旱蝗饥荒，而驱蹙劫略，流离分散，随道死亡，或弃捐老弱，或为人仆妾，丧其太半。"

名义上，这次内徙的百姓应居住于三辅地区，但实际情况并非如此，东汉各级腐败的官吏不

---

① 《后汉书》卷八七《西羌传》，第2888页。

管百姓的疾苦，失去家园的百姓被迫流亡各地。《潜夫论·实边》亦载东汉吏治的败坏和内迁之民的惨况："民既夺土失业，又遭蝗旱饥匮，逐道东走，流离分散，幽、冀、兖、豫，荆、扬、蜀、汉，饥饿死亡，复失太半。边地遂以丘荒，至今无人。原祸所起，皆吏过尔。"

2. 顺帝永建四年安定、北地、上郡三郡的复置

顺帝永建元年（125年），马贤平定陇西种羌的反叛，"自是凉州无事"。（《后汉书·西羌传》）永建四年（129年），顺帝听从尚书仆射虞诩的建议，恢复安帝永初五年内徙的三郡。《后汉书·顺帝纪》载永建四年九月，"复安定、北地、上郡归旧土"。李贤注："安帝永初五年徙，今复之。"至此，内迁18年的安定等郡回归故土。

恢复三郡，回归故土，便是这一地区百姓的回归。《后汉书·西羌传》载："帝乃复三郡。使谒者郭璜督促徙者，各归旧县，缮城郭，置候驿。既而激河浚渠为屯田，省内郡费岁一亿计。"

所谓"既而激河浚渠为屯田"，即在三郡地区实行屯田。考诸事实，顺帝时期确实在此三郡实行过屯田。《后汉书·顺帝纪》载永建五年（130年）："冬十月丙辰，诏郡国中都官死罪系囚减罪一等，诣北地、上郡、安定戍。" 这和永建四年九月的"复安定、北地、上郡归旧土"有关。由此可见，为了恢复三郡的生产和秩序，顺帝派刑徒在那里屯田戍守。这样，一方面可以稳定当地的秩序，另一方面也可以弥补三郡人口的不足。

3. 顺帝永和年间边郡的再次内徙

永和五年（140年），南匈奴和乌桓、西羌等反叛寇边，致使西河、上郡、朔方等郡再次内徙。《后汉书·顺帝纪》亦载三郡内迁之事："（九月）丁亥，徙西河郡居离石，上郡居夏阳，朔方居五原。"

永和六年（141年），受羌人起义影响，安定、北地二郡再次内徙。《后汉书·顺帝纪》载："（永和六年）冬十月癸丑，徙安定居扶风，北地居冯翊。"《后汉书·西羌传》载永和六年春，马贤战败，"于是东西羌遂大合……秋，诸种八九千骑寇武威，凉部震恐。于是复徙安定居扶风，北地居冯翊。"

伴随着安定、北地二郡的再次内徙，则二郡的吏民也会内迁于扶风、冯翊之地。但王茂福先生认为这次内徙并没有实际施行，或者内徙后又于汉安二年（142年）复归故土。安定郡自汉安二年后一直居于旧土。①所论很有道理。

从安帝和顺帝时期，安定等郡的内徙、复置来看，这些地区人口受到很大影响，人口大量减少。

四、安定郡的民族

安定郡"迫近羌胡"，设有安定属国都尉，境内分布着匈奴族、羌族、月氏族等民族。

（一）匈奴族

东汉永元六年（94年），新降匈奴十五部二十余万人反叛，立逢侯为单于。"逢侯于塞外分为二部，自领右部屯涿邪山下，左部屯朔方西北，相去数百里。永元八年（96年）冬，左部胡自相疑畔，还入朔方塞，庞奋迎受慰纳之。其胜兵四千人，弱小万余口悉降，以分处北边诸郡。"所谓"分处北边诸郡"，可能是朔方、五原、云中等郡。

① 王茂福：《汉末北地、安定郡内徙新考》，《西北史地》1997年第3期。

同年，反叛的右温禺犊王乌居战率众归降，“于是徙乌居战众及诸还降者二万余人于安定、北地”。则这二万余人明确被安置在安定（治临泾，今甘肃镇原县南）、北地（治富平，今宁夏吴忠市南）二郡。

（二）羌族

《后汉书·西羌传》载永平二年（59年），“滇吾子东吾立，以父降汉，乃入居塞内，谨愿自守”。该传又载东吾之孙麻奴，“初随父降，居安定”。则知滇吾部落降汉后，乃徙居于安定。

又《后汉书·西羌传》载，和帝永元十三年（101年），“其秋，迷唐复将兵向塞，周鲔与金城太守侯霸，及诸郡兵、属国湟中月氏诸胡、陇西牢姐羌，合三万人，出塞至允川，与迷唐战。周鲔还营自守，唯侯霸兵陷阵，斩首四百余级。羌众折伤，种人瓦解，降者六千余口，分徙汉阳、安定、陇西。”则这6000余羌人徙居于汉阳、安定、陇西三郡。

《后汉书·段熲传》载建宁二年（169年），段熲等击败东羌；谒者冯禅等“所招降四千人，分置安定、汉阳、陇西三郡，于是东羌悉平。” 则这4000东羌人也被徙置于安定、汉阳、陇西三郡。

从以上记载来看，东汉时期的降羌大都被迁居于安定、陇西、汉阳三郡。

关于安定郡分布的羌族种落，有烧何羌、牢羌、先零羌等。

《后汉书·西羌传》载永元十四年（102年），“安定降羌烧何种胁诸羌数百人反叛，郡兵击灭之，悉没入弱口为奴卑。”则安定郡有烧何羌。《西羌传》又载，汉安元年（142年），“唯烧何种三千余落据参䜌北界。”按：参䜌，西汉属安定郡；《续汉书·郡国志五》所载属北地郡，并注曰“故属安定”。虽然参䜌位于安定郡和北地郡交界之处，但考虑到安定郡早在和帝时期就有烧何羌，则汉安元年居住在参䜌的三千余落烧何羌，可能仍属安定郡。

《后汉书·西羌传》又载，永初七年（113年）夏，“骑都尉马贤与侯霸掩击零昌别部牢羌于安定，首虏千人。”则安定郡也有牢羌。

又《后汉书·张奂传》载，延熹九年（166年），“秋，鲜卑复率八九千骑入塞，诱引东羌与共盟诅。于是上郡沈氐、安定先零诸种共寇武威、张掖，缘边大被其毒。”则安定郡还有先零羌。

（三）月氏族

《汉书·地理志》载安定郡属县有“月氏道”，则安定郡有月氏族无疑。

《后汉书·西羌传》载湟中月氏，“其先大月氏之别也，旧在张掖、酒泉地。月氏王为匈奴冒顿所杀，余种分散，西逾葱岭。其羸弱者南入山阻，依诸羌居止，遂与共婚姻。及骠骑将军霍去病破匈奴，取西河地，开湟中，于是月氏来降，与汉人错居……其大种有七，胜兵合九千余人，分在湟中及令居（属金城郡）。又数百户在张掖，号曰义从胡。”霍去病“取西河地，开湟中，于是月氏来降”，这时可能一部分月氏族被迁徙到了安定郡。

（袁延胜系郑州大学历史学院教授；张小倩系郑州大学历史学院研究生）

安定名人乌氏倮

晋　文　丁佳伟

内容摘要　地处关陇要道的乌氏县自古就是丝绸之路上的重镇。从传世文献看，秦汉时期的乌氏县大致位于今宁夏固原市东南和甘肃平凉市西北。但根据相关汉简，乌氏县却应该位于今平凉市东部地区。两种文献记载的差异，很可能与定位标准的不同有关。汉代乌氏县隶属于安定郡，而安定郡的郡治所在地高平县就是今天的固原。乌氏与固原有着明确的行政隶属关系。早在战国末年，乌氏倮便以内地丝织品与关外戎王进行贸易，成为早期丝绸贸易的著名商人。乌氏倮实际是一个秦朝边境贸易的官商或代理人，而不是走私商人。他通过边境贸易为秦王朝换取了马牛等大量物资，所以才获得秦始皇“比封君”的礼遇。固原和平凉均可谓乌氏倮的家乡，两全其美的做法是共享名人。

关键词　乌氏　安定　乌氏倮　官商

中原与西域各民族友好往来的历史源远流长。在双方贸易往来中，早期丝绸之路的雏形逐步形成。而地处关陇要道的乌氏地区则构成了其中重要一环。早期丝绸贸易的著名商人乌氏倮便来自这一地区。据《史记·货殖列传》记载：“乌氏倮畜牧，及众，斥卖，求奇缯物，间献遗戎王。戎王什倍其偿，与之畜，畜至用谷量马牛。秦始皇帝令倮比封君，以时与列臣朝请。”[①]可知乌氏倮是秦代乌氏族人，大约生活在战国末年和秦始皇时期。他以内地珍贵的丝织品与关外戎王贸易，曾换取了大量的马牛物资。本文主要就乌氏的地望和乌氏倮的身份谈谈一些不成熟的看法。

一、乌氏的地望问题

乌氏是春秋时期西北地区的戎族之一，秦惠王时始设乌氏县。《史记·匈奴列传》称：“秦穆公得由余，西戎八国服于秦，故自陇以西有绵诸、绲戎、翟、貏之戎，岐、梁山、泾、漆以北有义渠、大荔、乌氏、朐衍之戎……各分散居谿谷，自有君长，往往而聚者百有余戎，然莫能相一。”《史记正义》引《括地志》云：“乌氏故城在泾州安定县东三十里。周之故地，后入戎，秦惠王取之，置乌氏县也。”[②]秦昭襄王时设北地郡，乌氏县隶属之。西汉元鼎三年（前114年），武帝分割北地郡，而设置安定郡。《汉书·地理志下》载：

安定郡，户四万二千七百二十五，口十四万三千二百九十四。县二十一：高平，复累，

①《史记》卷一二九《货殖列传》，北京：中华书局，1959年，第3260页

②《史记》卷一一〇《匈奴列传》，北京：中华书局，1959年，第2883页。

安俾，抚夷，朝那，泾阳，临泾，卤，乌氏，阴密，安定，参，三水，阴槃，安武，祖厉，爰得，眴卷，彭阳，鹑阴，月（氏）道。[①]

乌氏则为安定辖县之一。

学界对秦汉时期乌氏县地望的探讨，主要依据前揭《地理志下》有关乌氏县地理特征的记录："乌氏，乌水出西，北入河。都卢山在西。莽曰乌亭。"乌水即今宁夏清水河流域。清人陈澧《汉书地理志水道图说》言："今甘肃固原州清水河出州南境，北流入河。乌氏古城在平凉县西北，与固原州接界，其地唯清水河北流入河，故知为乌水也。"[②]杨守敬《水经注疏》则认为：

《汉志》，安定郡乌氏县，有乌水，出西北入河。《水经注》无之。陈澧谓即固原州之清水河，然则即此高平川也……此水初曰乌水，以色名，又曰苦水，以味名，又曰高平川，别以县名；今曰清水河，则又以色名。董若诚曰，今清水河出固原州西南六盘山，即大陇山也。[③]

高平川即清水河，发源于今宁夏六盘山，在固原市原州区境内。清河水向北流经固原、海原等地，注入黄河，与《汉志》的记载较为吻合。而都卢山即今宁夏六盘山。加之乌氏作为逐水草而居的游牧民族，六盘山一带充沛的水草资源，恰恰为其繁衍生息提供了绝佳的自然条件。根据乌水和都卢山的地理位置，可以大致确认秦汉时期的乌氏县位于今宁夏固原东南和甘肃平凉西北一带。在相关简牍材料发现之前，这一观点得到了学界的基本认可。如《中国古今地名大辞典》"乌氏县"条："汉置。氏音支。后汉曰乌枝。晋仍曰乌氏。后魏废。故城在今甘肃平凉县西北。"[④]又《中国历史地名大辞典》说："乌氏县又作阏氏、焉氏。本乌氏戎地，战国秦惠王置县，属北地郡。治所在今宁夏固原县西南……西汉属安定郡。东汉改为乌枝县。"[⑤]

然而，新出汉简却对此提出了质疑和修正。关键在于，《居延新简》所收破城子E·P·T59·582号汉简曾明确记录了王莽始建国三年（11年）长安以西诸县、置之间的里程。兹移录相关简文如下：

长安至茂陵七十里　月氏至乌氏五十里
茂陵至茯置卅五里　乌氏至泾阳五十里
茯置至好止七十五里　泾阳至平林置六十里
好止至义置七十五里　平林置至高平八十里
……
（以上为第一栏）[⑥]

该简所记诸县、置的走向均为自东向西。[⑦]简文中的泾阳即西汉泾阳县治所在，其具体位置已

①《汉书》卷二八下《地理志下》，北京：中华书局，1962年，第1615页。
② 陈澧撰：《汉书地理志水道图说》卷三，《四库未收本辑刊》捌辑·肆册，北京：北京出版社，2000年，第39页。
③ 杨守敬、熊会贞疏，段熙仲点校，陈桥驿复校：《水经注疏》，南京：江苏古籍出版社，1989年，第187页。
④ 臧励龢：《中国古今地名大辞典》，香港：商务印书馆，1931年，第729页。
⑤ 史为乐主编：《中国历史地名大辞典》，北京：中国社会科学出版社，2005年，第462页。
⑥ 甘肃省考古所编：《居延新简》，北京：文物出版社，1990年，第395–396页。
⑦ 参见李并成：《河西走廊历史地理》，兰州：甘肃人民出版社，1995年，第38–50页。

为学界所确定，大致位于今甘肃平凉市安国镇油坊庄。由汉简可知，乌氏县应当位于泾阳县以东约五十汉里的地方。换言之，汉代乌氏县的大体位置应该在今甘肃平凉以东地区。据学者推测，其具体位置可能在今平凉市十里铺一带 。[①]

有学者认为，传世文献与出土简牍所见乌氏县地理位置的差异是县治迁移的结果——“秦、西汉时期的乌氏县在今宁夏固原市原州区瓦亭附近，其地当在汉泾阳县之西……在西汉末年乌氏县已经发生迁移，由汉泾阳县之西东迁至县东，具体应该在今平凉市以东十里铺地方。”[②]恐怕不确。首先，乌氏县在西汉末年发生迁移的观点并没有直接的史料支撑，仅凭猜测是很难令人信服的。其次，《汉书·地理志》所反映的是平帝元始二年（2年）的行政区划和山川地理，其下距王莽始建国三年仅有9年时间，也难以断定在此期间乌氏县治曾发生迁移。我们认为，传世文献与出土简牍相关记载的差异，很可能与定位标准的不同有关。汉代乌氏县在宁夏固原东南部和甘肃平凉西北部的传统观点，其依据主要在于对乌水和都卢山地理位置的确认。而由此得出的清水河和六盘山以东地区实际上仍是一个较为广阔的地域范围。相比较而言，E·P·T59·582号汉简记载的县治里程无疑更为精确。由县治里程在帝国行政运作中的实用性来看，汉简所录“乌氏至泾阳五十里”应该理解为乌氏县治所在地与泾阳县治所在地之间的实际距离，而不应该笼统地概述为乌氏和泾阳之间相距“五十里”。实际上，乌氏县和泾阳县相毗邻。因此，由泾阳县治所在地推导出的乌氏县治所在地虽然位于今平凉市以东十里铺一带，但泾阳与乌氏两县的分界线却必然在十里铺以西。换言之，十里铺以西仍然有大片区域属于乌氏县。若泾阳、乌氏两县的县治所在地都位于其东部地区，那么乌氏县的实际控制范围便可能包括今平凉市西北或者是固原市东南地区。从这个角度来看，《汉书·地理志下》的记载与出土简牍之间似乎并不存在矛盾。

另一方面，从郡县隶属关系来看，乌氏县在汉代隶属于安定郡，其郡治所在地为高平县，即今宁夏固原市。因此，无论乌氏县的具体所在为何处，它在汉代始终归固原地区管辖，与固原地区有着明确的行政隶属关系和密切的政治、经济联系。而有关乌氏县具体所在的争论，在很大程度上与此后行政区划的变更有着直接的关联。

二、乌氏倮的身份问题

无论乌氏县是地处宁夏固原，还是甘肃平凉，抑或兼而有之，实际都并不影响乌氏倮是一位从事丝绸贸易的安定名人。问题乃在于他的身份：乌氏倮究竟是一个民间商人，还是一个有官方背景的商人?

何清谷先生认为，乌氏倮以内地丝绸与关外戎王进行“走私贸易”，因“属国家需要，故对乌氏倮给予优待”。[③]晋文曾提出商榷，认为乌氏倮并非走私商人，而是一位官商，并对秦的统一战争和其他战事、工程运输等做出了重大贡献 。[④]考虑到仍有一些研究没有辨明乌氏倮的官商身份[⑤]，这里我们也再把浅见和论据陈述如下。

---

① 参见张多勇：《从居延E·P·T59·582汉简看汉代泾阳县、乌氏县、月氏道》，《敦煌研究》2008年第2期。

② 郑炳林、吴炯炯：《乌氏考》，《中国历史地理论丛》2012年第4期。

③ 何清谷：《秦始皇时代的私营工商业》，《文博》1990年第5期。

④ 晋文：《也谈秦代的工商业政策》，《江苏社会科学》1997年第6期。

⑤ 刘光华主编：《西北通史》（第一卷），兰州：兰州大学出版社，2005年，第301-303页。

我们认为乌氏倮乃是秦的官商，其原因在于有种种迹象表明他并非一个民间商人。一个很奇怪的现象，就是秦代对于关梁控制颇严，在对外贸易上亦有着严格规定[①]，然而从司马迁的记载看，乌氏倮在与戎王的贸易中却可以带着大批商品随便出入。不难想见，如果他真是一个民间商人，甚至还从事于“走私贸易”，是绝不可能这样畅通无阻的。我们还可以提供一个与此类似的反证——班壹的事例。《汉书·叙传》云：“始皇之末，班壹避地楼烦，致马牛羊数千群。值汉初定，与民无禁，当孝惠、高后时，以财雄边，出入弋猎，旌旗鼓吹。”[②]显然，若仅就财富而言，他恐怕比乌氏倮也并不逊色，但他却只能到汉初“与民无禁”后，才能“以财雄边，出入弋猎，旌旗鼓吹”。可见其中必有缘由。而比较合理的解释，就是乌氏倮的贸易活动曾得到秦王朝的允许，或者双方存在某种默契，这样他才能如此畅通无阻。但这也就意味着他在秦的对外贸易中扮演着重要角色，至少可以说，他是秦王朝的一位贸易代理人。

还有，秦自商鞅变法即实行严格的军功赐爵制度，据许多学者研究，即使能获得军功，高爵也相当难得 。[③]而乌氏倮仅以一个畜牧主且从事“走私贸易”，却能够受到“比封君，以时与列臣朝请”的礼遇，这显然也是很奇怪的现象。尤其从汉代官制来看，汉承秦制，凡享受“朝请”优待者，一般皆为九卿、关内侯以上的重臣或退休老臣。如：“万石君奋归老于家，以岁时为朝臣。”“苏武以著节老臣，令朝朔望。”“关内侯萧望之给事中，朝朔望，坐次将军。”“丞相张禹逊位，以特进奉朝请。”“冯参以列侯奉朝请。”[④]如果乌氏倮不是秦王朝的重臣或做出过很大贡献，这岂不是令人更加费解吗？看来也只能有一种解释，即：乌氏倮的贸易活动是代表官方进行的，并不是“走私贸易”，对秦王朝亦做出过重大贡献。

那么，乌氏倮究竟曾做出哪些贡献呢？我们认为，他的贡献就是作为秦的贸易官员，以民间或半官方的名义与戎王进行贸易，为秦政府提供了充足的马牛等战争和生活物资，既保证了秦的统一战争的顺利进行，同时也满足了秦王朝的其他战事及工程、运输等需要。这种贡献完全可以和军功相比。所以当全国统一后，鉴于他的特殊贡献，并勉励他继续努力，秦始皇便以“比”的形式给予他优宠待遇。显而易见，这才是乌氏倮为什么会受到优待的根本原因。

顺便再说明一点，司马迁对优礼乌氏倮的原因也进行过分析，认为：“夫倮鄙人牧长，清穷乡寡妇，礼抗万乘，名显天下，岂非以富邪？”[⑤]这种看法对后人曾起了很大的误导作用，实际却完全是想当然的解释。一则缺乏可信的史料依据。从《史记》的叙事可以看出，司马迁对于乌氏倮的记载，在一些重要的史实及逻辑关系上，都几乎是残缺不全的，说明早在汉初人们对他们的事迹就已经不甚明了。因此司马迁的记载很可能是通过采撷传闻而撰写的[⑥]，然后又据此予以评论，其可靠性值得怀疑。二则带有浓厚的偏见。由于特定的时代氛围及其不寻常的身世，司马迁对利欲、求富和重商已几乎到了完全迷信的地步[⑦]，以致在今天看来，仍带有着几分偏执。所

---

① 参见《商君书·垦令》《睡虎地秦墓竹简·关市律》及《法律答问》等。

②《汉书》卷一〇〇《叙传》，第4197–4198页。

③ 详见朱绍侯：《军功爵制研究》，上海：上海人民出版社，1990年，第66页。

④ 以上皆见徐天麟：《西汉会要》卷四二《职官十二》，上海：上海古籍出版社，2006年，第485页。

⑤《史记》卷一二九《货殖列传》，第3260页。〔日〕西嶋定生著，武尚清译：《中国古代帝国的形成与结构——二十等爵制研究》，北京：中华书局，2004年，第75–77页。

⑥ 关于这一点，王树民先生亦曾指出：“《史记》中采录了一些缺乏事实基础的传说故事……不可轻于信从。”见氏著《史部要籍解题》，北京：中华书局，1981年，第33页。

⑦ 参见晋文：《以经治国与汉代经济》，《江汉论坛》1992年第12期。

谓“天下熙熙，皆为利来；天下攘攘，皆为利往”；“富者，人之情性，所不学而俱欲者也”；“人富而仁义附焉”[①]，云云。因此，在评论历史事件时，他也必然要把这种观念体现出来，并往往把利欲和财富视为它的主要原因，甚至是唯一原因，其结论即难免会出现偏颇。三则不合情理。秦始皇曾公开宣称“上农除末”。[②]里耶秦简亦记载，一个名叫“枯”的士五，可能因为无奈而娶了商人的女儿为妻，竟受到戍边四年的严厉处罚——“城父蘩阳士五（伍）枯取（娶）贾人子为妻，戍四岁☑。”（8-466）[③]到秦始皇后期，商贾更往往被作为戍边和服役的首选。如“三十三年，发诸尝逋亡人、赘婿、贾人略取陆梁地，为桂林、象郡、南海，以適遣戍”。[④]试问：在全国绝大多数商人由于求利、致富而遭到秦王朝严厉摧残的情况下，对于乌氏倮的优待又怎么可能是因为他的富裕呢？这显然是司马迁的一种错误归因，不足为凭。

三、余论

乌氏倮为安定名人，这应该没有问题，毕竟乌氏从西汉到北朝都曾是安定郡的属县。而且在那个时候，人们提到乌氏倮，若不是特指乌氏县的话，想必也只能把他称为安定人。但随着乌氏县被废，以及政区的多次变革，今天的人们已经很难弄清乌氏县的地域范围了。这就使得乌氏倮的家乡归属出了问题——究竟他是固原人，还是平凉人？平心而论，就历史资源来说，任何一个地方政府和当地群众，都无不希望能有一些引以为豪的乡贤，最好能多多益善。然而名人的数量毕竟有限，所以在一些地区便出现了争名人、拉名人的情形。乌氏倮的家乡问题也同样如此。

如何解决这一问题呢？我们认为目前还不可能完全解决，除非由国家进行政区调整，并予以改名。比如将固原与平凉合并，改名为安定，相信在政府层面就不会再争了。但这显然是一种空想，至少现在没有可能。因之要解决这一问题，所有讨论都只能建立在当今政区设置的基础上，并尽可能做到合理。我们的看法是，“争”在很多情况下还不可避免，但对有些历史名人却可以两全其美。比如乌氏倮，由于史料相对较少，实际谁也不能完全断定他就一定是固原人，或者一定是平凉人；反过来说，他也既可能是固原人，也可能是平凉人，还可能既是固原人，又是平凉人。在这种情况下，固原和平凉便完全可以共享乌氏倮的名人资源，而没有必要把他一定说成固原人或平凉人。双方都各让一步，问题也就能够解决。

具体则可以各自表述。固原：乌氏倮，今宁夏固原人，一说甘肃平凉人；平凉：乌氏倮，今甘肃平凉人，一说宁夏固原人。

（晋文系南京师范大学历史系教授、博士生导师；丁佳伟系南京师范大学历史系博士）

---

①《史记》卷一二九《货殖列传》，第3255-3256页。
②《史记》卷六《秦始皇本纪》，第245页。
③ 陈伟主编：《里耶秦简牍校释（第一卷）》，武汉：武汉大学出版社，2012年，第161页。
④《史记》卷六《秦始皇本纪》，第253页。

“乌氏”陶文与“朝那左尉”印章考

王　彬

内容摘要　秦始皇帝陵周围出土的“乌氏”类陶文是始皇帝修建陵寝在全国征发大量夫役的一个缩影。“朝那左尉”印章显示朝那县在安定郡中具有重要的地位。两类铭刻从一个侧面反映了秦汉时期固原在丝绸之路上的重要性。

关键词　“乌氏”陶文　“朝那左尉”印章　固原

固原在战国为秦国所属，秦统一后属北地郡，西汉时期又被划归为安定郡。《读史方舆纪要》称固原“州据八郡之肩背，绾三镇之要膂。元《开成志》云：‘左控五原，右带兰、会，黄流绕北，崆峒阻南，称为形胜。’今自州以东则翼庆、延，自州以西则卫临、巩，自州而南则瞰三辅矣。乃其边境则东接榆林，西连甘肃，北负宁夏，延袤盖千有余里。”[①] 自古以来，这里就是沟通关中与河西走廊的重要地区。

秦汉时期的玺印资料中，也有一些与固原有关。今择两类加以考释，不妥之处，尚祈方家正之。

一、“乌氏”类陶文

图1　“乌氏援”陶文

图2　“乌氏工昌”陶文

此两陶文均出土于秦始皇陵周围，钤抑于板瓦内壁。[②]学界对于这种资料以前多不归属为玺印一类。此论有失公允。这种戳记实际上还属于玺印，只不过是仅用于陶器砖瓦之上而已，实际与常见的钤印封泥上的玺印在功用上并没有太大的差别。周晓陆先生在《二十世纪出土玺印集成》一书中便有大量的以前仅被认为是陶文一类文字的著录[③]，这是很有见地的。

---

① （清）顾祖禹撰，贺次君、施和金点校：《读史方舆纪要》卷五八，北京：中华书局，2005年，第2802页。

② “乌氏援”出土于陕西省西安市临潼区新丰镇刘寨遗址，即秦丽邑遗址。见陈晓捷：《临潼新丰镇刘寨村秦遗址出土陶文》，《考古与文物》1996年第4期。“乌氏工昌”出土于鱼池遗址。见袁仲一：《秦代陶文》，西安：三秦出版社，1987年，第118页、351页。

③ 周晓陆：《二十世纪出土玺印集成》（上册），北京：中华书局，2010年，第56-162页。

带有乌氏内容的文物此前也有发现。1979年固原古城乡出土的铜鼎有铭文："平，二斗一升，乌氏"，"入，二斗一升，十一斤十五两"，"第廿有五年，朝那，容二斗二升，重十二斤四两"。[①] 另外在居延破城子遗址中出土的简牍中也有"月氏至乌氏五十里，乌氏至泾阳五十里"[②]的记载。

乌氏本为西戎之一部。《史记·匈奴列传》载："秦穆公得由余，西戎八国服于秦，故自陇以西有绵诸、绲戎、翟、貆之戎，岐、梁山、泾、漆之北有义渠、大荔、乌氏、朐衍之戎。"《正义》引《括地志》云："乌氏故城在泾州安定县东三十里。周之故地，后入戎，秦惠王取之，置乌氏县也。"[③]《汉书·地理志》，安定郡有乌氏县，"乌水出西，北入河。都卢山在西。莽曰乌亭。"安定郡为汉武帝时期所置，在秦代属于北地郡。东汉时乌氏改名乌枝。《读史方舆纪要·陕西七·平凉府》"固原州"条载："乌氏城，《括地志》：在安定县东三十三里。周之故地，后入于戎。秦惠王取之，置乌氏县。氏，音支。汉因之，属安定郡。后汉建武初，隗嚣追破赤眉于乌氏、泾阳间，是也。《后汉志》亦作乌枝。晋仍为乌氏县。后魏皆因之。西魏时，废，后为乌氏驿。唐武德九年，突厥屯河南，入寨，围乌城，即乌氏也。肃宗初，自马嵬北行，至乌氏。亦即此。"[④]秦汉乌氏县城遗址位于今固原东南 。[⑤]张多勇先生认为，乌氏县在平凉东十里铺泾水南岸的阎吴沟一带 。[⑥]

关于秦代陶文，袁仲一先生曾有深入研究，"乌氏援""乌氏工昌"这类，袁先生归之为官营徭役性质 。[⑦]能在皇帝的宫室和陵墓建筑上所使用的建筑材料上钤印的工匠，不是普通的人员，而是有着相当技术水平，属于匠师的身份。

秦代在修建陵墓时，曾在全国征发了大量的人员，除了服徭役的平民之外，绝大多数是刑徒。《秦始皇本纪》记载："始皇初即位，穿治郦山，及并天下，天下徒送诣七十余万人。"二世"二年冬，陈涉所遣周章等将西至戏，兵数十万。二世大惊，与群臣谋曰：'奈何？'少府章邯曰：'盗已至，众彊，今发近县不及矣。郦山徒多，请赦之，授兵以击之。'"又《高祖本纪》："高祖以亭长为县送徒郦山，徒多道亡。自度比至皆亡之，到丰西泽中，止饮，夜乃解纵所送徒。"这些刑徒中有相当一部分是有爵位的，而这类人员的墓地在始皇陵附近的赵北户村曾有发现。刑徒墓中出土的板瓦上刻有类似后世墓志性质的文字，如"东武居赀上造庆忌""杨氏居赀武德公士契必"。[⑧]这其中东武、杨氏分别为琅琊郡、巨鹿郡属县。居赀是秦代令犯人或债务人居于配所劳作，以抵偿赎罪之金或债务的制度。睡虎地秦简《司空律》记载："有罪以赀赎及有责（债）于公，以其令日问之，其弗能入及赏（偿），以令日居之，日居八钱。"[⑨]上造、公士是爵位，在秦二十等爵中第二等和第一等。庆忌、契必是人名，他们在服劳役过程中，因种种原因最后不幸身亡，被埋葬在建筑工地附近。

---

① 韩孔乐、武殿卿：《宁夏固原发现汉初铜鼎》，《文物》1982年第12期。
② 甘肃省考古所：《居延新简》，编号破城子E·P·T59·582，北京：文物出版社，1990年，第38-50页。
③《史记》卷一一〇《匈奴列传》，1959年，第2883-2884页。
④《读史方舆纪要》卷五八，第2793页。
⑤ 史为乐主编：《中国历史地名大辞典》，北京：中国社会科学出版社，2005年，第462页。
⑥ 张多勇：《从居延汉简E·P·T59·582看汉代泾阳、乌氏县、月氏道城址》，《敦煌研究》2008年第2期。
⑦ 袁仲一、程学华：《秦中央官府制陶业的陶文》，《考古与文物》1980年第3期。
⑧ 始皇陵秦俑坑考古发掘队：《秦始皇陵西侧赵北户村秦刑徒墓》，《文物》1982年第3期。
⑨ 睡虎地秦墓竹简整理小组编：《睡虎地秦墓竹简》，北京：文物出版社，1990年，第44页、51页。

秦始皇陵周围出土的砖瓦类陶文显示，当时在征发的人员中，既有关中的秦人，也有原山东六国人，但还是以秦国故地的人最多。[①]这似乎说明在营建秦始皇陵寝时，各种工匠还是以秦地为主，这些人在施工时，对秦人的习俗最为熟悉，制作出的建筑材料以及营建的宫殿，是秦人所熟知的形制。这在秦始皇陵出土的砖瓦上表现得最为明显。我们目前所能见到的属于始皇陵出土的瓦当纹样，基本上还是与战国晚期秦国瓦当纹样一脉相承。这说明，秦始皇内心所崇尚的，还是秦人旧俗。虽然在咸阳北阪曾大量仿六国宫室进行营建，但这仅仅是一个表面现象。

乌氏在秦汉时期可能是以畜牧为主。《史记·货殖列传》："乌氏倮畜牧，及众，斥卖，求奇缯物，间献遗戎王。戎王什倍其偿，与之畜，畜至用谷量马牛。秦始皇帝令倮比封君，以时与列臣朝请。"虽然乌氏一带以畜牧为主，但其建筑应当不会是便于拆迁移动的简易庐舍，而是有一定的水准，在其附近的戎王宫殿也不会非常简陋。建造这些宫室，肯定也需要大量的砖瓦，从而也产生了一大批具有相当水准的制陶匠师。在秦始皇营建他的陵寝时，每个郡县必定会征发一部分匠师前往郦山，否则不会选择这些人去专门管理烧造砖瓦。

秦人对于各种手工业制品的质量有严格的管控。睡虎地秦简《工律》："公甲兵各以其官名刻久之，其不可刻久者，以丹若桼书之。"[②]《礼记·月令》载：孟冬之月，"命工师效功，陈祭器，按度程。毋或作为淫巧以荡上心，必功致为上。物勒工名，以考其诚。功有不当，必行其罪，以穷其情。"[③]对于始皇帝陵寝的各种器物质量的管理，同样不能放松。因此在制成器物上必须要有这类戳记，以便于质量检查。除了一些大型的陶俑使用之外，在出土的砖瓦上也经常可以看到这类戳记。这些数量繁多的戳记，正是秦始皇在修建陵寝时在全国征发大量夫役的一个缩影。

二、"朝那左尉"印章

图3 "朝那左尉"印章

此印为故宫博物院藏品。[④]朝那县秦置，属北地郡。《史记·匈奴列传》：秦二世皇帝元年（前209年）冒顿"西击走月氏，南并楼烦、白羊河南王。悉复收秦所使蒙恬所夺匈奴地者，与汉关故河南塞，至朝那、肤施。"[⑤]《汉书·地理志》安定郡，"朝那，有端旬祠十五所，胡巫祝，又有湫渊祠。"[⑥]朝那东汉沿置。《续汉书·郡国志》安定郡有朝那县。[⑦]《读史方舆纪要·陕

① 陈晓捷：《临潼新丰镇刘寨村秦遗址出土陶文》，《考古与文物》1996年第4期。

②《睡虎地秦墓竹简》，第44页。

③（唐）孔颖达：《礼记正义》卷一七，载（清）阮元校刻：《十三经注疏》，江苏广陵古籍刻印社，1995年，第1381页。

④ 孙慰祖：《两汉官印汇考》，上海书画出版社、大业公司，1993年，第128页。

⑤《史记》卷一一〇《匈奴列传》，第2890页。

⑥《汉书》卷二八下《地理志下》，北京：中华书局，1962年，第1615页。

⑦《续汉书·郡国五》，北京：中华书局，1965年，第3519页。

西七·平凉府》“固原州”：“朝那城，在府东南。春秋时地名也，为秦之北境。汉置县，属安定郡。《史记》：‘汉初匈奴强，复收蒙恬所夺匈奴故地，南至朝那、肤施。文帝十四年匈奴入犯朝那萧关，杀北地都尉，遂至彭阳，使奇兵入烧回中宫，候骑至雍、甘泉。’孔氏曰：‘朝那故城，在今百泉县西七十里。曰朝那萧关者，萧关属朝那也。’胡氏曰：‘朝那故城，在原州花石川。’后汉仍为安定郡属县，晋因之。后魏亦属安定郡。后周改置于故城东南二百余里，属泾州。隋因之，大业初，属安定郡，义宁初废。”[①]朝那县治在今固原市彭阳县城西15公里处的古城镇。[②]

《汉书·百官公卿表》：“县令、长，皆秦官，掌治其县。万户以上为令，秩千石至六百石。减万户为长，秩五百石至三百石。皆有丞、尉，秩四百石至二百石，是为长吏。”[③]《续汉书·百官志五》：“尉大县二人，小县一人。本注曰：丞署文书，典知仓狱。尉主盗贼。凡有贼发，主名不立，则推索行寻，案察奸宄，以起端绪。”章怀注：“应劭《汉官》曰：‘大县丞左右尉，所谓命卿三人。小县一尉一丞，命卿二人。’”[④]朝那县有左尉，则当亦有右尉，一县有两尉，可知属于大县。朝那之所以在汉代属于大县，除了人口等因素外，还有一个极为重要的原因是地理因素。

朝那正处在关中西北的门户，汉代在其境内设有萧关，萧关的安危在汉初对于中央王朝有着极为重要的意义。汉文帝十四年（前166年），匈奴大举入侵，杀北地都尉印，战火一度燃至回中宫，而匈奴骑兵的前锋甚至到了甘泉宫。战国晚期，秦国为了抵御西戎，就已经在这里构筑长城，并驻重兵把守。虽然如此，这种威胁却并没有最终得以解决，而且一直影响到汉初。这种威胁直至汉武帝置河西四郡之后才得以改观。

朝那和乌氏，都处在泾水上源，沿着泾水河谷的这条线路，向东南可直通咸阳和长安，向西傍长城可至河西四郡以及西域各国。因此，这条线路在当时是沟通关中和河西走廊的一条非常重要的交通要道。这也正是西汉在朝那县设有两尉的重要原因之一。

为保证关中安全，西汉还在朝那县设置萧关。对于萧关的地望，《元和郡县图志·关内道三》“原州平高县”载：“萧关故城，在县东南三十里。”[⑤]《读史方舆纪要》载：“萧关，在平凉府镇原县西北百四十里。”[⑥]许成先生等结合文献和考古资料认为，汉代萧关故址在今固原东南的古城乡。[⑦]其说可从。

朝那县有湫渊，这个湫渊就是历史上赫赫有名的朝那湫。秦人对此湫曾有祭祀。《史记·封禅书》：“湫渊，祠朝那。”《集解》：“湫渊在安定朝那县，方四十里，停不流，冬夏不增减，不生草木。”《正义》：“《括地志》云：‘朝那湫祠在原州平高县东南二十里。湫谷水源出宁州安定县。’”[⑧]秦惠文王在位期间曾做过一次巫祝活动，当时把诅词共刻在三块石头上，后人将这个诅词统称为诅楚文。其中的一块，被埋在朝那湫。北宋治平年间，耕者得之于湫渊侧，

---

①《读史方舆纪要》卷五八，第2777页。

②《中国历史地名大辞典》，第2518页。

③《汉书》卷一九上《百官公卿表上》，第742页。

④《续汉书·百官志五》，第3623页。

⑤（唐）李吉甫撰，贺次君点校：《元和郡县图志》卷三，北京：中华书局，1983年，第58页。

⑥《读史方舆纪要》卷五八《陕西七》“平凉府”，第2790页。

⑦ 许成：《宁夏考古史地研究论集》，银川：宁夏人民出版社，1989年，第228页。

⑧《史记》卷二八《封禅书》，第1372-1373页。

时人根据文词，又将此石名为《告大沈厥湫文》。诅楚文原石今已不存，后人所见到的是《绛帖》等的翻刻本。[①]

朝那湫在古人看来是一个非常神圣的地方。《史记索隐》称朝那湫是“龙之所处”。[②]唐人也曾有一篇非常著名的传奇《灵应传》，记载了善女湫九娘子神在梦中请泾原节度使周宝属下郑承符与朝那神作战的故事，而湫九娘子神和朝那神两者都是龙神。[③]

对于朝那湫的地望，《读史方舆纪要·陕西七·平凉府》“固原州”载：“朝那湫有二：一在旧县东十五里；一在旧县东北三十里。俱出山间，土人谓之东海、西海。二水相合，方四十里，水停不流，冬夏不增减，两岸不生草木。《封禅书》：湫渊祠朝那。即此。《水经注》：湫水西北流，出长城北，与次水会，径魏行宫故殿西，又东注若水。若水，亦作苦水。《通志》：今湫水一在州东南四十里，一在州西南四十里。似误。”[④]朝那湫位于今庄浪县郑河乡上寨村东北湫头山，是当地一处著名的风景名胜区。

（作者系西安大唐西市博物馆馆长）

---

① 郭沫若：《郭沫若全集·考古编》第九卷《石鼓文研究·诅楚文考释》，北京：科学出版社，1982年，第282页。

②《史记》卷二八《封禅书》“湫渊，祠朝那”《正义》引《括地志》，第1373页。

③ 鲁迅校录：《唐宋传奇集》卷五，济南：齐鲁书社，1997年，第129-136页。

④《读史方舆纪要》卷五八，第2806页。

朝那鼎铭文相关史事探论

王彦辉　魏永康

“朝那鼎”，国家一级文物，现藏于宁夏回族自治区固原博物馆。[①]该鼎的得名与闻名和其器身所镌刻铭文“朝那”有关，有观点认为“朝那（音珠诺），又名戎那邑，是先秦时期西戎地区的一个地名与部族名称。”[②]目前，学界对该鼎的铭文释读，铭文所含“朝那”“乌氏”地名等相关问题展开了广泛研究。但对于该铜鼎的来源、断代和铭文的释读，不同的资料有不同的著录。这一问题看似不太重要，其实是相关研究的基础和出发点，本文在系统梳理该问题的基础上，以铜鼎所刻铭文内容为视角来考察秦汉度量衡容器的检校制度。

一、朝那鼎相关著录信息的抵牾

文物的基本信息对文物本身的价值较为重要。目前，各种公开发行的资料中，关于“朝那鼎”的出土信息、器物特征、铭文释读等记录不尽一致。但只有经过比较排除抵牾，从各个侧面吸收信息，才能使该文物的信息更加准确和完善，这也是本节的出发点所在，下文将根据相关信息进行归纳梳理。

（一）出土信息

关于该鼎的来源，大多数信息显示为“出土”，如《宁夏百科全书》《宁夏年鉴》《固原地区志》等具有权威性、官方性质的资料，原记录分别为：“1979年在此出土西汉文物朝那鼎”[③]；“1979年，彭阳县古城镇出土了一尊铜鼎”[④]；“朝那鼎（西汉）1979年彭阳县古城乡出土”[⑤]。《彭阳县文物志》的信息更为具体：“1979年出土于今古城镇古城村”。[⑥]尽管上述资料在具体地名称谓上有所出入，这应该与不同记录所处时代的行政区划关系变化有关，但都认为是“出土”。

不过还有一种记载却为“征集”，《宁夏百科全书》所录“朝那铭铜鼎”条记载为“征集品”。[⑦]而且有的说法所描述的时间、地点、人物、事件的来龙去脉等更为详尽：

---

① 宁夏回族自治区固原博物馆藏品展览——青铜器朝那铭文鼎（http：//www.nxgybwg.com/GalleryShow.aspx?id=299）。

② 陈永中：《从“朝那鼎”和两枚汉印文字探“那”字的字源》，《东方收藏》2011年第1期。

③ 宁夏百科全书编纂委员会编：《宁夏百科全书》，银川：宁夏人民出版社，1998年，第280页。

④ 宁夏年鉴编辑委员会、宁夏回族自治区地方志办公室编：《宁夏年鉴2006》，银川：宁夏人民出版社，2006年。

⑤ 固原地区地方志编纂委员会：《固原地区志》，银川：宁夏人民出版社，1994年，第588页。

⑥ 杨宁国主编：《彭阳县文物志》，银川：宁夏人民出版社，2003年，第185页。

⑦ 宁夏百科全书编纂委员会编：《宁夏百科全书》，银川：宁夏人民出版社，1998年，第280页。

1977年春，宁夏回族自治区固原县古城公社古城大队（今彭阳县古城镇古城村）农民郑月莲在故朝那县遗址城墙外山麓旁修挖水渠，当开挖到60~70厘米处时，遇到一硬物，她以为这又是一块砖石，便使劲地向下挖，却未能挖动。只好沿着硬物外缘往下挖，不料却挖出了一尊立着的无盖铜鼎，鼎口压着一块砖。她以为这是一只普通的香炉，收工后便将其带回了家。当时在古城公社工作的她的丈夫刘世富下班回家，将铜鼎仔细端详了半天，也没有弄明白到底是个啥东西。由于他不认识铜鼎腹部雕刻的文字，便随手将其搁置在一边。1979年，刘世富与韩孔乐（固原县文物站站长）说起铜鼎。韩孔乐一睹铜鼎，认为是件珍贵的文物，就收藏于固原县文物站（今固原县博物馆）。①

通过上述纷繁错杂的记载，我们大致可以初步判断该鼎为征集文物。尽管“出土”在此处可能被广泛地理解为从地下挖掘出来的物品，但用在文物上面，特别是还有与之相对应的词“征集”的存在，使用“出土”一词显然不太准确。所谓出土文物，应该是正式的科学考古所发现的古物。至于该鼎的发现与征集的具体信息，还以固原博物馆关于该鼎的原始档案为据。此外，《固原历史文物》却记载为“于1982年在彭阳县古城乡出土”。从《文物》杂志1982年12月发布的《宁夏固原发现汉初铜鼎》一文所披露的相关信息来看②，这个记载显然有误。

（二）基本信息

关于“朝那鼎”的基本信息，不同的资料所载亦略有不同。如《固原历史文物》载：

通高23厘米，口径17.5厘米，腹径9.7厘米，腹深13.2厘米，耳高7厘米。鼎身子母1∶1，方形附耳，鼓腹圆底，三蹄形足，腹中部饰有一道凸棱。③

《固原地区志》记录为：

重2900克。高23厘米，口径17.5厘米，耳高7厘米，腹径23.5厘米，腹深13.2厘米，足高9.2厘米。④

《宁夏百科全书》所录：

口径17.5厘米，腹径23.5厘米，通高23厘米。⑤

《固原风物志》载：

通高23厘米、口径17.5厘米、附立耳高7厘米、腹径23.5厘米、腹深13.2厘米。素面敛

① 参见张效霞著：《医海探骊：中国医学史研究新视野》，北京：中医古籍出版社，2012年，第111−112页。
② 韩孔乐、武殿卿：《宁夏固原发现汉初铜鼎》，《文物》1982年第12期。
③ 宁夏固原博物馆编著：《固原历史文物》，北京：科学出版社，2004年，第88页。
④ 固原地区地方志编纂委员会：《固原地区志》，银川：宁夏人民出版社，1994年，第588页。
⑤《宁夏百科全书》编纂委员会编：《宁夏百科全书》，银川：宁夏人民出版社，1998年，第280页。

口，耳下腹部一凸弦纹，三马蹄足，高9.2厘米，重量为2900克，容积为4200毫升。①

我们可以看到，不同的版本对器物信息的记载有所偏差，最为突出的便是《固原历史文物》载朝那鼎腹径9.7厘米，而其他记录均为23.5厘米。这个误差不知是什么原因导致，根据大多数的记录来看，恐怕23.5厘米是较为准确的信息。而关于其他部分信息的不同，我们可以理解为侧重点有所不同，但通过上述信息的对比和相互参照，基本上可以较为详细地获知"朝那鼎"的基本信息 。

（三）铭文释读

该鼎的得名与闻名与其器身所镌刻铭文有关，关于阴刻铭文，不同的记载也不尽相同，如《固原地区志》所载朝那鼎腹部铭文"第二十九，五年，朝那，容二斗二升"。②这应是以1982年最早在《文物》杂志所刊发的铭文信息为据③，此后徐正考的《汉代铜器铭文选释》也仅收录此内容。④其实，铜鼎腹中部凸棱上部阴刻有三段文字，如：

1.《固原地区史志资料》所录铭文三段：

平一斗三升乌氏。
入二斗一升十一斤十五两器。
第廿有五年朝那容二斗重十二斤四两。⑤

2.《宁夏百科全书》所录刻铭文：

阴线浅刻：平，二斗一升，乌氏"，竖行，四排，左旋。
阴线浅刻：入。二斗一升，十一斤十五两"，亦为竖行，四排，左旋。
阴线深刻：第廿有五年，朝那，容二斗二升，重十二斤四两。⑥

3.《固原风物志》所收入铭文：

第一段：第廿九，五年，朝那，容二斗二升，重十二斤四两。
第二段：今（？）二斗一升，乌氏。
第三段：今二斗一升，十一斤十五两。⑦

4.《固原历史文物》所录：

第廿九，五年，朝那，容二斗二升，重十二斤四两；

---

① 薛正昌编著：《宁夏·固原风物志》，昆明：云南人民出版社，2002年，第132页。杨宁国主编：《彭阳县文物志》，银川：宁夏人民出版社，2003年，第185页。
② 固原地区地方志编纂委员会：《固原地区志》，银川：宁夏人民出版社，1994年，第588页。
③④ 韩孔乐、武殿卿：《宁夏固原发现汉初铜鼎》，《文物》1982年第12期。
⑤ 固原地区地方志办公室编：《固原地区史志资料》（第二辑），1987年，第79页。
⑥ 宁夏百科全书编纂委员会编：《宁夏百科全书 》，银川：宁夏人民出版社，1998年，第280页。
⑦ 薛正昌编著：《宁夏·固原风物志》，昆明：云南人民出版社，2002年，第133页。

今（？）二斗一升，乌氏；

今二斗一升，十一斤十五两[①]

5.《朝那鼎铭文释》：

第廿九，五年，朝那，容一二斗一升，重十二斤四两。

今二斗二升，乌氏。

今二斗二升，十一斤十五两 。[②]

图1 朝那鼎铭文（局部）

上文较为全面地搜集了关于朝那鼎铭文释读的各种版本。这三段铭文字体不相一致，可以认为是分三次刻成的。由于公开发表的时间不同，各种资料的侧重点也不同，可能导致铭文的完整性和个别文字释读之间存在一定差距。特别是把“平”“入”释读为“今（？）”——“今”的过程，反映了释文随着研究的深入逐步取得了一定的共识。若从字形来看，释读为“今”是应该能成立的。此外，从铭文的不同排序来看，可能也反映了研究者们不同的认识和视角。如材料1和材料2的释文顺序，反映出来两个方面，一是排序的先后可能反映了铭文的镌刻时间，由此引申出来的另一个问题是先出现在乌氏，后出现在朝那。我们从铭文字体的深浅和字形来看，阴刻“朝那”一段铭文的时间应最早。因此，关于铭文的排序和释读，本文以材料5为据。

二、朝那鼎的基本特征与断代

由上可知，以往著录资料的基本信息只是简单的数据测量。学界也据此进行了断代分析，如第一种观点为《宁夏百科全书》所录“朝那铭铜鼎”条的“战国秦鼎”说[③]，第二种观点认为是西汉初年。尽管第一种观点不是主流，但也产生了一定的影响，特别是中国旅游文化编纂委员会所编纂的大辞典，在两个不同版本中均持此说[④]，这会对非专业人士产生一定的影响。而第二种观点

① 宁夏固原博物馆编著：《固原历史文物》，北京：科学出版社，2004年，第88页。

② 张有堂：《朝那鼎铭文释》，杨忠主编《彭阳神韵：彭阳县文史资料选》，银川：宁夏人民出版社，2005年，第51-54页。

③宁夏百科全书编纂委员会编：《宁夏百科全书》，银川：宁夏人民出版社，1998年，第280页。

④ 如中国旅游文化大辞典编辑委员会编《中国旅游文化大辞典》“固原博物馆”条所载：“此外还收藏有较高价值的战国铭文戈、弩机、秦代朝那鼎、字画碑帖及基本成套的古代货币”（南昌：江西美术出版社，1994年，第674页）。

中，具体而言也有不同的认识，如认为铭文所提到的“五年”应是铸鼎的时间[①]；也有人认为是汉初全国统一铸造，不超过高祖五年；还有意见认为铭文中之“廿九”是汉武帝即位的第二十九年，铭文之“五年”是汉武帝的元鼎五年，元鼎五年（前112年）正是汉武帝即位之二十九年，这件铭文铜鼎是西汉时期的铜鼎。[②]但由于以往的信息中对器形特征的描述过于简略，缺乏直接的证据支持断代，因此，我们只能从器物本身的基本特征出发进行综合分析。

从上面的图片我们可以直观地看到，该鼎的基本特征为：子母敛口、扁圆形、圜底、双附耳、兽蹄足、耳足不重合、方形附耳、腹部凸棱。子母敛口说明该鼎原来有盖，只是盖未被发现而已。从出土文物来看，先秦时期的圆鼎更多地作为礼器，器盖则不必，而秦汉之际的三足圆鼎逐渐趋向于实用性质，多带盖。鼎足短而粗，使得鼎的受热面积相对较小，并不是成熟的烹煮器。关于秦汉容器的断代，有学者根据墓葬年代及出土特征，认为秦至汉初铜鼎的主要形制：“体多为扁圆形，圜底、双附耳、三蹄形足，盖上有三钮，通高一般在14至21厘米”。[③]此外，耳足不重合鼎的变化主要体现在足上，西汉早期的足较粗短，年代越晚足越瘦长，铜鼎腹部凸棱的时代越晚外凸部分越宽大，铭文一般也为模铸而成。[④]在了解上述相关信息的基础上，我们也可以和秦汉时期的出土器物进行比较，这样会更直观。

图2 半斗鼎（秦）

图3 昆阳乘舆鼎（西汉中期）

图4 永始三年乘舆鼎（西汉中期）

图片从左到右的顺序：

1. 半斗鼎（秦），高19厘米，腹径24.5厘米。陕西咸阳塔儿坡秦墓出土，咸阳市博物馆藏。

2. 昆阳乘舆鼎（西汉中期），高40.2厘米，口径32厘米。1961年陕西西安高窑村出土，西安市文物保护考古所藏。

3. 永始三年乘舆鼎（西汉中期），高22.1厘米，宽27.5厘米。北京故宫博物院藏。

可以看到朝那鼎与图1的器形非常接近，而与图2、图3则在风格上存在一定的差异。若仅从器形特征来看，可以初步判定为秦或西汉初年。要具体的话，铭文中的数字信息则较为关键。前文提到的铭文中的“第廿九”被认为是汉武帝即位第二十九年的观点显然不准确，这应该是铸造铜鼎的编号，因为类似铭文多见于秦汉铜鼎，如“蓝田鼎”：第五十七，蓝田共，容一斗二升，重

① “自汉武帝起，帝王始有年号，故可推断朝那鼎铸造于汉武帝即位（前140年）之前，最早不过汉高帝五年（前202年）。”参见张效霞著：《医海探骊：中国医学史研究新视野》，北京：中医古籍出版社，2012年，第111-112页。

② 转引自陈永中：《从“朝那鼎”和两枚汉印文字探“那”字的字源》，《东方收藏》2011年第1期。

③ 陈平：《试论关中秦墓青铜容器的分期问题》，《考古与文物》1984年第3、4期。

④ 田旭：《秦汉青铜容器研究》[清华大学硕士学位论文]，2008年，第13-15页。

八斤八两，卌八。[①]不过也有观点认为是该鼎为当时全国统一铸造的第29尊鼎，但铭文中明确有“朝那”地名，显然解读为全国统一铸造编号的说法也不恰当。关于“五年”，若该鼎符合汉初的普遍规则，即该铭文是铸造时模铸而成的话，那么将之视为该鼎的铸造时间是完全有可能的。从皇帝在位时间来看，也可以排除是秦朝的器物，至于是汉高祖“五年”，还是汉武帝元鼎“五年”，则无从判断。我们只能在综合上述信息的基础上，大致断定是西汉初年。

该鼎铭文的内容除了地名的争议外，还值得引起我们重视的就是容量和重量的变迁。尽管我们无法判断该鼎的最初功能，但至少其附带的一个功用就是作为容器。青铜鼎作为容器在秦及汉初也是常见的现象，但汉鼎上一般会刻有器物制作年份、地点、容量、重量、监造者、制造者等铭文，也就是所谓的“物勒工名”。如：

> 汝南郡。第卅。（盖）汝南郡铜鼎，容六斗，并重八斤三两。永平十三年，工李□造，守啬夫□、令□、左尉守、丞相省。（器）（《秦汉金文录》卷一·汝南鼎）

通过对比我们可以看到，朝那鼎给我们关于制作方面的信息并不完整。不过可以推断的是，在遗失的鼎盖上面，或许也有铭文，甚至是关于刻工方面的详细信息。那么，我们可能要问，该鼎是官府还是民间铸造并使用的器具呢。根据铭文中出现多次刻文，并且出现“朝那”“乌氏”地名，可以判断是官方的器物，因为当时还存在与朝那鼎的内容相近的官有铜鼎容器。如：

> 华共，一斗一升半升，十斤。十九。今安陵，二升，一斤十四两。今安陵，容二升，重一斤十四两。元年四月，受云阳厨，第卌六甲。（《秦汉金文录》卷一·安陵鼎盖）

此外，当时民间所铸造的铭文书写也不同，如：

> 张氏铜鼎盖，并重十斤八两
> 张氏鼎，容一斗，并重十斤。（《秦汉金文录》卷一·张氏鼎盖鼎）

除了注明姓氏外，并没有相关地名，也没有出现关于重量等变迁的记载。那么，为什么会出现不同时期的刻文和注明重量容积的变化呢？学者已关注到行政区划的变迁或者鼎地点的迁移。至于为什么变迁，主要是由于当时复杂的社会因素。不过，这固然是一方面的因素，但更为关键的，恐怕是与汉代的容器检校制度有关。

三、朝那鼎与秦汉的度量衡制度

一般认为，夏、商、西周时期我国的度量衡制度逐步形成了。秦对度量衡改革发端于商鞅第

---

① 韩孔乐、武殿卿：《宁夏固原发现汉初铜鼎》，《文物》1982年第12期。

二次变法，其中一项重要改革内容就是“平斗桶、权衡、丈尺”。秦始皇统一六国之后，统一度量衡也是一项重要的政策，我们可以看到官方颁行的标准量器都加刻秦始皇二十六年诏书，秦二世即位以后，仍延续了秦始皇统一度量衡的制度，在度量衡标准器上也刻秦二世元年诏，这就是所谓的“两诏铜器”。汉袭秦而立，对度量衡制度也全面继承。

从考古发现的出土文物来看，秦汉时期的关于“量”的器具制多样，主要有带把手的方形铜升、椭圆形铜量以及圆钵形和桶形的陶量等，这些物件一般体积小、使用方便，是官方标准的基本器具。因为铭文上一般都会镌刻官府信息，如1982年在陕西礼泉发现的“北私府铜椭量”，器上除刻有始皇帝和秦二世的诏书外，器柄上方刻有“北私府，半斗、一、右”，“北私府”为秦代收藏和保管皇家器物的宫室。①又1978年在山西太原发现的椭圆形铜量，平底有柄，柄下刻有：“常方，半，重五斤，内官造”。②“常方”即尚方，汉代官职。而刻容记重器物可能对战国以来的习惯的延续或是对量器的一种重要补充，如1928年洛阳金村成周故城古墓出土了10余件刻容记重的东周铜钫和记重银器。③说明在战国时期已广泛存在刻容记重的铜器。在统一度量衡的秦代，尽管传世文献中没有官方规定的刻容记重的铜鼎信息，但通过出土文物可以获知这种容器在当时分别有官器、私器，如1966年陕西咸阳塔儿坡出土刻容记重的秦国六斗铜鼎、私官铜鼎以及周转数国的安邑下官钟等铜器。④

秦的度量衡制度的体系较为完整，如量值单位分别有升、四分之一斗、三分之一斗、半斗、斗、斛六个等级。⑤与此同时也实行了相应的检校制度。如《吕氏春秋·仲春纪》：“仲春之月，日夜分，则同度量，均衡石，角斗桶，正权概。”《仲秋纪》：“仲秋之月，日夜分，则一度量，平权衡，正均石、齐斗甬。”这说明秦国每年要在仲春、仲秋两个时段进行检定，以保证检定的准确性。秦始皇统一六国之后，度量衡的检定更为严格，如云梦秦墓竹简《工律》规定：“县及工室听官为正衡石赢（累）、斗用（桶）、升，毋过岁壶（壹）。有工者勿为正。（假）试即正”。《内史杂》：“有实官县料者，各有衡石赢（累）、斗甬（桶），期 。计其官，毋叚（假）百姓。不用者，正之如用者。”对于度量衡器校正过程中出现误差的处罚措施也规定得非常详细，如《效律》：

> 衡石不正，十六两以上，赀官啬夫一甲；不盈十六两到八两，赀一盾。甬（桶）不正，二升以上，赀一甲；不盈二升到一升，赀一盾。斗不正，半升以上，赀一甲；不盈半升到少半升，赀一盾。
>
> 半石不正，八两以上；钧不正，四两以上；斤不正，三朱（铢）以上；半斗不正，少半升以上；参不正，六分升一以上；升不正，廿分升以上；黄金衡赢（累）不正，半朱（铢）（以）上，赀各一盾。

张家山汉墓竹简《二年律令·效律》也有这方面的规定。秦汉政府对出现度量衡误差的严厉

① 陈孟东：《陕西发现一件两诏秦椭量》，《文博》1987年第2期。
② 张晗：《拣选古文物秦汉二器考释》，《山西大学学报》1979年第1期。
③ 唐兰：《洛阳金村古墓为东周墓非韩墓考》，《唐兰先生金文论集》，北京：紫禁城出版社，1995年。
④ 咸阳市博物馆：《陕西咸阳塔尔坡出土的铜器》，《文物》1975年第6期。
⑤ 丘光明：《中国历代度量衡考》，北京：科学出版社，1992年，第188-201页。

处罚，是非常具有现实意义的举措，一方面可以有效减少国家财政的收入和支出因误差而蒙受经济损失，另外也有助于保证公平的交易。

最后我们再回到朝那鼎铭文，“第廿九，五年，朝那，容一二斗一升，重十二斤四两。今二斗二升，乌氏。今二斗二升，十一斤十五两”。其中，“朝那”最早见于《史记·匈奴传》：“冒顿……悉复收秦所使蒙恬所夺匈奴地者，与汉关故河南塞，至朝那，肤施。”《正义》：“汉朝那故城在原州百泉县西七十里。”《清一统志》二五九：“朝那故城在（平凉府）平凉县西北”。[①]但朝那城在历史时期有四个朝那古城，而且遗址尚存，这主要是因历史上朝那县城发生了多次迁徙。目前通过文献和考古材料的综合分析，可以初步确定秦汉朝那城的遗址在今宁夏固原彭阳县古城镇。[②]而“乌氏”首见于《史记·匈奴传》：“岐梁山泾、漆之北有义渠、大荔、乌氏、朐衍之戎。”《正义》引《括地志》云：“乌氏故城在（泾州）安定县东三十里，周之故地，后人戎，秦惠王取之，置乌氏县。”《郦商传》：“别将定北地、上郡破雍将军乌氏。”《清一统志》二五：“乌氏故城在（平凉府）平凉县西北。”[③]可见乌氏古城与朝那古城同处“平凉县”西北，那么应是行政区划变迁所致在同一器物上先后出现“朝那”“乌氏”地名。即今朝那古城遗址，在东汉前期是朝那县治所，在东汉后期属于乌氏的辖区了，“朝那鼎”并未迁移他址，只是同一地点的归属发生了变化。[④]因此，“朝那”应该是铜鼎的铸造地，而后两次补刻的内容，应是对铜鼎检校的结果。铜鼎的重量和容量发生变化，应与长期使用的过程中所造成的磨损有关。“朝那”“乌氏”在铭文中给予我们的信息不仅仅是地名，更应该是铸造该容器和验校该容器的县级机构的简称。

（王彦辉系东北师范大学历史文化学院教授；魏永康系东北师范大学历史文化学院博士）

① 史念海著：《中国国家历史地理》，《史念海全集（第六卷）》，北京：人民出版社，2013年，第756页。
② 张多勇：《朝那县城址变迁概述》，《宁夏大学学报（人文社会科学版）》2009年第1期。
③ 史念海著：《中国国家历史地理》，《史念海全集（第六卷）》，北京：人民出版社，2013年，第757页。
④ 张多勇：《朝那县城址变迁概述》，《宁夏大学学报（人文社会科学版）》2009年第1期。

朝那鼎小议

邬文玲

朝那鼎自出土以来，即引起了学界的广泛关注和讨论，不仅对铜鼎铭文内容的解析有不同意见，而且对铭文中所涉及的朝那、乌氏两县治所地望也有诸多分歧。本文拟从铜鼎铭文含义和铜鼎归属转移入手，对相关问题略作讨论。

一、朝那鼎的发现

1979年8月，宁夏固原县古城公社古城大队二队社员在黑土梁取土时，从距地表不到2米深处，挖得一件铜鼎，因鼎身有“朝那”铭文，故通常称之为“朝那鼎”。

此鼎失盖，素面，通高23厘米，口径17.5厘米，耳高7厘米，腹径23.5厘米，腹深13.2厘米，足高9.2厘米，腹部饰凸棱纹一周。鼎身刻有铭文三段：

> 第廿九。五年，朝那，容二斗二升，重十二斤四两。
> 今（？）二斗一升，乌氏。
> 今二斗一升，十一斤十五两。

从其内容、文字结构等分析，应是三次所刻。从形制和字体看，鼎的年代当为西汉初。铭文只称“五年”而没有年号，也证明了这一点。据《汉书·地理志》，朝那、乌氏在汉代均为安定郡属县。这件铜鼎原置于朝那使用，后移于乌氏。出土地点与文献所载两地相近，为确定汉朝那、乌氏故址提供了重要线索。①

二、铭文解析

（一）铭文刻写次序

第一次刻写：第廿九。五年，朝那，容二斗二升，重十二斤四两。

第二次刻写：今（？）二斗一升，乌氏。

第三次刻写：今二斗一升，十一斤十五两。

（二）铭文含义

“第廿九”：第一置用地所编的用器号。汉代铜器铭文中的编号通常包含两大类：一为造作

① 韩孔乐、武殿卿：《宁夏固原发现汉初铜鼎》，《文物》1982年第12期。

编号，即制作时所编的造器号。汉代铜器制作多为批量生产，同批制作的铜器通常会统一进行编号。比如：

上林十涑铜鼎，容一斗，并重十斤。阳朔元年六月庚辰，工夏博造。四百合。第百一十七。（《汉代金文录》卷一“上林鼎一”）

此器为上林所造，其中的“四百合”，表明上林制作的此批铜器共四百件，末尾的“第百一十七”即为此鼎在这批铜器中的序号，即造器号。

一为使用编号，即使用时所编的用器号。比如：

上林，第二百六十。（盖）

上林铜鼎，容一斗，并重九斤十两。阳朔二年三月，工错骏造。七百合，第四百。（器）

（《汉代金文录》卷一“上林鼎三”）

此器为上林所造，器身铭文“第四百”为造器号。此器造成后又供上林苑使用，上林苑使用时对众多的鼎进行了统一编号，盖上的铭文“第二百六十”即为用器号。

“五年”：第一次置用时间。汉代铜器铭文中的时间，通常包含制作时间、转送时间、购买时间、刻写时间等几类情况。纪年方式包括汉廷纪年、王国纪年、割据政权纪年等。①

“朝那”：第一置用地。汉代铜器铭文中的地点，通常包含置用地和造作地两大类。

“容二斗二升，重十二斤四两”：第一次核准的容量和重量。

“今（？）二斗一升”：第二次核准的容量。

“乌氏”：第二置用地。

“今二斗一升，十一斤十五两”：第三次核准的容量和重量。此次核准的容量与第二次相同，且未刻新的置用地，表明置用地可能没有变动，可推测第三置用地仍为乌氏。

三、铜鼎的转移与器主顺序判断

（一）转移方式

研究表明，汉代铜器的转移方式包括制作者供给使用者、赏赐、贡献、征调、赠送、转调、行政区划调整等。②

（二）器主先后顺序判断

其一，铭文中有两个置用地或器主，其中一个冠以“今”字，则冠以“今”字者在后。比如：

华共，一斗一升半升，十斤。十九。今安陵，二升，一斤十四两。今安陵，容二升，

① 徐正考：《汉代铜器铭文综合研究》第三章“纪年与断代”，北京：作家出版社，2007年，第53-92页。

② 徐正考：《汉代铜器铭文综合研究》第七章“器物的转送与买卖”，北京：作家出版社，2007年，第185-199页。

重一斤十四两。元年四月，受云阳厨。第卅六甲。（《汉代金文录》卷一“安陵鼎盖”）

其二，铭文中的置用地或器主既有铸阳文者，又有刻阴文者，阳文所记乃原置用地或器主。

其三，铭文中有两个地名，墓葬所在地或出土地为后一置用地。比如：

布。二斗大半升。析，二斗一升。

此鼎出土于广西贵县，贵县古称“布”，则布为后一置用地。

其四，铭文中分别刻有两个置用地和明确纪年时间的，可据时间判定先后。[1]

四、朝那与乌氏

（一）朝那

朝那：西汉初年属于北地郡，张家山汉简《二年律令·秩律》有“朝那”县。据《汉书·地理志》，武帝元鼎三年置安定郡，朝那为其属县之一。

朝那县治地望：传统认为在甘肃平凉县境内。目前一般认为在宁夏固原城东约五十里的古城乡，现属彭阳县地。

（二）乌氏

乌氏：秦代即置县，秦封泥有“乌氏丞印”。西汉初年属于北地郡，张家山汉简《二年律令·秩律》有“乌氏”县。据《汉书·地理志》，武帝元鼎三年置安定郡，乌氏为其属县之一。

乌氏县治地望：传统认为在甘肃平凉西北、固原东南；乌氏在泾阳之西，月氏在乌氏之西。居延新简EPT59：582号驿置里程简的发现，对传统看法提出了挑战。此简包含汉代从长安至高平（固原）的驿站路线及里程：

长安至茂陵七十里
茂陵至茯置卅五里
茯置至好止七十五里
好止至义置七十五里
……
月氏至乌氏五十里
乌氏至泾阳五十里
泾阳至平林置六十里
平林置至高平八十里

该简所记路线走向大体为自东向西北：月氏→乌氏→泾阳→平林置→高平。表明月氏在乌氏

① 徐正考：《汉代铜器铭文综合研究》第七章“器物的转送与买卖”，北京：作家出版社，2007年，第195-197页。

之东，乌氏在泾阳之东南。

月氏道治地望：平凉四十里铺镇曹湾。乌氏县治地望：平凉城三角城一带。泾阳县治地望：平凉安国乡油坊庄。平林置地望：原州区大湾乡。高平县治地望：固原。朝那县治地望：彭阳县古城乡。①

五、置用地与出土地

朝那鼎铭文“朝那”“乌氏”，表明此器先后归属两县所有。铜鼎出土于古城乡，如果“朝那”县治地望为古城乡不误，则铜鼎的最后置用地应为“朝那”。但铭文“今”字明确显示其最后置用地应为“乌氏”。二者呈现出矛盾。

行政区划的变动或许能解释这一矛盾现象。汉代铜器铭文显示，铜器的转移有一类特殊情况，即器物的实际置用地未发生转移，但由于行政区划的变动，导致器物置用地归属发生转移。比如：

> 隃麋陶陵共厨铜鼎一合，容二斗，并重十五斤。汧陶陵共厨铜鼎，容二斗，重十五斤。（《汉代金文录》卷一“陶陵鼎二”）

此件铜鼎的置用地（宫、厨）没有变动，但置用地归属的行政区划发生了变动，陶陵共厨曾属于隃麋县，也曾属于汧县。

据《汉书·地理志》，西汉时期安定郡下辖21县。而据《续汉书·地理志》，东汉时期安定郡下辖仅8县。行政区划有比较大的变动。泾阳县废，朝那县南迁，乌氏县北扩，很可能涵盖了原泾阳县、朝那县的部分地方。②

因此，铜鼎从原来的朝那县归属于乌氏县，只是行政区划归属发生了变动，实际置用地并未改变。从而导致铜鼎出土地与第一置用地一致的情况。

（作者系中国社会科学院历史研究所研究员）

---

① 鲁人勇、吴忠礼、徐庄：《宁夏历史地理考》，银川：宁夏人民出版社，1993年。张多勇：《从居延EPT59：582汉简看汉代泾阳县、乌氏县、月氏道城址》，《敦煌研究》2008年第2期。郑炳林、吴炯炯：《乌氏考》，《中国历史地理论丛》2012年第4期。卢丛夫：《从“居延汉简”谈西汉乌氏县的确定》，《平凉日报》2015年1月15日。

② 张多勇：《从居延EPT59：582汉简看汉代泾阳县、乌氏县、月氏道城址》，《敦煌研究》2008年第2期。

中原视野下的固原
（从商周至秦）

史党社

内容摘要 从文化、族群（包括人种）的角度去观察，商周时期的固原，已经与中原有较为密切的往来。由于特殊的交通区位优势，使固原在南北东西的交流过程中扮演了比其他孔道更为重要的角色。从商周至秦，固原长期成为中原与西北、华北连接的枢纽之一。在中原“华夏”“秦人”等文化和族群共同体形成的过程中，固原起了重要的作用。

关键词 固原 “戎狄” 前丝路 萧关 “西土八国” 猃狁 乌氏

一、序言

历史时期的固原，最容易让人想到的是它的交通与文化史地位。这应是由固原的自然地理条件决定的，固原地处陇山东侧，不但扼限陇山一带的南北交通，而且也是贯通陇山东西的重要通道。商周时期，从自然生态的分布来看，固原大致是黄土塬区与北部沙漠草原区的分界线；与之相应的是，固原也是不同文化与政治体的交汇和分界地带。这个地带的北侧，是典型畜牧文化的分布地，向南则农业经济成分逐渐加重，直至关中那样典型的农业区域，并已经形成强大的政治、文化共同体。北侧虽然属于商周政治版图之外，但仍是商周政治势力触角之所及，两地之间的联系是客观存在的。春秋以后，秦之势力兴起，固原逐步纳入了中原的政治版图，最终失去了“边疆”的地位。

本文欲从历史地理的角度出发，从中原的记载与视角，从不同文化、不同族群的互动关系中，对商周时期固原的历史角色转换加以描述，以期说明固原的历史地位。

二、固原与商之联系

商代的情况看似资料缺乏，但从一些有限的材料，我们还是可以判定，固原与商朝还是存在联系。从历史地理的视角，并结合文献、考古资料来看，商周的政治、军事影响，至少到达了今天固原一带。

固原南侧的泾源县，是泾水的发源地，现今县城所在的香水镇附近，被认为是后来秦汉回中宫所在，亦即著名的回中道所经。泾水上游的固原、平凉、庆阳一带，商后期有古国芮、密（密须）、共、阮、卢、彭等国。

芮，在今甘肃崇信县芮河川，密在灵台，共、阮在崇信东至于泾川芮水入泾处附近（李零怀疑灵台白草坡西周墓地主人或为阮国人）。

根据《周本纪》的记载，商后期周文王受崇侯之谗，被拘于羑里，闳夭之徒贿殷纣而释之，还被赐之弓矢斧钺，使得征伐。

《礼记·文王世子》记载文王时代有“西方九国”，就是上博简《容成氏》中的“九邦”。后者记载文王在灭商前曾伐“九邦”，即丰、镐、舟、石、于、鹿、耆、崇、密须。《周本纪》也记载文王虞、芮之讼，次年伐犬戎，第三年伐密须，第四年败耆国，第五年伐邘，第六年伐崇侯虎而作丰邑，并自岐下而徙都丰，这个过程与《容成氏》的记载可以呼应。

由上博简可以明确知道，所谓“九邦”，都是属于商朝的，文王以“周方伯”“西伯”的名义去平叛，虽然客观上使周的势力得以强大，但名义上为的还是商朝[①]，“九邦”必定是商的属国，即在商的政治版图之内。例如其中的密，《诗·皇矣》记载文王伐密的原因是，“密人不恭，敢距大邦，侵阮徂共”，所谓“大邦”就是周，诗中说密不听周（“大邦”）的话，侵略临近的阮、共等国，从而导致西伯文王的讨伐，此时文王乃商朝的西方诸侯之长，这个位子是商朝所封的，按此芮等诸国的位置，此时商的势力，向北已经达到泾川一带泾水上游。

泾川一线之北，还有卢、彭等国，属于《尚书·牧誓》跟随武王伐商的“西土八国”。

卢，即甲骨文中的卢方，曹定云先生有考证。他认为，著名的妇好墓出土玉戈上有文字“卢方剐入戈五”，年代在武定时期，戈上文字说卢方向周献戈，这是卢方曾与商为盟邦或属国的证据。这种关系大致一直延续到了祖庚、祖甲、廪辛时期，其首领在商朝甲骨文中被称“卢伯”，或喻示还有爵位，康丁时期卢与商关系变差，其首领“卢伯”被商朝用于祭祀。[②]这应是后来卢成了周地的开始。

“九邦”属于商末与周关系不好的，而关系好的自然是《牧誓》八国了。除此之外，想来还有一些国家，只不过史无其名而已，不然文献也不会说周三分天下而有其二了。[③]位于泾、渭流域的，除了丰、镐、崇、密须、卢、彭等国，也不一定就是商朝位于此地诸侯的全部。

卢之地望，《尚书·牧誓》孔传说在“西北”，但不知具体所指。按孔说之“西北”，当是周之西北，故当在关中西北求之。学者们都注意到了《汉书·地理志》的记载，其在乌氏县下说：“乌水出西，北入河。都卢山在西。莽曰乌亭。”西汉乌氏县位置，现在根据居延简，可以肯定在近平凉附近，都卢山一般认为即六盘山，乌水即清水河。[④]曹定云认为，“都卢”就是“卢”，平凉北还有小芦河，都与“都卢”有关。林梅村的考证则更加大胆。他认为，六盘山即文献中的笄头山、笄山、鸡山，也即青铜器铭文中的奚族所在，而周厉王十七年询簋铭中的“服夷”，位置在《汉书·地理志》所说的安定郡扶夷县，王莽时改为抚宁，就是居延汉简所提的平林，位置在近固原南的瓦亭川。而所谓的高辛、犬戎古族，都与固原有关。至于卢方所在，林梅

① 李零：《三代考古的历史断想——从最近发现的上博楚简〈容成氏〉、𤔲公盨和虞逑诸器想到的》，刘东主编《中国学术》第14辑，北京：商务印书馆，2003年，第188-213页。

② 曹定云：《〈尚书·牧誓〉所载卢、彭地望考》，氏著《殷商考古论集》，台北：艺文印书馆，1996年，第259-286页。下引曹说皆出此文。

③《论语·泰伯》。

④ 张多勇：《从居延E·P·T59·582汉简看汉代泾阳县、乌氏县、月氏道城址》，《敦煌研究》2008年第2期。

村考证即汉代卢水胡所在的三水县，也就是今天的固原北同心县下马关乡北红城水古城。[①]关于卢的族属，林氏并认为，殷代的卢方、周初的卢国、汉代的月氏残部卢水胡一脉相承，根据《国语·周语中》“卢由荆妫”韦注，卢为妫姓，所以或与鬼方同族，与义渠、乌氏一样，都是属于有色的吐火罗人。[②]

彭，《牧誓》八国的彭，旧说或在四川，或在湖北，曹定云先生认为即彭衙，在今陕西关中东部白水县，就是秦武公元年所伐西戎一支彭戏氏的所在。笔者按，孔传说在“西北”，并且卢、彭经常相连而言，故彭与卢一样，当在关中西北。《史记》等文献所记春秋时期之彭衙，显然比《牧誓》之彭晚的多，或是西周中期以后彭受北方威胁内迁的结果。按秦有彭阳县，秦封泥有“彭阳丞印”[③]，《史记·匈奴列传》：“汉孝文皇帝十四年，匈奴单于十四万骑入朝那萧关，杀北地都尉卬，虏人民畜产甚多，遂至彭阳。使奇兵入烧回中宫，候骑至雍、甘泉。”《集解》引徐广说、《索隐》引韦昭说，都认为彭阳是安定郡属县。彭阳的位置，按照《汉书·匈奴传》颜师古注在唐彭原县，大致位置在今镇原县东。按此，先秦时期镇原一带必有一地名为彭，其地非山即水，“彭阳”即由之得名，商与周初《牧誓》八国中的彭，应就在此地。

以上对卢、彭的考证，已经把商与固原地区联系起来了：卢与商曾存在类似朝贡等关系；彭虽不能肯定，但由其随周伐商，可以推断其与商很可能也已经存在着一定的关系（伐商本身就是卢、商关系的体现）。商与固原存在联系，应无可疑，商周时期的固原，并没有游离在中原的视野之外。除了与商的政治联系，从文化、族群等方面的关系来看，固原的交通地位已经显现。

三、西周时期的固原

西周时期的固原，是北侧移动性、侵略性更强的畜牧族群进攻中原的主要方向之一，例如犬戎、鬼方之类。《周易·未济》记载，“震，用伐鬼方，三年，有赏于大国”，据研究所云是武乙时事，在周为文王时期。商后期鬼方的生活地就在晋中北、陕北一带。上文引《周本纪》已说文王还伐过犬戎，有人说其地即在固原，即所谓的大原。犬戎来去居地不定，礼县西犬丘、关中槐里犬丘存在，还有犬戎与固原的关系，就是这个特性的表现。来自固原—陕北一线北方族群的威胁，从商一直延续到了西周。

《史记·匈奴列传》：

> 夏道衰，而公刘失其稷官，变于西戎，邑于豳。其后三百有余岁，戎狄攻大王亶父，亶父亡走岐下，而豳人悉从亶父而邑焉，作周。其后百有余岁，周西伯昌伐畎夷氏。后十有余年，武王伐纣而营雒邑，复居于酆鄗，放逐戎夷泾、洛之北，以时入贡，命曰“荒服”。

这段话中值得重视的是所谓的“戎夷”所指，以及武王“放逐”“戎夷”的真相。

如李峰所指出的，西周时期的泾水上游，与渭水上游一样，是一个复杂的文化与族群共同

① 鲁人勇、吴忠礼、徐庄：《宁夏历史地理考》，银川：宁夏人民出版社，1993年，第30-31页。
② 林梅村：《吐火罗人与龙部落》，《西域研究》1997年第1期。
③ 后晓荣：《秦代政区地理》，北京：社会科学文献出版社，2009年，第172页。

体。这里的人群，有寺洼文化的主人，还有芮、虞、卢、彭等土著人群，自然还有周人势力的存在，更远的固原—横山一线北侧，还有对周构成威胁的鬼方、猃狁等。

陇山以东泾水上游的寺洼文化，主人是文献中的“西戎”的一部分，但与陇山以西的戎人不同，后者在西周中期反王室，灭了犬丘的秦祖大骆一支[①]，泾水上游的寺洼文化的主人，至少目前没有证据表明其曾经对西周王朝构成威胁。西周时期从这个方向进攻而来的，应是更北的人群，例如鬼方、猃狁之类，而不是本地区的人群。西周早期的鬼方，学者们一般推测在今陕北、内蒙古一带。西周晚期的猃狁，根据李峰的推测，应来自固原以北。至于芮、虞、卢、彭等国，则是周之盟邦，更不会对周形成威胁。所以西周早期被武王“放逐”的“戎夷”，必定不是陇东寺洼文化的主人或芮等周之盟邦，而是更北的人群鬼方之类。

考古证据表明，泾、洛河谷和与之相连的山梁、土塬，就是鬼方、猃狁南下的通道。鬼方南下靠东而近洛，猃狁偏西而近泾。例如考古遗存中的李家崖文化，应与鬼方有关，甘泉阎家沟[②]、淳化黑豆嘴遗存中的北方文化因素[③]，可能是鬼方南下的结果。[④]猃狁，应与允姓之戎有关。东周时代的允姓之戎有小戎，就是晋惠公夷吾（晋文公同父异母的兄弟）母家，小戎生活地在晋中北吉县一带（或许可达陕北）。[⑤]还有陆浑戎，本居秦晋西北，大约在陕北、陇东庆阳一带，公元前638年被两国迁往伊川（近洛阳南）[⑥]，公元前525年被晋所灭。[⑦]陆浑戎的墓地最近在河南伊川徐阳村被发现，人种属北亚类型。人种学的证据支持判定东周时期的允姓之戎，应该是西周以来猃狁等人群南迁的结果，而猃狁来自更加遥远的北方。

鬼方对中原的威胁，主要集中在商到西周早期，猃狁则在西周中期开始出现。西周早年的“放逐”，应是对鬼方等族群的驱逐行为，把他们赶出陇东、陕北一带。在泾水流域，以及更加靠东的铜川一带，都有许多带腰坑的周墓被发现，有学者已经加以梳理。这些墓葬分布在陕西的长武、彬县、淳化、泾阳、铜川，以及甘肃的平凉、宠信、泾川、灵台、庆阳、宁县等地，最远至甘肃固原。[⑧]这些墓葬的主人，被认为是殷遗民，墓葬分布很有特点，大多在泾河或其支流所在的交通要道上，从关中以北一直深入到固原，年代也集中在西周早中期。这应是周人在“放逐”鬼方那样的族群之后，把自己的势力从甘肃陇东地区向北延伸的结果。从小盂鼎、大盂鼎铭文来看，这个“放逐”的过程可能延续了更长的时期，一直可到康王。这个过程，既是与商末周人对北方开拓相似的进攻行为，同时还利用了殷遗以及当地土著等力量，构建了关中北方的防守网络。很显然，泾水干、支流上从关中通往北方的交通线，是这个网络的骨干，其北端就在固原。

---

①《史记·秦本纪》。

② 王永刚、崔风光、李延丽：《陕西甘泉县出土晚商青铜器》，《考古与文物》2007年第3期。

③ 姚生民：《陕西淳化县出土的商周青铜器》，《考古与文物》1986年第5期。

④ 曹玮：《陕晋高原商代铜器的属国研究》，《中央研究院历史语言研究所论文集之九》，2009年，第303–327页。

⑤ 见《左传》“庄公二十八年”等文献。

⑥《左传》“僖公二十二年”。

⑦《左传》“昭公十七年”。

⑧ 路国权：《西周时期泾河流域的腰坑墓与秦族起源》，《咸阳师专学报》2009年第5期。按铜川王家河西周早中期同类墓地的存在，应该是为了防备沿子午岭、洛河通道南下的族群的攻击。在更早的商代，这条通道就应存在。参陕西省考古研究所、北京大学考古实习队：《铜川市王家河墓地发掘简报》，《考古与文物》1987年第2期。北京大学考古系商周组、陕西省考古研究所：《陕西耀县北村遗址1984年发掘报告》，北京大学考古系编《考古学研究》（二），北京：北京大学出版社，1994年，第283–342页，图版玖–拾陆。

在固原西北中河乡、昭王长城附近发现的西周早期墓，为一南北向的竖穴土坑墓，有生土二层台和棺椁，墓主葬式为仰身直肢，墓底有腰坑殉狗，东南7米处有车马坑一座。随葬有铜器鼎、簋，以及陶鬲，还有大量的车马器等物。车马坑中有马两匹、车轴饰一对，以及蚌壳马饰、马头朝东偏北。这座墓的重要性在于，这是至今发现的最北端的周文化墓葬，并且带有腰坑。

有趣的是，周人早在西周早中期利用殷遗在泾水流域经营的行为，除了考古证据，在文献中似乎也有迹可寻。现今平凉有崆峒山，疑与西周所封的殷后空桐氏有关。空桐也写作空同，现多写作崆峒。《史记·殷本纪》司马迁赞语说："契为子姓，其后分封，以国为姓，有殷氏、来氏、宋氏、空桐氏……"《史记·赵世家》记载，空同氏早期还存在，曾与赵通婚。《正义》引《括地志》云："原州平高县西百里亦有崆峒山，即黄帝问广成子道处"。唐平高县即今固原县，其西百里之山，只能是今六盘山了。由此我们大略可知作为商后的殷、宋在东方，空桐氏、北殷氏①在西方。具体来说，平凉—固原一带所具有的空桐氏故事，恰与上述腰坑墓的分布相吻合，二者之间或许存在某种联系。

沿泾水向西北直到固原的周墓的分布，可能表明了周人利用殷遗民向西北草原地带扩展势力的企图，同时也说明周沿着泾水以及比邻的大原设防的努力。当然制造这个防御体系的人群，除了殷遗民，自然还有密、芮等地方方国，以及被派到泾水上游的周人将士。这个体系的存在，说明泾水流域的通道，即关中通往固原的道路，是北方威胁所至的主要方向，这自然反衬了固原重要的地位。这些人群，就是固原以远的猃狁等族群，下文将会证明这个论断。

至于西周中期，泾水流域的形势发生了巨变。司马迁等历史学家都认为西周中期穆王征犬戎，是周与西北族群关系从稳定走向紧张的转折点，此后其子共王灭密，也显示了周与西北诸侯关系的紧张，至于懿王，猃狁也正式出现在文献中，对周的西北边疆形成威胁。《汉书·匈奴传》记载：

> 至穆王之孙懿王时，王室遂衰，戎狄交侵，暴虐中国，中国被其苦，诗人始作，疾而歌之曰："靡室靡家，猃允之故"，"岂不日戒，猃允孔棘。"至懿王曾孙宣王，兴师命将以征伐之，诗人美大其功曰："薄伐猃狁，至于大原"，"出车彭彭"，"城彼朔方"，是时四夷宾服，称为"中兴"。

西周中晚期的强梁族群——猃狁对周的威胁，在《诗》与文献、青铜器铭文中，都可以见到，这是周戎关系的标志性事件，从此周从"放逐""戎夷"的强势地位转为防守的下风。猃狁已经可以侵入到周之关中腹地，使周人振恐而不遑宁居。此时在北方的泾河流域，周文化遗存十分少见，相反，则有延长铜器群②与宁县宇村③等具有北方文化因素的遗存存在。若分区观察，从西周中期开始，可以观测到一个十分相似的现象：陇山西侧的礼县一带，《秦本纪》记载，"周厉王无道，诸侯或叛之，西戎反王室，灭犬丘大骆之族"；陇山东侧，除了先周或西周早期的，

---

①《史记·秦本纪》之《索隐》："北殷氏盖秦宁（宪）公所伐亳王，汤之后也"，地在今西安南杜或兴平。
② 姬乃军、陈明德：《陕西延长出土一批西周青铜器》，《考古与文物》1993年第5期。
③ 许俊臣、刘得祯：《甘肃宁县宇村出土西周青铜器》，《考古》1985年第4期。图三4-6，图版五：1。

年代最晚的周文化遗址，纪年也只是延续到了西周中期，例如靠南有灵台白草坡[①]和西岭[②]，偏北的则有崇信于家湾[③]；向东，庆阳一带，则有具有北方文化因素的宇村与延长遗存，还有焦村西沟周文化遗存[④]；若再向东越过黄河，文献记载则有宣王时期与姜氏之戎的千亩（今山西介休）之战。可见，始于西周中期的“戎狄”对周王朝的“反叛”和侵扰，在陇山东西，直到陕北、晋中一带都是存在的，是大规模的。对于这些族群，可以推测，陇山以西是戎人，陇东、陕北，可能是猃狁[⑤]，晋中则有姜氏之戎。其中，猃狁的威胁无疑是最大的，延长岔口与宇村遗存，或都与猃狁有关。北方族群的南侵，自然会造成泾水上游周系族群的迁移，例如芮迁而有韩城之芮，就是近年梁带村的一系列发现的主人。密迁而有新密（今河南新密）。彭在西周早期以后也不见于史，但关中东部白水一带春秋早期却有彭戏氏，或与彭内迁有关。

这个情况还可用文献所记乌氏的情况予以更加细微的观察。乌氏是东周时代与秦比邻的“西戎八国”之一，地在今甘肃平凉—固原之间。《史记·匈奴列传》之《正义》引《括地志》云：“乌氏故城在泾州安定县东三十里。周之故地，后入戎，秦惠王取之，置乌氏县也。”结合泾水上游西周以来的上述形势，可对这个记载进行更加精确的解读：其在西周早期，曾为周之势力范围。后来则被乌氏戎占领，周人在此的矛头是北向的，推测乌氏也当从北方而来，而于家庄东周墓地人种的北亚特征，正与这个推测吻合，乌氏之戎至少有北亚人群的成分是无疑的。战国中期惠王时期正式并入秦地，此前的出子—献公时期，《吕氏春秋》记载秦已有乌氏塞，而此时恐怕秦已向北兼并了乌氏之地。西周早期至战国中期乌氏地归属与族群的变化，正是本时期泾水上游典型的历史图景。

从上述罗列的考古与文献资料来看，处于交通要道上的固原，不但是周“放逐”“戎夷”之地，也是猃狁等“蛮夷”入侵关中的通道。上述族群鬼方、犬戎、猃狁、姜戎等，是文献所记西周时期来自北方的最主要的威胁，其中的犬戎、猃狁，都与固原有关。犬戎是移动性很强的族群，所以留下了陕西兴平槐里犬丘、甘肃礼县西犬丘等地名；传说中的大原，与犬戎有关，也脱离不了与固原的关系。[⑥]至于猃狁，李峰根据多友鼎等器铭推测，猃狁入侵以及逃跑的方向，大概都指向固原，是有一定道理的。[⑦]此时的固原以北，自然是周人心目中的“蛮夷”之地。

在《尚书·禹贡》《史记·夏本纪》以及《汉书·地理志》等文献中，记载有甸、侯、绥、要、荒等所谓“五服”，以与王畿的距离五百里为等差。《周本纪》也记载犬戎为“荒服”，是距离周人最远的族群，属于所谓的“蛮”或者“流”，根据《集解》引马融的解释，前者不知礼仪，后者无常居；孔安国则说他们已在周人的礼教刑法之外。“五服制”大约是东周以后被理想化和均齐之后的制度，反映的是后世的理解，具有一定意识的形态因素[⑧]，但至少可让我们知道，周人与

---

① 甘肃省博物馆文物队（初仕宾执笔）：《甘肃灵台白草坡西周墓》，《考古学报》1977年第2期。

② 甘肃省博物馆文物队、灵台县文化馆（吴骧执笔）：《甘肃灵台县两周墓葬》《考古》1976年第1期。

③ 甘肃省文物工作队：《甘肃崇信于家湾周墓》，《考古与文物》1986年第1期。甘肃省文物考古研究所著：《崇信于家湾周墓》，北京：文物出版社，2009年。

④ 庆阳地区博物馆：《甘肃宁县焦村西沟出土的一座西周墓》，《考古与文物》1989年第6期。

⑤ 根据《诗》与金文，猃狁的地域，都与陇山以西无涉。

⑥ 大原所在有三说：今固原、太原、内蒙古河套。

⑦ 李峰：《西周的灭亡——中国早期国家的地理和政治危机》，上海：上海古籍出版社，2007年，第164-220页。下引李说非注明者出处同。

⑧〔美〕狄宇宙著，贺严、高书文译：《古代中古与其强邻——东亚历史上游牧力量的兴起》，北京：中国社会科学出版社，2010年，第357页。

“化外”的族群，已经发生了一定的关系，这些人处在周之政治管辖和辐射之外，即为周之异邦。这个说法可与上文考古、文献资料相呼应，这些人群，可能就包括固原以远的犬戎和猃狁。

四、东周—秦时之固原

秦对西北少数族群的扩张与控制过程，是分阶段的。春秋初年秦立国，至于德公时代（前677年—前676年）逐渐在关中站稳脚跟，有了相对稳定的政治版图。德公后秦之政治重心从甘肃东部移到关中，此时秦对西北的控制，主要还是几个据点而已。陇山以西，有邽、冀两县，以及西犬丘那样的地方，周围还是戎人的天下。陇山以东的甘肃、宁夏一带，秦之势力十分有限，从考古发现来说，仅限于关中平原的北部边缘的陕西陇县、甘肃灵台、白水洛河下游一带，如陇县的边家庄墓地①、灵台的景家庄墓地②，还有白水西章墓地③，这些地点都显示了秦欲扼守北、东两个方向的交通要道的意味。更东的陕北直至更北的内蒙古中南部，此时还无秦人的势力，而是“狄”之分布范围，我们从这里能看到的，是晋文化的影响，秦之势力深入至此，已经到了战国晚期魏纳上郡之后了。秦此时主要精力在讨伐关中之戎，并一心东向，与这些地区的“戎狄”，倒也相安无事。此时秦之西北“边疆”，应指陇南礼县—天水邽、冀，向东翻越陇山到陇县—灵台一线，然后沿关中平原北部边缘到达洛河下游的渭南一带。

春秋中期，这个情况发生了改变，《秦本纪》记载，“秦用由余谋伐戎王，益国十二，开地千里，遂霸西戎，天子使召公过贺缪（穆）公以金鼓”，所谓“霸”西戎，就是“威服”，即用武力作为后盾使其臣服，当然也不排除赏赐、婚姻等柔性措施的存在。穆公所“霸”之戎，最西即本文所说的狄、豲之戎，最北为朐衍之戎，已经远远地把固原抛于其南，最东为关中东部的大荔戎，基本把秦之本土环抱其内。狄戎位于甘肃临洮，豲戎传统说法在今陇西县一带，按照敦坪墓地的发现，向西的漳河流域也可以是豲戎的区域，朐衍之戎在今宁夏东南盐池一带，大荔之戎在今洛河下游陕西大荔县一带，诸戎分布的区域，以渭河、泾河、洛河三条黄河支流为主，陕北、晋中北的白狄区域，秦之势力仍不能到达。三河流域，既然为秦政治势力所及，就是秦之“边疆”。这些区

① 尹盛平、张天恩：《陕西陇县边家庄一号春秋秦墓》，《考古与文物》1986年第6期。陕西省考古研究所宝鸡工作站、宝鸡市考古工作队：《陕西陇县边家庄五号春秋墓发掘简报》，《文物》1988年第11期。张天恩：《边家庄春秋墓地与汧邑地望》，《文博》1990年第5期。

② 刘得祯、朱建唐：《甘肃灵台景家庄春秋墓》，《考古》1981年第4期。

③ 2011年，陕西省考古研究所发掘了白水县史官乡西章村东周墓地，按照器物看，年代上限或可早至春秋中期。按《秦本纪》等文献记载，春秋早期武公元年“武公元年，伐彭戏氏”，张守节《正义》认为其地即彭衙，地在今白水县洛河北侧，彭衙是秦北通白狄、东连晋的要道，此后一直处于秦、晋拉锯的前沿。秦桓公时公子针（字伯车，景公同母弟）封于此，西章墓地或与之有关。蒙陕西省考古研究院肖健一先生相邀观摩相关文物，谨此致谢。

域的考古发现，西有毛家坪墓地[①]，南有礼县大堡子山[②]、圆顶山[③]等处的考古发现，北则有灵台洞山东周墓地[④]，铜川枣庙[⑤]和王家河[⑥]春秋晚期秦墓，平凉市区发现的春秋中晚期的鼎和簋等秦式礼器[⑦]。在更西的墩坪、靠北的庆阳那样的戎人地域内部，也出现了秦文化因素。[⑧]从秦文化的分布范围看，秦之政治版图明显扩大了，此时的固原，地域还在秦之"边疆"之外。

从秦穆霸西戎之后，秦之西北边疆相安无事，大概延续了150年，到了战国初年，秦之西北"边疆"变得骚动起来。例如《史记·六国年表》记载秦厉公六年（前471年）"绵诸乞援"，此后有秦与义渠、绵诸、大荔诸戎的战争，这与秦因君主替换所造成的内乱有关。一直到战国中期孝公时期，秦才对诸戎恢复优势，重新拥有了一定的控制能力，《后汉书·西羌传》说"孝公雄强，威服羌戎"，指的就是这个情况。到了公元前271年，秦灭义渠，并且修筑长城，把固原包于秦境之内。此时秦在西北边疆有三郡——上郡、北地、陇西，其下有县、道等行政组织，这与此前的"霸"以及"初县"等手段不同，秦对西北边疆，有了绝对的控制力。此时的固原，已经是秦土了，已经有了乌氏那样的县置，属于北地郡之县。这个情况一直到秦始皇帝三十二年（前215年）驱逐匈奴于阴山以北，直至秦亡。

秦人兴起并向西北扩张的东周时代，固原还是所谓"戎狄"的生活区域，这里的族群，应是属于"西戎"的生活地。由彭堡于家庄人骨的种族特征，我们也不能排除本地人群属于更远的北亚人种——"胡"的可能，而不仅仅是传统的看法，即认为"西戎"属于氐羌系的西北土著。这里的人群拥有"杨郎类型"发达的游牧文化。可是在秦灭义渠后，秦在此地设县而不是"蛮夷"所居的"道"，说明在秦人的心目中，本地人群已经从原来的"戎"即"蛮夷"，向非"蛮夷"转变，族群属性发生了蜕变。其中原因，自然是因为本地与秦紧密的联系所造成的文化变迁，从根本上改变了秦人心目中的族群形象。这种联系有以下两个重要的例证。

一是秦人对朝那湫水神的崇拜。这个崇拜应是秦人继承了此前本地戎人的祭祀传统。由于此水神的地位在秦如此重要（如秦惠王时的诅楚文所反映的），使我们不得不考虑固原的地位。与之相联系的还有亚驼神，其地在甘肃正宁泾水支流之上，其神其实就是泾水之神。这两个地方，与乌氏、义渠那样的北方游牧族群有关，秦对这些族群神灵的祭祀，可能有怀柔那样的政治含义。秦对北方"戎狄"文化的重视，把这些文化因素纳入自身的体系之中，其实表达的是对本地人群的重视。由于文化上的联接，由此也改变了这些族群在秦人心目中的"蛮夷"形象，并最终

---

① 甘肃省文物工作队、北京大学考古学系（赵化成、宋涛执笔）：《甘肃甘谷毛家坪遗址发掘报告》，《考古学报》1987年第3期。早期秦文化联合考古队（梁云、侯红伟执笔）：《早期秦文化研究的又一突破：2014年甘肃毛家坪遗址发掘丰富了周代秦文化内涵》，《中国文物报》2014年11月14日第1版。

② 戴春阳：《礼县大堡子山秦公墓地及有关问题》，《文物》2000年第5期。早期秦文化考古联合课题组：《甘肃礼县大堡子山早期秦文化遗址》，《考古》2007年第7期。王刚、杨哲峰、方志军、刘小红、游富祥：《2006年甘肃礼县大堡子山21号建筑基址发掘简报》，《文物》2008年第11期。早期秦文化联合考古队（王刚、方志军、韦正、王辉执笔）：《2006年甘肃礼县大堡子山祭祀遗迹发掘简报》《文物》2008年第11期。早期秦文化联合考古队：《2006年甘肃礼县大堡子山东周墓葬发掘简报》，《文物》2008年第11期。

③ 甘肃省文物考古研究所、礼县博物馆：《礼县圆顶山春秋秦墓》，《文物》2002年第2期。

④ 甘肃省博物馆文物队、灵台县文化馆（初仕宾执笔）：《甘肃灵台县两周墓葬》，《考古》1976年第1期。

⑤ 陕西省考古研究所：《陕西铜川枣庙秦墓发掘简报》，《考古与文物》1986年第2期。

⑥ 陕西省考古研究所、北京大学考古实习队：《铜川市王家河墓地发掘简报》，《考古与文物》1987年第2期。

⑦ 平凉博物馆展品。

⑧ 刘得祯、许俊臣：《甘肃庆阳春秋战国墓葬的清理》，《考古》1988年第5期。

也成为更加宽泛的“秦人”。

二是颛顼崇拜。《汉书·地理志》记载汉代安定郡属县朝那有湫渊祠之外，另“有端旬祠十五所，胡巫祝”。端旬即颛顼，考虑到秦人崇拜颛顼，汉代固原一带不会凭空出现这么多的颛顼祠，其发端应有两种可能：其一，是从秦延续下来的，或是在秦有固原之后，此地的戎人跟随秦俗而有之；或是由秦移民带来本地。其二，汉初“五帝”系统已经建立，颛顼被“分配”至北方，在中原文化的影响之下，本地的族群也崇拜颛顼。颛顼崇拜本源于中原，无论秦或汉时流传于此，并以胡巫主祠，都是中原文化向周边地域和族群扩张的结果。

战国中晚期到秦代，固原地区与秦关系发生的最大变化，就是从外族之地变成秦之郡县，人群构成、文化也发生变化。作为构成“关中”的乌氏—萧关所在，固原无疑有重要的政治、军事与交通地位，也是重要的畜牧区，例如乌氏倮的故事所表述的。

此时，随着秦政治重心从关中西部向中部的转移，关中与西北的交往通道，可能小有变化，例如回中道的地位或会下降，多少会使固原的交通地位发生波动。昭王时代秦灭义渠而修长城，以及秦始皇时代斥逐匈奴于更遥远的阴山以北，秦与北边的联系更显重要，固原的地位不是下降而是上升了，可能并不受直道那样的道路开通的影响，而是与后者共同构成了交通北方的主要通道，二者是一种互补的关系。

五、结语

本文从中原的视角，主要利用中原文献，结合考古与文字资料，论证了商周—秦固原与中原的关系，以及固原重要的历史地位。固原在本时段的重要地位，总结起来有以下几个方面。

（一）交通

固原是东西南北的要冲，特别是中原与西北的交通，固原是个枢纽。在几条中原与西北、华北的交通路线中，固原地区是最重要的通道之一。在丝路开通之前，固原的交通地位已经显现。

（二）族群

固原拥有于家庄墓地那种北亚人群南下的证据，同时有可能是更西的人群（例如月氏）与东方交往的孔道，还是中原人群与西北、华北“戎狄”交往的前沿，在不同族群互动、融合，直至“华夏”形成的历史上，固原无疑起了重要作用。如果没有固原通道走马灯似的人群来往、交流、碰撞等互动，那就没有所谓的“夷夏”之别，从而也就没有“华夏”。

（三）文化

固原是自新石器时代晚期以来形成的北方重要的畜牧地带之一，经济类型是亦农亦牧的。在东周以来北方游牧化的过程中，固原成为最重要的发达的游牧区之一，在南侧农业文化与北侧游牧文化的接触中，固原是个交汇之地，是文化交流的旋涡。

（四）政治地理

中原族群对固原这个枢纽的掌控，最终成就了关中在中国历史上的重要地位，并最终成就了秦汉帝国。

（作者系西北大学历史学院教授）

朝那湫及其宗教文化变迁

薛正昌

朝那湫，是黄土高原上的一大著名湖泊，典籍里清楚地记载：“朝那湫祠在原州平高县东南二十里”。由于朝那湫所处的特殊地理位置，秦灭义渠戎国之后对这里进行过特殊经营，加之朝那湫自身的神奇，使得战国时期的秦国格外看重这里。一是战国秦长城的修筑，在固原地界是内外两层；二是朝那县的设置，增加了地方政权的管理。秦始皇统一全国后，朝那湫的影响与地位再度提升，进入到国家祭祀层面，是秦皇汉武祭祀龙的所在，对后世影响很大，发展成为一种“湫神”信仰。汉唐时期，最负盛名的朝那湫在哪里，记载是清楚的。宋代诅楚文的发现，为学者们提供了十分珍贵的研究资料。[①]

明代以后，赵时春关于“朝那湫”的数篇文章[②]对后世影响很大，朝那湫被写进了地方志书，后人看到的朝那湫已不是秦汉、汉唐所独尊，对朝那湫之所在产生了疑问。20世纪70年代，在固原县古城公社古城大队（今彭阳县古城镇古城村）出土一尊西汉初年的铜鼎，鼎上有“朝那”等铭文，考古鉴定为“朝那鼎”，为西汉时期的量器。鼎上有铭文三段，其中一段为“第廿九五年朝那容二斗一升重十二四两”。此物出土，至少回应了三个问题：第一，是西汉早期朝那县标准计量容器；第二，古城镇是汉代朝那县治所在；第三，与古城镇相邻的朝那湫就是汉代的国家祭祀地。本文仅对朝那湫祭祀与祭祀文化变迁做些梳理与论述，包括宗教文化的变迁。

一、秦汉典籍里的朝那湫

从文字记载看，朝那湫祭祀始于战国。战国末期，秦楚两大强国对峙。秦国在军事进攻与外交连横动摇齐楚联盟的同时，还求助神灵以败楚国，诅楚文就是这个背景下的产物。秦惠文王为使伐楚取得军事上的先机，刻文于石鼓，献于朝那湫，这就是后世著名的诅楚文。所求之神巫咸、大沈厥湫和亚驼，题目分别为湫渊、巫咸、亚驼，故宫博物院藏诅楚文（《古文苑》《金薤琳琅》本等）版本不同，题目称谓也有细微差别，《大沈厥湫文》也叫《久湫》。石鼓文在北宋时期被发现，共有三篇，分别是《告巫咸文》《告大沈厥湫文》《告亚驼文》，出土地点各不相同。《告巫咸文》发现于秦的古都雍（今陕西凤翔开元寺），《告大沈厥湫文》（也叫“大沈久湫”）“治平中，渭之耕者得之于朝那湫旁，熙宁元年，蔡挺帅平凉，乃徙置郡廨，后携以阳南京”[③]发现于朝那湫水旁（固原东南），元人周伯琦（1298—1369年）释读说：“久湫者，古湫

① 欧阳修、苏轼、周伯奇等人的研究文章，见故宫博物院编《元拓诅楚文》（紫禁城出版社，2010年）。

② 杜志强点校《赵时春文集》，天津：天津古籍出版社，2012年。

③ 故宫博物院编：《元拓诅楚文》，北京：紫禁城出版社，2010年，第36页。

也，古字借用”。[①]《告亚驼文》出土地点不详，近年有学者研究发现于甘肃真宁县（今正宁县）要册湫。三篇诅楚文除个别文字有差异外，整体内容基本是相同的，皆数楚王之罪，昭告于神。《司马法》曰：“将用师，乃告于皇天上帝、日月星辰，以祷于后土、四海神祇、山川冢社，乃造于先王。然后冢宰征师于诸侯曰：‘某国为不道，征之’。”[②]师祭时呼告的神不只一个，而是遍告皇天、后土、山川诸神，涉及天神、地神、水神。大沈久湫为水神，因为秦人重水德。

戎与祀国之大事。诅祝之俗古代盛行，兴师征讨对方之前，必须由巫祝之人将对方的罪状以文字的形式告于神灵，使自己获得天助，敌人遭到天谴。山川祭祀是中国古代王朝祭祀体系，秦始皇整合秦国与东方六国诸多山川名胜，构建了一个全新的国家祭祀格局，朝那湫进入到这个王朝祭祀体系之中。秦始皇统一全国后，“令祠官所常奉天地名山大川鬼神可得而序”，其中定“湫渊，祠朝那”，“亦春秋伴涸祷塞，如东方名山川；而牲牛犊牢具圭币各异”[③]，奠定了朝那湫祭祀的层级，明确将朝那湫作为国家祭祀的对象，与黄河、长江、汉水同入国家水神祭祀之列。缘此，《史记·封禅书》载：“自华山以西，名山七，名川四……水，曰河，祠临晋；沔，祠汉中；湫渊，祠朝那；江水，祠蜀”。裴骃《集解》载：“苏林曰：‘湫渊在安定朝那县，方圆四十里，停不流，冬夏不增减，不生草木’。”司马贞《索隐》载：湫渊“即龙之所处也”。《汉书·地理志》载：安定郡朝那有湫渊祠。《括地志》云：“朝那湫祠在原州平高县东南二十里……朝那古城在原州百泉县西七十里，汉朝那县也。”[④]典籍里记载的朝那湫及其方位是清楚的。

二、国家祭祀层面上的朝那湫

依自然地理看，六盘山下的古朝那湫池，是先秦汉唐时期黄土高原上的著名湖泊。这是研究自然地理和历史地理的学者所公认的。从宗教文化的意义看，朝那湫是先秦汉唐时期西北地区重要的国家祭祀地。

先秦时期，地处黄河中游的固原，气候湿润，泉水众多，地表水和地下水都很丰富。朝那湫所在地周围生态环境良好，朝那湫边缘设置较早的朝那县，其称谓就因朝那湫之名而来。司马迁跟随汉武帝数次亲往固原并登上六盘山。他在《史记·封禅书》里已写道：“湫渊祠朝那。”朝那湫进入国家祭祀序列，有多重原因。

首先，朝那湫是秦先祖祭祀地。秦昭襄王三十五年（前272年），秦灭义渠戎国，义渠戎国的地域纳入秦国版图。诅楚文的面世，就是秦昭襄王出兵攻楚之前在朝那湫进行的宗教活动，这里是秦人旧有的势力范围。公元前221年，秦始皇统一全国，虽然时光过去了大半个世纪，但祖先统一全国过程中的祭祀圣地，秦始皇是要传承的。秦统一后，秦始皇“巡陇西、北地，出鸡头山，过回中”。他在炫耀武功的同时，追念先祖之足迹，祭祀朝那湫，以告慰祖先。当年的“诅楚”与后来秦始皇的大一统，都体现着国家意志，“是中央权力在试图对自然地理施加影响……也有宗教上的神圣性……是当时国家政治地理格局的一种反映”。[⑤]

自秦始皇以来，历代帝王每遇新帝大典或其他军国大事，都要或亲自巡狩和祭祀山川，或遣

① 故宫博物院编：《元拓诅楚文》，北京：紫禁城出版社，2010年，第31页。

② 郑玄：《周礼注疏》卷二五《春官》。

③《史记·封禅书》，北京：中华书局，1982年，第167页。

④《括地志辑校·原州》，北京：中华书局，2005年，第44-45页。

⑤ 田天：《秦代山川祭祀格局研究》，《中国历史地理论丛》2011年第2期。

特使专程往山川告祀。汉武帝数度巡狩固原期间，曾祭祀过朝那湫。《史记·封禅书》里，司马迁追述了秦时祠祀制度："自华以西，名山七，名川四。"界定的是华山以西的名山大川，其中四处"名川"之一，就有"湫渊，祠朝那"。说明在秦代，朝那湫就是国家法定的祭祀之地。

其次，朝那湫的神奇异样。苏林注解说："湫渊在安定朝那县，方四十里，停不流，冬夏不增减，不生草木。"从朝那湫生成环境看，本身就蕴藏着神奇。封禅，是历代帝王祭祀山川的礼拜活动。作为汉武帝随身的太史令司马迁，有感于朝那湫的壮阔和神奇，有感于汉武帝在朝那湫的祭祀活动，将"朝那湫"祭祀写入《史记》，而且具体归在"封禅书"里，宗教文化色彩体现无遗。古代祭祀山川，就是因为一些山川有特殊的"灵异"之处。"朝那湫"的"灵异"之处，就在于它是黄土高原上的湖泊，而且湖水常年不增不减，水中不生草木，所以古人才视其为"神异"，并置祠祭祀。秦汉时期的"朝那湫"，就归"山川之神"祭祀之列。[①]

另外，"朝那"称谓传承着秦人的图腾文化。所谓图腾，是指原始社会的先民把某种动物或者植物当作自己的亲属、祖先或保护神，相信他们有一种超自然力，能保护自己，是一种被人格化的崇拜对象。"朝那"（音"zhu nuo"）一词，是古羌人语言的音译，指黑龙。[②]羌族，是中国西部古老的民族，奉龙为灵物，以龙为图腾。生活在四川北部一带的羌族，仍保留着原始宗教，盛行万物有灵崇拜。作为羌人之后，秦人传承了对龙的崇拜 。[③]这从宗教文化的深层，可以看到秦人民族精神的崇拜。"昔秦文公出猎，获黑龙，此其水德之瑞。"[④]司马迁在他的《史记》里也记载了秦文公"获黑龙"的事，直接印证了秦人的文化图腾。

还有，秦人尚水德。诅楚文所刻三石，如果把所告之神归纳一下，可以分为三类，即天神、地神、水神，谓之上之天、埋之地、沉之水的"三官手书"。诅楚文应是秦人伐楚时，分告天、地、水三神，"以底楚王熊相之多罪"的诅文 。[⑤]"大沈久湫，就是秦巫所崇拜的水神。从《大沉久湫文》出土于朝那湫旁，印证了朝那湫之为水神，也印证了秦人尚水德的风俗。

《史记·秦始皇本纪》载："始皇推终始五德之传，以为周得火德，秦代周德，从所不胜。方今水德之始，改年始，朝贺皆自十月朔。衣服旄旌节旗皆上黑……更名河曰德水，以为水德之始。"秦更名河曰德水，朝那湫为六盘山下、泾水流域最具神异功能的灵湫，与秦人德水的水文化观是一致的。"秦人传统神秘主义观念体系中，对'水'的特殊信仰，很早就有重要的地位"。[⑥]

缘于以上原因，朝那湫才成为国家层面上的祭祀圣地。其影响力不仅在宗教，也影响到文学创作。敦煌汉简里有一首《风雨诗》，属汉乐府类。其中有一句"天门俫小路彭池"，研究者在校释的过程中，由"彭池"联想到"湫池"，再到"湫渊"[⑦]，但没有延伸到湫渊就是朝那湫。如果当代人写当代事，朝那湫是国家祭祀地，"彭池"也好，"湫渊"也罢，影响诗人的应该是朝那湫渊。此说若能成立，实际上也是当时湫渊祭祀地对文人的影响所在。

---

① 周振鹤：《中国历史文化区域研究》，上海：复旦大学出版社，1997年，第67页。

② 赵小刚：《朝那：保留在汉语中的古羌语词语》，《兰州大学学报》2007年第3期。

③ 王元林、杨帆：《陇东湫神信仰的变迁——以朝那湫信仰为例》，《宁夏社会科学》2011年第2期。

④《史记·封禅书》，北京：中华书局，1982年，第1366页。

⑤ 吴郁芳：《〈诅楚文〉三神考》，《文博》1987年第4期。

⑥ 王子今：《秦汉时期的朝那湫》，《固原师专学报》2002年第2期。

⑦ 肖从礼：《敦煌汉简〈风雨诗〉》，《居延敦煌汉简出土遗址实地考察论文集》，上海：上海古籍出版社，2012年。

三，汉唐朝那湫祭祀变迁

汉承秦制，在国家祭祀方面的礼制得到了传承，“祠朝那湫”仍载入祭典。汉文帝时下诏增加朝那湫的祭器，“玉加各二……圭币俎豆以差加之”，祭器与礼器均予以增加，同时，“及诸祀皆广坛场”[①]，不但提升了祭祀规格，而且祭祀场所也得到了修缮和扩展。《汉书·地理志下》载：“朝那，有湫渊祠。”郊祀与地理记载，旨在说明西汉时期朝那湫仍是国家祭祀地。

汉代朝那湫祭祀，在体现国家层面上的祭祀地的同时，实际上它的指向已经潜在地发生变化——融入民间祭祀。《汉书·郊祀志》师古曰：“此水今在泾州界，清澈可爱，不容秽浊或喧污，辄兴云雨。土俗亢旱，每于此求之。相传云龙之所居也。而天下山川隈曲，亦往往有之。”说明汉代的朝那湫不仅是国家祭祀之地，也因其灵异之处已成为西北干旱地区人民祷雨、祈雨的神圣之地。

汉代固原不但有古代“巫术”，而且盛行“胡巫”，文化融合的因子更为多元。古代中国，人们对日月星辰、河海山岳等自然存在非常崇拜，视之为神灵，并祭祀和祈祷，由此逐渐形成了一个天神、地祇神灵系统。“朝那湫”，就是古人“水”崇拜的典型。道教承袭了这种鬼神思想，巫术自然被道教所吸收和继承。六盘山历来被喻为“秦陇锁钥”，秦汉时期关中四关之一的北面著名的“萧关”，就是以南北横亘的六盘山为屏障而雄踞北方的。在古人看来，雄伟而神秘的大山，由于所处的地理位置不同，常常与天道和神灵联系在一起。山在人们的心目中是有意志的诸神的化身。这种原始宗教，不仅反映在民间，帝王们尤其推崇。“秦国自秦灵公开始，由封禅精神的演变，形成建立神祠的风气，就成为后世道教崇拜多神的滥觞。”[②]这实际上是秦始皇祭山祀水的渊源。秦始皇祭祀朝那湫神，同样影响了汉武帝。跟随汉武帝巡祭名山大川的太史公司马迁在他的《史记·封禅书》中的结论与赞辞中说：“余从巡祭天地诸神，名山川而封禅焉。”“祭天地诸神”的祭祀对象较秦时更为系统化，而且伴随着“封禅”活动。

历史上的固原，是关中北出塞外的军事要塞，其屏障就是穿越清水河谷地的“萧关”。这里是丝绸之路东道北段必经之地，也是北方少数民族南下入关的通道；更是北方草原游牧文化、西域文化与中原文化相融会地带，秦汉时期北方少数民族“胡巫”亦进入固原。《汉书·地理志下》载：“朝那，有端旬祠十五所，胡巫祝。又有湫渊祠。”汉武帝元鼎三年（前114年），汉武帝析置安定郡时，固原境内的朝那县就已经有北方少数民族胡巫的活动。“在男曰觋，在女曰巫，使制神之处位，为之牲器。”[③]《汉书·郊祀志》十五个神祠集中在一起，规模相当大，而且是由少数民族“巫者”主持祠事。“胡巫祝”主持的这十五处祭祀的地方，“其形势，是一处带有秦文化风格的祭祀圣地，面对十五处‘胡巫祝’主持的祀所。这一事实告诉我们的文化地理信息，可以帮助我们进行民族地理的分析，也可以帮助我们进行宗教地理分析。”。民间宗教活动与少数民族胡巫融入其中。

尚巫之风，流行于两汉时期，朝野、官府与民间皆成时尚风气。朝廷还有巫官体系，王侯将相豢养巫师，民间普遍信仰巫师活动。即使宁夏北部募民屯田之地，也有巫师的地位。当时的

---

①《汉书·郊祀志》，北京：中华书局，1982年，第1212页。

② 南怀瑾：《禅宗与道家》，上海：复旦大学出版社，1991年。

③《汉书·郊祀志》，北京：中华书局，1982年。

文化人晁错在提出募民以实边的实施方案中，也都要考虑与“巫”相依存的人事，提出“为置医巫，以救疾病，以修祭祀，男女有昏，生死相恤，坟墓相从，种树畜长，室屋完安，此所以使民安乐其处而有长居之心也。”①官员承认巫师的社会角色。当然，这里说的是“医巫”，而不是“胡巫”，但毕竟是“巫风”。由此看来，汉代宁夏北部的屯垦区也是流行“巫风”的。

魏晋南北朝时期，战乱、割据与纷争并举，国家意义上的祭祀活动在客观上受到限制。从地域视角看，宁夏又居多民族、多元文化碰撞融合的边地，游牧民族不时南下进入原州。他们不看重农业，传统水文化对于他们影响有限，祈雨祭祀之类的民间农事活动更少，朝那湫的祭祀活动逐渐冷清。唐代为盛世，朝那湫祭祀再度复兴。唐代国家行为的祈雨祭祀大多以祭祀山川神为主，这些神灵不仅是国家常祀对象，在民间也有着重要的位置。《元和郡县图志》卷三记载，“湫泉祠朝那”。改“湫渊”为“湫泉”，是为避唐高祖李渊之讳，说明唐代对朝那湫渊祭祀活动十分重视，仍是国家层面上的祭祀地。苏林云：“旱时即祠之，以壶浥水，置之于所在，则雨。雨不止，反水于泉，俗以为恒。”②这种祈雨的形式，实际上已经延伸到民间，成为民间祭祀的对象。朝那湫水神祭祀世俗化以后成为传奇小说的内容，由《灵应传》到《柳毅传书》，演绎生成了与龙文化相关的完整的宗教文化故事。

唐代，祭龙湫是重要的祭祀形式之一。“湫者，龙之窟也……水存之龙在，水竭则龙亡。”③宋代，对龙湫祭祀依旧重视。“镇戎军有朝那湫，即秦汉时湫渊祠也。是岁四月赐庙名灵泽。”④赐名“灵泽”，说明宋代朝那湫仍得到高层的重视。欧阳修写了《祀朝那湫文》（《集古录》卷一），苏轼写了《秦祀巫咸神文》（一作秦誓文），还写有《诅楚文诗》。宋人董逌《广川书跋》里记载了诅楚文的出土过程：“秦诅楚文世有三石，初得《大沈湫文》于泾，又得《巫咸文》于渭，最后得《亚驼文》于洛。”⑤可见朝那湫对宋代学者的影响力也很大。尤其是宋神宗时（一说是宋英宗时），在朝那湫旁发现了埋藏于地下一千多年的《大沈厥湫文》，后人知道了朝那湫的过去，产生的影响力更大，使得朝那湫的祭祀活动再度复兴。但毕竟时过境迁，朝那湫祭祀除不同层级的地方官府之外，主要是民间祭祀了。

四、朝那湫与元明时期宗教

元代人对秦汉以来祭祀地朝那湫十分尊崇。据李诚撰写的《嘉靖固原州志·重修朝那湫龙神庙》记载，元代的“朝那湫祠”称为“龙神庙”，汉时的祭祀神“巫咸”已改为“盖国大王”，汉唐时的碑志仍存。金代末年，兵尘荡起，朝那祠已无人看守。元大德丙午年（1306年）的固原大地震，“陵谷变迁，殿宇湮灭”⑥，彻底毁坏了朝那湫祠的殿宇，覆没邻近金璧辉煌的安西王府建筑，战争与自然灾害摧毁了这处千年的祭祀圣地。直到1314年，当地尊崇道教的人以“神降焉”为由，在朝那湫祠旧址上重建殿宇，再绘神像。当地人或周边州、县百姓都来此祈雨，十分

①《汉书·晁错传》，北京：中华书局，1982年。
② 李吉甫：《元和郡县图志》卷三，北京：中华书局，1983年，第58页。
③ 马端临：《文献通考》卷九〇《郊祀二十三》，北京：中华书局，1986年，第822页。
④ 马端临：《文献通考》卷九〇《郊祀二十三》，北京：中华书局，1986年，第823页。
⑤ 毛远明：《碑刻文献学通论》，北京：中华书局，2009年，第17页。
⑥《嘉靖固原州志·重修朝那湫龙神庙记》，银川：宁夏人民出版社，1985年，第87页。

灵验。1335年，固原是个大旱年，数月天不下雨，庄稼枯死。固原知州朵儿只按照宗教礼仪先行斋戒，之后躬率僚吏奉币前往朝那湫祠祈祷。返回时未及州府而澎雨大作，三日才停，四方百姓欢呼。因祈雨灵验，数日后知州朵儿只再率僚吏往朝那湫祠谢雨。

学政李诚在《重修朝那湫龙神庙》里还写了一个宗教文化色彩极浓的故事：有一刘姓妇女曾捧着白锡匣告诉李诚说：她与丈夫共修朝那湫盖国大王庙数年而成。她曾与丈夫拜祀于朝那湫水边，当时发现水涌浪开，漂浮过来这个匣子，丈夫拜后打开，见匣内有头发二缕，还有金、银首饰等物。此外还有文字：崇宁三年三川县妇人张梨香，因家人及夫早逝，建新庙于此，捐此匣投湫以示祈祷。刘妇人说了此匣的来历。第二年，刘夫人之夫病，临终托言于妻："予共汝立祠事神十余载，天不假我以寿，汝肯继吾志守庙立碣以纪其事乎？"刘夫人立志要完成其夫的遗愿。

崇宁三年，即宋朝崇宁年号，时为1104年。三川县，是金朝统治固原时设置的县制，在1183年前后，时间和年号是矛盾的。其实，这一则宗教色彩极浓的故事，说明朝那湫的影响力和民间化的变迁。

明代人撰写的《嘉靖固原州志》里说：朝那湫，是春秋时秦国人"诅楚之文，投是湫也"的地方。战国时期，秦惠文王派说客张仪准备阴谋进攻楚国，为使这次攻伐成功，秦王曾献文于朝那湫神，即先行前往朝那湫焚烧祭文，以示祭祀。献文的大义是说："敢昭告于巫咸大神，以底楚王熊相之多罪。"看来朝那湫之神为"巫咸"。明代人赵时春说："巫咸，相传为朝那县令。"史书对于"巫咸"的记载有数种说法：黄帝时的神巫，帝尧时的人，殷商时的神巫，屈原《离骚》里就有"巫咸将兮降夕，怀椒糈而要之。"看来"巫咸"是古代南北方普遍尊崇的神灵。如果说巫咸是朝那县令的化身，还将"巫咸"神灵附着为朝那湫大神，朝那湫原本应该是在朝那县境内，传说再现了朝那湫祭祀文化的影响力。

五、朝那湫祭祀文化变迁的原因

朝那湫祭祀，自秦昭襄王投诅楚文起已过去了两千多年。这期间由国家祭祀到官府祭祀、民间祭祀祈雨，经历了一个变迁过程。兴盛时期，国家典籍里有明确记载，文人笔下有清晰描述；地方志书里也记载了地方官员的祭祀，包括民间祭祀的传承、演绎传承的故事等。祭祀文化的变迁过程，有着自然的、政治的、宗教的等多重原因。

一是朝那湫环境的自然变化。先秦汉唐时期，朝那湫所在的自然环境，气候温暖湿润，森林覆盖，植被丰茂，清水河、茹河、泾河等河流的水量充沛，一派郁郁葱葱之景象，朝那湫如同众星捧月。唐代，尤其是明代以后，战乱频繁，屯垦加剧，再加上气候变化，这个秦汉时"方圆四十里，停不流，冬夏不增减，不生草木"的湫渊不断受到影响。但绝对不是从此干涸，唐《元和郡县图志》记载，"今周回七里，盖近代减耗"。[①] 到了明代，已是"广五里，阔一里"[②] 的水面，地表水下降，湖水面积锐减。口述见证，"建水库前有大股的泉水泛出，清澈甘淳，这或许就是史籍里记载的'泉流有声'。1968年修建东海子水库，说明仍有水源在。现库区水域面积南北宽约0.75公里，东西长约1.5公里，积水面积1600余亩，遇丰水年地表水和泉水汇集，库水

---

①《元和郡县图志》，第58–59页。

②（明）杨经纂辑，刘敏宽纂次，牛达生、牛春生校勘：《嘉靖万历固原州志》，银川：宁夏人民出版社，1985年。

增多。[①]

二是地缘政治的影响。秦朝、汉唐政治中心在关中，朝那湫所在地恰在战国秦长城以内，关中四关之一的萧关，是关中西出北上的著名关隘，也是京畿之地北面的门户，地缘政治发挥着重要作用。唐代以后，政治中心东迁，尤其是明代以后，这里成为蒙古兵锋南下的前哨，国家祭祀地逐渐失去了地缘优势。

三是地震灾害的影响。元朝大德十年（1306年）的大地震，研究者认定为六又二分之一级。[②]但根据震后灾情看，似乎要超过7级。《元史·成宗纪》载："陕西行省开城路地震，王宫及官民庐舍皆坏，压死故秦王妃也里完等五千余人"，"官民庐舍皆坏"，仅王宫死"五千余人"，地震灾害损失很大。影响更为深远的是地震造成地壳错位，封闭了原有水源。1920年海原大地震，地壳错位出现的西吉震湖，即可印证1306年开成大地震。

四是由官府祭祀到民间祈祷。明代以后，朝那湫官府祭祀与民间祭祀并行，民间佛道祭祀文化成为主流，主要是祭祀龙神祈雨。明人赵时春有关朝那湫文章传世后，朝那湫称谓泛化，多地出现湫渊地名，多地祭祀。以六盘山东西走向看，如甘肃宁县湫渊祭祀、华亭县湫渊祭祀、庄浪县湫渊祭祀、隆德县湫神祭祀等。韦伯说：中国"一般民间宗教信仰，原则上仍停留在巫术性与英雄主义的一种毫无系统性的多元崇拜上"。[③]民间宗教祭祀活动，融佛道教于一体，龙神信仰成为民俗文化崇拜的根源。

（作者系宁夏社会科学院历史研究所原所长、编审）

① 高万伟：《朝那湫考》，《宁夏社会科学》2005年第4期。
② 任雪梅、高孟潭等：《宁夏固原1306年和1622年地震考证》，《中国地震》2011年第3期。
③〔德〕马克斯·韦伯：《中国的宗教：儒教与道教》，南宁：广西师范大学出版社，2010年，第208页。

西安曲江艺术博物馆收藏棺木画浅析

周天游

内容摘要 西安曲江艺术博物馆近期收藏了一套棺木画，疑似黑河流域出土。这是一套汉族贵族或者富商的葬具。葬具形式借鉴了鲜卑文化的形式，同时也突出了汉人文化的特点，是北魏时期民族加速融合的真实写照。墓主人生前活跃在丝绸之路地区，主要从事牲畜交易，是北魏孝文帝改革在西北边地强化牲畜贸易的历史见证。本棺木画的异族特征、边饰形式，与青海藏医药文化博物馆所藏吐谷浑棺木画十分近似，所以为本棺木画的出土地址提供了一个更为接近史实的依据。应该说与黑河流域关系不大。

关键词 博物馆 收藏 棺木画

2015年，西安曲江艺术博物馆从英国著名收藏家迈克尔先生手里获得一套棺木画。由于画面内容与古代丝绸之路上的牲畜贸易有关，所以显得十分珍贵。迈克尔先生是世界上最大的古代地毯收藏家，现受聘出任卡塔尔国家博物馆馆长，继续他钟爱的毛毯收藏、保护与展示工作。多年以来他陆续征集到一大批中国文物，其中包括故宫的地毯与挂毯，还有近五百件战国至明清的丝织品。然而他是一个很有思想，很有品味，很有眼光，也很有爱心的人。对于中国文物情有独钟，但又希望在其有生之年能使他所收藏的中国文物重归故土。因此，只要有机会他会到中国各地走走，特别是看各类博物馆，希望能为他心爱的宝物找到理想的归宿。本次棺木画的转让就是他计划中的第一步。

据迈克尔口述，这套棺木画是20世纪60年代从尼泊尔的古董市场中觅得。当时古董商告诉他棺木画出自甘肃—内蒙古交界地区，所以判定它为额济纳河流域即古黑河流域的遗物。2008年迈克尔为了慎重起见，专程委托瑞士苏黎世联邦理工学院粒子物理研究所对棺木画进行了碳14年代测定。测定的结果是，以2008年为基准，是上推1505年±45年时的作品。也就是说，这套棺木画是北魏宣武帝景明四年（503年）前后的古物。上限应该是北魏文成帝太安四年（458年），下限为西魏文帝大统十四年（548年）。

至于出土地点，至今仍无法确定，只能通过对画面的比较分析，寻找端倪，提出初步的指向性意见。

这套棺木画由前挡板、后挡板、上盖板、左侧板、右侧板五部分组成。木质一般，各板均由锛削制后拼接而成，所以不太平整。画面有凹有凸，由墨色勾勒成图，刨痕与山色形成视觉重叠，别有韵味。

棺木形制，前高宽，后低窄，是鲜卑族活动地区最为常见的一种形式。以考古发现为证，这种棺式最早见于东汉时期，内蒙古扎赉诺尔出土的桦木棺即为代表。之后呼和浩特东南部美岱村出土的木棺，固原北魏墓出土的漆棺，都是这一样式。因此，本套棺木画应与鲜卑文化与习俗有

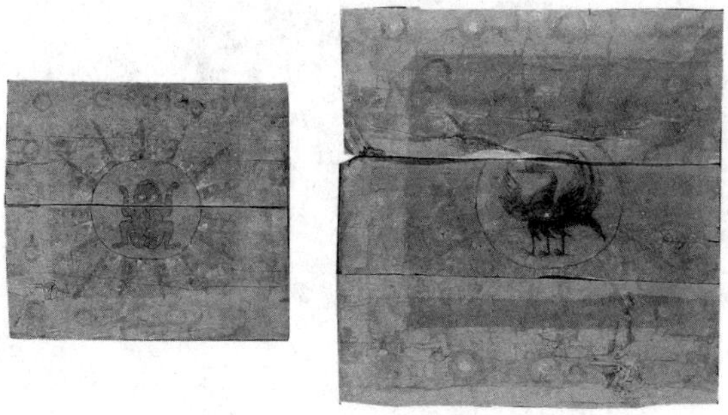

图1 棺木前后挡板图案

着密不可分的联系。

前后挡板分别绘有日图和月图（图1）。日图为高宽约61.5厘米的正方形，月图则为高宽41厘米的正方形，厚度均为8厘米。

日图板中心一圆圈内绘有一只三足鸟，月图板中心则画有蟾蜍，各由中心向外呈放射性纹饰。《淮南子·精神训》曰："日中有踆鸟，月中有蟾蜍。"高诱注："踆，犹蹲也，谓三足鸟。"鸟呈黑色，有三足，故称三足鸟，代表太阳。蟾蜍则代表月亮，二者成对出现，在汉代画像石、画像砖和汉代壁画天象图中十分常见，是中原文化标志性的符号，以河南省南阳市唐河县针织厂工地出土的画像石中的日、月图最为典型（图2）。在汉代，这种文化还影响到少数民族地区，比如吉林省集安市高句丽墓葬壁画中，早就有与汉文化一致的日、月图（图3）。所以鲜卑族活动所及地区，继承了这一文化传统。

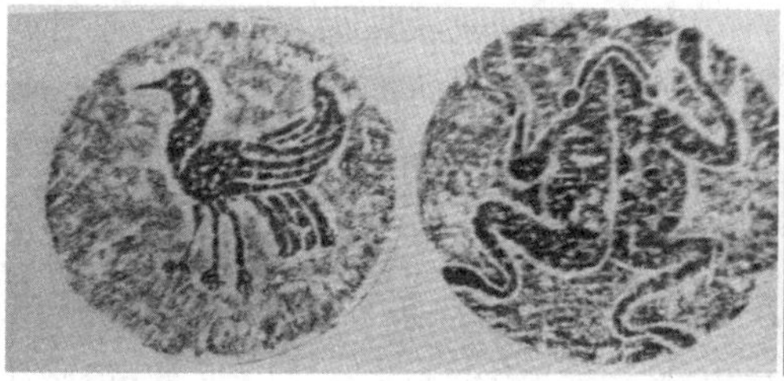

图2 河南南阳唐河县出土日、月图拓片

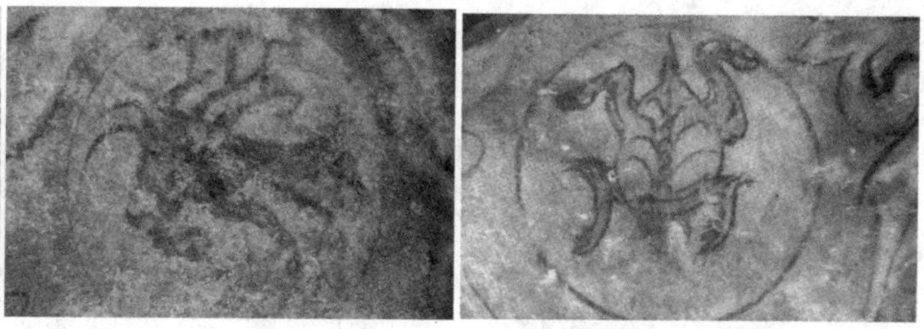

图3 吉林集安高句丽墓葬壁画中出土日、月图

但是，新疆地区相同时期的墓葬中也有日、月图。从中我们既看到了汉文化的影子，也发现了差异。如若羌县楼兰古城遗址汉晋墓中出土的彩棺（图4），以及吐鲁番阿斯塔那13号十六国时期墓中出土的纸画，都有日、月图，不过日图中的鸟均为二足（图5），看来他们并不了解汉代三足的内涵。从本地域民族对鸟的认识来代替汉族对太阳的想象，形成明显的区分。因此，本组棺木画一定是鲜卑族统治区墓葬系统的产物，与新疆无关。

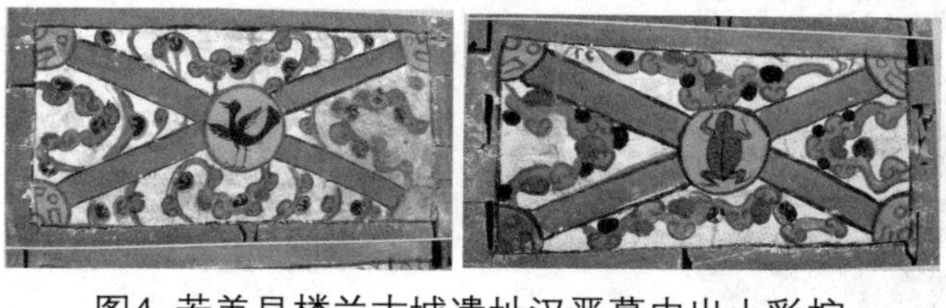

图4 若羌县楼兰古城遗址汉晋墓中出土彩棺

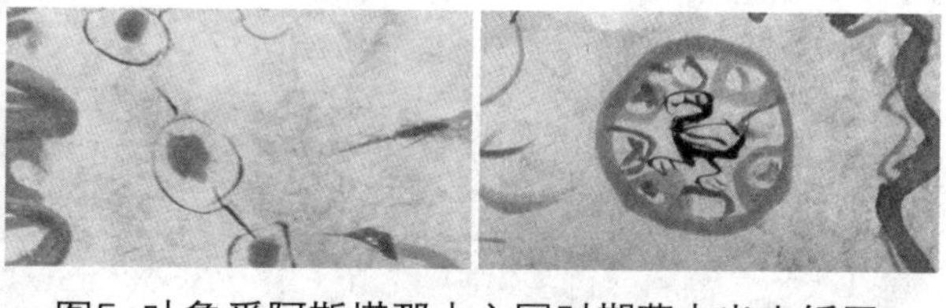

图5 吐鲁番阿斯塔那十六国时期墓中出土纸画

图6 上盖板上的农耕图

上盖板是农耕图（图6），板前部有残，最宽处约69厘米，长251厘米，厚8厘米。盖板中部画一长髯年长农夫扶犁驱赶二牛前行，这是典型的汉族"二牛抬杠"耕地的方式。身后一位年轻农夫高扬裸露的左臂在撒种。再往后有一年轻女子手牵着骡子，骡子带着平地的耙子，由另一个男性农夫操纵着在平整土地。这四个农夫，都是汉人装束，却又

图7 牛耕画像石

图8 农耕图

图9 农耕图砖画

都是左衽，带有鲜卑服饰的特征。

一般而言，汉人墓葬才会出现农耕图，所以本棺木画也必然是汉人墓葬的葬具。反过来看汉人形式的日、月图，也排除了出现在异族墓中的可能性，成为汉人葬具的有力佐证。

汉人农耕场景最早出现于汉代画像砖、画像石中，如山东滕县东汉墓中的牛耕画像石堪称典范（图7）。不过，“二牛抬杠”式的牛耕图，一般也是成对出现，如鄂托克旗米拉壕汉墓壁画中的农耕图即为一例（图8）。此风还延续到魏晋时期，如甘肃嘉峪关魏晋画像砖墓出土的农耕图砖画就是证明（图9）。本盖板前部虽残，但仍可以看到另一组“二牛抬杠”的部分劳作场景。因此，本盖板画也应该是成对出现的完整的农耕图。

左侧板上是野炊待客图（图10），完整，前高62.5厘米，长243厘米，厚8厘米。该图正中画有一个临时搭建的帐篷，支撑体似为竹子，搭制十分正规，上面有气孔。帐正中有一主人，汉人装束坐于席上，手举酒杯正准备饮酒。左侧有一侍妾一旁陪侍。两人中间有一盛酒器。

该图左边有二位汉装随从，手捧木材走来。前方立有建鼓一具，是自汉代以来击鼓聚众、击鼓警示的工具。再过来有一随从手持铁制长锛正在劈削木材，一侧有储水器。接着便是一口临时搭好的三足大锅，一个随从正在添柴生火烧制汤水，后有一女侍将一大盘馕托过头顶。上面则有一屠夫正在宰羊，一旁放有两件容器，看来准备煮羊肉招待远方来的客人。帐篷的右侧有女侍送柴，但还有一戴鲜卑小帽的男性随从赶着一大群羊，还有驮载物品的牛，也许是准备进行交易。侧板周边有数十圆圈作为装饰。

图10 野炊待客图

从图中的内容来看，或许是一位汉族贵族或富商在路边等待鲜卑商队来从事交易。

右侧板上是迎接鲜卑商团图（图11）。完整，前高61.5厘米，长247.5厘米，厚8厘米。

该图左侧有一重装武士头戴甲胄，身着铠甲，手持长枪，跨一匹带有皮眼罩的马，直刺一似

图11 迎接鲜卑商团图

鬼似兽的拦路妖孽，是一个驱鬼的先行开路者。其后一位汉人装束的仆从骑马紧紧跟随，很可能是前图帐中主人派出的迎客者之一。后面则是一队头戴鲜卑羃离防尘帽，身穿彩色紧身花袍，骑着带有皮眼罩的骏马的骑士。在他们中间有一人十分醒目，他是汉人，中年，神态从容而仪表不俗，与帐篷主人相貌相仿。估计应是主人的亲属或管家，专程前来迎接马队。值得注意的是，他们大都戴有羃离，这与山西忻州北齐大墓中骑士的形象十分一致（图12）。应该是鲜卑人的典型装束。这种帽具在唐代也十分流行（图13），在隋唐墓中出土的陶人、木人以及壁画中都有发现。本图周边也有数十圆圈纹饰。

近来青海西宁市藏医药文化博物馆刚从尼泊尔购回一批疑似吐谷浑国的棺木画，与宗教活动有关。本套棺木画与其有类似特征，但限于这批资料尚未整理公布，所以无法直接引用供读者参考。不过，他们的出现，为本套棺木画的出处提供了一个选项，即其恐怕非甘蒙交界出土之物，也许其真正出土地应在甘南青海一带，或许正是吐谷浑国之物。

图12 山西忻州北齐大墓中骑士像

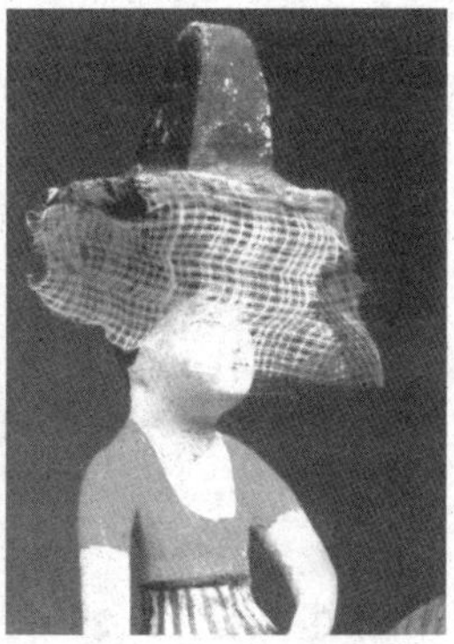

图13 唐代帽具

吐谷浑国可溯源至西晋初年居处辽东的慕容鲜卑。公元312年，慕容鲜卑在枹罕（今甘肃临夏）建吐谷浑国。公元329年，慕容叶延在沙州（今青海贵南穆克滩一带）巩固了地位与势力范围，以吐谷浑为姓氏、族名及国名。

吐谷浑人善于养马，过着游牧生活，以青海骢最为著名，曾大量输入内地。但有时也从事农耕，特别是以冶炼制作兵器与铁器著称。北魏崛起时吐谷浑已占据青海东部地区，并与陇西接壤。迫于北魏的强大，先向北魏臣服，同时又与南朝通好，图谋在两强中求得生存。

北魏孝文帝颁布一系列改革政策，除了强制推行汉化外，促进经济发展成为要务，而开展西北边地牲畜与金属工具、兵器的贸易格外得到重视。吐谷浑地区正是进行上述贸易的绝佳地区。本棺木画的内容恰恰反映了这一历史进程，是不可多得的重要图像资料。

综上所述，可以初步作出以下结论，这是一套汉族贵族或者富商的葬具。葬具形式借鉴了鲜卑文化的形式，同时也突出了汉人文化的特点，是北魏时期民族加速融合的真实写照。墓主人活跃在丝绸之路地区，主要从事牲畜交易，是北魏孝文帝改革在西北边地强化牲畜贸易的历史见证。本棺木画的异族特征、边饰形式，与青海藏医药文化博物馆所藏吐谷浑棺木画十分近似，所以为本棺木画的出土地址提供了一个更为接近史实的依据，应该说与黑河流域关系不大。

（作者系西安曲江艺术博物馆馆长）

固原境内战国秦长城筑垒六盘山脉北麓的蕴意

兰茂景

内容摘要 固原境内战国秦长城，筑垒反常地前出到六盘山北麓三十多公里，其蕴意当在圈占六盘牧场，以保护牧业经济与提供军需战马；控制萧关大道，以扼守固原要塞与强化丝绸之路外贸经济；护围朝那湫渊，以保护龙池之地与国家公祭的需要。

关键词 固原 筑垒战国秦长城 六盘牧场 萧关大道 朝那湫渊

一、引子

固原在中国是一个小地方，但作为“三西”地区之一的“西海固”，在全国又以“苦甲天下”而“大名鼎鼎”。然而秦汉时期的固原却是水草丰茂、牛羊成群。秦始皇统一六国，开中国两千多年封建社会灿烂文化的先河，两汉国祚四百多年又进一步把中国博大精深的文明远播于泰西。秦始皇西巡陇西、北地郡，过回中；汉武帝六巡安定郡，出萧关并曾免高平县与朝那县租税。秦汉时期的固原在秦统一六国和汉帝国经略西域过程中起到不可或缺的作用。长城是中国古代文化亮丽的名片，这一闻名于世的伟大建筑是中华民族璀璨文化与智慧的典范。今天世界各国依然把长城看作中国古代文明的象征。宁夏有“古长城博物馆”美誉，宁夏北部黄河沿线有汉长城和明代边墙，南部固原境内秦长城的布局走向与其筑垒前出到六盘山北麓三十多公里的蕴意则耐人寻味。

二、固原境内的古长城

至今在宁夏南北依然保留着别处不曾看到的许多古长城遗址。沿黄河一线有汉代长城，还有明代边城。宁南则有“九边重镇”之一的固原城遗址，特别是这里竟有战国秦昭王时修筑的长城。所以，宁夏有“古长城博物馆”之美誉。

看过北京八达岭长城及河北、山西、陕西、甘肃、宁夏北部的长城，会发现一个有趣现象：明长城筑垒多沿山脉的山脊、借助山脉地形优势，使长城防御功能达到最优化和最大化。但若踏进宁南固原境内，看到这里秦长城筑垒却与中国北方各地的明长城筑垒地势不同。固原境内战国秦长城筑垒不在关中地区四塞之一的萧关道口上，也不扼守在固原南部的弹筝峡（现称三关口），更不筑垒据险在高高的六盘山，而是前出六盘山麓北坡三十多公里，推进到平林层层、炊烟袅袅的原野上筑垒长城，秦人在固原一段筑长城的反常做法意味深长。

（一）固原境内秦长城的布局走向

固原境内秦长城是中国古长城之一。1988年1月被宁夏回族自治区人民政府列为全区重点文物保护单位，2001年6月被国务院公布为全国重点文物保护单位。

《万历固原州志》载："秦长城，在州西北十里，有遗址。秦灭义渠，筑长城以拒胡，即此地。"① 依据史料和实地考察，秦长城宁夏段残迹犹存：由甘肃临洮的洮河谷地经过静宁县的葫芦河东岸经北峡口从闫庙进入宁夏西吉县境，经将台乡东坡、保林、明荣、牟荣等村，转向东进入马莲乡张堡源村，又沿马莲川河东北上，进入原州区境内的张易乡、红庄乡，穿叠叠沟至孙家庄南；折向东过海子峡河到吴庄北绕固原城西北5公里的长城梁（一道顺向小丘陵）、明庄、郭庄到达清水河西岸。在此处长城分为内外两道：一道由海堡开始，绕乔洼，过清水河，至郑家磨，又沿河岸南下到陈家沙窝；另一道由海堡向东过清水河，也到陈家沙窝，与前道长城合并，而后进入固原东山。东南经西郊乡水泉3队、吴沟村的蔡家洼生产队，进入河川乡河坪村的墩湾，过寨洼村，又东行至河川乡黄河村后，向东南到彭阳城阳乡的白岔长城塬，自叶家寨转向东北方向孟塬乡的赵山庄草滩、麻花洼后，折向北出宁夏境。

（二）固原市境内秦长城的筑垒地势

图1、图2为西吉县马莲川筑垒在原野上的长城残迹。

图1 西吉马莲川秦长城残迹之一

图2 西吉马莲川秦长城残迹之二

图3、图4为原州区固原城北的长城梁。

图3 侧观原州区明庄乡长城梁状若游龙

图4 登上原州区明庄乡长城梁，远眺其状宛若长龙

① （明）杨经、刘敏宽纂，牛达生、牛春生校勘：《嘉靖万历固原州志》，银川：宁夏人民出版社，1985年，第137页。

图5、图6为彭阳县白岔乡的长城塬残迹。

图5 彭阳县白岔乡长城塬残迹之一

图6 彭阳县白岔乡长城塬残迹之二

秦长城宁夏固原段全长约120公里，多修筑在山峦北坡，依山就险、因坡取势，隘口山谷及平川地带多用夯土筑成，山地多用石筑或土石混筑。原州区固原城西北的秦长城俗称长城梁，其依据丘陵地势上下而筑，站在高处观之状若游龙。西吉县将台、马莲两乡境内的秦长城长20余公里，高2～15米，宽6～10米，夯层6～8厘米。全国第三次文物普查时，从长城断层中曾出土当年夯筑长城的两个石杵，分别重27公斤、5.5公斤，现藏于西吉钱币博物馆，为宁夏首次发现。这段长城自秦昭襄王时期（前306年—前251年）至今，历经2200多年，仍巍然屹立。彰显出中华民族的智慧与创造力。

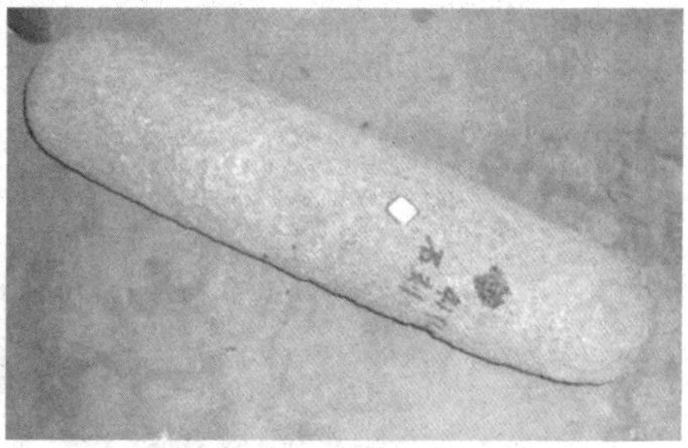

图7 石杵

三、固原市境内秦长城筑垒六盘山北麓的蕴意

战国秦长城起自甘肃临洮，甘肃礼县为秦人老家，所以，秦长城护围礼县。

在固原境内，秦长城为何反常地前出六盘山北麓三十公里？

经勘察思考，笔者认为：秦长城筑垒前出六盘山北麓三十多公里蕴意有三个方面。

（一）圈占六盘牧场：保护牧业经济与提供军需战马

固原六盘山牧场最初是义渠戎的草场。《史记》载：“秦昭王时，义渠戎王与宣太后乱，有二子。宣太后诈而杀义渠戎王于甘泉，遂起兵伐残义渠。于是秦有陇西、北地、上郡，筑长城以拒胡。”[1]电视剧《芈月传》讲述了此事。

六盘山脉南北气温差异较大，甘肃平凉市与宁夏固原市处六盘山南北两地。冬天的平凉比较暖和，固原的冬天却很冷。固原曾长期流传着一句很响亮的民谚：“天下十三省，冷不过毛曲井，毛曲井顶个名，开城梁上冻死人。”开城在固原境内六盘山北麓，过去途经开城的商贾行人，冬天偶有人冻死在开城梁上。夏天的六盘山南北温差较大，平凉气温较热，固原气温凉爽，多数在21℃。人体体温为37℃，而人体感觉最舒适的温度是23℃（即体温与黄金分割率相乘得出：37×0.618≈23）。夏季清凉的六盘山区曾经是成吉思汗的避暑夏宫。

① 司马迁：《史记·匈奴列传》第五〇，北京：中华书局，1962年，第2885页。

图8 银装素裹六盘山

图9 白云绿树六盘山

图10 避暑泾源凉殿峡

六盘山上夏季会常常突降雷阵雨，甚至出现六月飞雪。1955年被授予中将军衔的陈昌奉将军后来感慨地说，1935年10月7日，红军翻越六盘山，部队快到六盘山上时他又犯疟疾病，身体发冷，摔倒在地，当时如果没有毛主席脱下自己的皮大衣给他穿上暖和身体，那天他一定牺牲在六盘山上了。

中国北方林地草场多在阴洼山坡。大兴安岭阳坡几乎没有森林 。[①]六盘山阳坡牧草不多，森林牧草多处阴洼。所以，笔者认为，秦人甘愿挨冻也要前出到六盘山北麓筑垒长城。不仅拒胡，更在于完全圈占六盘山牧场。这样，肥美的六盘山北麓牧场为秦人提供丰富的肉食（牛羊）和军用战马。西吉马莲川均为山地，秦人却避开山地在川道中央筑垒长城。可见，当时此地是浓郁的森林草场，秦长城筑垒马莲川道即是围占整个六盘山区森林和牧草而刻意为之。这是固原境内秦人筑垒长城前出六盘山北麓三十多公里的蕴意之一。亦即，秦长城前出六盘山北麓草场目的在于既发展牧业经济，又为秦人大的军事行动提供源源不断的战马。冷兵器时代，战马对骑兵和战争胜负起着举足轻重的作用。后来秦始皇在兼并六国时，一定程度上也得益于六盘山牧区所提供的源源不断的战马。今天，我们依然可透过历史文献看出秦人训马、养殖及陇山植被情景。秦人祖先大费“佐舜调训鸟兽，鸟兽多驯服，是为柏翳。舜赐姓嬴氏”。[②]秦人先祖“造父以善御幸于周穆王，得骥、温骊、骅骝、騄耳之驷，西巡狩，乐而忘归”。[③]周孝王时秦人另一先祖“非子……好马及畜，善养息之”。[④]被周孝王封在秦地。秦始皇时，安定郡乌氏县的“乌氏倮畜牧，及众，斥卖，求奇缯物，间献遗戎王，戎王十倍其赏。与之畜。畜至用谷量马牛。秦始皇帝令倮比封君。以时与列臣朝请”。[⑤]汉武帝时为伐匈奴大量养马。《史记》载：“天子为伐胡，盛养马，马之来食长安者数万匹，卒牵者关中不足，乃调旁近郡。”[⑥]《汉书·地理志》载：“天水、陇西山多林木，民以板为室屋。及安定、北地、上郡、西河，皆迫近戎狄，修习战备，高上气力，以涉猎为先。”[⑦]如今固原（安定郡高平）早已看不到那种“民以板为室屋”的人居环境和“涉猎为先”的民风。2015年夏笔者到新疆伊犁市特克斯县喀拉达拉乡琼库什台做客，有幸目睹并体验了2000年前“天水、陇西山多林木，民以板为室屋”的那种天人合一的美学人居环境。

---

① 栾巨庆：《星体运动与长期天气地震预报》，北京：北京师范大学出版社，1988年，第77页。
② 司马迁：《史记·秦本纪》第五，北京：中华书局，1982年，第173页。
③ 司马迁：《史记·秦本纪》第五，北京：中华书局，1982年，第175页。
④ 司马迁：《史记·秦本纪》第五，北京：中华书局，1982年，第177页。
⑤ 司马迁：《史记·货殖列传》第六九，北京：中华书局，1982年，第3260页。
⑥ 司马迁：《史记·平准书》第八，北京：中华书局，1982年，第1425页。
⑦ 班固：《汉书·地理志》第八下，北京：中华书局，1982年，第1644页。

图11 新疆特克斯县琼库什台村美如诗画　图12 琼库什台村哈萨克族切鲁家的木板房

琼库什台村于2010年12月13日入选第五批国家历史文化名村。琼库什台村到特克斯县有90公里砂石路，是一个有300多户，1700多人的牧业村，村内居民以哈萨克族为主。西天山深处的琼库什台村民居几乎都是木建筑。有的房屋由整根原木搭建，有的原木一分为二，用掏、榫、栱、卯搭建起来。有些木屋历百十多年了，保存着丰富的历史文化信息。图12是琼库什台哈萨克族医生切鲁一家的木板房子。远望近观，宛若童话。在一个这样人与自然和谐融洽的"世外桃源"生活，真有身临仙境之感。由此推想：两千年前"天水、陇西山多林木，民以板为室屋"的画面！

秦汉时期固原山清水秀、草木葱郁，固原的人居环境比天水、陇西还美。这绝非对固原历史上生态环境的臆测。20世纪80年代，相继在固原六县出土了已绝迹六千多年的云杉、冷杉、落叶松、连香树、圆柏、油松等，经有关技术测定，历史上固原确实存在过以六盘山为主体的广阔森林和草原植被。[①]

（二）控制萧关大道：扼守固原要塞与保护丝路经济

"中国是世界文明古国，是最早的有序建设城乡，有规范进行城市规划的国家。从五千年前的黄帝陵建设思想，到三千年前的《周礼·考工记》；从宋代的《营造法式》，到清代的《营造法例》以及历代专司建设的'工部'衙门的规约，都存在一种共同的思想理念：天人合一"。[②]

中国人有序建设城乡的最早文献当属《诗经·公刘》。其中有诗句如：

"于胥斯原"，"陟则在巘，复降在原"，"逝彼百泉，瞻彼溥原，乃陟南岗，乃觏于京"，"观其流泉"，"度其隰原"，"度其夕阳"，"既景乃冈，相其阴阳"。[③]

《书经·召诰》云："成王在丰，欲宅洛邑，使召公先相宅。"又云："惟太保先周公相宅……太保朝至于洛，卜宅。厥既得卜，则经营"。[④]洛阳（洛邑）是中国古代第一个经过反复勘探确定而大规模建设的城市。汉字"宅"本意就是"择"，汉刘熙《释名》："宅，择也，择吉处而营之。"

1.军事要塞

最早涉及固原的历史可追溯到周穆王与戎族作战。《诗经·小雅》载："薄伐獫狁，至于大

① 陈加良：《论六盘山的古森林及其历史启迪》，《陕西师范大学学报》1987年第3期。
② 亢亮、亢羽：《风水与城市》，天津：百花文艺出版社，1999年，第1页。
③《诗经·大雅·公刘》，上海：上海古籍出版社，1987年，第133-134页。
④《书经·召诰》，上海：上海古籍出版社，1987年，第95页。

原”。[①]在《后汉书》里首次出现“高平第一城”。

中国历史上有几次割据政权在固原立都。东汉统一前夜固原军事重要凸显。

东汉建武二年到建武十年（26—34年），成纪人隗嚣割据。隗嚣令部将高峻领万余人据守高平第一城（固原），其另一部将牛邯守瓦亭。光武帝建武五年（29年）刘秀让马援招降了据守高平的隗嚣部将高峻。[②]东汉建武八年（32年），光武帝刘秀遣建威大将军大将耿弇再围高峻坚守的高平城，竟然一年都没有攻下。这既得益于高平城守军的军事实力，也有高平城特殊军事地理位置的作用。

东晋义熙三年（407年），匈奴人赫连勃勃在高平称帝，立国号大夏，年号建元龙升元年。公元418年赫连勃勃即帝位，公元431年夏国亡，高平复归北魏。

北魏正光四年（523年），匈奴人破六韩拔陵起义，正光五年（524年）高平镇民起义并推举酋长胡琛为首领。孝昌三年（527年），鲜卑族万俟丑奴在高平称帝，建年号神兽。永安三年（530年）五月，万俟丑奴在洛阳牺牲。普泰元年（531年）关陇起义最终失败。

曾辅佐齐桓公“九合诸侯”的大政治家管仲对建国都有如下地理纲要：

> 《管子》云：“凡立国都，非于大山之下，必于广川之上。高勿近旱而水用足，下勿近水而沟防省。因天材，就地利；故城郭不必中规矩，道路不必中准绳”。[③]

固原城曾长期作为一个军事重镇，原因有三：

（1）萧关大道。在从关中平原通往北方草原或从北方南下关中的道路上，萧关是避不过的。出萧关入胡天，进萧关通关中京畿。高平城恰恰扼守萧关大道。“北萧关”是古代关中四塞之一，为关中北边屏障。匈奴南窥关中必叩萧关，汉军北征匈奴必出萧关。从军事上讲萧关当属衢地或“泛地”[④]，这是其一。

（2）军事要塞。冷兵器时代军事要塞依托有利地形是必需的。固原城建在缓丘高阜上，有居高临下的效果。清顾祖禹《读史方舆纪要》评价固原“据八郡之肩背，绾三镇之要膂”，“左控五原，右带兰会，黄流绕北，崆峒阻南，称为形胜”。这是固原满足军事要塞的第二个条件。

（3）军需水源。军事要塞缺水在战争中是不可想象的。军事要塞必备军需汲水之源。固原城东紧邻的清水河（高平川水），发源自南部六盘山北麓开城境内黑刺沟。清水河谷地是古丝绸之路的一部分，也是萧关古道的一部分。这是固原成为军事重镇的第三个条件。

> 《水经注》载：“（河水）又东北，高平川水注之，即苦水也，水出高平大陇山苦水谷，东北流经高平县故城东。其水又北龙泉水注之。水出县城东北七里龙泉，东北流注高平川。川水又北出秦长城。又西北流经东西二土楼，故城门北”。[⑤]

---

①《诗经·小雅·六月》，上海：上海古籍出版社，1987年，第78页。

② 范晔：《后汉书·马援列传》第一四，北京：中华书局，1965年，第832页。

③ 管仲：《管子·乘马·二十二子》，上海：上海古籍出版社，1986年，第96页。

④ 孙武：《孙子兵法·九地·武经七书》，哈尔滨：黑龙江人民出版社，1992年，第49页。

⑤ 郦道元：《水经注》卷二，成都：巴蜀书社，1985年，第83-84页。

郦道元此处把固原城（高平城）与清水河（高平川水）放在一起加以叙述。

古代与近现代陆地上各地区之间的往来通道有相当一部分是借助河流冲刷而成的河滩谷地，形成了地区之间的天然交通捷径。不可否认固原之南六盘山这一天然屏障使固原城军事作用倍增。泾河南流冲刷形成著名的弹筝峡（又名金佛峡，俗称山关口）天然隘口。明代固原城又作为“九边重镇”之一闻名于世。

图13 萧关新貌（瓦亭驿附近）

图14 弹筝峡（固原城之南山关口）

2.丝路捷径

汉武帝时张骞通西域，史称“凿空”。但从今天丝绸之路出土文物可看出，在张骞通西域以前，丝绸就已经从中原流入西域、中亚、印度和欧洲。很可能第一位游历西方的中国君王是周穆王（即穆天子）。公元前3世纪，当时欧洲的古希腊人就称丝绸为“赛里斯”（Sères，即丝国人）。“赛里斯”的称呼最早出自希腊地理学家斯特拉波（Strabo，前63年—前23年）的著作。“赛里斯”是从希腊语“塞尔”衍生出来的。“塞尔”是蚕的意思。“赛里斯”是蚕丝之地。有些学者认为，希腊语“塞尔”与“赛里斯”似乎就是从汉语“蚕”的发音转化出来的。

从苏联阿尔泰山巴泽雷克古墓群考古文物看，约在公元前5世纪丝绸已经到达新疆[①]；美国《国家地理》报道，德国考古学家在斯图加特的霍克杜夫村，发掘出一座公元前500年的古墓，墓中人身上有中国丝绸衣服残片。在黑海克里米亚半岛刻赤市附近，发现公元前3世纪古墓有中国丝绸出土。

丝绸之路得名于德国地理学家李希霍芬（Ferdiand von Ricthofen 1833-1905）的著作《中国，亲身旅行的成果和以之为根据的研究》（1877—1912）。该书把公元前114年到公元127年近两个半世纪开辟，经西域把中国与中亚阿姆河-锡尔河地区及印度连接起来的丝绸贸易道路命名为Seidenstrassen，英文名称为The Silk Road。李希霍芬其实是把西汉大臣张骞出使西域的前114年作为丝绸之路的开始之年。

丝绸之路是商业贸易之路。古代欧亚大陆两极的中国与欧洲，是丝绸的最初生产者与最终消费者。而广袤的中亚地区草原游牧民族匈奴、回鹘和突厥人，以及中亚的粟特胡商，充当了贸易的中介。古代东西方通过丝绸之路传递着彼此需要的经济物产、文化艺术、科学技术和宗教思想。所以，它也是古代东西方一条谱写着和平与友谊的吉祥之路。

①［苏］С.И.鲁金科著，潘孟陶译：《论中国与阿尔泰部落的古代关系》，《考古学报》1957年第2期。

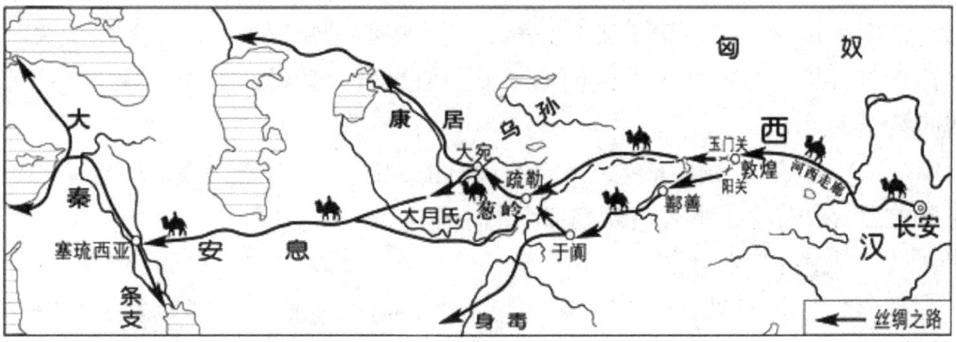

图15 丝绸之路

丝绸之路东起中国的长安，横跨欧亚大陆，在中国境内有1700公里。这条丝路目前学术界划定为三段。

东段：即关陇河西道，从长安到玉门关。

中段：即西域南北中道，从玉门关以西到葱岭，分北、中、南三道。

西段：即中国境外道，从葱岭往西到中亚、西亚和欧洲。

东段又分为南、北、中三道。固原处于东段北道的交通要冲上。

图16 草原石人（突厥）

东段北道路径如下：从长安临皋驿出发，往西北行经礼泉、奉天（今乾县东），过邠州的新平县（今邠县），沿泾水河谷西进，到长武、泾川、平凉，穿弹筝峡（今三关口），过瓦亭驿，到原州（今固原）；再沿清水河谷向北，过石门关，折向西北到海原，抵达黄河东岸（靖远），渡黄河到乌兰关（景泰县）。由景泰到河西武威。这是古代丝绸之路东段最便捷之径，少200公里，但沿途缺水、补给困难。

丝绸之路是中国古代的对外贸易的主要通道，加强保护丝绸之路的畅通对于支持国家的经济和生活极为重要。外贸经济对国家的重要性不言而喻。固原扼守萧关大道，自然筑垒长城，需南北两道城墙围着固原城。足见固原对控制萧关大道而言极其重要。

前已述，学术界认为丝绸之路始于张骞通西域。实际丝绸在民间早已开始走这条道。考古显示中亚和欧洲出土公元前3世纪至公元5世纪丝绸文物。所以，垒筑秦长城固原原州区段前出六盘山北麓三十多公里且有两道城墙护围，其蕴意自不待言。

（三）护围朝那湫渊：保护龙池之地与国家公祭需要

战国秦长城从固原境内向东，在彭阳境内的一段残迹叫长城塬。

彭阳境内被秦长城围住的这一段的南部有一个在古代非常重要，现在又开始出名且被甘、宁两省区都竭力证明属于自己辖区所在的古地名——朝那湫渊。

近年甘、宁两省区都在寻找朝那湫，为一位古人——皇甫谧的出生地在哪而争执。究其原因，既有想打文化名人品牌的旅游经济目的，也有想证明区域内曾有一位历史文化名人的初衷。甘肃拿出许多资料证明皇甫谧生活在甘肃省灵台县，如新版中国地图上朝那印在甘肃省，百度搜索显示皇甫谧出生在安定郡（甘肃灵台）。宁夏仅有历史文献记载和田野考古报告。1979年宁夏彭阳古城征集到朝那鼎，2007年考古工作者在彭阳县东海子东岸发现镌刻有“□那之湫”的石碑残片。因“世界针灸学之父”名号震天响，皇甫谧出生地自然很重要。把朝那往哪搬？这个错误谁背？不知相信百度搜索和《中医学史》教材？还是相信《史记》《汉书》历史文献和1999年版《辞海》和田野考古报告？前些天看到网上平凉一位知名学者说，彭阳古城出土朝那鼎不能证明该处是古朝那县。我无语。

经济大潮下人心不古，文化搭台经济唱戏尚且能说通。竭力研究为造假、罔顾事实去考证。个别学者为皇甫谧煞费苦心，笔者谨对朝那湫渊略作考辨。

1.历史文献资料中的朝那湫

关于“朝那湫”一词称谓，始见于唐初魏王李泰组织编纂的《括地志》与唐李吉甫《元和郡县图志》。之前，秦汉魏晋时期均称“湫渊”。由于“湫渊”在安定郡朝那县，故唐朝改称为“朝那湫”。至于秦汉时期“湫渊”的准确位置，司马迁《史记·封禅书》里有记载。

（1）朝那湫渊的地望

①司马迁《史记·封禅书》道：“自华以西，名山七，名川四。曰华山，薄山……岳山，岐山，吴岳，鸿冢，渎山……水曰河，祠临晋；沔，祠汉中；湫渊，祠朝那；江水，祠蜀……”

②班固《汉书·地理志·安定郡》载：“朝那，有端旬祠十五所，胡巫祝，又有湫渊祠。此祠为秦时旧有。”

③唐朝张守节《史记正义》转引魏王李泰语：“《括地志》云：‘朝那湫祠在原州平高县东南二十里。湫谷水源出宁州安定县’。”

④《大明一统志》载：“朝那湫在故原州东十五里。”

⑤顾祖禹的《读史方舆纪要》续卷五六载：“东汉泾阳入朝那。晋因之，后魏废为长城县地。”

⑥《新定九域志》卷三：“原州，朝那湫庙；史记，朝那湫泉，即花石川也。”

⑦《平凉府志》“山川条”记：“固原东南四十里，曰东海子，流入清水河”。

⑧《寰宇通志》载：“朝那湫在平凉府开城县”。

⑨《嘉靖固原州志·古迹》：“东海，在州东南四十里”，“东岸有庙”，“即古朝那湫”。志中州学政李诚撰写《重修朝那湫龙神庙记》载：“开城州东北距三十五里，有湫曰朝那，有山环焉。”“春秋时秦人诅楚之文，投是湫也。汉唐载在祀典。”

⑩明赵时春《平凉府志》：“朝那在华亭湫头山。”

甘、宁两省区为“朝那湫渊”争论不休。鉴于湫渊地望属历史地理问题。为公平且公正，上述历史文献与方志均搁置。看郦道元《水经注》如何叙说湫渊。

郦道元《水经注》以及该书在中国历史地理上的作用如何？

郦道元（？—527年）字善长，北魏地理学家、散文家。他好学博览，文笔深峭，在各地“访渎搜渠”，留心观察水道等地理状况，撰成《水经注》四十卷。

《水经注》补充记述河流水道达一千二百五十二条，注文比原文多出二十倍。注文以水道为纲，详细记述水道经过的山陵、原隰、城邑、关津等地理情况和历史事迹，以及庙塔碑刻、人物故事、民间歌谣、神话传说，内容丰富，文章生动多采。注文引用的古书达四百三十七种，保存了大批珍贵的史料，是我国古代历史地理名著之一，也有很高的文学价值……[①]

---

① 郦道元：《水经注》“出版说明”，成都：巴蜀书社，1985年。

国际知名历史地理学家、我国历史地理学奠基人谭其骧先生曾特为赵永复所编《水经注通检今释》写有“《水经注通检今释》书后”。被历史地理学家谭其骧教授特别推崇的《水经注》里，叙述宁夏自南向北的清水河与固原境内的湫渊一段文字很有趣味。

《水经注》卷二“高平川水”条载：

（河水）又东北，高平川水注之，即苦水也，水出高平大陇山苦水谷，东北流经高平县故城东。其水又北龙泉水注之。水出县城东北七里龙泉，东北流注高平川。川水又北出秦长城。又西北流经东西二土楼，故城门北合一水，水有五源咸出陇山西。东水发源县西南二十六里湫渊，渊在四山中。湫水北流，西北出长城北与次水会，水出县西南四十里长城西山中。①

图17 《水经注》“高平川水”条影印部分之左（原书第83页）与右（原书第84页）

郦道元讲述高平川（清水河）沿途风物典故时，顺便也对湫渊作了概要说明。不知那些把“朝那湫渊”任意到处搬的人对此有何感想？顾祖禹《读史方舆纪要》瑕瑜互见人皆知；《水经注》是郦道元先生实地走访与躬身研究的历史地理杰作。笔者认为，随着信息时代到来，数字技术必将促进“郦学”研究成为一门显学。

《水经注》“高平川水”条叙述了高平县城、高平川水、秦长城和湫渊。湫渊方位（县城西南）、距离（二十六里）、特征（渊在四山中）和流向（湫水北流）清楚无比。固原夏日凉，天高气爽，品读《水经注》，心情欢畅。郦道元先生作证，对那些罔顾事实、刻意造假者可谓当头棒喝。《水经注通检今释》②第4页：“高平川水（苦水），今清水河”；“湫渊（湫水），今宁夏固原县西南”。

——水经注者郦道元，访渎搜渠千二川；高平水绕秦长城，宛然游龙盘湫渊。

（2）朝那湫渊的面积与出土的金石文物

①南朝宋国历史学家裴骃的《史记集解》转引苏林语：“湫渊在安定朝那县，方四十里，停不流，冬夏不增减，不生草木。音将蓼反。”

① 郦道元：《水经注》卷二，成都：巴蜀书社，1985年，第83-84页。

② 赵永复编：《水经注通检今释》，上海：复旦大学出版社，1985年，第4页。

②唐李吉甫《元和郡县图志》“朝那湫”，“周回七里，盖近代耗减。”

③明《万历固原州志》：“东海，广五里，阔五里。”

从以上三条记述可看出，朝那湫在逐渐耗减缩小。

图18 今日固原西海子

图19 诅楚文（湫渊）

（3）朝那湫金石资料与田野考古

① 秦惠文王诅楚文的发现。秦诅楚文石刻有三块，在北宋嘉祐（1056-1063年）、治平（1064—1067年）年间，先后在三个地方发现。《告巫咸文》石刻，传说嘉祐年出土于凤翔开元寺；《告大沈厥湫文》石刻，据说治平年间，农民在朝那湫旁掘田而得，熙宁元年（1068年）蔡挺到平凉出任渭州知州而得，后移至官府。《告亚驼文》石刻，传说出于洛。自南宋到现代的郭沫若均认为《告亚驼文》是伪作，故不录。

据专家分析，《告大沈厥湫文》是秦楚大战之际，秦王率众官到湫渊祭神，诅咒楚王的战争动员令。时间当在秦惠文王后元十三年（前312年）下半年。

②1979 年彭阳古城征集到挖出的汉代“朝那鼎”。1979 年征集到彭阳古城干部刘世富家挖出的一个朝那鼎。[①]铭文三段：

图20 朝那鼎

图21 朝那鼎铭文（第一段铭文）

第廿九，五年，朝那。容二斗二升，重十二斤四两。

今二斗一升。乌氏。

今，二斗一升，十一斤一十五两。

① 张效霞著：《医海探骊：中国医学史研究新视野》，北京：中医古籍出版社，2012年，第111-112页。

此鼎关键之处“第廿九”可能指汉武帝元鼎五年（继位第29年），也可能是汉高祖在位五年所筑之鼎，也可能就是官府铸鼎的编号。

甘肃一些专家教授说，朝那鼎不能证明固原彭阳县就是古代的朝那县。笔者观：不论如何诘难，朝那鼎出土固原彭阳县古城非出土平凉灵台是不争的事实。山不在高，有仙则名；水不在深，有龙则灵；鼎不在大，朝那文铭。

③ 2007年，彭阳县东海子东岸发现镌刻有“□那之湫”的石碑残片。2007年彭阳县文物工作者在彭阳县东海子东岸发现镌刻“□那之湫”石碑残片。这为清扫各地假“湫渊”，勘定真“朝那湫渊”准确地望提供了有力佐证！石碑虽残，字迹可辨；朝那湫渊，铁证如山；历史真相，终竟还原。

图22 “□那之湫”残碑（左）

图23 “□那之湫”残碑拓片（右）

（4）“朝那湫渊”当代地望考辨

《史记·孝文本纪》载：“十四年冬，匈奴谋入边为寇，攻朝那塞，杀北地都尉卬。”这一记载说明，朝那县距离长城极近，且与北地郡距离不太远。

唐朝司马贞的《史记索隐》道：“湫音子小反，又子由反，即龙之所处也。”

东海子为“湫渊”，则朝那县离朝那湫渊一定不会很远。湫渊在固原，古人会跑到几百里外的其他地方立个祠庙祭祀湫渊之龙？平凉学者提出湫渊在庄浪桃木山的说法就不攻自破了。同样，平凉市灵台县为秦汉时期朝那县也不能成立。因为，“湫渊”与“朝那”是拴在一起的，朝那因湫渊而被古人称之为“朝那湫”。灵台县没有湫渊，故不是西汉朝那县。灵台改称朝那县是西魏大统元年（525年）自原州百泉县徙朝那县治于今灵台县朝那镇（辖今灵台西部、泾川西南），俗称东朝那。隋义宁二年（618年）朝那县废。

庄浪桃木山高山湖也非“朝那湫渊”。《庄浪县志》从古至今从未出现过“朝那”的称谓。倒是平凉方志学家祝云林先生的“西汉朝那县城在宁夏回族自治区固原市彭阳县茹河北岸及其辖域”的观点值得肯定。

在湫渊之西南，滋养着帝都和京畿大地的泾、渭等著名水系“皆非大川”，唯独偏远而又狭小的湫渊却被列入西汉的国家祭祀对象？这太反常。

朝那湫的特殊性：“龙之所处”——龙池。从司马贞给湫渊的注释看，所谓朝那湫渊，“即龙之所处也”。这正是朝那湫渊之所以能列为中央政权帝王级的祭祀点的原因。古人云：“水不在深，有龙则灵”，因为这里是“龙之所处”的圣地。

“龙池”在何处？按裴骃的注释，确认“湫渊在安定朝那县”。

“龙池”位置，依张守节注释，为“朝那湫渊祠在原州平高县东南二十里”。

从上述提到的地方行政建置（安定郡、平高县、朝那县）和方位（东南）、里程（二十里），自然就找到湫渊位于固原市原州区与彭阳县交界处，具体地点为彭阳县川口乡干海村的干海子（亦称东海子）。这是一处四面环山的高山湖泊，湖岸高地有祭祀祠庙，已毁，留有遗迹。这与《水经注》里的叙述略有差异，实际上可看出“湫渊”是中国古人对东、西海子的通称，这点与黄河上游鄂陵湖、扎陵湖倒有几分相似。前些年彭阳县东海子出土了几千年前的巨木化石。平凉一位知名学者认为，朝那湫永不干枯在庄浪桃木山。笔者认为，若坚持大震后湫渊湖底漏水不是湫渊水，那么黄河也曾断流，断流过的黄河就不是黄河了？对几千年来人类砍伐黄河流域森林、营造帝王宫殿，造成生态破坏、水土流失、湖泊干涸的现象闭口不言，却一味否认史书所载固原的“朝那湫渊”，是无知还是颠倒黑白？

固原市境内东、西海子非同一般：固原“朝那湫渊”有中国历代王朝留下的大量文献资料为证，有方志长期不辍的实录和宋代农民田野耕地翻出的诅楚文碑刻，也有当代出土的“朝那鼎”青铜器和“□那之湫”残碑，更有郦道元历史地理名著《水经注》对“湫渊”与秦长城、高平城（固原）和高平川水（清水河）连续行文的清晰记载。所谓“朝那县”在甘肃灵台以及“湫渊”在庄浪、镇原的说法均不能成立。有人借助地图、网络宣传“灵台说”，欲明修“朝那湫渊”之栈道，暗度陈仓，掠夺“世界针灸学之父皇甫谧”出生地之名。有这样研究历史的？平凉一位知名学者说：“宁夏一些地方文化人从狭隘的地方文化利益出发，胡编乱造，写文章意会当年秦惠文王准备出兵攻打楚国，便亲自投书于湫渊西海子”。并说：“西海子在明代以前形成”是“1306年8月开城地震……造成山崩地裂，形成西海子堰塞湖”，又说“固原境内1219年4月18日发生过6.5级地震，震中烈度8～9度，是不是这次大地震形成了西海子？”

——这是研究历史？这位学者莫非是借“地震科学”为噱头蒙小孩？

1219年与1306年固原地震情况如何？见《中国地震目录》第一册[①]：

表1 《中国地震目录》第一册载录1219年与1306年固原地震情况

编号	地震日期 公历（农历）	震中位置 （北纬东经）	烈度 （震级）	地震情况
73	1219.5.21 （金兴定三年四月十八日）	宁夏固原 （36° 0 106° 2）	八至九 （6.5）	平凉、镇戎、德顺（静宁东）尤甚，庐舍倾塌。压死者以万计，死畜倍之。镇戎及威戎土城震圮（后重筑）
80	1306.9.12 （元大德十年八月壬寅）	宁夏固原南 （35° 9 106° 1）	八至九 （6.5）	开成（固原南）王宫、官民庐舍皆坏，压死5000余人。

《中国地震目录》未见固原两次地震造成“山崩地裂，形成西海子”。笔者手头还有一本美国人编撰的《公元前2000年–公元1979年全球重大地震目录》[②]，也未见1219年与1306年固原地震造成“山崩地裂，形成西海子”。是否确有大地震造成固原境内“山崩地裂”呢？有，这是1920年的海原环球大地震。

①《中国地震目录》，北京：科学出版社，1971年，第15页、19页。

②〔美〕R.A.甘斯，I.B.纳尔逊编：《公元前2000年–公元1979年全球重大地震目录》，北京，地震出版社，1988年。

表2 《中国地震目录》第二册载录1920年地震情况（第230页）

编号	地震日期 公历（农历）	震中位置 （北纬东经）	烈度 （震级）	地震情况
93	1920.12.06 1920–05–53	宁夏海原 （36° 5 ' 105° 7 ' ）	821 十二	总情况：东六盘山地区村镇埋没，地面或成高陵或陷深谷，山崩地裂，黑水横流，海原、固原等四城全毁。只海原一县死者70，000人。全区因地震死者不下200，000人
				极震区： 海原：全城房屋荡平。倒损房屋53，610间。山河变易，墨水喷涌。全县死73，027人，牲畜41，638头 西吉：县城附近之苏家河全村35户，130余间民房全部倒塌，堡子墙塌成一土埂。附近崖坎崩滑，村镇覆没，大路裂缝，长3~4丈，宽1丈。中段下陷3~4尺，压死36人（据近年调查资料）
				破坏区： 固原：城垣城楼倒塌，垛墙全毁，房屋荡平。四乡更重，西北两乡摇为平地。沙沟两山摇合，县西北二山崩，壅塞河道，西大营川一带，滨河之地多残影缝。死30，000余人，压死牲畜60，000余头

1920年海原8.5级大地震发生在冬天，“死亡20余万，震惊全国上下。当时的地质调查所所长翁文灏先生亲自带队去震区考察”。①地震情况叙述可信。

大家看清楚了吧？谁“胡编乱造”？不过，在下很佩服平凉那位知名学者杜撰“历史事实”的水平。为何平凉那位知名学者要拿1219年与1306年固原6.5级地震说事，杜撰固原境内“山崩地裂”？其真实目的在于给固原东、西海子历史事迹“挖坑”，以“证明”东、西海子是金元时期地震后出现的“堰塞湖”，从而为平凉华亭高山湖“粉墨登场”、推出莆田系的“朝那湫”精心设计。

平凉那位知名学者认为：“《史记》《寰宇通志》《大明统一志》作为国志大部分是转录来的资料，缺少考证的‘第一手资料’”？难道汉武帝六巡安定郡，司马迁就没有随行过汉武帝一次？见证武帝祭祀朝那湫渊？《史记》对商朝的历史著述尚且未有纰漏，大史学家司马迁对“当朝史料”记载竟然出了错？我不理解，为何凡坚持“湫渊”在固原、与平凉这位知名学者的明代老乡“赵时春”说法相左的历史文献记载统统都被平凉知名学者枪毙了？况且赵时春也属“平凉地方文人”。再者，在下就“朝那湫”之“湫”字与平凉那位知名学者商榷。

平凉这位知名学者文中说：“‘湫’单从本字释义，是水潭、水池，即湫泊（水潭）、湫水（潭水）之意。《说文》曰：湫，湫隘下也，从水，秋声。《春秋传》曰‘晏子之宅湫隘’。后来人们多以山顶湖，或者‘海子’‘天池’等来称呼‘湫’。在关陇地区的深沟大涧，都有这种意义上的‘湫’，不过有大小之别、深浅之说。从地理水文言之，湫其实是地下出来的水，与低洼坑窝长期集聚而成的泉水。它清澈、透凉。长久不干，是一个地方民众饮用的‘生命之泉’。”

① 陈焕新著：《一个没挂牌子的国务院机关》，北京：地震出版社，1992年，第101页。

平凉学者把玩“湫”字像天女散花、潇洒自如，在下只得捧出释字经典名著《说文解字》对照学习，东汉许慎的《说文解字·水部十一》[①]释“湫”全文：

湫。隘下也，一曰有湫水在周地，其后属秦，秦置县。在高平第一，今治也。春秋传曰晏子之宅秋隘。安定朝那有湫泉，从水。秋声。

查阅清段玉裁著《说文解字注》可知，上述内容里的“安定朝那有湫泉”乃是唐朝李阳冰（李白族叔）为避讳唐朝开国皇帝李渊而改称“湫泉”。南唐徐铉注释依然从之。殷韵初为《说文解字》写“前言”[②]，说了一句非常之语；“唯从事研究者，终当以说文解字为基础”。

平凉这位知名学者认为，固原“东、西海子”是地震造成的“堰塞湖”，平凉华亭高山湫、庄浪桃木山湫都是地质运动造成高山的“湫”，当万年不泄漏。且“湫”在六盘山（陇山）一带极多，有镇原的，平凉华亭的，庄浪桃木山的，隆德的北莲池，固原、彭阳地界的东、西海子均泛称“湫”。故，“朝那湫”当为华亭高山湖或庄浪桃木山上的湖。

非常遗憾！平凉这位知名学者：许慎先生解释“湫”是特指“安定朝那湫”，“在高平第一”（今固原），这与《说文解字》里对“泾”“渭”“洛”的解释一致，均是对诸水名的“特指”，而非你所言的“泛指”。看来东汉文字学家许慎与北魏历史地理学家郦道元都不支持你“湫渊”平凉说。两位大学者当其时前后分别指出“朝那湫”在“高平”。不过你孜孜不倦研究出的反证教材，鞭策了宁夏人从这一角度证明“朝那湫”就在固原彭阳。宁夏人都会感谢你与你的反证教材。

说文解字许慎聊，水部十一湫渊妙。安定朝那在高平，虚妄谬论秋风扫！

清代著名学者龚定鑫说：“欲知大道，必先为史。”笔者曾就历史研究的作用请教华中师范大学历史文化学院赵国华教授，赵教授道：“历史研究的作用不外乎两点：一是把错误说法纠正过来，是谓正本；二是把迷雾重重的各种假说还原为真实的历史事实，是谓清源。”赵教授一语道出了历史学家的责任。由此联想春秋晋史官秉笔直书“赵盾弑君”与齐太史伯仲季直书“崔杼弑君”的铮骨。一代良史司马迁“史家绝唱，无韵离骚”气节凌云、行文神韵令人感佩！

希望研究历史的文人对历史负责，勿为经济利益而丧失知识分子的良知。

固原东、西海子（朝那湫）战国时就名载史册。黄帝登鸡头（崆峒山），周宣王料民于大原，秦始皇巡边北地郡，汉武帝六巡安定郡，唐太宗西瓦亭观马政，更有学者班固的《北征赋》、诗人王维的《使至塞上》，不绝如缕！

（5）“朝那湫”音韵训诂

中国古人在相当长的时期，使用“反切”法注音。注音方法是，用两个普通汉字，第一个取声母，第二个取韵母。如上“湫音子小反，就是‘子’的声母‘z’和‘小’的韵母‘iao’，合起来读就是‘zhao’”；“又子由反，就是‘子’的声母‘z’和‘由’的韵母‘ou’，合起来

① 许慎：《说文解字》一一上，北京：中华书局，1963年，第235页。

② 即指许慎：《说文解字》，北京：中华书局，1963年。

读就是‘zou’”。若“湫”音为“zhao”与“沼”音通。按六盘山区意思即“涝坝”。从裴骃和张守节给《史记》作的《集解》和《正义》可知，“湫渊”为一个四面高山、半封闭的“大涝坝”。还有人提出，“朝那”是黑龙。

2.《说文解字》与《水经注》对考辨“朝那湫”地望的重大意义。

（1）《说文解字·水部十一》“湫”字解为考辨“朝那湫”地望功在千秋。

《说文解字》从时间纬度上讲清了“朝那湫”在周、秦、西汉、东汉（今治）不同时期沿革的名称更迭，以“高平第一”“安定朝那”“湫泉”三概念链接，这种叙述手法高妙雅致、别开生面，彰显了一代文字学大家解说“湫”字之功力。

（2）《水经注》卷二“高平川水”条为界定“朝那湫”地望区域功高至伟。

《水经注》从空间范围上界定出“高平城”（固原）、“高平川”（清水河）、“秦长城”与“湫渊”的区域地图，由此可知一代杰出历史地理学家“详细记述水道经过的山陵、原隰、城邑、关津等地理情况和历史事迹”的认真态度，其“好学博览，文笔深峭”令人赞叹！

《说文解字》与《水经注》里“朝那湫”的记载，将成为宁夏固原市彭阳县古城最终能够在世界上被确立为秦汉时期“朝那县”的铁证。

结合上述文献资料，《史记·孝文本纪》：“十四年冬，匈奴谋入边为寇，攻朝那塞，杀北地都尉卬。”这条记载顿觉清晰，“朝那塞”乃秦长城的彭阳段，被匈奴攻破的朝那塞就是彭阳古城！

宁夏坚持彭阳为皇甫谧出生地朝那县的观点并非“宁夏一些地方文人狭隘”！此乃宁夏人尊重历史、热爱传统文化、坚持唯物史观，还历史真面目的科学态度和研究精神！胡适道：“科学精神在于追求事实，追求真理。”甘、宁两省区多年争持“朝那湫渊”，我看就以《说文解字》对“湫”的解释和《水经注》“湫渊”地望清晰记载的再发现休止吧。

3. 民族学研究与民俗历史文献

（1）民族学研究。民族学家认为，“朝那湫渊”亦即“龙池”的意思。因为“朝那”为古羌语之遗音，在羌语中，“朝”发音为“朱”，意思为“龙”；“那”发音为“诺”，意思为“山”。“朝那湫渊”就是“龙山”之“龙池”。故“朝那湫”音“zhū nuō jiāo”，“朱诺浇”或“朱诺沼”，意为龙山龙池。湫（读音jiao）音义为蛟。从“朝那湫”读音“zhū nuō jiāo”可知，这就是蛟龙的处所。

（2）民俗历史文献。《史记·封禅书》道：“湫渊，祠朝那；江水，祠蜀。亦春秋泮涸祷塞，如东方名川；而牲牛犊牢具珪币各异。而四大冢鸿、岐、吴、岳，皆有尝禾”。[①]汉代对四渎公祭仪式：春秋季淘江河，防水道、泉眼壅塞。宰牛犊或往水里投玉圭钱币，祈求风调雨顺。对“四冢”的祭祀是尝禾。

有趣！古人在给河、汉、湫、江“四渎”之“蛟”敬献“牛犊”（小鲜肉），在“四冢”大贤墓茔前敬献的是“尝禾”（新谷）……

彻底弄清楚了汉代“四渎”之一在固原彭阳古城附近之后，这也就不难理解战国秦长城经过彭阳，自然而然也就把彭阳古城之湫渊围在长城内侧的蕴意。战国秦长城起自临洮，把甘肃礼县围进长城内侧，因礼县是秦人起源之地，祖先起源之地不能被戎狄践踏。战国秦长城过彭阳，而围住朝那湫渊也自在情理之中。

实际上，“朝那湫渊”当为固原城南二十多里的东、西海子。东海子大地震后湖底漏水，西海子如今还有三眼泉，但周围植被破坏严重，怎能不减耗？

“朝那湫渊”意为“龙池”。何龙？陇山（六盘山）之龙。“龙，鳞虫之长，能幽能明，能细能巨，能短能长，春分而登天，秋分而潜渊”。[①]古人如此看重这个深居内陆的高山小湖，可能还有埋藏在心底的秘密。限于篇幅，不赘述。

四、结语

固原境内战国秦长城筑垒前出六盘山北麓三十多公里蕴意有三。

其一，圈占六盘牧场，以保护牧业经济与提供军需战马。

其二，控制萧关大道，以扼守固原要塞与保护丝路经济。

其三，护围朝那湫渊，以保护龙池之地与国家公祭需要。

从中国历代筑长城不断由南向北缓慢推进可看出，固原境内战国秦长城筑垒六盘山北麓三十多公里是秦人的前进基地。由此观之，固原境内战国秦长城筑垒前出六盘山北麓可谓一举三得。

行文至此留有缺憾，虽“朝那湫渊”地望确立了，但守护关中的北“萧关”位置还不能确定。目前，萧关有固原城之说、固原山关口之说、瓦亭驿之说等。至于古代的北“萧关”现在何处，有待考古调查与文献考证确定。

参考文献

1. 司马迁.史记.北京：中华书局，1959.
2. 班固.汉书.北京：中华书局，1982.
3. 范晔.后汉书.北京：中华书局，1965.
4. 许慎.说文解字.北京：中华书局，1963.
5. 郦道元.水经注.成都：巴蜀书社，1985.
6. 赵永复编.水经注通检今释.上海：复旦大学出版社，1985.

（作者系宁夏师范学院教育科学学院教授）

固原丝绸之路文化探析

田亚岐　杨曙明

内容摘要　本文重点考察论证了与固原市相关联的古丝绸之路，即陕西和甘肃交界处最繁忙、最著名的丝绸之路东段北线。同时，结合文献资料，对固原市境内著名的回中道进行了考察；对固原市如何利用开发古丝绸之路资源，抢抓丝绸之路经济带战略机遇，提出了具体的意见建议。

关键词　丝绸之路　固原　丝绸之路经济带

公元前2世纪，张骞两次出使西域，开通了中国与亚欧大陆间的贸易通道，建立了中国与中亚、西亚、南亚和欧洲地中海沿岸的丝绸贸易关系，标志着丝绸之路的全线开通，丝绸之路也从此正式成为中国联系东西方的“国道”。在其后漫长的1700多年间，经由这条道路输出的商品中，数量最多的是当时唯独中国能够生产而且最为西方人所欣赏的丝绸，所以这条通道被称为“丝绸之路”。最早使用“丝绸之路”一词的是德国历史地理学家费迪南·冯·李希霍芬，他在1877年首先使用了这一地理概念①，后逐渐演化成了中西文化交流的代名词。

从现在所掌握的考古材料和文献资料来看，中原与西域一带的文化交往联系，早在张骞通西域之时就已经产生，当时可能称之为“玉石之路”“皮毛之路”“青铜之路”等。公元前5世纪巴泽雷克（今俄罗斯乌拉干河畔）古墓群和公元前4世纪前后在印度及中亚等国的古墓中，都曾发现有精美的中国丝绸残片，甚至出土了刺绣着凤凰图案的中国丝绸。1976年，在河南安阳妇好墓中出土了756件随葬玉器，其玉料大部分是新疆的和田玉。

“丝绸之路”最初是指以两汉时期丝绸贸易为主的交通路线，随着文献梳理、考辨和考古资料的发掘、解读和研究范式的一些变化，其内涵不断得以扩充，逐步形成了东段、中段、西段三条线路等不同路线的说法。在时代断限上也有了往前的推展和往后的延伸，视角转向历朝历代。

从地域来看，丝绸之路一般可分为三段，而每一段又都可分为北、中、南三条线路。

东段：从长安到玉门关、阳关。（汉代开辟）

中段：从玉门关、阳关以西至葱岭。（汉代开辟）

西段：从葱岭往西经过中亚、西亚直到欧洲。（唐代开辟）

2008年初以来，笔者有幸参加了中国城市科学研究会历史文化名城委员会丝绸之路文化研究中心组织的中国段丝绸之路考察活动，具体负责丝绸之路东段长安至陇山段的路线考察与研究工作。这段丝绸之路也是陕西和甘肃交界处最繁忙、最著名的一段。通过考察，对此段路线有了一

① 王子今：《秦人经营的陇山通路》，《文博》1990年第5期。

个比较系统全面和清晰的认识。[①]

固原是西北的重镇，处在丝绸之路东段的交通要道上，地理位置重要，六盘山南北耸立，成为关中西出的屏障，也使固原成为丝绸之路上的一个重要节点。《诗经·六月》“薄伐猃狁，至于大原”的名句，是固原历史早期的写照。20世纪80年代，孙家庄西周墓和车马坑的发现诠释了《诗经》的内容。公元前324年，秦惠文王出兵攻取乌氏戎地并设置最早的县制乌氏县，战国秦长城绕固原城北而过。汉武帝元鼎三年（前114年）在固原设置安定郡，不但定格了固原郡级政治与军事地位，而且提升和加强了其“北控塞外，南屏关中”的军事地位。自汉唐至明清，军事与政治并举。处在中原与边地的结合与过渡地带，由于其特殊的地理位置，成为西域中亚文化、草原游牧文化和中原农耕文化碰撞融合之地。境内曾有三条古丝绸之路通过。

一、丝绸之路东段北线，即长安—固原—凉州道，主要有两条路线

一条为：由长安沿泾河向西北行，经陕西的咸阳、礼泉、乾县、永寿、彬县、长武及甘肃的泾川、平凉进入宁夏固原境；过三关口，再由瓦亭折而向北，经青石嘴至开城抵达固原城；沿清水河向北行，再经三营、黑城，沿苋麻河谷至海原的郑旗、贾尚，过海原县城、西安州、干盐池，再次进入甘肃；从甘肃靖远县东北的石门附近渡黄河，经景泰县抵凉州（今甘肃武威）。居延汉简里对这条通道已有记载，认为是最便捷的丝路干道。东汉时刘秀亲征高平（固原），河西太守窦融与五郡太守车驾聚会高平，浩浩荡荡的大军与战车走的就是这条通道。唐中期，由于固原被吐蕃占据，中西交通改用他线。到北宋初年，全线复为通途。从日本栗棘庵所藏的宋代地理图刻石拓本上仍能清晰地分辨出这条大道的走向。

另一条是由咸阳至北地郡治所宁州（今甘肃宁县），再沿战国秦长城内侧进入固原。汉代班彪前往安定（固原），就是走这条道。他著名的《北征赋》，就是这次考察安定郡时所作。

丝绸之路东段北线道路沿途平坦，多数地段沿泾水、清水河而行，而后又有苋麻河谷可循，山不险峻路不陡，大车可通行无阻。这条道路的特点是河流众多，可以沿河而行，从交通角度讲，以河谷作为交通要道是我们祖先的发明，因为沿河要比翻山容易，而且可随时取水捕鱼，补充给养。古代先民们进行交流迁徙，没有水是不行的。逐水而行，择水而栖，是人类活动的基本规律。

二、丝绸之路东段中线

泾源附近的鸡头道，可抵陇西郡，是早期的中道。蒙元时期，成吉思汗和他的后人应西征中亚、西亚的需要，这条线路向北稍移，翻越六盘山西进，大体是今天西（安）兰（州）公路的走向。清代著名文化人祁韵士于嘉庆九年（1804年）被贬谪伊犁，在他的《万里行程记》里，记载了当年途经丝绸之路的走向：平凉府—安国镇—瓦亭驿—六盘山—隆德县—神林铺—静宁州……走的就是这条道。

---

① 田亚岐、杨曙明、刘阳阳：《秦汉时期长安至陇山段丝绸之路考察研究》，载甘肃省文物考古研究所、北京大学考古文博学院、中国国家博物馆综合考古部 、陕西省考古研究院编《早期丝绸之路暨早期秦文化国际学术研讨会论文集》，北京：文物出版社，2014年。

三、丝绸之路东段南线

即长安—陇州—固原道。即由长安西行陇州后，不再翻越大震关，而是沿陇山东麓过甘肃华亭县，至宁夏固原市泾源县，穿越秦汉时的鸡头道（六盘山），即可抵达陇西郡。秦始皇帝二十七年（前220年）出巡陇西即走此道。过鸡头道向西北行，也可沿祖厉河而下，在甘肃靖远北石门川黄河东岸或鹯阴口渡河，进入河西走廊武威。或者沿泾河至甘肃平凉，由崆峒山东峡进入宁夏泾原县，走鸡头道。公元前110年冬，汉武帝巡狩西北，“西临祖厉河而还”，即走这条道。

丝绸之路东段数条线路的走向，最后是殊途同归，都要途经武威、张掖，都要穿越河西走廊。途经固原的丝绸之路中、北两条线，渡过黄河后，都在河西重镇武威收拢，再沿河西走廊进入敦煌。

四、回中道

回中道为陕甘两省交界处古代著名的交通要道，为秦汉时代帝王郊祀的重要通道，也是丝绸之路东段（陇西段）南、中、北三条大道的交叉路线。唐时，它连接了原州诸多关隘抵抗了吐蕃入侵，宋时又依唐关设寨置堡，防御西夏入侵。

关于此段道路最早的记载为先秦典籍《庄子·在宥篇》，书中记述轩辕黄帝问道崆峒，第一次从今山东西部的寿丘出发，跋山涉水，沿泾河至崆峒，广成子不但没有传道，而且还指责他说：“树叶还没有发芽，就想要果子”。过了若干年，黄帝百岁时，第二次又去崆峒，《增修华亭县志》载：历吴岳（今陕西陇县），由陇坻南来，曾驻跸下关（今华亭神峪乡）西北殿湾，邑人称此为“轩辕寓”。这次广成子给他传了理民要术，从而开创了人类文明，成为华夏始祖之一。黄帝曾涉足的这条道路，经夏、商、周至春秋战国，已发展成为固定的“关陇北支道”，即从今陕西陇县起，逆河支流进入甘肃境内，经华亭、泾源、平凉、彭阳到固原。这条道路，在不同的历史时期所起的的作用不同，故名称各异。《中国历史地图集》标注为“回中道”。

关于回中道的得名，则与秦始皇有关。《史记·秦始皇本纪》载：“二十七年（前220年）始皇巡陇西、北地，出鸡头山，过回中。”《汉书·武帝纪》载：“元封四年（前107年）冬十月，行幸雍（今陕西凤翔），祠五畤，通回中道，遂北出萧关（今宁夏固原市彭阳县）”。由于秦皇、汉武先后沿“关陇北支道”，经回中出巡，威震匈奴，故名“回中道”，并昌扬于世，流传至今。

唐时，回中道连接了原州诸多关隘抵抗了吐蕃入侵，宋时又依唐关设寨置堡，防御西夏入侵。《续资治通鉴长编》称回中道的南段为“仪州黄石河路”；《读史方舆纪要》又称北段（固原市）为蒙古入侵第四险的“火龙沟道”。由此可见，回中道确系我国古今通往西域的要道之一。

关于回中道的具体位置，受史料和考古材料的限制，学术界目前争议较大，大约有以下六种说法：徐广的扶风汧县说、应劭的安定高平说、孟康的北地说、泾源说、泾川说及岐州雍县说等，但比较认同的说法就是，从陇关通向北边的一支通道称为回中道。而固原正好地处陇关以北，也就是说，回中道的走向与固原的关系密切。

秦汉以来，固原地区就是中原地区通往西域的交通要道，南北朝时期，随着中西政治、经济、文化交流的不断发展，大批外国使节、胡客商贩、佛都信徒往来于这条通道上，促进了中西文化的传播与交流。关于固原城市的历史地位或战略地位，笔者认为有以下四点可以说明：一是古代关中和中原地区巩固边防的军事要塞，境内秦长城、萧关等遗址众多；二是古代丝绸之路重要的驿站城市，境内有须弥山石窟、开城遗址等丝绸之路文化遗址；三是汉文化与伊斯兰文化交流融合之地，为我国最大的回族聚居区；四是六盘山片区扶贫开发重点区域，多位国家领导人先后来此视察调研。

作为中西经济文化交流的大动脉，古丝绸之路至今仍发挥着不可估量的作用。习近平总书记提出了建设丝绸之路经济带的战略构想，建设丝绸之路经济带是固原继西部大开发之后，面临的又一重大历史机遇。与以往机遇不同的是，建设丝绸之路经济带是一个国际性的战略行动，把固原从一个内陆城市、改革开放的末梢，一下子推到了对外开放的前沿。目前，沿线城市都在围绕丝绸之路经济带大做文章，抢抓战略机遇。陕西提出建设丝绸之路经济带新起点，宁夏提出建成丝绸之路经济带重要战略支点，甘肃提出建成丝绸之路经济带黄金段，固原作为古丝绸之路沿线城市，资源优势明显，地理位置重要，如何抢抓战略先机，是当前固原市的重要战略任务。为此，笔者建议：

其一，筹建固原市丝绸之路研究会。以文化建设为切入点，团结和培养一批研究丝绸之路文化的著名专家学者，推出一批研究著作和学术论文，定期组织举办丝绸之路经济带主题征文和学术研讨会，进一步提升固原在丝绸之路沿线城市的文化影响力。以固原丝绸之路研究会为平台，加强与中亚地区国家的文化交流，增强固原在中亚地区的影响力和文化亲和力，从而增强竞争优势，促进经济合作向广领域、深层次、永续化发展。

其二，打造丝绸之路旅游精品线路。固原古城、须弥山石窟、固原北朝隋唐墓地、开城遗址，曾进入丝绸之路“申遗”备选名单，是丝绸之路文化在固原的有力见证，也是固原发展丝绸之路文化旅游的最佳载体。建议以旅游产业为纽带，抢抓国家建设丝绸之路经济带和丝绸之路“申遗”契机，大力宣传固原古丝绸之路沿线旅游景点，精心设计丝路旅游线路，合作共建丝路旅游精品线路。如新疆克孜尔千佛洞—甘肃敦煌石窟—麦积山石窟—宁夏须弥山石窟—河南龙门石窟—山西云冈石窟等为主的“丝路石窟文化游”。

其三，加大丝绸之路经济带固原主题宣传。丝绸之路经济带建设，目前国家层面的实质进展正在陆续推出，各地还都在做概念。以往经验反复证明，谁做的早、谁叫的响，谁就可能先获益、多获益。建议固原各县区、各部门、各企事业单位，今后搞活动、做策划时，多以丝绸之路经济带冠名，多以丝绸之路经济带包装项目，在丝绸之路经济带建设中多体现固原元素，多出现固原声音。

其四，联合举办丝绸之路文物巡回展览。固原境内古丝绸之路文化遗迹较多，出土丝路文物也较多，建议充分发挥固原博物馆馆藏文物资源优势，组织举办固原丝绸之路文物展。在此基础上，积极寻求国家文物局支持，与丝绸之路沿线城市签订协议，联合举办古丝绸之路沿线城市文物巡展，逐步扩大各城市之间的文化与经贸往来，借此提升固原在丝绸之路沿线的知名度和影响力。

其五，争取与中亚和西亚有关国家城市建立友好城市关系。充分发挥固原与阿拉伯语国家文化、宗教联系紧密的优势，以文化交流、经济合作为基础，鼓励固原专家学者、文艺团体、商户企业走出去，与中亚和西亚各国开展文化交流或产学研合作，逐步扩大友好合作基础，争取与有关国家城市建立友好城市关系，进一步扩大经贸合作。

其六，积极呼吁建设丝绸之路经济带自贸区。从学术层面展开战略研究，进行广泛宣传呼吁，倡导构建丝绸之路经济带自贸区。即：以新丝绸之路综合交通通道为纽带，以沿线城市贸易和生产要素自由流动、优化配置为动力，加快丝绸之路经济带区域经济合作，打造丝绸之路经济带自贸区，推动沿线国家共同市场的建立，最终实现上合组织和欧亚同盟贸易自由化。这样，固原就自然而然地进入了自贸区，固原的对外开放也将迎来新的重大战略机遇。

（作者系中国秦汉史研究会会员、陕西省社科院宝鸡分院特约研究员、宝鸡炎帝与周秦文化研究会常务理事）

制度设计与身份认同

——秦汉丝织品消费文化研究

温乐平　吴方浪

纺织业是中国传统行业之一，在秦汉时期已经成为最重要的手工业之一，大量的精美丝织品出土充分说明秦汉时期纺织手工业发展的成熟与成就。关于秦汉纺织业的研究，成果颇多，如孙毓棠《战国秦汉时代的纺织业》、魏明孔《中国手工业经济通史》等。① 以往研究成果主要关注纺织品生产工艺，而对纺织品消费研究不多，尤其对丝织品消费文化方面研究甚少。② 秦汉丝织品消费问题，不仅仅是一种经济关系问题，而且是一种复杂的思想文化问题，对秦汉社会经济发展、消费文化的形成和社会结构的分层有着重要作用。鉴于此，本文通过分析秦汉时期丝织品消费文化的内涵，探讨当时丝织品消费文化的主要特征及其社会影响。

一、秦汉丝织品消费文化的基本内涵

经济学理论表明，消费是一种联结经济与文化的社会活动，一切消费活动或消费行为所体现出人们的消费思想观念与消费价值取向，由此而形成了消费文化。狭义上消费文化是指人们的消费思想、观念与价值取向；广义上消费文化是指人类一切的消费活动与消费思想。本文所探讨的秦汉丝织品消费文化，是指人们在丝织品消费过程中所体现的丝织品消费思想、消费观念和价值取向以及社会意义，属于狭义上的消费文化。

先秦时期，丝织品逐渐成为日常生活的重要消费品，在礼制的框架下，丝织品尚专属贵族官

---

① 孙毓棠《战国秦汉时代的纺织业》（中华书局，1995年）、魏明孔主编《中国手工业经济通史·先秦秦汉卷》（福建人民出版社，2005年）、吴文祺《从山东汉画像石图象看汉代手工业》（《中原文物》1991年第3期）、龙坚毅《从汉赋看汉代的手工业》（《江西社会科学》2007年第3期）、王晨《“汉绮”研究及丝织技艺探讨》（《丝绸》2008年第2期）、王文涛《汉代河北纺织业略论》（《河北师范大学学报》2002年第7期）、张家升《汉代丝织业发展的考古学观察》（《东南大学学报》2009年第11卷增刊），姜颖《秦汉时期山东的蚕桑丝织业》（《管子学刊》2013年第2期）、孙先知《蜀锦》（《四川蚕业》1999年第4期）、胡祉甡《蜀锦川丝》（《四川丝绸》2003年第2期）、徐畅《秦汉时期的“夜作”》（《历史研究》2010年第4期），等等。

② 参见欧阳卫民：《中国消费经济思想史》，北京：中共中央党校出版社，1994年。佘涛：《丝绸文化与文化丝绸》，《浙江丝绸工学院学报》1993年第3期。温乐平：《秦汉时期生活消费的特点及其影响》，《中国经济史研究》2006年第2期。温乐平：《制度安排与身份认同：秦汉舆服消费研究》，《江西师范大学学报》2012年第6期。吴方浪：《丝织品消费与汉代城市经济》，《消费经济》2015年第1期。许大海、束霞平：《汉代丝织纹样中的文化密码》，《丝绸》2011年第7期。

僚消费的特供商品，平民百姓无权消受，史称“古者必有命，然后乃得衣缯丝而乘车马”[①]。丝织品消费已经成为制度设计的基本元素与身份地位的重要象征。《国语·齐语》载：“齐桓公曰：昔吾先君襄公筑台以为高位……陈妾数百，食必粱肉，衣必文绣。”《说苑》卷九载晋平公派叔向聘吴时，“吴人饰舟以送，左百人，右百人，有绣衣而豹裘者，有锦衣而狐裘者。”以消费丝织品而彰显其贵族社会地位和区分身份贵贱。

至秦汉，丝织品生产技术进步，丝织品越来越多，消费群体逐渐扩散至下层，有大众化消费趋势。上至皇室贵族，下至奴仆卑妾皆可以衣丝文绣，“富者缛绣罗纨，中者素绨冰锦”[②]，“徒御仆妾，皆服文组彩牒，锦绣绮纨”[③]，“今京师贵戚……皆服文组彩牒，锦绣绮纨”。[④]平民百姓仿效、追慕上层社会消费方式，亦“衣丝乘车”，“争于奢侈”。东汉王符曰：“今人奢衣服，侈饮食……穷极丽靡，转相夸咤。富者竞欲相过，贫者耻其不逮”。[⑤]婚丧嫁娶上更是“缇帷竟道，夹毂并引”，以致“一飨之所费，破终身之业”。[⑥]

综观秦汉四百余年历史，秦汉时期丝织品消费文化的内涵大致可以归纳为三个方面。

其一，丝织品消费差异化是等级制度设计的物化体现。受先秦以来礼制的影响，汉代统治者对丝织品消费有着严格的等级限制，汉初高祖“令贾人不得衣丝乘车”[⑦]，对丝织品消费进行管制，有意识地划分社会阶层结构，打击商人阶层，维护贵族、官吏阶层的利益。东汉时，进一步制定了完备的舆服制度，以规范各群体阶层的服饰。据《后汉书·舆服志》记载：“夫礼服之兴也，所以报功章德，尊仁尚贤。故礼尊贵胄，不得相逾，所以为礼也。非其人不得服其服，所以顺礼也。”[⑧]皇室宗亲、公卿大夫的服饰多以丝织品为主，乘舆刺史、公侯九卿以下皆织成，五官、左右虎贲、羽林、五官中郎将、羽林左右监皆纱縠单衣，虎贲将虎文绔，然则平民百姓只得穿着麻布衣服。

其二，蚕丝被赋予了宗教信仰的神秘性，成为丝织品高贵文化认同的基本载体。相传黄帝元妃——嫘祖最早发明了养蚕之术，使人们免受饥寒之苦，被世人尊为蚕神，号“先蚕”，开启了中国古代对蚕神的原始祭祀。此后，历经夏、商、周，至秦汉，无论官方或民间，遍布着各种对蚕神的祭祀。西汉“皇后春桑，群臣妾从……祠以中牢羊豕，祭蚕神曰苑窳妇人、寓氏公主，凡二神。”[⑨]东汉时在每年的三月份，皇后要率领着公卿诸侯夫人，“祠先蚕，礼以少牢”。[⑩]充分说明了汉人对蚕神的顶礼膜拜和对丝织品高贵性的认同。

其三，丝织品特殊价值使其成为汉人社会经济生活的实物货币。在制度设计和文化认同的双重影响下，将丝织品经济价值赋予了更多制度因素和文化价值，普通的商品经济价值转化为具有特殊象征意义、符号身份、社会价值的物品，为此，丝织品的经济价值得以全面强化，完全转化为实

---

①《后汉书》卷四九《王符传》，北京：中华书局，1965年，第1635页。
②（汉）桓宽撰，王利器校注：《盐铁论校注·散不足》，北京：中华书局，1992年，第350页。
③④《后汉书》卷四九《王符传》，北京：中华书局，1965年，第1635页。
⑤《后汉书》卷四九《王符传》，北京：中华书局，1965年，第1634页。
⑥《后汉书》卷四九《王符传》，北京：中华书局，1965年，第1635页。
⑦《汉书》卷二四下《食货志》，北京：中华书局，1965年，第1153页。
⑧《后汉书》志第三〇《舆服志》，北京：中华书局，1965年，第3664页。
⑨（清）孙星衍辑，周天游点校：《汉官六种》，北京：中华书局，1990年。
⑩《后汉书》志第四《礼仪志》，北京：中华书局，1965年，第3110页。

物货币，充当一般等价交换物。汉代，丝织品代替金钱成为皇帝赏赐官僚、平民及周边各民族的重要实物。如《后汉书·儒林传上·欧阳歙》载："书奏，而歙已死狱中……帝乃赐棺木，赠印绶，赙缣三千匹。"皇帝巡幸各地时，所过郡县则赐帛"百余万匹"。[①]为了安抚匈奴等周边少数民族及国家，仅西汉哀帝元寿二年（前1年）就加赐匈奴"衣三百七十袭，锦绣缯帛三万匹，絮三万斤"[②]，其他时间更是"遗之甚厚"。[③]汉末通货膨胀，货币贬值，以缣为代表的丝织品逐渐取代五铢钱被用作货币，以资军用，如东汉灵帝建宁元年（168年）"敕中藏府调金钱彩物，增助军费"。[④]西北出土的汉代简牍也证明了此点，如简"95·7"："不侵燧长高仁，桼月禄帛三丈三尺，八月甲寅自取。燧长孙昌取。"简"210·27"："右庶士吏候长十三人，禄用帛十八匹二尺少半寸，直万四千四百四十三"等。[⑤]此外，丝织品还可以用来赎罪。建武初，"令天下系囚减罪一等，出缣赎罪"，明帝永平年间"诏亡命自殊死以下赎：死罪缣四十匹，右趾至髡钳旦舂十匹，完城旦至司寇五匹"。[⑥]章帝亡命赎曰："死罪入缣二十匹，右趾至髡钳城旦舂十匹，完成旦至司寇三匹；吏人有罪未发觉，诏书到自告者，半入赎。"[⑦]以"缣"赎罪成东汉常制。

二、秦汉丝织品消费文化的主要特征

随着社会生产力的发展和丝织业工艺水平的提高，丝织品的使用已经遍及秦汉各阶层、各领域，丝织品消费行为逐渐成为秦汉社会阶层、身份地位、家赀富裕、文化品位的主导性象征。概括言之，秦汉丝织品消费文化具有以下几个主要特征。

（一）丝织品消费是等级制度设计的重要对象

中国古代社会是一种典型的等级制度社会，从天子制度、官僚制度到日常生活普遍存在严格的等级结构，小不僭大，贱不逾贵。"昔先王之制，自天子公侯卿大夫士至于皂隶抱关击柝者，其爵禄奉养宫室车服棺椁祭祀死生之制各有差品，小不得僭大，贱不得逾贵。夫然，故上下序而民志定。"[⑧]在这种等级社会结构中，所有消费活动都具有等级性，所有消费品都是依等级而消费，丝织品在整个消费系统中成为显示身份地位、文化品位的商品符码。故董仲舒《春秋繁露·服制》曰："各度爵而制服……衣服有制……生有轩冕、（之）服位、贵禄、田宅之分，死有棺椁、绞衾、圹袭之度。虽有贤才美体，无其爵不敢服其服；虽有富家多赀，无其禄不敢用其财。天子服有文章，不得以燕公以朝；将军大夫不得以燕；将军大夫以朝官吏；命士止于带缘。散民不敢服杂采，百工商贾不敢服狐貉，刑余戮民不敢服丝玄纁乘马，谓之服制。[⑨]以制度的形式限制丝织品服饰的消费行为，有意识地进行社会结构分层，维护特权阶层和官僚地主的权益。

---

①《汉书》卷二四下《食货志》，第1175页。
②《汉书》卷九四下《匈奴传》，第3815页。
③《汉书》卷九四下《匈奴传》，第3798页、3808页。《后汉书》卷八九《南匈奴传》，第2944页、2947页。
④《后汉书》卷六五《段颎传》，第2149页。
⑤谢桂华、李均明、朱国炤：《居延汉简释文合校》（上册），北京：文物出版社，1987年，第162页、324页。
⑥《后汉书》卷二《明帝纪》，第98页。
⑦《后汉书》卷三《章帝纪》，第143页。
⑧《汉书》卷九一《货殖传》，第3679页。
⑨苏舆撰，钟哲点校：《春秋繁露义证》，《新编诸子集成》，北京：中华书局，1992年，第221—225页。

（二）丝织品消费是身份认同的的重要象征

秦汉时期，等级制度深刻影响社会生活各个方面，丝织品、漆器、青铜器等重要消费品成为消费者身份贵贱、社会地位的象征。汉律规定“贾人不得衣丝乘车”[①]，“爵非公乘以上毋得冠‘刘氏冠’”。[②]服饰成为彰显消费者的身份地位与社会荣耀的象征。贾谊《新书·服疑》云：“制服之道，取至适至和以予民，至美至神进之帝。奇服文章，以等上下而差贵贱。是以高下异，则名号异，则权力异，则事势异，则旗章异，则符瑞异，则礼宠异，则秩禄异，则冠履异，则衣带异，则环佩异，则车马异，则妻妾异，则泽厚异，则宫室异，则床席异，则器皿异，则饮食异，则祭祀异，则死丧异……贵贱有级，服位有等。等级既设，各处其检，人循其度。擅退则让，上僭则诛。建法以习之，设官以牧之。是以天下见其服而知贵贱，望其章而知其势，使人定其心，各著其目。”[③]服饰成为社会阶层结构与贵贱等级的重要标识，令人明白“贵贱有级，服位有等”，“见其服而知贵贱”，“望其章而知其势”。两汉执法官吏有很多种，其中比较典型的就是“绣衣使者”，史称“绣衣使者，持节，专行诛赏事”。[④]“绣衣”是辨别“绣衣使者”的显著标志，“绣衣”表达的不止是官吏的某种服饰风格，更是丝织品消费文化在政治与权力上的表述，是执法者的身份标识和特权象征，致使在汉人的眼中，“绣衣”几乎是官方法律权威代名词。为此，汉代社会曾有胆大妄为的平民竟然借“绣衣”假扮“绣衣使者”身份，以假乱真，发动暴乱，如汉末广汉人钳子“衣绣衣”，“篡死罪囚郑躬，盗库兵，劫略吏民”[⑤]等。

（三）丝织品消费是财富多寡的标志

秦统一六国之后，以黄金为上币、铜钱为下币，统一发行半两钱为通行货币。至西汉，以五铢钱为国家通行货币，绢（缣）帛等丝织品几乎不作为货币来流通，但是与黄金、铜钱一样成为财富多寡的象征。特别是西汉后期至东汉，随着金属货币的贬值，绢帛丝织品逐渐取代了五铢钱而充当货币角色在商品流通领域使用。高档丝织品更是价比黄金，《释名·采帛》曰：“锦，金也。作之用功重，其价如金，故制字帛与金也。”扬雄《蜀都赋》云：“筒中黄润，一端数金。”《西京杂记》卷一云：“雷光妻遗淳于衍蒲桃锦二十四匹、散花绫二十五匹，绫出钜鹿陈宝光家，宝光妻传其法。霍显召入其第，使作之。机用一百二十镊，六十日成一匹，匹直万钱、又与走珠一排，绿绫百端，钱百万。”丝织品的多少逐渐成为财产富裕的标志。《盐铁论·散不足》云：“今富者鼲貂，狐白凫翁。中者罽衣金缕，燕貉代黄。”“今富者皮衣朱貉，繁路环佩。中者长裾交袆，璧瑞簪珥。”“今富者革中名工，轻靡使容，纨里紃下，越端纵缘。中者邓里闲作，蒯苴秦坚。”[⑥]王充《论衡·别通》曰：“富人之宅，以一丈之地为内。内中所有，柙匮所羸，缣布丝帛也。贫人之宅，亦以一丈为内。内中空虚，徒四壁立，故名曰贫。”[⑦]东汉光武郭皇后家，因数次得到皇帝宠幸，赏赐缣帛无数，丰盛莫比，京师号为“金穴”。[⑧]汉末董卓坞壁中

---

①《史记》卷三〇《平准书》，第1418页。
②《汉书》卷一下《高帝纪》，第65页。
③《贾谊集》，上海：上海人民出版社，1976年，第28页。
④《后汉书》卷八一《独行传·谯玄》，第2667页。
⑤《汉书》卷二七上《五行志》，第1341页。
⑥《盐铁论新注·散不足》，第194页、202页、204页。
⑦（东汉）王充著：《论衡》，上海：上海人民出版社，1974年，第205页。
⑧《后汉书》卷一〇上《光武郭皇后纪》，第403页。

所藏锦、绮、缋、縠、纨素“积如丘山”。[①]丝织品积蓄已经成为财富多寡的标志，由此形成了以丝织品消费为主体的炫耀性消费现象，富人嘉会到了“以绮縠覆墙屋”的地步，相互之间炫耀财富，以博得称誉。[②]

（四）丝织品消费是民俗文化认可的重要表现

丝织品消费文化在精神层面上的表现，主要通过丝织纹饰呈现出来。汉代丝织纹饰主要有云气纹、禽鸟纹、动物纹三类。云气纹是汉代器物装饰上极具代表性的纹样，常以单独或组合的形式出现，以形成大面积的装饰区。新疆民丰汉墓出土的万事如意锦[③]，即将云气纹与文字组合使用，表达了时人的世俗要求，祈求社会太平、生活如意，同时也反映了人们对仙界美好生活的渴望与向往。动物纹常与云气纹结合使用，这在汉代丝织品纹饰中也很丰富。新疆楼兰古城高台2号墓出土的长乐光明纹锦[④]，整幅丝织品以云气纹为主，中间加带天马、怪兽、神人等，以烘托出仙境的神秘莫测，这是汉代道教神仙观在人们心中的集中表现，反映了汉人祈求延年益寿、羽化升天的世俗思想。此外，丝以其细长、连绵不断等物理属性，常被汉人视为辟邪长寿的象征。《风俗通义·佚文》载：“五月五日，赐五色续命丝，俗说以益人命。五月五日，以五彩丝系臂，名长命缕，一名续命缕，一名辟兵缯。”五月五日以“五色丝”缠臂，可“辟兵及鬼”使人不病不瘟，亦可延长寿命。又《论衡·顺鼓篇》云：“攻社不解，朱丝萦之，亦复未晓。说者以为社阴，朱阳也。水，阴也，以阳色萦之，助鼓为救……投一寸之针，布一丸之艾于血脉之蹊，笃病有瘳。朱丝如一寸之针、一丸之艾也。”借“朱丝”以阳克阴，使阴阳相调。此处，将“朱丝”视如“一寸之针、一丸之艾”，反映了人们对生命健康的朴素追求。

三、秦汉丝织品消费文化的重要影响

秦汉时期，在制度设计与身份认同的双重标准影响下，丝织品生产的背后，隐藏着深刻的丝织品消费文化，影响着秦汉时期商品经济发展、丝绸之路开辟与社会生活观念等。

（一）丝织品消费文化推动了商品生产的发展

一切物质资料的生产都是以消费为目的的。据统计，西汉前期每年所消耗的丝织品可达三千多万匹；武帝时，达七千多万匹；至平帝元始二年则高达一万二千多万匹，数量极为庞大。[⑤]在如此巨大的丝织品消费数额的刺激下，必然促使丝织业生产规模不断扩张。以齐三服官为例，“故时齐三服官输物不过十笥，方今齐三服官作工各数千人，一岁费数巨万。”[⑥]贡禹所说的“故时”是指西汉文景时期，“方今”则指元帝时期。据此，西汉后期丝织业生产规模扩张程度可见一斑。在汉代丝织业生产规模迅速扩张的同时，丝织品消费文化对其生产工艺水平提出更高要求，朝着精细化的方向发展。汉代官营丝织品生产工种存在织师、画工、“刺绣之师”“纳缕之工”

---

①《后汉书》卷七二《董卓传》，第2332页。
② 吴方浪：《丝织品消费与汉代城市经济》，《消费经济》2015年第1期。
③ 诸葛铠：《中国纹样辞典》，天津：天津教育出版社，1998年，第172页。
④ 诸葛铠：《中国纹样辞典》，天津：天津教育出版社，1998年，第173页。
⑤ 吴方浪：《丝织品消费与汉代城市经济》，《消费经济》2015年第1期。
⑥《汉书》卷七二《贡禹传》，第3070页。

等多种技术分类。[①]丝织工艺水平的提升，促使丝织消费品种增多，丰富多彩，仅文献记载的锦、绣、罗、纱、缦、纨、缟、缣、绢、绡、练、绮、细、绫、绨、素、缇、縠、絮、织成、纯、缕、绶、缋、绘、绋、纵、缑、绯、缥、孝终等三十余种。汉代丝织业的分工之细、技术之精、品种之丰富，足可见商品生产之发达。

（二）丝织品消费文化促进丝绸贸易的发展以及丝绸之路的开拓

消费文化引领消费和生产，贸易是架通生产与消费的桥梁，在丝织品消费文化的影响下，汉代丝织品贸易兴盛，遍及国内外。《东观汉记》引桓谭曰："贾人多通侈靡之物，罗纨绮绣，杂彩玩好，以淫人耳目，而竭尽其财"，"船车贾贩，周于四方"[②]，并由此形成了一些丝织品贸易专业市场，如长安、洛阳、成都、临淄、襄邑等。由于中原地区生产的高档精美的丝织品深受匈奴人民的喜爱，匈奴单于更是"好汉缯絮"[③]，因此丝织品的贩运商往来于汉、匈之间，"骡驴馲驼，衔尾入塞"[④]，"日食时贾车出，日东中时□过"[⑤]，商贾来往络绎不绝，加强了匈奴草原地区与汉廷中原内地的联系，为此后民族融合做出了重要贡献。

秦汉时期，中国丝织品文化不断外传异域国家。汉人所生产的精美丝织品不仅深受外国异族人的喜爱，而将中国丝织品消费文化传播域外异族，加强中国汉文化的对外传播。从中国输入大秦（罗马）的丝织品"价等黄金"，故"（大秦王）常欲通使于汉，而安息欲以汉缯彩与之交市，故遮阂不得自达"。[⑥]丝织品以其自身轻柔、便于携带、易于保存、价值高、销路广、获利大等特点，逐渐成为汉代对外贸易的首先商品，直接导致了中西丝绸之路的开通与拓展。近年来在对西北丝绸之路的考古挖掘中又发现了大量的丝织品，其中大部分就是汉代商人运往西方的丝绸遗物，这说明了汉代丝织品在丝绸之路开拓上所发挥的重要作用。

（三）丝织品消费文化改变了汉人的生活观念

先秦时期，由于地主制经济刚刚确立，社会生产不发达，物质生产主要满足人们的基本生活需求，当时的消费观念以"尚俭"为主。[⑦]西汉初，承亡秦之乱，百业凋敝，物资匮乏，文帝"身衣弋绨，所幸慎夫人衣不曳地，帷帐无文绣"[⑧]，汉人的消费观念同样以"尚俭"为主。西汉中期以后，随着社会经济的发展，汉人经济收入的增长和生活水平的提高，开始追求炫耀性、享乐性的生活方式，转向"崇奢"。公卿大夫纷纷"以奢侈相高""婢妾衣纨履丝"[⑨]，其嫁娶者"车軿数里，缇帷竟道，骑奴侍童，夹毂并引"[⑩]，平民百姓亦"衣丝文绣"。在奢侈生活方式的驱引下，汉代的丝织品生产由注重实用，转向追求高贵、精美的丝绸装饰。"今世俗坏而竞于淫靡，

---

①（汉）崔寔《政论》曰："卖储峙，得二十余万，诣雁门广武迎织师，使技巧作机，乃纺以教民织，具以上问"。《潜夫论·浮侈》曰："或裁好缯，作为疏头，令工采画"。《论衡·程材篇》曰："牛刀可以割鸡，鸡刀难以屠牛；刺绣之师能缝帷裳，纳缕之工不能织锦"。

②《后汉书》卷九四《仲长统传》，第1648页。

③《汉书》卷九四上《匈奴传》，第3759页。

④《盐铁论校注·力耕》，第28页。

⑤谢桂华、李均明、朱国炤：《居延汉简释文合校》（下册），北京：文物出版社，1987年。

⑥《后汉书》卷八八《西域传》，第865页。

⑦温乐平：《战国秦汉消费经济研究》，北京：中国农业出版社，2013年，第46–59页。

⑧《汉书》卷四《文帝纪》，第134页。

⑨《盐铁论校注·国疾篇》，第334页。

⑩《后汉书》卷四九《王符传》，第1635页。

女极织微，工极技巧”[①]，“妇女饰微治细，以成文章，极伎尽巧”[②]，以致“夫百人作之不能衣一人”。[③]富商大贾生活奢靡，追求丝织品所标识的“身份地位”，博得周边群体的社会认可，故“今富者缛绣罗纨，中者素绨冰锦。常民而被后妃之服，亵人而居婚姻之饰。”[④]富贵阶层十分注重丝绸衣服，蔡邕《女诫》说“当今之务在奢丽，志好美饰，帛必薄细，采必轻浅，或一朝之晏，再三易衣，从庆移坐，不因故服。”[⑤]这些富人过于追求丝织品文化品位，要求精美丽饰，轻薄细浅，同时丝绸服饰套数较多，一日三换衣，从不穿旧衣。这些奢僭、奢靡的丝织品消费行为日益滋长，影响了正常的社会秩序。

（作者系江西师范大学历史文化与旅游学院教授）

①《盐铁论校注·通有篇》，第42页。
②《盐铁论校注·通有篇》，第43页。
③《汉书》卷四八《贾谊传》，第2243页。
④《盐铁论新注·散不足》，第192—193页。
⑤《北堂书钞》卷一二九引，见严可均校辑《全上古三代秦汉三国六朝文》，上海：上海古籍出版社，2009年，第876页。

固原古代历史文化的亮点和特点

佘贵孝

固原，由于其独特的地理位置，构建了独特的历史文化，形成了独特的亮点，这是周边地区无法比拟的。

一、固原的地理风貌

固原地区位于黄土高原的西北边缘，地势南高北低，海拔一般在1500～2200米之间。由于受河水切割、冲击，形成丘陵起伏，沟壑纵横，梁峁交错，山多川少，塬、墚、峁、壕交错的地理特征，属黄土丘陵沟壑区。境内主要山脉六盘山呈南北走向，主峰美高山（米缸山）海拔2942米，为地区最大山脉。主要水系有泾河、清水河、葫芦河、祖厉河、红河等，年径流量约7.3亿立方米。正因为有这样的地形地貌，在古代就是一个土壤肥厚、水甘草丰、适宜畜牧业发展的地区，加之人口稀少，官府军旅一边驻防守边，一边囤田牧畜，粮草自给，减轻了中央政府后勤供给的沉重负担，是朝廷选择驻兵防御的理想地区，也吸引了大漠以北的少数民族在这里休养生息，虎视眈眈的窥视中原，一有机会就想越过天然屏障六盘山进取中原。赫连勃勃从固原走向长安，建立了大夏国。蒙元时期的成吉思汗、蒙哥汗、忽必烈就做到了这一点，在固原建立大本营，统一了全国，建立了元朝。历史上像这样的事例各朝历代均有发生。

固原地区独特的地理地貌，决定了自身在中国历史向前发展的进程中，扮演了华夏政权与北方游牧民族争战期间御守国家安全的第一门户的角色。

二、固原的历代政治环境

旧石器时代，已有了人类的繁衍和生息，到新石器时代，已出现以农业为主的氏族部落。他们在这块黄土地上创造出了原始文明。春秋战国时期，戎人率先从漠北来到六盘山区、清水河畔，农耕民族与游牧民族在这里交汇融合。畜牧经济的发展使他们对于这块黄土地产生了较为特殊的感情，驻足放牧，创造了这一地区的古代文明。境内最早的行政建置始于秦惠文王时居住较多的乌氏戎人设置的乌氏县（约在今固原瓦亭一带），成为中原版图的组成部分。秦始皇立国之初，曾专程到六盘山地区巡视边防。汉文帝十四年（前166年），匈奴14万骑入朝那萧关，驻守在萧关的北地都尉孙卬战死，司马迁在《史记》中大书特记这件震撼朝野的大事。汉武帝元鼎三年（前114年），为加强对北方少数民族的防御，设置安定郡，成为中原在北部边地的重镇，从而奠定了固原的历史地位，始为郡级建置地的发端。安定郡治高平更是西北边镇凭借长城屏障进行防御的中枢所在。汉武帝刘彻曾6次行幸固原，检查边防防务，足以说明固原这座边关重镇在西汉王朝政治军事中的重要地位。东汉光武帝刘秀在扫平割据、统一全国的战争中御驾亲征固原，大会群臣，制定战略计划。魏晋南北朝时期，固原已成为西北乃至中亚民族融汇与进入中原的历史舞台。东晋十六国时有前赵、后赵、前秦、后秦、大夏等少数民族政权互相对峙、相互争夺这座边关重镇，成为多事之秋。前赵还曾一度在此设朔州，置朔州牧。赫连勃勃也在这里称帝，建立大夏政权。北魏太延三年（437年）改置高平镇，成为西北边防的军镇之一。其间，爆发了“高平起义”，并联合其他起义军荡平关陇，使朝野震惊。北周又置总管府，是原州的地方高级军事机构，统领固原及周边军队抗击外来侵扰者，形成了一道军事防线。隋唐时期，隋文帝在此仍置原州总管府，并设原州羊牧、原州驼牛牧，专管畜牧业的发展。唐代置原州都督府，曾改称原州为平凉郡。原州已发展成为全国最大的养马中心和西北牧业的管理中心。唐太宗李世民、唐肃宗李亨先后到原州巡查牧马业，李亨还挑选良马数万匹，以壮军威。宋夏金时期，由于固原地处宋夏对峙的接壤地区，宋王朝对固原的经营格外关注，境内先后设有镇戎军、德顺军、怀德军和西安州，以成掎角之势，并建造堡寨30多座，防范西夏军队的袭击和侵掠。著名的“好水川之战”“定川寨之战”（宋夏三大战役）古战场均在今固原地区境内。金升军为州，改镇戎军为镇戎州，德顺军为德顺州，废怀德军和西安州。金皇统二年（1142年），金升隆德寨为隆德县（治今西吉县火家集）。蒙元时期。成吉思汗在六盘山麓的开城避暑，以后又病亡于六盘山区，故而蒙哥汗、忽必烈对开城情有独钟，先后到这里或驻跸，或避暑。元至元九年（1272年），元世祖忽必烈封皇子忙哥剌为安西王，遂设王府于开城，立开城路，“视为上都，号为上路”。至治三年（1323年）降路为开城州。明代宗景泰二年（1451年）正式定名“固原”，改称固原州。这时，蒙古鞑靼、瓦剌各部族日渐强大，成为明朝北方边境的大患。所以，明廷在东起鸭绿江，西至嘉峪关的万里边防线上设立9个军事重镇，固原为其一镇，派重兵驻守，抵御来自北方的威胁。同时，设三边总制府于固原，为陕西三边重镇的军事总指挥。固原遂成为“左控五原，右带兰会，黄流绕北，崆峒阻南”“据八郡之肩背，绾三镇之要膂”的咽喉要冲、雄关重镇。明嘉靖《固原州志》说的更清楚：“固原者，陕西西北大城镇也，后累置文武重臣守备，故又设固原州。而总制大臣居此以镇，凡榆、夏、甘肃诸镇，皆听命焉。”“固原长壕大堑，连山峻极，四塞之接而襟带之固也。固原居中而执其枢，左顾则赴援绥、灵，右顾则迎应甘、凉。击长山之蛇，以合左右之节，逐中野之鹿，以成犄角之势，固原实有焉。”明朝巡抚马文升也说：“平、巩为关陕藩篱，而固原为平、巩屏蔽。平、巩有警，则关陕震惊，而固原一带，尤不可无备。”《皇明九边考》记载明代论者说：“固原在宁夏之南，实番胡要害之地。”“东向可以顾榆林，西向可以顾甘肃，总督、游击、守备官皆驻扎于此，犹家室之有堂奥也。”这些都说明了固原军事地位的重要。清代，固原虽处西北腹地，但却成为同治年间陕西回民起义和宁夏金积堡回民起义军联合的梗阻点。出于军事、政治和加强对当地各族人民的统治，清廷将固原州升为直隶州，并同时设立化平川直隶厅和海城县，构成了固原近现代行政区划的框架。1935年，中国工农红军二十五军和红一方面军长征先后途经六盘山区，毛泽东写下了光辉词章《清平乐·六盘山》。1936年，工农红军一、二方面军会师将台堡，结束了震惊中外的长征。10月，红军西征部队在固原东部山区（今属彭阳县）组建固北县，设置县委和政府。民国年间，由于国民党政府的政治压迫和经济剥削，加之地方官员的横征暴敛，激起了海固回民的三次起义。起义失败后，部分人员进入陕甘宁边区，组建了回民抗日骑兵团，转战陇东。为此，国民党政府于1942年10月，由海原、固原、隆德、静宁、庄浪5县毗连地区析置西吉县。1949年8月，固原地区各县先后解放，红旗插遍六盘山区。

三、固原古代历史文化的亮点

固原地区历史文化耀眼之处，显现在四个方面。

一是固原在我国西北历史上战略地位十分重要，历代一些皇帝为了维护其统治地位，曾到固原一带巡视。其中当以古圣黄帝“西至于空同，登鸡头”（ 今六盘山脉），向广成子问道为始，下而更有举世公认的历代旷世名君秦皇嬴政、汉武刘彻、唐太宗李世民、一代天骄成吉思汗等，他们无不在六盘山地区写下一段重要的历史。此外，还有诸如西周穆王姬满，战国秦惠文王嬴驷，秦昭襄王嬴稷，汉光武帝刘秀，汉顺帝刘保，南北朝北魏道武帝拓跋珪，北周武帝宇文邕，唐肃宗李亨，元宪宗蒙哥，元世祖忽必烈和地方割据政权大夏国赫连勃勃，西夏国的李元昊等。

二是固原古代史是一部捍卫华夏中央政权安危的边防军事史。战国秦昭襄王时期，修筑了长城，阻挡匈奴入侵中原。此后又在固原南设萧关，成为关中平原最北端、最重要的关隘，抵御匈奴的防线。秦始皇时开通直道，汉武帝元鼎三年（前114年）设立安定郡，郡治高平县（即今固原市原州区），作为防御外来侵略的永久性工事。从此，固原成为州郡级建制所在地，移民实边，把固原地区推上了卫护华夏朝廷安危的首要战略地位。秦汉、唐宋，直至明代，历朝历代在固原及毗邻地区大规模地修筑长城、寨堡、道路、烽火台等设施，大规模地调集军队驻守。其中北宋为防御西夏，先后改原州为镇戎军（为军政合一的军事行政机构）、笼竿城为德顺军，新筑平夏城为怀德军，新筑西安州，并在宋夏沿边地带修筑堡寨三十余座，驻以重兵，防御西夏。

三是固原的社会经济事业，是一部军事活动的兴衰史。秦汉两代，大规模地从全国迁徙人口至安定、北地等地，垦荒兴农，沉睡的固原大地掀起了发展农牧业的热潮。东汉时安定诸郡出现了“沃野千里，谷稼殷积”“水草丰美，土宜产牧，牛马衔尾，群羊塞道”的繁荣局面。隋唐时期，固原畜牧业发展很快，成为全国最大的养马中心。蒙元建国期间为了长期供应军粮，支持征战，实行屯田制度。中统元年（1260年），忽必烈即大汗位后，当即向天下明确宣布：“国以民为本，民以食为本，衣食以农桑为本”。并颁发《农桑辑要》之书，警示人们重视农业。并下令：“探马赤军随地入社，与编民等”。在六盘山军屯和民屯中便有“随地入社”（50家为一社）的探马赤军。至元十五年（1278年）十二月，设开城路屯田总管府，专管屯田事宜，先后有3万多军民被安排在这里发展军屯。当时民屯也有很大发展，至元三十年时，仅安西王就有民屯424户、田467顷。明代军屯再次兴起，“其闲地则为屯田，且耕且守，五年后方令纳粮”。共屯田2134.45顷。至嘉靖年间，耕地面积达3300顷。万历时屯田又增加到4815顷。在大力发展屯田时，水浇地也在发展。正德十年（1515年）时，红河川、茹河川、东西海子、杨郎、关桥等地都有小规模的引水灌溉。由于战争的需要，再次大兴马政，发展牧马业。清初顺治年间，清廷下令各地官员对各地逃亡人民，不论原籍别籍，必广加招徕，编入保甲，将“本地无主荒田，州县给以印信执照，开垦耕作，永准为业”。这一政策有利于农业生产的恢复。康熙亲政后大力推行垦政，对新垦土地实行免征6年钱粮的优待，并将明代各地藩王的封地，正式判归种者为业，使不少失去生计者获得土地，大大调动了百姓开垦土地，发展生产的积极性。

四是固原古代史，是华夏民族与北方游牧民族相互杂居，相互交流、相互渗透、共同发展的交融史。历史上固原所处的地理位置，以西北边防重镇著称。它北通瀚海，南连秦川，西接河西、西域，东达泾州、长安，是关中通往河西走廊、大漠南北的交通枢纽和战略要地，也是丝绸之路由长安到河西走廊最短路线的必经之地，有“关中咽喉”之称。加之，古代固原，覆盖深厚的黄土，气候温暖湿润，森林草场茂密，宜耕宜牧，这样的自然地理，不但适宜于农耕民族，也适宜于游牧民族，为各族人民的繁衍生息提供了极好的生存条件。先后有羌、氐、戎、月氏、匈奴、羯、鲜卑、吐蕃、敕勒、柔然、高车、回鹘、突厥、昭武九姓、党项、蒙古、回等众多民族在固原或驻足，或迁徙，纵横驰骋，迁徙组合，建立和产生了各种政权组织、经济类型、生产方式、文化艺术、民族风俗、宗教信仰，成为活跃地区之一，使中西文化在这里交融荟萃，构成多元文化。

四、固原古代历史文化遗存

站在历史长卷的层面上，从社会经济发展中所处的地位和发挥的作用中去探究，固原人民自古以来就有助人为乐、大公无私的良好美德，主要表现在纯朴、厚实的品格，努力拼搏、习于勤俭的传统，坚韧不屈、奋发图强的气节，尊老敬贤、重视礼仪的品德，民性刚烈、勇于抗争的精神，等等。具体有以下四个方面。

一是民风剽悍，魄力强劲。史志记述为“俗尚强悍，英才简出。修习战备，高尚气力，以射猎为先”“人性躁动，风气果决”。固原的历史是一部战争史，所以先祖多出自军门，再加上长期军事文化的熏陶，平民百姓表现出极其鲜明的剽悍风俗。故在先秦时就“强梗尚气”“性勇，锐于战斗”，又因“迫近戎狄，修习战备，高上气力，以射猎为先”。汉代以来，安定、北地缘边诸郡，“名将数出”，故素有“关东出相，关西出将”之说。

二是吃大苦、耐大劳，善于忍耐极端贫困。祖祖辈辈“率以苦力度日，稍行惰慢，即衣食不给”。男女老幼一年四季日出而作，日落而息，永无休止，面朝黄土背朝天，练就一副铁骨，饱含一种劳不垮、累不倒的坚韧精神。人们善于应付艰难，善于度过困苦。缺米少面，糠菜度日。身陷贫困，镇定自若。丰年有余，“尚节约，少奢侈”“重修造，善积储”。

三是崇尚坦诚忠义，与人共事，肝胆相照，言行一致，共事共心，蔑视虚情假意、拐弯抹角。乡里邻间勇于奉献，乐于相助；接待客人，热情招呼，盛情款待；朋友弟兄，侠义相处，两肋插刀。

四是追求公平公正，仇视欺压盘剥。遇到难关不愿低头，不愿弯腰，不善讨好，看重自身人格。热衷于“有饭大家吃，有福共同享”。忌讳冷落歧视，仇视以貌取人。与人相处，爱讲公理，与人相争，文争武斗，一旦怨恨积重，屡屡聚众造反。东汉时的羌民起义、北魏时的高平起义、明代的石城土达起义、清代的田五起义及同治年间的陕甘回民起义、民国年间的海固回民起义都说明了这个问题。

五、固原历史文化的特征

纵览几千年的史实，固原历史文化主要显现出两个特征。

一是开放兼容，即华夏族和众多游牧民族长期广泛融合而成的文化。经历了“蕃汉杂居”、融合发展的历程。

二是开拓进取型，即顺应奔腾向前的历史洪流，站在发展浪潮的前沿，推动历史向前发展的文化。固原古代历史，就是一部竭尽全力维护华夏大地统一、安定、祥和的史实。世世代代，固原人民流血流汗，为国家的安定统一做出了巨大的牺牲与贡献，以自己贫瘠的土地、破败的家园、贫穷的生活，迎接着中华大地的发展繁荣。

（作者系宁夏固原市地方志办公室研究员）

乡土固原与乡村旅游策略试探

冯 敏

内容摘要 固原地处中原文化与草原文化的过渡地带，又是河套文化与丝路文化的交融区，古老深远的移民文化和浓郁粗犷的边塞风情共同凝聚在这块神奇的土地上，从而为后人留下了许多珍贵的遗迹和探寻不尽的奥秘。固原文化本质上是乡土性的，随着乡村旅游的日渐升温，固原地区要发展旅游应结合历史悠久的多民族文化，提炼边塞文化旅游特色，开拓乡村旅游事业。

关键词 乡土固原 乡村旅游 边塞文化

固原地区自古就是边疆游牧文化与中原农耕文化的重要分界线。近年来，随着人民生活水平的提高和物质生活的极大丰裕，旅游事业越来越兴旺。发展固原乡村旅游，笔者以为最好能够展示固原历史文化中特色鲜明的边塞文化，展开对固原古村落的保护和维修，打造区域品牌性的旅游新亮点，这对于适应游者追求旅游品质，关注地方文化、突出民俗等深度旅游具有重大意义。

一、乡土固原

（一）固原文化的乡村底蕴

固原的文化底蕴是乡村而不是都市，正如著名人类学家费孝通指出的："从基层上看去，中国社会是乡土性的"。[①] 地方性和乡村性是乡村旅游的核心。[②] 其中，乡村性是区别于城市生活的根本特征，如较低的人口密度、较低的开发强度、亲近大自然和田野、传统生活方式为主等。

固原地区主要是以农业与畜牧业经济为主，工业发展缓慢，城市化进程较为滞后，从发展旅游业的角度来说，固原老百姓的商业化意识不强，因此而大量保留了原生态的民俗风情，这也是最独特最有优势的资源。固原地区工业厂矿与企业污染较少，因此雾霾很少，湛蓝的天空，碧绿的草地和一望无垠的原野，清水河流淌其间，青山、绿水、蓝天相映生辉，犹如西藏的蓝天一样洁净无垠！另外，气候温和，没有酷暑之弊，六盘山地区历来有"春去秋来无盛夏"之说，自古以来更是帝王们避暑休闲之胜地。登上主峰远眺，朝雾迷漫，云海苍茫，日出云开，只见重峦叠嶂，影影绰绰，环境极佳，引无数英雄竞折腰，历史上翻越过六盘山的帝王级别的人物有秦始皇、汉武帝、宇文泰等，成吉思汗也曾在此坐镇指挥蒙古攻灭西夏的军事行动，更增添了固原的历史底蕴。

---

① 费孝通：《乡土中国·无讼》，《法治资讯》2009年第1期。

② 丁培卫：《近30年中国乡村旅游产业发展现状与路径选择》，《东岳论丛》2011年第7期。

固原地区拥有丰富的边塞文化资源、文化内涵深厚的历史文化遗产、遗存、出土文物等。固原是一座历史名城，汉武帝时曾在此设安定郡，南北朝至唐代设原州，明代为固原州。1913年改固原县，1958年设固原专区，1970年固原专区改为固原地区行政公署，2002年撤地建市，改固原地区为固原市。固原古城的规模在西汉时就已形成，后经历代不断修缮，尤其是在明万历三年（1575年）大兴土木建成砖城，成为北方屈指可数的砖城之一，有“高平第一城”之称，为屯兵用武之要地。如今城墙西北角的砖城还保存完好。在固原停留，可参观固原博物馆，了解固原的历史和文化，还可以游览小西湖、观战国秦长城、登东岳山。

（二）汉风与胡俗交融

固原市位于西安、兰州、银川三个省会城市的三角地带中心，境内公路四通八达，由于其独特的地理位置，成了前往六盘山的咽喉要道。又因其处于丝路东段北道上，是回民聚居区，因此我们还可领略边塞文化与中原文化交汇融合而形成的独特民俗风情。正如佘贵孝先生指出的固原具有“胡汉相交的边塞民俗”①，固原地区在历史上一直是农牧业均较为发达的地区。历史上固原的文化属于开拓型的外向文明，汉人驻边也好，屯田防守也罢，他们为固原地区文明的迈进与农业的发展都立下了汗马功劳，奠定了固原地区汉家天子脚下的汉人文化归属。

司马迁《史记·货殖列传》载：“天水、陇西、北地、上郡与关中同俗，然西有羌中之利，北有戎翟之畜，畜牧为天下饶。”②这里不仅记载了固原境内秦汉时期民俗民风同于关中，而且从历史地理文化的视角描述了畜牧经济对关中农业经济的支持与补充。③司马迁通过亲身实地考察指出固原“与关中同俗”，《史记》亦载：“关中自汧、雍以东至河、华，膏壤沃野千里，自虞夏之贡以为上田，而公刘适邠，大王、王季在岐，文王作丰，武王治镐，故其民犹有先王之遗风，好稼穑，殖五谷”。关中乃汉代之统治核心区域，“好稼穑，殖五谷”系中原农业文明的优秀典范，因此可知汉代的固原农耕文化之深厚，且民风习俗与关中地区较为相近。

固原属于文化边疆地区，“不同的民族，其对生活、社会、道德的理解迥然有别，而且构成他们自身和确定他们的民族性的价值观也完全不同。边疆还是军队对峙的地域、商人进行贸易的市场和政治家们冒险的乐园”。④虽则边患高发，然顽强尚武的固原人民以无与伦比的坚韧与拼搏打造了非凡的边塞文化意象。

大约在夏商周时代以前，西北地区开始了向以畜牧业为基础的游牧生活的转变的历程。在这一转变过程中，还仍然明显保留着混合型经济的特征，但畜牧业生产已经占据了绝对支配地位，并最终转变成一种真正意义上的畜牧生活。⑤固原地区的文化特征反映出，从春秋末期到战国时期，固原地区的文化是一个文化复合体，这一文化复合体与青铜文化为特征的文化具有相当大的同质性，其青铜文化与鄂尔多斯地区的青铜文化非常相似。“在这一文化区的青铜器物中，发现了具有特征性的动物纹饰牌，马和马车具，以及一些北方风格的武器。靠近秦国西北部的地区是游牧—军事文

① 佘贵孝、郭勤华：《论固原边塞文化》，《宁夏师范学院学报》2014年第2期。

②（汉）司马迁：《史记·货殖列传》，北京：中华书局，1972年。

③ 薛正昌：《固原文化地理与历代风俗文化》，中国人民政治协商会议固原市委员会编《固原文史资料（第1辑）》，2005年，第160页。

④〔美〕狄宇宙著，贺严、高书文译：《古代中国与其强邻——东亚历史上游牧力量的兴起》，北京：中国社会科学出版社，2010年，第6页。

⑤〔美〕狄宇宙著，贺严、高书文译：《古代中国与其强邻——东亚历史上游牧力量的兴起》，北京：中国社会科学出版社，2010年，第78页。

化的故乡，这里可能发展了半游牧甚至是完全的游牧文化，但是绝对是非周族的文化”。[①]

秦汉以来，固原为抵御匈奴的重要阵地；魏晋南北朝时期，匈奴、鲜卑、羯、氐、羌诸族，陆续入华，粉墨登场，在固原上演了民族征战、交流融合的大戏；隋唐以降，前有突厥犯边，后有吐蕃占据固原，风烟再起，纷争不断！西夏建国，固原再次沦为宋夏相争之战场，后为金所据，兵戈未息！蒙古灭金，成吉思汗坐镇六盘山攻打西夏。蒙古北遁，然仍对中原虎视眈眈，明王朝为抵御北方鞑靼（主要是蒙古人），设立九边重镇，固原为九边之一。纵观历史，固原历史文化源于边塞文化。[②]具有浓郁的边疆塞外少数民族文化基因，是多民族聚居之地，文化上碰撞交流不断，丰富多元。

（三）边塞风情浓郁

边塞总是与军事征战相联系，边塞军旅、征夫怨妇构成凄凉哀婉的人文图景。古往今来，文人名将浓墨重彩描述边塞军旅风光，为我们留下了数不清的文化珍宝。汉代崔骃《安封侯诗》云：“戎马鸣兮金鼓震，壮士激兮忘身命。被光甲兮跨良马，挥长戟兮彀强弩。”描述了边塞激战场面。边塞风光正如汉乐府《古歌》：“秋风萧萧愁杀人，出亦愁，入亦愁。座中何人，谁不怀忧？令我白头。”[③]平添慷慨悲凉，萧瑟凄凉之况味。曹操《苦寒行》亦云：“树木何萧瑟，北风声正悲”。陈叔宝《陇头水二首其一》：“登山一回顾，幽咽动边情。”历史上比较动荡的年代，边塞固原人烟稀少，一片苍茫荒凉景象。对于中原诗人来讲，边塞无疑绝域，一入边塞死生难卜，平生多少惆怅！

固原地理位置重要，久乃兵家必争之地，“朔方烽火照甘泉，长安飞将出祁连。”因此之故，固原边塞文化尚武任侠，民风淳朴彪悍，塞北苦寒之地英雄辈出，曹植《白马篇》：“借问谁家子？幽并游侠儿。少小去乡邑，扬声沙漠垂……捐躯赴国难，视死忽如归。”英雄侠肝义胆，为国捐躯之豪情跃然纸上！王昌龄《出塞》诗云：“骝马新跨白玉鞍，战罢沙场月色寒。城头铁鼓声犹振，匣里金刀血未干”。杜甫《前出塞九首》其三：“磨刀呜咽水，水赤刃伤手。欲轻肠断声，心绪乱已久。丈夫誓许国，愤惋复何有！功史图麒麟，战骨当速朽。”壮志凌云，壮心惊人！诸如此类，唐代边塞诗人颇多歌咏之杰作，如岑参《送李副使赴碛西官军》：“火山六月应更热，赤亭道口行人绝。知君惯度祁连城，岂能愁见轮台月。脱鞍暂入酒家垆，送君万里西击胡。功名只向马上取，真是英雄一丈夫。” 崔颢《赠王威古》：“三十羽林将，出身常事边。春风吹浅草，猎骑何翩翩。插羽两相顾，鸣弓新上弦。射麋入深谷，饮马投荒泉。马上共倾酒，野中聊割鲜。相看未及饮，杂胡寇幽燕。烽火去不息，胡尘高际天。长驱救东北，战解城亦全。报国行赴难，古来皆共然。”最有名的当属王维《陇头吟》：“大漠孤烟直，长河落日圆”。茫茫边塞，一望无垠。李白《关山月》：“由来征战地，不见有人还”。储光羲《关山月》：“一雁过连营，繁霜覆古城。胡笳在何处，半夜起边声。”边塞风光，千古之下，追思无限，引多少后人探幽寻古！

---

① ［美］狄宇宙著，贺严、高书文译：《古代中国与其强邻——东亚历史上游牧力量的兴起》，北京：中国社会科学出版社，2010年，第180页。

② 佘贵孝、郭勤华：《论固原边塞文化》，《宁夏师范学院学报》2014年第2期。

③ 更生选注：《历朝边塞军旅诗：定西番卷》，北京：华夏出版社，2000年，第14页。

二、乡村旅游

乡村，又称农村，主要指的是县城以下的广大地区。乡村景观的美和人的美都是自然的，让人有种被融化的陶醉。土地散发着芳香，农民快乐安详。草木青翠碧绿，透着清新；花儿浓郁芬芳，娇艳欲滴；溪水纯净透明，没有灰尘；空气湿润，沁人心脾，没有污染；村民正直、善良、热情、纯朴，他们不虚伪、不矫揉造作、不尔虞我诈。虽然乡村的生活条件不如城市，但那种日出而作、日落而息、与大自然浑然一体的自由生活却是城市人所向往的，乡村的环境和清新的空气也是城市不能比拟的。亲近自然、返璞归真对于城市有无穷的魅力。这种塞外风情对久居喧嚣城市的市民来说具有磁石般的吸引力，旅游者之所以选择乡村游，主要是想实现对大自然的情感回归。

相对于乡村，城市是繁华、喧嚣、热闹的。随着城市化进程的加剧，大片平原良田被钢筋水泥的高楼大厦占据，但这些建筑就像一道道屏障，阻隔了人与人的接触、心与心的交流。虽然，城市绿化也日新月异，有树、有花、有草、有喷泉……但缺少了那种原始生态美，有种被雕琢过的痕迹。而且，水泥楼房的冰冷、生活节奏的加快、工作生活压力的加剧、人际关系的淡漠、内心的孤独使得城市人非常渴望投入大自然的怀抱，也只有她那博大宽广的胸怀能唤醒孩子们的心灵，这种爱是至高无上的。当乡村旅游越来越成为一种时尚，现代新型的乡村，指的不再是经济落后、位置偏远、生活水平低下的地理区域，而是一种自然、舒适、恬静、惬意的居住风格，没有喧闹、没有城市化的隔离与硬冷，只有一派舒适惬意。在这里时间的流淌像小溪一样变得缓慢，空间也更加舒适，四处都洋溢着脉脉温情，到这里来的人心会越来越暖，越来越静。

固原地区长期以来乡村生产力水平比城市要低得多，流动人口较少，经济不发达，因此乡村的环境遭到的破坏程度远比城市的环境破坏程度低很多。乡村的产业结构主要是以农业为中心，其他行业或部门都直接或间接地为农业服务或与农业生产有关。[①]乡村与城市是两个完全不同的世界。人文环境、地理环境、文化水平、经济发展都有所不同，人们对城市和乡村的理解和感受也有差异 。[②]我国的乡村旅游是指以各种类型的乡村为背景，以乡村文化、乡村生活和乡村田园风光为旅游吸引物而进行的兼带观光、度假、休闲性质的旅游活动。[③]旅游者在乡村的自然环境或人文风情的吸引下，可以进行一系列的游憩活动。简单地说，乡村旅游就是到乡村去观赏乡村的风光，了解一些乡村民情、礼仪风俗等，可以在乡村及其附近逗留、学习，体验乡村生活。[④]近年来，国家也陆续推出了一系列政策鼓励和推进乡村游。如2006年的旅游宣传口号即为“中国乡村游”，国家旅游局要求旅游业坚持服务农村，以期实现展示新农村、推动新旅游、树立新风尚的目标。[⑤]

---

①《乡村旅游从业人员丛书》编委会编著：《乡村特色旅游建设指南》，天津：天津人民出版社，2010年，第3页。

②《乡村旅游从业人员丛书》编委会编著：《乡村特色旅游建设指南》，天津：天津人民出版社，2010年，第3–4页。

③ 张文、安艳艳、李娜：《我国乡村旅游发展的社会与经济效益、问题及对策》，《北京第二外国语学院学报》2006年第3期。

④《乡村旅游从业人员丛书》编委会编著：《乡村特色旅游建设指南》：天津：天津人民出版社，2010年，第8页。

⑤ 王玉：《基于村民对古村落文化认知度调查的旅游营销策略研究》〔浙江师范大学硕士学位论文〕，2013年。

另外，近年来随着人民生活水平不断提高，人们对旅游的需求快速上升，“游民”大量增加。许多人在经历了长线游的辛苦之后，开始喜欢上了短线的乡村旅游。吃农家饭菜、看乡村山水、和农民朋友一起种地摘果已经成为长期生活在钢筋混凝土搭建的“城市森林”中的居民的一种新的重要短途旅游休闲方式。相对于国内游、国外游的“大餐”而言，这无疑是蕴涵着浓郁乡土气息的“家常菜”。利用周末等零星假期，远离都市的喧嚣，投入大自然的怀抱，以郊野游、自然风光游、乡村游为主的绿色旅游日渐成为风尚，这显示着人们在追求上的改变。乡村旅游成为当今旅游业的一个新亮点。[①]

三、建议与对策

乡村旅游的主体是周边城市居民，他们渴望在繁忙的工作和喧嚣的城市生活之余，去乡村体验静谧的田园生活，形成诸如观光农业、休闲渔业、民俗旅游等新型旅游类型，其发展势头强劲。固原市与时俱进也将旅游作为一项主导产业，重点突出建设基础设施，完善旅游基本要素与条件，并提出了“红色六盘、绿色固原、避暑胜地”的文化旅游定位，业已形成了较为良好的旅游的基础设施和条件。然而随着现代旅游的深入发展，主要是以受过较高文化教育的中间阶层为主，他们对于旅游的价值意义、旅游的追求进一步发展，不再满足于过去的购物游、走马观花式的短效直观游（如吃生态瓜果蔬菜、粗粮杂粮；住农家小院、特色小屋；购买简易廉价、各地趋同的旅游纪念品等），而是更注重对旅游地文化的深入开发与发掘，所以应将文化底蕴的发掘与旅游相结合，提升固原旅游的品牌和知名度。

（一）政府和旅游公司应引起对固原乡村旅游的高度重视

地方已经做了很多工作，如对萧关遗址文化园、须弥山的建设已经反映了固原市相关部门对固原边塞文化的重视和开发，并已初见成效。另外老龙潭·中华龙文化博览园的开放、西吉火石寨旅游基地的建设，类型多样的自然景观，兼收并蓄的多元文化特色，带给了固原丰富的旅游资源。作为“中国旅游最后的处女地”，近几年来，固原备受海内外游客的青睐。来固原旅游，可从不同角度观赏古老的泾河文化、雄浑的大漠风光、浓郁的回乡风情、迷人的六盘胜景。可以开发骑骆驼穿越萧关、游览须弥山、体验回族风情、徒步长城、生态农业观光等固原访古的特殊旅游项目。

但是从乡村旅游的发展前景和固原的长远规划来讲，政府还是应该更加重视乡村旅游。因为，发展乡村旅游对于固原地区的城市发展、文化交流、经济飞跃，无疑具有“双赢”的重要意义。一方面，来乡村旅游的游客多是长久居住在城市的居民。随着生活节奏的加快，社会竞争日益激烈，越来越多的城市居民感受到生活的压力，伴随而来的亚健康状态和身心的疲惫让城市居民渴望在繁忙与压抑中觅得一片净土，舒缓身心，亲近自然，一洗疲惫之态。融自然之美和田园之美于一体的乡村，正迎合了都市人的需求，成为新时期人们旅游休闲度假的目的地。另一方面，对于发展旅游产业的乡村来说，可以减少本地人口流失，提高收入，增加就业，对改善农村经济结构意义非常。同时，有利于农村经济的多元发展。

固原地区长期以来处于文化边疆地带，农耕也好，畜牧也罢，其社会基本单位主要是以家庭为基础构成的村落为主，当然，由于年久失修，保护不力等自然或人为原因，现存的古村落非

① 《乡村旅游从业人员丛书》编委会编著：《乡村特色旅游建设指南》，天津：天津人民出版社，2010年，第5页。

常稀少。随着国家整体移民开发等政策的实施，越来越多的村落正逐渐衰落，人口非常稀少，甚至有的村子被完全废弃，荒草丛生。倘若政府和旅游公司能对固原的普通乡村旅游给予更大的重视，从思想意识和政策上更多地关注和扶持，解决农村人口基本的生活和经济来源，事实上发展乡村旅游可以给妇女、老人提供更多的工作机会，加上固原地区农村儿童的教育条件的大力改善，随着农村教师收入的不断增长，农村对农民的吸引力正史无前例地加大，这些都是固原发展乡村旅游的新经济增长点。

政府若能给予政策上的支持和经济上的支撑，重新考虑开发这些“失落的村落”，投资维修和新建一些住房、酒店、停车场等基础配套设施，吸引部分外出打工的年轻人继续回村经营。一方面，可以解决一家人的生活和经济来源，同时又能减少留守儿童、留守老人等悲剧现象。还有助于帮助广大农民朋友们重建传统温馨的家园，真是一件福利双收，造福于民的好事。

（二）提升文化软实力

固原地区畜牧边塞景观对国内和国外游客有很大吸引力。游客来乡村看到这些在城市里不能见到的自然风光往往会流连忘返。另外，固原的乡村建筑具北方民族风格，黄土高原的窑洞颇有地域特色，还有大量传统乡村建筑的集合体——乡村聚落，可考虑保护并有限度开发开放彭阳县境内以窑洞为代表的古民居遗址、遗迹，但同时一定要最大限度地保留村落的生活方式，不能以牺牲乡村性为代价，因为目前我国许多地区的乡村旅游正好已经因为失去“乡村性”，越来越迎合城市居民某些要求而迷失自己的特色与文化，最后只有沦为同质化而失去乡村旅游的基本特征。

提升固原边塞文化软实力，展示固原悠久的边地特色居住习俗，可考虑建设窑洞式住所。窑洞式住所主要分布在中国中西部的河南、山西、陕西、甘肃、青海、宁夏南部等黄土层较厚的地区。利用黄土壁立不倒的特性，水平挖掘出拱形窑洞。这种窑洞节省建筑材料，施工技术简单，冬暖夏凉，经济适用。配上北方传统的火炕，炕都有灶口和烟口。

提升固原边塞文化软实力，还要加大文化投资，特别是固原特色浓郁的地方传统戏曲——秦腔，应该大力弘扬。请名角帮当地青年演员排练，培养起一支高水准的秦腔表演团队，无论服装还是戏文选择上都要下大力气来精细安排，在戏文剧本的创作上也要有所革新，演出最有地域特色的为游客所喜闻乐见的好戏。固原还有令人们感触最深的回乡风情，因为这里是回族聚居地，如泾源县10万人口中回族占97%。身处其境，我们可以感受这里风格鲜明的民族服饰，独特的饮食习俗和悠扬的“花儿”，动听的口弦，奔放的踏脚。可以感受西北少数民族风情为主题的娱乐接待服务，体味到游牧民族豪放粗犷、能歌善舞的民风民俗。另外，固原还有丰富多彩的刺绣、剪纸、雕塑等民间艺术，活色生香，一定要重视这些地方艺术文化的传承、保护与发扬，将其与固原乡村旅游有机结合，发展具民族特色的艺术乡村旅游风。

（三）绿色饮食文化开发

乡村旅游的游客多是长久居住在城市的城里人，他们在日常生活中吃的瓜果蔬菜多是大棚所产，肉蛋禽类食品多是配合饲料喂养，其味道总不是“原汁原味”的。现在很多农村生活条件大大改善，村民做饭都用上了电磁炉、压面机等设备，馒头也是买的，很少有纯手工做的。但是在发展旅游的乡村还是建议继续保留和开发传统的手工绿色饮食文化。如用大铁锅炒菜、做饭，配上柴火，加上手工面等自然美味。村民可在房前屋后、广阔田野种上瓜果蔬菜，一则用于烹饪，二则形成观光农业。羊圈鸡舍、菜地酱缸等，都为乡村的餐饮提供了新鲜、绿色的天然食材，农家人“就地取材、就地施烹”，这样鲜美、健康、营养、科学的饮食，已经成为当今都市人追逐的一种时尚。[①]游客来乡村旅游喜欢吃农家自己喂养的家禽家畜及其加工制品、粗粮杂粮、农家自制的豆制品、施用农家肥的新鲜蔬菜、自产的水果、制作方法独特的面食、野菜等等。游客对乡村旅游的餐饮要求，就是希望能吃上在城市里不易吃到的新鲜、绿色的纯天然食品。

（四）特色农产品、手工艺品等

游客来乡村最喜欢购买的就是具有地方特色的农产品。例如土鸡蛋、生态水果、有名的地方土特产、地方中药材等等。游客还喜欢购买民间手工艺品，虽然有些手工艺品在制作效率上不及现代化的流水生产，但其蕴含的浓浓乡情却让人回味无穷。一些游客还喜欢极富农村特色的日常用品，例如手工鞋垫，手工编制的笤帚，少数民族村手工编织帽子、包包、土布服饰、民族风的银饰等等。

可以大力开发地方乡村特色的旅游产品，避免同质化、低俗化，开发具有边塞风格特点的产品，将为旅游提供新的经济增长点。如具有宁夏民族及地域文化特色的鎏金银壶、西吉古钱币、六盘山纸织画、伊斯兰风格工艺盘、回乡枸杞（水晶雕刻）等等，已经受到了各方客商的广泛好评，其中鎏金银壶获得2013中国旅游商品大赛铜奖。鎏金银壶是固原中西文化交流史上的明星文物，在国际上享有盛誉，其文化意义非凡。固原是文化宝地，地不爱宝，随着考古的进一步发展，越来越多的文物精品呈现在世人面前，以往文物都是文博系统、历史学家、文化学者、文物收藏家们的珍宝，似乎旅游开发方面我们还做得不够。其实，完全可以加大力度，因为固原出土的精品文物，如北方系青铜器、玻璃碗、金银器、墓室壁画、陶俑、胡人俑，甚至彭阳“美人鱼”砖雕等，都是国内国际上首屈一指的珍品，地位和价值十分重要。若能将这些最有地方历史文化特色的文物以合适的形式加以呈现，作为旅游纪念品应该非常有市场前景。

（五）提升服务意识和水平是关键

因地处边塞之故，固原地区形成了任侠尚武、建功立业的风尚，这也意味着普遍性的豪放不羁，崇尚勇武阳刚，性格豪迈直爽、豁达开朗，但也形成“不拘细行”粗犷直率的特点。尤其是服务意识差，愿意赚大钱不惜做小事，也不好好做细事，粗枝大叶，无论是再好的旅游资源，这种粗糙的管理模式和经营理念都深深地影响了固原乡村旅游的雅致化与舒适性，制约了固原乡村旅游的发展。

因此，在发展现代乡村旅游业中，固原居民应着重注意培养服务意识和改善服务态度，树立“游客至上”的意识，注重细节，提高服务质量，才能更好地促进本地旅游的发展。在全国上下掀起乡村旅游热潮的时代氛围中，固原一定要追求乡村旅游服务内容的特色化、个性化、精细化，这样才更有吸引力和核心竞争力，同时也要坚持旅游服务的规范化、标准化。农业部、国家旅游局在2007年5月曾联合下发了大力推进全国乡村旅游发展的通知，要求各地农业和旅游部门要围绕当地特色资源和市场需求，发展各种类型的特色乡村旅游。一方面，就是要农民利用和保护好旅游资源，避免开发雷同化，增强市场经营意识；另一方面，要农民按照基本的乡村旅游设施标准和接待服务标准，改善旅游接待卫生条件，提高经营管理水平，增加乡村旅游的生命力。

（作者系宁夏师范学院学报编辑部副编审、历史学博士）

---

①《乡村旅游从业人员丛书》编委会编著：《乡村特色旅游建设指南》，天津：天津人民出版社，2010年，第6页。

“一带一路”发展战略中固原的地位与价值

范瑞青

内容摘要 丝绸之路，一条孕育着东西方古老文明的千年古道，一条横跨欧亚大陆的长达七千多公里的绵绵商道，成为了东西方政治、经济和文化交流的桥梁，诉说着欧亚文明的发展史。而位于这条古道上的宁夏固原，刻录着东西方千年文明的历史轨迹。固原是一座位于丝绸之路咽喉要道的古城，是丝绸之路东段北道的必经之地，并保存着固原古城、须弥山石窟、固原北朝和隋唐墓地、开城遗址等具有浓厚丝绸之路文化气息的遗址资源。随着国家提出构建“丝绸之路经济带”和“21 世纪海上丝绸之路”的重大合作倡议，即“一带一路”的战略构想，得到很多国家的欢迎和公开支持，位于丝绸之路且具有独特地位的固原迎来了战略机遇期，固原这片古老的土地将再次焕发出勃勃生机。

关键词 丝绸之路 固原 一带一路

一、丝绸之路

自德国著名地理学家费迪南·冯·李希霍芬（1833—1905年）于1877年提出die seidenstrasse丝绸之路的术语后，德国汉学家艾伯特·赫尔曼于1910年正式将其采用为书名，即《中国和叙利亚之间的古代丝绸之路》，随后Silk Road这个英文名称被许多国家的学者采用。①丝绸之路最初是一条因丝绸交易而得名的通商之路，随着学者们对丝绸之路的广泛研究，一部分学者认为“丝绸之路”是一个十分宽泛的概念，它不是单纯的一条路，而是有许多主干道和分支的，其中被学界普遍认同的划分主要是将其分为四条：其一，绿洲丝绸之路（也有学者称其为沙漠丝绸之路），因其是连接中国和中亚沙漠绿洲的一条商路而得名②；其二，草原丝绸之路，一条由长安北上，至阴山以北的漠北，向西经居延海、阿尔泰地区，再向西抵达中亚草原的一条商道③；其三，海上丝绸之路，指的是从中国东南沿海出发，经过东南亚、印度，到达波斯湾、红海的南部海上道路④；其四，西南丝绸之路，指的是从成都出发，经云南，越缅甸，通往印度、中亚，直至西欧的商道⑤。

①② 田卫疆：《丝绸之路与东察合台汗国史研究》，乌鲁木齐：新疆人民出版社，1999年。

③ 苏北海：《汉、唐时期的草原丝绸之路》，载张志尧主编《草原丝绸之路与中亚文明》，乌鲁木齐：新疆美术摄影出版社，1994年。

④ 陆芸：《近30年来中国海上丝绸之路研究述评》，《丝绸之路》2013年第2期。

⑤ 江玉祥：《古代西南丝绸之路研究》，成都：四川大学出版社，1995年。

丝绸之路作为当今世界各国学者关注的焦点之一，虽然学界对其定义的范围十分广泛，但作者在文中所述的丝绸之路为一般意义上的丝绸之路，即在《汉书》卷九六《西域传》中记载的汉代丝绸之路，其走向为“自玉门、阳关出西域有两道。从鄯善傍南山北，西行至莎车，为南道；南道西逾葱岭则出大月氏、安息。自车师前王廷随北山（即天山），西行至疏勒，为北道；北道西逾葱岭则出大宛、康居、奄蔡焉（耆）”。[①]换言之，文中的丝绸之路是与联合国教科文组织官网上的材料相一致的，即历史上“丝绸之路”是起始于古代中国的政治、经济、文化中心——古都长安（今天的西安）的古代贸易路线和陆路商业通道，它跨越陇山山脉，穿过河西走廊，通过玉门关和阳关，抵达新疆，沿绿洲和帕米尔高原通过中亚、西亚和北非，最终抵达非洲和欧洲 。[②]“陇山山脉”在《辞海》中解释为：“是六盘山南段的别称，古代把从六盘山南到渭河的南北走向的山脉统称陇山，现代一般统称六盘山。”而六盘山就位于今天的宁夏固原。

丝绸之路作为贸易和民族迁徙交流的大通道，其形成应不晚于公元前5世纪。[③]但最初的丝绸之路只是一条商道，因为其丝绸贸易频繁而被命名为“丝绸之路”，然而实际上它不只是运载丝绸，还有瓷器、茶叶、香料、水果蔬菜等。这条横跨欧亚非，穿越崇山峻岭、沙漠绿洲的古代商路，纵横相交，贸易频繁。法国学者阿里·玛扎海里在他的著作《丝绸之路：中国-波斯文化交流史》中写到“谷子和高粱是古代中国大陆上的农作物，通过丝绸之路而传至波斯后传至罗马的。”“波斯史料可以使人肯定，伊斯兰之前诸民族对中国肉桂的了解可以追溯到丝绸之路的初期。”[④]这位被法国著名汉学家称为“具有中国热的学者”，对丝绸之路的研究有着特殊的感情，他1958年在《社会和文化年鉴》第4期中发表的《刀对剑，论炼钢炉的中国起源》一文，认为中国最早会铸剑，中国的坩埚和铁匠炉是最早的熔炉雏形，后经丝绸之路传向西方。丝绸之路上贸易之广泛，可见一斑。频繁的贸易少不了人的从中传递，在这条繁忙的商道上，奔走着汉人、波斯人和阿拉伯人等，他们是中西方贸易的运送者，但在丝绸之路上最不容忽视的是粟特人。粟特是中世纪著名的商业民族，丝绸之路贸易主要由粟特人操纵。[⑤]粟特人对丝绸之路的影响如今也越来越被学术界所关注。

随着历史的发展，丝绸之路不再只是一条简单的商业道路，这条长达七千多公里的绵绵商道，成为了东西方政治、经济和文化交流的桥梁。丝绸之路的繁荣也不仅体现在东西方商品的交换，更突显在各种文化传播与交流，它把古老的中国文化、印度文化、波斯文化、阿拉伯文化、古希腊文化和古罗马文化连接起来，使得各种文化繁荣发展，因此它不仅促进了中国西北地区经

---

① 班固：《汉书》，北京：中华书局，1962年。

② 参见联合国教科文卫组织“申遗”文件（Ref：5335）原表述为“The Silk Road is the ancient trade route that starts in the old capital of Chang'an， the present-day Xi'an city and the center of politics， economy， and culture in a long period of andent China. It refers to the overland commercial route connecting Asia， Africa and Europe， which goes over the Longshan Mountain， follows Hexi Corridor， passes Yumenguan pass and Yangguan pass， reaches Xinjiang， stretches along the oasis and the pamir Plateau， enters the Central Asia， crosses Central Asia， Western Asia and Southern Asia， and then leads to Africa and Europe”，文件见联合国教科文卫组织网站：http：//whc.unesco.org/en/tentativehsts/5335/。

③ 李明伟：《丝绸之路研究百年历史回顾》，《西北民族研究》2005年第2期。

④［法］阿里·玛扎海里著，耿昇译：《丝绸之路：中国-波斯文化交流史》，乌鲁木齐：新疆人民出版社，2006年。

⑤ 林梅村：《汉唐西域与中国文明》，北京：文物出版社，1998年。

济的发展，更促进了世界贸易的繁荣和世界文化的传播与交流，所以联合国将其称为“对话之路”。丝绸之路是一条历史长廊、风雨古道，两千多年来承载着东西文明交流的使命，毫不夸张地说它是世界的“文明之源”，在这条长廊上产生了中国文明、埃及文明、印度文明、美索不达米亚文明、中亚文明、希腊文明等许多古代文明，成为世界文明的摇篮。

正如我国学者季羡林先生所说：“横亘欧亚大陆的丝绸之路，稍有历史知识的人没有不知道的。它实际上是在极其漫长的历史时期东西文化交流的大动脉，对沿途各国、对我们中国，在政治、经济、文化、艺术、宗教、哲学等方面影响既广且深。倘若没有这样一条路，这些国家今天发展的情况究竟如何，我们简直无法想象。”①丝绸之路的影响广泛而深远，它对人类文明的发展起着至关重要的作用，不只对古代东西方文化的交流与繁荣贡献巨大，对今天的中国，乃至整个亚欧大陆的国家，甚至全世界都有着无法估量的影响。

二、固原与丝绸之路

固原在古时候称大原、高平、原州，是丝绸之路的必经之地，也是通往西域的咽喉要地。固原地区的历史至少可以追溯到先秦时期，在林梅村的著作《汉唐西域与中国文明》中提到“朝那所在地宁夏固原及其附近的地区是先秦吐火罗人的一个活动中心”。这个创造了千年楼兰文明史、龟兹文明和吐鲁番文明的游牧民族，不只对西域文明的发展、丝绸之路的繁荣做出了巨大的贡献，甚至对整个中华文明的发展都起着重要的作用，而固原地区作为吐火罗人的一个活动中心，它的文明发展之早、文明程度之高不言而喻。

位于固原市境内的古丝绸之路上，至今仍保留着开城遗址、须弥山石窟、固原古城、西安州古城等具有丝绸之路文化特征的遗产资源。固原境内丝绸之路长约200公里，是一段比较长的距离，约占丝绸之路中国境内长度的1/2。整个宁夏固原段的丝绸之路大致由西安经彬县、长武至平凉，再沿泾河入宁夏固原，过三关口、瓦亭、开城抵达原州，再经三营、黑城，沿苋麻河至海原的郑旗、贾塘，过海原县城、西安州复入甘肃境内，沿途至今保留着许多古代丝绸之路的文化特征。中国与中亚五国联合申报丝绸之路世界文化遗产，中国有48处遗产地进入备选名单，而宁夏是丝绸之路东段北道必经之地，进入备选遗址的有4处：固原古城、须弥山石窟、固原北朝和隋唐墓地、开城遗址。

固原古城是位于丝绸之路上，穿过陇山，越过萧关古道的一个重要古城。固原古城曾经被誉为“高平第一城”，一直屹立于黄土高原之上，在古代，因其是通往西域的咽喉要道，又是易守难攻的稳固之城，一直被视为成就霸业之地。据《史记》记载，在汉武帝元鼎三年（前 114 年），汉武帝在固原开始设置安定郡，这一设定不但定位了固原郡级政治地位和军事地位，而且提升和加强了固原“北控塞外，南屏关中”的军事实力，因此被古人称为是“左控五原，右带兰会”的地方。西汉末东汉初（8—25年），高平城因其城池坚固，规模宏大，地势险要，以‘第一城’被载入史籍。②可见，固原古城有着悠久的历史渊源和重要的历史地理地位。

① 李明伟：《丝绸之路贸易史研究·序》，兰州：甘肃人民出版社，1991年。
② 薛正昌：《丝绸之路与固原——申报世界文化遗产宁夏段四处文化遗存》，《陕西师范大学学报》2012年第11期。

丝绸之路上著名的石窟须弥山，是丝绸之路石窟文化的重要遗存。①须弥山石窟作为中国十大佛教石窟之一，具有独特的丝绸之路文化特征。具体位于固原市西北55公里处寺口子河北边的山峰上，它初建于北魏，历经西魏、北周、隋、唐继续扩建与完善，以后又在各代的修缮与完备下，成为了固原（原州）现有规模最大的佛窟寺遗址。可以说须弥山石窟是中国石窟艺术史上高峰时期产生的经典之作。中国的石窟艺术大约是在公元3世纪从丝绸之路上由古印度传入中国，并相继在北魏和唐代达到了石窟艺术的顶峰，且经历了三次艺术造型上的重要变化：一次是由“胡貌梵相’转为“秀骨清像”，另一次则由“体态清秀”转为“魁梧强健”，第三次则由“厚重敦实”转为“曹衣出水”，从而使佛教艺术具有了更多的中国特色。②须弥山石窟的开凿和造像因其处在丝绸之路的特殊地理位置而更多地吸收了来自古印度、西域以及汉文化的特点，再加上生活在此地的古代艺术家对外来的造型艺术的吸纳和在此基础上的不断创新，从而创造出了更具地域化、民间化的艺术作品，使得须弥山石窟有着别具一格的石像艺术风格，使其成为全面展示佛教艺术在中国逐渐本土化的一个范例。

固原北朝和隋唐墓地位于固原市的西南郊，墓地出土的东罗马金币、萨珊银币、动物纹圆形金饰、金覆面、玻璃器等具有丝绸之路特色的文物是丝路贸易和文化交流强有力的证据。

开城遗址位于宁夏固原市原州区的开城镇，是元代安西王设在六盘山地区的王相府，对研究元代社会和元明时期西北地区政区变革有着较高的学术价值，是全国重点文物保护单位。

“历史上的固原所处的地理位置，使它成为中原通往西域的咽喉要地，丝绸之路的要冲，中西文化在这里交融荟萃。先后有戎、月氏、羌、氐、汉、匈奴、鲜卑、吐蕃、铁勒、柔然、高车、突厥、回鹘、昭武九姓、蒙古、党项、回等众多民族在此生息繁衍，纵横驰骋，迁徙组合，建立和产生了各种政权组织、经济类型、生产方式、文化艺术、民族风俗。”③所以，位于丝路要冲的固原有着诸多与丝绸之路相关的文化遗产和历史遗址，在这条萧关古道上熠熠生辉。世界上任何一种文化的产生，都与当地的地域文化息息相关，宁夏固原段的丝路文化独具特色，别具一格。

三、“一带一路”背景下的固原

2013年，习近平主席在访问哈萨克斯坦和印度尼西亚时先后提出构建“丝绸之路经济带”和“21世纪海上丝绸之路”的重大合作倡议，即“一带一路”的战略构想，得到很多国家的欢迎和公开支持。“一带一路”是丝绸之路的复兴，“丝绸之路经济带”将甘肃、青海、宁夏、新疆等内陆地区包括在内，这就意味着经济实力较为薄弱的西部地区将得到新的动力，这对于这些内陆地区将是一个契机，西部内陆地区将成为对外开放的窗口和前沿阵地。西部地区资源丰富，各省有着自己独特的资源，尤其是丝绸之路的文化名片，和各具特色的物质文化资源，都为其自身的发展提供了更好的条件。位于丝绸之路上的各省市要积极抓住“一带一路”的战略机遇，因地制宜地发展其经济，做好一、二、三产业的合理规划，同时，与相邻国家充分合作，优势互补，做到双赢，那么西部大开发的效率也就大大提高了，西部地区与东部沿海地区的差距也会越来越

① 薛正昌：《须弥山石窟与藏传佛教造像》，《甘肃社会科学》2013年第1期。
② 宁夏文物管理委员会：《须弥山石窟》，北京：文物出版社，1988年。
③ 薛正昌：《固原历史地理与文化》，兰州：甘肃文化出版社，1998年。

小，从而促进了国家的全面发展，提高了西部地区人民的生活水平。

固原恰在关中平原和宁夏平原之间，西安、兰州、银川三大省会城市所构建的三角地带的中心，是东西往来的重要节点，地处黄土高原之上，黄河的中上游，六盘山风景区的北麓，境内有黄河一级支流清水河从南向北流过，是关西四镇之北险，地理位置优势十分突出。固原市是宁夏的红色标志性城市，陕甘宁革命老区振兴规划中心城市，宁南区域中心城市，政治，经济，文化中心和交通枢纽。宁夏固原市境内现存遗产实物包括自然遗产和文化遗产。其中具有自然地貌景观特征的遗产资源有六盘山自然保护区、云雾山自然保护区、天都山自然保护区、西吉火石寨城（丹霞地貌）。具有丝绸之路共同文化特征的文化遗产有：①城址：高平县城、羊牧隆城、德顺州城、怀德军故城、都卢县故城、黄石县故城、固原古城、固原七营北咀子城、彭阳古城、红古城、西安州古城、开城古城、凤凰古城。②石窟：西华山石窟、南华山石窟、须弥山石窟、石窟寺石窟、无量山石窟、石窟湾石窟。③墓葬：彭阳新集北魏墓、杨郎乡马庄村的春秋战国墓地、九龙山汉代墓群、开城墓地、义渠戎墓葬群、南郊隋唐墓群、北周李贤夫妇墓、北魏漆棺画墓、彭堡春秋战国墓葬。④寺庙：延龄寺、白云寺景区。⑤旧址：菜园遗址、战国秦长城、蒙古安西王府、萧关、制胜关、六盘关、木峡关、石门关、弹筝峡、好水川古战场遗址、缨络宝塔、红军长征纪念馆、将台堡红军长征会师纪念碑。具有中西文化交融特征的遗产资源有回族风俗、五原山南古寺拱北、单南清真寺、西吉沙沟拱北。可见，固原不仅有着得天独厚的地理区位优势，还有着众多的自然和文化资源，这对固原抓住“一带一路”战略机遇，提供了有利条件。

固原城自古以来就是边陲要冲、塞上咽喉、军事重镇，为历朝历代的交通要塞。在春秋时期，固原曾经是强大的游牧民族义渠戎的居住地。秦灭义渠之后，在固原地区置郡，随后开始迁徙人口，为了维护统治，“筑长城以拒胡”，奠定了固原城的军事地位，成为关中通往塞外西域“咽喉”要道上的关隘和军事重镇。汉朝定都关中，在固原置安定郡，积极推行“富关中”“成边郡”的移民政策。唐代，固原城是丝绸之路的重要驿站，中西方文化在这里交汇。明代，固原作为九边重镇之一，他的军事地位显而易见。[①] 历史上的固原经济呈现出农牧业与商业结合的特征，其独特的地理位置和重要的军事、政治地位，在丝绸之路兴盛以后，理所当然地成为中外陆路贸易由中原进入西域地区的重要中转站和贸易中心之一；固原的贸易发展水平与丝绸之路贸易紧密相连，这种联系充分体现在贸易活动的各个领域，如商品、贸易参与者、契约模式、货币等。携带着大量商品的各国商人络绎不绝，汇聚于固原。[②]

宁夏固原段的丝路文化遗产是古代丝绸之路在此留下的历史印迹，更是见证了丝绸之路曾经的辉煌，幽幽古道承载着底蕴深厚的丝路文化，千年遗址记载着固原灿烂辉煌的历史发展。

固原段除了具有丝绸之路文化特征的文化遗产外，固原市境内还具有回族聚居的特点，固原回族人口约占宁夏回族人口的50%，约占固原市总人口的45%，可以说是全国回族人口最集中的地区，伊斯兰文明和各种文化在这里交融和发展，尤其是六盘山地区带有伊斯兰风格的建筑、音乐、舞蹈、饮食文化，高亢婉转的“花儿”，动听的口弦，奔放的踏脚，丰富多彩的具有伊斯兰特色的绘画、刺绣、剪纸等艺术构建了一座民族风情园，而这些特色文化又区别于丝绸之路的其

① 佘孝贵：《固原城的军事地位及其作用》，《宁夏师范学院学报（社会科学版）》2010年第4期。
② 冯敏：《固原境内的丝路贸易》，《宁夏师范学院学报（社会科学版）》2010年第4期。

他区域。[①]

固原境内特色鲜明的文化资源对于宁夏融入“一带一路”建设规划，发挥国家向西开放战略，建设丝绸之路经济带，有着重要的作用。而丝绸之路固原段“申遗”作为宁夏融入“一带一路”的标志性项目，体现了固原积极参与“一带一路”建设、打造丝绸之路经济带战略支点的信心。

（作者系郑州大学历史学院研究生）

① 邓华凌：《丝绸之路申报世界遗产的理论和实践》，《西北师范大学学报》2007年第6期。

彭阳境内的丝路遗存

杨宁国　杨彦彬

彭阳位于宁夏南部，有着丰富的历史文化资源，是丝绸之路文化遗产的重要组成部分，存在数量众多、形式多样、文化底蕴深厚的和丝路有关的城址烽燧、石窟寺院及墓葬遗存，为研究固原地区的丝绸之路提供了大量资料。

一、丝路前身——玉石之路

近年来陆续有学者提出“玉石之路”这个概念，越来越多的人同意这个说法。2002年6月，中科院考古所和中央电视台联合组织探险考察队，跋涉昆仑山脉，对和田玉矿点、白玉河子料原生地及古代玉石运输路线进行实地勘察。考察队沿途发现了大量玉石标本和古代先民活动的遗迹，寻找到许多有关“玉石之路”形成和发展的证据。甘肃考古工作者在肃北蒙古族自治县新发现的马鬃山玉矿遗址，经初步确定时代为自先秦延续至汉代。

2013年，彭阳修建青彭高速公路时，在彭阳县城西7.5千米店洼水库北，发现了新石器时代的打石沟遗址，出土了一大批有价值的文物，其中尤以玉琮、玉璧为代表。“苍璧以礼天”“黄琮以祀地”，可见，玉琮、玉璧是祭祀天地四方的礼器。此外，在彭阳打石沟周边还出土和征集了一批新石器时代的玉璧、玉璜、玉铲、玉锛、玉斧等玉器。这些玉器从哪里来？宁夏固原地区周围没有玉材产地，但成形的各类玉器却在本地区广泛分布。2015年6月，“2015草原玉石之路文化考察暨首届中国玉文化高端论坛”专家组经隆德来到彭阳，专家通过观察彭阳县文物管理所藏的这批玉器，一致认为，这批玉器大多属甘肃马衔山、马鬃山玉，少数为新疆和田玉。这说明在距今四五千年的新石器时代，新疆、甘肃和宁夏固原市彭阳县之间还存在着一条“玉石之路”。

表1　彭阳境内出土玉器

名称	图片	文物说明
玉琮		新石器时代 2013年打石沟遗址出土 通高8厘米，口径5.5厘米，边长8厘米。青黄玉质，泛浅赭色，较细腻，素面，半透明，表面局部有碱壳附着。通体呈方柱体，对钻中空，内圆外方，两端出短射，射口呈圆形，四面整齐直削，切割规整，抛光精细
玉璧	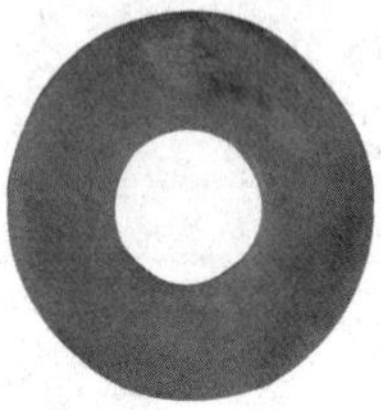	新石器时代 1964年打石沟遗址出土 外径16厘米，内径6厘米，厚0.8厘米
玉璧▲▲ PC1636	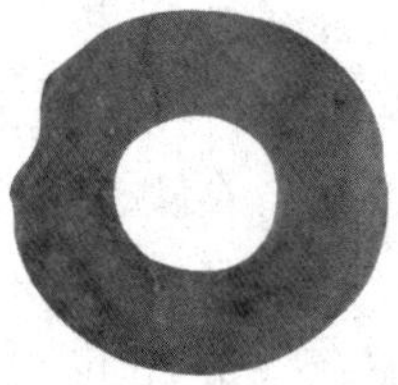	新石器时代 1984年白阳镇罗堡出土 外径16.5厘米，内径7厘米，厚0.8厘米
玉围圈 ▲▲	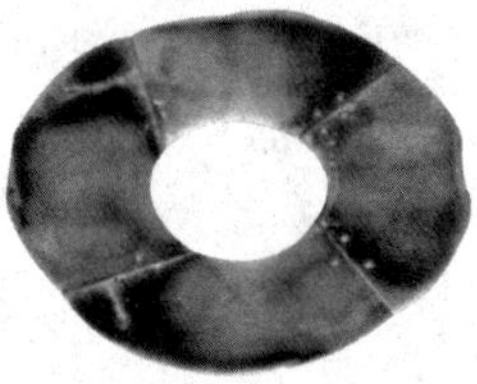	新石器时代 1984年白阳镇白岔出土 外径21厘米， 内径6.5厘米，厚0.3厘米
玉璧▲▲		新石器时代 2013年古城镇川口出土 外径25.8厘米，内径8厘米
玉璧	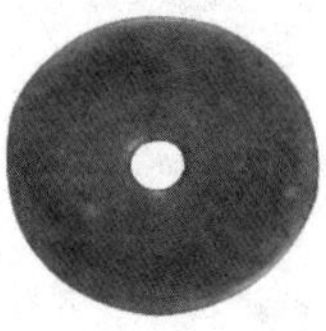	新石器时代 2013年冯庄乡小园子出土 外径5.4厘米，内径1.5厘米

续表1

名称	图片	文物说明
玉璧		新石器时代 2013年冯庄乡小园子出土 外径6厘米，内径2厘米
玉璧		新石器时代 2013年冯庄乡小园子出土 外径6厘米，内径1厘米
玉璧		新石器时代 2013年冯庄乡小园子出土 外径6厘米，内径2厘米
玉璧	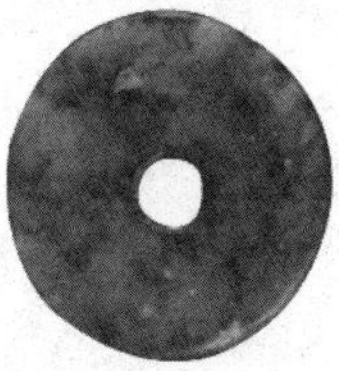	新石器时代 2013年冯庄乡小园子出土 外径5.1厘米，内径0.9厘米
玉璜	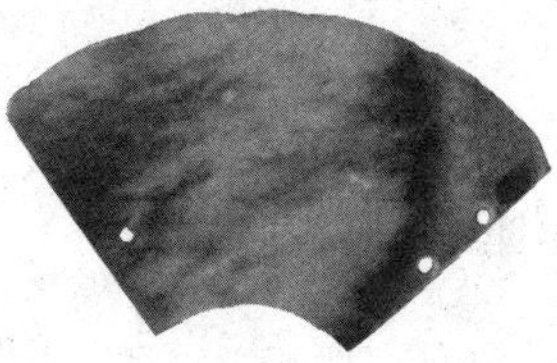	新石器时代 1984年白阳镇白岔出土 通长9厘米，宽5厘米，厚0.5厘米
玉铲		新石器时代 2013年白阳镇中庄出土 通长15.5厘米，宽4.9厘米

续表2

名称	图片	文物说明
玉锛		新石器时代 1986年白阳镇姚河出土 通长10.4厘米，宽4厘米，厚0.7厘米
玉饰件	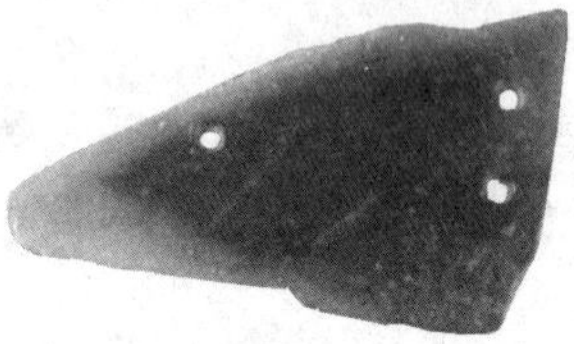	新石器时代 2007年白阳镇姚河出土 通长11厘米，宽9厘米，厚0.5厘米
玉斧		新石器时代 2013年新集乡白草洼出土 通长18厘米，宽9厘米，厚2.7厘米
玉斧		新石器时代 1984年冯庄乡小园子出土 通长12厘米，宽4.5厘米，厚3厘米
玉铲		新石器时代 1990年彭阳乡刘沟出土 通长7.5厘米，厚4厘米

二、青铜之路

青铜之路与丝绸之路是一对相辅相成的概念。青铜之路活跃于夏商周三代，几乎没有文字记载，主要是由西向东传播青铜与游牧文化。中国的北方系青铜器是指中国北部地区青铜至早期铁器时代所使用的具有独特草原风格的青铜器。大致范围包括甘肃河西走廊、内蒙古中南部地区、河北北部到内蒙古东南部长城沿线地带，虽然文化分布各异，也非单一起源，但在青铜器方面却表现出相当强的共性。

春秋战国时期活动在固原彭阳一带的义渠、乌氏等西戎各族创造的一种地域特色鲜明的文化，其风貌表现出畜牧业兼营农业的特点，不仅反映了生活在当地的西戎各族的政治、经济和文化习俗，而且折射出戎族与中原乃至欧亚草原民族之间的关系。彭阳境内近年来在张街墓地、米塬墓地、苋麻墓地、中庄墓地、米沟墓地、王大户墓地等出土了大量的北方系青铜器。

彭阳境内出土的北方系青铜器，和内蒙古鄂尔多斯和甘肃马家塬春秋战国时期的青铜器有着诸多类似，是青铜之路上重要的一环。

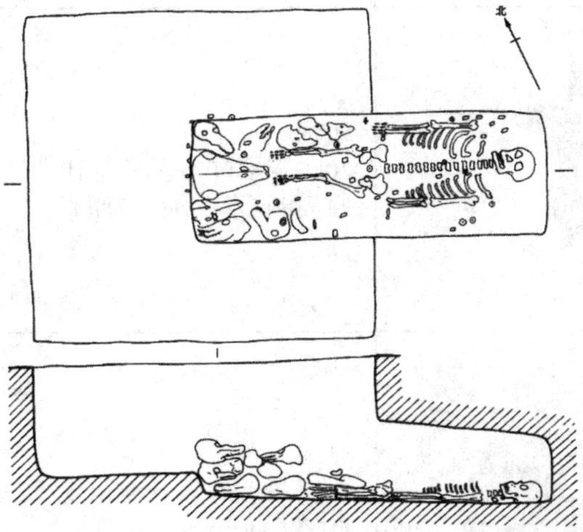

图1　彭阳境内春秋战国戎族墓葬的基本形制

表2　彭阳境内出土的北方系青铜器

名称	图片	文物说明
骆驼牌饰 2件		战国 1984年草庙乡张街出土 通长5.7厘米，通高4.5厘米
狮形牌饰	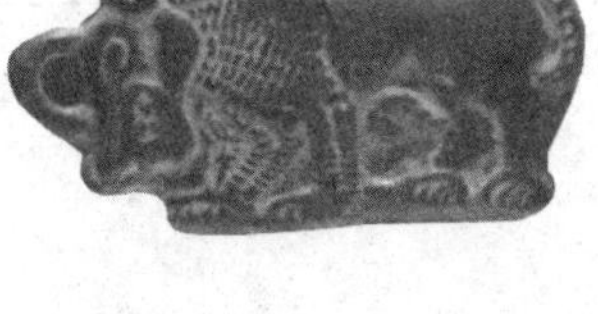	战国 1984年罗洼乡郭阳洼出土 通长6.7厘米，宽4厘米

续表

名称	图片	文物说明
虎噬动物纹铜牌饰		战国 2012年城阳乡城阳出土 通长9.5厘米，宽5厘米
铜鹿		战国 2013年罗洼乡郭阳洼出土 通高8厘米，通长7厘米
铜耳环		战国 1984年古城乡甘海出土 直径4.1厘米
铜柄铁剑		战国 2009年古城镇王大户出土
车马器车轮	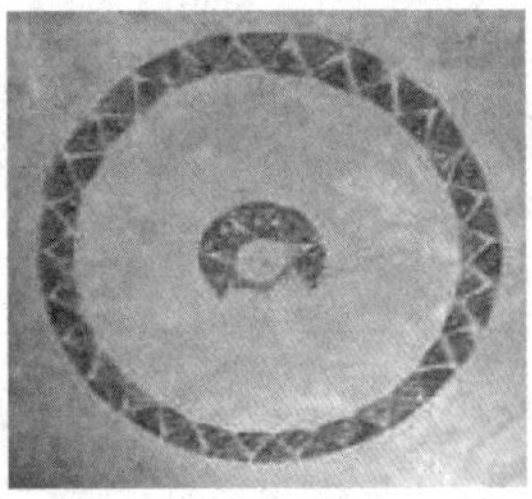	战国 2012年白阳镇中庄出土 直径140厘米

三、丝绸之路

如上所述，在丝绸之路开通之前，固原彭阳境内，就先后存在着东西方的文化交流，存在着东西交往的通道，为后来丝绸之路在固原、彭阳奠定了基础。秦汉之际，随着专制主义中央集权封建国家的建立，中原王朝势力强大，在原青铜之路路线的基础上，形成了一条连接中国腹地与欧洲诸地的陆上商业贸易通道，最初作用是运输中国古代出产的丝绸到西亚、欧洲。德国地理学家费迪南·冯·李希霍芬最早在19世纪70年代将之命名为“丝绸之路”后，即被广泛接受。

丝绸之路东段的北线，还有一条支线，由陕西西安，经长武、宁县至茹河、蒲河交汇处的寺沟口，茹河古道即从寺沟口向西沿茹河，途经甘肃镇原，宁夏彭阳县城阳乡、白阳镇、古城镇、任山河，直达固原。这段茹河古道，在历史上很长时间内都是连接关中和西北地区的交通要道。两汉之际，班彪为躲避战乱就曾沿此线路经过彭阳到达北方，《北征赋》：“登赤须之长阪，入义渠之旧城……过泥阳而太息兮，悲祖庙之不修。释余马于彭阳兮，且弭节而自思……越安定以容与兮，遵长城之漫漫。剧蒙公之疲民兮，为强秦乎筑怨。舍高亥之切忧兮，事蛮狄之辽患。不耀德以绥远，顾厚固而缮藩。首身分而不寤兮，犹数功而辞鰃。何夫子之妄说兮，孰云地脉而生残。登鄣隧而遥望兮，聊须臾以婆娑。闵獯鬻之猾夏兮，吊尉印于朝那……跻高平而周览，望山谷之嵯峨。”班彪所走的路线，其实就是丝绸之路东段的北线。固原、彭阳是东段北线的必经之地，历经千年而不衰。给当地留下了大量和丝绸之路有关的文物、遗存。

（一）丝路驿站——古城址

在丝路东段北线茹河古道上，先后存在着两座古城址——小河湾遗址和朝那古城，发挥着丝路驿站的作用和功效。

1. 小河湾遗址

小河湾遗址，位于彭阳县新集乡下马洼村下马洼组西南冲积台地上。2009年7月起，宁夏文物考古研究所为配合西气东输二线工程对彭阳小河湾进行了调查和发掘，结果显示，该地点是一处战国中晚期以后的重要遗址，面积较大，目前可确认的范围至少50万平方米。尤其在研究秦文化、秦人与西戎关系方面积累了重要的资料和工作经验。

历史上，有专家推测这里可能是春秋战国时期乌氏的城池，后为秦国属地，到隋唐，中央政府在这里设置了百泉县、平凉郡。虽然目前小河湾遗址尚未完全发掘，很多问题尚待深入研究，但可以确定在丝路繁盛的时代里，这里发挥着重要的丝路驿站作用。在当地及周边我们也征集到2枚贵霜铜币，直径1.2厘米，厚0.2厘米。

2. 朝那古城址

朝那古城址，位于彭阳县城西16公里处的古城镇人民政府驻地。因其年代久远，故名古城，为秦汉朝那县治所。城址居古城川正中，茹河北岸，为古丝绸之路中西文化交流传播的要冲，其军事战略地位亦十分重要。城址一带地势平坦，平面呈长方形，东西长682米，南北宽480米，占地面积32.7万平方米，历代加以修葺利用。城墙残高1~13米不等，基宽14米，夯土层14~20厘米。依东西南北开四门，今彭固公路（彭阳至固原）穿东西城门而过。沿城墙外四周辟有深3米、宽20米的护城壕堑。近年在古城区出土了大量珍贵的文物，如西汉初年的朝那铭文鼎、错金银铜羊、“弘宫”铜盘；具有秦汉建筑特点的残砖碎瓦——绳纹大板瓦、小筒瓦、卷云纹瓦当、陶水管等俯首可拾。朝那县西北方向又有被称为华山以西四大名水的朝那湫，历朝历代均在此进行祭祀活动。

表3　朝那古城址出土文物

名称	图片	文物说明
朝那铭文铜鼎		1979年古城镇古城村出土 通高23厘米，口径17.5厘米，腹径9.7厘米，腹深13.2厘米，耳高7厘米
错金银铜羊		1974年古城镇古城村出土 通长8.5厘米，高6.2厘米，宽6.4厘米，重665克

（二）海子塬北朝隋唐墓地

海子塬墓地位于宁夏彭阳县西南22公里新集乡姚河村海子组北部的南坡塬，西南距新集乡政府驻地3公里，南距区级重点文物保护单位——海子新石器时代遗址1公里，东南距百泉寺遗址1.5公里，距离小河湾遗址仅2公里。墓地所处地势西北高东南低，呈坡状倾斜，北依较高的塬圪垯，南邻姚河村海子组和大河，地理形胜优越。由于时间和条件的限制，共钻探面积约10万平方米，墓葬分布较为密集，在南北1000米，东西100米的范围内，发掘北魏墓葬1座、隋唐时期墓葬21座。

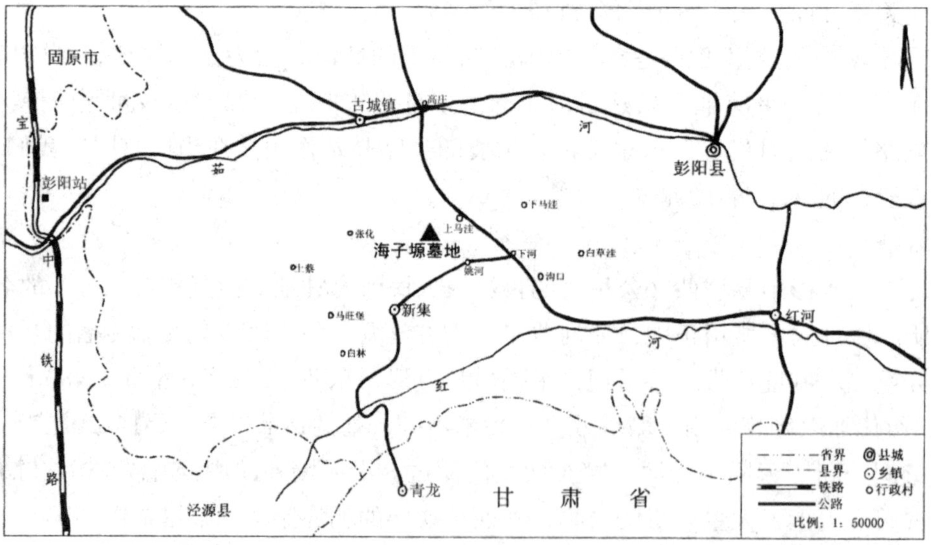

图2　海子塬墓地遗址

在所有的墓葬中，M14棺木内人体骸骨一具，仰身直肢，头向西南，面朝上。骨架长1.85米，左手置于腹部，两手处各出土1枚波斯银币，当时应是手握银币。骨架保存完好。经鉴定，为男性，年龄在45岁左右。

手握银币为萨珊俾路斯银币。正面因打押图案较模糊。正面偏外侧有一周斜菱形纹，中部为萨珊王侧面头像。王冠下有一周连珠纹装饰，前有一新月，冠顶有翼状物突起，再上部为一新月托圆球纹。肖像前自下而上半周铭文，是一种草写的古波斯帕勒维文。字体较模糊，辨别困难。背面中央为拜火教祭坛，祭坛上有燃烧的三角形火焰纹，其左侧为一五角星，右侧为一新月。祭坛两侧立两名抽象化的祭司，相对呈拱手状。祭司的头部和面部不清晰，双腿和身躯由小圆圈纹构成。其右下亦有一行帕勒维铭文，应是铸币地点的缩写。

表4　彭阳境内出土银币

名称	图片	文物说明
萨珊俾路斯银币2枚		海子塬墓M14出土 直径2.6厘米

（三）佛教遗存

佛教产生后，经中亚一带沿丝绸之路传入我国。彭阳作为丝绸之路东段北线的重要组成部分，是佛教文化流入传播的必经之地，留下了较多的佛教遗迹。

1. 常湾摩崖造像

常湾摩崖造像，位于彭阳县城东北50公里处小岔乡吊岔村常湾组。造像刻凿在约15米高的石崖上，共有造像7尊。有多处题记："三月二十九日，石佛图造，弟子负卫起，供养侍"，"负衔起造"，"弟子□正翟"，"四月十日□□□□"，"负显进造"，"和平二年（461年）"，"弟子□□"。常湾摩崖造像是宁夏现知时代最早、保存较好的北魏早期摩崖造像，为研究北魏时期佛教在西北的传播与发展提供了实物资料。

2. 石造佛像

佛造像主要分金、铜、泥、石四类质地。北朝、隋唐也是我国佛教最兴盛的时期，统治者通常都信奉佛教，纷纷开凿石窟，营造佛寺。我国的佛造像也主要是在这个时期流行起来的。彭阳境内发现的佛造像以石质造型为主。

表5　彭阳境内发现的佛造像

名称	图片	文物说明
铜佛造像		唐代 1993年古城镇后峡出土 通高7.5厘米
鎏金铜佛造像		唐代 1984年古城镇西沟出土 通高14.5厘米
石佛造像		北魏 1985年红河乡红河出土 通高31厘米，通长29厘米，宽9厘米
石佛造像	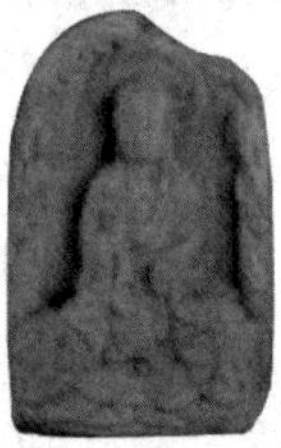	北朝 1985年红河乡红河出土 通高18厘米，宽11厘米 石佛造像
北朝	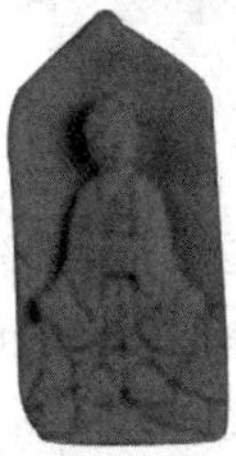	1985年红河乡红河出土 通高19厘米，宽9厘米
石佛造像		北朝 1985年红河乡红河出土 通高22厘米，宽13厘米

续表

名称	图片	文物说明
石佛造像		北朝 1985年红河乡红河出土 通高13.5厘米，宽11厘米
石佛造像		北朝 1985年红河乡红河出土 通高13.5厘米，宽9厘米

3. 无量山石窟

随着佛教日益中国化，石窟造像一般都肃穆端庄，感情内向稳重，追求“超凡”“绝尘”“脱俗”的思想境界。这一时期开凿的无量山石窟，分东西两窟，相距200米。崖壁铭刻题记两处，东窟一处左刻“天圣十年（1032年）”，距今985年。“景祐二年（1035年）四月十二日刘绪等公修罗汉人……”

图3 无量山石窟造像

四、结语

丝绸之路是东西方文明传播的纽带，沿线各个历史时期的文化遗产无不蕴藏着一段神秘的历史，彰显出丝绸之路博大精深的文化内涵。佛教石窟反映了佛教在宁夏南部传播的轨迹，真实演绎了当时在丝绸之路上佛教艺术的发展过程。古老神秘的海子塬隋唐墓地重现了丝路上居民的社会生活状况。沧桑的古城址、历经千年风雨的烽燧，向世人昭示了丝绸之路上悠久的文明史。

彭阳是古丝绸之路上的重要驿站，具有不可忽视的历史地位和不可替代的文化价值。我们文物工作者会尽我所能深入挖掘丝路遗存的内涵，一定要保护好这些遗存。

（杨宁国系彭阳县文物管理所所长、副研究员；杨彦彬系彭阳县文物管理所馆员）

丝路古道——木峡道

张 强

内容摘要 由位于宁夏固原市西南六盘山脉深处的西海子水流自然冲刷而成的海子峡谷，因地势平坦，成为经固原市区西南穿越六盘山东西的天然通道。战国秦长城因此沿峡谷北侧修筑而过。秦始皇出巡西北边地返回时即沿此道到达咸阳，海子峡道成为经固原越陇山西出东进关中的主要通道，即丝绸之路越陇山的道路之一。由于其特殊的军事地理位置，东汉时设木峡关，该道始称为木峡道。直至元代六盘道畅通前，木峡道一直扮演着扼守陇山，保障中原王朝安全的重要角色。

关键词 丝绸之路 战国秦长城 海子峡道 木峡关 木峡道

一、海子峡道与战国秦长城

春秋时期的固原，生活着史称“西戎八国”中的义渠戎和乌氏戎。秦穆公三十七年（前623年），“用戎人由余之谋，用兵西北，曾征战西戎诸国，大获全胜，扩地千里。”①但当时居于秦西北部的义渠戎最为强大，已经立国，与秦时战时和。其所在地与秦国境相接，包括今甘肃东部、南部，宁夏南部和陕西北部地区，成为秦后方的最大威胁。秦惠文王时（前337年—前311年），秦大举发兵，夺得义渠国“徒泾二十五城”②。秦昭襄王三十五年（前272年），昭襄王母亲宣太后与义渠戎王私通淫乱，宣太后诱杀义渠戎王于甘泉宫，秦趁义渠国无主，攻破长期与其对峙于西北部的义渠戎国，“于是秦有陇西、北地、上郡”③，固原正式纳入秦国版图。此时，战败西迁的戎人部落不忘复国，蒙古高原兴起的匈奴已推进到银川平原一线，严重威胁着秦国的安全。为防止其南下，巩固新设立的陇西、北地两郡及占领的上郡，秦国决定“筑长城以拒胡”④。于是秦沿陇西、北地、上郡外围边缘修建了一条防御戎人、匈奴南下入侵的军事防御体系——长城。西起今甘肃临洮，东至今陕北无定河南岸，全长约750公里。

春秋战国时期，各国为了相互防御，各在形势险要的地方修筑长城。古代修筑长城都遵循“因地制宜，据险制塞”的原则，依据天然地理条件，就地取材。由于受历史条件制约，春秋战国时期的长城修筑主要以版筑夯土墙、石砌墙为主。宁夏固原属黄土高原地带，境内秦长城因地取势，就地取土，夯筑而成。河岸、沟边劈为悬崖，平川、台地、高原均在墙体外侧取土，形成

①《史记》卷五《秦本纪》第五，北京：中华书局，1999年。

②《后汉书》卷八七《西羌列传》，北京：中华书局，1999年。

③《史记》卷一一〇《匈奴列传第五十》，北京：中华书局，1999年。

壕沟。城墙整体外侧陡立且高，内侧平缓且低，这样既能控制险要，又可节约人力和材料，攻防优势明显。

宁夏固原境内的战国秦长城由今甘肃静宁入西吉县境，沿葫芦河东岸北行，经兴隆镇黄岔至将台、马莲，由巴都沟入原州区张易镇境，经黄堡、闫关、上马泉、宋洼、红庄、马场等村，越陇山进入中河乡油坊村，过固原城西北陆家庄、明庄、海堡，越清水河，经程儿山进入河川乡，又经黄家河入彭阳县古城镇境，至城阳白岔、长城塬等地，经孟塬乡张家湾、玉塬、牛耳塬进入甘肃镇原县县境。秦长城横穿固原市西吉、原州区、彭阳三县（区）12个乡（镇）的39个行政村，长200余公里。①

秦始皇统一全国后，大将蒙恬北击匈奴，将战国时秦、赵、燕三国长城修缮并连接起来，这便是中国历史上有名的万里长城。宁夏南部秦长城为其中重要的一段。

据记载，秦始皇使用了近百万劳动力修筑长城，占当时全国总人口的二十分之一。战国秦王朝修筑长城虽然没有使用劳力的记载，但这么一项宏伟浩大的工程，仅靠长城沿线的劳力显然无法完成。所以要征调国内大量的人力物力支援长城建设，自然而然沿长城形成了一条运输劳力及物资的车马大道。长城修筑完成后，根据军事防御需要，这条道路被秦王朝再一次修缮升级。这样，一条沿战国秦长城内侧，西起临洮、东至陕北无定河岸近千公里的驰道形成，战马、战车从此沿此道驰骋于秦王朝北疆。位于原州西南的海子峡峡谷沿长城内侧穿越陇山东西，由西海子水流冲刷天然形成，地势平坦，西出东进固原不用翻越高耸的陇山，成为这条驰道穿越陇山的唯一通道，这也是战国秦王朝选择长城从此过陇山的主要原因。秦始皇统一六国后的第二年，以咸阳为中心修建了通往各地的具有标准化、相对完整的交通干道。为巩固其统治，显示皇威，在修筑驰道的当年就出巡西北。长城沿线的驰道应该是这次维修的主要对象。秦始皇巡视陇西郡后，经北地郡返回时就是沿着这条道路到达咸阳的，海子峡道成为西出东进陇山的主要通道。所以，最迟从秦王朝“筑长城以拒胡”开始，海子峡道便成为自今固原穿张易西出静宁、天水的主要通道。从此，商旅驼队来往于此道，驼铃声声，不绝于尘。固原市原州区张易镇如今还保留有大湾店子（地名因该村过往客商行人多设有旅店而得名）、骆驼巷（均位于海子峡西口）等地名，足以见证当年的辉煌。宁夏鲁人勇先生及甘肃平凉李春茂先生均认为海子峡道为丝绸之路固原越陇山的西出通道之一。

自从德国地理学家李希霍芬（1837—1905年）将汉代中国和中亚南部、西部以及印度之间的以丝绸贸易为主的通道称为“丝绸之路”以后，学术界对其走向的研究已有了约定俗成的说法。通（常把它分为三段，即东段（起于长安，至于玉门关）、中段（今新疆地区）、西段（新疆以西中亚至欧洲或印度）。学术界普遍又将东段分为南、中、北三条路线。北道从长安出发，沿泾河经平凉出萧关后，笼统的说法是有三条道翻越陇山，一条经隆德县东北，即大体是现在的西兰公路的路线，元代以后较多采用；两条经原州分别过石门关（寺口子）和黑城镇苋麻河谷（今海原三河镇）至甘肃靖远县。应该还有一条重要的通道即海子峡道（后称木峡道），笔者认同宁夏鲁人勇先生及甘肃平凉李春茂先生的观点。综上所述，可以看出这条道是丝绸之路经原州翻越陇山最古老的通道之一。

① 宁夏固原博物馆：《固原文博探究》，银川：宁夏人民出版社，2011年，第12页。

二、海子峡道、木峡关与木峡道

后人因在海子峡谷西口建有木峡关而称海子峡道为木峡道，木峡关不绝于史书，可见这条道路的重要性。

木峡关在固原古代史上作为名关存在了数百年，地势险要，扼守着固原西南的交通要道。木峡关的具体位置，《元和郡县志》卷三载："木峡关在平高县西南四十里。"《太平寰宇记》卷三三载："蔚茹水（清水河）源出原州西南颓沙山中。木峡关在颓沙山上。"清宣统《甘肃全省新通志》载："木峡关，在州西南，亦陇山之口也。"《民国固原县志》卷五载木峡关：《元和志》《寰宇记》均云："木峡关在高平县西南四十里颓砂石上。"《通鉴集览》注、《新通志》注亦云在固原州西南。今按当在县西南海子峡之出口处也。考北魏永熙三年，宇文泰讨侯莫陈悦于水洛城至原州，遂引兵上陇出木峡关，即此。宋吴磷据东山堡，与金习尼列战于张义堡遂沙山下，亦即此。盖由静宁、水洛城各地来固邑者，则海子峡为必经之路，而海子峡口亦陇山之口也，距治南适当40里之遥。山岭起伏，砂石堆积，关垣遗迹，尚有可寻。唐大历中，元载尝为西州刺史，知陇右山川形势，因言于上曰："移军戍原州、泾州，为之根本，分守石门木峡。"亦指此也。[①]今海子峡谷西口即西海子出口处有一城址，距原州西南20公里，且西海子水流为清水河主要源流，距离、水流与史书记载基本一致。

今人考证该城址遗存当为木峡关遗址。城址平面呈长方形，南北长约120米，东西宽80米，开南门，门残宽10米，城墙基宽4米，残高2～4米，顶宽1～2米。黄土夯筑，夯层厚6～9厘米，地面散布唐代砖瓦，陶罐残片。城墙东边海子峡水南北流过，部分城墙被水冲垮。城址与西侧瓦窑村为邻，东距西海子约1.5公里。西海子水入洞由地中出山，恰巧与海子沟水在木峡关城东侧交汇，汇入海子峡。西为羊肚子山；北为海子峡石崖，崖石斑斓；南口大湾店；东北口为海子峡水库，山崖坡面堆沙石。峡谷两侧山形崔巍逼天，危削穹窿，高低牙错，为西南屏藩。在今叠叠沟道路修通前，由静宁、庄浪来原州者，海子峡道为必经之地。正因如此，木峡关才是交通要枢，保障原州进而保障关中的屏藩。

木峡关、木峡道在东汉时就见于史书。明《秦安县志》记载：东汉更始二年(24年), 隗嚣攻取安定（今宁夏固原），开通了秦州（今天水）至安定的木峡关道，自秦州起，止于固原。可见东汉时期，木峡已置关，木峡道已开通。

北魏孝武帝永熙三年（534年），"四月，引兵上陇，留兄子遵为都督，镇原州。帝军令严肃，秋毫无犯，百姓大悦。军出木峡关，大雪，平地二尺。"[②]侯莫陈悦退至水洛城（甘肃庄浪）。

隋代周，突厥南下攻掠。木峡关成为突厥民族南下主要道路。据《隋书・突厥传》载："隋文帝开皇二年（582年），突厥首领沙钵略，妻为北周宇文氏之女，曰千金公主，愤隋之代周，伤痛宗祀灭绝，劝其夫沙钵略攻隋。沙钵略以替周复仇为名，自木峡关、石门关（须弥山沟口羊圈堡）二道大举南下，攻入长城以南之安定（泾川）、延安、上郡（陕西富县）等地，牲畜被掳掠殆尽而返，隋连忙屯重兵于咸阳为备。"

---

①《民国固原县志》，银川：宁夏人民出版社，1992年，第320页。

②《北史》卷九《周本纪上第九》，北京：中华书局，1999年。

李唐帝国建立后，改平凉郡为原州。贞观五年（631年），于原州置都督府，管辖原、庆、会、亭、达、要等七州，并在原州设立石门、木峡、六盘、制胜、驿藏、木峭、石峡七关[①]，木峡关成为著名的唐原州七关之一。唐朝以京师为中心设关26个，分为上、中、下三等，上关6个、中关13个、下关7个，六盘关为上关，木峡关为中关。足见木峡关的重要地位。

唐高宗仪凤三年（678年），设群牧都使以管辖各地马牧监，其中在原州西南木峡关增设木峡监。[②]

唐代宗广德元年（763年）七月，吐蕃大举攻掠原州、木峡关、秦（今甘肃秦安北）、渭（今甘肃陇西）等州，河西、陇右（今青海东部）悉被占据。《旧唐书·元载传》记：唐代宗大历八年（773年），元载对代宗建议："吐蕃防戍乃在摧沙堡（固原西南），而原州界其间。原州当西塞之口，接陇山之固，草肥水甘，旧垒存焉。其西侧监牧故地，皆有长壕巨堑，重复深固……徙（郭）子仪大军居泾，以为根本，分兵守石门、木峡、陇山之关……"唐宣宗大中三年（849年）吐蕃由于内乱，日渐衰弱。一月吐蕃宰相论恐热杀其东道节度使，愿以秦、原（原州）、安乐州（今宁夏同心韦州）及石门、木峡、六盘、制胜、驿藏、木靖、石峡七关归还唐朝。[③]唐宣宗令太仆卿陆耽往见论恐热，予以谕慰。令灵武（今灵武西南）节度使朱淑明，邠宁（今陕西彬县和甘肃庆阳宁县）节度使张君绪等各出本道兵马迎接。六月，泾原节度使（治泾州，今甘肃泾川北）康季荣接管原州和石门、木峡、六盘、制胜、驿藏、木靖、石峡七关，得人畜数万。

北宋开宝六年（973年），许钧知镇戎军（固原），曾出游至陇山木峡口，宋真宗以无故离城，诏书戒敕，用曹玮代之。从许钧出游路线来看，出游的地点应在海子峡谷西海子，西侧紧临木峡关城，也是峡谷的西端出口处。北宋咸平二年（999年），为防御西夏向南掠扰，知军李继和为屯田制置使，在镇戎军（固原城）附近及木峡口以南的各个地方设立堡寨，徙人以居住，且耕且战，这不仅解决了当地驻军的部分粮草，而且也安置了部分降附的少数民族居民。以上所记的在木峡口以南的地方设立堡寨，是指今张易等乡镇。北宋至道三年（997年），宋在古原州平高县置镇戎军，辖领城一、堡二、寨七。堡二：开远、张义。[④]张义（今张易镇）即张义寨。

陇山区域气候湿润，峡谷夏秋流水，冬春结冰，不利于辎重车辆通行，且经平凉翻越六盘山至静宁的道路要比经平凉过固原木峡关至静宁的道路便捷约60公里，故六盘道在元代开始畅通，形成了由长安（西安）至平凉，翻越六盘山，直通金城（兰州），然后经河西走廊，通向西域，直到现在仍然畅通（国道312线）的国际大通道。此道一通，代替了历史上沿用的木峡关道（由固原经木峡关越陇山）、番须口道（由华亭越陇山）、鸡头道（由崆峒前峡、安化峡越陇山），木峡关道的政治、经济、军事地位不再显赫，木峡关西口的村庄大湾店子的旅店和街市（村中已无街市，但至今留有街道称谓）也失去了往日的风采。但直至叠叠沟道路修通前，海子峡道仍然是固原由静宁、天水西出东进的主要通道。1958年，由于城市供水需要，原固原县在海子峡东口修建了海子峡水库，西南交通道路改为今滴滴沟（固原—西吉将台公路），大湾店子的旅店和街市也完成了他们的历史使命。

（作者系宁夏固原博物馆馆员）

---

①《新唐书》卷三七《志第二十七·地理一》，北京：中华书局，1999年。

②《新唐书》卷五〇《志第四十》，北京：中华书局，1999年。

③《新唐书》卷八《本纪第八·宣宗》，北京：中华书局，1999年。

④《宋史》卷八七《志第四十·地理三·陕西》，北京：中华书局，1999年。

在汉唐丝路茹河道上感悟历史

刘治立

内容摘要 为了全面了解茹河古道的经行状况，来自陕西、甘肃、宁夏三省区的十几位学者组成考察组，根据班彪《北征赋》所记述的行程及见闻，重走“北征”路，查看沿途边塞和城池，踏勘各处重要遗址，分析茹河道在汉唐军事、经济、文化发展中的重要作用，追思前人东进、西征的行程，感受古道、古城、故塞的魅力，判定茹河道在丝绸之路中的特殊地位。

关键词 彭阳 战国秦长城 朝那 萧关 高平

随着“一带一路”建设构想的提出和实施，对丝绸之路文化的研究日益引起重视。但在研究过程中，对于茹河古道的地位和作用，却没有引起足够的重视，这无疑会使丝绸之路研究出现断档缺环的现象。为了弥补这种缺憾，2016年4月17日，由陕西师范大学、甘肃河西学院、陇东学院及甘肃镇原县、宁夏彭阳县的十几位文史工作者组成联合调查组，沿着茹河对该古道进行全面的考察和研讨，对相关历史进行移情式领悟。

一、释余马于彭阳

根据史书记载，汉文帝十四年（前166年），“匈奴单于十四万骑入朝那萧关，杀北地都尉印，虏人民畜产甚多，遂至彭阳。使奇兵入烧回中宫，候骑至雍甘泉”。[①] “朝那”为秦汉县名，在今宁夏彭阳县西古城镇；“萧关”在今宁夏彭阳县境；匈奴军队所至的“彭阳”为秦汉彭阳县，在今甘肃庆阳镇原县太平镇上城行政村东山自然村，古城址至今犹存；“回中宫”在今甘肃华亭和陕西陇县之间；“雍甘泉”即雍（今陕西凤翔）和甘泉宫（在今陕西淳化）。匈奴军队这次入掠，打败北地都尉于萧关，进至彭阳（今镇原县东彭阳故城），并派奇兵入烧回中宫，深入到雍和甘泉，距长安仅200里。《草原帝国》中写道：“公元前167年，他们进入陕西，直至彭阳（中国都城长安以西），放火烧了这里的一座皇宫”。[②]该书的译者画蛇添足地增加了一条脚注：“应是彭阳城的回中宫”。除了时间不太准确外，书的作者和译者都没有搞清彭阳和回中宫的关系，误将回中宫置于彭阳城，其实彭阳和回中宫未在同一处，两者间还有很长一段距离。

公元25年，二十三岁的班彪面对长安的政局的颠覆而“遂奋袂以北征兮，超绝迹而远游”，走的是这条道。东汉建宁元年（168年）二月，段颎平定羌人起义一直打到逢义山，走的也是这

①《史记》卷一一〇《匈奴列传》。
②［法］勒内·格鲁塞著，蓝琪译：《草原帝国》，北京：商务印书馆，2009年，第68页。

条道路，“建宁元年春，颎将兵万余人，赍十五日粮，从彭阳直指高平，与先零诸种战于逢义山。”[①]李贤注：“彭阳，高平，并县名，属安定郡。彭阳县，即今原州彭原县也。高平即今原州也”。唐朝贞元三年（787年）十月，吐蕃军队侵扰，顺着茹河而下，火烧丰义城，也是走的这条道。匈奴军队行走时，正值寒冬，铁马冰河成了主要的景象。班固“北征”是在十一月，赋中涉及南飞的大雁和山顶的积雪。段颎行军时，已是初春，沿途景色与我们途中所见近似。吐蕃军队进攻丰义城时，也是冬季。

茹河是蒲河的重要支流，发源于宁夏固原市原州区寨科村，流经宁夏彭阳县城及甘肃镇原县城，在北石窟寺门前汇入蒲河。茹河又名彭阳川[②]，茹河河谷在历史上是关中北出塞外的重要通道。班彪所走的路线在《北征赋》中得到具体的记载，由于地形的复杂和古今地理建置的变化，过旬邑和彬县以后进入陇东的行迹有一段很模糊，如赤须长坂、义渠国都、泥阳等，存在许多的争议。但随后沿着茹河河谷西行，路线就很清楚了。

茹河河谷平坦宽阔，起伏较小，便于大军行动，汉代茹河的水流量比现在更加充沛，可供兵马饮用，这是老上单于选定此道进攻汉朝的重要原因。班彪写道：“释余马于彭阳兮，且弭节而自思。日晻晻其将暮兮，睹牛羊之下来。”班彪到达彭阳的时间是傍晚，他信马由缰地行进，又停车暗自思量，能够看到成群的牛羊从山坡上下来。也就在班彪到此地的191年之前，匈奴大军到达彭阳，由于萧关已被攻破，北地都尉孙卬被杀，汉军士气受挫，沿途再没有遇到大的阻击，彭阳的失陷顺理成章，似乎并无大的激战，因此史书记载匈奴军队“至彭阳”，老上单于派遣奇兵火烧了回中宫，侯骑则越过彭阳到达雍甘泉。在班彪过此的762年后，贞元三年（787年）十月甲申，吐蕃军队在此与唐军激战，唐朝经过安史之乱后国力衰退，无力抵挡吐蕃的强悍进攻，丰义城遭到严重的破坏，“冬十月，甲申，吐蕃寇丰义城，前锋至大回原”。[③]汉代彭阳县在唐朝为丰义县，大回原在今宁县太昌。

彭阳县这座千年古城历经劫难，却依然傲立于茹河畔，直到宋朝还作为县城，元朝时期并入镇原州。前几年在镇原县境内还设有彭阳乡，可是在21世纪初乡镇机构撤并的过程中被撤销，竟连一个彭阳村名也未留下。取消沿用了两千多年的地名，实际上是丢弃了一张亮丽的历史文化名片，这对古城的保护以及提高古城的知名度是很不利的。

二、越安定以容与

汽车穿过秦汉彭阳古城和石空寺石窟，过桥到达茹河北岸，进入镇原县城。镇原县城在秦汉时期属于何县，目前还没有一个足以说服大家的观点。班彪在镇原县城一带是否驻足呢？他在走过彭阳县后称“越安定以容与”，“容与”意谓徘徊犹疑，经过安定时，班彪的心态并不轻松。有学者根据这种行程顺序的记载，以及《元和郡县图志》中“临泾县，县界兼有汉安武、安定、临泾、抚夷四县之地”的记载，认为“西汉时在茹河川今镇原县境内只有两座古城，即彭阳县与安定县。证明西汉安定县不在今泾川境，而在今镇原县的茹河川附近，也证明临泾不在茹河

①《后汉书》卷六五《段颎传》。

②史念海：《河山集九集》，西安：陕西师范大学出版社，2006年，第152页。

③《资治通鉴》卷二三三《唐纪》“德宗贞元三年”，北京：中华书局，1956年，第7506页。

川”。[①]也有学者则进一步提出镇原县城东南祁家川秦汉后河遗址是汉代安定县所在，这里曾经出土著名的“秦始皇二十六年铜诏版”可作佐证。[②]

这种观点目前响应者甚少，证据显然还是不足。也有人认为《北征赋》中的“安定”是安定郡而不是安定县，走过彭阳后离安定郡治所高平更近了。这种说法也显得牵强。我们大致可认为，镇原中部地区曾经属于安定县，至于县城的具体所在，只能存疑待考了。

从班彪的行程路线看，应该经过今镇原县城。在赋中没有出现临泾县，是因为当时的临泾在镇原南部的洪河川，不在今县城。广德元年（763年）原州（治今固原市原州区）为吐蕃所占，唐朝在灵台设立行原州，后移至平凉。唐德宗贞元年间，郝玭率领百骑沿着茹河巡查捕野之后，向马璘建议修筑城池，“临泾地扼洛口（原注：有洛川在泾川西北，尽于临泾），其川绝饶利息畜。其西大野，走戎道，旷数百里，其土乃流沙，无能出水草，当涉者尽疲，即屯临泾为休养地”。[③]马璘对此不够重视，回绝了郝玭的建议。唐宪宗元和三年（808年）正月，泾原节度使段祐将这一主张上报朝廷，朝廷同意在此修临泾城，他很快付诸实施。十二月，移置行原州于临泾。这才有了唐朝至今的临泾，也才有了唐朝后期和宋金时期的原州。

三、遵长城之漫漫

驱车继续沿茹河西行，在开边镇张庄行政村张庄自然村驶离河谷，向北登原，辗转到达武沟乡孟庄村，战国秦长城展现在面前。战国秦长城孟庄段处于甘肃、宁夏两省区的边界，成为两省区的界线，东为甘肃镇原县武沟乡孟庄村白草坬，西为宁夏彭阳县孟塬乡草滩村阳洼台，因此出现了两个名称，甘肃一边命名为白草坬段，而宁夏一段则命名为草滩段。这里地处塬畔，人类活动较少，所以历经2280多年，这座饱经风霜雨雪的古老长城仍刚劲坚毅，高大的城墩和厚实的城墙仍然清晰可见。站在长城极目远望，只见长城像一条黄色的巨龙冲下南边的山坡，越过草滩沟，爬上北面的韩家台，然后沿着原地向东北方向延伸。面对粗犷而雄浑的战国秦长城，不能不折服于古人的聪明才智，同时涌出一种庄严神圣的情感，既激动又感慨不已。

1987年5月23日，原庆阳师专历史系彭曦老师踏勘至此，在《战国秦长城考察与研究》中写道：“长城经过彭阳县至张沟圈至孟庄约8公里的破碎沟壑区，真正是已被割蚀得支离破碎了，然而爬上孟庄塬后，似乎又得到了生气，塬上破坏不太大”。[④]我们所看到的正是彭老师在书中描述的这段。遗憾的是，今天这段长城已经没有了29年前的生气，在不久之前受到了严重的伤害。为了开辟一条下山的道路，下坡处一个巨大的敌台（也称敌楼，高出城墙之上，是跨城墙而建的墩台），被削去一小半，露出累累的疤痕。从裸露部分的土色看，破坏的时间不会超过一年。削去的是东半块城墩，西半块还很完好地保存着。虽然还没有危及到敌台顶部，但对敌台的存续造成了危害，已经保存2000多年的文化遗产毁坏在当代人的手中，实在令人痛心。

班彪在越过彭阳之后看到了长城，他写道：“遵长城之漫漫”。“遵”的意思是顺着、沿着，班彪所看到的长城应该是在茹河道北侧山坡上的某段，但不是草滩段，因为班彪是沿着茹

① 祝世林：《平凉古代史考述》，内部资料，1997年印，第299页。
② 张多勇：《泾河中上游安定郡属县城址及其变迁研究》〔西北师范大学硕士学位论文〕，2007年，第25页
③ 沈亚之：《临泾城碑》，见《全唐文》卷七三七。
④ 彭曦：《战国秦长城考察与研究》，西安：西北大学出版社，1991年，第101页。

河河谷行走的，而草滩段已经登上塬面，向北边的川道延伸。班彪误将战国秦长城当成秦始皇长城，因此责备蒙恬劳民伤财为秦筑怨，“剧蒙公之疲民兮，为强秦乎筑怨。舍高亥之切忧兮，事蛮狄之辽患。不耀德以绥远，顾厚固而缮藩。首身分而不寤兮，犹数功而辞鳏。何夫子之妄说兮，孰云地脉而生残”。但从前些年在镇原县发现的秦始皇廿六年铜诏版看，秦始皇也曾经对这段长城施加过影响。班固已经将战国秦长城误读为秦始皇长城，今人就更不用说了。同行考察组成员也产生了一个想法，这里长城的一边叫孟塬，一边叫孟庄，是否与孟姜女有关呢？关于孟姜女传说流传的范围极广，根据顾颉刚的研究，全国有十九个省市，其中也包括甘肃。据镇原群众的说法，孟姜女系武沟乡孟庄人，这应该是后人附会，因为与孟姜女相联系的是秦始皇长城，而不是战国秦长城。

唐代诗人李益《长城》中写道：“秦筑长城比铁牢，蕃戎不敢过临洮。”秦昭王“筑长城以拒胡”，确实在一定程度上起到了捍卫边塞的“铁牢”的作用。随着蒙恬的远征，战国秦长城在秦始皇时期已经不再发挥边墙的作用。可是到了楚汉战争和西汉初年，各股力量忙于逐鹿中原，无暇顾及捍卫河南地，匈奴再度南下，“悉收复秦所使蒙恬所夺之地，与汉关故河南塞，至朝那、肤施”[①]；“复稍度河南与中国界于故塞”[②]。史书中所说的“故塞”“故河南塞”，即战国秦长城。汉初的汉匈争斗，也围绕着“故塞”展开。霍去病打败河西匈奴后，将他们安置在五属国，其中北地属国（后称安定属国）就在孟庄以北地区。匈奴以及后来羌族的畜牧生产方式和生活习俗在故塞沿线有所保留。据彭曦老师的调查，在孟庄战国秦长城内外，有着迥然不同的习俗。每年农历十月初一，凡是居长城内侧者，必须上坟烧纸，称作为亡故之人“送寒衣”，而在长城外侧者，即便是在长城脚下，却也绝不履行这种仪式，问他们为什么不送寒衣，回答是城外不兴此俗 。[③]孟庄的一个古城遗址，传说是和“单于王换马的地方”。[④]传说出自未曾读过《史记》《汉书》的当地老农之口，这就使我们有理由对长城沿线的民族关系做一些合理推断，长城外侧的习俗及附近的换马地点，或者与属国的畜牧业遗风有关，长城作为农业和畜牧业分界线在孟庄一带也得到了具体的体现。

毛泽东有“望长城内外，惟余莽莽”和“不到长城非好汉”的豪迈词句。1935年10月9日，毛泽东所率领的“好汉”（中国工农红军陕甘支队）沿着“惟余莽莽”的战国秦长城，从宁夏彭阳孟塬到达甘肃镇原武沟乡孟庄村，在孟庄驻扎吃午饭。红军逮捕了反动地主刘杰，刘杰的庄院就在孟庄的长城脚下。下午，陕甘支队继续前进，经过马渠，于10日凌晨到达三岔。据很多调查者的记述，战国秦长城出孟庄后，经过马渠到达三岔。因此，陕甘支队在彭阳和镇原大致上是沿着战国秦长城的走向行军的。孟塬与孟庄之间的战国秦长城既是彭阳与镇原的界线，同时也可以看做是红军陕甘支队长征途中在宁夏固原市的终点和甘肃庆阳市的起始点。

四、吊尉印于朝那

汽车沿着长城继续西行，穿过彭阳县孟塬，继续向西行驶，在草庙折向西南，最后到达彭阳

---

①《史记》卷一一〇《匈奴列传》。

②《汉书》卷九四上《匈奴传上》。

③ 彭曦：《战国秦长城考察与研究》，西安：西北大学出版社，1991年，第111-113页。

④ 彭曦：《战国秦长城考察与研究》，西安：西北大学出版社，1991年，第108页。

县城。下午两点半，在彭阳县原人大主任杨忠等三位文史工作者的带领下，离开县城向西行进，到达秦汉朝那城。朝那城位于彭阳县城以西16公里的古城乡的茹河北岸，三面环山，是西部地区进入关中的要地。固原至彭阳的公路从朝那城中（东西门）穿过，将古城分成了南北两块。古城的大部分城墙至今保存完好，城墙高1~13米不等，基宽14米，在城墙外还有深3米，宽20米的城壕，大部分至今依然保存分明。城墙的夯土层显得很均匀，从墙体中能看到许多破碎的瓦片。彭阳的几位文史工作者对当地的文物如数家珍，指着北边的山坡说，在那里曾经发现过数量众多的汉墓群，又指着古城西南方向说，著名的朝那铜鼎就发现在那一带，铜鼎的出土，为朝那方位的确定提供了有力的实物佐证。

关于朝那的读音及含义，目前学界说法很多。“当是之时，匈奴新大入朝那，杀北地都尉”。[①]《史记索隐》：“上音朝，早也。下音乃何反，县名，属安定也。”《史记正义》：“在原州百泉县西北十里，汉朝那县是也”。唐人司马贞和张守节的音注为后来的辨音确立了基础。《说文解字》：“那，西夷国。安定有朝那县。”宋徐铉注：“诺何切”。清段玉裁注：“朝，音株”。赵帆声认为，“朝那音‘朱那’，当系地方俗音。地名，音多有讹者，虽然也合于音变之理。朝于古音为端母宵韵，朱系章母侯韵。其所以通者，端、章准旁纽，宵、侯旁转，朝音转而读‘朱’”。[②]这也就是说，朝那方言音变为“朱那”。宁夏学者普遍读作“株诺”。

关于朝那的意思，说法也不一致。有人认为是地名，《史记索隐》将之解释为“县名，属安定也”。有人认为是族称，“朝那二字连用，无任何意义，显系少数民族语言……疑朝那是一古代部族名。”[③]还有学者认为朝那是古羌语语词，是古羌人对其居住地的命名，意思是黑龙，汉字“周”和“那”曾分别用来译写藏语中意思为“龙”和“黑”的单词，“‘朝那’是古羌语词语，是古羌族人对所居地的命名。羌汉两种语言接触后，汉语吸收了该词语，而将原词用汉字译写为‘朝那’，意思是‘黑龙’”。[④]

这些各执一词的观点不乏可圈可点之处，但仔细品味，除了发音问题基本上可以接受外，对于其含义的解释，总觉得说服力还是不够。

关于朝那的所在，目前有几种不同的说法，第一为宁夏彭阳说，第二为甘肃灵台说，第三为甘肃镇原说，还有泾川说、华亭说等。这种纷争的根源是东汉中后期安定郡的内迁及北魏等朝的移置。这个争议并不难解决，只要考虑到不同时期朝那的设置点，问题就可以迎刃而解。当然，基本前提是放弃狭隘的地方文化保护主义，以实事求是的态度对待历史地名的变迁。汉代朝那在今宁夏彭阳县，是没有什么问题的。

“朝那”第一次出现在史书，即与杀伐有关。后来的诗人也往往将“朝那”与战场联系起来。唐李白《发白马》诗：“扬兵猎月窟，转战略朝那。倚剑登燕然，边烽列嵯峨。”宋苏轼《次韵范淳父送秦少章》：“西羌已解仇，烽火连朝那。坐筹付公等，吾将寄潜沱。”汉匈在朝那的战事是汉初最惨烈的一次军事争斗，因而朝那成为唐宋诗歌中战场的代称。格鲁塞描述北方游牧民族南下掠夺的行为和心态：“在干旱的岁月里越过一个又一个干涸的水沟，冒险穿过荒芜的草原，来到耕地边缘，在北其里（河北）或河中地区的大门边，吃惊地凝视着定居文明的奇

① 《史记》卷一〇二《冯唐列传》。
② 赵帆声：《古史音释》，郑州：河南大学出版社，1995年，第587页。
③ 祝世林：《平凉古代史考述》，内部资料，1997年印，第282页。
④ 赵小刚：《朝那：保留在汉语中的古羌语语词》，《兰州大学学报》2007年第2期。

迹：成熟的庄家、堆满粮食的村庄和豪华的城镇。这一奇迹，或者说，它的秘密——维持人类的繁荣所需要的辛勤劳动——是匈奴人所不能理解的。如果他受到蛊惑，他就会像他的图腾‘狼’一样，在雪天潜入农庄，窥视着竹篱笆内的猎物。他还怀有闯进篱笆、进行掠夺和带着战利品逃跑的古老冲动。”[①]匈奴突破朝那萧关防线，虏人民畜产甚多，在进军到彭阳后不久，又迅速撤退，与格鲁塞所描绘的景象完全吻合。

都尉是汉代的长官，作为郡太守的副手，掌管一郡的军政要务。但在边境和内地某些地区都尉又往往和太守分疆而治，单独管理一部分地域的军民两政，这部分地域也称作都尉，成为一种实际的政区。班彪到朝那悼念孙卬，说明孙卬战死的地方离朝那城不远，也说明朝那是孙卬的管辖区。孙卬奋力反击，兵败被杀。史书没有记载汉朝对孙卬的追封，《史记索隐》引徐广曰：“其后子单封为瓶侯”，却足见汉朝统治者对他的褒奖。孙卬被杀，朝那城陷，“上以胡寇为意”[②]，可见汉朝统治者很在意这次失利。班彪此行，一个重要的目的是凭吊古战场和英勇战死的孙卬，“闵獯鬻之猾夏兮，吊尉卬于朝那。”班彪不赞成民族间的战争，“从圣文之克让兮，不劳师而币加。惠父兄于南越兮，黜帝号于尉他。降几杖于藩国兮，折吴濞之逆邪。惟太宗之荡荡兮，岂曩秦之所图。”他既反对匈奴的侵扰，又反对中原王朝的穷兵黩武，赞成汉文帝的“克让”，并以此与暴秦作比较。

五、登鄣隧而遥望

萧关是关中四塞之一，“关中阻山河四塞”[③]，《史记集解》引徐广曰：“东函谷，南武关，西散关，北萧关。”清朝顾祖禹说萧关“自秦汉以来，为华戎之大限”。[④]史书记载，老上单于率领十四万骑兵攻破朝那萧关，杀死北地都尉孙卬。班彪说：“登鄣隧而遥望兮，聊须臾以婆娑。”他为悼念孙卬而来，所登临的应当是萧关的鄣隧。

关于萧关的具体位置，说法颇多，达十几种，较有影响的有宁夏固原市原州区南的三关口说、瓦亭说、牛营说、开城说、三十里铺说、固原城北十里说、宁夏彭阳县任山河说、古城说、甘肃环县城北说等。任山河距离朝那城最近，“任山河位于固原县东南三四十里，形势险要，又地当由固原县通往镇原县的道路上，这与史书所记萧关的情况是相符的。因此我们认为，萧关就在任山河附近”。[⑤]在与彭阳县文史工作者的交流中得知，他们对任山河萧关说持怀疑态度，理由是在任山河并没有发现边墙或关隘的遗址或遗迹，从其地形看，在此设关口尚不能真正起到控制作用。有人主张彭阳古城（即朝那城）就是萧关，“古城遗址状况，丰富的地表遗存及陶水管、铜鼎等一系列重要文物的出土，证明这座古城始建于秦汉时期，是当时极为重要的城址之一。联系文献记载，我们认为这座古城就是汉代萧关所在地。”[⑥]虽然以古城为萧关似乎具备了高耸的城墙、宽阔的城池、众多的遗迹等条件，但是若是这样，朝那县城又将置于何处？难道是朝那城与

---

①［法］勒内·格鲁塞著，蓝琪译：《草原帝国》，北京：商务印书馆，2009年，第5页。
②《史记》卷一〇二《冯唐列传》。
③《史记》卷七《项羽本纪》。
④ 顾祖禹：《读史方舆纪要》卷五七《陕西七·萧关》。
⑤ 刘满：《再论萧关的地理位置》，《敦煌学辑刊》2000年第2期。
⑥ 牛达生、许成：《汉代萧关考》，《固原师专学报》1983年第1期。

萧关是一体的？出土的朝那鼎不能证明其为朝那城，却说明此处为萧关，这种解释显然存在逻辑上的缺陷。

彭阳县三位文史工作者驱车引导我们先后观看了任山河、三十里铺、开城以及固原城北十里的萧关遗址，让大家自己判定，使同行者对该问题有了更加深切的认识。由于没有携带任何测绘工具，也没有足够的时间仔细探查，也看不到巍峨高耸的鄣隧，所以在各个点上只能停下车来远眺近观个大概，在各个可能的萧关"遗址"凭吊和感慨，遥想当年的盛况。所看到的各个遗址都有险要的地形，都为两山之间的关口，设立关卡均可以产生重要的战略扼制作用，但问题是，作为如此重要的关塞，地下文物十分缺乏，两山的辅助设施也很难找见，有城墙遗迹的也很难与所谓的萧关接续，这就使我们对这几种说法均产生了怀疑。据《史记·匈奴列传》记载，"自是之后，匈奴绝和亲，攻击当路塞，往往入盗于汉边，不可胜数"。当路塞就是在山谷中修筑的可以直接遮挡道路的障塞，《史记索隐》引苏林云："直当道之塞"。匈奴连续攻击汉朝的当路塞是在元光二年（前133年）之后，此前应该已有当路塞。那么这几处即便有一些左右相互联结，隔断沟谷的建筑物遗迹，也不好轻易称之为萧关。

此行的本意是判定萧关的位置，结果越看越觉得不好确定。看来，萧关的争议虽然已经很热烈了，但距离拿出确凿的证据链，做出一个持之有故令人心悦诚服的解答，还有很长的一段学术探讨之路。

六、陟高平而周览

景爱在《中国长城史》中提出，"为了防止义渠戎回归侵扰，修筑长城是最好的措施。长城只有在义渠戎居住地的外围修筑，才能达到防止义渠戎返归的目的。因此，在义渠戎原居住地的外围修筑长城，自然就成为秦昭王长城的重点所在。从文献记载和长城遗迹的分布来看，宁夏固原地区是秦昭王长城的重点地段"。[①]这次考察，将重点放在固原段。

彭阳的几位文史专家带领考察组考察了朝那古城、皇甫谧文化广场和任山河萧关遗址后，驱车沿着青石嘴进入固原原州区，先后观看了三十里铺、开城及固原城南的史氏墓群遗址后，穿过固原城，到达北城墙脚下。

班彪写道："陟高平而周览，望山谷之嵯峨。野萧条以莽荡，迥千里而无家。飙发以漂遥兮，谷水灌以扬波。飞云雾之杳杳，涉积雪之皑皑。雁邕邕以群翔兮，鹍鸡鸣以哜哜"。班彪登上了高平城四处环望，看到了空旷的原野，向远处还看到陇山上的皑皑积雪。班彪登临的秦汉高平城墙早已不复存在，摆在我们面前的是巍峨雄壮明城墙。据《万历固原州志·建置志》记载，万历三年（1575年），"石公茂华，始甃以砖，高三丈六尺，周凡十三里七分，遂称雄镇"，三边总督石茂华因土筑不能久远，采取以砖包砌的办法，造就一座雄镇。这是一段保存完好的古城墙，除了西安城以外，恐怕是最好的。沿着城墙北行，看到许多不容乐观的景象，很长一段墙砖已经被拆除了一部分，露出墙内的夯土。据彭阳学者们介绍，除了天灾（民国9年海原地震）的破坏外，人为拆除也影响很大，特别是"文化大革命"时期拆除了固原部分城墙，使持续数百年的古建筑毁于旦夕。

现代学者认为，"随着丝绸之路的开通和西汉政府对北部边防的重视，高平已成为丝绸之路

---

① 景爱：《中国长城史》，上海：上海人民出版社，2006年，第151页。

上的一个重要城镇”。[①]班彪此行的终点就是高平。由于时间关系，我们没能像班彪一样登上高平城墙俯视远眺，但班彪所描述的“飞云雾之杳杳，涉积雪之皑皑”，我们在车上也能看到。此时已是四月中旬，地面的气温已达20多度，考察组成员多数都脱下了外衣，只穿一件衬衣。可是仰望六盘山之峰巅，却是白茫茫一片，最初还以为是白色的山石，仔细辨认，才看出是大片大片的积雪。走在六盘山脚下，感觉到“十里不同天”的说法不仅不夸张，而且还不足以比喻近在咫尺的节气反差。

离开城墙北行十多里后，又看到完整的长城。这段长城亦为战国秦长城，据《水经注·河水》记载，高平“川水又北，出秦长城。城在县北一十五里”。《读史方舆纪要》卷五八《陕西七·高平城》记载，“西魏大统十四年，宇文泰奉太子钦巡西境，登陇至原州，历北长城。盖由高平而北至秦所筑长城也。”《宣统固原州志·地理志》记载，“秦灭义渠，筑长城以御边，即此地，在州西北十里”。两者所记里数及方位虽然不完全相同，但实指同一长城，即我们登临的地方。由于山势起伏没有孟庄那么陡峭，长城就看得更加分明。虽然经过汉代的修葺，但其秦代建筑的风格还是很清晰。这条长城横亘于固原城北，对古代高平城的守御作用非常明显。

七、结语

本次考察起点为汉代彭阳，终点为汉代高平，紧跟着班彪的行踪亦步亦趋，结合相关资料进行历史分析和验证。通过本次考察，我们获益匪浅，感慨良多。

首先，对秦汉萧关有了更广阔的眼界。对于众多的萧关说，以往只是从研究资料上得到一点粗浅的认识。经过一天的考察，发现各种界定都还存在缺陷，还需要进一步挖掘文献资料，更重要的是寻找地下文物的证据，利用现代科技手段（如遥感技术），逐步澄清事实，复现萧关真面目。萧关虽然在不同的时期地点不一，但老上单于所攻破的朝那萧关只有一处，究竟在什么地方，还需要学界继续探讨。最初考察组只是打算从东彭阳（即秦汉彭阳，今甘肃镇原县东部）走到西彭阳（即秦汉朝那，今宁夏彭阳县）看一下朝那城和任山河萧关遗址。彭阳县的文史工作者以开阔的学术情怀，介绍了几种不同的说法，并带领大家考察了几处萧关遗址，一直走到高平城（今宁夏固原城）北十里，使大家最终能够和班彪一样“指安定以为期”，开阔了眼界，感受到强烈的震撼。

其次，对一些问题达成了共识。茹河道在秦汉时期既有长城的维护，沿途又有许多城池相连接，这是理想的经济、文化交流通道。丝绸之路又称宗教之路、石窟之路。格鲁塞认为，“这条纤细的双线，交替着穿过沙漠、越过山峦；它弱似忙于越野的蚂蚁爬出的蜿蜒而漫长的路线，然而，它足以使我们的地球形成一个整体，而不是彼此分离的两个世界……这就是丝绸之路和朝圣之路，沿着它，进行着贸易交往和宗教传播；沿着它，传来了亚历山大后继者们的希腊艺术和来自阿富汗地区的传播佛教的人。”[②]驮负丝绸到安西的骆驼队早已尘封于史书中，但沿途大大小小的石窟却连缀成一条佛教传播之路。茹河与蒲河的交汇处有著名的北石窟寺，北石窟寺以东的茹河畔，镇原境内有玉山寺石窟、洛阳寺石窟、大咀石窟、朱家川石窟、龙枣寺石窟、石空寺石窟、永乐寺石窟；彭阳境内有无量山石窟、段园子石窟、李渠石窟，这条道路进入固原市原州

---

① 陈育宁：《丝绸之路的文化交流对宁夏地区的影响》，《西北史地》1995年第1期。
②［法］勒内·格鲁塞著，蓝琪译：《草原帝国》，北京：商务印书馆，2009年，第11页。

区，在石门关又有著名的须弥山石窟。众多石窟镶嵌在沿线摩崖峭壁，特别是庆阳市和固原市最著名的石窟（北石窟寺和须弥山石窟，均为国家文物保护单位）矗立于道路的东西两端，说明在北朝隋唐时期，这是一条重要的石窟文化之路。

另外，初步提出茹河道在汉唐丝绸之路中的定位。“一带一路”规划提出，要“发挥陕西、甘肃综合经济文化和宁夏、青海民族人文优势”。对于丝绸之路的研究，陕西境内段和甘肃河西走廊段已经出现了显著成就，并且得到了较为准确的定位，即起始段和黄金段。茹河道再向西经过须弥山（东汉称为逢义山）下的石门关西行，经过甘肃靖远可以到达河西走廊。美国耶鲁大学历史教授芮乐伟·韩森在《丝绸之路新史》的序中认为，“丝‘路’并非一条‘路’，而是一个穿越了广大的沙漠山川的，不断变化且没有标示的道路网络。事实上，在这些艰苦商路上往来的货物很小，但是丝路确确实实改变了东方和西方的文化……这条路不仅传播了货物，还传播了思想、技术和图案”。[①]在世界历史上，“丝绸之路是一系列变动不居的小路和无标识的足迹”。[②]虽然从关中走向河西的道路很多，总体上呈现网状结构，中国、哈萨克斯坦、吉尔吉斯斯坦三国联合申报的世界遗产“丝绸之路：长安——天山廊道的路网”，就凸现了丝绸之路的网状特征。茹河道无疑是路网中非常重要的一条。曾经起到沟通陕西与河西走廊的茹河道，与周边其他道路一同，实现了关中与河西丝绸之路的承接。

（作者系陇东学院历史与地理学院教授、历史学博士）

①〔美〕芮乐伟·韩森：《丝绸之路新史·序章》，北京：北京联合出版公司，2015年，第5页。

②〔美〕芮乐伟·韩森：《丝绸之路新史·序章》，北京：北京联合出版公司，2015年，第9页。

须弥山石窟见证丝路文化交流

韩有成

内容摘要 须弥山石窟初创于北魏晚期，兴盛于北周和唐代，地处丝绸之路东段北道，是宁夏境内最大的石窟群，它是各种文化相互碰撞、交融的产物，也是吸收、融合各种文化最具代表性的体现，见证着丝路文化的繁荣，是丝绸之路多元历史文化现象在固原的展示。须弥山石窟在不同的发展阶段表现出了不同的艺术形式和风格，也有助于研究者研究丝绸之路多元文化在固原的独特体现。

关键词 须弥山石窟 丝绸之路 多元文化

一

须弥山石窟是宁夏境内最大的石窟群，也是古代原州（今固原）历史文化一个重要的组成部分，它是各种文化相互碰撞、交融的产物，更是丝绸之路文化繁荣的标志。

须弥山石窟初创于北魏晚期，兴盛于北周和唐代，是我国开凿较早的石窟之一，其艺术成就可与山西云冈、河南龙门等国内大型石窟相媲美。

北魏晚期是须弥山石窟的初创期，开凿的洞窟形制以中心柱窟为主，佛殿窟和僧禅窟次之，而僧禅窟一般分布在中心柱窟和佛殿窟的周围。

这一时期的中心柱窟（14、22、24、28窟）规模不大，中小型者居多，窟的平面为方形，窟门上方开有明窗，覆斗顶，壁面多不开龛，个别的三壁三龛。中心柱柱座较低，柱分三层，每层之间以隔梁分开，隔梁上雕三角垂帐纹。柱四面皆开龛雕像。龛以圆拱形、尖拱形为主。这种形制大体上源于云冈石窟二、三期中第1、2、51等小窟中多层楼阁式塔柱及巩县石窟。在题材布局上，每龛内的造像组合以一佛二菩萨为主。而在第14窟出现有交脚弥勒、释迦多宝并坐像；在第24窟出现有骑马、乘象、思惟菩萨等造像。

这一时期主像（佛像）为高肉髻，面相清瘦，身体修长，长颈削肩的“秀骨清像”式。佛像的衣着已变成了汉化的褒衣博带式，裙摆覆于龛下，呈人字形展开，摆褶端部呈大尖角状或大圆弧状，下垂部分较长。可以说是席地结跏趺坐，看不到佛座。菩萨像头束高髻，面相清秀，身体修长，身着襦裙，披巾自腹前交叉，下摆搭在两臂肘上，沿身侧下垂，摆短，尾部呈平角状。弟子身着袈裟，拱手而立。这种造像风格显然是北魏孝文帝服饰改制在佛教文化方面的反映。

在衣纹的雕刻手法上，为粗糙的密集平行式阴刻线，刀法直硬，刻线较深，衣褶密集堆积，显得厚实。这种雕刻技法，具有西北“黄土高原”的特色。

西魏是须弥山石窟的发展时期。西魏时期的洞窟基本上继承了北魏时期的传统做法，并有所发展，而成为须弥山石窟承前启后的一个重要阶段。所开凿的洞数量少，规模不大，布局分散，洞窟形制仍然以中心柱窟为主，佛殿窟和僧禅窟次之。

在洞窟的形制上继承了北魏时期平面方形、穹隆顶或覆斗顶、窟中心雕造中心柱的做法，但已无明窗。而这一期的中心柱窟（17、32、33窟）仍为中小型者，中心柱无基座，柱身分七层四面开龛造像，但已没有了北魏时中心柱的隔梁，有明显简化的趋势，即向方柱式过渡。其龛形以圆拱龛为主，并有少量的尖拱龛的形制。这一时期佛殿窟的形制为，主室平面方形，穹隆顶，窟内壁面不开龛或每面各开一龛或三龛。造像组合以三壁九佛为主，单铺组合为一佛二菩萨。窟门内或窟门外一般雕有力士像。

这一时期造像的造型、衣纹装饰等基本上与北魏时期的造像没有大的不同，佛像双肩下削，着通肩袈裟，裙摆短，身体清瘦，仍属于秀骨清像的样式。只是在小面积雕刻上稍有变化，如佛的裙摆覆于龛下呈水平状展开，摆褶端部呈小尖角或小圆弧状，下垂部分较短。菩萨像头残，双肩下削，身体清瘦，帔巾于身侧下垂，下身着长裙，衣纹略显细密。

在雕刻手法上，虽然采用的是等距离平行的阴刻线来表现衣纹，与前期雕刻技法相比，刀法显得柔软，刻线浅，衣褶疏朗，与前期有一定的承袭关系。

北周是须弥山石窟开凿史上的高峰时期。北周时期，经过两魏时期不断发展和创新，加之北周佛教之盛等原因，北周时期须弥山开窟造像活动达到了高峰。数量多，规模大，造像精，所开洞窟在全国占有重要的地位。

这一时期的洞窟形制以中心柱窟为主，其次为僧禅窟、佛殿窟和影窟。僧禅窟布局于中心柱窟的周围，形成与中心柱窟整体组合的形式。该期中的第45、46、48、51窟等，均属于中心柱窟，与前期中心柱窟的形制相比有某些不同之处：一是中心柱的大小发生了变化，变得方正硕大；二是中心柱窟雕凿的规模大；三是主室窟门上方的明窗消失；四是出现了中心柱四面各开一重龛的形式；五是圆拱龛及尖拱龛少见，取而代之的是复杂的帐形龛，出现少量的尖楣圆拱龛；六是窟内出现仿木结构雕刻。

这一时期中心柱窟的基本形制均为平面方形，覆斗顶，窟内雕仿木结构，其特点是，壁面上部雕出横枋，窟顶四披转角有角梁，中心柱柱身四角雕立柱，下雕莲花柱础，上有栌斗承接中心柱顶部的梁架及窟顶的斜枋，使整个窟内构成一个完整的仿木式佛帐结构。窟内三壁各开三龛，中心柱四面各开一龛。龛形以复杂繁缛的帐形为主，龛楣上部浮雕帐褶、莲瓣、火焰宝珠、璎珞等；下部束帐幔，龛两侧各悬垂流苏一串，流苏上端一般衔在龙、凤、象的口中。一般将龛外立面两上角的石面凿空，使顶部向内斜收，表现帐的外形。在尖楣圆拱龛的龛楣上浮雕有七佛。

此期的造像基本上沿用前期的一佛二菩萨的组合形式，个别的为一佛二弟子二菩萨形式。其总体组合为三壁三佛或一壁三佛，后者一结跏、一立、一倚坐佛或倚坐菩萨或交脚菩萨像。另有四壁四佛、六佛、七佛和十一佛题材。第45、46窟出现有菩萨装的交脚弥勒和弥勒像。在窟顶雕刻装饰中有飞天、化生、莲花、博山炉、云纹、忍冬纹、禽兽等。中心柱基座四面雕有伎乐人、神王、供养人、象头、博山炉等。造像特点与前期相比有了明显的变化，一改纤细飘逸的“秀骨清像”之风，呈现出敦厚之感。佛像肉髻低平、面相方圆、双肩宽平、腹微鼓，身体健壮，着通肩袈裟或双领下垂袈裟，裙摆宽博，内外三层覆于座前，衣纹较密，呈水平状展开。菩萨像一般立于佛的两侧，面相方圆，身体健壮，帔巾或于腹部交叉穿环，或横于膝部一道，双肩璎珞垂于膝部或交接于腹部圆形饰物上。尤其是第51窟，规模宏大，造像精美，气势雄伟，是须弥山石窟造像中的精品之一，也是我国石窟艺术的杰作。北周时期在须弥山开凿的洞窟规模之宏大，造像气势之不凡，木构框架之精美，窟内雕饰之华丽，在全国各地石窟中首屈一指，绝无仅有。它是北周时代造像风格在石窟艺术方面的体现，后人把这样的风格称之为“长安模式”。

在衣纹的雕刻处理方面，采用了直平阶梯形的刀法，刀法圆润流畅，衣褶层次多，但颇显厚重。

隋代是须弥山石窟的再度发展期。洞窟的形制有中心柱和方形窟两类。在窟龛形制和造像上，基本上继承了北周的风格，但在艺术上却孕育着一种新的特点，较之北周造像，形体变小，衣褶较为简洁，龛饰也极度简化，无论窟龛，均突出主像。由于它继承了北周的遗风，又处在一种新形式的探索、过渡阶段，并且有所创新，逐渐形成了一种丰满圆润、作风写实的新风格，处于向初唐过渡的阶段。但在艺术上还不够成熟，形象是头部较大，上身略长，有比例不够协调之感。

洞窟形制为方形平面，覆斗顶，后壁一龛，侧壁各开二龛，中心柱形体变小。窟内仿木结构继承北周风格，但仿木结构简化，窟内四角增加角柱，栌斗部位以莲花柱头代替，使窟内构成了一个完整的仿木式佛帐结构。中心柱基座较高，柱体不分层，四面各开一龛。龛以帐形、尖拱、圆拱形为主，帐形龛雕饰简单。在组合形式上仍沿袭前期一佛二菩萨的组合形式，但也出现了一佛二弟子二菩萨新的组合形式。佛像肉髻低平，面相长方圆，肩略宽，着简化的褒衣博带式袈裟，裙摆内外两层覆于座前，摆褶简练，下垂部分较短，衣纹稀疏。但头部较大，双肩下溜，鼓腹，上体略长。有束腰须弥座和仰覆莲座；菩萨像面相方圆偏短，头戴矮花冠，两侧宝缯垂肩，颈饰桃尖形或圆环形项圈，上身缠衣巾，下着裙，裙腰外翻，帔巾不穿环，多在膝部横一道，双肩垂挂璎珞，多垂于膝下部，身体略瘦，头略大，下身短，身体扭曲。

在雕刻手法上，刀法直涩、简化，逐渐向圆润阶梯形过渡，衣褶层叠的密度也大为减少，已明显地看出从前期的阴刻线的刀法向圆润刀法过渡的趋势，而采用直平阶梯形的刀法来表现衣纹，但线条简练、粗疏，处在一种不成熟的阶段。

此期除了新辟洞窟外，另外在北周的第48、51窟内补凿了一些中、小型龛像，与同期洞窟的造像具有相同的特点。第28窟为北魏所开，窟内原中心柱已毁，窟内三壁龛系改凿而成，佛像裙摆、菩萨璎珞同第67、70窟，疑系同时期遗刻。

唐代是须弥山石窟的繁荣时期。凿窟数量众多，雕凿技艺精湛，都达到了空前的水平。第5窟，原称景云寺，是在一座山体上凿出来的一尊高达20.6米的弥勒坐像，大佛仪态端庄安详，体态健康丰满，鼻低脸圆耳大，表情温和，是须弥山石窟的象征。

唐代须弥山洞窟的开凿，在前代的基础上发生了新的变化，即除个别洞窟仍保留了方形塔柱外，方形的佛殿窟式样已经取代了前期的塔柱式样。窟龛的形制大致有：平面横长方形平顶敞口龛、平面马蹄形穹隆顶敞口龛、平面方形平顶窟、平面方形覆斗顶窟等。主要以长方形或方形平顶或覆斗顶的中形洞窟为主，多数洞窟内的壁面不另开龛，而是将造像雕置于马蹄形坛基上，窟室中央空间明显增大，以利于观佛或礼拜。造像组合多为五尊或七尊或九尊，有的多至十三尊。而且造像题材也发生了变化，除一佛二弟子二菩萨外，天王、力士、夜叉、狮子等造像题材也出现在洞窟中。第62窟最具代表性，也是须弥山石窟造像中最为完整的一个洞窟，方形平面，穹隆顶，三壁开龛。正壁中龛为一佛二弟子二菩萨，南北二壁对称，主尊分别为地藏菩萨和观音菩萨及天王。第105窟俗称桃花洞，是须弥山石窟规模最大的一座洞窟，主室内有近6米高的中心柱，柱四面和壁面开凿大龛。造像组合主要以一佛二菩萨为主，造像题材分别为弥勒佛、阿弥陀佛、观音菩萨、地藏菩萨、释迦佛、接引佛等。

唐代须弥山石窟造像风格，已明显地表现出世俗化的特点，即以丰满为美，以雍容华贵为美。无论佛还是菩萨、弟子，天王还是力士，都雕凿得丰满圆润、栩栩如生，佛像身披袈裟，内着僧衣，衣薄透体，自然流畅，造像技法纯熟洗练，比例协调匀称。菩萨上身袒露，斜披络腋，下着贴腿裙，腰间系带并折出大裙一角，显得体透轻纱，多姿多彩。力士袒露上身，下着短裙，腰扎带，表现了男子的健康之美。天王身着铠甲，下着战袍，手执兵器，脚踩夜叉，显得十分威武。

唐代以后再无大规模的开窟造像活动，但有规模不等的佛像装修和寺院建设活动。

明代大兴土木，整饬修缮，明英宗赐名“圆光寺”，不过已不是如前代大规模的开窟造像，而是兴建寺院。

此外，须弥山石窟还保存有唐、宋、西夏、元、明各朝各代的题刻题记60则，明代碑刻3通。这些题刻题记和碑刻，有助于研究者研究丝绸之路与石窟文化在固原的发展情况。

二

丝绸之路是一条横贯亚洲、连接欧亚大陆的著名古代陆上商贸通道。以西汉都城长安（今西安）为起点，东汉时期以都城洛阳为起点，跨越陇山山脉，穿过河西走廊，通过玉门关和阳关，抵达新疆，沿绿洲和帕米尔高原通过中亚、西亚和北非，最终抵达非洲和欧洲。丝绸之路不仅是中国联系东西方的“国道”，也是整个古代中外经济及文化交流的国际通道。它形成于公元前2世纪，兴盛于公元6—14世纪，沿用至16世纪，分布于今中国、哈萨克斯坦和吉尔吉斯斯坦等国境内。丝绸之路见证了公元前2世纪至公元16世纪期间，亚欧大陆经济、文化、社会发展之间的交流，尤其是东来的佛教，达到空前的兴盛，深刻影响了中国传统的思想文化，也深刻反映出佛教及其摩尼教、祆教等宗教在古代中国和中亚等地区的传播。

宁夏固原正处在丝绸之路东段北道的交通要道上。丝绸之路在宁夏境内长达190多公里，而在固原的走向，目前已有约定俗成的说法，学者们通常把它分为三条线路。①

第一条线路：从长安临皋（今西安市西北）经咸阳县驿出发往西北行，经醴泉、奉天（今乾县东），到邠州治所新平县（今邠州），沿泾水河谷北进，过长武、泾川、平凉，入固原南境弹筝峡（三关口），过瓦亭关，北上原州（今固原），再沿清水河谷，向北经石门关（须弥山）折向西北经海原，抵黄河东岸的靖远，渡黄河即乌兰关（今景泰县东），最后由景泰直抵河西凉州（今武威）。这是丝绸之路东段南、中、北三道中，由长安抵河西凉州最便捷的丝路干道。

第二条线路：从长安经乾县、永寿、彬县，到甘肃泾川县、宁县南、环县，进入宁夏固原市彭阳县，沿今天的固彭公路过青石嘴到今固原市区，再沿清水河经头营镇、三营镇、黄铎堡，过石门关（须弥山），沿西山西大路、苋麻河谷到达海原贾塘，或从三营到黑城沿苋麻河过郑旗、贾塘到达海原县城，再向西过西安州、干盐池，到甘肃靖远，西渡黄河，经景泰县到达凉州（武威），最后到达西域。到唐代安史之乱时太子李亨去灵武登基也走此路。

第三条线路：由长安西行陇州后，不再翻越大震关，而是沿陇山东麓过甘肃华亭县，至宁夏固原市泾源县，穿越秦汉时的鸡头道（六盘山西峡），到今隆德县山河乡、奠安乡，到天水、陇

① 薛正昌：《宁夏境内丝绸之路文化研究》，兰州：甘肃教育出版社，2014年，第20页。

西，也可沿祖厉河而下，在甘肃靖远北石门川黄河东岸或鹯阴口渡河，进入河西走廊武威。或者沿泾河至甘肃平凉，由崆峒山东峡进入宁夏泾原县，走鸡头道（六盘山西峡），到今隆德县山河乡、奠安乡，到天水、陇西。公元前110年冬十月，汉武帝巡狩西北，“西临祖厉河而还”，即走这条道。

须弥山石窟即位于丝绸之路东段北道途经固原的第一条和第二条线路上。

三

丝绸之路是一条文化之路，更是一条承载着中西文化往来的融汇之路。丝绸之路开辟以后，随着中西经济、政治往来的日益频繁，也为佛教传入中国提供了必要的条件。佛教沿着丝绸之路通过我国西北地区入境，之后逐步向全国各地扩散。经过魏晋南北朝时期的发展，到了隋唐时期，佛教在中国各地得到了广泛传播。在丝绸之路这条交通要道上，开凿了许多著名的佛教石窟，如：新疆的克孜尔石窟、库木吐拉石窟，甘肃著名的敦煌莫高窟、麦积山石窟、炳灵寺石窟、庆阳南石窟寺和北石窟寺以及河西走廊的武威天梯山石窟、酒泉文殊山石窟、张掖马蹄寺和金塔寺石窟，宁夏固原须弥山石窟，山西大同云冈石窟，河南洛阳龙门石窟、巩县石窟，河北邯郸响堂山石窟等。在中国文化史上，西北地区不仅是中国佛教文化传播的源头，而且是中国佛教文化发展的重镇。

历史上的固原，是丝绸之路东段北道上的重镇和东西经济、文化交流的驿站，自秦汉以来就是通往西域的要道，控扼着丝绸之路。南北朝时期，随着中西政治、经济、文化交流的不断发展，大批外国使节、胡客商贩、佛教信徒往来于这条通道上，促进了中西文化的传播与交流。数千年间，历史的风风雨雨，构成了源远流长、交融汇聚的固原历史文化多元一体的格局，是丝绸之路历史文化现象在固原的多元展示。须弥山石窟是固原多元文化中的瑰宝，是这条丝绸之路孕育了著名的须弥山石窟。须弥山石窟的开凿，是吸收、融合各种文化最具代表性的体现。

须弥山石窟在不同的发展阶段表现出了不同的艺术形式和风格，在其早期石窟中，石窟形制的雕凿以及佛教造像反映出以“秀骨清像”和“褒衣博带”为主的特点，具有河西凉州和云冈石窟的风格[①]，很明显受到了佛教沿丝绸之路自西向东传播等当时政治中心和文化中心地区石窟的影响[②]；也是“高平至平城”这条丝绸之路文化传播影响的结果 。[③]开凿于西魏时期的第33窟是一个中心柱形双层礼拜道的支提窟，此洞窟形制仿印度支提式窟，形制特殊，在内地各石窟中为特例。这个特殊洞窟的形成受到了印度、新疆、敦煌等地石窟的影响，而这种特殊的支提窟最接近于印度支提窟的原型。此窟不仅具有与印度支提窟相近的特征，而且又有和龟兹、敦煌等地支提窟中某些相似的特点，以及当地特有的自然特点和民族习惯性，创造出具有本地特征的支提窟形

---

① 韩有成：《须弥山石窟艺术》，银川：阳光出版社，2014年，第208页。

② 陈悦新：《须弥山石窟早期洞窟的分期研究》，《华夏考古》1995年第4期。陈悦新：《中心文化对须弥山北朝洞窟的影响》，《北京理工大学学报（社会科学版）》2005年第1期。韩有成：《试论须弥山北魏洞窟中的云冈因素》，《固原师专学报》2005年第3期。

③ 罗丰：《固原北魏漆棺画中的波斯风格——兼谈北朝时期高平至平城一段“丝绸之路”》，《宁夏文物》1993年第7期。

制[①]，更是中西文化交流的有力见证。西魏时期雕造的穹隆顶窟与西域龟兹石窟有一定的渊源关系[②]，北周时期的洞窟，不论是洞窟形制，还是造像特征和服饰，不但受到东部响堂山石窟的影响，同时也受到南部麦积山石窟的影响，它又形成了自身的特征，是各类文化交汇融合的产物，同时，也是北周长安造像样式在须弥山石窟的反映[③]；而从丝绸之路远道而来的波斯（今伊朗）乐器，如琵琶、箜篌等，在须弥山北周洞窟中心柱基座伎乐人的雕刻中，可见这两种乐器。琵琶是中国古代主要乐器之一，对古代歌舞艺术的发展起了重要作用，中国许多朝代上至宫廷乐队，下至民间演唱都少不了琵琶，可以说是中国古代非常盛行的乐器，而琵琶也是在南北朝时期，通过丝绸之路，将曲项琵琶（又称胡琵琶），由波斯经新疆传入中国的。中国现代的琵琶就是由这种曲项琵琶，经过数次改良，演变发展而来的。在须弥山北周洞窟的雕刻中即有5例怀抱琵琶的伎乐人。箜篌历史悠久、源远流长，音域宽广、音色柔美清澈。而中国古代竖箜篌，据悉也是于汉代从波斯传入中国的，又称胡箜篌。刚传入时，人们为了把它和中国本土的卧箜篌加以区分，所以就叫它“竖箜篌”，在须弥山北周洞窟的雕刻中即有3例弹拨箜篌的伎乐人。这些都是须弥山石窟见证丝路文化繁荣的具体体现。

地处丝绸之路东段北道必经之地的须弥山石窟，自北魏末年开窟造像以来，已有1500多年的历史，与国内其他大型石窟相比，无论在规模、数量以及保存的完好程度上有所不及，但是须弥山石窟本身所具有的独特性，使它在中国石窟中占有重要地位。

（作者系须弥山石窟文物管理所副研究员）

---

① 韩有成：《宁夏须弥山33窟窟制源流探析》，《新疆文物》2002年第1、2期。

② 陈悦新：《龟兹石窟与须弥山石窟中的穹隆顶窟》，《考古与文物》2004年第1期。

③ 王敏庆：《北周长安造像与须弥山石窟》，《西夏研究》2012年第3期。

略述须弥山文化庙会

代学明

一、历史渊源

庙会，源于宗教祭祀的综合性经济文化节会。庙会本身是指在祀神佛的房舍里聚会。但是随着社会的发展，宗教的普及，宗教文化和世俗文化结合起来，庙会成了信众拜佛、商贩们做生意、民众赶集的胜地。

石窟的开凿本身就是因佛教徒为了宗教祭祀、参拜礼佛而产生的，由此可推断，须弥山传统庙会应是从开窟造像之时就已有之，如为新凿成的佛像开光、做法会等各种形式，但凡当时社会流行的宗教祭祀、参拜礼佛活动都应在须弥山有所反映。公元5世纪末的北魏为须弥山石窟的开端时期。北魏政权为了巩固自己的统治，在推行政治、经济、文化改革的同时，极力宣传和提倡佛教，佛教在北魏成为当然的国教，其译经、建寺、开窟造像在北魏统治的一个半世纪里达到了高峰。这个时期所开凿的洞窟大多集中在子孙宫区的南部、西部和中部等地。这一时期虽然是须弥山石窟的初创期，但当时的艺术家已能从我国传统的雕刻艺术中吸取营养，并把外来的佛教艺术加以吸收和改造、选筛和融合，从现实生活的真实感受出发，运用本民族的艺术手段，创造出了具有我国北方民族特征的须弥山石窟佛教艺术形象。

北周是我国北朝时期的一个重要朝代，曾统一了北方，历经五代皇帝，共25年时间，除武帝灭佛外，其余几朝都非常崇信佛教，周室上下，广及民间，礼佛修德者大盛；另外，北周时原州是周太祖宇文泰的发迹之地，自宇文泰始，历代帝王出于军事和人事上的考虑，对原州（今宁夏固原）着力经营，也为须弥山石窟的开凿提供了比较稳定的经济支持。此时，由于佛教的传播与中国文化的密切结合，形成了中国佛教的特殊精神面貌，即中国化佛教。须弥山大规模的开凿石窟，就是这一时代精神文化的产物。

隋代（6世纪末至7世纪初年），全国大一统为隋唐文化的大发展奠定了基础，中外文化进一步交流。佛教及其他艺术也有了新的发展，随着历史环境的改善，隋朝三代皇帝都弘扬佛法，“天下大德群集关中，于是佛系南北潮流，相互吸引，遂演定为一统”。佛教在全国各地都有很大的发展，于是建寺造像在全国范围内迅速发展，须弥山石窟也不例外，在延续北周的基础上，出现了新的发展高潮。

唐代时中国封建社会进入了繁荣时期，文化艺术也随之进入一个光辉灿烂的新阶段，作为佛教艺术的石窟造像艺术，在统治阶级的倡导下，呈现出异常兴盛的景象。在这种历史背景下，须弥山开窟造像活动进入了最后一个高潮，石窟造像规模宏大、内容丰富、形式活泼、形象感人。

“安史之乱”以后，李唐王朝由盛而衰，广德元年（763年），须弥山石窟所在的固原地区被吐蕃占领，须弥山石窟也由此逐渐衰落，因此再无大规模的开窟造像活动，但作为弘扬佛教的石窟寺，仍然是统治者关注的地方，更是信徒们朝拜的圣地，因而宋、金、元、西夏、清几代曾对须弥山石窟进行改凿和装修，但规模不大。宋代前期，由于须弥山正好处于宋夏对峙前沿，战事不断，因此这一时期须弥山几乎没有任何重大佛事活动，只是在宋朝绍圣、元符年间夺取西夏天都地区以后，须弥山成为宋朝西北“腹地”，或许为了炫耀武功军威，开始大规模维修须弥山石窟。金人入主中原后，在汉族和女真的影响下，很快接受了佛教，对当地的佛教寺院极力保护、维修和续建。须弥山石窟寺也是在这样的背景下进行了维修和重建，重修景云寺，规模宏大，不仅有众多的“赐紫”大师、山主、寺监、讲经律论戒师主持寺务，还有上百名僧人敲木诵经，再加上打扫寺院洞窟的僮仆、耕种田土的“住佃”者，则供职寺院的各类僧俗人员为数更多。明朝初年，须弥山虽住有部分僧人，然而呈现出的却是一片残破景象，直到英宗正统八年（1443年），景云寺僧绰吉汪速在旧寺基上重建佛殿廊庑，上奏英宗皇帝，乞敕赐寺额，同年获皇帝敕赐“圆光”匾额并降经一藏，须弥山石窟因此更受重视，多次得到重建维修。据清朝《重修须弥山禅院碑记》记载，立碑人有功主即李俊堡善士康守禄，会长唐女兴、化主李絮极以及生员，重修化主管理八营守备和固原盐茶厅官员等。这里的“会长”可能是辽金以来庙会组织首领，集资为寺院补充道粮和举行种种法会，由此可推断出须弥山传统庙会自古就已有之，只是由最初的官办转化为民办形式而已。民国时期，庙会仍然由民间人士组织进行，新中国成立初期，庙会停办。1982年修复庙宇并对外开放，同时恢复庙会，现已连续举办34届。

二、基本内容

须弥山庙会是因庆贺佛祖释迦牟尼的诞辰而产生的，是以宗教祭祀和民间信仰为特点的传统民间文化，是群众自娱自乐的活动，它融宗教文化、民俗文化、商业贸易、民间游艺竞技、民间曲艺于一体，是历代信仰民俗、经济民俗、民间文化生活的集中反映。其基本内容有以下几项。

（一）祈福还愿，朝山进香

祈福还愿，即“贫者求富，疾者求安，耕者求岁，贾者求息，祈生者求年，未子者求嗣”；朝山进香，随着须弥山佛教和道教影响的扩大深入，前来朝山进香的香客越来越多，香客来须弥山进香许愿或是还愿都是自发的。须弥山至今保存着宗教信徒发愿修缮的题记多处。

佛教法事活动：主要通过诵经、绕佛、放焰口、唱赞歌、过关等形式表现出来，其目的是纪念释迦牟尼佛祖诞辰庆典，赞诵释迦牟尼佛的丰功伟绩，也是为了祈愿国家繁荣昌盛，国泰民安，同时祈求众生消灾免难，趋吉避凶，风调雨顺，兴旺发达，也为了超度亡灵早日脱离苦海，转世投胎等等。

道教法事活动：主要通过诵经、祈愿、求嗣等形式表现出来，其目的是祝贺仙长诞辰，祈愿国家繁荣昌盛，国泰民安等。

（二）赶集逛会，入市交易

须弥山庙会期间，商贸交易十分兴隆，各种百货摊点密密麻麻，百货杂品、礼品供品、风味小吃、地方手工艺品等应有尽有。

（三）看戏听书，游艺娱乐

大凡庙会都有唱大戏的习俗，唱大戏是庙会中最为隆重的娱乐活动，须弥山庙会唱大戏主要以秦腔为主，届时须弥山附近村庄的秦腔自乐班前来助兴，其他的还有各种地方戏曲的演出，如梆子，另有杂技和魔术。此外还有民众参与性的活动，如打靶、猜谜、划旱船等。

（四）相亲会友，旅游观光

因庙会是一种集会活动，是日宗教信众和民众互相邀请，来此赶会，众多的男女青年亦借助庙会相亲或定亲，缔结秦晋之好，出现了“七姑娘、八姨娘成群结队赶会忙”的盛况。既是亲友相会，又达到旅游观光的目的，同时庙会的香客店、朝山、庙市、娱乐游戏，实际上构成了旅游活动的“吃、住、行、游、购、娱”诸要素，是一次完整的旅游观光活动。

（五）抱泥娃娃，求取子孙

须弥山第25窟塑有送子娘娘三尊，成为人们求子求孙的地方，庙会这天各地的善男信女在子孙宫焚香许愿，祈求送子娘娘赐一红布（纸）包着的泥娃娃，抱回家中，置于床下，祈盼神灵赐福，早生贵子。民间传说须弥山子孙宫的泥娃娃最灵，抱回家中妻子就怀孕生娃，所以夫替妻求子，妻子亲自登山求子，公婆或祖公婆替儿媳、孙媳求子，亲友替亲友抱泥娃娃求子者成为风气。

三、传承谱系

关于须弥山庙会史料记录很少，几乎没有，现只能从零星的文献记录中看到部分，没有确切的传承谱系。

金代：据第72窟东壁南侧阴刻大定年间（1161—1189年）题记最后署名有五位僧职人员，即赐紫顺化大师党征芭、赐紫净严大师设令抹、赐紫密印大师撒底、赐紫慈觉大师党征清、讲经律论戒师党征继。另外还有三人是非僧职人员，即山主党征结、党征温和临监寺党征木。表明须弥山寺院由赐紫大师与山主、监寺共同主持，分工负责。

明代：英宗正统八年（1443年），景云寺僧绰吉汪速在旧寺基上重建佛殿廊庑，上奏英宗皇帝，乞敕赐寺额，同年获皇帝敕赐“圆光”匾额并降经一藏，须弥山石窟因此更受重视，多次得到重建修葺。

清代：据清朝《重修须弥山禅院碑记》记载，立碑人有功主即李俊堡善士康守禄，会长唐女兴、化主李絮极以及生员，重修化主管理八营守备和固原盐茶厅官员等。这里的“会长”可能是辽金以来庙会组织首领，集资为寺院补充道粮和举行种种法会，由此可推断出须弥山传统庙会自古就已有之，至此已由最初的官办转化为民办形式。

四、基本特征

（一）祭祀特征：追思祖德与民俗活动的结合

随着经济的发展和人们交流的需要，庙会在保持祭祀活动的同时，逐渐融入集市交易活动，成为中国市集的一种重要形式。随着人们的精神需要，又在庙会上增加娱乐性活动。于是庙会又与秦腔、魔术、杂技等民俗活动结合起来。这些宗教活动逐渐世俗化，也就是说更多的是由民间俗众出面协商举办。这种变化，不仅大大增加了这些活动自身的吸引力和热闹程度，也使这些活动中的商贸气息随着群众性、娱乐性的加强而相应增加。在宗教界及社会各界的通力协助下，庙会活动得到进一步的发展。

（二）文化特征：有形文化与无形文化的结合

须弥山石窟是全国重点文物保护单位，庙会所展示的佛教石雕造像有近千尊，道教泥塑的三清、玉皇大帝、送子娘娘等以及庙会祭祀用品、鼓、罄、木鱼、宝幡、佛经、袈裟、香、蜡烛、香炉、花瓶、斋饭等有形文化的背后，蕴藏着深厚的历史渊源和美丽的传说，这些无形文化遗产经过赶会人的传承和文人骚客的采风和整理，成为一个个生动感人的故事、脍炙人口的诗篇、论证严谨的专著论文。这种有形文化与无形文化的有机结合，挖掘、保护和传承了中华民族的优秀文化，提升了民族文化的口味和质量，也使固原独具特色的文化走出宁夏，传遍全国。

（三）地域特征：宗教信仰与石窟文化相互融会

中华文明经历了长达数千年的多民族、多文化融合的历程，宁夏固原乃至中国许多重大历史事件大都为须弥山石窟所见证。须弥山石窟的开凿和形成，是各种文化相互碰撞、交融的产物，是丝绸之路繁荣的标志，它以风景别致、风光秀丽的景观而异于其他石窟，以精美的石雕艺术而著称于世，以交汇南北、融通中西而形成的具有浓郁的民族化、民间化和世俗化的佛教艺术为主要特征，在全国石窟造像中占有独特的地位。须弥山石窟以鲜明的文化特色和丰富的历史遗存，多角度、全面地反映出随着古丝绸之路的贯通而传入的印度佛教艺术传入内地后，在不同历史时期的发展变化脉络，尤其是在佛教世俗化和民族化方面所取得的辉煌成就。特别值得一提的是，它全面完整地保留了反映中国佛教文化、思想信仰发展变化的实物资料，对全面理解和掌握佛教艺术中国化的历史进程具有至关重要的作用。

五、主要价值

须弥山庙会保留了西北地区以民间信仰为特点的传统民间吉祥文化，是研究西北地区民众世界观和生活情况的重要根据，在固原民俗学研究中具有重要的作用；保留下来了许多民间组织，是中国乡土社会基本社会构成之一；庙会是民间的文化活动，保留和传承了许多的民间艺术活动，民间手工艺的原生态，不仅对保护民族民间文化有重要作用，而且丰富了群众的文化生活；庙会活动是群众自娱自乐的活动，具有很强的凝聚力，充分体现了民众的自治能力和祈福消灾、公议助善、谦和互助的精神。所以，保护须弥山庙会对民俗文化、民俗研究的发展有重大意义。庙会本身就是典型的民俗文化，承载着很多的民俗事项，体现了固原甚至西北更大范围内的民俗特点。

（一）历史价值：须弥山石窟的修建和存在是固原古代社会繁荣发达的象征，是丝绸之路珍贵文化遗存和中外经济文化交流融合、创新发展的明证

须弥山石窟与固原地区保存和出土的各类北朝隋唐文物，共同展现了古代固原繁荣昌盛的发展水平和各族人民开发建设家园的智慧，是中华民族的宝贵财富。突出展现了佛教在我国的发展史和中外文化交流的成果。须弥山石窟宗教建筑既反映了佛教传播对政治的依附性，又真实记录了中国内地佛教建筑吸取西域文化、印度文化的特点，反过来也影响了佛教建筑在中国内地的形成和发展。

（二）文化价值：须弥山庙会记录和传承了石窟文化、宗教文化以及丝路文化和固原民俗文化

须弥山和须弥山石窟在固原当地留下了许多遗迹、传说、故事，这些展示石窟文化的宝贵历史文化遗产通过庙会以及其他形式，经过代代相传，产生了极其广泛的影响。

（三）工艺价值：推动和促进了商品生产的技艺交流和市场竞争

庙会也是商贸交流大会。工匠们制作的首饰、玉器、刺绣、编织等生活用品，通过庙会的展销，加速了市场竞争，传承了独特的技艺，催生了一批又一批优秀的民间能工巧匠的产生。

（四）社会价值：须弥山庙会是群众自娱自乐的活动，体现和增强了中华民族的向心力和凝聚力

充分体现了民众的自治能力和祈福消灾、公议助善、谦和互助的精神。庙会形成的精神品质和行为规范营造了安定祥和的社会风气和精神价值，对构建和谐社会和促进精神文明建设能够起到促进作用。

（作者系固原市原州区须弥山文物管理所馆员）

丝绸之路与海原

郭勤华

内容摘要 丝绸之路是一条由若干条东西相连，南北交错的网络交通线路组成的大道。它的发展具有历史性。人们为了叙述的方便，从地理和政治的角度把它划分为东段、中段和西段。在每一段上，都有几条并行的线路，其大致方向和一些主要路段较为清楚，而有些具体的地点因缺乏文字记载和交通路线的经常变动很难在今天的地图上反映出来。丝绸之路东段北道上海原县境内的丝绸之路就是如此。本文经过实地考察，对海原县域内的丝绸之路略作梳理，以此来说明，海原县丝绸之路的历史作用、运输内容和其他地段的丝绸之路虽有所不同，但也起着辅助作用，在一定时期和特殊情况下，沟通着中西经济文化交流，应该说是丝绸之路的一个组成部分。

关键词 丝绸之路 海原 历史文化

丝绸之路是一条由若干条路东西相连，南北交错构成的交通线路。它的发展具有历史性。人们为了叙述的方便，往往从地理和政治的角度对它进行划分。丝绸之路的东段、中段和西段就是这样得来的。在每一段上，都有几条并行的线路，其大致方向和一些主要路段较为清楚，而有些具体的地点因缺乏文字记载和交通路线的经常变动很难在今天的地图上反映出来。丝绸之路东段北道上海原县境内的丝绸之路就是如此，千百年来，虽然在丝绸之路上的历史作用、运输内容和其他地段的丝绸之路有所不同，但也起着丝绸之路的辅助作用，在一定时期和特殊情况下，沟通着中西经济文化交流，应该说是丝绸之路的一个组成部分。本文就海原县境内的丝绸之路及其基本路线略作探讨。

一、海原县境内的古丝绸之路

海原县位于宁夏回族自治区中南部，隶属宁夏回族自治区中卫市。县境东与固原市原州区相连，南与西吉县接壤，西临甘肃靖远县、会宁县，北濒中卫市沙坡头区、同心县。春秋战国时期，海原县为戎人游牧区。秦属北地郡，汉属安定郡。魏属原州，魏晋时期亦为少数民族居住。隋属平凉郡。唐复属原州，神龙三年（707年），置萧关县后，分属原州萧关县和会州会宁县。五代时受吐蕃、党项部族控制。宋咸平五年（1002年），党项族夺得以天都山为主的今海原县境。1038年西夏建国，属西夏，元昊在今县境西置南牟会城。宋元符二年（1099年），南牟会新城复为宋地，置西安州，属秦凤路。靖康元年（1126年）西夏攻取西安州，更名为南威州，又名安州。元初，大批回回人来此定居，称为海喇都原，置海喇都堡，属开城路。元豫王建国于海原西安州。明为楚王（朱桢）、黔宁王（沐英）牧地，海喇都堡又称海城，属固原州。成化年间设西安、镇戎、平虏守御千户所。清初属平凉府，顺治三年（1646年）隶平凉府盐茶同知。乾隆十二年（1747年），原驻固原城的盐茶同知移驻海喇都堡，起建厅署，遂为盐茶厅城。同治十三年（1874年）裁厅设海城县。民国3年（1914年）改称海原县，属甘肃省平凉专区。民国17年（1928年）将海原县划为5个自治区实行自治。

海原县因其地理位置的重要和政治历史的变迁，处在丝绸之路东段北道的交通要道上，属唐中叶以前的长安——凉州的北道，并“丝绸之路”东西分道过境。据旧志载海城疆域为“前控六盘，后恃高泉，左抱下马，右据天都；崆峒阻其南，黄河绕其北；为甘凉之襟带，乃固靖之咽喉”。[①]其地处西陲军事要地，为古丝绸之路上的重镇，控扼着丝绸之路。汉至隋唐时期，丝绸之路经海原县境分为没烟峡古丝绸之路和萧关古丝绸之路两条支线。其中，没烟峡古丝绸之路大致走向是：由西安沿泾河向西北行进入固原城后沿清水河向北行，经三营进入海原县黑城（古称没烟前峡，现改名为三河镇），再沿没烟后峡（今海原县三河镇西苋麻河谷内）至郑旗、贾塘，再经过海原县城、西安州、干盐池，进入甘肃靖远县东北的石门附近渡黄河。萧关古丝绸之路大致走向是：丝绸之路进入海原县黑城后，向北沿清水河经隋唐所设之萧关（即他楼县城，今七营镇北嘴古城）进入同心县境。没烟峡古丝绸之路沿途平坦，山不险峻路不陡，大车可通行无阻。东汉时刘秀亲征高平，河西太守窦融与五郡太守驾车会高平，浩浩荡荡的大军与战车就是走这条道。北宋初年，另一条路是石门关古丝绸之路，其大致走向是：由咸阳至北地郡治所宁州（今宁县），沿茹河进入固原后向北走，至三营折而向西，经宋平夏城（位于今黄铎堡），出唐石门关（今固原县须弥山寺口子），进入海原县李俊乡，沿杨明河再进入红羊后折而向北，经关庄乡窑儿梁后山水系，沿菠萝泉，从树台乡大嘴、红洪井子、刘河、二百户、七百户一带到刘家井河分为两条，一条西行绕甘肃靖远县种田沟一带到双铺，渡黄河。一条至西安州后又分为两支条路，一路由西安州到兴仁，再到靖远；另一条路由西安州经干盐池至靖远县打剌池。

历史时期，沿着此通道，中西政治、经济、文化交流绵延不断，大批外国使节、胡客商贩、佛都信徒往来其间，进行中西文化的传播与交流，留下了灿烂的商旅文明并形成了具有地域性、独特性的历史文化。

二、丝绸之路海原段上的多元历史文化

（一）丝绸之路上的“菜园文化”

海原历史悠久，早在新石器时代，先民就在此地繁衍生息，并创造了光辉灿烂的历史文化，也留下极为丰富的文化遗存，“菜园文化”尤为典型。

菜园文化遗存位于海原县西安镇菜园村以南，即南华山北麓坡地上；处于石门关古丝绸之路天都寨（今海城镇耙子洼村，现名柳州城）、西安州中间地带，为丝绸之路必经之地。1984年，文物普查时发现菜园新石器时代遗存，面积为41250平方米。1987年，中国历史博物馆考古队、宁夏文物考古研究所对遗存进行了大面积发掘。该遗存分为居住遗址和墓地。据推断，该遗存距今约4240年，相当于中原仰韶文化晚期，是一支农牧并重、崇尚简朴、兴盛篮纹素陶的土著文化，不同于马家窑文化和齐家文化，自成体系，具有浓厚的地域特征，被称为“菜园遗存”。

菜园遗存是古人类生息、繁衍、生产劳动的场所和墓葬地，处于母系氏族向父系氏族过渡时

①（清）杨金庚总纂，刘华点校：《光绪海城县志》，银川：宁夏人民出版社，2007年，第29页。

期。宁夏南部山区和甘肃陇东纵横数百里的范围内，尽管有六盘山的阻隔，但清水河、葫芦河、泾水河等各个流域的先民们仍是交流频繁，共同创造了具有浓厚地域特征的原始文化，菜园遗存则是这一文化的典型代表。通过发掘出土了大量的石、陶、骨等生产工具、生活器皿及其他装饰品，其中，居住遗址的窑洞被专家誉为“黄土高原窑洞之祖”。菜园新石器文化遗存现为全国重点文物保护单位。

丝绸之路上的石窟文化。石窟是丝绸之路上得天独厚的历史文化遗产，石窟造像和石窟壁画承载着内涵丰富的丝绸之路文化。这些石窟向我们展示着当年这条古老商道上贸易往来频繁、商旅云集的景象，也向我们诉说着东西方文化及宗教的交融与碰撞。

石窟文化是丝绸之路的产物，是佛教东传后生成的宗教文化繁荣的形象化载体。佛教产生后，经中亚一带沿丝绸之路传入我国。丝绸之路从三营向西，出唐石门关（今固原县须弥山寺口子），进入海原县境杨明和红羊河谷后，这里的地质具备石窟开凿的条件。丝绸之路海原段沿途分布有金佛沟石窟（今李俊乡牛家堡子村）、元龙山石窟（今红羊乡张元村）、上甘岔石窟（今红羊乡上甘岔村）、东海坝石窟（今红羊乡前进村）、上窑石窟（今红羊乡上窑村）、凤岭龙山石窟（今红羊乡红羊村）、天都山石窟、玉泉山石窟（今甘盐池管委会甘盐池村）等许多石窟，并形成了一个石窟走廊。海原县因此有了“石窟走廊之乡”的美誉。

丝绸之路海原段内最具有代表性的石窟为天都山石窟，石窟的开凿年代尚无确切定论，有专家认为从开凿手法来看始于北魏，也有说法称始于唐代，据《海原县志（1991~2008）》记载：天都山石窟始建于北魏时期。石窟古有荣光寺、金牛寺之称，清乾隆以前有石窟三孔，康熙年间先后又凿成六孔，此窟群融佛、道、儒三家于一体，体现了丝绸之路海原境段上在汉唐以至宋夏元明各个时期宗教文化所展现的盛况。

（二）丝绸之路上的古堡文化

历史上的海原为盐茶马道上的重镇，为保障和防御这条丝绸之路的畅通，历代在这条古道上修筑和设置了许多的护路堡寨和驿站。据《宁夏交通史》记载，早在汉代，今海原境内就有车马大道。从长安通向西域的丝绸之路北段东西过境。另据续修《海原县志》记载：唐代，县境有长安至凉州北道，由今苋麻河谷穿过六盘山脉的北端，途经贾塘、西安州、盐池到会州界；唐末，此道陷于吐蕃而不通。宋元符二年（1099年）七月，宋收复天都后，开辟自镇戎经平夏城（今须弥山寺口子）至西安州驿道（即石门关丝绸之路），途经通峡寨（今三河镇黑城村，故没烟前峡）、荡羌寨（今郑旗乡王家树沟村西，故没烟后峡）、临羌寨（今贾塘马营村）、天都寨（今海城镇耙子洼村，现名柳州城）、西安州、定戎寨（今甘盐池管委会驻地盐池村），全长200余里；沿途设有石门驿（平夏城）、秋苇驿（临羌寨）、南牟驿（西安州）3站。至清乾隆时，县境有海城驿，由南路的三营驿分支向西北至海城，全长150里，设有郑旗、海喇都驿2站。

宋夏时期，海原地区（天都）处在北宋政权的鄜延（今延安）、环庆（今庆阳）、泾原（今平凉）、秦凤（今天水）、兰会（今靖远）五路要害，“左控五原（今陕西定边），右带兰会（今甘肃靖远），黄河绕其北，崆峒阻其南”，因其独特的军事地理位置和牧草丰美的自然环境，战事屡起，烽烟弥漫，为加强防御，宋、夏都在这里构筑堡寨。宋夏的战争，实际上就是在争夺丝绸之路的控制权。蒙古伐西夏，一代天骄成吉思汗驾崩海喇都行宫。明代，为抗御蒙古鞑靼人入侵，再次修建城堡，清代沿用这些军事设施。

据不完全统计，现有古城堡和烽火台等各类遗址400余座。其中，位于丝绸之路上具有代表性的古城堡属西安州古城和甘盐池古城（史书记载甘盐池为“干盐池”）。西安州古城平面呈正方形，黄土夯筑，边长九里三分。明代筑隔墙一道，将古城分为南北二城。《宋史·地理志》记载："元符二年（1099年），以南牟会新城建为西安州。"西安州为宋夏两国必争之地，宋朝仅控制27年，西夏控制此城长达百年。元代，"世祖取灵州，进兵盐州川，命豫王建国西安州"①，西安州遂成为元豫王王府国都。明代设守御千户所、清代设游击府。甘盐池古城古称"干盐池""乾盐池"，城平面呈东西长方形，黄土夯筑，城周约五里，残高4～6米。据《宋史·地理志》载："定戎寨，元符二年（1099年）赐名，地本碱隈川。"据明嘉靖《固原州志·乾盐池碑记》，甘盐池老城是成化十七年（1481年）由宋定戎堡旧城遗址"增益故垣"改建而成，"隍阔池深，气象巍严，独胜边方诸城"。因此云"定戎寨，一名乾盐池"。光绪《甘肃全省新通志》也称"干盐池堡，即宋崇宁间所建之定戎堡也"。城内出土文物属汉唐时期，其中出土的石碑碑文记载干盐池有"八节景"的诗句。诗曰："定戎古寨几千秋，四壁青山遮古州。西湖吐玉无价宝，东海碧波水倒流。北寺神泉滴绿水，南山石沟卧金牛。四季不断八节景，好似百鸟朝凤楼。"这首诗描绘了古干盐池的美丽景色，展现了该地蕴藏着丰富的自然资源（盐、泉水、矿石）。早在唐代，今海原西部属会州管辖，甘盐池时称"河池"，甘盐池盐湖为唐十八盐池之一。甘盐池古城成为最早最重要的贸易城镇之一。

海原县由于有众多的古城堡寨遗址，被国内史学界称为"古城堡博物馆"。位于丝绸古道海原段上的古城堡承载着这片旱塬上的历史文明的变迁，也见证了海原文明的悠久和辉煌。

（三）丝绸之路上的"花儿"文化

隋唐时期是我国历史上繁荣的时代，中国封建社会呈现出了前所未有的盛世景象。唐代开放的经济社会环境与文化氛围以及丝绸之路的畅通，大大推动了中西文化的交流。同时处在盛世中的大唐帝国在意识形态和文化领域内也采取了兼收并蓄的恢宏气度，接纳了世界上包括阿拉伯伊斯兰文化在内的各种文化。据汉文文献和阿拉伯文文献、维吾尔文文献的有关记载，唐代伊斯兰教传入我国西北的方式是多种多样的，且多渠道进行；传播的路线大体上沿着丝绸之路进行；传播的范围遍及西北各地，其中以东部长安地区最为集中，是全国伊斯兰教传播的中心。

武宇林教授认为："'花儿'歌谣与回回民族及其历史有密切关系。元代回回多聚居西北地区的历史史实，是'花儿'产生的人口因素。元明两朝，大量的回回人迁移到大西北屯田、戍边的情况，可谓'花儿'诞生的人文背景。屯田的苦难生活正是'花儿'歌谣产生的原动力。"①据《续修海原县志》记载：元代，海原地区被蒙古军队占领，其境为军队屯田地，朝廷多次安置迁徙屯田之民，大量被称为"探马赤军"的回回人口为这里的屯田人口，这成为海原县回族入居的重要源流。明成化年间，为加强边防，曾先后组织了规模较大的移民。清朝初期社会安定，有大量回族人口移入，至清乾隆时期，海原县境回汉人口比例已形成"回七汉三"。因此推断，"花儿"在海原地区的渊源可追溯到元代，广泛传唱于清代。

"花儿"一词最早出现在文字记载中是南北朝时期的《玉台新咏》诗集，其收录沈约的《领边绣》一诗中出现了"花儿"。据现存史料考证，"花事"一词在海原出现最早是在清《乾隆盐茶厅志》②第一八卷《文艺·杂诗》录入的《题爱山堂》③一诗中，诗云："官赀连屋书千卷，

---

① 武宇林撰写的《回回民族与"花儿"歌谣》，《西北第二民族学院学报（哲学社会科学版）》2007年第2期。

②《乾隆盐茶厅志》为海原第一部地方志书，由清盐茶同治朱亨衍总纂，始修于乾隆十四年（1749年），著成于乾隆十七年（1752年）。

③《题爱山堂》由清盐茶同治朱亨衍撰写。

花事成功酒数杯。”据清《光绪海城县志》[①]第十卷《文艺志·海城八景》和《杂诗》中录入的清同治海城知县朱美燮撰写的《双涧分甘》《海城春日杂咏四首》和《海城下车书感二十四韵》中描述了“花儿”在海原全境传唱的情景。其中，《双涧分甘》诗云：“膏腴滋稼穑，到处起田歌。”从上述诗中可以看出，清代同治年间，“花儿”在海原就广泛流行。

因此，丝绸之路北道上的海原被称为“花儿故乡”。丝绸之路沿线所蕴涵的非物质文化遗产——回族“花儿”，不但在华夏民族文化中占据着极为重要的地位，而且是人类民歌遗产宝库中的瑰宝。2006年，海原回族“花儿”被国务院列为国家级“非遗”保护项目。2008年，海原县被文化部命名为“中国民族民间花儿艺术之乡”。2009年，“花儿”被联合国教科文组织评定为“人类非物质文化遗产代表作”。

（四）丝绸之路上的地震文化

海原县地处宁夏回族自治区南部山区之六盘山西北麓，属陇中山地与黄土丘陵区；位于阿拉善地块以南、青藏地块与鄂尔多斯地块的交接部位，为青藏高原东北边缘地区最重要的一条第四纪左旋走滑断层带，是地震灾害的多发、频发地区。

民国9年岁末，海原地区民间流传着《摇摆歌》《古怪歌》《手桃歌》等童谣，似乎冥冥之中预示着大自然正在酝酿一场即将降临人间的灾难。1920年12月16日发生的海原8.5级大地震，伤亡惨重，损失空前，震惊世界，为人类历史上罕见的毁灭性地震，史称“环球大震”。因海原地处黄土高原，地震发生时人们多居住拱窑和崖窑，地震造成27万余人死亡。

海原因1920年大地震被世界所熟知，地震使该地区山河发生巨变，给人类带来灾难的同时，也留下了许多罕见的地震遗迹和遗址景观，并且形成了“纪难节”、“劫难节”、祭祀倒油、吃原粮、一穴多葬等独特的地震文化和民俗。海原大地震活动断裂带是世界著名的地震带，也是当今世界范围内保存最完整、研究和利用价值最高、被国内外地震工作者称为“活教材”的地震活动的地表显露。1920年大地震形成的地震遗迹和遗址景观成为国内外不可多得的自然文化遗产，它的研究价值不仅在于中国，甚至在全世界都具有垄断性和不可替代性。其中，地震时造成山体左旋走滑位移，将位于海原县西安镇哨马营村的一棵古柳撕成了两半，但其仍具有顽强的生命力，依然坚韧地挺立，因风沙磨砺显得干枯苍老，其底部已枯朽，却枝繁叶茂。故，哨马营古柳被地震专家称为“震柳”。当前，海原县委、政府将“震柳”定为海原精神，该精神成为全县各族人民群众和干部职工推动经济建设和社会各项事业持续健康发展，实现与全国其他地区同时建成小康社会的精神动力。

（五）丝绸之路上的红色文化

中国共产党在海原的活动最早开始于1932年6月，陕甘工农红军游击队在谢子长、焦维炽、王儒林等领导下，曾打算在兴仁乡扩大游击队伍，但未如愿，后游击队在西安镇园河进行整编。同年末，共产党员牛华东领导一支由工农红军游击队组成的西北抗日义勇军到达海原县境，积极宣传革命思想。1935年，陕北红军游击队支队长霍中蒙以挖草药为掩护，在高崖、李旺地区一边搜集国民党的活动情报，一边向群众介绍毛泽东、朱德的革命业绩，讲解红军打土豪救穷人的事迹，宣传革命思想。

1936年5月18日，正当抗日战争的烽火即将在全国燃烧起来的时候，党中央为巩固和扩大陕甘宁革命根据地，迎接红二、四方面军，增强抗日力量，发展和建立抗日民族统一战线，按照“在

① 《光绪海城县志》由清朝海城知县杨金庚总纂，始修于光绪三十三年（1907年），著成于光绪三十四年（1908年）。

发展中求巩固”的战略方针，进行西征战役。红军西征期间，先后解放了海原县境内的七营、李旺、高崖、关桥、郑旗等地区，并在宁夏豫旺、海原地区，建立了中国历史上第一个县级回民自治革命政权——陕甘宁省豫海县回民自治政府。豫海县回民自治政府虽然仅存在了短短1个多月时间，但它对西北人民的革命斗争和回族人民的解放产生了深远影响，是党的民族自治政策在解放区初步实践的结果；为我党进一步完善民族区域自治政策，全面推进民族区域自治提供了一定的实践经验。红军西征留下了许多革命遗址遗迹，这些红色遗址资源作为一种历史性文化遗产，反映了中国共产党波澜壮阔的革命历史和艰苦卓绝的奋斗史、可歌可泣的英雄史，是丰厚的革命精神财富、永久的精神丰碑。

2013年，中国国家主席习近平先后提出建设“新丝绸之路经济带”和“21世纪海上丝绸之路”战略构想，“新丝绸之路经济带”和“21世纪海上丝绸之路”简称“一带一路”。“一带一路”之所以以“丝绸之路”冠名，说明它不是一般的交通建设和经济项目。丝绸之路的基础是一个世界文化遗产，是一个历史文化符号，“一带一路”的建设离不开丝绸之路的文化背景。文化资源既是生态资源也是无形资产，加强对各类文化资源的保护、挖掘、利用、开发，是实现科学发展、生态发展、和谐发展的重要抓手，只有从文化自觉走向文化自信再到文化自强，才能推动经济社会可持续发展。

参考文献

1.海原县地方志编纂委员会编.海原县志（1991~2008）.银川：宁夏人民教育出版社，2012.
2.中共海原县委，海原县人民政府编.西征红军在海原.银川：宁夏人民教育出版社，2010.
3.宁夏回族自治区地震局，海原县人民政府编.海原大地震1920.银川：阳光出版社，2010.

（作者系宁夏社会科学院副编审）

两汉安定郡太守补述

王文涛

西汉武帝元鼎三年（前114年），汉武帝分北地郡置安定郡，郡治高平县（今固原原州区），下辖21县，属于今固原市的有高平、朝那、乌氏3县和月氏道（今隆德县境）。太守是汉代管理安定郡的最高地方行政长官，古代文献记载了一些两汉时期安定郡的太守，早在20世纪40年代，严耕望先生在《两汉太守刺史表》中列出了22位，西汉10位、东汉12位，参见该书第78、79、244、245页。[①]限于体例，记载不集中，内容也较简略。中国古代文献对于汉代安定太守的事迹记载不多，对严氏《两汉太守刺史表》所列汉代安定太守予以重新整理补充，当可丰富对固原历史及相关问题的研究。

一、两汉安定郡太守表

序号	姓名	在职时间	史料来源
1	任胜	宣帝地节三年任，反诛	《汉书》卷六八《霍光传》
2	孙会宗	五凤二年与杨恽书。逾二年免	《汉书》之《百官公卿表》《杨敞传》
3	蒋辅	盖宣帝时	《太平御览》卷二六〇引《汉杂事》
4	王尊	涿郡高阳人。元帝初元五年任。汉有声。坐残贼免	《汉书》卷七六《王尊传》
5	谷永	京兆长安人，建始后某年始任，至阳朔三年王凤卒后数月免	《汉书》卷八五《谷永传》
6	冯参	父奉世，上党人，徙杜陵，参以成帝末居郡数年	《汉书》卷七九《冯奉世传》
7	萧由	父望之，东海人，徙杜陵。由以成帝末居郡。治有声，哀帝立，免	《汉书》卷七八《萧望之传》
8	金参	盖哀帝初	《汉书·金日磾传》
9	孙询	会稽富春人。盖元、成世	《新唐书·宰相世系表三下》
10	许德	西汉末	《新唐书·宰相世系表三上》
11	窦猛	西汉末。窦融祖父	《新唐书·宰相世系表三上》
12	王向	王莽时，莽从弟谭之子	《后汉纪·光武帝纪》卷一
13	冯异	冯异（公孙），颍川父城人。建武六年领郡	《后汉书·冯异传》
14	李鸿	章帝建初，颍川人。约在建初初年卒官	《后汉书·李恂传》
15	王顺	广汉郪县人。盖章帝世	《后汉书·循吏传·王涣传》

① 严耕望著：《两汉太守刺史表》，上海：上海古籍出版社，2007年。

续表

序号	姓名	在职时间	史料来源
16	杜恢	安帝元初二年为羌人所杀	《后汉书》之《安帝纪》《西羌传》
17	郭璜	顺帝永和六年正月下狱死	《后汉书・顺帝纪》
18	孙隽	在郡贪赃，桓帝延熹四年冬免	《后汉书・皇甫规传》
19	霍隽	魏郡邺人。盖灵帝初叶	《后汉书・霍谞传》
20	□规	蜀郡成都人。盖灵帝世	《隶续・刘宽故吏题名碑》
21	苏则	扶风武功人。献帝建安二十年前	《三国志・魏志・苏则传》
22	毋邱兴	建安十九年任	《三国志・魏志・武帝纪》
23	邹岐	建安二十四年他迁	《三国志・魏志・张既传》
24	孙存进	太原人。东汉某时	《新唐书・宰相世系表三下》
25	胡伊	汝南人。灵帝或献帝时	《风俗通义・十反》

二、两汉安定郡太守表内容解述

上表在严氏《两汉太守刺史表》的基础上补充了三位，是第11项的窦猛、第12项的王向、第24项的孙存进。有些太守的事迹过于简略，而其亲友有可资了解其生平的资料，酌情选用。

1. 任胜在地节三年至四年间任安定太守。据《霍光传》，地节二年（前68年），霍光去世，宣帝亲政。地节三年十月，宣帝将霍光次婿诸吏中郎将羽林监[①]任胜调出京城，出任安定太守。地节四年（前66年）七月，任胜以谋反罪被处死。《宣帝纪》："诸姊妹婿度辽将军范明友、长信少府邓广汉、中郎将任胜、骑都尉赵平、长安男子冯殷等谋为大逆……逆乱不道，咸伏其辜。"

2. 孙会宗，西汉西河（治今内蒙东胜县境）人。宣帝时任安定太守，有智略，与司马迁的外孙杨恽为友。杨恽告发霍氏家族谋反有功，封平通侯，迁中郎将。后因与太仆"戴长乐"失和，被戴长乐检举："以主上为戏（拿皇帝开玩笑），语近悖逆"。汉宣帝将杨恽下狱，后予释放，免为庶人。杨恽失官爵后，家居治产业，建造室宅，以财自娱。孙会宗写信谏戒杨恽："为言大臣废退，当阖门惶惧，为可怜之意，不当治产业，通宾客，有称誉"。杨恽内怀不服，在给孙会宗的回信中怨形于表。信中有对皇帝的怨恨，有对孙会宗的挖苦，有为自己狂放不羁的行为辩解。五凤四年（前54年）夏四月，被人告发，再次被捕入狱。廷尉在他家中搜出《报孙会宗书》，汉宣帝看后大怒，判以大逆不道罪，处死杨恽。孙会宗也受株连被免官。

3.《太平御览》引《汉杂事》曰："蒋满为上党太守，长子万为北地都尉，次子辅为安定太守。"《山西通志》卷九一《名宦・潞安府九》："蒋满，宣帝时为上党太守，子万为北地都尉，并以卓异征。"潞安府治今山西长治，则蒋辅为长治人。

4. 王尊字子赣，涿郡高阳（今河北高阳县）人，生卒年不详。汉元帝初元（前48年—前44年）年间，因政绩突出由县令擢升为安定太守。据《元帝纪》，初元五年、永光四年、建昭元年三次幸雍，尊之擢迁，盖即在初元五年。

他到任后立即发布文告，敕令郡中官吏尊纪守法，对辖境内盗匪进行严厉清剿，同时打击郡中豪强，惩治贪官污吏。一时之间，境内盗匪、豪强纷纷避居周边郡县。本传载其文告曰：令长

①《汉书・百官公卿表》："宣帝令中郎将、骑都尉监羽林。"盖以中郎将或骑都尉监羽林骑，故于本官上不冠以羽林之号。至后汉始置羽林中郎将，为定职耳。

丞尉奉法守城，为民父母，抑强扶弱，宣恩广泽，甚劳苦矣。太守以今日至府，愿诸君卿勉力正身以率下。故行贪鄙，能变更者与为治。明慎所职，毋以身试法。

又出教敕掾功曹：

各自厎厉，助太守为治。其不中用，趣自避退，毋久妨贤。夫羽翮不修，则不可以致千里；阃内不理，无以整外。府丞悉署吏行能，分别白之。贤为上，毋以富。贾人百万，不足与计事。昔孔子治鲁，七日诛少正卯，今太守视事已一月矣，五官掾张辅怀虎狼之心，贪污不轨，一郡之钱尽入辅家，然适足以葬矣。今将辅送狱，直符史诣阁下，从太守受其事。丞戒之戒之！相随入狱矣！

五官掾张辅被关入监狱数日后死去。王尊得到了张辅狡猾不道的全部证据，以及百万奸藏。王尊惩处贪官张辅威震安定郡，盗贼四散出逃，进入邻近郡中。安定郡的豪强多数遭到诛杀刑伤而伏法。后来王尊因为理政手段残酷而被免职。

5.《汉书·谷永传》：谷永（前？年至前9年）字子云，西汉长安人。成帝建始（前32年—前28年）年间，谷永由光禄大夫擢任安定太守。其时皇上诸舅皆修经书，任政事。阳朔三年（前22年）八月，大将军王凤病逝，平阿侯王谭按年次应当接替大将军王凤辅政，王谭与谷永关系很好。由于王谭不肯依附王凤，王凤推荐堂弟御史大夫王音接替他为大将军。因此王谭和王音不和。谷永远在安定为郡守，担心遭遇王音伤害，多次“谢罪自陈，得转为长史”。

6.《汉书·冯奉世传附冯参传》记载，冯参，元帝冯昭仪少弟。成帝永始（前16年—前13年）年间，超迁代郡太守。因为边郡道远，徙为安定太守。数岁，病免，复为谏大夫，使领护左冯翊都水。

7.萧由字子骄，东海兰陵（治今山东省兰陵县兰陵镇）人，徙杜陵（治今陕西西安东南）。为丞相西曹，卫将军掾，迁谒者，使匈奴副校尉。后举贤良，为定陶令，迁太原都尉、安定太守。治郡有声，多称荐者。其父萧望之（约前114年—前47年）是汉初三杰萧何的六世孙，汉元帝时丞相。

8.汉哀帝时，金参出使匈奴，任匈奴中郎将，后历任越骑校尉、关（内）都尉、安定太守、东海太守。

9.《新唐书》卷七三下《宰相世系表三下》：孙询，字会宗，安定太守。其祖父孙卿，字伯高，汉侍中。生凭，字景纯，将军。

10.《新唐书》卷七三上《宰相世系表三上》：许德，字伯饶，安定、汝南太守，因居平舆。其时约为西汉末。其父许毗，汉侍中、太常。

11.据《新唐书》卷七一下《宰相世系三上》：窦猛，扶风平陵（今陕西咸阳西北）人。西汉后期为安定太守。其孙窦融（前16年—62年）是东汉开国元勋。

12.《后汉纪·光武帝纪》卷一：（隗）嚣勒兵十万，将攻安定。安定太守王向，王莽从弟王谭之子，威行郡中，属县未敢叛。隗嚣喻王向以天命，王向不从。嚣复为言“重顿兵，血刃，伤害吏士”，终不听。乃进兵虏向，以徇百姓，然后行戮，安定悉降。范晔《后汉书·隗嚣传》作“安定大尹”。王莽改太守为大尹，东汉复旧称。袁宏《后汉纪》王莽官属皆依新制，此偶失之耳。又《汉书·王莽传下》作“安定卒正王旬”，未知孰是。卒正：王莽新朝官职名，职务同太守。

13.《后汉书》卷一七《冯异传》：冯异（？—34年），字公孙，颍川父城（治今河南省宝丰县东）人，东汉开国名将。东汉建武六年（30年），冯异进军义渠，并领北地太守事。冯异又击卢芳将贾览、匈奴薁鞬日逐王，破之。上郡、安定皆降，冯异复领安定太守事。建武九年春，祭遵卒，诏异守征虏将军，并将其营。

14.《后汉书》卷五一《李恂传》：李恂字叔英，安定临泾人也。少习韩诗，教授诸生常数百人。太守颍川人李鸿聘请李恂为郡功曹，尚未到任，李恂被聘为凉州从事。不料，李鸿突然病逝，李恂放弃了州里的聘用，把李鸿的灵柩从安定送回其故乡颍川。

15.《后汉书》卷七六《循吏传·王涣传》：王顺，广汉郪县人，安定太守。其子王涣，字稚子。和帝永元年间官至兖州刺史、洛阳令。以平正居身，得宽猛之宜。和帝元兴元年（105年）病逝。

16.杜恢生卒年和籍贯不详，初任安定太守时间不详，元初二年（115年）卒于官。《后汉书·安帝纪》载：元初二年（115年）十月"乙未，右扶风仲光、安定太守杜恢、京兆虎牙都尉耿溥与先零羌战于丁奚城，光等大败，并没"。同书《西羌传》云：元初二年，在征西将军司马钧的督率下，安定太守杜恢与右扶风仲光、北地太守盛包、京兆虎牙都尉耿溥、右扶风都尉皇甫旗等，合兵八千余人，又庞参将羌胡兵七千余人，与司马钧分道并北击零昌。庞参军至勇士东，为杜季贡所败，于是撤退。司马钧等独进，攻拔丁奚城，大胜。"杜季贡率众伪逃。钧令光、恢、包等收羌禾稼，光等违钧节度，散兵深入，羌乃设伏要击之。钧在城中，怒而不救，光等并没，死者三千余人。钧乃遁还，坐征自杀。"可与此相参证。

17.《后汉书》卷六《顺帝纪》：永和六年（141年）春正月丙子，征西将军马贤与且冻羌战于射姑山，贤军败没，安定太守郭璜下狱死。

18.《后汉书》卷六五《皇甫规传》：安定太守孙俊受取狼籍，属国都尉李翕、督军御史张禀多杀降羌，凉州刺史郭闳、汉阳太守赵熹并老弱不堪任职，而皆倚恃权贵，不遵法度。皇甫规到州界，悉条奏其罪，或免或诛。《通鉴》卷五四系此事于延熹五年（162年）三月。

19.《后汉书》卷四八《霍谞传》：霍隽，灵帝时安定太守。其父霍谞，桓帝时与尚书令尹勋数奏梁冀专权事，"又因陛见陈闻罪失"。梁冀被诛后，桓帝嘉其忠节，封邺都亭侯。迁司隶校尉，转少府、廷尉，卒官。

20.《隶续》卷一二《刘宽碑阴故吏名》：故吏安定太守□郡成都□规桓□。刘宽，弘农华阴人，灵帝中平二年（185年）二月丁卯薨，享年66岁。

21.《三国志》卷一六《魏志·苏则传》：苏则字文师，扶风武功人也。少以学行闻，举孝廉茂才，辟公府，皆不就。起家为酒泉太守，转安定、武都，所在有威名。太祖征张鲁，过其郡，见则悦之，使为军导。鲁破，则绥定下辩诸氐，通河西道，徙为金城太守。是时丧乱之后，吏民流散饥穷，户口损耗，则抚循之甚谨。外招怀羌胡，得其牛羊，以养贫老。与民分粮而食，旬月之间，流民皆归，得数千家。乃明为禁令，有干犯者辄戮，其从教者必赏。亲自教民耕种，其岁大丰收，由是归附者日多。李越以陇西反，则率羌胡围越，越即请服。注引《魏略》曰："则世为著姓，兴平中，三辅乱，饥穷，避难北地。客安定，依富室师亮。亮待遇不足，则慨然叹曰：'天下会安，当不久尔，必还为此郡守，折庸辈士也。'后与冯翊吉茂等隐于郡南太白山中，以书籍自娱。及为安定太守，而师亮等皆欲逃走。则闻之，豫使人解语，以礼报之。"

22.《通志》作"毋邱兴"，《三国志》和《萧氏续后汉书》均作"毋丘兴"。河东闻喜（今山西闻喜县）人。《三国志》卷一《武帝纪》：建安十九年春，安定太守毋丘兴将之官，魏公曹操戒之曰："羌，胡欲与中国通，自当遣人来，慎勿遣人往。善人难得，必将教羌、胡妄有所请求，因欲以自利；不从便为失异俗意，从之则无益事。”兴至，遣校尉范陵至羌中，陵果教羌，使自请为属国都尉。公曰：“吾预知当尔，非圣也，但更事多耳。”

23.《三国志》卷一五《魏志·张既传》：魏文帝曹丕即位，初置凉州，以安定太守邹岐为刺史。张掖张进执郡守举兵抵抗邹岐，黄华、麴演分别驱逐故太守，举兵响应张进。魏文帝以张既取代邹岐为安定太守。

24.《新唐书》卷七三下《宰相世系表三下》：太原太守孙福，遇赤眉之难，遂居太原中都。太原之族有岚州刺史孙昉，生存进，安定太守。

25.《风俗通义》卷五《十反》“安定太守胡伊条”云：“安定太守汝南胡伊伯、建平长樊绍孟建，俱为司空虞放掾属，放逊位自劾还家，郡以伊为主薄，迎新太守，曰：‘我是宰士，何可委质于二朝乎！’”汉灵帝建宁二年（169年），中常侍侯览兴大狱，将前司空虞放等一百二十余人下狱处死，此为汉朝第二次党锢之祸。

三、小结

秦汉时期，各郡均以郡守掌治民。举凡政治、经济乃至风俗、民情都要管。《后汉书·百官志五》：“凡郡国皆掌治民，进贤劝功，决讼检奸。常以春行所主县，劝民农桑，振救乏绝。秋冬遣无害吏案讯诸囚，平其罪法，论课殿最。岁尽遣吏上计。”《北堂书钞》卷七四《高官部·太守上》引《汉官解诂》曰：太守专郡，“信理庶绩，劝农赈贫，决讼而断辟，兴利除害，检举郡奸，举善黜恶，诛讨暴残。”

西汉末年，安定郡21个县，有户42725，口143294。每县人口平均约6824人。东汉时期，汉顺帝永建四年（129年），羌族势力衰败，安定郡迁回。连年战乱导致人口数量大幅减少，安定郡由东汉初的20县合并为8县，即临泾、朝那、乌氏、高平、三水、彭阳、阴盘、鹑觚。即使如此，人口的下降仍然惊人。《后汉书·郡国志五》记载，安定郡“八城，户六千九十四，口二万九千六十”。每县人口平均约3633人，只有西汉的53.2%。

《后汉书·百官志五》注引应劭《汉官》曰：“《前书·百官表》云，万户以上为令，万户以下为长。三边始孝武皇帝所开，县户数百而或为令。”

（作者系河北师范大学历史文化学院教授）

“凶嗣”之祸

——论梁冀

郑先兴

内容摘要 梁氏家族祖居固原，至桓帝时，涌现出了众多位高权重的人物。梁冀的专权弄私，一步一步造成了桓灵时期的政治紊乱。最初的事件，就是桓帝登基伊始，梁冀杀戮李固、杜乔。这件事情颠覆了其时的社会价值，也充分展现了梁冀极权独裁者的暴虐性格。作为两朝皇帝皇后的舅舅，梁冀的封赏，要高于之前所有的功勋；不仅弄权，“顺者昌逆者亡”，而且疯狂敛财，过奢靡浮华的生活。梁冀内心深处很自卑，他明白，自己所以能掌控权力，完全是因其有做皇后的姊妹。梁冀有着暴虐与忌疾的双重人格。

关键词 梁冀 汉桓帝 士人 人格

说起东汉，论者无不谈到士人、外戚与宦官，仿佛这三者构成了东汉中后期的历史。著名的马克思主义史学家翦伯赞说：“东汉自冲帝以至桓帝的中叶都是外戚的天下。到桓帝中叶以后，宦官诛灭了外戚，大汉的天下，又落到了自己家奴的手中。这种狗咬狗的把戏，看起来，似无关紧要，但他却指明了一个事实，即东汉统治者内部已经透彻地腐烂了。”[①]秦汉史研究专家林剑鸣则说：“东汉中期以后的宦官、外戚交替擅权的历史”，经历了两个循环，第一循环是从汉和帝的邓氏到安帝的阎氏，第二循环是从顺帝到桓帝，“第二个循环斗争得更加激烈，而双方对政治的危害都较前者为大，从而加深了东汉政权的危机”。[②]

说到固原，又不能不说外戚梁氏家族。梁氏家族祖居固原，至桓帝时，涌现出了众多位高权重的人物。“前后七封侯，三皇后，六贵人，二大将军，夫人、女食邑称君者七人，尚公主者三人，其卿、将、尹、校五十七人。”[③]梁氏家族可谓盛极一时。最重要的是，梁商与梁冀父子，各自辅佐顺帝、桓帝，深刻地影响了东汉中后期的政治。梁商宽待士人、遏制宦官，被誉为“贤辅”，顺帝也几乎被誉为“中兴之主”。[④]梁冀打造了汉桓帝，专权弄私，“穷极满盛”。著名的历史学家吕思勉指出：“东汉国事，大坏于桓、灵。”[⑤]由此，详细考察梁商、梁冀父子，不仅是分析顺帝与桓帝政治状况的关键，也是认识东汉历史进程的锁钥。

在这里，我们以考察东汉桓帝时期的政治为重点，以心理史学的方法，将外戚梁商与梁冀父

---

① 翦伯赞：《秦汉史》，北京：北京大学出版社，1983年，第495页。

② 林剑鸣：《秦汉史》下，上海：上海人民出版社，1989年，第350页。

③ 范晔：《后汉书》卷三四《梁冀传》。

④ 范晔：《后汉书》卷三四《梁统列传论》。王云度：《论汉顺帝》，《秦汉研究》（第7辑），2013年。

⑤ 吕思勉：《秦汉史》，北京：中国友谊出版公司，2009年，第246页。

子予以比较分析，揭示梁冀专权弄私的心理因素，从而说明桓灵时期的政治紊乱是怎样一步一步人为造成的。不当之处，敬请专家同仁雅正。

一、杀李固、杜乔：梁冀政治上的肆虐

桓灵时代政治的式微，除去外戚与宦官的轮番执政外，最主要的是两者合谋镇压士人。

最初的事件，就是桓帝登基伊始，梁冀杀戮李固、杜乔，而其导火索却是清河王刘蒜的谋反。汉桓帝建和元年（147年），清河刘文谋反，杀国相谢暠，欲立清河王刘蒜为天子。事情败露之后，刘文被杀，刘蒜被贬为尉氏侯。梁冀则以此为借口，将李固与杜乔诛灭。据史书记载，刘文谋反一事，与李固一点关系都没有，之所以将李固牵连进来，主要是皇帝的废立问题上，梁冀与李固存在着分歧，梁冀恨死了李固。建康元年（144年），顺帝去世。永熹元年（145年），两岁的汉冲帝即位，李固为太尉，梁冀为大将军、参录尚书事。第二年，汉冲帝去世，依照李固的意思，奉立清河王刘蒜为皇帝。梁冀没有采纳其意见，而是拥立刘瓒为皇帝，是为汉质帝。没多久，梁冀看到汉质帝“聪慧，恐为后患”，于是“令左右进鸩”，药死了汉质帝。又担心李固泄露其事，非常嫉恨李固。而当刘文谋反，准备拥立刘蒜时，梁冀终于找到了借口，将李固下狱、诛杀并暴尸。

其实，梁冀对李固的嫉恨，可谓由来已久。阳嘉二年（133年），李固曾经上书汉顺帝，批评梁商、梁冀父子以外戚的身份专权弄私。“戚为椒房，礼所不臣。尊以高爵，尚可然也。而子弟群从，荣显兼加。永平、建初故事，殆不如此。宜令步兵校尉冀及诸侍中，还居黄门之官，使权去外戚，政归国家，岂不休乎！”这个上书，汉顺帝虽然没有采纳，其时梁氏父子，即作为大将军的梁商与作为步兵校尉的梁冀，肯定知道这件事情。永和中期（136—141年，138年左右），李固被任命为荆州刺史，目的是维护治安，镇压叛乱。李固在平息叛乱的同时，又状告南阳太守高赐等官员收受贿赂。高赐等人“惧罪，遂共重贿大将军梁冀。冀为千里移檄，而固持之愈急。冀遂令徙固为太山太守。”本来，梁冀的意思，是想让李固在太山太守的任上，被当地的数千盗贼所杀。没想到，盗贼慑于李固的威信，很快解散了。李固因此晋升大将、大司农。至冲帝时，为太尉。这对梁冀而言，可谓是恨之又恨的事情了。

至于杜乔的被杀，也同李固一样是在行政事务中逐步得罪了梁冀。汉安元年（142年），杜乔以光禄大夫一职巡查兖州，上表举荐李固的政德是“天下第一”。杜乔晋升为太子太傅、大司农后，曾上书谏鉴梁氏家族无功受封。永昌太守刘君世做了“金蛇”贿赂梁冀，被益州刺史种暠举报。金蛇被交到司农处，身为大司农的杜乔不让梁冀观看。杜乔职事大鸿胪，梁冀的小女儿去世，杜乔单单不去吊丧。建和元年（147年），杜乔为太尉，依照旧典，没有“厚礼”迎娶梁冀的妹妹为汉桓帝妃子。刘蒜事起时，梁冀陷害李固，试图逼迫杜乔就范，杜乔不从，被系执狱而死。

在屠杀了李固、杜乔之后，梁冀为了展示其淫威，不仅又杀了李固的两个儿子，还将李固、杜乔的尸体暴晒于城北的十字路口。李固的学生汝南郭亮、南阳董班抱尸痛哭，为其鸣冤。杜乔的故椽杨匡为杜乔守丧长达十二天。最后，在梁太后的允许下，李固与杜乔的尸首才得以安葬。郭亮、董班与杨匡等人由此赢得了美名，留存青史。

按说，为争夺权力牺牲身家性命，在政治生活中可以说是司空见惯的，但是，具体到李固与杜乔的被杀，却是另有政治与历史意义的。就政治而言，这件事情颠覆了其时的社会价值观念。其时，梁冀“枉害李固及前太尉杜乔，海内嗟惧”。[①] 民间流传这样一句谚语：“直如弦死道边，

---

①《后汉书》卷三四《梁冀传》。

曲如钩反封侯。”“直如弦”就是指李固、杜乔；“曲如钩”是指攀附于梁冀的胡广、赵戒等人。就历史而言，历史是人的活动，但是历史的创造和灿烂却需要仁人志士的创造。所谓“人能弘道，非道弘人”。范晔说：“夫称仁人者，其道弘矣。立言践行，岂徒徇名安己而已哉，将以定去就之概，正天下之风，使生以理全，死与义合也。”士人的职责就是担当其创造历史的使命和责任。他们不仅宣传说教，而且付诸行动，甚至不惜牺牲自己的生命。李固、杜乔等士人，能够在“国统三绝，太后称制，贼臣虎视”的形势下，“居位持重，以争大义，确乎而不可夺。岂不知守节之触祸，耻夫覆折之伤任也”。这种牺牲精神，在范晔看来，就是国家的良心，民族的脊梁。“至矣哉，社稷之心乎”！[①]良心泯灭了，难怪东汉自桓灵之后，被认为是衰落的开始。

问题在于，梁冀如此对待李固、杜乔，却与其父完全相反。“商自以戚属居大位，每存谦柔，虚己进贤，辟汉阳巨览、上党陈龟为椽属，李固、周举为从事中郎，于是京师翕然，称为良辅，帝委重焉。”[②]“商以后父辅政，而柔和自守。”[③]梁商为人，比较低调谦逊，知道自己以外戚身份位居高官，难堪大任，于是不断举荐士人来任职，李固就是这样被升任为郎官的。虽然遗憾的是，梁商没有实施李固等士人官僚所建议的政治方案，但起码说明对士人官僚还有那么一些信任。反观梁冀，则对士人官僚没有丝毫的好感，逮着机会，不择手段，一定置之死地而后快。永和元年（141年），梁冀晋升河南尹，肆情任性，践踏法纪。洛阳令吕放将其胡作非为告诉其父。梁冀受到了批评，不思悔改，反而怀恨在心，将吕放暗杀于途；又嫁祸于吕放的仇家，将吕放的弟弟继任洛阳令，对吕放的仇家满门抄斩。“尽灭其宗亲、宾客百余人。”[④]可见，仇视士人官僚，顺者昌逆者亡，充分展现了极权独裁者的暴虐性格。

二、尊贵与奢靡：梁冀生活中的贪腐

梁冀作为两朝皇帝皇后的舅舅，其权势之尊，可以说是无以言表。早在乃父梁商去世时，梁冀已经继任为大将军；拥立汉桓帝，建和元年（147年），梁冀又被封万三千户，增加其官员，“官属倍于三公”。和平元年（150年），又增封万户，加上之前所世袭的，其享封已经达到三万户了。元嘉元年（151年），桓帝召集公卿大夫，再次商议封赏梁冀。

“有司奏：冀入朝不趋，剑履上殿，谒赞不名，礼仪比萧何；悉以定陶、阳城余户增封为四县，比邓禹；赏赐金钱、奴婢、彩帛、车马、衣服、甲第，比霍光：以殊元勋。每朝会，与三公绝席。十日一入，平尚书事。宣布天下，为万世法。”[⑤]

根据大臣的商议，梁冀的封赏，要高于之前所有的功勋。入朝礼仪可超越萧何，封赏户租超越邓禹，金钱良宅超越霍光。即使上朝讨论军国大事，也与三公分庭抗礼。可以说，梁冀完全享有一人之下万人之上的权贵。但是，梁冀还不满足。

“冀犹以所奏礼薄，意不悦。专擅威柄，凶恣日积，机事大小，莫不咨决之。宫卫近侍，并所亲树。禁省起居，纤微必知。百官迁召，皆先到冀门笺檄、谢恩，然后敢诣尚书。”[⑥]

---

①《后汉书》卷六三《论曰》。
②《后汉书》卷三四《梁商传》。
③《后汉书》卷六三《李固传》。
④《后汉书》卷三四《梁商传》。
⑤⑥《后汉书》卷三四《梁冀传》。

梁冀的威柄是以其残暴建立的，而不是以政绩或品德赢来的。据史载，梁冀疯狂打压与其意见不合者。下邳人吴树晋升宛县令。上任之前，拜谒梁冀，梁冀请其保护在宛县的故旧亲朋。吴树不顾梁冀的情面，反而劝其持位自重，“明将军以椒房之重，处上将之位，宜崇贤善，以补朝阙”。到南阳之后，吴树将属于梁冀宾客的违法乱纪者，诛杀数十人。梁冀恨得咬牙切齿。吴树任职期满，升任荆州刺史，梁冀设宴款待，鸩杀车上。汝南人郎中袁著，有见于梁冀的“凶纵”，上书状告梁冀。为避免梁冀的迫害，袁著诈死藏于棺材中，但是仍然被梁冀发觉，被“笞杀”。与袁著相关的学生、朋友桂阳刘常、太原郝絜等，相继被杀。“死者六十余人”。“冀诸忍忌，皆此类也”。

梁冀不仅杀戮士人与官员，即使其同宗家人，也嫉恨至极。其弟弟梁不疑，因为“好经书，善待士”，梁冀派人私下装扮潜伏其家门，记录来往人员，发现南郡太守马融、江夏太守田明曾经拜谒梁不疑，于是设计陷害，刑罚并流放了马融、田明，使其冤死于途。

梁冀不仅弄权，“顺者昌逆者亡”，而且疯狂敛财。梁冀敛财的方式，主要有三种，一种是收受贿赂。如前所述，李固、杜乔与其结怨，其中原因之一就是两人阻挠其受贿。另一种是敲诈勒索。扶风人孙奋，居郡五官椽，得钱赀一亿七千万，富闻京师。梁冀欲图其钱赀，以自己所乘坐的马与车为抵押，贷钱五千万。孙奋只给了三千万。梁冀很生气，状告其所在郡县，诬陷说孙奋的母亲是自家仓库婢子，盗走“白珠十斛，紫金千金”。孙奋兄弟被收监，死于狱中，其财富被掠劫一空。第三种是肆意侵占国有土地，修建园林。以皇家规制，拓建园林，“西至弘农，东界荥阳，南极鲁阳，北达河、淇”，其中的山林湖泽、丘陵荒地，大概千余平方里，都是其园林的范围。还在河南城西修筑兔苑，连绵数十里，修缮楼观，花费了数年的工夫与大量的人力。又下令调拨各地的生兔，涂上标记，放养其中。一旦发现有谁猎杀，或误杀，一定会收监斩杀。①

梁冀疯狂敛财，就是为了过奢靡浮华的生活。除了如上所述的肆意建设园林外，还建筑豪宅。其宅邸有堂寝、廊阁、庭园、山水等，其柱壁、窗牖，雕镂铜漆，图云画仙，又将金银珠宝、异方珍怪，“冲积藏室”。梁冀与孙寿二人还经常共乘辇车，游观园内，并召集倡优，鸣钟吹管，一路欢歌。甚至夜以继日，欢娱恣肆，真是极尽奢华。②

尊贵的权位，富有的财货，奢靡的生活，随心所欲，得意之至。可以说，这就是梁冀生活的特色。考究其因，除了客观上的权势负面效应，就是梁冀内心深处的自卑作祟。虽然位高权重，但是从其本原看，则是仰赖于外戚，依靠的是家族内的美女。这与依靠读书做官的士人相比，或者与军功获爵的武士相比，都缺了份自尊、骄傲与才干。这可能就是梁冀自卑的根源。依照心理学的观点，过分的自卑必将表现为极端的自大与狂傲。对一般人来说，过度的自大与狂傲，只会影响自己的生活；对于社会历史来说，自大与狂傲则导致精神病患，人格分裂，造成社会历史的灾难。梁冀的人生，可以充分证明心理学的原则。

三、姊妹皇后：梁冀弄私的权位仰赖

披阅史书，梁冀的暴虐性格之所以能够养成，所仰赖的主要是女人，即其两个姊妹。

一是梁妠。梁妠是梁商的女儿，永建三年（128年），年十三岁，与其姑姑一起作为妃子嫁给

---

①②《后汉书》卷三四《梁冀传》。

汉顺帝。阳嘉元年（132年），梁妠被立为皇后。建康元年（144年），顺帝去世，美人虞氏所生的儿子刘炳承继皇位，是为冲帝。梁妠被尊称为皇太后。

一是梁莹。梁莹是梁妠的妹妹，也就是汉顺帝的小姨子。汉桓帝还为蠡吾侯时，经梁太后撮合，梁莹被许配给蠡吾侯，只是还没有举行婚礼。梁冀鸩死汉质帝后，与梁太后商议，拥立蠡吾侯为帝。建和元年（147年），梁莹被封为皇后。

显而易见，有两个姊妹为靠山，梁冀在政治上可谓要山得山，顺风顺水。专权弄私，暴虐横行，有其政治权势的基础。但具体来说，梁冀也没能那样随心所欲。梁妠为太后时，梁商还活着，受其父亲的约束，梁冀不能专权；梁商去世之后，梁妠头脑还比较清醒，有自己的主见，也限制了梁冀。汉顺帝活着时，所罢免的官员没有什么规矩。李固为太尉辅佐皇太后梁妠，依照规矩，奏免了百余官员。这些官员心有不满，于是联络梁冀，状告李固，“因公假私，依正行邪，离间近戚，自隆支党”。“冀以白太后，使下其事。太后不听，得免”。当梁冀以刘蒜谋反将李固下狱时，梁太后梁妠还是听从了门生渤海王刘调、河内赵承等人的控诉，赦免了李固。只是当李固出狱后，“京师市里皆称万岁”。梁太后才犯昏了，同意诛杀李固。[①]可见，梁冀羽翼丰满，肆意专权弄私，是在梁妠晚年，尤其是汉桓帝登基之后。“而兄大将军冀鸩杀质帝，专权暴滥，忌害忠良，数以邪说疑误太后，遂立桓帝而诛李固。”[②]

而桓帝皇后梁莹，可能是年龄小不经事，也可能是同梁冀一样，生于富贵，极度自私，总之助长了梁冀的暴虐与灭亡。

“后藉姊兄荫执，恣极奢靡，宫帷雕丽，服御珍华，巧饰制度，兼倍前世。自皇太后崩，恩爱稍衰。后既无子，潜怀怨忌，每宫人孕育，鲜得全者。帝虽迫畏梁冀，不敢遣怒，然见御转稀。至延熹二年，后以忧恚崩。在位十三年，葬懿陵。其岁，诛梁冀，废懿陵为贵人冢焉。”[③]

梁莹做皇后，其祸害不在于其奢靡浮华，任性蛮横，而在于没有生育，肆意杀戮桓帝其他怀孕的妃子。可以说，东汉皇家的灾祸，莫大于此。害人害己，也葬送了梁氏家族的富贵荣华。

除了梁妠、梁莹，还有个女子，直接影响着梁冀的政治生活，这就是其妻孙寿。

孙寿人长得漂亮，又聪明，会装扮，心机重，权力欲极强。梁冀对她既喜欢又害怕。汉顺帝时，梁商选美女友通期献给顺帝，因为一件小事，顺帝将友通期送还给梁商。因属“御用”，梁商不敢留友通期，于是将其嫁给别人。梁冀悄悄派人将友通期偷回来，于城西建立私宅，在服父丧期间，与之同居。孙寿知道后，将其抢回，鞭挞使其毁容，还准备告发。梁冀害怕，向岳母求救，孙寿才放过。但是梁冀太喜欢友通期，还与之幽会，生了孩子，起名为梁伯玉。孙寿让其儿子梁胤诛杀了友通期。又设法与梁冀的爱奴秦宫私通，掌控了梁冀的行动。弘农人宰宣聪敏奸佞，为了巴结梁冀，上书请封赏梁冀的妻子。“诏遂封冀妻孙寿为襄城君，兼食阳翟租，岁入五千万，加赐赤绂，比长公主。”梁冀又采纳孙寿的建议，以梁氏家族子弟身份，安排孙氏家族的宗亲，其中十余人为“侍中、卿、校尉、郡守、长吏”，“皆贪叨凶淫，各遣私客籍属县富人，被以它罪，闭狱掠拷，使出钱自赎，赀物少者至于死徙。”[④]可见，作为梁冀的外戚，孙寿是梁冀腐败的根源；而作为刘氏皇家的外戚，梁冀是政府贪腐的根源。[⑤]

---

①《后汉书》卷六三《李固传》。

②《后汉书》卷十《顺烈梁皇后纪》。

③《后汉书》卷十《桓帝懿献梁皇后纪》。

④⑤《后汉书》卷三四《梁冀传》。

梁冀非常明白，自己之所以能掌控权力，完全是因其有做皇后的姊妹。为巩固其权位，梁冀可以说是无所不用其极。孙寿的舅舅梁纪，娶了寡妇宣为妻。宣与其前夫邓香生有一女，名叫邓猛。孙寿见邓猛长得漂亮，送入宫廷，桓帝非常宠爱，封为贵人。梁冀为了巩固自己的权位，于是就将邓猛改姓为梁猛，认作自己的女儿。梁冀又担心外人知道，于是派刺客到郾城刺杀了邓猛的姐夫议郎邴尊，进而杀其母宣。宣家在延熹里，邻居是中常侍袁赦。刺客到宣家要通过袁赦家，袁赦发觉后，鸣鼓通知了宣。宣逃到皇宫，告诉了桓帝。桓帝就纠集宦官等人诛杀了梁冀。由此，孙寿不仅是梁冀贪腐的原因之一，还是导致其败亡的根源。

对梁冀来说，外依姊妹，内宠骄妻，可以说是历史上绝无仅有的事情。也许是自认为深谙人世，梁冀才毫无顾忌地培植皇妃。但如果他真的精通历史，知其姑奶奶曾经为皇妃，生皇帝，却成就了窦氏外戚家族功业的掌故，也许他会重写历史。可惜的是，历史不能假设，不能重来。历史所能教育人们的，就是怎样以善良态度生活，借以创新推动其进展。

四、宦官：梁冀政治生涯的成败所系

在梁冀的政治生涯中，宦官起着非常重要的作用，可以说是成也宦官，败也宦官。

在拥立桓帝时，宦官曹腾起了决定性的作用。其时李固、杜乔提议拥立清河王刘蒜，而梁冀希望拥立自己的妹夫蠡吾侯刘志。中常侍曹腾夜访梁冀，提醒说："将军累世有椒房之亲，秉摄万机，宾客纵横，多有过差。清河王严明，若果立，则将军受祸不久矣。不如立蠡吾侯，富贵可长保也。"梁冀得到如此中肯的建议，才坚持拥立刘志。考究宦官曹腾之所以支持外戚，并离间士人与官僚，是有其历史原因的。早在顺帝年间，曾经派遣周举等八路使者到全国巡视考察，结果发现大多是宦官的亲属仗着朝中有人，在地方作恶多端。李固与廷尉吴雄上书建议。从严惩治违法官员。顺帝采纳了建议，"下诏诸州劾奏守令以下，政有乖枉，遇人无惠者，免所居官；其奸秽重罪，收付诏狱"。[①]由此，李固不知不觉就与宦官结怨了。而宦官特殊的体质所造就的变态心理，睚眦必报，种下了危害东汉政治局面的种子。

在剪灭梁冀时，宦官单超、徐璜、具瑗、左悺与唐衡则起了决定性的作用。其时，梁冀在朝外骄横，梁莹则在朝内"忌恣"，鸩杀怀孕的皇妃。皇帝刘志怀恨在心，但是又无所为力。延熹二年（159年），皇后梁莹忧郁而死，桓帝刘志在厕所中与唐衡密谋，召集与梁冀结怨的单超、左悺、徐璜与具瑗等，将梁冀定罪："诚国奸贼，当诛日久"；"奸臣协国，当服其罪"。并歃血为盟，诛灭了梁冀及其家族。事后，左悺晋升中常侍、上蔡侯，唐衡晋升中常侍、汝阳侯，各万三千户、钱千三百万；单超新丰侯、二万户，徐璜武原侯、万五千户，具瑗东武阳侯、万五千户。[②]

就梁冀来说，可谓是"大意失荆州"，也可以说"多行不义必自毙"，而历史所展示的景观，则是成也宦官，败也宦官。宦官作为政权核心人员，是中国历史上的一道奇异景观。而其真正的政治展现，应该是在东汉桓帝时期，影响了梁冀政治生涯的浮沉。

①《后汉书》卷六三《李固传》。
②《后汉书》卷七八《宦者列传》。

五、“跋扈”与“忌疾”：梁冀社会生活的人格

唯物史观认为，历史是追求着自己目的的人的活动。心理史学进而认为，追求着自己目的的人，各有着自己的品格。所以，历史过程的展开，正是其人格的展现。

那么，梁冀的人格特征是怎样的呢？

由上所述，梁冀展现了两个方面的人格特征，一是杀戮士人官僚所表现的暴虐人格，一是追求富贵、极尽奢华的自卑人格。两厢结合，方展现其完整的人格特征。以此观察其人生履历，仰赖其内眷而飞黄腾达，依靠其暴虐而震慑朝野。质帝曾言其为“跋扈将军”而丧命，范晔则总结其人生为“猜专，每向忌疾”。由此，说梁冀的人格是暴虐与忌疾，可谓名副其实。

“冀字伯卓。为人鸢肩豺目，洞精瞯眄，口吟舌言，裁能书计。少为贵戚，逸游自恣。性嗜酒，能挽满、弹棋、格五、六博蹴鞠、意钱之戏，又好臂鹰走狗、骋马斗鸡。”

据史书所载，梁冀的形象也是孕自卑与恣骄双重特征。一方面，耸肩圆眼，口舌结巴；另一方面，又流露着精明与奸诈，长于心机并善算计。生在富贵之家，从小就过着富裕的生活。其时社会上所有的游玩项目，梁冀无不精通娴熟。如此聪明、精通世事的人，如不是面貌的丑恶，或者如其父能容纳士人，或者如其姊梁妠能留恋诗书[①]，或许能成为一代良相。很可惜，机缘不巧，梁冀没能以乃父为榜样，更没有以乃姊为荣光，而是专横跋扈，自作孽，浪费了创造历史的大好机缘。

按说，一个人的性格如何，只会影响个人的生活状况；但是，如果身居高位，那么就不仅仅是个人的问题，而是直接影响历史的进步与否。范晔说：“夫宰相运动枢极，感会天人，中于道则易以兴政，乖于务则难乎御物。商协回天之势，属凋弱之期，而匡朝恤患，未闻上术，憔悴之音，载谣人口……传宠凶嗣，以至破家伤国，而岂徒然哉！”[②]身为宰相，其性格直接决定着国家的命运。如果其言行合于历史规则，那么，就能创造一代盛世；如果违背历史规则，那么，就会造成社会大乱。梁商虽没有高策良计，但是总还有齐家治国的信念，赢得了社会各阶层的尊重；但他传位给不肖之子梁冀，家破国伤，所有的努力全泡汤了。

（作者系南阳师范学院汉文化研究中心教授）

①《后汉书》卷十《顺烈梁皇后纪》：“少善女工，好史书，九岁能诵《论语》，治《韩诗》，大义略举。常列女图画置于左右，以自监戒。”

②《后汉书》卷三四《范晔论曰》。

东汉梁妠掌权期间的自然灾害与救助

苑 苑

内容摘要 梁妠掌权时期上接安帝，下启桓帝，处在两次自然灾害高峰之间，呈现出波谷的特性。即这一时期自然灾害无论次数、种类、影响范围都出现明显收缩，但后来紧接着就有反复。本文通过对其间见于史籍的自然灾害进行考察，统计了这一时期自然灾害的数量、频次、范围。并认为梁氏执政时期自然灾害对于社会的影响有：杀伤人命；破坏农耕经济，民食不赡，流民日多，民乱频发。主要救助措施有政府组织祭祀，赈贷灾民、救济流民，案行安抚人心，以及促使统治阶级的自我调整。

关键词 东汉 梁妠 自然灾害 灾害救助

一、梁氏与东汉政治

梁妠（106—150年），东汉安定郡乌氏县人，“大将军商之女，恭怀皇后弟之孙也”。[①]曾祖父梁统是东汉开国功臣，为东汉政权的建立立有大功，所以梁家才渐渐发展成为东汉中期的豪门望族。特别是到了东汉中期，梁妠成为皇后和皇太后期间，在她的庇护之下，以梁冀为代表的外戚与宦官相互勾结，出现梁氏专权的最黑暗年代，从而加剧了东汉政权的日益衰败。

永建三年（128年），十三岁的梁妠与她的姑姑一起被选入掖庭，后被顺帝封为“贵人”。阳嘉元年（132年）被立为皇后。由于梁氏能“深览前世得失”，严于律己，自省过失或不足，“不敢有骄专之心”，辅助顺帝，不仅把后宫管理得井井有条，还能帮助皇帝治理朝政，致使“初政清静，内外同力”，如在惩治暴吏、大赦天下和注意接受谏议大臣的意见诸方面，梁皇后都起了很好的参谋作用。汉顺帝死后，她相继成为冲帝、质帝和桓帝三朝的皇太后，持续临朝执政长达18年。

梁妠是中国历史上为数不多的临朝执政而又有所作为的皇太后。汉和帝以后，中央政权中不断出现外戚与宦官交替或联合掌权的局面，从此，东汉政权开始走下坡路。梁妠正是在这种形势之下走上政治舞台的。这一时期她扶持的三个小皇帝都没有亲政的能力，国家大事全靠她一手操持。基本上是“夙夜勤劳，推心杖贤”。能破格提拔德能兼备的人才，协助她管理国家大事，比如起用黄琼、李固、陈蕃、李膺等名士，使得朝政有所改善，贪官污吏受到一定程度的惩治，社会治安有所好转，国防安全得到加强，东汉政权初步强盛，充分展示了梁妠的治国才干。

当然，对于其哥哥梁冀对朝政的把持，飞扬跋扈和种种倒行逆施以及所造成的恶劣影响，她也是有直接和间接责任的。另外，由于她“多溺于宦官”，听信他们的谗言，客观上给外戚与宦

①《后汉书·顺烈梁皇后纪》，北京：中华书局，1965年，第438页。

官的联合专权制造了条件。

和平元年（150年）春，梁妠将朝政归还汉桓帝刘志，当年病故，葬于宪陵，追为“顺烈皇后”。本文考察时限始于阳嘉元年梁氏为后，终于和平元年归政于帝。

二、梁氏执政时期的自然灾害

关于东汉自然灾害的研究，前辈学者已开展了广泛深入的工作。除对东汉全段自然灾害的归纳和总结，尤其注重安帝时期或某一地区的自然灾害研究。而对安帝之后，自然灾害频率开始下降的这一时期还未有专门研究。

梁妠执政期间的自然灾害数量，黄今言先生在《汉代自然灾害与政府的赈灾行迹年表》中统计为20次，其中地震10次、旱灾4次、水灾3次、饥荒2次、蝗灾1次。笔者统计，梁妠执政的18年间，共发生自然灾害33次，其中地震17次、旱灾7次、水灾5次、饥荒2次、蝗灾1次、狼食人1次。[①]灾害种类共6种，平均每年约受灾1.8次，平均约每0.55年或6.5个月受灾一次。若不考虑饥荒[②]，则约为0.58年受灾一次，这一频率略低于整个东汉时期的0.53年1次。[③]其中，绝大多数集中在顺帝朝，为20次。冲帝朝1次、质帝朝2次、桓帝朝8次。详见表1，图1、2。

表1 梁妠执政时期自然灾害

序号	帝王纪年	公元纪年	月或季	灾情	史料来源
1	阳嘉二年	133年	四月	京师地震；六月洛阳地陷	h6、h106[④]
2	阳嘉三年	134年	十一月	地震	《后汉书集解》卷六
3	阳嘉四年	135年	十二月	京师地震	h6、h106
4	永和二年	137年	四月	京师地震	h6、h106
5	永和二年	137年	十一月	京师地震	h6、h106
6	永和三年	138年	二月	京师、金城、陇西等地地震，地陷，压杀人	h6、h106
7	永和三年	138年	闰四月	京师地震	h6、h106
8	永和四年	139年	三月	京师地震	h6、h106
9	永和五年	140年	二月	京师地震	h6、h106

① 中华书局本《后汉书·五行志》记载：“厥（灾）妖狼食人”。可见，汉人眼中狼食人确为灾。且根据中华人民共和国国家质量监督检验检疫总局、中国国家标准化管理委员会发布《自然灾害灾情统计第1部分：基本指标（GB/T 24438.1—2009）》，狼食人应属于重大生物灾害，属自然灾害的一种。

② 饥荒为“天灾”与“人祸”共同作用的结果。据《自然灾害灾情统计第1部分：基本指标（GB/T 24438.1—2009）》，饥荒不为自然灾害。

③ 东汉时期受灾频率数字详见王文涛先生：《东汉安帝朝自然灾害与政府赈灾年表》，《咸阳师范学院学报》2007年第3期。

④ 为使表格简洁，以“h”代指《后汉书》，“h”后面的数字指卷数。

续表

序号	帝王纪年	公元纪年	月或季	灾情	史料来源
10	汉安元年	142年	九月	丸都（今吉林集安西北）地震	金富轼等：《三国史记》卷一五《高句丽本纪》
11	汉安二年	143年	九月至次年一月	凉州地百八十震坏败城市，杀害民庶	h6、h106
12	建康元年	144年	九月	京师及太原、雁门震，水涌土裂	h6、h106
13	建和元年	147年	四月	京师地震	h6、h106
14	建和元年	147年	九月	京师地震	h7、h106
15	建和元年	147年	十一月	高句丽地震	金富轼等：《三国史记》卷一五《高句丽本纪》
16	建和三年	149年	六月	震宪陵寝屋	h7
17	建和三年	149年	九月	地震，地又震，郡国五山崩	h7、h106
以上地震					
18	阳嘉元年	132年	二月	京师旱	h6
19	阳嘉二年	133年	六月	旱	h6、h103
20	阳嘉三年	134年	春至夏	春夏连旱；河南、三辅大旱，五谷伤	h6、h61
21	阳嘉四年	135年	冬至二月	自去冬旱至于是月	h6
22	永和四年	139年	八月	太原郡旱民庶流冗	h6
23	永憙元年	145年	春至夏	自春涉夏，大旱炎赫	h6、h103
24	本初元年	146年	二月	京师、乐安、北海旱	h6、h103注引《古今注》
以上旱灾					
25	阳嘉元年	132年	二月	冀部比年水潦，民食不赡	h6
26	永和元年	136年	夏	洛阳暴水，杀千余人	h30
27	本初元年	146年	五月	乐安、北海海水溢，溺杀人民	h6、h105
28	建和二年	148年	七月	京师大水	h7、h105
29	建和三年	149年	八月	京师大水	h7、h105
以上水灾					
30	永和元年	136年	七月	偃师蝗	h6、h105
以上蝗灾					
31	阳嘉元年	132年	十月	望都、蒲阴狼杀女子九十七人	h6、h103
以上狼食人					

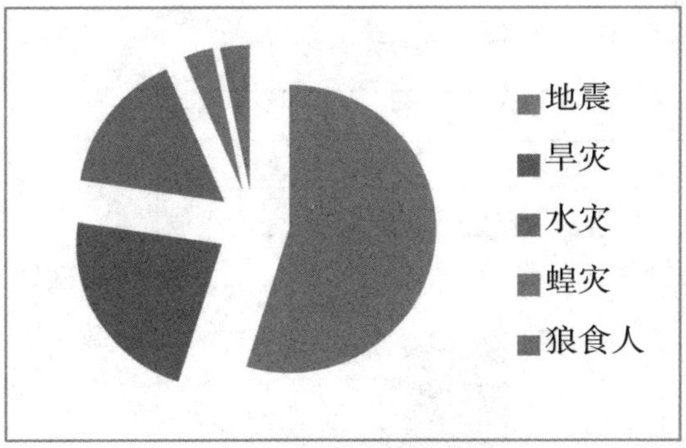

图1 梁妠执政期间自然灾害比例

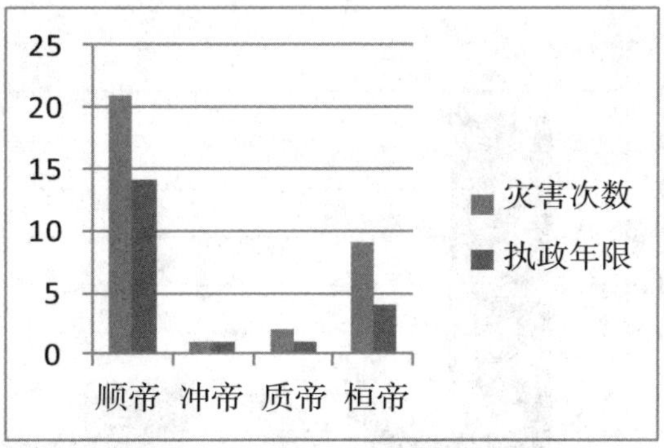

图2 梁妠执政期间各帝年均灾害示意图

可以看出，这一时期自然灾害的特点是地震频发，几乎年年地震，甚至一年两震、三震，还有一月两震的情况。地震发生地集中在京师洛阳，发生了11次。此外，洛阳还遭受了3次水灾、2次旱灾，占灾害总数的一半多。这一现象是安帝时洛阳地区受灾频繁现象的延续。安帝在位19年共发生自然灾害86次，京师洛阳受灾34次，平均每年受灾约1.79次，受灾频次远高于梁妠执政时期的0.89次。梁氏开始执政距安帝去世仅7年，所以，这一系列自然灾害都是与安帝时相承的，只是频次和种类开始减少。安帝时洛阳所受灾害有地震、水灾、旱灾、风灾、雹灾五种，梁氏时期洛阳仅见地震、水灾、旱灾三种灾害。

确实，安帝时“灾害频度也是高得惊人，达到0.22，一年接近5次。其中水灾14次、旱灾15次、地震24次、虫灾9次、风灾13次、雹灾8次、寒冻灾1次、疫灾2次”。[①]加上饥荒4次，灾害种类达到9种。地震、旱灾、水灾、虫灾的比例与梁氏执政时的比例相差无几，只是总体上梁氏时期频次降到了0.6，且不见风灾、雹灾、寒冻灾和疫灾。但是，这一时期只是灾害频发后的一次波谷，高频次、多种类的自然灾害发生在梁氏还政后的桓帝时期（和平元年至永康元年）。为清楚直观地展现这一特点，特制表如下。

表2 梁妠执政时期及前后自然灾害次数对比

时间	水灾	旱灾	地震	虫灾	风灾	雹灾	寒冻	疫病	霜灾	狼食人	总计
安帝时期	14	15	24	9	13	8	1	2			86
梁氏时期	5	7	17	1						1	31
桓帝时期[②]	8	8	10	6	2	3	3		1		41

从和平元年开始的桓帝统治时期，共发生自然灾害41次。其中地震10次，水、旱灾害各8次，虫灾6次，寒冻、雹灾各3次，风灾2次，霜灾1次。[③]灾害类型达到8种，次数和频率虽达不到安帝时的水平，但是种类与安帝时相同，比梁氏执政时期多出近一半。

① 王文涛：《东汉安帝朝自然灾害与政府赈灾年表》，《咸阳师范学院学报》2007年第3期。

② 这一时期为梁妠归政后的桓帝统治时期。

③ 王文涛：《秦汉社会保障研究——以灾害救助为中心的考察》，北京：中华书局，2007年。

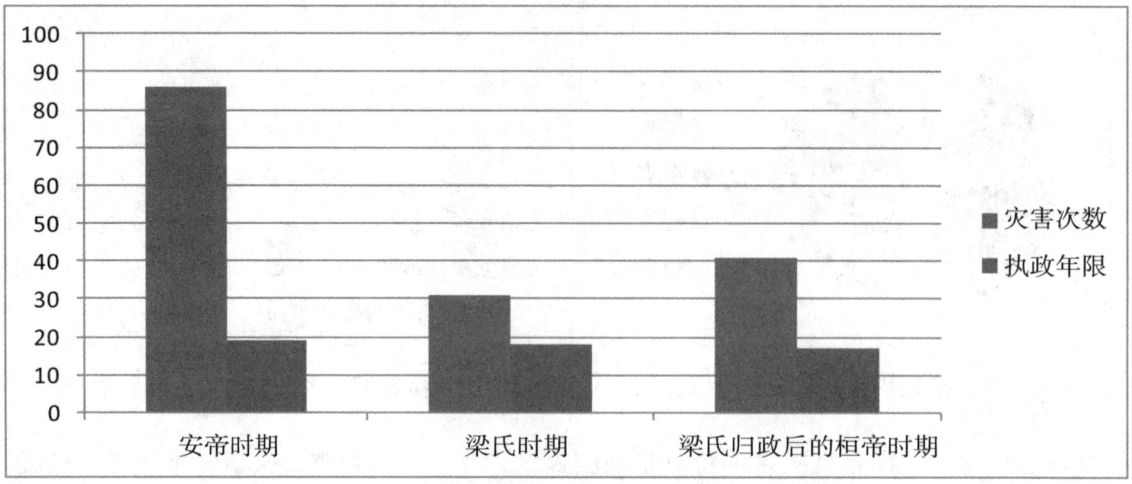

图3 各时期年均灾害示意图

上文所说，梁氏执政时期灾害主要集中在京师地区，其次为河南、关中地区，范围涉及关中、关东、山东、河北、长江下游地区。一次灾害，受灾范围最大不过一州或数郡，其余灾情影响范围都较小。而安帝时一次蝗灾影响可达十州和九州，一次大水可影响四州，其余动辄波及郡国数十。梁氏时的天灾与其相比可谓小巫见大巫。之后的桓帝时期则与梁氏时相差不大，受灾范围比安帝时大幅减小。

通过前后的对比可以清楚地看出梁氏执政时期自然灾害发生次数、种类、影响范围都明显收缩，但后来紧接着又有反复。综合来说这一时期呈现出波谷的特性。

此外，这一时期自然灾害的一大特点是狼食人的发生。《后汉书》中记录狼灾两次，一次在顺帝阳嘉元年十月中，“望都蒲阴狼杀童儿九十七人”。①一次于“灵帝建宁中，群狼数十头入晋阳南城门啮人”。其中第一次就发生在梁氏为后的当年。时人认为“君将无道，害将及人，去之深山以全身，厥（灾）[妖]狼食人”。②其实与蝗灾一样，同属生物灾害。其特点为：其一，直接导致人畜伤亡。其二，间接危害人畜。其三，危害农牧林业生产。其中狼灾就是直接导致人畜伤亡的自然灾害。

三、自然灾害对社会的影响

此时期的自然灾害对于经济与社会的影响主要表现在以下几方面。

（一）杀伤人命

每逢灾变，首当其冲便是人民生命财产受到危害，在当时的防灾应灾条件下，人民的生命会受到较大损害。对人民杀伤比较大的是地震。

阳嘉三年二月，“京都、金城、陇西地震裂，城郭、室屋多坏，压杀人”。③

①《后汉书·五行志一》，第3285页。

② 百衲本《后汉书·五行志》写作“厥灾狼食人”；中华书局本写作“厥妖狼食人”。

③《后汉书·孝顺帝纪》，第261页。

永和三年春二月乙亥，京师及金城、陇西地震，二郡山岸崩，地陷。“戊戌，遣光禄大夫案行金城、陇西，赐压死者年七岁以上钱，人二千；一家皆被害，为收敛之”。[①]

汉安二年，凉州地百八十震。建康元年春正月辛丑，诏曰：“陇西、汉阳、张掖、北地、武威、武都，自去年九月已来，地百八十震，山谷坼裂，坏败城寺，杀害民庶”。[②]

“建康元年正月，凉州部郡六，地震。从去年九月以来至四月，凡百八十日震，山谷坼裂，坏败城寺，伤害人物”。[③]

桓帝建和元年四月，“郡国六地裂，水涌出，井溢，坏寺屋，杀人”。[④]

建和三年八月京师大水。九月己卯，地震。庚寅，地又震。桓帝诏书中说：“今京师厮舍，死者相枕，郡县阡陌，处处有之，甚违周文掩胔之义。”[⑤]

可见地震对于生命财产的破坏范围之大。水灾的杀伤范围也很广泛：

质帝本初元年五月，海水溢乐安、北海，溺杀人物。“五月庚寅，徙乐安王为勃海王。海水溢。戊申，使谒者案行，收葬乐安、北海人为水所漂没死者，又禀给贫羸。”[⑥]乐安国“九城，户七万四千四百，口四十二万四千七十五”。[⑦]北海国“十八城，户十五万八千六百四十一，口八十五万三千六百四”。[⑧]受灾人口、面积虽不及地震，亦不可小觑。

（二）破坏农耕经济，民食不赡，流民日多，民乱频发

农业对于自然条件的依赖性，以及自然的变化对于农业的必然性影响，都使得自然灾害对于当时社会的经济基础造成很大破坏，并对土地之上的劳动者产生一系列反面影响。史书中不乏灾害造成的农业减产，民食不赡。如阳嘉元年二月戊辰“冀部比年水潦，民食不赡”[⑨]，洪水外，旱灾是对农业伤害最大的自然灾害。永嘉元年五月甲午，诏曰：“朕以不德，托母天下，布政不明，每失厥中。自春涉夏，大旱炎赫，忧心京京，故得祷祈明祀，冀蒙润泽。前虽得雨，而宿麦颇伤。”[⑩]长时间的旱灾更会激起民变，如永和四年秋八月，“太原郡旱，民庶流冗”。[⑪]形成流民。或如阳嘉二年五月开始的大旱，到三年三月，终于“益州盗贼劫质令长，杀列侯”。[⑫]从阳嘉三年五月诏书就可看出：“朕秉事不明，政失厥道，天地谴怒，大变仍见。春夏连旱，寇贼弥繁，元元被害，朕甚愍之。”[⑬]

---

①《后汉书·孝顺帝纪》，第267页。

②《后汉书·孝顺帝纪》，第274页。

③《后汉书·五行志四》，第3330页。

④《后汉书·孝桓帝纪》，第290页。

⑤《后汉书·孝桓帝纪》，第294页。

⑥《后汉书·孝质帝纪》，第281页。

⑦⑧《后汉书·郡国志四》，第3472页。

⑨《后汉书·孝顺帝纪》，第259页。

⑩《后汉书·孝质帝纪》，第278页。

⑪《后汉书·孝顺帝纪》，第269页。

⑫《后汉书·孝顺帝纪》，第263页。

⑬《后汉书·孝顺帝纪》，第264页。

四、救助措施

自然灾害对于统治阶级的影响，一方面体现在其主动的防灾措施和救灾举措；一方面体现在统治阶级内部，以天人感应、阴阳五行为依据的自我调整。

这一时期政府的救助措施主要有组织祭祀、减轻农民负担、赈贷灾民、救济流民、奖励救灾。并且会派大臣、使者案行，带去安抚人心的福利政策。救灾的同时，政府的防灾措施也在完善，具体体现为防灾设备与技术的进步。东汉以降，长时间高频次的地震对当时社会产生很大影响，终于元嘉元年秋七月，“史官始作候风地动铜仪”。[①]这就是政府主动的防灾措施。

（一）组织祭祀

时人的天人观念和神灵祭祀传统，使得其在灾后普遍采取的措施是祭祀。

“阳嘉元年，京师旱。庚申，敕郡国二千石各祷名山岳渎；遣大夫、谒者诣嵩高、首阳山，并祠河、洛，请雨。”[②]紧接，戊辰，冀部比年水潦，民食不赡，甲戌，诏曰：“政失厥和，阴阳隔并，冬鲜宿雪，春无澍雨。分祷祈请，靡神不崇。深恐在所慢违‘如在’之义，今遣侍中王辅等，持节分诣岱山、东海、荥阳、河、洛，尽心祈焉。”[③]可见当时针对某一灾害祭祀的对象很明确。

（二）赈贷灾民，救济流民

赈贷灾民，救济流民可谓政府最直接的救助方式。通过皇帝诏书，可以看出灾害救助的针对性措施。

建和三年十一月甲申诏最有代表性，诏曰：“朕摄政失中，灾眚连仍，三光不明，阴阳错序。监寐寤叹，疢如疾首。今京师斯舍，死者相枕，郡县阡陌，处处有之，甚违周文掩胔之义。其有家属而贫无以葬者，给直，人三千，丧主布三匹；若无亲属，可于官壖地葬之，表识姓名，为设祠祭。又徒在作部，疾病致医药，死亡厚埋藏。民有不能自振及流移者，禀谷如科。州郡检察，务崇恩施，以康我民”。[④]其中既有对灾民的救济，又有对流民的救助：对丧葬者的物质补助并给予丧葬政策，还予以祭祀。对迁徙、疾病、死亡者都做了明确规划。对“民有不能自振及流移者，禀谷如科”中“禀谷如科”可看出其制度的法律化。最后还对州郡官吏进行了提点。相似的措施还有：

“戊戌，遣光禄大夫案行金城、陇西，赐压死者年七岁以上钱，人二千；一家皆被害，为收敛之。除今年田租，尤甚者勿收口赋。”其中包含物质补助、丧葬政策，还有减负措施。

其他措施有贷粮：

“戊辰，以冀部比年水潦，民食不赡，诏案行禀贷，劝农功，赈乏绝。”

“二年春二月甲申，诏以吴郡、会稽饥荒，贷人种粮。”

“秋八月，太原郡旱，民庶流冗。癸丑，遣光禄大夫案行禀贷，除更赋。”

有廪给：

“五月庚寅，徙乐安王为勃海王。海水溢。戊申，使谒者案行，收葬乐安、北海人为水所漂

---

①《后汉书·孝顺帝纪》，第260页。

②③《后汉书·孝顺帝纪》，第259页。

④《后汉书·孝桓帝纪》，第294页。

没死者，又稟给贫羸。”

“二月，荆、扬二州人多饿死，遣四府掾分行赈给。”

有赐钱：

“冬十一月甲申，望都、蒲阴狼杀女子九十七人。诏赐狼所杀者钱，人三千。”①

总之，政府对受灾人民的救助措施主要为赐钱、物、粮，其中粮食有贷有给。还会重视死者丧葬，给予物质和政策优惠。还有对受灾地区的减负政策。

（三）案行安抚人心

大灾之后或期间，皇帝派大臣、使者案行，所过赏以福利，显示恩德。

建康元年春正月辛丑，诏曰：“陇西、汉阳、张掖、北地、武威、武都，自去年九月已来，地百八十震，山谷坼裂，坏败城寺，杀害民庶。夷狄叛逆，赋役重数，内外怨旷，惟咎叹息。其遣光禄大夫案行，宣畅恩泽，惠此下民，勿为烦扰。”②

永嘉元年五月甲午，诏曰：“自春涉夏，大旱炎赫，忧心京京，故得祷祈明祀，冀蒙润泽……又兵役连年，死亡流离，或支骸不敛，或停棺莫收，朕甚愍焉。昔文王葬枯骨，人赖其德。今遣使者案行，若无家属及贫无资者，随宜赐恤，以慰孤魂。”③

本初元年“五月庚寅，徙乐安王为勃海王。海水溢。戊申，使谒者案行，收葬乐安、北海人为水所漂没死者，又稟给贫羸……六月丁巳，大赦天下。赐民爵及粟帛各有差”。④

所遣官员，光禄大夫与谒者，皆为光禄勋属官。都是代表皇帝去灾区慰问，同时带去些福利政策。

（四）与直接主动的应灾措施不同，皇帝以天人感应、阴阳五行为依据对统治阶级的自我调整

主要体现在：下罪己诏举招贤良、整顿吏治、减轻刑法和鼓励谏言，或选任、策免大臣，或下诏询问对策，或改元，大赦天下。此外还有祭祀忠臣。

1. 罪己诏

简核刺史二千石诏：阳嘉元年闰月辛卯，诏曰：“间者以来，吏政不勤，故灾咎屡臻，盗贼多有。退省所由，皆以选举不实，官非其人，是以天心未得，人情多怨。《书》歌股肱，《诗》刺三事。今刺史、二千石之选，归任三司。其简序先后，精核高下，岁月之次，文武之宜，务存厥衷。”⑤

狼灾诏：“灾暴缘类，符验不虚。政失厥中，狼灾为应，至乃残食孩幼。朝廷愍悼，思维咎征，博访其故。山岳尊灵，国所秩，而遂比不奉祠，怠慢废典，不务悬恻，淫刑放滥，害加孕妇，毒流未生，感和致灾。其详思改救，追复所失，有不遵宪，举正以闻。”⑥

以上为整顿吏治，监察吏政。

---

①《后汉书·孝顺帝纪》，第261页。
②《后汉书·孝顺帝纪》，第274页。
③《后汉书·孝顺帝纪》，第278页。
④《后汉书·孝顺帝纪》，第281页。
⑤《后汉书·孝顺帝纪》，第262页。
⑥《后汉书·五行志一》，第3286页。

地震求直言诏：阳嘉二年夏四月，己亥，京师地震。五月庚子，诏曰："朕以不德，统奉鸿业，无以奉顺乾坤，协序阴阳，灾眚屡见，咎征仍臻。地动之异，发自京师，矜矜祇畏，不知所裁。群公卿士将何以匡辅不逮，奉答戒异？异不空设，必有所应，其各悉心直言厥咎，靡有所讳。"[①]

地震诏上封事：永和元年春正月乙卯，诏曰："朕秉政不明，灾眚屡臻。典籍所忌，震食为重。今日变方远，地摇京师，咎征不虚，必有所应。群公百僚其各上封事，指陈得失，靡有所讳。"[②]

建康元年"九月丙午，葬孝顺皇帝于宪陵，庙曰敬宗。是日，京师及太原、雁门震，三郡水涌土裂。庚戌，诏三公、特进、侯、卿、校尉举贤良方正、幽逸修道之士各一人，百僚皆上封事。"[③]

以上为求直言极谏。

阳嘉三年春二月己丑，"诏以久旱，京师诸狱，无轻重皆且勿考竟，须得澍雨"。[④]

永嘉元年五月甲午，诏曰："朕以不德，托母天下，布政不明，每失厥中。自春涉夏，大旱炎赫，忧心京京，故得祷祈明祀，冀蒙润泽。前虽得雨，而宿麦颇伤。比日阴云，还复开霁。寤寐永叹，重怀惨结。将二千石、令长不崇宽和，暴刻之为乎？其令中都官系囚罪非殊死，考未竟者，一切任出，以须立秋。郡国有名山大泽能兴云雨者，二千石长吏各洁齐请祷，谒诚尽礼。"[⑤]

建和元年夏四月庚寅，京师地震。"诏大将军、公、卿、校尉举贤良方正、能直言极谏者各一人。又命列侯、将、大夫、御史、谒者、千石、六百石、博士、议郎、郎官各上封事，指陈得失。又诏大将军、公、卿、郡、国举至孝、笃行之士各一人。壬辰，诏州郡不得迫胁驱逐长吏。长吏臧满三十万而不纠举者，刺史、二千石以纵避为罪。若有擅相假印绶者，与杀人同弃市论。丙午，诏郡国系囚减死罪一等，勿笞。唯谋反大逆，不用此书。又诏曰：'比起陵茔，弥历时岁，力役既广，徒录尤勤。顷雨泽不沾，密云复散，傥或在兹。其令徒作陵者减刑各六月。'"[⑥]

以上为平理监狱，减轻刑法。举招贤良。

罪己诏包括举招贤良、整顿吏治、减轻刑法、鼓励谏言等具体措施，且有多种措施组合出现。罪己诏是这一时期政府自我调整的重要措施。

2. 选任、策免大臣

册袁良为梁相诏："顷者连遇运害，灾条备至，阴阳不和，寒暑不节。昔孔子制义，承奉则有兴盛之福，慢期即致来咎之变。朕以眇身，袭袭继业，二九之戒，今直其际，图记占□，恒在藩国。自先帝至德，犹有七国之谋。盖治世者，不讳其难。朕追寤社稷之重，恐有交会诸国王侯，开导以骄满之渐，令奸邪因缘生慝，相以显选，简练内升。昔掌符竟，惠抚我民，故连拔授，不问勋次；典郡职重，亲执经纬，隐括在手。往者王尊发纵于平阳，清约藩辅，其节衎然，忠臣之义，有献善去否，其加精微，测切防绝，朕疚心以戒。今特赐钱十万，杂缯卅匹，玉具剑

① 《后汉书·孝顺帝纪》，第262页。
② 《后汉书·孝顺帝纪》，第265页。
③ 《后汉书·孝冲帝纪》，第275页。
④ 《后汉书·孝顺帝纪》，第263页。
⑤ 《后汉书·孝质帝纪》，第278页。
⑥ 《后汉书·孝桓帝纪》，第289页。

佩、书刀、绣文印衣、无极手巾各一。往悉乃心，勉崇协同，便宜数上。”[①]是以忠臣为国相，抑制藩国骄气，以顺应天意，应对天灾。

建和元年夏四月庚寅，京师地震，桓帝下诏罪己。是月，郡国六地裂，水涌井溢。六月，太尉胡广罢，大司农杜乔为太尉。九月丁卯，京师地震。太尉杜乔免。冬十月，司徒赵戒为太尉，司空袁汤为司徒，前太尉胡广为司空。此等灾异之后的三公罢免在东汉较为常见。

3. 下诏询问对策

策问周举（阳嘉三年）：“朕以不德，仰承三统，夙兴夜寐，思协大中。顷年以来，旱灾屡应，稼穑焦枯，民食乏困。五品不训，王泽未流，群司素餐，据非其位。审所贬黜，变复之征，厥效何由？分别具对，勿有所讳。”[②]是皇帝特诏专问周举对策。

4. 改元、大赦

诏书除罪己、任免和询问外，另见改元、大赦天下：

大赦诏（阳嘉三年五月戊戌）：“朕秉事不明，政失厥道，天地谴怒，大变仍见。春夏连旱，寇贼弥繁，元元被害，朕甚愍之。嘉与海内，洗心更始。其大赦天下，自殊死以下，谋反大逆诸犯不当得赦者，皆赦除之。”[③]

永和元年正月乙卯下地震诏上封事诏后，紧接“己巳，宗祀明堂，登灵台；改元永和，大赦天下”。[④]

改元的同时，除大赦天下这种广泛意义上的行动，还会有一些具体的针对性措施。如阳嘉元年二月冀部比年水潦之后，三月庚寅帝临辟雍飨射，大赦天下，改元阳嘉。诏曰：“宗室绝属籍者，一切复籍；禀冀州尤贫民，勿收今年更、租、口赋。”[⑤]一方面是对宗室的优待，一方面是对灾区人民的补给与减负。

5. 祭祀忠臣

时连有灾异，顺帝感震之枉，策祠杨震：“故太尉震，正直是与，俾匡时政，而青蝇点素，同兹在藩。上天降威，灾眚屡作，尔卜尔筮，惟震之故。朕之不德，用彰厥咎，山崩栋折，我其危哉！今使太守丞以中牢具祠，魂而有灵，傥其歆享”。[⑥]是皇帝在通过卜筮后，期以祭祀忠臣的方式来消弭灾患。

（作者系河北师范大学历史文化学院博士研究生）

---

① 洪适：《隶适隶续》，北京：中华书局，1985年，第6–7页。

②《后汉书·周举传》，第2025页。

③《后汉书·孝顺帝纪》，第264页。

④《后汉书·孝顺帝纪》，第265页。

⑤《后汉书·孝顺帝纪》，第260页。

⑥《后汉书·杨震传》，第1767–1768页。

东汉中后期西北边吏的性质

——以《曹全碑》的记事为中心

金庆浩

一、序言

众所周知，新中国成立以后，在全中国境内展开的大规模考古工作回避了古代史研究传统的文献考证方法，开辟了新的方法。其结果是使通过系统发掘、专业杂志的出版等以出土文献资料为中心的中国古代史研究变为可能 。[①]在这种考古发掘中居延汉简与《张家山汉墓竹简》（以下简称“张家山汉简”）等为汉简发掘整理，以及在湖北省睡虎地云梦县发现整理的《睡虎地秦墓竹简》《里耶秦简》和最近公布的《岳麓书院所藏秦简》等秦汉简牍资料正式地为古代史研究注入了活力 。[②]除了简牍资料以外，通过对画像石、画像砖的研究[③]也克服了文献资料无法传达给我们的那些资料上的局限性。尤其是最近发掘、整理的法律、思想、制度等各个方面的内容都使我们认识到了对至今为止的中国古代史研究重新认识、整理的必要性。像近年来的秦汉史研究，通过丰富多样的出土资料，就无法再强调说史料贫瘠。

可能是由于笔者的孤陋寡闻，在出土资料中，比起以简牍或是画像石资料为主的研究，运用碑文对秦汉时代进行的研究相对来说比较少[④]，其不仅是因为和简牍或是画像石相比碑文在数量上的不足，也是和大部分碑文的内容局限于亡者的行迹和功德有关。尤其是撰写碑文的人对亡者的

---

① 中国社会科学院简帛研究中心编《简帛研究》、武汉大学简帛研究中心编《简帛》、中国文物研究所编《出土文献研究》等学术杂志的编辑与简帛网（http：//www.bsm.org.cn）、简帛研究（http：//www.jianbo.org）等Web-site承担了研究者之间畅通无阻的研究交流。

② 对于大体上出土文献资料的介绍与研究概况，有骈宇骞、段书安编著《二十世纪出土简帛综述》（北京：文物出版社，2006年），富谷至《二十一世纪の秦汉史研究—简牍资料》（《世界历史》3，岩波书店，1998年），《木简、竹简の语る中国古代—书记の文化史》（岩波书店，2003年， 林炳德译《通过木简与竹简看中国古代文化史》，四季节，2005年），大庭修编《汉简研究の现状と展望》（关西大学出版部，1993年），金庆浩《近百年主要汉简的出土现况与敦煌悬泉置汉简的内容》（《史林》2001年第15号）。

③ 主要研究有，Wu Hung.*The Wu Liang Shrine-The Ideology of Early Chinese Pictorial Art*.Standford University Press，1989；信立祥《汉代画像石综合研究》（文物出版社，2000年）；主要资料有李贵龙、王建勤主编《绥德汉代画像石》（陕西人民美术出版社，2001年）；高文编著《四川汉代石棺画像集》（人民美术出版社，1998年）；薛文灿、刘松根编《河南新郑汉代画像砖》（上海书画出版社，1993年）；龚廷万、龚玉、戴嘉陵编著《巴蜀汉代画像集》（文物出版社，1998年）。除此之外的研究论著或是资料在这里就不一一赘述了。

④ 高文：《汉碑集释》，郑州：河南大学出版社，1985年。袁维春撰：《秦汉碑述》，北京：北京工艺美术出版社，1990年。Wu Hung . *Monumentality in Early Chinese Art and Architecture*.Standford University Press，1995；等等值得参阅。

恣意赞扬，和难辨真伪的家族关系记录等是否能作为了解当时社会的资料也让人疑心重重。即便如此，像刘知几认定了氏族志的史料价值一样[1]，通过碑文也可以了解古代史实质这一事实也是不能忽视的。

汉代社会的碑文具有正式认定亡者的政治经历、道德行为的意义。同时亡者与对其称赞的人也会形成认同感，也就不能排除会形成新乡论的可能性。因为在理解汉代社会时，不能排碑文资料的理由就在于此。《曹全碑》中就提供了汉代碑文中所见普遍的记录方式——亡者的家谱、教育、才能、德行、官职、业绩等，不仅如此，还绘声绘色地记录了文献资料中没有的后汉灵帝时期的社会[2]与亡者成长的敦煌边境地域的实际情况。[3]比起在后代编写的文献记事，出土资料就具有无比的生命力。因此，本文将以活跃于后汉末灵帝时期的曹全的个人经历，以及他在西北边境地区活动时的经历为主进行讨论，[4]以求考察后汉代社会的一个断面。

二、碑文所见曹氏家系和建宁二年（169年）碑文内容

现存的《曹全碑》是东汉灵帝中平二年（185年）十月时立的碑文。明万历初年在（1563年以后）陕西省合阳县莘里村出土，移存至陕西省孔庙（现西安碑林博物馆）进行保存。碑文由20行，每行45字，共844字[5]组成，高为253厘米，宽为123厘米。

碑文大体上讲述了曹氏一家在敦煌地区安家落户的过程，主要从其高祖父曹敏开始到曹全的经历、曹全的人品与功德。首先介绍一下有关他们在敦煌地区安家落户背景的主要碑文内容，即由碑文第1行开始到第3行第10字的100字构成。

（1）君讳全　字景完　敦煌效谷人也　其先盖周之胄　武王秉干之机　剪伐殷商　既定尔勋　福禄攸同　封弟叔振铎　于曹国。因（2）氏焉秦汉之际　曹参夹辅王室　世宗廓土斥境　子孙迁于雍州之郊　分止右扶风　或在安定　或处武都　或居陇西　或家（3）敦煌　枝分叶布　所在为雄。

图1　曹全碑及碑文（局部）

① 刘知几撰，赵吕甫校注：《史通·杂说下》，重庆：重庆出版社，1990年，第185页。

② 杨东晨：《东汉兴亡史》（陕西人民教育出版社，1998年），第七章《灵帝时期社会的残破与黄巾起义》。徐难于著：《汉灵帝与汉末社会》，济南：齐鲁书社，2002年。

③ 例如，《裴岑纪功碑》中我们可以找到关于敦煌太守裴岑在顺帝时期击退匈奴王呼衍王的相关记载，但在史书中对此并未言及。

④ 关于出土文物的地域研究有牧野修二《出土文物における中国古代社会の地域的研究》（1992年，平成2、3年度科学研究费补助金一般研究（B）研究成果报告书）。

⑤ 碑文的第4行有40字，第17行有42字，第19行有33字，第20行有9字。

上面引用的碑文内容中，关于叔振铎在《史记·周本纪》“武王弟叔振铎奉陈常车”中有所言及，但是像碑文的内容一样，叔振铎是否是武王的兄弟并不分明。并且，到目前为止，汉的建国功臣曹参在春秋时期是否与曹国有直接的关联也无法断言。基于这样的原因，把叔振铎与曹参看作是曹全的始祖多少是有些困难的。这样的话，就应该注目于武帝时期的碑文内容“世宗廓土斥境，子孙迁于雍州之郊……”

根据碑文内容我们可以知道，武帝时期随着开发边境的徙民一直延伸到曹国的雍州（现陕西、甘肃省一带）、右扶风、安定、武都、陇西、敦煌地区。我们看武帝开发边境前后期有关徙民的记事，首先是元狩四年（前119年）的“有司言关东贫民徙陇西、北地、河西、上郡、会稽，凡七十二万五千口”（《汉书》卷六《武帝纪》），元封四年（前107年）的“元封四年，关东流民二百万口，无名数者四十万，公卿议欲请徙流民于边以适之”（《汉书》卷四六《万石君列传》）言及了这样的事实。甚至由于难以实现针对流民进行粮食供应的救济方式，就允许流民到蜀郡地区“就食”。[①]事实上，我们可以将贫民实边、徙民的实行看作是要缓解由于灾害等原因发生的社会矛盾的整治方案。但是，像曹全一家的情况，根据碑文中记录的家谱，他们并不像是平凡的民众。武帝征伐了河西地区的匈奴，设置了“河西四郡”后，对于这个地区的主要徙民对象是“其民或以关东贫民，或以报怨过当，或以悖逆亡道，家属徙焉”（《汉书》卷二八《地理志下》），以及“徙天下奸猾吏民于边”（《汉书》卷六《武帝纪》）中言及的一样。尤其是看征和二年（前91年）镇压了戾太子叛乱之后所连累的“吏士劫略者，皆徙敦煌郡”（《汉书》卷六六《刘屈氂传》）的记事，可知曹氏一家被强制迁徙到敦煌地区的偶然性是非常大的。

敦煌作为武帝时期开发的四郡之一，曹家是从位于济水沿岸的山东省曹国（定陶县）移住到敦煌的。

上述所引记事的最后一部分“枝分叶布，所在为雄”，虽然不清楚曹氏一家是因为什么原因徙民到敦煌的，但是可以推定他们并没有在迁徙地整日想着归乡，终日失意。他们之所以可以成长为“巨族”，全面地看碑文记事曹参后裔的身份性质起到了很强的作用。虽然可能是强制性迁徙，但是利用具有特权的身份和职位，通过对当地的管理和与地方势力的交流，便很容易地强化了他们在边郡地区的社会政治地位，并得以安家落户。但是，武帝时期在占领河西地区以后，以确保的军事优越感为基础的文化、种族的优越感无论怎样都是无法忽视的。设置河西四郡以后，以具有传统的优越文化经济背景的曹氏为始，山东、关东地区出身的人们通过实际上与异民族之间的杂居，强化了自身的社会文化地位。

从曹国移住到敦煌后的曹氏一家，成长为这一地区的地方势力。与此相关的碑文第3行的第11字开始到第5行的第10字为止共85字，讲述的是从曹全的高祖曹敏开始到其父曹琫为止的家谱情况。首先，介绍一下相关碑文并进行分析。

（3）君高祖父敏　举孝廉　武威长史　巴郡朐忍令　张掖居延都尉　曾祖父述　孝廉　谒者　金城长史　（4）夏阳令　祖父凤　孝廉　张掖属国都尉丞　右扶风隃麋侯相　金城西部都尉　北地太守　父琫　少贯名州郡　（5）不幸早逝　是以位不副德

---

①《汉书》卷二四《食货志上》，1127页。“汉兴，接秦之敝，诸侯并起，民失作业而大饥馑。凡米石五千，人相食。死者过半。高祖乃令民得卖子，就食蜀汉。”《食货志下》，第1172页，“是时山东被河灾，及岁，登数年，人或相食，方二三千里。天子怜之，令饥民得流就食江淮间，欲留，欲处。”

众所周知，后汉时期的官吏选拔制度是以孝廉、征召、辟召等目的为主要构成的乡举里选制度。[①]由这样的官吏选拔制度与相关的碑文内容可以看出曹氏一家因以孝廉为本，所以被选拔为官吏。首先，还不明确其高祖曹敏是哪个时期的人物，考虑到曹全的活动时期是灵帝时期，因此推定其高祖可能是后汉初期的人物。因此，我们可以知道曹氏一家自后汉初期开始直到灵帝时期代代都是以孝廉为本被选拔为官吏的。[②]这样的事实说明孝廉是后汉时期官吏进出的重要因素。至少在后汉时期，三公、九卿中孝廉出身者的比重在后期有所增加。[③]

如果是这样，碑文的记事也可以根据这样的脉络来理解。首先曹全的祖上都是通过孝廉而成为官吏的，从而提升了他的身份，其要因可以通过曹全祖父曹凤的经历来进行了解。对于曹凤，在《后汉书》卷八七《西羌传》中有“时西海及大、小榆谷左右无复羌寇。隃麋相曹凤上言……于是拜凤为金城西部都尉，将徙士屯龙耆”的相关记事。曹凤被任命为与异民族有关的金城西部都尉的事实，都是与他的祖父敏、父述的官职经历有关系。又，虽然无法知道他详细的治绩，但是对于他能历任北地太守的事实除了碑文以外，在《水经注》卷三《河水》中的“建武中，曹凤字仲理，为北地太守，政化尤异”也有所提及。在这里，考虑到所谓“政化尤异”的北地郡的地理条件，是与曹凤出身边郡的事实有密切关联的。因此，可以推定曹氏一家能培养其势力的要因就在于他们一直与异民族维持了密切的关系。

另外，曹氏一家可以强化其势力的其他原因是，族人们赴任的地域基本上都局限于与本籍地敦煌在文化、地理上非常相似的凉州一带。这种使族人们在除了敦煌郡以外的地区赴任的现象是在回避官吏任用的原则中回避本籍地的现象。[④]因此，考查那些赴任地，他们被任用在武威郡、张掖属国、金城郡、北地郡、酒泉郡，以及蜀郡等地。即，除了蜀郡以外的地区都是所属凉州刺史部的地区，也就是历任“州内”郡的官职。当然这种方式的官吏任用并不是局限于河西地区，通过《尹湾汉简》的内容可知东海郡的有关情况。这样的事实就是以地方官在任用时回避本籍地的原则为准，与此同时它反映了一个文化圈是以地区圈为单位形成的证据。[⑤]从而，站在中央政府的立场上，比起任用“州外”官吏来管理河西地区，任用了解当地情况、在州内出身的官吏更加具有效率。因此推断与当时河西地区的情况相联系，曹氏一家才得以进出官场。

碑文的第5行第11字以下的内容都是与曹全有关的内容。其内容大致上可以分为三个部分来分析。5行11字开始到第7行的内容都是讲曹全个人的品性，重视孝和敬的儒家品行，以及作为官吏的面貌等等。所言及的内容中，碑文第7行的“辟凉州”，或是“远近惮威”的记事都是与上面所言及的内容一样，在官吏任用时重用“州内”的人物。这种情况比起内郡，就像碑文中建宁二年（169年）的几十种所见一样，这都表明了与边郡地区的异民族是有密切关联的。第8行开始到第10行第12字为止是讲建宁二年（169年）曹全由于孝廉被推荐为西域戊部司马，主要内容是讨伐疏

① 关于汉代选举制度的研究是非常多的，将这些研究集以大成，其中以“制举”为中心来研究选举制度的有福井重雅所著《汉代官吏登用制度の研究》（创文社，1988年）。

② 曹全也被孝廉推荐为官吏。碑文8行，“（建宁二年）举孝廉”；10行“（光和六年）复举孝廉”。

③ 永田英正：《后汉の三公にみらる起家と出自について》（《东洋史研究》24-3，1965年）中的三公，初期孝廉占18%、中期占44%，后期为69%、末期为26%，指出在中后期，孝廉的比例相对来讲比较高。又如九卿，各期分别为 15%、39%、42%、25%，到了中后期占据比例也有所提高。

④ 滨口重国：《汉代に于ける地方官の任用と本籍地との关系》《秦汉隋唐史の研究（下）》［东京大学出版会，1980年（复刊）］。

⑤ 李成珪：《前汉县长吏的任用方式：东海郡的例——尹湾汉简〈东海郡下辖长吏名籍〉的分析》，〔韩〕《历史学报》160，1988年，第85-101页。

勒王和德，最后一行碑文讲的是曹全遇党锢之变的事实。

灵帝建宁年间的对外关系主要是与羌族的侵略有密切的关联。与羌族的关系不仅是在灵帝时期，而且在整个后汉时期也是对立和纠葛关系。特别是安帝时期，羌族侵略的严重性可以在《后汉书·安帝纪》永初二年（108年）秋七月与永初五年（111年）“春正月条”诏书“万民饥流，羌貊叛戾（210页）”，“灾异蜂起，寇贼纵横夷狄猾夏，戎事不息，百姓匮乏，疲于征发（217页）”等中得以确认。东汉时期，特别是安帝以后，伴随着羌族的侵略，以河西地区为始的边境地区的荒废成为主要问题逐渐出现了。在这种情况下，碑文中提到这不是与羌族，而是与西域疏勒国有关的这一点是值得关注的。东汉光武年间开始到安帝延光年间，与西域的关系像“三绝三通”一样并不安定。

在这样的情况之下，碑文讲述的是灵帝时期与西域帝国疏勒国的关系，现将其与《后汉书》的有关记事共同整理如下。

A.（8）二年，举孝廉，除郎中，拜西域戊部司马。时疏勒国王和德，弑父篡位，不供职贡。君兴师征讨，有吮脓之仁、分醪之惠，攻（9）城野战，谋若涌泉，威牟诸贲。和德面缚归死，还师振旅。

B. 至灵帝建宁元年，疏勒王汉大都尉于猎中为其季父和得所射杀，和得自立为王。（三）年，凉州刺史孟佗遣从事任涉将敦煌兵五百人，与戊（己）司马曹宽、西域长史张晏，将焉耆、龟兹、车师前后部，合三万余人，讨疏勒，攻桢中城，四十余日不能下，引去。其后疏勒王连相杀害，朝廷亦不能禁。

上述记事[A]是碑文的内容，[B]是《后汉书》卷八八《疏勒传》（2927页）的记事。首先碑文的内容中曹全也和祖先们一样由于孝廉被推荐为官吏，以“镇抚诸国”为主要任务担任西域戊部司马。但是，记事[B]中所言及的并不是曹全，而是名叫曹宽的人物，也不是戊部司马而是戊（己）司马。又，[A]中描写了曹全杀和德后归来的内容，但在[B]的记事中记述了“攻桢中城，四十余日不能下，引去”的内容。①碑文记载与《后汉书》中内容的差异在于碑文是中平二年（185年）完成的，《后汉书》[B]的记事是在240余年以后完成的，考虑到这一点，可以说碑文的记事内容更符合当时的事实。

对于边境地区极为严重的破坏程度，汉的第一个对应措施就是任用与边境地区的习俗、文化完全没有关系的内郡出身的人们。其结果就反映出了统治的局限性。因此汉对于异民族的事情相当了解，同时还要任用对于异民族的文化习俗都很了解的人，以求解决边境问题。②考虑与此相同的东汉末期的时代情况，可斟酌曹全的西域戊己司马任命的当为性。加之家谱内的人物都历任官职，作为边境地区的官吏的任用是要实现有效率地统治异民族的可能。

三、桓帝、灵帝时期凉州的政治状况及出身官吏

东汉中期以后可以说是宦官与外戚交替掌权的时代。③从和帝的皇后邓氏到安帝的皇后阎氏，

① 马雍：《东汉〈曹全碑〉中有关西域的重要史料》，《西域史地文物丛考》，北京：文物出版社，1990年。

② 金庆浩：《汉代河西地域豪族形成与其性质》，〔韩〕《东洋史学研究》75，2001年，第36~40页。

③（清）赵翼：《廿二史札记》卷三，北京：中华书局，1984年。“两汉外戚之祸”与“东汉宦官”很好地展现了当时宦官与外戚飞扬跋扈的状况。

“外戚—宦官—外戚”，外戚与宦官交替掌权；从顺帝到桓帝的40余年间，“外戚—宦官”二者的对立比前一时期更为激烈。

像这样，桓帝、灵帝时期内郡出现士人与宦官之间的强烈对立这样的王朝末期现象，同时凉州地区由于羌族入侵而处于水深火热之中。该地区在安帝永初四年（110年）即有人提出“凉州废弃论”①，可见异族入侵对于东汉朝廷来讲也曾是个重要问题，但对于废弃与否这一问题之严重性的认识，关东关西之人却表现出很大差异。②羌族入侵不仅损及凉州地区全境③，亦波及司隶地区，带来的损失极为惨重，在《潜夫论》卷五《救边》④中对其惨烈程度有着切实的描述。

到桓帝、灵帝时期，羌族仍在不断地入侵凉州地区。桓帝延熹年间羌族再次入侵，延熹六年（163年）势力达到极盛，以至于使凉州地区几乎成为废墟。⑤朝廷为了加强对羌族的统治，任命济南相胡宏为护羌校尉，并派遣其他官吏至凉州地区，但羌族人仍不断袭击营坞。⑥而且，安帝年间以后，内郡的二千石、令、长等对于异族的入侵并无守战意志，郡县官府陆续被迁移至内地⑦，这说明朝廷对于边境地区是统治乏术的。

与此相反，该地区出身之人对异族的影响力和相关对策却显示出一番不同的面貌。在段颎或张奂等凉州本地人士被任命为边疆官吏后，羌族即刻来降的事实从侧面说明了这些人所拥有的实质性影响力到底有多大。这种影响力是以对异族风俗及气质的准确掌握为前提的。事实上，围绕对异族的处理方案，凉州地区出身的官吏与朝廷派遣过来的官吏在认识上有着颇大差异，比如，认为应该以皇帝之恩典进行招降的主张“慰抚策”的张奂和认为应该断绝羌族之根本的主张“强硬策”的段颎二者之间的争论⑧，还有认为应该利用熟知边境地理状况这一条件，配合一定兵势来寻求适当对策的皇甫规的主张⑨都是建立在对异族的准确了解和对边境地区的熟知基础上的。⑩

凉州本地人士被任命为边疆官吏，并未使朝廷期待落空。桓帝永康元年（167年），安定地区的先零羌率领五六千骑兵入侵三辅地区，延熹九年（166年）除授大司农的张奂被重新任命为护匈奴中郎将，有效阻止了羌族的侵扰。⑪灵帝建宁元年（168年），段颎率军镇压先零羌。⑫张奂和

---

①（南朝）范晔：《后汉书》卷五八《虞诩传》，第1866页。“永初四年羌胡反乱残破并、凉大将军邓骘以军役方费事不相赡，欲弃凉州并力北边乃会公卿集议。”

② 刘增贵（《汉魏士人同乡关系考论（上）》，《大陆杂志》1992年第84卷第1期，第16页）认为，在有关是否废弃凉州的争论中，大部分关西之士表示反对的理由在于与山东地区人士对立的地域观念，即同乡观念。

③（南朝）范晔：《后汉书》卷四七《班勇传》，第1589页。“其后匈奴果数与车师共入寇钞，河西大被其害。”

④（东汉）王符：《潜夫论》卷五《救边》，北京：中华书局，1985年，第257页。“往者羌虏背叛始自凉。并延及司隶东过赵。魏西钞蜀。汉五州残破，六郡削迹，周回千里，野无孑遗。寇钞祸害昼夜不止，百姓灭没，日月焦尽。”

⑤（南朝）范晔：《后汉书》卷六五《段颎传》，第2147页。“寇势转盛，凉州几亡。”

⑥（南朝）范晔：《后汉书》卷八七《西羌传》，第2897—2898页。“会段颎坐事征，以济南相胡宏代为校尉。宏无威略，羌遂陆梁覆没营坞，寇患转盛，中郎将皇甫规击破之。”

⑦（南朝）范晔：《后汉书》卷八七《西羌传》，第2887—2888页。“羌既转盛而二千石。令。长多内郡人并无守战意，皆争上徙郡县以避寇难。朝廷从之……”

⑧（南朝）范晔：《后汉书》卷六五《段颎传》，第2150—2151页。

⑨（南朝）范晔：《后汉书》卷六五《皇甫规传》，第2130页。

⑩ 冈安勇认为，在西南夷与羌族关系较为频繁的益州，之所以任命益州管内的“大姓”（豪族）为郡太守或县令、县长等，是源于朝廷里对这些人和异族之间关系的评估。（冈安勇：《古代中国西南地域の大姓（一）——〈华阳国志〉を通して見た一》，《法政史学》40，1988年。）

⑪⑫（南朝）范晔：《后汉书》卷六五《张奂传》，第2139—2140页。“复拜奂为护匈奴中郎将……匈奴、乌桓闻奂至因相率还降凡二十万口。奂但诛其首恶余皆慰纳之。唯鲜卑出塞去。”

段颎这些河西地区本地人士通过在与以羌族为首的异族的斗争中建立的诸多战功而进一步强化了自身的政治地位，而且以此为契机与宦官掌权的中央王朝建立起了不同脉络的纽带。

桓帝、灵帝年间凉州出生主要人士的州外任职情况表

人物	出身地区	主要官职	时期	出处
张奂	敦煌郡	大司农，少府，太常	延熹九年（166年） 建宁元年（168年）	《后汉书》卷六五
段颎	武威郡	执金吾河南尹，谏议大夫，太卫，颍川太守，司隶校尉，太中大夫	建宁三年至四年（170—171年） 光和二年（179年）	《后汉书》卷六五
黄甫规	安定郡	尚书，弘农太守	永康元年（167年）	《后汉书》卷六五
盖勋	敦煌郡	汉阳长史，颍川太守	中平年间（184—190年）	
曹全	敦煌郡	右扶风槐里令，酒泉郡禄福长，合阳令	建宁二年（169年） 光和七年（184年）	《郃阳令曹全碑》

这些人的赴任地点大部分分布在京师地区或附近地区。凉州人离开出生地区而到州外地区任职这种情况发生在政治上十分混乱的年代。延熹九年（166年），在宦官与士人尖锐对立的典型事件即“党锢事件”发生之时，张奂恰好身在京城。对于张奂入京的情况，史书有如下记载。

> ①（延熹）九年春，征拜大司农。鲜卑闻奂去，其夏，遂招结南匈奴、乌桓数道入塞，或五六千骑，或三四千骑，寇掠缘边九郡，杀略百姓。秋，鲜卑复率八九千骑入塞，诱引东羌与共盟诅。于是上郡沉氐、安定先零诸种共寇武威、张掖，缘边大被其毒。朝廷以为忧，②复拜奂为护匈奴中郎将，以九卿秩督幽、并、凉三州及度辽、乌桓二营，明帝永平八年，初置度辽将军，屯五原郡曼栢县，汉官仪曰“乌丸校尉屯上谷郡宁县”，故曰二营。兼察刺史、二千石能否，赏赐甚厚。匈奴、乌桓闻奂至，因相率还降，凡二十万口。[①]（编号是引用者所添加）

这则记录前面是张奂赴任武威太守、幽、并州状况稳定的相关内容（数载闲幽，并清静），接下来便如①所叙述的那样，张奂除授大司农后，于延熹九年（166年）春离开任职之地，这一消息传到匈奴那里后，同年夏天匈奴即纠集其他异族抢掠边境地区九郡。于是，如②所述，朝廷重新任命张奂为护匈奴中郎将并将其派遣至边境地区，张奂刚赴任不久，来降者便达二十万名。由此可见，尽管张奂在延熹九年被任命为朝官，但并未深涉京师地区宦官与士人之间激烈对立的政治漩涡。

张奂正式登上京师舞台是在建宁元年（168年）。史书里的有关记录，就其重要部分而言，可以概括如下几点。[②]其一，整备军旅，重还京师“振旅而还”。其二，入京之时恰逢窦太后临朝听政，窦武与陈蕃试图清除宦官势力，计划泄露。其三，宦官势力试图反制，正策划发起叛乱以清除窦武与陈蕃。其四，此时，入朝不久的张奂“以奂新征”与少府周靖受矫制而除窦武等人。其五，张奂以此功劳而升任少府，后又除授大司农。其六，事后得知真相的张奂后悔不已，辞去官职，返

①（南朝）范晔：《后汉书》卷六五《张奂传》，第2139-2140页。
②（南朝）范晔：《后汉书》卷六五《张奂传》，第2140页。

还印绶。

张奂入朝一事，首先值得注意的是第一点的史实。“振旅而还”表明张奂并非独自一人入京，而是率领自己的军队一起入京。即张奂尽管是与宦官没有政治关系的党人，但其实际的权力基础却建立在边境地区击退异族的军事力量。①而且，从第三点可以看出，张奂入京之时，对于朝内的政治情况不甚了解，因此其军事力量被宦官势力利用来清除窦武与陈蕃。之后，张奂因拒绝宦官王寓的举荐而得罪宦官，受党罪连累，遭禁锢，遂回乡闭门不出，教授后学，弟子达1000余名。并写就《尚书记难》等书，于光和四年（181年）以78岁高龄辞世。在京师遭受禁锢的张奂，其政治上的郁愤源于当初未能准确掌握宦官势力的意图。与此相反，边境地区在张奂死后却纷纷立祠纪念其功德，反映了张奂在边境地区与京师地区的不同政治地位。

另一方面，与皇甫规和张奂并称为“凉州三明”②的段颎，其入京背景及入京后的状况与张奂稍显不同。首先，在段颎身上看不到张奂那种党人作风，而是在边境地区与将士同甘共苦十余年，是典型武人。③段颎在建宁三年（170年）入京之前，曾在凉州地区大破羌族，建立赫赫军功。并因此功而被征召入朝“征还京师”。而且，段颎与张奂不同的是，他并没有在内地游学的经历，亦未与士人交游，可谓典型的边关武将。

在建宁元年至二年，宦官势力曾对党人（士人）进行拘禁或逮捕，因此在段颎入京的建宁三年，可以说是宦官势力在掌握朝廷大权。下诏犒劳段颎并拜其为侍中的正是宦官势力，因此段颎自入京时起，其行动便受宦官势力左右。而且，段颎初入京师便被拜为侍中，而侍中一职的任职者一般都是从博学多识、德高望重之辈中选拔出来，有作为皇帝“顾问应对”④的性质，尽管段颎曾被举为孝廉，且历任宪陵园丞和阳陵令，但对于习于弓马、崇尚游侠⑤的段颎而言，侍中⑥一职并不合适。尽管如此，段颎仍得以历任京师和附近地区的各种官职，其身份与地位获得了稳定的保证。

段颎入京以后能够继续保持其地位的原因是什么？段颎入京时，下诏封赏的实际主体是宦官，由此来看，我们可以很自然地推断出段颎与宦官的政治联系。⑦尤其是对于段颎对待宦官的态度，史书记载曰“颎曲意宦官，故得保其富贵”⑧，由此可知，段颎入京之后，其背后的政治势力

---

①（南朝）范晔：《后汉书》卷六五《张奂传》，第2143页。“奂少立志节尝与士友言曰：大丈夫处世当为国家立功边境”，显示出张奂与中原人士不同的强烈的将帅风貌。

②（南朝）范晔：《后汉书》卷六五《段颎传》，第2154页。“初颎与皇甫威明、张然明，并知名显达京师称为‘凉州三明’云。”

③（南朝）范晔：《后汉书》卷六五《段颎传》，第2153页。“在边十余年未尝一日蓐寝，与将士同苦故皆乐为死战。”

④（南朝）范晔：《后汉书·百官志三》，第3593页。“侍中比二千石。本注曰。无员。掌侍左右。赞导众事顾问应对。”注引蔡质《汉官》曰：“侍中常伯选旧儒高德博学渊懿。”

⑤（南朝）范晔：《后汉书》卷六五《段颎传》，第2145页。“颎少便习弓马，尚游侠，轻财贿，长乃折节好古学。”

⑥ 富田健之：《后汉時代の尚书·侍中·宦官について—支配權力の質的變化と关連して》，《东方学》64，1982年。

⑦ 在安定郡乌氏县人梁统一门那里同样如此。梁统初次出任官职是在更始二年（24年）被任命为酒泉太守之时，建武十二年（36年）与窦融一起入京，以列侯身份侍奉皇帝，其势力基础也随之逐渐扩张至京师地区。而且，通过其子梁松与光武帝之女舞阴长公主的联姻，其在京师地区的势力基础得到进一步巩固。但梁氏一门的鼎盛期是在顺帝和桓帝年间的梁商和梁冀一代人之时。此时期梁商正探索与宦官之间的政治关系形态，从“性慎弱无威断颇溺于内竖。以小黄门曹节等用事于中遂遣子冀。不疑与为交友然宦者忌商宠任反欲陷之［（南朝）范晔：《后汉书》卷三四《梁统列传》，第1175页］”的记载中可以看出他对宦官的妥协态度。

⑧（南朝）范晔：《后汉书》卷六五《段颎传》，第2153页。

是宦官。实际上，段颎入京后“遂党中常侍王甫，枉诛中常侍郑飒、董腾等，增封四千户，并前万四千户”[①]，即在诛除中常侍郑飒和董腾后，段颎从王甫那里获得加封，而且次年亦得历任重要官职，这些都充分说明了段颎与宦官势力的政治联系。如果说段颎在京师需要宦官势力做自己的政治后台，那么宦官在与党人（士人）的政治斗争中同样需要依靠段颎的军事力量做支撑。两者的这种相互需求，在熹平元年（172年）指责宦官曹节和王甫害死窦太后的朱雀阙壁书事件发生以后，使御史中丞段颎替代司隶校尉刘猛负责搜捕调查。之所以让段颎代替刘猛，是因为与在搜捕过程中态度消极的刘猛[②]相比，“曲意宦官故得保其富贵”的段颎是实施搜捕的更为合适的人选。而似乎亦是要回应宦官的期待，被任命为司隶校尉的段颎大举搜捕“太学游生”，被捕入狱者达千余名。[③]即逮捕“太学游生”可以说是清除了宦官们最视为眼中钉的一群人。由上述记录可知，对宦官势力如此忠实的段颎至少直到光和二年（179年）被封为太尉时，自身的荣华地位都获得了稳定的保障。

但光和二年段颎的政治后台王甫的死亡给段颎在京师的政治活动带来了致命的打击。王甫因司隶校尉阳球的上疏而下狱并死于狱中[④]，事情波及段颎。史书中的相关记载显示了王甫与段颎之间密切的政治关系，其主要内容如下。

> 复代桥玄为太尉。在位月余，会日食自核，有司举奏，诏收印绶，诣廷尉。时司隶校尉阳球奏诛王甫，并及颎，就狱中诘责之，遂饮鸩死，家属徙边。[⑤]

即庇护者宦官势力倒台后，段颎受到极大冲击，不仅荣华富贵无法保全，连性命都搭了进去，家属也被流徙边疆。

凉州人张奂与段颎在入朝背景上有着是否与宦官结附的差异，入京之后都有不幸遭遇。但我们可以合理推断，无论是回乡教授后学的张奂，还是灵帝念其功勋而下诏[⑥]使其妻子归还本郡的段颎，虽然都曾一度离开故乡，但他们在敦煌和武威地区的势力基础仍如先前，得以保留如初。那么，同为凉州人，在桓帝、灵帝以后入京的那些人，在入京之后是否丧失了入京之前拥有的势力并逐渐没落？接下来将对这个问题进行探讨。

四、官吏进出与党锢

碑文最后的记事中第10行第12字记载曹全被罢官，隐居故乡七年的内容。根据碑文的记录，并未言及曹全被罢官的具体原因。只记录了“弃官，续遇禁罔，潜隐家巷七年”的字样。与此相联系，《后汉书》卷八《灵帝纪》中也只提及在建宁二年与党锢有关的情况，并没有详细的述说。但是，曹全被罢官、禁罔的过程根据碑文可以推论如下。为了便于说述，现将碑文分开来讲解。

---

①（南朝）范晔：《后汉书》卷六五《段颎传》，第2153–2154页。

②（南朝）范晔：《后汉书》卷七八《宦者列传·曹节》，第2525页。“于时诏司隶校尉刘猛逐捕，十日一会。猛以诽书言直，不肯急捕，月余，主名不立。”

③（南朝）范晔：《后汉书》卷七八《宦者列传·曹节》，第2525页。“乃四出逐捕，及太学游生，系者千余人。”

④（南朝）范晔：《后汉书》卷七八《宦者列传·曹节》，第2526页。“光和二年，司隶校尉阳球奏诛王甫及子长乐少府萌、沛相吉，皆死狱中。”

⑤（南朝）范晔：《后汉书》卷六五《段颎传》，第2154页。

⑥（南朝）范晔：《后汉书》卷六五《段颎传》，第2154页。“后中常侍吕强上疏追颂颎功，灵帝诏颎妻子还本郡。”

①和德面缚归死，还师振旅。

②诸国礼遗，且二百万，悉以簿官。

③迁右扶风槐里令。

④弃官，续遇禁罔，潜隐家巷七年。

首先，①②两则记事事实上是曹全在边境地区最后的战功。在称赞他功德的碑文中，与异族群有关的在建宁二年的记事。因此，③的记事中迁职右扶风、槐里令是在建宁二年，根据战功所应得的代价。右扶风、槐里令与长安是非常邻近的地区。这一事实意味着被任命为边境官吏的曹全首次进出为内郡的官吏。

问题是④的记事。为什么曹全会被罢职和禁罔后隐居故乡七年？首先在曹全赴任右扶风槐里令之后，可知罢职、禁罔的事实与当时掌握权力的宦官势力有着对立关系。桓帝、灵帝时期可以把与宦官对立的官僚们聚众合一主要是源于他们共同的政治目标 。[①]首先我们来看以下与此相关的下列记事。

① 其宦官子弟为令长有奸恶者，辄捕案之（《后汉书》卷六七《杜密传》）。

②昱为沛相，昙为广陵太守。兄弟皆正身疾恶，志除阉宦。其支党宾客有在二郡者，纤罪必诛（《后汉书）卷六二《荀淑传》）。

①叙述的是桓帝、灵帝时期官职达太仆，累于党锢而自杀的宦官杜密。②讲述了荀子的十一世孙荀淑的侄子昱和昙在任官僚时对宦官的态度。从这样的事实中可以看出当时官僚们共同的政治目的是除去宦官势力。而且桓帝、灵帝时期官僚们共同的政治目的并非只是除去宦官。永兴二年（154年） 泰山和琅琊一带强盗公孙举引起叛乱的时候，把他们招致自己的县内反对政府的讨伐政策的韩韶为例。韩韶死后为了赞颂韩韶之德写了“李膺、陈寔、杜密、荀淑等为立碑颂焉”（《后汉书》卷六二《韩韶传》）。 这不是单纯的赞颂韩韶之德，而是他们之间的政治指向相同。

桓帝、灵帝时期还可以从与曹全相同的出生之地的人物张奂那里看出其共同的政治目的。永康元年（167年），他在入京之前“奂不事宦官故赏遂不行”的态度，或是与少于三辅地区的人士广结交情又从太尉朱宠得到了师事，宦官出身的司隶校尉王寓想得到官僚的举荐时唯一拒绝（ “唯奂独拒之” ）而从乡里禁锢的事实等家门背景、成为官僚的经历、文化素养 [②] 来看与同一时期的党人有很多相似之处。随之可知桓帝、灵帝时期，党人具有的最重要的政治目的是除去宦官。

与之相关的碑文的第5行第11字到第7行的内容展现了曹全没有与宦官妥协的品行的那一面。

及其从政，清拟夷齐，直慕史鱼，历郡右，职上计掾史，仍辟凉州，常为治中别驾，纪纲万里，朱紫不谬，出典诸郡，弹枉纠邪，贪暴洗心，同僚服德，远近惮威。

不仅随祖先的主要官职的历任而得到乡里中的名望，重视孝和敬的儒家素养，而且从

① 后汉时期党人们具有共同的文化要素、政治思想，对于形成了密切关系的内容可参看余英时《士与中国文化》（上海人民出版社，1987年，第292页）《汉晋之际士之自觉与新思潮》。

②《北堂书钞》（虞世南撰，天津古籍出版社，1988年）卷五三《设官部五》“太常十七”，“奂素立清节，当可否之间，强御不敢夺也。”《后汉书》卷六五《张奂传》，第2143页。“奂少立志节……董卓慕之，使其兄遣缣百匹。奂恶卓为人，绝而不受。”

"清""直"来施政的情况可以看出曹全虽迁职于中央官可是没有和宦官势力勾结。碑文里没有提及禁锢于乡里7年之久的确切原因，可能是与想除去宦官的党人们具有共同的目的。所以党人们建立碑文的行为和意识表现通过拒绝与宦官势力妥协的"清"或"直"等表现了身为儒学者的精神世界。所以曹全碑不是单纯颂扬曹全的公德，而是为了这些出捐的掾吏王敞、王毕、王历、秦尙、王颛等与曹全具有相同的政治目的，通过身为儒学者精神世界和同僚亡者的意识来表现，并且身为官僚以"清"和"直"来形成普遍的认同感。

五、结论

笔者通过对汉代河西豪族的形成及相关的文章来说明河西地区的势力家族的形成及成长过程 。[①]在此笔者认为对汉武帝之后将河西边疆地区编入到汉的领土后，通过对此地区的徙民和屯田等措施对此地区实现实质性的支配。本文的叙述对象之一就是《史记》《汉书》等四书或简牍等官文书里出现的边疆地区通过徙民家系形成和发展的事例，从个人角度通过碑文的内容来进行研究。

《曹全碑》是汉代河西边疆地区势力的成长和发展过程的典型史料。还可以从曹全家谱的来历、为官的背景、建宁二年的记事中可知西域相关的内容，和言及的与党锢相同的事实中可以看出后汉社会变化的过程 。所以《曹全碑》不是单纯的颂扬一个人的碑文，而是了解汉代整个社会，特别是后汉灵帝时期的重要史料。

《曹全碑》的制作年代是中平二年（185年），发生黄巾起义的第二年。一个帝国在逐渐地走向没落。就在这样的时期完成了碑文，而碑文内容如下：

> 妖贼张角，起兵幽冀，兖豫荆扬同时并动。而县民郭家等，复造逆乱，燔烧城寺，万民骚扰，人怀不安，三郡告急，羽檄仍至。

以上记录与曹全的想法毫不相关。这一记录是颂扬他的功绩的推崇者们所认知的后汉末期的时代状况。随着这一记录接着言及专职为合阳令的曹全之变乱和对百姓的抚恤等善政（碑文12行以下）。 在碑文第14、15行的"是后旧姓及修身之士，官位不登，君乃闵缙绅之徒不济，开南寺门，承望华岳、乡明"的记事中可料到曹全处于察举的中心位置。和孝廉一样通过察举成为官僚得到国家权力，又意味着能在地区社会中独自构筑势力。但是笔者想以非曹全的观点，而是出捐者的视角来理解此记事。

中平年间，因黄巾起义发生而国家权力不能正常运转，加之直接与皇帝权力相联系，站在权力最高点的宦官官职的委托实际是强制要求官僚们妥协。即宦官官职的委托就是察举制度的瓦解。只有主张"清"与"直"的党人们才与宦官相抗衡。随着此对立之渊越来越深，世人们的关注也更加强烈了。就被党锢禁的曹全的立场来说，位于察举之中心更不是件易事。所以掾吏们为了自己成为官僚的依靠与原来的察举无关的新制度。那么他们在自己的地区势力范围内要找出不是察举的另一个名分 。为了这些，他们想要与具有很多战功和治绩的曹全联系。这样一来，《曹全碑》起着亡者和活者在不安定的社会里确立自己政体的"中间界"作用。

（作者系韩国成均馆大学东亚学术院教授）

（原载〔韩〕《中国史研究》2005年38辑， 收入本论文集时略有改动）

---

① 金庆浩：《汉代河西豪族形成与其性格》，2001年。

汉代大河郡考略

陈文豪

一、前言

《汉书·地理志》是研究前汉政区的主要依据，但《汉书·地理志》的正文系以平帝元始二年（2年）的行政地理（或称政区地理）为框架[①]，为一时间的现象，并未能包括前汉一代的政区的全貌及演变。地不爱宝，十九世纪末迄今，大量的简牍、帛书、玺印及封泥出土，稍稍弥补了这种情形。

大量出土的新史料中，和前汉政区地理研究有关者，以西北地区出土简牍（含居延汉简、敦煌汉简、居延新简、肩水金关汉简、悬泉汉简）、张家山汉简、尹湾汉墓简牍、松柏汉牍最受关注。学者以之从事研究，已取得一部分成果。周振鹤、晏昌贵利用张家山汉简《二年律令》所载，复原部分汉初政区及相关制度[②]；个人亦曾就敦煌汉简中所见“文德”地名发抒所见[③]，其余利用居延汉简、居延新简、肩水金关汉简、悬泉汉简、张家山汉简、尹湾汉墓简牍、松柏汉牍进行汉代政区地理研究者甚伙，于此不再赘述。

本文研究对象为汉代大河郡，在《史记》《汉书》中仅有5则记载，故周振鹤在《西汉政区地理》一书中仅在“济东国”节有简单的数行叙述[④]，但居延汉简、居延新简、肩水金关汉简中却有8则相关记录，周氏并未引用[⑤]，因之本文拟就此8则记载略加考述，以窥大河郡的一些面貌。

二、大河郡沿革

《汉书》卷二八下《地理志第八下》“东平国条”载：

> 梁国，景帝中六年别为济东国，武帝元鼎元年为大河郡，宣帝甘露二年为东平国。

---

① 周振鹤：《班固及其〈汉书·地理志〉·代序》，见《汉书地理志汇释》（合肥：安徽教育出版社，2006年，第1页。关于《汉书·地理志》的行政建制断限，学者间还有不同的看法，例如马孟龙就认为是汉成帝元延三年（前10年）九月。见氏著《西汉侯国地理》（上海：上海古籍出版社，2013年，第79–97页）。

② 周振鹤：《〈二年律令·秩律〉的历史地理意义》，《学术月刊》2003年第1期，第45–59页。晏昌贵：《〈二年律令·秩律〉与汉初政区地理》，《历史地理》第21辑，第5–41页。

③ 陈文豪：《“文德”地名考释》，《简牍学研究》第2辑，1998年第3期，第71–78页。

④ 周振鹤：《西汉政区地理》，北京：人民出版社，1987年，第62页。

⑤ 其中《肩水金关汉简（叁）》（上海：中西书局，2013年）所载一则，在周氏著出版之后方公布，不能苛责。

莽曰有盐。属兖州。[①]

上述说明大河郡前身济东国，系于景帝中元六年（前144年）由梁国析置。是年窦太后宠爱的少子梁孝王武去世，窦太后泣极哀不食，景帝与长公主合计，分梁国为五，立孝王男五人为王，女平人皆令汤沐，太后乃悦。所分五国为梁孝王太子买为梁共王、次子明为济川王、彭离为济东王、定为山阳王、不识为济阴王。[②]济东国为彭离的封国。

济东王彭离立二十九年。武帝元鼎元年（前116年），济东国被改为大河郡[③]，原因如下：

彭离骄悍，昏莫私与其奴亡命少年数十人行剽，杀人取物以为好。所杀发觉者百余人，国皆知之，莫敢夜行。所杀者子上书告言，有司请诛，武帝弗忍，废为庶人，徙上庸，国除，为大河郡。[④]

济东国被废改为大河郡的原因为济东王彭离骄悍违法。汉宣帝甘露二年（前52年）九月立皇子宇为东平王，大河郡改为东平国。[⑤]大河郡仅存在六十五年。

三、汉简所见大河郡相关资料分析

汉简中有关大河郡的记载，分别见于居延汉简及金关汉简。见于居延汉简者为：[⑥]

田卒http：//saturn.ihp.sinica.edu.tw/cgi-bin/null大河郡东平陆北利里公士张福年☑ 11.18

田卒http：//saturn.ihp.sinica.edu.tw/cgi-bin/null大河郡平富西里公士昭遂年卅九庸举里严德年卅九303.13

田卒http：//saturn.ihp.sinica.edu.tw/cgi-bin/null大河郡任城□昌里公士庄延年□□□□ 年廿四 497.21

田卒http：//saturn.ihp.sinica.edu.tw/cgi-bin/null大河郡瑕丘襄成里王胜年卅八498.11

大河郡瑕丘多禾里阳振499.3

田卒http：//saturn.ihp.sinica.edu.tw/cgi-bin/null大河郡东平陆常昌里公士吴虏年三十四 509.1

受http：//saturn.ihp.sinica.edu.tw/cgi-bin/null大河郡田卒卅九人514.38

---

① 班固：《汉书》点校本，北京：中华书局，2002年，第1637页。

②《汉书》卷四七《文三王传第十七》，第2211-2213页。

③《汉书》卷二八下《地理志第八下》，第1637页。

④《汉书》卷四七《文三王传第十七》，第2213页。

⑤《汉书》卷八《宣帝纪第八》。《汉书》卷二八下《地理志第八下》，第1637页。

⑥ 居延汉简有各种不同的版本，本文依据的版本为谢桂华、李均明、朱国照所著《居延汉简释文合校》（北京：文物出版社，1987年）。

见于金关汉简者仅有一则[①]：

大河郡东平陆仓东里□□□☑（削衣） 73EJT2：100

目前简牍出土数量已逾二十万枚，以三国走马楼吴简数量最多，汉简居次，其次分别为秦简及楚简。在如此众多简牍中，上述8枚简犹如沧海中一粟，欲以此进行分析恐非全豹，但仍约略可窥一些现象。

（一）大河郡辖县

《汉书·地理志》载东平国辖县有七，为无盐、任城、东平陆、富城、章、亢父、樊。[②]成帝建始二年（前31年），削樊、亢父二县，河平元年（前28年）复樊、亢父。[③]故所载系成帝河平元年后辖县情况。大河郡时辖县为何？周振鹤指出，汉武帝元朔三年（前126年）将鲁王子侯国瑕丘、宁阳改隶昌邑国，天汉四年宁阳、瑕丘改隶大河郡。故汉武帝天汉四年至汉宣帝甘露二年大河郡属县，为东平国属县加上宁阳、瑕丘。[④]

前引8枚汉简中，东平陆3枚、瑕丘2枚、任城1枚、平富1枚、未载县名者1枚。瑕丘2枚简证明周氏瞒解无误。但简303.13"大河郡平富西里"则值得注意。按《汉书·地理志》东平国辖下并无平富县，在汉简目前所见亦仅此一例，因此"平富"系误写，或曾在短期内由某县改名，尚未可知。[⑤]

（二）大河郡戍边者身份

由8枚汉简可知大河郡戍边者身份为田卒。田卒系汉代屯田组织中从事实际农耕工作的最基层人员。在汉简中田卒主要来自淮阳郡、汝南郡、大河郡、魏郡、济阳郡、东郡、河南郡。[⑥]基本上均来自于关东地区。

大河郡田卒中有两人为公士，此为汉代二十等爵中的第一总，也是最低的一级。

至于大河郡戍边者是否还具有其他身份，从事其他工作，目前已公布的汉简中并未见。

（三）大河郡戍边者的戍地

目前所见8枚汉简中，金关汉简1枚的出土地为汉代张掖郡的肩水金关。其余7枚简的出土地分别为11.18为A33地湾、303.13为A35大湾、497.21为A35大湾、498.11为A8大湾、499.3为A8大湾、509.1为A35大湾、514.38为A35大湾 。[⑦]

地湾故城遗址位于甘肃省金塔县城东北151公里处黑河东岸戈壁滩上，纬度为东经99° 86＇，北纬40° 42＇。大湾故城遗址位于甘肃省金塔县城东北145公里处的黑河两岸，西河东岸为东大湾城，黑河西岸为西大湾城，纬度为东经99° 75＇，北纬40° 38＇。大湾故城为汉代

① 见甘肃简牍博物馆、甘肃省文物考古研究所、甘肃省博物馆、中国文化遗产研究院古文献研究室、中国社会科学院简帛研究中心编：《肩水金关汉简（叁）》，上海：中西书局，2013年。

② 《汉书》卷二八下《地理志第八下》，第1637页。

③ 周振鹤：《西汉政区地理》，第62页。

④ 周振鹤：《西汉政区地理》，第61–63页。

⑤ 汉简中出现过一些地名为短期内改名，如敦煌在王莽改名敦德前，曾称文德。详见拙文《"文德"地名考释》（载《简牍学研究》第2辑，1998年第3期，第71–78页）。

⑥ 陈文豪：《汉代大司农研究》［中国文化大学史学研究所硕士论文］，1986年，第47–48页。

⑦ 见"居延汉简简号、出土地点、图版页码对照一览表"［《居延汉简释文合校》（下册），第679–895页］。

肩水都尉府所在。[①]

汉代张掖郡有两个都尉府，沿额尔济纳河分布，北为居延都尉府，南为肩水金都尉府。目前有关大河郡田卒的汉简均出自肩水金关，故可以说大河郡派往戍边者，以在肩水金关屯戍为主。

四、结语

大河郡仅存在六十五年，传世史料有限，周振鹤的研究已取得一定成果，但惜并未关注至汉简材料。

本文试就8枚大河郡汉简进行分析，发现大河郡辖县，仍有“平富”一县，因系孤证，尚待未来出土新史料予以论证。戍边者身份目前所知均为田卒，部分拥有最低级爵位。由汉简的出土地判断，大河郡戍边者均被派往张掖郡肩水金都尉府辖区。

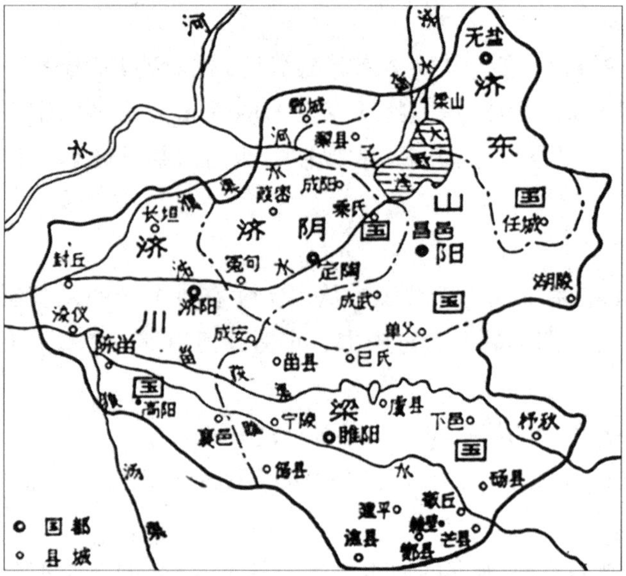

图1 济东国图

图2 古居延示意图

数据来源：《西汉政区地理》（《居延逸史》）。

（作者系台湾国立彰化师范大学历史学研究所副教授）

① 桂发荣、王永宏、王鸿国主编：《居延逸史》，兰州：甘肃文化出版社，2006年，第111–112页。

出土文献中所见秦汉时期“令”与“律”的区别

任仲爀

一、律与令的模糊性

笔者在前文中曾考察秦汉时期律令的研究史等问题。但在当时包含有秦令的《岳麓书院藏秦简（肆）》尚未发表，因此考察结论具有一定的局限性。在本文中，此资料将成为重点考察秦汉律令发展过程的详细资料。在可进行比较的资料只有两件时，所得出的结论会相对地具有片面性，难以断定其结论的准确性。但《岳麓书院藏秦简（肆）》的出版使得在研究解决秦汉时期律令问题时，至少可以同时利用三种资料进行比较研究。

秦汉律令虽周密，但在概念上有细微的变化。从称号的变化上可以看出律与令的分化情况。撰写本文的契机便是在整理二年律令27项律部分中的不从律和令（津关令）部分中的不从令开始的。《睡虎地秦简》中的秦律中，不从律与不从令的实施相对混乱，因此便对二年律令的相关部分是否整备完善心存疑问。

秦汉律令中的重要问题之一便是律与令是否混用。律、令混用问题出现争议始于律令的根源是皇帝制诏，秦始皇二十六年，在变名称为制诏之前，被称为令。秦汉律名、令名的称谓混乱问题可以有两种理解方式：一种是程树德学说，汉代并未严格区分律与令，律名与令名相互混用，令时而也被称为律。如，文帝五年（前175年）颁布禁止私铸钱币的法律，被称为钱律、盗铸钱令、铸钱之律、铸钱令等等，与金布令、金布律具有相同称谓。[①]另外一种是中田薰学说，在所谓“律令的转换”这一项目中，“令变为律”，金布令变为金布律，这一变化应该始于汉代。[②]有关此种称谓的混乱问题，众说纷纭。但过去学者们没有接触过的新出土文献，特别是包含有秦令的《岳麓书院藏秦简（肆）》出版问世之后，便可能解决这一问题。笔者认为，解决这一问题的钥

① 《史记》卷二二“兴以来将相名臣年表”，第1126页，“除钱律，民得铸钱”。《汉书》卷四《文帝纪》，第121页，“夏四月，除盗铸钱令。更造四铢钱”。《汉书》卷二四下《食货志》，第1153页，“孝文五年，为钱益多而轻，乃更铸四铢钱，其文为‘半两’。除盗铸钱令，使民放铸”。《汉书》卷四九《鼂错传》，第2296页，“张晏曰：‘除铸钱之律，听民得自铸也。’”《汉书》卷五一《贾山传》，第2337页，“其后文帝除铸钱令”。程树德：《九朝律考》，北京：中华书局，1963年，第11页。林炳德：《九朝律考译注1》，《中国古中世史研究》2012年第20期，第408–409页。魏晋以后，律令之别极严，而汉则否。《杜周传》：“前主所是着为律，后主所是疏为令。”文帝五年除盗铸钱令，《史记·将相名臣年表》作“除钱律”。《萧望之传》引“金布令”，《后书》则引作“汉律金布令”，《晋志》直称“金布律”，是令亦可称律也。

② 中田薰：《支那における律令法系の发达について补考》，《法制史研究》3，1953年，第76–79页。

匙便是分析律令中所包含的不从令与不从律等用语。

二、诏书与令的区别

诏书、令、律本是同根生。因此便出现有诏书与令是一样的，或令与律是一样的各种论说。与此相联系，首先要考察的问题便是皇帝颁布的所有制诏是否可以成为令。如果制诏都可以成为令的话，两者只是名称上的差异；如果不是，制诏与令便是有区别的。在讨论这一问题之前，首先来分析一下诏书的哪一部分可以被摘录为法律。

例1：A.始皇置酒咸阳宫，博士七十人前为寿。仆射周青臣进颂曰："他时秦地不过千里，赖陛下神灵明圣，平定海内，放逐蛮夷，日月所照，莫不宾服。以诸侯为郡县，人人自安乐，无战争之患，传之万世。自上古不及陛下威德。"始皇悦。博士齐人淳于越进曰："臣闻殷周之王千余岁，封子弟功臣，自为枝辅。今陛下有海内，而子弟为匹夫，卒有田常、六卿之臣，无辅拂，何以相救哉？事不师古而能长久者，非所闻也。今青臣又面谀以重陛下之过，非忠臣。"

B. 始皇下其议。

C. 丞相李斯曰："五帝不相復，三代不相袭，各以治，非其相反，时变异也。今陛下创大业，建万世之功，固非愚儒所知。且越言乃三代之事，何足法也？异时诸侯并争，厚招游学。今天下已定，法令出一，百姓当家则力农工，士则学习法令辟禁。今诸生不师今而学古，以非当世，惑乱黔首。丞相臣斯昧死言：古者天下散乱，莫之能一，是以诸侯并作，语皆道古以害今，饰虚言以乱实，人善其所私学，以非上之所建立。今皇帝并有天下，别黑白而定一尊。私学而相与非法教，人闻令下，则各以其学议之，入则心非，出则巷议，夸主以为名，异取以为高，率群下以造谤。如此弗禁，则主势降乎上，党与成乎下。禁之便。臣请史官非秦记皆烧之。非博士官所职，天下敢有藏诗、书、百家语者，悉诣守、尉杂烧之。有敢偶语诗书者弃市。以古非今者族。吏见知不举者与同罪。令下三十日不烧，黥为城旦。所不去者，医药卜筮种树之书。若欲有学法令，以吏为师。"

D. 制曰："可。"①

这是秦始皇帝三十四年（前213年）颁布的挟书律诏书。与津关令相比较，上述诏书整体上来讲不能被称为令。岳麓书院藏秦简中只剩有核心部分的内容才能成为令也可以反映出这一问题。这说明此种情况仍处于诏书阶段。将其变为令，如津关令所示，去除诏书的固定文体，只保留核心部分后才能成为令。"臣请"以下的部分之所以成为令，也可以通过津关令来例证。但问题是，C中的"令下三十日不烧"中的"令"所指并不是挟书律本身，而指的是制定挟书律的皇帝诏书，"令下三十日"是"皇帝诏书颁布后的三十天"。②上述诏书中，C中的"臣请"以下部分是核心内容，因此被摘录成称为"令"的律令。

---

①《史记》卷六《秦始皇本纪》，第254—255页。

② 广濑薰雄：《秦汉时代律令辨》，《中国古代法律文献研究》7辑，第122页。

岳麓书院藏秦简肯定了秦令存在与否的问题。可知，秦令也源于制诏。

例2：制诏丞相御史：唯不为人赘□（堺）□徒数□……□（337）举，不如令者，论之，而上夺爵者名丞相，丞相上御史？都官有购赏贳责（债）者，如县。兵事毕（338）矣，诸当得购赏贳责（债）者，（339）①

上述337简中保留有制诏部分。诏书中包含“制诏丞相御史”，并且毫无遗漏地记述了整个编制过程。在将诏书制定为令的过程中，萃取规范性的内容，去除没有实用价值的口语类诏书形式。令中留有“制诏丞相御史”字句，律则并未包含此类诏书体形式。②下文所举岳麓书院藏秦简第三组内史郡二千石共令（337~339）中包含极少部分的诏书形式和语句。

例3：制诏丞相御史：唯不为人赘□（堺）□徒数□……□（337）举，不如令者，论之，而上夺爵者名丞相，丞相上御史。都官有购赏贳责（债）者，如县。兵事毕（338）矣，诸当得购赏贳责（债）者，（339）③

此令的“制诏丞相御史”部分属于反映制定令的手续部分，见大庭修的第1、3形式。可将有无“制诏丞相御史”视为与律的最大区别，津关令中也包含此部分。下文所举《岳麓书院藏秦简（肆）》366~371简中包含有皇帝直接向丞相下达命令的对话内容。

例4：郡及关外黔首有欲入见亲、市中县（道），（毋）禁锢者殹（也），许之。入之，十二月复，到其县，毋后田。田时，县毋□（366）入殹（也）。而澍不同，是吏不以田为事殹（也）。或者以澍时繇（徭）黔首而不顾其时，及令所谓春秋（367）试射者，皆必以春秋闲时殹（也）。今县或以黔首急耕、穜、治苗时已乃试之，而亦曰春秋试射之（368）令殹（也），此非明吏所以用黔首殹（也）。丞相其以制明告郡县，及毋令吏（369）以苛繇（徭）夺黔首春夏时，令皆明焉。以为恒，不从令者，赀丞、令、令史、尉、尉史、士□（370）吏，发弩各二甲。（371）

此处“此非明吏所以用黔首殹（也）。丞相其以制明告郡县，及毋令吏（369）以苛繇（徭）夺黔首春夏时，令皆明焉”是皇帝与丞相的对话内容。这一部分并未被删去，是在将诏书转换为令的过程中整理工作的不完善所致。

如此，将诏书转换为令时，便会出现是否将所有诏书都转换为令的问题。对此，中田薰认为“汉代，天子的命，即‘诏令’并非全部被追加编入所有令典，大多数情况都属于临时诏令。另外，具有持续遵行的永续性诏令中，其文中或结尾处都会特别附加定令、着令、具为令、着于令、定着令、定着于令、着以为令等着令文言。”④

---

①《岳麓书院藏秦简（肆）》，第206–207页。

② 秦涛：《律令时代的“议事以制”》，《汉代集议制研究》，第178页。

③《岳麓书院藏秦简（肆）》，第206–207页。

④ 中田薰：《律令法系の发达について补考》，《下篇律令の研究》，第71–72页。

另一方面，冨谷至与广濑薰雄认为，令与诏只是名称不同，实际上是相同的。其中，冨谷至先生的观点后期则有所变化。初期观点是，并不是只附有着令文言的诏敕才能被视为“令”，而是皇帝所有的命令都可以被视为“令”。后期，冨谷至提出的新观点是附有“制曰可”（或“抬头的‘制’字”）的情况，才会被确定为汉令。[①]广濑薰雄也认为，“皇帝的诏必须编入令典”。换言之，秦汉时期的令就是诏。[②]

表1　令的几种存在形式

形式	内容	大庭修
第1形式	皇帝根据自身的意志下达命令	制诏，布告天下使明知朕意，以称朕意，着为令
第2形式	官僚提议，皇帝裁定，最后以皇帝的命令进行颁布	制曰可
第3形式	皇帝将立法指示下达给指定官僚，官僚提交相应方案，皇帝裁定后以皇帝命令的方式颁布	议为令，具为令，制曰可

在论议此问题时，应关注上述表的内容。第1形式是皇帝根据自身意志下达命令；第2形式是根据官吏们的奏请，制定律令；第3形式是根据皇帝的命令，官吏制定法令。其中，第2形式中即便没有“着令文言”，根据官吏们的奏请，也可成为令。地方官吏通过郡太守等官吏向丞相上言立法时，便没有必要注明“着令文言”。[③]津关令中记录的大部分内容不需要着令文言。

此种论争中，秦涛发现非常重要的有关资料。他提出与冨谷至、广濑薰雄相反的意见，并找出可以证明君主的制诏不能成为律令的资料。如果可以找到没能成为令的皇帝诏书，那么，冨谷至与广濑薰雄所指“所有制诏都可以成为令”的主张便不成立。[④]

例5：建初中，有人侮辱人父者，而其子杀之，肃宗贳其死刑而降宥之，自后因以为比。是时遂定其议，以为轻侮法。敏驳议曰：“夫轻侮之法，先帝一切之恩，不有成科班之律令也……建初诏书，有改于古者，可下三公、廷尉蠲除其敝。”议寝不省。[⑤]

秦涛例证上述与轻侮法相关的诏书未能成为律令的实例。[⑥]东汉章帝建初中（76—84年），轻侮法最初被法制化源于一个儿子杀害了侮辱自己父亲的人，章帝却对其赦免减刑，贳其死刑而降宥之。这说明章帝时期此论议得以确定，以制诏的形式颁布，成为决事比。其后，直到和帝时期“遂定其议，以为轻侮法”。张敏反对此种轻侮法，认为“此制诏只是先帝的恩惠，并未颁布为法律

① 冨谷至：《文书行政の汉帝国》，名古屋大学出版会，2010年，第38页。冨谷至所指“制曰可”属于第二、三种形式，第一种形式中并未包含相关内容，“制曰可”并不是成为令的必要条件。

② 广濑薰雄：《秦汉时代律令辨》，第114页。

③《张家山汉墓竹简》，第163页。“（置吏律）县道官有请而当为律令者，各请属所二千石官，二千石官上相国、御史，相国、御史案致，当请，请之，毋得径请者。径请者，（219）罚金四两。（220）”

④ 秦涛：《律令时代的“议事以制”》，《汉代集议制研究》，第191-192页。

⑤《后汉书》卷四四《张敏传》，第1502-1503页。

⑥ 秦涛：《律令时代的“议事以制”》，《汉代集议制研究》，第191-192页。

条文”。章帝（先帝）的制诏属于尚未成为律令的状态，这一事实证明并不是所有诏书都能成为律令。其后，直到和帝时期才成为轻侮法。下列有关王尊的资料也可用来区分令与诏书。

例6：王尊字子赣，涿郡高阳人也。少孤，归诸父，使牧羊泽中。尊窃学问，能史书。年十三，求为狱小吏。数岁，给事太守府，问诏书行事，尊无不对。太守奇之，除补书佐，署守属监狱。①

王尊为太守府给事时，询问诏书与以往的行事情况，并没有回答不上来的时候。师古曰：“以施行诏条问之，皆晓其事。”这是与令不同的施行诏书目录。如果所有诏书都可以成为令，那么，就没有必要将能成为令的内容称为“诏书”。这说明为与令相区别，会另行编制诏书目录。

虽然并不是所有制诏都会被编制为令，但也会产生一小部分令是否可以被编入令的疑问。下列输送枇杷的内容属于地方事务，将此种内容也看作是令，多少会让人产生疑问。

例7：令丙第九丞相言：请令西成、成固、南郑献枇杷各十，至不足，令相补（？）不足，尽所得。先告过所县用人数，以邮、亭次传。人少者财助献。起所为檄，及界，邮吏皆各署起过日时，日夜走，诣行在所司马门，司马门更诣大（太）官，大（太）官上檄御史。御史课县留穉（迟）者。御史奏，请许。制曰：可。孝文皇帝十年六月甲申下。②

“令丙第九”是西成、成固、南郑向中央上供枇杷时动员人数和利用邮、亭的规定，先由丞相奏请，后由文帝许可。“令丙第九”之所以能成为令的关键是地方官想“为律令”时，有规定请许的二年律令的条目。立足于以此种法律证据，地方官奏请将西成、成固、南郑地区的相关内容制定为令。这说明津关令的多数条目，都是与根据地方官奏请制定法律的内容相一致的。

有关上述内容，笔者的意见如下。令并不是诏书本身。诏书中也有不能成为令的部分，会被编制为诏书目录。③只是令多少保留有诏书的形式。

三、令与律的区别

前文主要论议诏书与令的区别，两者虽然同源，但前者（诏书）中只有具有永续性的必要内容才会被编制为令。在此部分中将重点讨论程树德提出的有关并未严格区分令与律的问题。律与令最大的区别在于令中仍旧包含诏书的体制“制诏丞相御史”等内容，但律中并未保有诏书的文体。如，岳麓书院藏秦简第一、二组中的律部分，诏书并不具有教令的特征，形式、言语，以及内容更多地被整理为律。因此，二年律令的27条律中并未保有例4所见“此非明吏所以用黔首殴（也）”等诏书形式，此处也未见睡虎地秦简魏户律中所见“弗欲”“不忍”等情感

①《汉书》卷七六《王尊传》，第3226-3227页。

② http：//www.bsm.org.cn/show_article.php？id=1014.

③《晋书》卷三〇《刑法志》，第920-921页，“臣窃不自揆，辄撰具律本章句、尚书旧事、廷尉板令、决事比例、司徒都目、五曹诏书及春秋折狱，凡二百五十篇，蠲去复重，为之节文”。

字句。

另外，在考察令与律的区别时，重要的关键词是“不从令”与“不从律”。

为何“不从令”会成为解决这一问题的重要工具呢？因为，“效公器赢、不备，以赍律论及赏（偿），毋赍者乃直（值）之。效”中“赍律”是说在违反现在的律或令的条文时，须要适用的法律条文。[①]反面，“不从令”是指“在不遵守现在的法律条文（令或律）时，将进行处罚”的意思。“不用此令”是说“何人不适用于此条文”的条目。此时，“不从令”与“不用此令”的所指对象就现在的条文来说，可以成为判断现在的条文是令还是律的“但书”。

有关“不从令”，学者们多有言及。堀敏一关注“犯令”和“不从令”的文句，这些文句被适用于违反律文的情况，并将律文称为令。[②]宫宅洁也提出与堀敏一类似的意见，他认为“这是将律文称为‘令’的情况，从意义上来讲，‘令’是包括‘律’的更广泛概念”。[③]但，有关“不从令”，似乎广濑薰雄的意见更接近其实质。

笔者针对广濑薰雄的主张，认同其部分意见。即，笔者不认同“令意为皇帝诏书其本身”这一意见，但认同“令是现在诏书的命令”这一点。[④]其观点立足于“诏=令”，笔者认为“诏≠令”。下举“文帝纪的不用此令”便是被排除在适用于现在诏书以外的情况，即特定的“但书”条文。

例8：又曰：“老者非帛不煖，非肉不饱。今岁首，不时使人存问长老，又无布帛酒肉之赐，将何以佐天下子孙孝养其亲？今闻吏禀当受鬻者，或以陈粟，岂称养老之意哉！具为令。有司请令县道，年八十已上，赐米人月一石，肉二十斤，酒五斗。其九十已上，又赐帛人二匹，絮三斤。赐物及当禀鬻米者，长吏阅视，丞若尉致。不满九十，啬夫、令史致。二千石遣都吏循行，不称者督之。刑者及有罪耐以上，不用此令。[⑤]

这是固定向年龄在80岁、90岁以上的高龄人群下赐米、肉、酒物品的养老诏书，“不用此令”是指刑者以及有罪耐以上的人并不属于这一养老优待政策的适用人群。这一内容后期通过“制曰可”的阶段最终被确立为令。即，通过具为令与有司的请阶段，“请”以下的核心部分成为令。在这一过程中，诏书中所包括的“不用此令”仍被保留在令中。同时也是为文帝废除肉刑令中“亡逃、有罪耐以上的人不适用此诏书”提供根据的条文。[⑥]另外，东汉时期的诏书中会有用

①《睡虎地秦墓竹简》，第101页。

② 堀敏一：《律令制と东アジア世界——私の中国史学（二）》，东京：汲古书院，1994年，第10-11页。

③ 宫宅洁：《汉令の起源とその编纂》，第115页。

④ 广濑薰雄：《秦汉时代律令辨》，《中国古代法律文献研究》7辑，第117-118页。

⑤《汉书》卷四《文帝纪》，第113页。

⑥《汉书》卷二三《刑法志》，第1099页，”丞相张苍、御史大夫冯敬奏言：“肉刑所以禁奸，所由来者久矣。陛下下明诏，怜万民之一有过被刑者终身不息，及罪人欲改行为善而道亡繇至，于盛德，臣等所不及也。臣谨议请定律曰：诸当完者，完为城旦舂；当黥者，髡钳为城旦舂；当劓者，笞三百；当斩左止者，笞五百；当斩右止，及杀人先自告，及吏坐受赇枉法，守县官财物而即盗之，已论命复有笞罪者，皆弃市。罪人狱已决，完为城旦舂，满三岁为鬼薪、白粲。鬼薪、白粲一岁，为隶臣妾。隶臣妾一岁，免为庶人。隶臣妾满二岁，为司寇。司寇一岁，及作如司寇二岁，皆免为庶人。其亡逃及有罪耐以上，不用此令。前令之刑城旦舂岁而非禁锢者，如完为城旦舂岁数以免。臣昧死请。”制曰：“可。”

“不用此书”代替“不用此令”的情况，意为“不适用此诏书”。①

不从令的令虽然原指诏书，但后期在转换成令的过程中不从令被一同编入其中。二年律令的27条律中有“不从律”，津关令中称“不从令”，很明确地区分了两者的概念。就如程树德、堀敏一、宫宅洁所说，汉初律与令并不是混用的概念。在这里要讨论一下其变化过程。

“不从令”在从秦过渡到汉的过程中变为“不从律”。通过考察其变化过程，可推出有关秦汉时期律、令概念变化的结论。此处所举出土资料有睡虎地秦简、里耶秦简、岳麓书院藏秦简、二年律令。

表2　秦汉时期律令概念变化

		睡虎地秦简		龙岗秦简		里耶秦简		岳麓秦简				二年律令			
								1.2组		3组		律		津关令	
		律	令	律	令	律	令	律	令	律	令	律	令	律	令
如此律								2							
不如律	不如令	1	2					1	1		2				
不用此律	不用此令							1			1	4			1
不从律	不从律		6	1	1		1		9		4	3	1		
不以律		1													
犯律	犯令		3					1	3					1	
前此令											1				

如表可知，秦睡虎地秦简中，“不从令”占据主导趋势。秦统一以后的文书岳麓书院藏秦简时期，混用“不从令”与“不从律”，前者的使用频率更高。这说明，在诏书中使用的“不从令”在令的阶段被自动编入其中，同时也开始将其改写为“不从律”，只是并未全面进行修改。其后，二年律令中几乎很整齐地在律中称“不从律”，在令中称“不从令”。举例如下。

（一）秦代睡虎地秦简

睡虎地秦简的律中也有使用“不从令（6次）”“不如令（2次）”的情况。即，“不如令”占据主导趋势。但在律中“不如律”和“不以律”只出现一次，由此看来，这是“不从令”开始被修改为“不如律”的“但书”。即，秦律杂抄的戍律中，规定同居者不能同时被征为戍，在违反这一条文时，县啬夫等会被以“行戍不以律”的罪名，罚“赀二甲”。岳麓书院藏秦简的戍律中也有相同规定。

例9：戍律曰：同居毋并行，县啬夫、尉及士吏行戍不以律，赀二甲。（秦律杂抄）②

①《后汉书》卷二《显宗孝明帝纪》“永平十六年”，第121页，“九月丁卯，诏令郡国中都官死罪击囚减死罪一等，勿笞，诣军营，屯朔方、敦煌；妻子自随，父母同产欲求从者，恣听之；女子嫁为人妻，勿与俱。谋反大逆无道不用此书。”《后汉书》卷七《孝桓帝纪》，第290页，“丙午，诏郡国击囚减死罪一等，勿笞。唯谋反大逆，不用此书。”

②《睡虎地秦墓竹简》，第147页。

例10：戍律曰：戍者月更。君子守官四旬以上为除戍一更。遣戍，同居毋并行。不从律，赀二甲。[①]

此时，岳麓书院藏秦简中的“不以律”被换成“不从律”。如果两者是相同的，那么睡虎地秦简时期也会对不遵守现在律的情况以“不以律”进行处罚。如是，即便是不使用“不从律”，不遵守律的规定便会被处罚的规定从睡虎地秦简开始就已经实施了。只是一般情况下都从诏书开始，所以会使用“不从令”，律中会使用“不从律”，但在戍律中使用“不以律”是比较特殊的例子。

睡虎地秦简中的不从令是原来使用于诏书“但书”条目的用语，它被直接转载于令。由下文引用的关市律与金布律可知，令在转换为律时，此种“不从令”会为了符合律的要求而改写为“不如律”。由这一事实可知，可将其看作是两者意义相同。但睡虎地秦简时期，不从令的使用次数更为频繁，可知在转换为律文时负责修改用语的官吏们并没有深刻地认识到这一问题。反之，岳麓书院藏秦简中，可以看出更多的转换为不从律的痕迹。下列律文中的不从令与不如律应属同义，在岳麓书院藏秦简时期，前者被修改成后者。

例11：为作务及官府市，受钱必辄入其钱缿中，令市者见其入，不从令者赀一甲。关市（睡虎地关市）[②]

例12：金布律曰：　官府为作务，辄入钱缿中，令入钱者见其入。月壹输缿钱，及上券中辨其县廷，月未尽而缿盈者，辄输之，不如律赀一甲（岳麓书院藏秦简）[③]

上述关市律与金布律是规定所有作务、官府市在收钱时须将钱款放进缿的内容。虽是同样的内容，前者被记录于关市律，后者是金布律，由此可知，律的名称也可以重复使用。但前者睡虎地秦简中则变为“不从令”，后者岳麓书院藏秦简中则变为“不如律”。通过这一事实可知，会出现律与令并未加以严格区分的意见。例如，张忠炜认为，两者时期相同，相同的内容之所以被分作律（不如律）与令（不从令），是因为没有严格区分名称。[④]

有关睡虎地秦简的成书年代并无异议，可以分为秦始皇以前和以后。由于各个篇章都有所差异，因此无法概论，孝公、惠文王、昭襄王时期等非常多元化。[⑤]例11中的《秦律十八种》中，秦始皇帝五年（前242年）12个郡的记录中有未避讳秦始皇帝嬴政名字的情况，由此可知这应是秦王政元年（前246年）以前的记录。[⑥]反之，例12《岳麓书院藏秦简》中在秦始皇帝二十六年（前221

---

①《岳麓书院藏秦简（肆）》，第129页。

②《睡虎地秦墓竹简》，第6页。

③《岳麓书院藏秦简（肆）》，第108页。

④ 张忠炜：《秦汉律令法系研究初编》，第128-130页。将“不如令”的令看作“命令”的冨谷至认为，在同样的位置上使用的是“不如律”，因此有失妥当。冨谷至：《晋泰始令への道–第一部 秦汉の律と令》，《东方学报》72，2000年，第95-97页。

⑤ 舒之梅：《珍贵的云梦秦简》，《云梦秦简研究》，第3-6页。

⑥《睡虎地秦墓竹简》，第70页，“县及工室听官为正衡石赢（累）、斗用（桶）、升，毋过岁壶（壹）。有工者勿为正。叚（假）试即正。工律”。第94页，“县、都官、十二郡免除吏及佐、群官属，以十二月朔日免除，尽三月而止之。”

年）最初使用“黔首”的情况来看，两者存在大概30年的时间差。如是，例1《秦律十八种》的“不从令”在秦统一以后的整理过程中，被改写成例2中“不如律”的可能性很高。[①]在同一个条文中，之所以将不从令改写为不如律，应是由于两者相同。与其将这看做是“令=律”，不如认为睡虎地秦简的不从令在岳麓书院藏秦简时期被修改为不从律的可能性更大。

（二）秦代龙岗秦简

龙岗秦简中“不从律者”与“不从令者”各有一例。

例13：制，所致县、道官，必复请之，不从律者，令、丞□（8）

例14：田不从令者，论之如律。□（117）

龙岗秦简编制于秦帝国灭亡时期。《云梦龙岗秦简（1997）》中，整理者认为“龙岗秦简的法律条文通用于秦始皇帝二十七年（前220年）到秦二世皇帝三年（前207年）”。将秦二世皇帝三年看作是时间下限。[②]但《龙岗秦简（2001）》的时间下限看作是汉高帝三年（前204年）。[③]由前文考述可知，睡虎地秦简中虽包含不如律，但不从令的出现次数实则更多。龙岗秦简中不从令与不从律的出现频率比例为1：1。由于可作参考的例子过少，难以定论。下文所举同一时期的里耶秦简也只包含有“不从令”，因此暂时无法得出具有说服力的定论。

（三）秦代里耶秦简

例15：□不从令赀二甲（8-1890）

（四）秦代岳麓书院藏秦简

岳麓书院藏秦简的时间下限是秦二世皇帝三年，可以反映出秦国灭亡之前的律令情况。[④]因此，与龙岗秦简应为同一时期。由于龙岗秦简中可举实例过少，不能进行全面了解。反之，岳麓书院藏秦简包含有很多可供参考的实例。

据表可知，在岳麓书院藏秦简时期可以看出逐渐由不从令转换为不从律的趋势。其中，重要的特征是《岳麓书院藏秦简（肆）》的第1、2组，即，在律部分中出现如此律（2次）、不如律（1次）、不用此律（1次），像这样将“现条文的律”称为律的情况逐渐增多。笔者认为，其增多理由是在违反相关规定，像从前一样称“不从令”时，自觉地预防将律称为令的矛盾。

但岳麓书院藏秦简中不从令的使用次数相对更多，不从令九次，不如令一次。这说明此时并未正式开始修改为不从律。岳麓书院藏秦简中，有多种包含有“律”的意为“在不服从现条文的律”的如此律（2次）、不如律（1次）、不用此律（毋用此律）（1次）等用法。但这不仅指称律，也并未将所有的修改成“如此律”。举例如下。

例16：睡虎地秦简　秦律十八种

① 任仲爀：《秦汉律令史研究的诸问题》，《中国古中世史研究》37，2015年，第36-37页。

② 刘信芳、梁柱编著：《云梦龙岗秦简》，北京：科学出版社，1997年，第48页。

③《云梦龙岗秦简（2001）》，第8-9页。

④ 陈松长：《岳麓秦简中的两条秦二世时期令文》，《文物》2015年第9期，第91页。

百姓居田舍者毋敢醢（酤）酉（酒），田啬夫、部佐谨禁御之，有不从令者有罪。田律[①]

例17：岳麓书院所藏秦简

0994 田律曰：黔首居田舍者毋敢醢［醢（酤）］酒，有不从令者迁之，田啬夫、士吏、吏部弗得，赀二甲。第乙[②]

例18：岳麓书院所藏秦简

1400 黔首居田舍者毋敢醢［醢（酤）］酒，有不从令者迁之，田啬夫、吏、吏部弗得，赀各二甲。丞、令、令史各一甲。[③]

通过上述例文可知，这三条都是秦的田律，并且都是抄写的同一条文。例16被标记为田律；例17中有“田律曰”与“第乙”；虽然例18中并未直接记录为“田律曰”，因前面1276简中有“田律曰”，所以推定为田律。有趣的是，例17的“第乙”。这是与岳麓书院藏秦简中令的标题简“内史郡二千石官共令第乙”中的“第乙”一样的编号，属于令的编排序号。此种编号未见于岳麓书院藏秦简的律文。那么可以说，例17中“第乙”编号是在将田令修改为田律的过程中尚未将令的痕迹完全去除的证据。[④]即，此种简虽然记录的是律文，但仍保留有皇帝诏（或是秦王令）的形式。如果这一主张有误[⑤]，那么0994简便是可以证明令转换为律的明确证据。

同一规定升级为田律，岳麓书院藏秦简中仍旧使用“有不从令者”。岳麓书院藏秦简的一部分律中，有部分被修改为“有不从律者”，但未能像将百姓修改为黔首一样彻底地认识到要将其进行彻底修改。在晋升为律的过程中，从令的编号“第乙”都被转载的情况来看，可以了解当时的负责官吏们认识律令的水平。综上所述，笔者认为从睡虎地秦简开始到岳麓书院藏秦简，有关律令字句修改这一问题，修改结果并不完善。因此，《岳麓书院藏秦简（肆）》中在指称律时，混用之前的“不从令”和新趋势“不从律”。

另外，第3组，也就是令中仍旧使用不从令、不如令、前此令、不用此令等用语。在指称第3组令的时候，当然一次都没有出现如此律、不如律、不用此律等指称“律”的词语。

如前所述，睡虎地秦简关市律的“不从令者赀一甲”在岳麓书院藏秦简中被修改为“不如律赀一甲”，不从令与不如律的意义相同。原来此令出于诏书，不从令者意为“不服从此诏书者”。如果说在睡虎地秦简的阶段变为关市律，那么这一部分应被修改为不从律或是不如律，但实际上并未修改。到岳麓书院藏秦简金布律阶段时，应被修改为不如律。

前述程树德认为当时混用令与律。但与其主张相悖的是，并不是由于令与律通用，金布令与金布律就可以混用，而是以岳麓书院藏秦简为界，在试图整理用语的过程中出现的现象。即不用此令之所以被改为不用此律，是相关令在变为律的过程中出现的修改用语的工作，另外令名也被改为律

①《睡虎地秦墓竹简》，第30页。

②《岳麓书院藏秦简（肆）》，第161页。陈松长：《岳麓书院所藏秦简综述》，《文物》2009年第3期，第87页。“第乙”见“图一〇”。干支只是令的编号，此处律文后附有编号事例较为少见。徐世虹：《〈秦律十八种〉中的“有罪”蠡测》，《中国古代法律文献研究》7辑，2013年，第105页。

③《岳麓书院藏秦简（肆）》，第106页。

④ 广濑薰雄：《秦汉时代律令辨》，《中国古代法律文献研究》7辑，第160-161页。

⑤ 广濑薰雄：《秦汉时代律令辨》，《中国古代法律文献研究》7辑，第123页。

名（例如，“金布令”改为“金布律”）。后世的学者们都将其错误地理解为令名与律名的混用。

（五）汉代二年律令

1. 律的“不用此律”

二年律令中不从律与不从令相较之下，要比秦律的整理情况更加明了。据表可知，二年律令中的27条律中，“不用此律”出现4次，“不从律”出现3次，“不从令”未能得以修正只在田律中出现1次。笔者认为，之所以在田律中没有被改为“不从律”，是因为在修改的过程中被遗漏所致。二年律令阶段，除一次使用“不从令”以外，所有其他情况都被修改成“不用此律”“不从律”，这反映出已经确立在律中使用律，在令中使用令的原则。

二年律令阶段，在律中不能使用“不从令”的理由为何？笔者认为，这是因为在编制二年律令时期，律与令的概念已经确立。到二年律令时期，由令转变为律的状态下，应该认为将律称为“不用此令”会出现矛盾。笔者认为应该将这看作是主管整理律令的官吏从意识上进行整理的结果。也就是说，二年律令比秦律整理的更为仔细，也有更长足的发展。

2. 令的“不用此令”

二年律令的令中，津关令出现一次“不用此令”。只在令中出现“不用此令”，二年律令的27条律中只使用“不用此律”，这是非常显著的特征。

> 例19：津关令：□、制诏御史，其令诸关，禁毋出私金器、铁。其以金器入者，关谨籍书，出，复以阅，出之。籍器、饰及所服者不用此令。493（C121）

津关令的“不用此令”是“将器（金器）放进籍书箱，（携带金器者所穿）衣物上粘有黄金装饰品的情况不适用于此令”的“但书”条目。即，“不用此令”是不适用于现诏书的“但书”条目。津关令中未见“不用此律”，只出现“不用此令”，说明在汉初就已经明确地区分律和令的概念。因此，笔者并不赞同二年律令时期律和令相互混用的意见。

综上所述，诏书在成为令时，整理去除诏书中不必要的部分，只保留核心内容。可以通过岳麓书院藏秦简的令和津关令等资料加以确认。此时，诏书中的“不从令”“不用此令”等也会被保留在令中。此后，在成为律时，这种“但书”条目“不从令”作为适用于法条文的律则变为“不从律”。

由于过去不区分使用“不从令”和“不从律”，因此，有学者认为令和律没有区别。律与令的概念应确立于睡虎地秦简时期。但睡虎地秦简等初期的秦律中并没有全面地将“不从令”改为“不从律”。从岳麓书院藏秦简开始，“不从律”的使用频率增加；二年律令时期，立足于以往律、令概念，对律和令的编制进行划时代地统一整理。

四、结论：抄写律令与更新

二年律令时期，即到汉朝成立之前为止，出于何种原因未将“不从令”转换为“不从律”呢？目前发现的出土资料都属于地方郡县资料，是不是由于中央的法律未能按时传达到地方，所以导致未能修改“不从律”呢？与中央政府的法律颁布到地方郡县的问题相关联，律令是如何下达到全国各地的呢？首先，来考察一下中央所在官府的情况。《睡虎地秦墓竹简·尉杂》中包含如下内容。

例20：岁雠辟律于御史。（199简）

整理小组认为“尉杂”的“尉”是廷尉，“尉杂”是“与廷尉的职务相关的各种法律规定”。[①]因此，每年年初廷尉都要到御史府对照法条文。[②]但对于将尉杂看作廷尉的相关规定这一意见，也有学者提出其他主张。徐世虹反对尉杂指廷尉的这一说法。[③]但在考察睡虎地秦简中同样的“尉杂200简”时可知，没有必要否定“尉”是与法律有关的部门这一意见。

例21：□其官之吏□□□□□□□□□□□□法律程籍，勿敢行，行者有罪。尉杂（200简）[④]

由于此简内容残损严重，难以了解整体内容，但通过“法律程籍”推定，可将尉杂（律）看作处理法律的官府的律。没有必要将“199简”所见的尉看作县尉系统。上述律文的核心是由于尉在年初要到御史对照法律，进行检查的系统，中央（御史）的法律通过此种形式持续被传播到其他官府。有关中央法律须不断地向地方郡县传播修改最新信息的法律，并非只出现于尉杂。

例22：内史杂：县各告都官在其县者，写其官之用律。

内史管辖的县报告给所在县的都官抄写律。都官是从中央到地方设置令或是长的机构，此条目强调通过县都官需具备法律的要求。在考察上述“尉杂”与“内史杂”等相关规定时可知，从御史府向中央所在官府传播法令是第一个过程；以下在内史地区从内史到县，再传播到都官是第二个过程。如果帝国内部的律令不一致的话，皇帝就不可能实行一元化支配，更无法不注重对法律的细致管理。[⑤]

对于由中央向地方郡县传播法律的过程，游逸飞关注监郡御史。推定“尉杂199简”所见御史在中央是御史大夫，在地方可能是监郡御史。[⑥]因此，“199简”是地方郡县要到御史抄写法律的规定。秦代各个官署会定期派遣人员到指定场所，从监郡御史抄写对照处理行政事物时所需律文。[⑦]

那么，例20“199简”中与监郡御史对照律的过程是怎样的呢？御史府是完成皇帝诏书的基础作业和制作地图的官府，同时也进行保管。因此，地方御史也很可能负责向郡县普及律令和制作

①《睡虎地秦墓竹简》，第109–110页。

② 陈中龙：《从秦代官府年度律令校雠的制度论汉初〈二年律令〉的“二年”》。http：//www.bsm.org.cn/show_article.php？ id=2550.

③ 徐世虹：《秦“课”刍议》，第265页。王伟：《张家山汉简〈二年律令〉札纪三则》，《中国古代法律文献研究》（第四辑），北京：法律出版社，2010年，第79页。文中指出，虽然《睡虎地秦简·尉杂》与《说文解字·尉律》的关系不明确，“尉律”的“尉”所指为中尉、都尉、县尉系统的职官。

④《睡虎地秦墓竹简》，第110页。

⑤ 邓薇：《从睡虎地秦简看秦档案及库房的管理》，《黑龙江史志》，2010年，第32页。

⑥ 游逸飞：《战国至汉初的郡制变革》［台北：国立台湾大学历史学研究所博士论文］，2014年，第96页。

⑦ 周海锋：《岳麓书院藏秦简〈田律〉研究简帛（第十一辑）》，2015年，第105页。

地图的重要工作。[①]负责律令与制作地图的御史确实还负责向地方普及律令。下文将对察里耶秦简进行考察分析。

例23：其旁郡县与椄（接）界者毋下二县，以□为审，即令卒史主者操图诣御史，御史案雠更并，定为舆地图。有不雠、非实者，自守以下主者。（8-224+8-412+8-1415）

这是负责制作地图的卒史携带地图到御史进行对照，并且合并部分地图、制作舆地图的内容。从结论上来讲，御史负责监管地方的地图对照和制作舆地图。三王世家也要求御史上交舆地图，这也与御史府负责保管律令和地图相关联的。[②]根据制作地图可以类推，掌管律令的地方监郡御史在向郡县普及律令中会起到非常重要的作用。下文为里耶秦简中与颁布律令相关的内容。

例24：□年四月□□朔己卯，迁陵守丞敦狐告船官□：令史應雠律令沅陵，其假船二樓，勿留。（里耶秦简6-4）[③]

最近出土的资料可见，通过抄写律，强烈地要求直至县以下的官府都要抄写中央的律令。此里耶秦简是迁陵县守丞敦狐向船官发送的下行文书，其中讲述命令令史應到附近的县沅陵去校雠律令，船官不能延误要积极配合的内容。从迁陵到沅陵需途经水路，便要借船。

向沅陵派遣令史的理由是什么呢？笔者认为那里的监郡御史治所可能是临沅。[④]之所以派人去沅陵对照律令，是因为监郡御史滞留在此处的可能性较大。很有可能是郡监御史在接收到中央最新校雠的律令之后，将郡内属县的负责人令史们都召集到沅陵校雠律令。[⑤]迁陵县的令史去抄写律令时，借两艘船，可推测参与其中的人员规模和搬运律令的货物数量相当多。比起监郡御史携带如此之多的律令寻访各县，将负责人都召集到沅陵统一进行抄写工作的可能性更大。笔者认为这是从郡向县传达中央律令的第一步。

第二步是县将接收的律令再下达到县所属机构。秦时，校雠律令是县廷与其下属机构比较显著的现象。里耶秦简“8-173简”的正面内容如下。

例25：（秦始皇）卅一年（前216年）六月壬午朔庚戌（29日），库武敢言之：廷书

---

①《史记》卷五三《萧相国世家》，第2014页。“何独先入收秦丞相御史律令图书藏之。”

②《史记》卷六〇《三王世家》“齐王”，第2110页。“高皇帝建天下，为汉太祖，王子孙，广支辅。先帝法则弗改，所以宣至尊也。臣请令史官择吉日，具礼仪上，御史奏舆地图，他皆如前故事。」制曰：‘可。’”《史记》卷五三《萧相国世家》，第2014页。“及高祖起为沛公，何常为丞督事。沛公至咸阳，诸将皆争走金帛财物之府分之，何独先入收秦丞相御史律令图书藏之。沛公为汉王，以何为丞相。项王与诸侯屠烧咸阳而去。汉王所以具知天下阸塞，户口多少，彊弱之处，民所疾苦者，以何具得秦图书也。”

③陈伟主编，何有祖、鲁家亮、凡国栋，《里耶秦简牍校释（第一卷）》，武汉大学出版社，2012年，第19页。

④《里耶秦简（壹）》，第5页。“临沅监御史”；陈伟主编，《里耶秦简牍校释（第一卷）》，第265页，“书迁陵，迁陵论言。问之监府致毄瘗临沅（8-1032）”

⑤游逸飞，《战国至汉初的郡制变革》（臺北：国立臺湾大学歷史学研究所博士论文，2014），第96页。

曰令史操律令诣廷雠，署书到、吏起时。有追。今以庚戌遣佐处雠。敢言之。[①]

根据库吏武所言可知，“廷书（县廷的下行文书）”中包含有命令令史携带律令到县廷进行校雠的内容，即将使用至今的旧本与需要抄写的新本进行对照。[②]像这样将中央与地方的律令进行校雠的工作至少以一年为单位进行校对更新。但如果中央的御史府未能修改律文，那么地方郡县也就不需要进行修改。地方行政犹如中央行动的影子一样实行中央集权支配体系。

可以确定的是，每年会传播最新版本的律令。因此，睡虎地秦简与岳麓书院藏秦简时期，“不从令”之所以未被修改成“不从律”，可能是出于未能快速更新律令的原因。也可以看作是中央御史府保管的法律未被修改。即，笔者认为这是因为御史府没有将“不从令”统一修改为“不从律”的缘故。

另外，地方似乎也存在新法、旧法并存的现象。例如，从睡虎地秦简与岳麓书院藏秦简中发现的法律中可见法律条文中少数字句上的差异，这一现象的理由为何？

例26：睡虎地秦简 秦律十八种

百姓居田舍者毋敢醯（酤）酉（酒），田啬夫、部佐谨禁御之，有不从令者有罪。田律[③]

例27：岳麓书院所藏秦简

田律曰：黔首居田舍者毋敢醯［醯（酤）］酒，有不从令者麐迁之，田啬夫、士吏、吏部弗得，赀二甲。l第乙（0994）[④]

例28：岳麓书院所藏秦简

黔首居田舍者毋敢醯［醯（酤）］酒，有不从令者麐迁之，田啬夫、吏、吏部弗得，赀各二甲。丞、令、令史各一甲。（1400）[⑤]

例26与例27被标记为“田律”，例28没有律名。睡虎地秦简的例26是“百姓”所使用的，是三者之间时间最久的。岳麓书院所藏秦简的例27与例28中，难以判断两者的时间长短。如果进行推测，由于两者都使用“黔首”，应属于秦始皇帝二十六年以后的产物，例27中包含“第乙”，抄写的是时间较久的版本。例28以后由于包含“第乙”并不正确，因此可能被删掉。例27与例28抄写的是同一地区上级机关保存的文书，具有时间差，也就是现在的“0994简”与“1400简”。由于地方部分性抄写中央的法律，因此会导致新、旧法并存、混存的现象。

目前学界一般较为认同的律和令的概念是到晋泰始律令为止，才分离和完成律=刑罚、令=非刑罚的形态。具有刑法的特征，令称为具有被纯化的制度性和规范性法律，基本去除刑法性的内

① 陈伟主编，《里耶秦简牍校释（第一卷）》，第104页。

② 陈中龙：《从秦代官府年度律令校雠的制度论汉初〈二年律令〉的“二年”》。

③《睡虎地秦墓竹简》，第30页。

④《岳麓书院藏秦简（肆）》，第161页。陈松长：《岳麓书院所藏秦简综述》，《文物》2009年第3期，第87页。“第乙”见“图一〇”。干支只是令的编号，此处律文后附编号的事例较为少见。徐世虹：《〈秦律十八种〉中的“有罪”蠡测》，《中国古代法律文献研究》7辑，2013年，第105页。

⑤《岳麓书院藏秦简（肆）》，第106页。

容。[1]笔者从理论上也赞同这一意见。只是为何会突然出现此种魏晋时期的变化？秦汉律中可见律与令混用的资料。反之，从秦末开始到汉初为止，也有律与令被用于独立概念的实例。

例29：县、都官坐效、计以负赏（偿）者，已论，啬夫即以其直（值）钱分负其官长及冗吏，而人与参辨券，以效少内，少内以收责之。其入赢者，亦官与辨券，入之。其责（债）毋敢隃（逾）岁，隃（逾）岁而弗入及不如令者，皆以律论之。金布[2]

例30："令：所取荆新地多群盗，吏所兴与群盗遇，去北，以儋乏不斗律论。律：儋乏不斗，斩。"（《奏谳书》18）

例31：当：恢当黥为城旦，毋得以爵减免赎。律：盗臧（赃）直（值）过六百六十钱，黥为城旦；令吏盗，当刑者刑，毋得以爵减免赎，以此当恢。（《奏谳书》15）

上述引用的三个资料都是秦末、汉初的资料，例29是秦的金布律；例30是秦始皇帝二十七年的奏谳书；例31是汉高帝七年的奏谳书。这些资料都是可以反映出令和律的机能分化的重要资料。例29的"不如令者，皆以律论之"，和例30的"令：所取荆新地多群盗，吏所兴与群盗遇，去北，以儋乏不斗律论。律：儋乏不斗，斩"，都根据律来寻找处罚根据，这说明是将律的机能看作是处罚规定的认识。立足于律有关"儋乏不斗"的处罚是"斩"。例31中言及律是处罚的根据条目，令是肉刑对象不能根据其爵位减刑的"但书"条目。笔者认为令是律不完备时的补充资料。

与律中包含有刑事和非刑事的内容一样，令中也包含有与刑罚有关的条目。前述奏谳书中言及令中规定指定律进行处罚，这并不是出于令中未包含处罚条目的原因。例如，据《奏谳书》14"令曰：诸无名数者，皆令自占书名数，令到县道官，盈卅（三十）日，不自占书名数，皆耐隶臣妾，锢，勿令以爵、赏免。舍匿者与同罪"。可知，令中规定不申报名数（户籍）的人耐为隶臣妾。后汉的陈宠言"今律令死刑六百一十"也是说明令并不是与刑完全无关的证据。虽然令包含有刑法规定，但须注意的是，令的大多数内容都与刑罚无关的事实。[3]即，虽然律规定制度和礼仪，但律也是罪名、刑制的渊源。这一点非常重要。二年律令的律条文中可见贼伤、斗伤、过失、斗殴等相关内容。这些内容被收录于律，未收于令。根据奏谳书这种实际判决文可知，定刑量罪大多数都是根据律而不是令。[4]

之所以如此区分律与令的概念，应是由魏晋律时期开始的变化提供线索。徐世虹认为"令与律一样，收录的内容只是事类上的区别，没有刑罚与非刑法的区别。与《晋书·刑法志》中的"违令有罪则入律"一样，律令机能的区别始于编制魏晋律以后"[5]，但是秦汉"律"中出现刑法性规定为晋律令中律和令的分化提供线索。魏晋律中的大改革变化是在秦汉律中慢慢开始的。

（作者系韩国淑明女子大学历史系教授）

---

① 张忠炜：《秦汉律令法系研究初编》，第141页。广濑薰雄：《秦汉律令研究》，第170–171页。

②《睡虎地秦墓竹简》，第61–62页。

③④张忠炜：《秦汉律令法系研究初编》，北京：社会科学文献出版社，2012年，第136页。

⑤徐世虹：《汉代社会中的非刑法法律机制》，第321页。

解“功比”

——说轪侯利苍与平皋侯刘它

李开元

一、高祖功臣“功比”的原则和事例

我在写作《汉帝国的建立与刘邦集团——军功受益阶层研究》时，注意到刘邦集团汉中建国以后由楚制改秦制，在尔后的楚汉相争的过程中，由于各诸侯国人的加入，遂出现了如何将各诸侯国不同制度下的官职爵位纳入汉制，也就是秦制中来的问题，这就是汉和各国官职爵制的“比定”（简称“功比”）问题。当时，因为感到这个问题头绪纷繁，遂暂时搁置没有做进一步的研究。

2001年，张家山汉简正式刊行，简文中有涉及不同爵制及其比定的内容，比如《奏谳书》（一六）有：

> 诊问：苍、信、丙、赘，皆关内侯。信，诸侯子，居洛阳杨里，故右庶长，以坚守荥阳，赐爵为广武君，秩六百石。苍，壮平君，居新郪都陵里；赘，威昌君，居故市里；丙五大夫，居广德里，皆故楚爵，属汉以比士，非诸侯子。

文中言及，髳长苍、新郪令（长）信、公粱亭校长丙、发弩赘等人的爵位 “皆故楚爵，属汉以比士”，这就直接涉及楚爵和汉爵如何比定的问题，自然成为促使笔者进一步探讨此问题的动力之一。

在《史记》和《汉书》的功臣表中，建国功臣的封状中大量出现“功比”一词，以A侯之功比定B侯之功，当是具体考察不同出身、不同经历、不同国别、不同爵制者如何“比定”的重要线索和资料。对于这个问题，清代学者张锡瑜先生曾经撰写《史表功比说》做了初步的研究。

首先整理张说的要点如下：其一，《史记·功臣表》中，功比某侯之文，共二十四例。其二，功比某侯，不以封年之先后，而以位次之高低。其三，功比某侯，为逐次以低位比高位。张先生的看法，为该问题的研究，奠定了良好的基础。不过，张先生的研究，侧重于功比的形式，对于功比的内容，基本没有涉及。下面，笔者以功比的内容为主，做进一步的考察。首先将《史记》和《汉书》功臣表中出现的功比事例列表如下：

高祖功臣“功比”表

序号	侯名	氏名	位次	封年月	所属	功比	张序号
1	鲁	奚涓	7	高6	西汉	舞阳	9
	舞阳	樊哙	5	高6.1	西汉		
2	汾阴	周昌	16	高6.12	西汉	青阳	1
	青阳	王吸	14	高6.12	西汉		
3	梁邹	武虎	20	高6.1	西汉	博阳	2
	博阳	陈濞	19	高6.12	西汉		
4	成	董渫	25	高6.1	西汉	厌次	3
	厌次	爰类	24	高6	西汉		
5	城父	尹恢	26	高6	西汉	厌次	10
	厌次	爰类	24	高6	西汉		
6	平	工师喜	32	高6.6	西汉	费	8
	费	陈贺	31	高6.1	西汉		
7	贳	傅胡害	36	高6.3	西汉	台	6
	台	戴野	35	高6.8	西汉		
8	高宛	丙猜	41	高6.7	西汉	斥丘	12
	斥丘	唐厉	40	高6.8	西汉		
9	昌武	单究	45	高6.7	西汉	魏其	11
	魏其	周止	44	高6.6	西汉		
10	故市	闫泽赤	55	高6.12	西汉	平定	7
	平定	齐受	54	高12.10	西汉		
11	汁防	雍齿	57	高6.3	西汉	平定	5
	平定	齐受	54	高12.10	西汉		
12	高景	周成	60	高9.12	西汉	辟阳	21死事
	辟阳	审食其	59	高6.8	西汉		
13	高粱	郦疥	66	高12.2	西汉	北平	24
	北平	张苍	65	高6.8	西汉		
14	清	室中同	71	高8.3	西汉	彭	18
	彭	秦同	70	高8.3	西汉		
15	强	留肦	72	高8.3	西汉	彭	19
	彭	秦同	70	高8.3	西汉		
16	阳河	其石	83	高7.11	西汉	高湖	14
	高湖	陈夫乞	82	高6	西汉		
17	阳信	吕青	87	高6.1	后楚	堂邑	4
	堂邑	陈婴	86	高6.12	后楚		
18	平皋	项它	121	高7.10	后楚	轪	13
	轪	利苍	120	惠2.4	后楚?		
19	涅阳	吕腾	104	高8.10	后秦	杜衍	15
	杜衍	王翳	102	高7.1	后秦		下邽
20	长修	杜恬	108	高11.3	后秦	须昌	23
	须昌	赵衍	107	高11.2	后秦		
21	宋子	许瘛	99	高8.2	后赵	历	17
	历	程黑	97?	高8.10	后赵		
22	平	张瞻师	95	高9.12	后赵	吴房	20
	吴房	杨武	94	高8.3	后秦		
23	武原	卫胠	93	高8.12	后魏	高陵	16
	高陵	王虞人	92	高12.12	后秦		
24	开封	陶舍	115	高11.12	后齐?	共	22
	共	旅罢师	114	高8.6	后齐		

由上表可以看出：

其一，从序号1到16者，位次从7到83，比者和被比者都是前期刘邦集团的成员，即笔者所谓的丰沛元从集团和砀泗楚人集团的功臣元老，“功比”者按照位次排列。可以很清楚地看到，“功比”在前期刘邦集团成员内施行。

其二，从序号17到24，位次从87到114，比者和被比者都是后期刘邦集团的成员，即笔者所谓的后期楚人集团、秦人集团和多国合纵集团的人物，比者按照出身国别排列。可以看到，功比者皆在后期刘邦集团成员内，且多在同一出身国成员内施行。

其三，比者与被比者，原则上以位次的下一位侯者比上一位侯者。

其四，比者之封年，多在被比者之后，也有在前者。之所以出现这种情况，除了史书记载的错误以外，一个可能的理由是：列侯封状中出现的比定，直接与定位次相关联。我们知道，高祖功臣位次的排列，第一次在高帝时，只定了十八位次。第二次大规模排列138位次，在高后二年（前186年）。排定位次，必须要比较功劳，如果以高后二年的时点来看，最晚的被比者是惠帝二年（前193年）分封的轪侯利苍，他们都在可以比定的时间范围内。

其五，比者和被比者的履历和功绩类似。

以上五点，可以说是高祖功臣功比的基本原则。

二、“功比”的典型事例：新阳侯吕青与堂邑侯陈婴

为了便于理解，我们从上述二十四例功比中选取新阳侯（吕青）“功比”堂邑侯（陈婴）的事例，做具体的解说。

新阳侯功比堂邑侯，见于《史记》和《汉书》的功臣表。《汉书》功臣表曰：

> 阳信侯吕青，以汉五年用令尹初从，功比堂邑侯，千户。高祖六年正月壬子封。位八十七。

《史记》功臣表曰：

> 新阳侯吕靖　以汉五年用左令尹初从，功比堂邑侯，千户。高祖六年正月壬子封。位八十七。

堂邑侯陈婴的封状，也分别见于《史记》和《汉书》功臣表。《汉书》功臣表曰：

> 堂邑侯陈婴，以自定东阳为将，属项梁，为楚柱国。四岁，项羽死，属汉，定豫章、浙江、都浙，定自为王壮息，侯六百户。复相楚元王十二年。高祖六年十二月甲申封。位八十六。

《史记》功臣表：

> 堂邑侯陈婴，以自定东阳为将，属项梁，为楚柱国。四岁，项羽死，属汉，定豫

章、浙江、都浙自立为王壮息，侯千八百户。复相楚元王十二年。高祖六年十二月甲申封。位八十六。

陈婴的事迹，见于《史记·项羽本纪》，比较详细。他本是秦东阳县的令史，秦末之乱中，东阳县蜂起反秦，他被推为首领。二世皇帝二年（前208年），项梁渡江北上，陈婴率领东阳军民归附了项梁，成为楚军将领。项梁立楚怀王，陈婴被任命为楚国的上柱国，在楚国首都盱台辅佐怀王，封五县，成为怀王宫廷的重臣。项梁战死，怀王迁都彭城亲政，陈婴当一直跟随，继续出任上柱国。（想来，项羽灭秦分封天下，怀王被迁徙到郴县，途中被杀，部下纷纷离去，多跟随了项羽，陈婴也是其中之一）。项羽败亡，陈婴归附了刘邦，平定豫章、浙江等地，被封为堂邑侯。

吕青是吕臣的父亲。吕青的事迹，几乎不见于史书记载。吕臣的事迹，散见于《陈涉世家》和《项羽本纪》，非常零散。简单概述如下：陈胜起义，吕臣以涓人的身份追随，成为张楚军的将领。陈胜败亡，首都陈县被秦军占领，吕臣领军与英布军共同作战，反复争夺陈县。项梁在薛县拥立楚怀王，吕臣也是参与者之一。项梁败亡，吕臣与刘邦、项羽一道撤退到彭城。怀王在彭城亲政，吕臣被任命为司徒，吕青被任命为令尹，成为怀王宫廷的支柱。想来，怀王在迁往郴县途中被杀，部下纷纷离去，吕青大概也同陈婴一样，跟随了项羽。项羽败亡，吕青归附刘邦，被封为新阳侯。

大致可以看出，吕青（含吕臣）和陈婴的履历，非常类似，功劳皆可以相互参照。他们都是最早跟随和响应陈胜起义的人，他们反秦的资历可以追溯到陈胜起义时。项梁薛县拥立楚怀王，他们作为楚军将领，都是参与者。怀王亲政，他们作为亲信重臣，共同辅佐怀王。这一段响应陈胜起义，身为楚军楚臣复楚反秦的资历和功绩（时间从二世皇帝元年到三年），他们与早期刘邦集团的成员共同所有，从而，在汉的"功比"中是被承认，按照相同的标准认定的。

在陈婴和吕青的功状中，从怀王迁徙被害到项羽败亡之间是一段空白。这一段时间，大致从汉元年到汉五年，相当于楚汉相争时期。《史记·项羽本纪》说，项羽自封西楚霸王，定都彭城，"乃使使徙义帝长沙彬县。趣义帝行，其群臣稍背叛之。"想来，陈婴和吕青也在背叛的群臣中，离开义帝归属了项羽，成为西楚的大臣将领，身为楚军楚臣与汉对抗。这一段资历功绩，自然不被汉政府承认，于是成为一段空白。

了解了陈婴和吕青的履历后，可以说，他们之间的"功比"，完全符合我们前面概括的高祖功臣"功比"原则：其一，吕青和陈婴，都是后期楚人集团的成员。其二，吕青位次为八十七，陈婴位次为八十六。其三，陈婴先封于高祖六年十二月甲申，吕青后封于高祖六年正月壬子。其四，吕青和陈婴，有非常类似的资历和功绩。

三、释平皋侯刘它"功比"轪侯利苍

高祖功臣功劳之比定原则大致清楚，在有了典型事例以后，笔者试图运用这个原则，参照典型事例，探讨其中的一个事例，即平皋侯之刘它"功比"轪侯利苍的课题。

据《史记》卷一八《高祖功臣侯者年表》"平皋侯刘它"条：

项它。汉六年以砀郡长初从，赐姓为刘氏，功比戴侯彭祖，五百八十户。七年十月癸亥。位百二十一。

《汉书》卷一六《高惠高后文功臣表》载：

平皋侯刘它：汉六年以砀郡长从，功比轪侯，侯五百八十户。实项氏，赐姓刘。七年十月癸亥封。位百二十一。

比较《史记》功臣表和《汉书》功臣表的记载，内容大致相同，唯项它所比之对象不同。《史记》功臣表作“功比戴侯彭祖”，《汉书》功臣表作“功比轪侯”，究竟哪一个对呢？

戴侯祕彭祖，《史记》功臣表记载如下：

以卒从起沛，以卒开城门，为太公仆；以中厩令击豨，侯，千二百户。十一年三月癸酉，敬候彭祖元年。百二十六。

《汉书》功臣表记载如下：

以卒从起沛，以卒开城门，为太公仆，以中厩令击陈豨，功侯，千一百户。（高帝十一年）三月癸酉封，敬候彭祖元年。百二十六。

轪侯利苍，《史记》功臣表记载如下：

以长沙相侯，七百户。惠帝二年四月庚子封。

《汉书》功臣表记载如下：

轪侯黎朱苍，以长沙相侯，七百户。位百（一）[二]十。惠帝二年四月庚子封。

按照《史记》《汉书》功臣表的通例，“功比”某侯，皆不称某侯之名。史表“功比戴侯彭祖”与史书体例不合。戴侯祕彭祖，为前期刘邦集团之成员，从起于沛县，为刘邦集团核心——丰沛元从集团之成员，他的经历和功劳，与项氏一族之项它并无可比性，《史记》功臣表将二人相比，不符合高祖功臣相比的原则。而且，彭祖位次在126，项它位次在121，以上位比下位，也与“功比”的原则不合。所以说，《史记》功臣表之平皋侯刘它之“功比戴侯彭祖”为误文，当从《汉书》功臣表，为“功比轪侯”。

有了这个订正以后，我们就可以依据高祖功臣“功比”的原则和事例，推断轪侯利苍的经历，与平皋侯项它的经历有类似和可比之处。项它是项氏一族，他的经历，在史书中有踪迹可寻。其履历大致如下：

项它者，项羽从兄子也。

二世二年，从项伯举宗起下相，为楚将。章邯围魏咎临济，楚遣它将兵救魏，军败。

二世三年，随项羽军渡河救赵，巨鹿破秦军。
汉元年，随项羽军入关。
汉二年，魏豹反汉为楚，项它将兵助豹，为魏步将，为韩信所败。
汉四年，韩信破齐，项王使项它与龙且将兵救齐，大败于潍水。
高帝六年，以砀郡长初从，七年十月癸亥，封平皋侯，五百八十户。
惠帝四年薨。

参照项它的履历，我们就可以结合文献资料、出土资料和学界的研究成果，来复原轪侯利苍的履历，补写《史记·轪侯利苍列传》。

（作者系日本就实大学人文科学部教授）

秦汉时期的固原暨文物考古与发现

王效军　冯国富

内容摘要　秦始皇时期的固原地区，隶属北地郡。西汉武帝元鼎三年（前114年），设置安定郡，始筑高平城，固原城池建制的初期格局形成，也成为固原古城发展史上的第一个里程碑，奠定了固原在西北地区的政治、经济、军事以及文化中心地位。回中道的开通，为“丝绸之路”东段中道、东段北道（长安—凉州）的贯通奠定了基础，有力地促进了东西方的经济、文化交流。秦汉文物考古，为当时这一地区社会、经济、生活等各个方面的研究，提供了大量的实物资料，也从一个侧面反映出当时这一地区的政治、经济、文化发展概况。

关键词　秦汉　固原　文物　考古

一、秦始皇时期的固原

秦始皇时期，一扫春秋战国诸雄割据局面统一六国。秦王朝建立后，在帝国的框架下，畅通无阻成为重要而迫切的需要，“车同轨”是帝国政令畅通的基础之一。秦朝对今甘肃、宁夏的控制伴随着秦朝郡县制的确立而实施，这个界限已经超过了战国时期秦国修筑的长城范围。秦始皇在王朝安定之后，开始巡视各地，始皇帝二十七年（前220年）巡视陇西（今甘肃临洮南）、北地郡（郡治义渠，今甘肃宁县西北），出鸡头山（今宁夏六盘山）过回中宫（今陕西陇县或宁夏泾源县）后返回咸阳 。[①]虽然，秦始皇的这次巡视并没有走得很远，但却奠定了官方道路的基础。这一时期的固原属北地郡，置有乌氏县、朝那县。另外，秦在北地郡的乌氏县境设瓦亭关（今泾源县大湾境），在朝那县境设萧关（今原州区东南 ）[②]，成为长安防御西北的门户。为抵御匈奴的侵扰，《史记·秦始皇本纪》载：始皇帝三十二年（前215年），派大将蒙恬率三十万大军北伐匈奴，收河南地（今内蒙古河套一带）。始皇帝三十三年（前214年），又使蒙恬渡河取高阙（今内蒙古巴彦淖尔市境内）、阴山、北假中（今内蒙古河套以北，阴山以南），筑亭障以逐戎人[③]，广阔的河套平原被称为“新秦中”，此地空旷少民，徙民实之。[④]蒙恬筑长城之时，将战国时秦、赵、燕三国北部长城修筑连接，东起辽东，西至临洮万余里，这便是中国历史上最早的万里长城。同时，自兰州至白道岭（今名“蜈蚣坝”，呼和浩特市北17公里处）、武州（今山西左云县至大同市西），利用黄河天堑，沿黄河置塞，临河筑城四十四座，屯兵驻守，构成了卫护秦王朝

---

① 司马迁：《史记·秦始皇本纪》卷六载。

② （清）顾祖禹：《读史方舆纪要》卷五八、五九，“固原州”引元代《开成志》。

③ 司马迁：《史记·匈奴列传 》卷一一〇，中华书局点校本。

④ 司马迁：《史记·秦始皇本纪》卷六载。鲁人勇：《新秦中地望考》，《西北史地》1984年第4期。

的西、北部边疆，防御匈奴骑兵南下的一道屏障。秦始皇开通道路，设置郡县，移民实边，经过这些行之有效的措施，帝国的西北边疆得以巩固，尤其是秦人开辟的道路，成为后来汉唐官方驿道的基础，当然也是丝绸之路的重要组成部分。

二、两汉时期的固原

（一）西汉时期

丝绸之路的凿空，将长安和罗马连接在了一起，开辟了中国与亚、欧、非大陆交往的陆路通道，有力地促进了东西方经济、文化交流。在固原设置安定郡，始筑高平城，奠定了固原在西部地区的政治、经济、军事以及文化中心地位。

西汉初期，承秦制，固原地区仍属北地郡。武帝前七十余年间，西北边疆并不稳固，北方少数民族匈奴不断南侵，骚扰中原地区，固原为匈奴人南下的重要通道之一。据《史记·匈奴列传》载，汉文帝十四年（前166年）冬，匈奴单于率十四万骑兵由河套南下攻入朝那（今彭阳县古城镇）萧关，北地郡都蔚孙卬及其所率将士血洒疆场，匈奴兵进至彭阳，焚烧了回中宫。汉文帝遂发车骑前往击胡迎敌，然而匈奴人并不愿意正面作战。据史载，“单于留塞内月余乃去，汉遂出塞即还，不能有所杀”。[①]实际上是匈奴人主动撤退，汉军才得以防守长城。另据《史记·孝文本纪》载，“匈奴谋入边寇，攻朝那塞， 杀北地郡都尉卬”。另外，关于汉萧关的具体位置，史书记载不详，学界有多种观点，有瓦亭说、古城说、下青石说、开城说、什里说。罗丰同志认为，朝那塞就是萧关，后者是前者的别称，此后萧关著名[②]，成为汉都长安通往塞北的重要关隘，在汉与匈奴的分界线上。（萧关，关中四关之一，关中者四关之中。）公元前二世纪，汉王朝的势力逐渐强盛，汉武帝动用国家力量打通西域，开拓丝绸之路，并且建郡设关，加强维护。武帝具有雄才大略，对匈奴人采取了大规模的军事行动，曾派大将卫青、霍去病等先后几年驱逐了今宁夏、内蒙古中部、西部及甘肃河西走廊的匈奴势力，这对“丝绸之路”交通的正式开辟和稳定，具有重大意义。为了稳定北边，加强西北边防，西汉元鼎三年（前114年），从北地郡（治马岭，今甘肃环县东南）析出设置安定郡，郡治高平（今固原），辖21县。今宁夏同心县以南的宁夏固原市大部（有高平、乌氏、朝那、月支道等县），还包括今甘肃省靖远县、会宁县和平凉市所属各县，均是该郡的管辖范围。高平城出现，内城从此开始修筑，高平城的筑造，奠定了固原城池建制的初期格局，成为固原古城发展史上的第一个里程碑。据《汉书·武帝纪》载，武帝元鼎五年（前112年）十月，越陇山，登崆峒，出萧关，首次巡视安定郡，检查防御，史学家司马迁随从巡视。此后，汉武帝本人先后数次巡视西北，其中最重要的一次是所谓的“通回中道”，也提到了萧关“元封四年（前107年）冬十月，行幸雍，祠五畤，通回中道，遂北出萧关”。“回中在安定，高平有险阻，萧关在其北，通治于长安也。”[③]武帝于同年（前107年）下令辟通回中道，这在武帝巡幸安定的过程中，对固原，乃至西北地区的交通道路建设是一个历史性的决策，意味着大规模开通了由关中至安定的干道。古乐府诗《汉饶歌十八曲》之一的《上之

① 司马迁：《史记·匈奴列传》卷一一〇，中华书局点校本，第2901页。

② 罗丰：《丝绸之路与汉唐释道——以甘肃宁夏为中心》，见宁夏文物考古研究所编《丝绸之路上的考古、宗教与历史》，北京：文物出版社，2011年。

③ 班超：《汉书·武帝纪》卷六载。

回》，就记述了回中道开通这件盛事。[①]

由于汉武帝对西北边郡北地、安定的重视，分别在元鼎五年（前112年）、元封四年（前107年）、太初元年（前104年）、太始四年（前93年）、征和三年（前90年）、后元元年（前88年），二十四年间，先后六巡安定，几出萧关，视察西北边备。

（二）东汉时期

由于北方羌族起义军势力达河东、河内一带。更始元年（23年），陇西豪强隗嚣趁天下大乱之际，起兵占领陇西、天水、安定、武都四郡，割据西北。东汉建武八年（32年）闰四月，光武帝刘秀召马援分析西北形势，筹划进军路线，遂亲征隗嚣，抵安定高平，“至高平第一”。[②]同时，河西大将军“窦融率河西五郡太守及西羌、小月氏等步骑数万，辎重五千余辆，与大军会于“高平第一”，共击隗嚣。此后，在高平，光武帝宣召百僚，大设盛宴，“置酒高会”。建武九年（33年）正月，隗嚣病死，其子隗纯继位，汉军乘机发动军事进攻，窦融率军配合夹击，建武十年（34年）十月，扫平了割据，来歙等大破隗纯于落门（今甘肃甘谷县西），隗纯降，陇右平。[③]使险固的“高平第一城”（因城池险固，号“第一城”）威名远播。汉安帝永初五年（111年）“安定郡移至寄理（今武功美阳古城）”。[④]献帝初平元年（190年），安定郡迁至临泾（今甘肃镇原县），属今固原地区的有高平第一城、乌氏、朝那等县地。[⑤]

三、秦汉时期考古遗址

20世纪80年代以来，经宁夏文物工作者多次的考古调查，尤其全国第二、第三次文物普查以及配合各项基本建设调查钻探，发现有泾源县果家山、水沟，彭阳县小河湾等多处秦汉时期的遗址。1983年以来，宁夏考古工作者又先后在原州区城关、北塬、南塬、西关、九龙山、头营陈家洼，彭阳县古城镇，西吉将台镇发现秦汉时期墓群，发掘并清理汉代墓葬近百座，出土金器有金花饰、金条饰，青铜器有鎏金摇钱树、鼎、锺、钫、盆、盘、勺、熏炉、弩机、镞、剑、矛、戈、带钩、镜子、钱币等，釉陶器有灶、仓、壶、奁、博山炉、井、屋、牛、狗，彩绘陶壶、鸭蛋陶壶，灰陶砖、空心砖、瓦、瓦当、水管（圆形、五角形）等以及其他各类质地文物近千件。[⑥]其中，青铜摇钱树填补了宁夏考古史的空白，也丰富了宁夏汉代考古内容。

（一）果家山遗址

位于泾源县香水镇车杨村北2公里果家山坡上。占地面积30万平方米，文化层厚0.2~2.5米。地下有铺地砖等遗迹。征集有秦代夔纹瓦当、汉代陶制圆排水管、大板瓦、筒瓦、方砖、大陶瓮、铁釜、汉五铢等。地面还散布有大量砖、瓦残片。疑为秦、汉代回中宫遗址。[⑦]

① 鲁人勇：《塞上丝路》，银川：宁夏人民出版社，1988年。
②《资治通鉴》卷四二。
③《后汉书·窦融传》。
④《太平寰宇记·关西道》卷三二。
⑤《后汉书·郡国志》卷二三。
⑥ 姚卫玲：《略论宁夏两汉墓葬》，《考古与文物》2002年第1期 。《从考古发掘看汉代高平墓葬文化》，《固原师专学报》2000年第5期。
⑦ 国家文物局主编：《中国文物地图集：宁夏回族自治区分册》，北京：文物出版社，2010年。

（二）水沟遗址

位于泾源县香水镇水沟村西北1公里，占地面积约3万平方米。地面散布有绳纹板瓦、筒瓦、云纹瓦当等。近年采集有灰陶罐、铁灯、铁釜及半两、五铢、钱币以及铜弩机残件、泥质灰陶排水管等。①

（三）小河湾遗址

位于彭阳县新集乡下马洼村西100米处。2009年7月，为配合西气东输二线工程，宁夏文物考古研究所和彭阳县文物管理所联合对新集乡小河湾遗址，进行了为期5个月的考古调查和发掘，初步表明，该地点是一处规模较大的战国中晚期至西汉中期重要的聚落遗址，面积约50万平方米，文化层厚约1.3米。经过小面积的发掘，发现了多处遗迹，其中包括房址、壕沟、道路、水井、陶窑、灰坑和4座墓葬。出土器物以陶器为主，主要有袋状铲足分裆陶鬲、平裆鬲、瓮、釜、罐、盆以及建筑材料云纹瓦当、绳纹大板瓦等；铁器主要以生产工具为主，有铁锸、犁铧、斧、削等。11月26日，国家文物局组织专家对遗址进行了考察、论证，小河湾遗址是目前国内发现的为数不多的保存较好的大遗址。出土的袋状铲足分裆陶鬲及方形、长方形灰坑和较多动物碎骨等文物与西戎文化有一定关系，但该遗址秦文化的特征较为明显，如秦式陶釜、平裆鬲、罐、盆等陶器，铁制的各种生产、生活工具等均是秦文化的代表性器物。②

（四）古城北山汉墓群

位于彭阳县古城镇北山上，占地面积约10万平方米，现存墓冢9座。1983年宁夏博物馆与固原县文物站（现宁夏固原博物馆）联合发掘墓葬1座。墓葬形制为斜坡墓道的砖砌多室墓，由封土、墓道、甬道、前室、后室和耳室组成。出土器物主要有黄釉陶仓、绿釉陶井、陶狗、陶鸡以及铜刀、骨管、五铢钱币等。③该墓为合葬墓，因被盗扰，葬式不明，为东汉早期。1997年10月，宁夏文物考古研究所与彭阳县文物管理所发掘清理墓葬3座，由于早年被盗，无出土器物，但墓葬的形制与1983年发掘的墓葬基本相同。从其墓葬的规模和出土的器物分析，此处应为贵族墓地，为研究以及确定汉朝那县址提供了重要实物资料。

（五）九龙山汉墓群

1983年发掘有两座，墓葬位于九龙山半山坡，均为斜坡墓道长方形单室砖墓。出土有金花饰、金条饰件以及彩绘陶壶等器物。2003年发掘1座，为竖穴土坑木椁墓。出土青铜博山炉、青铜带钩、玉龙、琉璃小瓶等。

墓葬位于固原县南郊乡九龙山下（清水河西侧）弹药库院内。1990年由原州区文物管理所抢救清理，为斜坡墓道土洞墓，出土铜镜、鎏金铜盆、陶罐、五铢钱币。

（六）上饮河汉墓

1988年发掘。墓葬位于固原县清河镇上饮河村，该墓由穿斗式阙楼、甬道、前室、后室、右耳室五部分组成。前室呈正方形，二棺合葬，呈仰身直肢葬。随葬品43件，其中有铜镜、陶罐、骨笄、串珠等。

---

①② 国家文物局主编：《中国文物地图集：宁夏回族自治区分册》，北京：文物出版社，2010年。

③ 张宁夫：《固原县汉墓》，《中国考古学年鉴（1984年）》，北京：文物出版社，1984年。宁夏固原博物馆：《宁夏固原汉墓发掘简报》，《华夏考古》1995年第2期。

（七）城郊村汉墓

位于炭山煤矿家属楼工地。2000年6月原州区文物管理所抢救清理，为斜坡墓道单室砖葬。出土玉带扣、石刀、琉璃耳瑱、五铢钱币。

（八）南塬汉墓群

位于原州区强力燃气公司院内。2004年5月18日原州区文物管理所抢救清理，墓室为斜坡墓道土洞墓，墓室长2米，宽70厘米，出土铜镜1面，及铜饰件、五铢。

位于原州区种子公司工地。2005年8月原州区文物管理抢救清理有2座，M1为斜坡墓道单室砖墓，由墓道、封门、甬道、墓室组成。出土陶罐、壶、灶、勺、耳杯、仓、鸡、猪、狗以及铜镜。M2为斜坡墓道砖砌多室墓，由墓道、封门、甬道、前室、北耳室、后室组成，双人合葬，人骨保存完好。出土陶罐、壶、瓮、仓、灶、魁、钵、盆、案、盘、耳杯、猪、狗、鸡以及铜镜等器物38件。

（九）宁夏固原博物馆汉墓群

位于今宁夏固原博物馆院内。1999年3月宁夏固原博物馆发现清理有5座。M1是一座方形竖穴坑木椁墓，出土铜镜、木梳、陶灶、陶壶、鎏金棺花饰件。M2是一座长方形砖券单室墓，出土了陶罐、壶、灶以及五铢钱币。为东汉早期。M3是一座土坑竖穴木椁墓，墓室呈东西向长方形，出土铜钟、铜钫、铜盘、铜盆、陶罐、五铢钱币等。M4是一座长方形竖井式土洞墓，人骨架只保留头骨1个，出土铜镜、陶罐、灶。M5是一座土坑竖穴木椁墓，出土陶罐、铜钟、铜盆、铜勺、铜博山炉等。

（十）市科技局汉墓

位于城区市科技局院内。1987年修建科技局办公楼时发现2座汉墓，原州区文物管理所清理。此墓由墓道、单室组成。长方形砖砌封门，出土陶壶、罐、仓以及铜镜、五铢钱币。

（十一）固原二中汉墓群

位于城区固原二中院内。1990年原州区文物管理所清理有汉墓6座。均为斜坡墓道长方形单室砖墓，出土陶灶、罐、壶、黄釉博山炉盖、陶仓以及五铢钱币等。

（十二）固原南关街汉墓群

位于现加油站斜坡北侧人行道。1985年发掘1座，长方形墓道单室砖墓，出土陶罐、灶、壶、仓及铜镜。2000年3月原州区文物管理所抢救清理1座，为长方形土洞墓，共出土陶壶、罐、灶、仓、釜、勺等陶器43件，其中8件有彩绘。

（十三）文化西街汉墓群

此墓位于原州区妇联综合楼基建工地。2002年4月1日原州区文物管理所抢救清理。M1为斜坡墓道砖砌单室墓。1具尸骨散乱，出土五铢钱币3枚、货泉1枚。M2为斜坡墓道砖砌多室墓，由墓道、甬道、前室、东耳室、后室组成。人骨散乱，出土陶罐、仓、灶、盘口罐。M3为斜坡墓道单室砖墓，由墓道、甬道、长方形墓室组成。人骨散乱，出土五铢钱币3枚、货泉2枚。M4为斜坡墓道砖砌单室墓，由墓道、甬道、长方形墓室组成，人骨1具散乱，出土陶灶1件。M5为斜坡墓道砖砌单室墓，由墓道、甬道、长方形墓室组成。人骨散乱，出土陶罐2件、耳瑱1件。

（十四）西关街汉墓群

位于城区市设计院北侧50米。1993年修建综合楼发现6座汉墓，均为斜坡墓道砖砌单室墓，出土陶罐、壶、灶、仓、铜镜、五铢钱币。

位于城区武警支队院内。2000年7月原州区文物管理所抢救清理。为斜坡墓道砖室墓，出土琉璃蝉、耳瑱及大泉五十、货泉等钱币。

（十五）清河机械厂汉墓

位于清河厂家属楼工地。1985年发现1座东汉墓，由墓道、封门、甬道、前室、后室组成，出土陶罐、兽形陶尊、灶、五铢钱币。

（十六）南塬汉墓群

位于王洼煤矿家属楼工地。2003年3月原州区文物管理所抢救清理2座墓葬。M1为大型砖室合葬墓，由斜坡墓道、前室、耳室、后室组成，出土铅俑、青铅、带扣、陶罐、灯座等。M2为穹窿顶单室砖砌合葬墓，出土有陶瓶、陶簪、银耳环。

（十七）北塬清河镇汉墓

位于教委基建工地。2000年3月原州区文物管理所抢救清理，为斜坡墓道单室砖墓。出土陶灶、罐、货泉32枚、货布2枚。

（十八）北塬汉墓群

位于城北塬七小南侧。2000年9月原州区文物管理所抢救清理，是由墓道、甬道、前室、南北耳室、后室组成的多室墓。出土有鎏金青铜摇钱树、铜镜、铜削、带钩、龙首轭饰、盖弓帽，绿釉陶器有猴子顶灯、牛、房屋、壶、罐、井、灯等，素陶有奴仆俑、耳杯，琉璃耳瑱，共计57件，钱币194枚。其中鎏金青铜摇钱树为青铜质，重2440克，十字座，主杆管状，上部饰一朱雀高32厘米。叶片分两种类型，方形叶10件，分别长20厘米，宽12厘米，镂空，上饰人物有西王母、五铢钱币，条形枝叶3片，每片长30厘米，宽10厘米，叶扁平，呈树叶形，上方饰有骑马击鼓舞、杂技等；下方饰五铢钱币，钱币之间饰青龙、白虎、朱雀、玄武四神以及猴子等。现收藏于原州区文物管理所。

位于正翔公司锅炉房工地。2003年6月原州区文物管理所抢救清理2座汉墓。M1斜坡墓道砖室墓，由墓道、甬道、前室、后室组成。1具尸骨散乱，出土陶罐、盆、铁釜5件。M2斜坡墓道砖室墓，由墓道、甬道、前室、后室组成。3具人骨较散乱，出土陶罐5件、耳瑱4件、铜环1件、石片1件、钱币128枚。

（十九）北苑小区汉墓群

位于北苑小区房产局家属楼。2001年10月原州区文物管理所抢救清理4座汉墓。M1由墓道、甬道、前室、耳室、后室组成，出土铜牌饰、五铢、货泉。M2由墓道、甬道、前室、后室组成。2具人骨架散乱在前室和后室，另一具人骨较完整，可能是盗墓者。只出土陶罐1件。M3为斜坡墓道砖室墓，由墓道、甬道、前室、西耳室组成。两具人骨散乱，另一具在甬道边。出土铜镜、弩机、铜刀、陶灶、罐、五铢钱币。M4为斜坡墓道砖室墓，由墓道、甬道、前室、后室组成。两具人骨位于前室，出土陶罐、铜镜2件。

（二十）看守所汉墓

位于看守所院内。2005年6月原州区文物管理所抢救清理。为斜坡墓道单室砖墓，由墓道、甬道、墓室组成。双人合葬，尸骨保存完好。出土陶罐、灶、壶、仓、铜镜、五铢钱币。

（二十一）东海园区汉墓

位于东海园区内东侧，2005年4月原州区文物管理所抢救清理3座汉墓。M1为斜坡墓道砖室墓，由墓道、封门、甬道、前室、北耳室、后室组成。后室1具人骨保存完整，仰身直肢葬，出土有铜镜、陶罐、灶、仓、五铢。M2为斜坡墓道砖室墓，由墓道、封门、甬道、前室、后室组成。人骨散乱，出土五铢3枚。M3为斜坡墓道砖室墓，由墓道、封门、甬道、前室、南北耳室、后室组成。人骨散乱，出土五铢2枚。

（二十二）陈家洼汉墓群

墓葬位于原州区头营镇二营陈家洼村。1991年发掘有M1、M2、M3三座墓葬，均为长方形单室砖墓。其中M3由墓道、前室、耳室、后室组成，出土陶罐、绿釉陶器、壶、耳杯、餐盘、奁以及铜匙、手镯、琉璃镇、五铢钱。

（二十三）彭阳县城幸福小区秦汉墓群

2013年7月下旬，彭阳县城幸福小区一座楼基施工时偶然发现一处古墓群。宁夏文物考古研究所和彭阳县文物管理所进行了考古发掘。经过一个多月时间，抢救性发掘10座古墓葬，出土文物300余件（组），其中鼎、壶、镜等大小青铜器近百件，釜、罐、盆等陶器百余件， 1件玉璧。10座墓葬都是单人墓，未见合葬墓。

四、出土遗物

（一）错金银铜羊

1974年出土于彭阳古城镇简沟门村，现收藏于宁夏博物馆。高6.2厘米，长8.5厘米，宽6.4厘米，重665克。此铜羊卧地回首。从羊的鼻梁经背部脊梁至尾端嵌入金丝线，羊身两侧用细如发丝金银线镶嵌成弯曲的毛状图案，整个羊身花纹如同毛状，金光银彩交相辉映，生机盎然。

（二）朝那铭文铜鼎

1979年8月出土于今彭阳县古城镇城内 ，现收藏于宁夏固原博物馆。此鼎出土时无盖，通高23厘米，口径17.5厘米，附立耳高 7 厘米，腹径23.5厘米，腹深13.2厘米。素面，敛口，耳下腹部饰凸弦纹一周，三马蹄足，高9.2厘米，上腹一周阴刻有铭文三段[①]：

第一段：第廿九　五年　朝那　容二斗二升　重十二斤四两

第二段：今（？）二斗一升　乌氏

第三段：今二斗一升　十一斤十五两

上述三段铭文从内容、文字结构看，应是三次所刻。学界有人认为“第廿九”，应是铸鼎编号，“五年”应是铸鼎的纪年。也有人认为“第二十九 ”“五年”均属此鼎铸造纪年 ，是指汉武帝登基第二十九年，也就是元鼎五年（前112年）。经实测，鼎身重量为2900克，容积为4200毫升。根据器物形制以及铭文、字体看，应属西汉早期。据研究考证，汉之朝那县治，即今彭阳县古城镇。

铜鼎早在我国奴隶制社会时期，被看作是等级制度和权力的象征，以明尊卑、别贵贱、序长幼、分主臣。到了秦汉以后，鼎的用途渐广，根据鼎上铭文，其中有的作为量器。后代用于寺庙作香炉用。如1968年出土于原州头营乡平乐村的战国秦铭文铜鼎，通高17厘米，口径15.1厘米。圆腹、蹄足、附耳。鼎盖已失。鼎腹部口沿处錾刻“咸阳一斗三升”六字铭文，实测为2500毫升。

① 韩孔乐、武殿卿：《宁夏固原发现汉初铜鼎》，《文物》1982年第12期。在宁夏固原博物馆二十周年馆庆（2004年9月）之时，由自治区人民政府监制，马启智主席撰文，河北曲阳铸造，直径4.6米，高3.68米，重6.8吨的“朝那鼎”仿制品“民族团结宝鼎”现立于宁夏固原博物馆门前。

从器形和铭文看，应为秦国统一前文物，属考古发现秦量器中最小的一种。

总之，朝那鼎的出土与鼎上的三段铭文充分说明，此鼎是当时不同时期的计量容器。应为西汉早期朝那县的标准计量容器，后移至乌氏县作为标准量器。它更进一步证实了今之彭阳县古城镇为西汉时期朝那县治所在地。鼎上三段铭文不但记录了西汉初年当地行政区划的变更情况，也为研究秦汉量制变化以及朝那、乌氏古址的确定提供了重要的实物资料。

（三）伏波将军铜印章

1975年出土于今彭阳白阳镇嵕岘村，现收藏于宁夏博物馆。正方形，龟形钮，边长2.3厘米，厚1.3厘米，通高3厘米。印文阴刻篆字“伏波将军印”。

（四）错金刀币

1983年出土于固原城原州区防疫站工地汉墓。西汉居摄二年（7年），王莽实行货币改制，新铸“一刀平五千”货币，刀通长7.4厘米，宽3厘米，厚0.4厘米，重50克。“一刀平五千”五字用黄金嵌入铜内，俗称金错刀。

（五）五角形陶水管

1978年出土于固原内城南城墙下，共2件，长为38.5厘米，底宽33厘米，壁厚3.5厘米，横断剖面，呈两面坡房屋山墙状。

（六）圆筒形陶水管

1975年出土于固原城二中院内，共2件。一件为直筒形管，长57厘米，大口径25厘米，小口径19厘米；另一件为弯头管，大口径24厘米，小口径17厘米，壁厚1厘米。两件相套呈曲尺形。

（七）云纹瓦当

1982年7月出土于固原城南（市水电局西）。直径15.6厘米。中心饰圆点纹，云纹饰于分隔成四个等份的扇形界格，外区饰以方格网纹。陶质坚硬，呈青灰色。

（八）板瓦

固原城出土，形制宏大。长51.4厘米，宽39厘米，厚1.4厘米。半筒形，背面饰粗绳纹，正面饰布纹。

（九）筒瓦

固原城出土，长47厘米，宽34厘米，厚2厘米。半筒形，瓦前端有凹下接头，背面饰粗绳纹，正面饰布纹，造型规整宏大。

（十）铭文弩机

1980年固原县南郊乡出土。弩机为中国古代兵器弩的机件。弩是古代利用机械力量射箭的弓，弩机就是装置在弩木臂后部的机械。汉代弩机近年在原州、西吉、彭阳、隆德等区（县）的汉代墓葬中多有出土，其中有铭文的有两件。1980年出土于原州区开城镇（固原县南郊乡）的这件铭文弩机，廓长12.5厘米，宽3.1厘米，望山高为13厘米。弩机上阴刻有铭文三段[①]：

第一段：四石中尚方监作

第二段：延平元年□□诏书，造四石机郭工界，仲令磬丞选□，轶央□尚方令守，虎贲猛别监作

① 宁夏固原博物馆编著：《固原历史文物》，北京：科学出版社，2004年，第121页。另外，今原州区考古发掘清理的汉墓，见马东海、王金铎主编：《原州区文物志》，银川：宁夏人民出版社，2013年。

第三段：文厂十九

第一段铭文是指这件弩机是由尚方监制造的。尚方为官署名，秦置，到汉末分为中、左、右三上方。属少府，主造皇室所用刀剑等兵器及玩器物。主管有令及丞。东汉魏晋沿置。到唐代设中、左、右三尚置，各置令及丞，明以后未设。《汉书·朱云传》载："臣原赐尚方斩马剑，断佞臣一人，以得其余。"

第二段铭文中的延平元年（106年）为汉殇帝刘隆的年号，他在位只有一年。虎贲，在这里作官名讲，是指皇宫中卫戍部队的将领，也作勇士之称。《周礼》下官之属有虎贲氏。汉有虎贲中郎将、虎贲郎，历代沿用至唐废。这段铭文是说由某某奉旨下诏，造四石机（弩机），由仲令、磬丞、虎贲等官员监督制作。

第三段铭文，应是制造这批兵器的顺序编号。

据《汉书·百官表》载："两汉时，官府工业多属少府、水衡或太仆、大司农。但在西汉时，少府下属的手工业机构设置有"考工官、左右司空、东织西织车园……尚方属采金银珠宝之官"。从上述弩机铭文可以看出，在东汉时期，由于阶级矛盾非常激烈，从中央到地方，对于武器的制造控制得非常严格。这件铭文弩机原件现收藏于中国国家博物馆。

固原境内大量汉代墓葬群的发现以及出土文物，为当时这一地区的经济发展、生活习俗等各个方面的研究，提供了实物资料，也从一个侧面反映出当时这一地区的政治、经济、文化发展概况。

（王效军系宁夏固原博物馆研究馆员；冯国富系宁夏固原博物馆研究馆员）

宁夏汉代考古资料反映的社会经济发展状况

马建军

内容摘要 宁夏，秦汉时期进入中国的统一版图，成为统一国家的有效组成部分。两汉时期，境内主要设置北地、安定两郡，分别管辖南北区域，加之移民屯垦、兴修水利、开发农业，促使这里的社会经济得到快速发展。20世纪80年代以来，在宁夏境内考古发掘和清理了200余座两汉时期的墓葬，大多分布在中部和南部地区。且出土了大量的陶、釉陶、铜、铁、金等各类质地的精美文物，从考古学视角而言，为全面认识两汉时期宁夏的区域社会经济发展提供了翔实的资料和实物证据。

关键词 宁夏两汉时期考古资料 社会经济

秦汉时期，宁夏进入中国的统一版图。但域内的经济发展，经历了从南到北、循序开发、逐步发展的历史过程。战国时期，宁夏南部就进入了秦的统治范围，秦人"行地宜，务耕种"，推广农业。秦始皇统一六国后，派大将蒙恬率30万大军北逐匈奴，收河南地。又自榆中并河以东，属之阴山，以为34县，"城河上为塞"，移民谪戍。史书把秦新开发的广袤区域称为"新秦中"，其中包括了今宁夏平原。到了西汉时，在汉武帝之前，由于社会动荡，北方匈奴势力南下，北部又被匈奴占领，南部由北地郡统辖。汉武帝元鼎三年（前114年），把原北地郡一分为二，在其西北部析置安定郡，郡治高平（今固原），属今宁夏境内的有6县，即高平、乌氏、朝那、三水、眴卷、月氏，管辖南部地区。北地郡的郡治向北迁移，由今甘肃省宁县北移至马岭（今环县东南），属今宁夏境内的有5县，即朐衍、富平、灵洲、灵武、廉县，从而形成了安定与北地两郡分管宁夏南北的格局。之后，宁夏境内大力推广移民屯垦、兴修水利、开发农业，致使这里的经济、文化都有较快的发展。20世纪80年代以来，考古工作者先后在宁夏发掘和清理了两百余座汉墓，出土了大量的精美文物，有陶、釉陶、铜、铁、金、玉、木等各种质地，为全面认识当时宁夏社会经济发展提供了翔实的考古学资料和实物证据。本文拟从考古学视角探讨两汉时期宁夏境内的社会经济发展状况。

一、宁夏境内发现的汉代考古学资料

先秦时期，宁夏境内主要生活着义渠、乌氏、朐衍、空同等戎族部落，考古学所显示的文化主要是颇具区域特色的戎族青铜文化，而这种文化所展现的经济形态主要是畜牧业经济。秦汉时期，这里独特的区域文化逐步被大一统文化所取代，考古学材料便是见证之一。近年来，宁夏境内考古发掘两汉墓葬初步统计有200余座，出土了大量器物，是深入研究和讨论当时社会经济发展的有力证据。目前公布的主要墓葬有：中北部的吴忠关马湖汉墓群（45座）、银川平吉堡汉墓群（8座）、盐池张家场汉墓群（8座）、灵武横城汉墓群（25座）、盐池宛记沟汉墓群（7座）、吴忠市韩桥汉墓群（18座）、同心倒墩子汉墓群（27座）、同心李家套子汉墓群（5座）；南部的环绕固原城的墓葬群，发掘墓葬约30座，即固原北塬汉墓群、固原城西汉墓群、固原南塬汉墓群，还有固原县上饮河汉墓1座、固原头营陈家洼的汉墓群4 座、彭阳古城汉墓2座、泾源果家山汉代遗址等。这些墓葬的规模基本上都属于中小型，但在形制上有一定的差别，大体可分为三大类，即：土坑墓，数量较多，形制在春秋战国竖穴土坑墓的基础上有所发展，又分长方形竖穴土坑墓、竖穴土坑木椁墓、竖穴土坑石椁墓。洞室墓，出现于西汉中期，流行于西汉晚期及王莽时期，又分土洞墓、土坯室墓、石室墓。砖石墓数量较多，又分砖砌单室墓、双室墓、三室墓、四室墓。出土的随葬品，依据其中的纪年资料，并结合考古类型学方法与中原等地区的出土器物比较，大致分为四期。第一期以固原城西、盐池张家场与同心倒墩子等墓葬为代表，随葬品中铜器数量最多，其次为铁、陶器等，还有少量的金、石、漆器等。铜器中实用的器物较多，有铜钟、铜钫、铜盘、博山炉等。第二期以盐池宛记沟、吴忠关马湖、银川平吉堡、固原城西墓葬为代表。随葬品仍以铜器为主，陶器次之，还有少量的金银、木、漆器。铜器主要为礼器与车马器。陶器中出现不少釉陶，还有白衣彩绘陶，并马、牛等陶塑动物，有少量的金箔片、木动物俑及木梳。第三期以灵武横城、盐池张家场、固原北塬、彭阳古城、同心李家套子等墓葬为代表。随葬品以陶器为主，伴有一定数量的铜器，还有少量的铁、玉、漆、铅器等。陶器以灰陶为主，釉陶次之，红陶较少，并出现黑衣陶器。铜礼器消失，代之以仿铜陶礼器增多。第四期以灵武横城、固原上饮河、固原陈家洼等墓葬为代表。随葬品仍以陶器为主，铜器较少，还有少量的铁、玻璃器等。陶器中灰陶与釉陶各占一半，红陶极少。有少量的铁釜、玻璃瑱等。这四期的墓葬所代表的年代依次为西汉中期、西汉晚期、王莽与东汉早期、东汉中晚期。这些墓葬无论是形制、葬式，还是随葬品都具有中原及周边地区汉墓的一般特征，同时又表现出了一定的区域差异性。

二、汉代考古学材料体现的社会经济发展状况

宁夏境内大量汉代墓葬的发现，获得了丰富的考古学材料，对研究当时宁夏的历史和社会经济发展状况大有裨益，考古学材料体现出了这里的社会经济形态从先秦时期“畜牧为天下饶”的牧业经济向稳定的农业经济过渡，并且农业经济有了很大程度的发展，表现出亦农亦牧，农牧并重的经济发展形态和人民经济生活水平的提高以及制陶、冶造、装饰等手工业经济的进步发展。

（一）体现了宁夏社会经济的形态与发展

宁夏发现的汉代墓葬，时代分为西汉中期、西汉晚期、王莽与东汉早期、东汉中晚期。从墓中的随葬器物看，时代较早的西汉中晚期即第一、二期的墓葬中出土了数量较多、体型较大的实用青铜器，有钟、钫、盘、盆、釜、勺、博山炉等。王莽与东汉早期即第三期的墓葬中，出土有精美的青铜描金摇钱树，铜镜与色泽艳丽、釉质细腻、表面莹润的釉陶器等。东汉中晚期即第四期的墓葬，多数随葬品较少，且品种比较单一，主要以流行的大众化陶器为主，还有为数较少的釉陶器。这与史料所载当时宁夏社会经济发展的状况基本一致，可以互为印证，二者结合，从中分析出宁夏境内当时存在的经济形态，即农业开发与牧业并存的格局，亦农亦牧，且都有较快的发展。

两汉时期，宁夏境内的建置在汉武帝之前，中北部川区实际上先为楼烦、白羊王属地，后来匈奴冒顿单于强大以后，消灭了楼烦、白羊，重新占领了河套地区包括秦时开发的新秦中，并时常带兵南下骚扰汉之边境。汉武帝元朔二年至元狩二年（前127 年—前121年），汉朝击败匈奴后，“遂取河南地，筑朔方，复缮故秦时蒙恬所为塞，因河为固”。这样宁夏中北部的广大区域复归汉王朝，由北地郡统辖。王莽时更名北地郡为威戎，辖19县，其中宁夏可考的有灵武、富平、灵洲、朐衍、廉县5县。并且汉朝政府倡导徙民到此畜牧、屯垦，从内地招募农业人口，致使这里人口大量增加，冠盖相望。还设典农城，任命典农都尉管理农垦，冯参就是汉成帝时驻上河（今宁夏永宁县）的典农都尉，具体负责屯垦事宜与管理屯户。加之又在宁夏平原上兴修水利，为引黄灌溉提供便利条件，主要拓展了秦渠，修通了汉延渠与汉伯渠，始修后世著名的唐徕渠，极大地推进了农业灌溉，使农业经济得到快速发展。这个区域内诸多西汉中期的木椁墓和砖石墓的发现以及出土的相关器物就能够证明农牧结合的经济形态。一方面体现了农业经济的发展。虽然宁夏中北部迄今还没有发现西汉前期的墓葬，可是中后期的墓葬有大量发现，且绝大多数与中原地区的汉墓基本相同，说明经济形态的发展与中原地区基本相同，以稳定的农业耕作经济为主。更何况出土了诸多与农业经济相关的器物，诸如吴忠关马湖、银川平吉堡汉墓中分别出土陶牛与耕作式木牛，证明牛耕的流行与重要性。平吉堡汉墓中还出土有粟，装在陶仓中。另一方面体现出了牧业经济的重要性。许多已发掘汉墓依然流行使用土坑墓和土洞墓，随葬车马器和牌饰等，这些习俗与先秦时期这里的墓葬形制和随葬习俗很相似。如随葬品中的扁壶，又称背水壶，被认为是畜牧经济的代表性器物，出土众多，反映了畜牧业在经济结构中占据的重要地位。吴忠关马湖汉墓中出土马、鸡、狗等家畜禽等模型，又如同心倒墩子、李家套子匈奴墓出土的各种动物纹及人物车马图案的透雕牌饰等，颇具特色，装饰有马、羊、骆驼及虎、龟、蛇等动物图案，说明当时蓄养的牲畜种类与存在的畜牧狩猎经济形态。

而在宁夏南部，西汉的墓葬主要集中出现在今固原地区，这与史料所载的发展轨迹一致。西汉早期，这里属北地郡管辖，属边鄙之地，经济形态延续了春秋战国时期的畜牧业经济。西汉中期，北方匈奴崛起，时常南下寇略不止，公元前166年，匈奴单于率“十四万骑入朝那、萧关，杀北地都尉印，虏人民畜产甚多”。遂至今固原一代，并派骑兵入烧回中宫，威逼汉都长安。汉武帝时，设置安定郡，治高平（今固原），固原遂成为南部的政治经济中心，汉武帝先后 6 次巡幸，采取多种政策措施， 鼓励发展生产，致使这里出现了“牛羊塞道，饶谷多畜”的繁荣景象，畜牧业与农业经济有了根本性的发展，考古学材料既揭示又补证了这一发展历程。从考古学视角看，西汉前期的考古发现迄今还是空白，这与史料中“土广人稀”的记载吻合。从西汉中期即汉武帝之后，墓葬在固原城周围及其他地方大量发现，一方面说明固原作为郡治后，城市人口数量大大增加，城市建设规模扩大，出土诸多的城市排水系统设备，下水地漏，排水管道与建筑材料瓦当、大板瓦等，足见当时城市建设规模较大，设施完善。另一方面，木椁墓和砖石墓的大量发现以及出土的大型实用青铜器钟、钫、壶等，还有农耕器具铁犁铧与生活陶器具和房屋、陶仓、井等以及粮食粟的出土，说明农业经济的发展与进步。同时还有为数较多的牛、马、鸡、狗、猪等动物模型的出土，是畜牧经济发展的见证。

东汉前期，宁夏境内的墓葬区域性特点消失，与中原地区达到了一致，如构造砖室墓和随葬明器陶塑俑、各种动物等，表明这里的区域经济与全国同步发展。东汉中晚期，西北羌族人民起义，官兵战事不利，兵燹祸及，为躲避战火，安定与北地两郡皆南徙关中。宁夏境内社会经济遭到重创，中北部西汉时所设置的灵武、朐衍、朐卷等县，相继废除，因此中晚期的墓葬发现数量减少，主要与当时人口锐减、经济凋敝有很大关系。南部的安定郡从原属县21个减为8个，人口急剧减少，从原14万降到不足3万，辖境范围大大缩小。这一时期的墓葬发现数量更少，只有固原城和陈家洼墓葬群。史载，在迁徙过程中，政府采取强迫手段，毁房屋，破积聚，大量百姓饥寒而亡，经济受到了严重破坏。所以墓葬发现少，符合历史事实。随葬品单一，其中既没有实用青铜器，也不见表现豪强地主庄园经济的陶楼与坞壁之类的器物，说明当时宁夏境内经济衰退，更没有形成发达的地主庄园经济。

（二）体现了宁夏人民经济生活水平的提高

宁夏境内发现的西汉中后期至东汉前期的考古学材料，体现了人民的经济生活水平有了普遍提高。从墓葬形制结构看，大型木椁墓和砖砌多室墓居多，并且出土的随葬品较为丰富。汉之前，木椁墓在宁夏没有发现，到了汉代才出现，其所占墓葬比例为8%至10%，而木椁墓中又主要以土坑木椁墓为主，占81%左右。砖室墓很多，在所有发现的墓葬中，占比为50% 左右，且遍布宁夏南北境内，其中双室砖墓的比例为48%左右，多室砖墓的比例为29%左右，单室砖墓相对比例较小，在多室砖墓中还出现不少四室砖墓。木椁制度产生于大汶口文化后期，并在丧礼中逐渐发展形成一种棺椁制度。到龙山文化时期，棺椁的使用规制比较完善，使用规格从高到低排列分别为两椁一棺、一棺一椁到只有棺。汉代的棺椁之制，其结构主要采用木椁玄宫，出现了古代木构地宫的高峰。宁夏境内发现的土坑木椁墓，只有椁而无棺，既有早期棺椁之制的影响，又呈现了区域特点。能够用棺和椁做葬具，使用大型木椁墓，说明墓主人生前的社会地位较高，有较为雄厚的经济实力。墓中的陪葬器物丰富，有大型青铜生活实用器具和兵器，如青铜器形有钟、钫、盘、盆、釜、勺、博山炉及铜镜、青铜描金摇钱树等。青铜实用器在汉代一般只见于大型王陵墓之中，说明墓主人身份尊贵，从另一侧面反映了经济的繁荣与人民生活水平的提高。西汉晚期至东汉早中期，墓葬结构主要为砖砌多室或单室墓，随葬品除了铜器和陶器之外，还出现了艳丽莹润的釉陶器。这些砖砌大型墓葬的出现，说明以木构营造地宫为主转向了以砖石营造为主，墓葬的构筑方式与中原同步，同时说明东汉中前期社会经济稳定发展，人民安居乐业，主要定居在城市周围，经济生活水平有了较大的提高。东汉中后期，受兵燹祸及，郡县一并内迁，经济处于崩溃的边缘，考古发现的墓葬也随之减少。

（三）体现了宁夏手工业经济的发展

在古代，手工业是经济领域最重要的行业。宁夏境内发现的汉代考古学材料中，很多器物的种类体现了当时手工业发展状况，尤其在制陶业与青铜、铁等金属铸造业方面更加突出。首先，制陶业有了长足发展，达到了一个新水平。在汉代，北方地区的制陶业发展很快，特别于西汉中期，发明了广泛流行于黄河流域的釉陶，又称“北方釉陶”，即在普通陶器表面涂上一层釉，经低温烧制而成，表面光泽亮丽，美观大方。其制作方法主要是配制釉药，内含大量的氧化铅，也称“铅釉”，采用铁、铜、钴等金属元素为着色剂。颜色多为绿色、黄色或黄褐色，一般讲，黄褐色时代较早，绿色较晚。棕黄色釉是釉药中含的三氧化二铁经过氧化焰烧炼而成，烧造时要求配料准确，含铁适度，对窑温和通风要严格掌控，这需要熟练的技巧和丰富的实践经验，要有较高的制陶技术。宁夏境内近年来出土了大量汉代陶器，种类繁多，除陶砖瓦外，有罐、瓶、壶、灶、炉、釜、鼎、灯、盘、杯等。其中最引人注目的就是釉陶，不仅出土数量多，而且品种多样，有罐、壶、灶、井、仓、房屋、家畜造型等，这些釉陶器色泽鲜艳，以黄色和绿色居多，表面光滑莹润，或碧绿，或黄中泛红，显示出了很高的烧制技术，说明当时宁夏境内制作陶器尤其是釉陶的技艺达到了很高的水平。其次，青铜、铁等金属铸造业有了快速发展。宁夏境内汉墓中出土了一批大型实用青铜器，有钟、钫、盘、盆、博山炉等，这些器物铸造技术高超，采用了传统的外范内模铸造法，并有所创新，使用了金属模具。如固原城西汉墓中出土的铜锺，在铸造过程中，采用支钉，把内模与外范合理分开，同时也确保了锺壁厚度均匀一致。制成后用红铜镶嵌在支钉留下的小方块内，打磨使其表面呈现光滑一致的效果。再如铜盘，使用金属模具，采用内外模压法制成，其口沿壁厚仅0.4厘米，底部壁厚0.12厘米，能够铸造出如此薄的器形，足见铸造水平之高。汉代，铁是用于制作生产工具和生活用具的主要原料，西汉时，冶铁业在宁夏有了较好的发展。在同心马家洼子、固原蒿店、平罗暖泉等地的汉代遗址中发现有铁块，有的还发现有铁矿渣。泾源果家山、盐池李寨子汉代遗址中出土有铁釜，隆德县城出土有汉代铁鼎，口径约80厘米，深60厘米。还有诸多农耕工具，如铁犁铧等的出土。可见当时这个区域已经能够铸造并使用多种铁制农具和生产用具。再次，诸如编织、丝麻织业、漆器等手工行业有了一定的发展。银川平吉堡汉墓出土的人字纹编织竹席，着色丝绸残片，中卫张家山汉墓出土有麻布，说明编织业和丝麻织业发展到了一定的水平。银川、中卫等地的汉墓中还出土有漆器。

（四）体现了宁夏境内金属装饰工艺的进步

金属装饰工艺，主要包括在金属器上镶嵌、错金银、鎏金、鎏银等工艺。宁夏汉代墓葬中，出土了诸多装饰精美的金属器，如固原九龙山汉墓中出土的金饰件，镶嵌有绿松石，就是在饰件的上下两边做出由小圆圈组成的阳文几何图案，中间用弧线与小圆圈做成桃形图案，镶嵌有红绿相间的松石，工艺精巧，采用了西亚金属加工的锤揲工艺。这种镶嵌绿松石的艺术，最早出现在二里头文化时期，起初是镶嵌在铜器上，后来拓展至可以镶嵌在金银器上。具体技术是，先在器物上做好纹饰，然后按纹饰的规格制作不同形状的绿松石，再进行镶嵌。这不仅要有较高的器物制造技术，而且还需要有相当高的玉石加工技艺，只有二者相辅相成，达到珠联璧合，才能制造出精美的艺术品。还如彭阳古城出土的错金银铜羊，长8厘米，高5.5厘米，重665克，使用了始于春秋中期的传统金银错工艺。具体做法是，先把细如发丝的金银线嵌入铜体中，然后错出如同毛状的花纹，栩栩如生，展示了很高的工艺技术，是一件难得的艺术精品。金银错工艺就是先在青铜器的表面按纹样錾刻浅槽，再嵌入细薄的金银片或金银丝，用锉石磨错平滑，最后用木炭加清水进一步打磨，形成色彩斑斓的图案与铭文。如固原城西墓出土的铜镈和剑鞘口饰件就把鎏金鎏银工艺结合在一起的精美器物，先勾出表面要鎏金的图案，其余部位先行鎏银，后在图案内进行鎏金，使各自区域不受侵压。这种装饰方法把两种工艺集于一身，工艺流程既独特又有一定的难度，技艺要求高。这些先进的金属装饰工艺在宁夏汉墓中的出现，说明当时这里与全国发展同步，也证明经济繁荣，金属装饰水平很高。

汉代，宁夏境内从发现的考古资料，结合史料记载分析，揭示了当时区域经济的发展状况，城市建设步伐加快，经济形态农牧并重，亦农亦牧，共同发展。由于大力推行移民屯田，农具改进和兴修水利，当时的农业生产水平提高，粮食产量大大增加。畜牧业与制陶、冶铁等手工业得到了快速发展。至东汉初年，宁夏境内社会稳定，人民安居乐业，出现了“饶谷多畜”“人民炽盛，牛马布野”“畜牧为天下饶”的欣欣向荣景象。

参考文献

1. 汉书・地理志［M］
2. 马建军.宁夏境内“北方系青铜器”及其文化特征［J］.宁夏社会科学，2006（3）：125-129.
3. 宁夏博物馆.宁夏吴忠关马湖汉墓［J］.考古与文物，1984（3）：28-35.
4. 宁夏博物馆. 银川附近的汉墓和唐墓［J］.文物，1978（8）：88-94.
5. 宁夏文物考古所等. 宁夏盐池县张家场汉墓［J］. 文物，1988（9）.
6. 宁夏文物考古所. 灵武横城汉墓发掘简报［A］.宁夏考古文集［Z］. 银川：宁夏人民出版社，1994：71-90.
7. 宁夏文物考古所等. 盐池县宛记沟汉墓发掘简报［A］.宁夏考古文集［Z］. 银川：宁夏人民出版社，1994：91-106.
8. 宁夏文物考古所等. 吴忠市韩桥汉墓发掘简报［A］.宁夏考古文集［Z］. 银川：宁夏人民出版社，1996：107-118.
9. 宁夏文物考古所等. 宁夏同心县倒墩子匈奴墓地［J］.考古学报，1988（3）：333-355.
10. 宁夏文物考古所等.宁夏同心县李家套子匈奴墓清理简报［J］.考古与文物，1988（3）：17-20.
11. 马建军.二十世纪固原文物考古发现与研究［M］. 银川：宁夏人民出版社，2004.
12. 宁夏文物考古所等. 固原县上饮河东汉墓清理简报［A］. 宁夏考古文集［Z］. 银川：宁夏人民出版社，1996：119-123.
13. 宁夏文物考古所. 固原陈家洼汉墓清理简报[A]. 宁夏考古文集［Z］. 银川：宁夏人民出版社，1996：124-127.
14. 宁夏固原博物馆. 宁夏固原汉墓发掘简报［J］.华夏考古，1995（2）：28-40.
15. 姚蔚玲.略论宁夏两汉墓葬［J］.考古与文物，2002 （1）：81-90.
16. 鲁人勇.宁夏历史地理考［M］.银川：宁夏人民出版社，1993.
17. 史记・匈奴列传［M］.
18. 佘贵孝. 两汉时期的固原地区[A].固原地方史要论[M]. 银川：宁夏人民出版社，1993.
19. 后汉书・郡国志［M］.
20. 杜林渊等.宁夏地区汉代墓葬反映的历史问题［J］. 宁夏大学学报（人文社会科学版），2009 （6）：98-101.
21. 宁夏固原博物馆.固原城西汉墓［J］.考古学报，2004（2）.
22. 林梅村. 中原与西域文明的最初接触[A］. 汉唐西域与中国文明[M]. 北京：文物出版社，1998.
23. 朱凤瀚.古代中国青铜器[M]. 天津：南开大学出版社，1995.
24. 马建军. 固原两汉时期墓葬考古学材料的文化内涵［J］.宁夏社会科学，2005（2）：107-110.

（作者系宁夏回族自治区文物保护中心主任、研究员）

固原出土的汉代摇钱树述略

黄丽荣　朱小平

内容摘要　流行于汉魏时期的摇钱树，是中国古代墓葬艺术的一种特殊形式，是汉代墓葬中常见的明器之一，是传统的昆仑仙境神话、升仙思想、神树崇拜及祈求富贵观念的一种综合表现。固原出土的摇钱树，图像内容是栩栩如生的仙人、羽人、乐舞杂技以及神兽等仙界愉悦祥和的场面，反映了汉代摇钱树所蕴含的丰富历史、民族、民俗宗教及神话信息。内容与其他地区出土的摇钱树相似，只是制作工艺有所不同，在现存的摇钱树资料中甚为罕见，显示出了较为独特的地域特色。

关键词　固原　汉代　摇钱树

摇钱树是中国古代墓葬艺术的一种特殊形式，是汉代墓葬中常见的明器之一，在远古神话传说中被视为“生命树”和“宇宙树”。它流行于汉魏时期（公元1至3世纪），多出土于以四川为中心的西南地区墓葬之中，在云南、贵州、青海、甘肃、陕西、湖北等地区都有发现。2000年，固原西郊汉墓中首次出土摇钱树，其“闪亮登场”，成为了宁夏的孤例。

摇钱树，道家称之为神树，俗称福寿树，它反映出了汉代人“唯财是举”的观念。人们认为把铜钱挂在树上，只要摇动钱树，就会财源滚滚，并祈盼其能像果实一样不断地开花结果，也表达了人们对财富渴求的一种愿望。还认为它是人间通往天堂的树，缩短了人间与天上的距离。摇钱树的形制一般由树冠和树座两部分组成，树为铜质，上有枝叶，枝叶上多铸西王母神话人物和车马等生活题材，树叶四周常以闪着光芒的方孔圆钱为饰，树座又分为陶质和石刻两大类。

一、起源及其演变

摇钱树一产生便能得以迅速发展，是与东汉时期巴蜀文化的仙化观念及浓厚的仙道巫术传统有关。①中国古代神话中认为，人与天的“沟通”是通过一定的媒介物来实现的，而这种媒介物就是所谓的“天梯”，研究者将其分为神山与神树，人与神均可通过它来往与天地之间。②于豪亮认为摇钱树与传说中的神山有关。③树是生命的象征，生命树便成为人们生命的象征物，人们追求长生不死，渴求神灵通过树降灵人类，并能使人的生命得以延长，因而，人们追求长生不死，就自

① 邱登成：《西南地区汉代摇钱树研究》，成都：巴蜀书社，2011年。

② 袁珂：《中国古代神话》，北京：中华书局，1960年。

③ 于豪亮：《“钱树”“钱树座”与鱼龙漫衍之戏》，《文物》1961年第11期。

然与树结下了不解之缘。①

中国古代传说中关于树木的神话，主要是扶桑和若木，它们都与沟通天地有关。②神话传说中的扶桑与若木，本应是一棵神树的不同称谓。《说文·又部》："叒，日初出东方汤谷所登榑桑，叒木也。"段玉裁注："当云：叒木，榑桑也，日初出东方汤谷所登也。""叒"是"若"字古体。《玄中记》载："天下之高者，有扶桑无枝木焉，上至于天，盘蜿而下屈，通三泉。"西方的"宇宙树"则为若木，袁珂《山海经·大荒北经》注："今案《说文》所言是东极若木，此经及《海内经》所说乃西极若木，不得同也。"因东海的"扶桑"与西极的"若木"本是一棵供太阳栖息的神树，只是在太阳升起和落山处的不同称谓罢了。对于摇钱树的起源，研究者发表了各自的看法：钟坚认为摇钱树"应为《山海经》中所描述的各种神树的综合造型，并且指出了摇钱树与远古传说中神树的关系"。③邱登成分析认为汉代摇钱树系由远古神树演化而来，其造型可能源于三星堆神树，三星堆神树即汉代西南地区摇钱树的祖型④，所谓宇宙树或生命树的诸种神木虽不尽相同，但大同小异，它们来自同一个传承，包含着基本一致的意义。⑤巴家云认为，"摇钱树的起源，应追溯到三星堆的神树，乃至更早的蜀地传说之中，在三星堆的神树则是这一传说的最早表现，而摇钱树则是神树在汉代这一新的历史时期的又一次新生。"⑥范小平认为，广汉三星堆遗址发现的青铜神树，即为"钱树"之始祖，属于古蜀先民神树崇拜的产物。⑦贺西林认为，摇钱树是汉代西南地区宇宙树、生命树的一种特有形态，是由早期宇宙树、生命树发展而成。⑧更有学者认为摇钱树起源可能与灯树及连枝灯有关，总而言之，无论哪种观点，都离不开对"树"的认识，都与树有着一定的联系。因此，邱登成提出探讨摇钱树的起源，除了从树崇拜探其根源外，还应将地域因素、文化因素和时代因素综合加以考虑。

摇钱树大致出现于东汉前期，到中期后开始流行并得以迅速发展，流播范围也极其广泛，形制与图像也不断发生着变化。树座的造型及图像的组合也达到了多层多样化。至东汉晚期又承中期之流风，形制与图像方面又有了新的发展与变化，树座构形和图像组合更趋于复杂化，形成多层构图。降至蜀汉前期仍然盛行，后期则数量逐渐减少，形制与图像也都较为单调。西晋时，由于文化、丧葬观念的改变，摇钱树已不见其踪影，并且最终退出了丧葬的舞台。从其发展演变过程来看，从起初所反映的是对树的崇拜，目的主要还是为了沟通天地，到后来则被广泛应用于墓葬或求福求财等。再后来，随着社会经济与文化的转型及对树崇拜观念的进一步淡化，摇钱树随之也就逐渐从人们的社会生活中消失了。

---

① 邱登成：《西南地区汉代摇钱树研究》，成都：巴蜀书社，2011年。
② 张光直：《考古学专题六讲》，北京：文物出版社，1986年。
③ 钟坚：《试谈汉代摇钱树的赋形与内涵》，《四川文物》1989年第1期。
④ 邱登成：《汉代摇钱树与汉墓仙化主题》，《四川文物》1994年第5期。
⑤ 贺西林：《东汉钱树的图像及意义——兼论秦汉神仙思想的发展、流变》，《故宫博物院院刊》1998年第3期。
⑥ 巴家云：《关于摇钱树起源及内涵的研究》，《汉画·钱树·货币文化》，1998年。
⑦ 范小平：《四川汉画及钱树所反映的中早期佛教艺术研究》，《汉画·钱树·货币文化》，1998年。
⑧ 贺西林：《东汉钱树的图像及意义——兼论秦汉神仙思想的发展、流变》，《故宫博物院院刊》1998年第3期。

二、固原出土的摇钱树

固原西郊汉墓出土的摇钱树[①]为青铜质，表面鎏金。残高35.2厘米，整体由树体和树座构成。采用双范合铸法分段铸造，之后相接，最后插合而成。其树体由树干、叶片和树冠三部分组成。树干上端与树冠下端插口相连接，树体与十字形拱形底座有圆形接缝，从而构成了一个完整的树体。树干和底座部分保存较完整，而树冠、叶片却均有不同程度的残损。

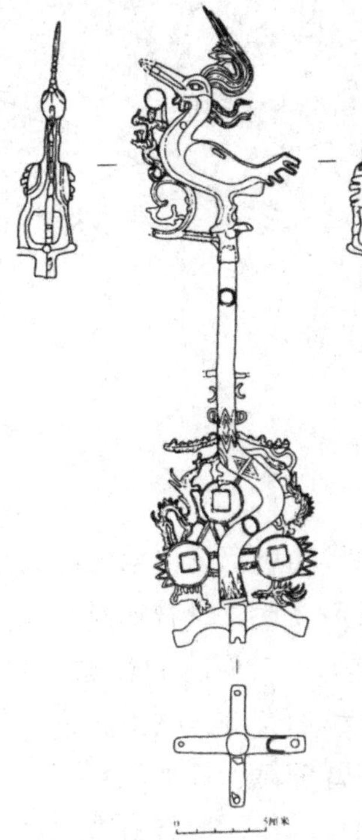

图1　树冠及树干

树冠，造型为一伫立的凤鸟（图1），其形体较大、冠毛高耸、双目凝视，口衔圆珠，昂首引颈，挺胸翘尾，双翼收拢，体短粗，羽尾长而硕大，两腿自然分开，粗壮有力，呈现出了一副高傲的姿态。造型采用了圆雕、浮雕和线雕相结合的手法塑造。在背部两侧各有一对称的长方形插孔，孔长0.4厘米，其上分别插嵌扁平状弧形插片，用于悬挂摇钱树叶片或其他独立挂件。在凤鸟腹部下装饰有卷云纹，在云端立有一羽童，此童头戴平顶冠，身着短袖长衫，下身弯曲为“S”形，头顶似圆形鼓，左手扶在其上，右手执桴与肩平行，同时右侧摆放一打击乐器。

树干，是摇钱树叶片的连接体与支撑体，整体中空，顶端略细，凤鸟便插嵌在其上。树干从上至下依次装饰为：侧饰叶片断裂后所遗留下的叶柄，左右两个对称。接着是一对分布于树干两侧的小型壁饰，用于悬挂小型独立挂件或插件，再下来两边各有一锯齿状的枝条分别向左右延伸，均与侧饰叶片相连，作用也与叶柄相同，起到悬挂独立挂件的作用。树干下部的造型是最精彩部分，在树干弯曲的两侧悬挂呈“品”字形排列的3枚方孔圆钱，其中下面对称的两枚带有芒刺。其上左侧是一条曲颈昂首、体态威猛的青龙阔步行走在两枚方孔圆钱之间，右侧是一条与树干相接的白虎，而在白虎的前方还有一似奋力推钱状的人物造型；其下分别倒悬着一神兽与凤鸟，神兽与凤鸟却又与树干最下端的“十”字形支座相衔接，支座端部微翘并且各有一圆形小孔，也是作为插合摇钱树叶片或独立插件之用。

叶片，是构成摇钱树空间造型的重要组成部分，出土近20片，均为透雕浇铸而成，正反两面具有对称结构的薄片状，图像内容完全相同。题材大多与仙境神话有关，其内容主要有形象逼真的仙人、羽人、乐舞杂技、神兽以及动植物等造型。现就其内容分为：

（一）A型：乐舞杂技与“四神”（图2）

共3片，通长31厘米，宽9厘米，均有不同程度的残损。以枝干为界将叶片分为上下两层。上层内容从左至右由四组造型构成：第一组为建鼓舞表演，由两位骑神兽的乐舞表演者和神鹿背所负华盖组成。骑神兽者及中间背负三层华盖的神鹿均同方向做缓步行进状，两位建鼓舞表演者头戴高冠，身着宽袖长袍，双臂张开上举，舞动长袖。中间神鹿所背负的三层华盖顶端为一伞盖，

① 宁夏文物考古研究所等：《宁夏固原市北塬东汉墓》，《考古》2008年第12期。

图2 叶片、乐舞杂技与“四神”

盖下飘带随风飘扬。第二组为乐舞杂技造型场面，左边第一位乐舞者右腿单立于圆形物体之上，环状发髻高挽，身着贴身小袄，双臂裸露，下穿宽松长裤，上身略向前倾，一手持物上举，另一手向前平伸与面前的蟾蜍一后肢相接，而蟾蜍前肢着地仰首做倒立状。第二位乐舞者，头绾双髻，着长袖宽裤，腰束飘带自然下垂，左腿单立于圆形物体之上，右腿弯曲，侧身回首，舞动身躯，双臂挥舞，长袖飘舒，姿态优美。第三位表演者，身材较小，短袖束腰，宽松长裤，双手下撑做倒立动作，神态自若，动作轻盈。第三组为二舞者，舞者着宽袖束腰落地长袍，两人翩翩起舞，姿态婀娜。右侧舞者身后有一枝叶茂盛的生命树，树下置一篮筐。第四组主要由嬉戏凤鸟图案组成，嬉戏者发髻高挽，身着宽带束腰长裤，昂首沉腰跨步，右手举一株芝草与一凤鸟相嬉戏，凤鸟双腿直立，张口伸颈展翅，身躯上昂，尾羽铺张翘起，尾下有一只急驰奔跑的玉兔。

在叶片树干的下层，依次悬挂有7枚带芒刺的方孔圆钱，而每两枚钱区域之间分别由不同的人物和四神等组成了六幅不同的画面。第一组为两位表演者侧身相视，手足相连，显示出极有力度的姿态。第二组是两个身着宽袖长裙又造型不同的人物。第三至第六组依次为白虎、青龙、朱雀和玄武“四神”造型，白虎做奔跑状；青龙昂首曲颈，注视前方；朱雀尾部高翘，伫立于方孔钱之上；玄武抬头翘尾向前爬行。

（二）B型：西王母神话挂饰（图3）

9片。通长21.5厘米，宽12.5厘米，整体图像由大小不等的14枚方孔圆钱相互连接，在方孔圆钱的空间区域分别饰以西王母为主体形象的瑞禽珍兽。西王母端坐于右半部分的中间位置方孔圆

图3 西王母神话挂饰

钱之上的龙虎座上，头戴胜，身着圆领长袍，慈祥端庄，面前案几上置有一卷，西王母顶蔽蔓草形穹盖，盖上伫立着一只展翅翘尾的凤鸟。在西王母下方的方孔圆钱左右两侧各站立两个姿态优美的人物，均头挽高髻，宽袖袍服，左侧人物一手叉腰，另一手向上托举虎座的后肢，脚下踩一神兽，神兽低首沉腰，伫立于一枝弯曲的树叶之上。右侧人物一手下垂，一手擎龙座的后肢，双脚踩于形似黄羊的背上。其他在方孔圆钱的空间区域分别有两人对语、抚琴乐舞及神态各异的仙人，瑞鸟、天马、黄羊、玉兔、蟾蜍、飞仙、神猴等瑞禽珍兽及仙花灵草，他们共同组成了丰富多彩的神话体系。树的造型生动有趣，整体构图严谨，人物刻画惟妙惟肖。

（三）独立挂件之一：仙人驭龙挂饰（图4）

仅有3件，通长4.7厘米，宽4厘米。龙首尾稍残缺，昂颈饰荆棘，右前肢腾空跃起，做呼啸奔跑状，其后脊尾部立一仙人，双腿弯曲，昂首向左侧，左臂平伸，右手挥舞长袖，神态轻盈，造型别致。

图4　仙人驭龙挂饰

（四）独立挂件之二——：仙人与鸟挂饰（图5）

仅有2片，通高10.5厘米，宽6.5厘米。主干不明确，枝干一端残缺，与顶饰朱雀足下的横断面相吻合。树枝周围饰以云气与蔓草纹，其上悬挂两枚方穿芒纹钱，中间树枝上立一兔首人身的羽人，手持一圆形盘，盘中立一昂首展翅的瑞鸟。羽人脚踩卷云纹，其下云中伫立一宽袖长袍的羽人。

图5　仙人与鸟挂饰

（五）独立挂件之三：猴与鸟挂件（图6）

仅有2件，通高8厘米，宽4厘米。均为两臂张开、两腿上屈的神猴，一猴呈坐姿（图6左），右臂弯曲做戏树枝上展翅鸣叫的瑞鸟，左臂向上弯曲呈S形挂钩，可任意挂在树枝之上。另一只为单臂悬挂（图6右），右臂残缺，双腿弯曲做攀树跳跃状。形象逼真，神态可爱。

图6　猴与鸟挂件

三、摇钱树的文化内涵

凤鸟是集诸多神禽异兽特征于一体的、被赋予了复杂神话学内涵的“百鸟之王”，是具有神秘生活习性的五色吉祥神鸟。《说文·鸟部》：凤，神鸟也。它的出现如同人、神世界的王者降临，被视为汉代人以应王者而降临的天生神物。它的出现是天下太平、国泰民安、王者有德的象征，《山海经》说凤鸟“见则天下安宁”。从一定程度上反映了汉代社会对凤鸟所代表的高贵王者神性的崇拜。汉代人十分迷信升仙不死说，渴望能通过服食“不死仙药”来羽化升天，而实现不死的愿望。《说文》：“琅玕，似珠者。”琅玕应是传说中的仙果，传统神话中的凤鸟以琅玕为食，凤鸟因食琅玕果而成了永生不死的神鸟，汉代人迷信升仙不死说，渴望从凤鸟口中得到琅玕果，并且食之，也会像凤鸟一样长生不死，从而达到成仙的愿望是汉代人升仙思想的一种反映。凤鸟也被认为是神仙传说中的仙人乘骑和凡人升仙的引导者，是西王母的役使鸟和把守仙界天门的守护神，是沟通天、地、人、神的使者。建鼓最早是作为一种乐器出现在宗教礼仪、祭祀巫乐和征战中，到了汉代成为社会各阶层普遍喜爱的一种艺术表演形式。

摇钱树最显著的主题是西王母崇拜。“西王母”的称谓，始见于《山海经》，因所居昆仑山在西方，又叫西昆仑，故称西王母。《山海经·西次三经》说：“玉山，是西王母所居也。”《太平广记》卷五六引《集仙录》：“西王母戴华胜，佩虎章，左侍仙女，右侍羽童。”西王母“戴胜”的含义，是指其作为神像或神尸对胜国神徽的佩戴。①后来，西王母被演化成为容貌美丽、掌管不死之药的天国主神。青龙、白虎、朱雀、玄武被称为四灵，代表东西南北四个方位和古代神话中的四神。《三辅黄图》说：“苍龙、白虎、朱雀、玄武，天之四灵，以正四方”，“镇四方，避不祥”。龙为东方之神，为中华民族的图腾，汉代就被确定为皇帝的象征与代表。白虎，则为西方之神，形体似虎，凶猛无比，为尊贵的象征。朱雀，南方之神，天之灵兽，比凤凰更稀有尊贵。玄武，也叫“真武”，俗称“真武大帝”，是道教所奉之神，由龟与蛇组合而成的一种灵物，被羽化成为护送墓主人升仙的神物。

四、结语

摇钱树是传统的昆仑仙境神话、升仙思想、神树崇拜及祈求富贵观念的一种综合表现。其图像内容多取材于传说，有代表人们追求长生不老的西王母、嫦娥、侍者及狩猎、杂技、抚琴、佛像等人物图像，又有四神、灵芝草、伎乐，同时也有牛羊、凤鸟和表现凡人的农耕、杂耍及歌舞升平等生活场景。树顶有朱雀，树上叶片向外伸出，树叶婆娑，“果实”累累，上缀满汉代五铢钱和各种人物、动物图案。

追求财富自古就是一种美好的愿望，而希望长生不死则是人们一种不懈的追求。我们知道，摇钱树是在树上铸有大量的方孔圆钱图像，其所表达的是人们对财富的追求和一种美好的愿望，而最主要的是引导墓主人灵魂升入仙界，所表现的是民间祈求财富，还有庇护死者家庭子孙的作用。固原出土的摇钱树，形体庞大，工艺精湛，结构复杂，艺术造型十分精美。其中形态各异的人物有30多个，各种瑞禽珍兽也有近40个，其图像内容蕴含着丰富的历史、民族、民俗宗教及神话信息。与其他地区出土的摇钱树内容大致相似，但在制作工艺上有所不同。此树底座与树干为一体铸造，且均为青铜制作，形制较为特殊，这在现存的摇钱树资料中甚为罕见②，表现出了较为独特的地域特色。而其他地区出土的摇钱树通常是由树座与树体两部分构成。树座大多为陶土（或石刻）烧制而成，呈山峦形状，烧塑出各种图案纹样，并留有插孔，供安插树干和树枝。其性质、功能及所表达的寓意和主题也是相同的，均受汉代厚葬之风和长生不死观念的影响，共同产生于当时的文化背景及神话体系之中。其核心是希望墓主人在死后能够顺利升天成仙，继续享受着荣华富贵。固原出土的摇钱树为固原乃至宁夏摇钱树的研究提供了新的资料和有力的依据，其所展现出的艺术魅力精彩绝伦，美不胜收，神仙鬼怪融洽相处，人物、灵兽及舞蹈杂技造型场

① 张岩：《山海经与古代社会》，北京：文化艺术出版社，1999年。
② 宁夏文物考古研究所：《固原九龙山汉唐墓葬》，北京：科学出版社，2012年。

面栩栩如生，生动传神，天上人间浑然一体，把人所具有的丰富想象力化入艺术之中。

在当时人们的思想观念中，财富不仅是富足的生活，还代表着崇高的社会地位。然而，摇钱树所表现的只是一种虚幻的仙境世界和神话世界，在现实生活中是不存在的。因而，人们之所以不懈地追求财富，追求长生不死，仅仅是一种美好的愿望，只是达到一种心理需要和精神上的满足。

（黄丽荣系宁夏固原博物馆副研究馆员；朱小平系宁夏固原博物馆馆员
绘图：黄丽荣）

固原丝绸之路古道上发现的钱币简介

苏正喜　马学珍

内容摘要　丝绸之路既是一条贸易之路，也是一条钱币之路。丝绸之路沿途各国钱币有金、银、铜、铅质，发现最多的是萨珊王朝、贵霜王朝、古罗马钱币。钱币图案不拘一格，图案设计与东方钱币图案设计有较大区别，西方重君权、神权、猛禽图腾，东方则以天圆地方，仁、义、礼、智、信为重。繁杂的钱币，证明丝绸之路在固原贸易繁荣，地理位置十分重要。

关键词　固原　丝路　钱币　初探

固原是丝绸之路上一处带有传奇色彩的地方，在这里，商贾留下最能直接见证历史的便是古钱币。

从古至今，东西方钱币的交流承载着文化的传承。中国钱币无疑代表东方钱币体系，4000多年前，贝壳以它特有的身份，肩负起了东方货币交换的职能，随之产生的象形钱币，蚁鼻钱、兽面币、布币、刀币等货币进行中介交换。2000多年前产生的方孔圆钱，使中国货币从此走向统一。长期处于自给自足农业经济的华夏民族，形成温和、谦卑、内敛的性格，天圆地方的世界观，所及中规中矩、外圆内方（仁、义、礼、智、信）的处世理念。而西方文明的古钱币，体现的价值观恰恰与东方相反，其反映的都是尚武、彪悍、弱肉强食、狰狞独霸、力能扛鼎、声震四野的内容。

一、丝绸之路钱币的体系

从固原周边发现的钱币，不难看出西方钱币的渊源。具有代表性的是波斯体系、希腊罗马体系和阿拉伯伊斯兰体系。长达1500多年的希腊罗马币；近700年左右波斯币体系（分阿契美尼德王朝和萨珊王朝两个时期）；近1400年政教合一的阿拉伯伊斯兰帝国币。西方诸国不同时期古钱币在固原周边多次出土，特别是隋唐墓葬出土波斯萨珊银币和东罗马，证明了固原及周边在古丝绸之路中的重要地位。本文选择具有代表性的16枚丝绸之路古钱币，使读者能够直观了解固原古丝绸之路上中西方文化的碰撞。

西域最早打制货币的国家是吕底亚，在现今土耳其的伊兹密尔一带。公元前7世纪，吕底亚人在河中掏出金银砂熔炼成马蹄金。初期钱币状如蚕豆，仅一面有雄狮吼公牛的图像。[①]吕底亚地处

①《中国钱币界》2015年第2期，第125页。

图1 西吉出土的扎布尔沙希王朝铜币（正面）

图2 彭阳隋唐墓出土的波斯萨珊王朝卑路斯银币（正面）

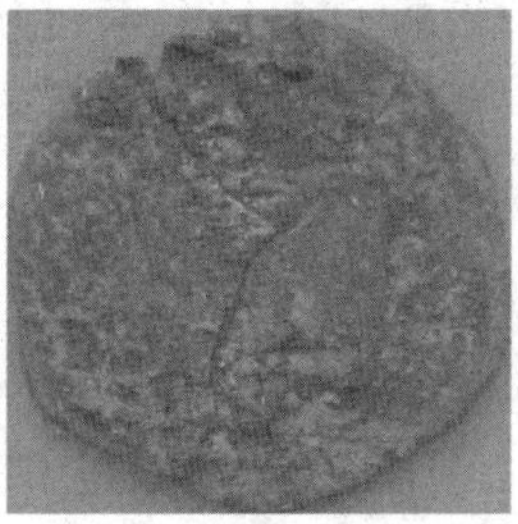

图3 西吉出土的波斯银币（正面）

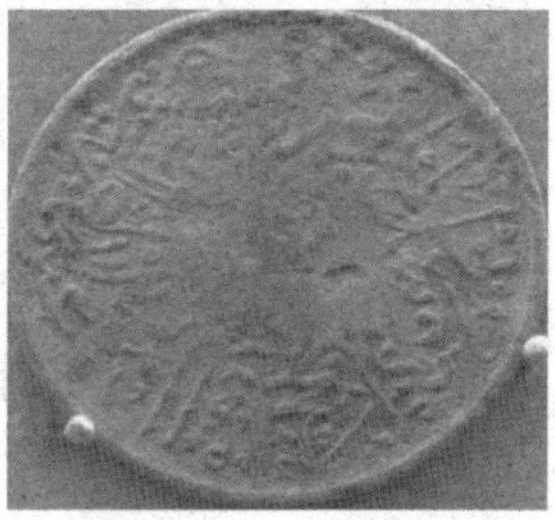

图4 西吉出土的沙特“阿不托拉尔最上”银币（正面）

图5 西吉出土的隋唐东罗马金币（正面）

图6 西吉出土的吉塔尔铜币（正面）

图7 西吉出土的札布尔沙希王朝银币（正面）

图8 西吉出土的花刺子模铅币（正面）

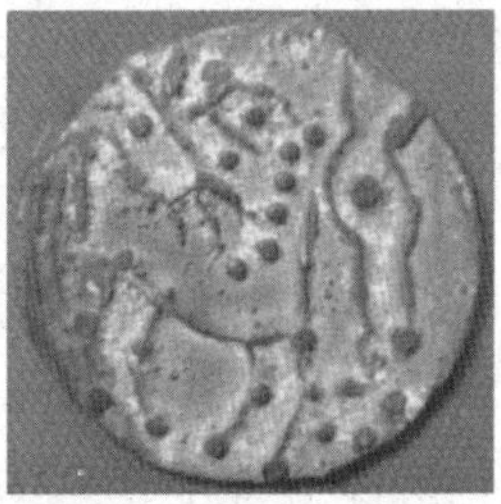

图9 西吉出土的安息王朝铅币（正面）

图10 西吉出土的大夏王朝铜币（正面）

图11 固原出土的吕底亚狮子吼公牛银币

图12 西吉出土的贵霜王朝国王骑象铜币（正面）

图13 西吉出土的印度塞克王朝瘤牛铜币（正面）

图14 固原出土的隋唐金币（正面）

图15 宁夏固原博物馆馆藏金币（正面）

图16 宁夏固原博物馆馆藏金币（正面）

亚欧商道要冲，以物易物的贸易已不适应社会的需求，于是找到一种等价的交换中介物——贵金属（因贵重、能分割、便于携带、不易磨损，并具有固定的成色和分量）。

公元前6世纪中叶，克鲁斯尤皇帝废除马蹄金，实行纯金、纯银币交易，确定金银之间的比价，这就是人类历史上首次实行的金本位制 。[①]1998年在固原贺家湾出土一枚银质丝路币，大多数人认为是一件挂饰或装饰品，谁也确定不下，后来通过多方辨别，认为是枚西域最早的钱币，币的正面是雄狮吼公牛，背面是凸凹不平的光背，与中国商周时期的兽面币十分相似（图11）。

吕底亚的灭亡，波斯帝国的建立，这种打制钱币的技术，也随之变化，“雄狮吼公牛”图案变成“国王弯弓射箭”。希腊币、罗马币借鉴发扬，将帝王、勇士、毒蛇、神祇、猛兽等搬上钱币，这种主题思想，对本国人民思想影响极深，这也是一种属地宣传。因为，货币是人类社会商品生产发展到一定高度的产物，形制、材质、图案等与社会的人文环境、自然环境和统治者的利益密切相关。

古中亚，自古这一地区“是希腊文化、伊朗文化、印度文化和中国（汉）文化交汇的大‘巴札’”。[②]以游牧业为主，后来发展成为商贾云集兵家必争的主要地区。吕底亚处于东地中海北缘，神牛、猛兽是他们崇拜的偶像，所以金银币上出现公牛怒吼的图像就不足为奇。固原西吉西滩出土的第一枚伊朗波斯币上刻有波斯国王与雄狮对峙的图案，国王左手缚住雄狮的前腿，右手将匕首刺进雄狮的腹部。可直观从币面看出波斯帝王征服他人的野心，同时，也反映了西方文化与东方文化不同的人生理念。

波斯帝国鼎盛时代（前522—前546年）也是最充满铁血与扩张的时期。这一时期钱币可以说创丝绸之路钱币之最，在我国丝绸之路沿途，或多或少都有出土。“大流士是一位具有世界眼光的东方君主，他将穷兵黩武建立的700万平方千米帝国划分为省、军区。中央统一发行标准金币，流通全帝国；每个省可以发行银币，每个自治区可发铜币。仿吕底亚金币制式，定标准金币大流克重8.37克（而今伊朗发行的霍梅尼金币重8.133克，几乎同一标准），币图是国王一只手握箭一只手持弓”。[③]大流士实行“大统一，小自治”的金融制度，以拜火教为国教，与其他各教共存，是帝国得到长足发展的主要原因。

萨珊王朝货币在固原地区出土较多，有金、银、铜币。建立于公元前224年的萨珊王朝是与中国交往最多的波斯王朝。建国四百多年来，一直以拜火教为国教，所以，出土的钱币正面是戴不同王冠的国王图像，或国王与王后或王子头像同在，背面是祭火坛。祭火坛有两种，一种是无祭火坛；一种是两侧各立一位祭司。后一种个别钱币背面有展开双翅的阿胡拉·玛兹达神徽。钱文统一用巴列维文书写，这种象征性的表示，凸显了波斯帝国思想理念。

固原古钱币主要分布在原州区、西吉、彭阳。其中贵霜、萨珊王朝钱币较多。宁夏固原博物馆馆藏罗马、萨珊王朝金币，彭阳出土的罗马银币，西吉出土的波斯银币、沙特银币、东罗马金币，这些钱币各具特色。如1989年西吉马莲乡老百姓在河中淘沙时，从沙中捡到一枚直径0.17厘米，厚0.1厘米，重0.12千克的红铜质钱币（图1），正面为骆驼头部、狮子身躯图案；背面上面是一行婆罗米文，下面是一大象图案。该钱币图案设计新颖，与中国汉代墓葬出土的镇墓兽十分相似，备受大众喜爱。

波斯是著名的西亚古国，位于亚欧大陆之间，是东西方文化交流和商贸往来的重要枢纽和桥

①《中国钱币界》2015年第2期，第125页。

②《中国钱币界》2015年第2期，第126页。

③《收藏界·钱币》2014年第6期，第114页。

梁。早在安息王朝时代就已开始和中国友好往来。公元3世纪，安息王朝内外交困，王室内讧频繁，加之与罗马连年争战，行省和属国奋起反抗。公元224年，阿达希尔王公起兵，226年，阿达希尔占领安息首都，随后控制了安息王国的广大地区，建立了萨珊王朝（224—651年）。萨珊王朝时期，随着丝绸之路的畅通，波斯与中国的交往更加频繁，唐长安西市就有专供波斯商人居住的旅店和存放货物的货栈。固原成为商贾来往的旱码头，如出土的金银器皿、琉璃器皿等文物。固原博物馆馆藏北朝隋唐墓地出土的10余枚金币（如图 14、15、16）；彭阳隋唐墓葬出土的波斯萨珊王朝卑路斯银质币（图2），足以证明在隋唐时期，丝绸之路贸易频密，地理位置十分重要。

希腊是一个优秀的文明古国，非常擅长吸收他国经验，从吕底亚、波斯学来造币术，同腓尼基人学到雕刻术，加以改进，臻于精美。[①]古希腊在吸收舶来制币技术的基础上，重点突出本国人民的思想观念，崇拜各类神祇，突出国家尊严与权威。从天神、女神、太阳神到酒神、海神、月神、狩猎神。总之，一切神灵在古希腊凸显的应有尽有。力量和勇士更是希腊崇尚的又一个角色，如亚历山大就是其中一个代表，他使希腊文化达到顶峰，他被神化后，头上长了公羊角，出现在钱币上，此制式成为希腊诸王朝及其他王朝效仿的样板。希腊钱币图案内容十分丰富，固原发现的钱币上有战车、天使、水中仙女、长矛冲刺敌人、罗马女神。

罗马钱币是固原出土最多的丝绸之路钱币。钱币边缘多为堆塑状，以打制为主，多沿袭希腊币以诸神祇为主的图案，也有自己国家喜爱的爱神维纳斯、胜利女神维多利亚、战船、三叉戟、匕首、盾牌等兵器，借以宣传其权势。罗马钱币有一个特点，王权大于神权，一改币面上的图案，帝王形象成为钱币上的主要图案，内容包括帝王的信息，这也成为后来世界各国效仿的楷模。东、西罗马分裂，皈依基督教之后，钱币背面图案往往以十字架代替了权杖，十字架或由维多利亚女神掌握，或由帝王亲自把持，或置于币值如M（希腊数字码，意为40）之上。中世纪十字军东征，以耶路撒冷为中心前后盘踞200余年。币制出现混乱，以致币面出现犹太大卫盾和伊斯兰的箴言，但有一点是不变的，始终不忘打上十字，币面上突出“神父、圣灵、圣子”，表示一个天主的神圣主权。

政教合一的阿拉伯帝国，其所在地区实现了最核心的箴言“万物非主，唯有真主，穆罕默德是真主的使者”。穆罕默德归真1300多年来，任何正统的伊斯兰政权，绝不会发布带有偶像图案的钱币。虽然不同于古波斯、希腊、罗马在钱币上表现王权、神权，但钱币上所刻箴言显示的威力却远远超过以往任何宗教。其钱币上虽然没有鲜活的人、神、狮、虎等形象，但阿拉伯文书法行云流水的魅力使人赏心悦目。

二、丝绸之路钱币显著的特点

其一，手工打制为主。将金属加热，放在两个金属模具里捶打成片状，取出后，再用手工切削修整，如此打制出来的钱币立体感强，币面图案似浮雕，但修整后，几乎没有两枚一样的钱币。其二，从固原出土的丝路钱币推断，图案以典型的亚历山大大帝、大流士大帝、罗马诸君等头像居多。圣象、神像次之，如罗马、希腊币多有战神、宙斯、女神等。还有手持长戟或头戴头盔形象、猛兽图腾、罗马城徽等。其三，无论是波斯帝国、阿拉伯帝国或罗马帝国都发行大量的钱币，一是对属国的控制，二是对别国的宣告。在当今社会也不难看出，外币仍遗存称霸野心。其四，从固原

① 李铁生编著：《古中亚币（前伊斯兰王朝）》，北京：北京出版社，2008年。

出土的丝绸之路钱币看，多数在古道驿站、城池遗址、寺庙遗址中。

三、结语

固原丝绸之路钱币不拘一格，钱币材质有金、银、铜、铅，面值大多数采用希腊德拉克马制，币图正面主要是王像、神像，背面是王像、神像、动物像，特点是多种徽记，这也是游牧民族的特色。币文较复杂，且不完整，辨认困难。一是文字变形；二是文字类型多；三是币面由于敲打，出现“双语”币或“多语”币，币形不规则；四是造币厂印记较差，徽记位置不定；五是金币是权力的象征，又是富商财富的象征，固原隋唐墓葬出土的金币就证明了这一点。现在也是如此，金币的流通始终掌握在上层社会。国与国之间的商贸流通同样如此，无论是官方或者富商，经济是第一要素，只有经济雄厚才能通商。六是丝绸之路钱币在我国正常流通，图案主要表现君权、神权、 强权、尚武、神力、神兽等方面。这是由统治阶级思想所决定的，由于地中海是超级大国崛起的地方，如古埃及、罗马、阿拉伯、奥斯曼、希腊、波斯到近代的英国、法国、美国等。他们所蕴含的强权和神权理念集中反应在钱币上。西亚即现在的中东地区，是西方钱币文化的源头，又是大国崛起的摇篮。中东地区又是东、西文明交汇、碰撞的前沿，拥有丰富的文化资源、自然资源，历来是兵家必争之地。钱币图案、文字反映的信息，是极好的宣传材料。西方崇拜强者、敬畏神灵，这与中华民族所崇尚的创新、协调、绿色、开放、共享范畴完全相反。

方孔圆钱虽然退出历史舞台，但它所蕴含的民族文化——方正圆通、天地共存、天人合一、团结和谐的理念，在钱币中还是时有展现。但西方钱币文化也有值得我们学习借鉴，钱币制造范式为我们今天制造流通硬币奠定了基础，现机制硬币几乎和古代打制币无异，只是文字图案规正，边缘出现齿和凹槽，使钱币有了防伪标志。

参考文献

1.《中国钱币大辞典》编委会编.中国钱币大辞典.北京：中华书局，2013.
2. 丁福保.历代古钱币图录.上海：上海人民出版社，1992.
3. 李铁生.世界硬币图录精编.北京：中国金融出版社，1994.
4. 李铁生.古希腊罗马币鉴赏.北京：北京出版社，2001.
5. 李铁生.拜占庭币.北京：北京出版社，2004.
6. 李铁生.古波斯币.北京：北京出版社，2006.
7. 李铁生.古中亚币.北京：北京出版社，2008.
8. 李铁生.印度币.北京：北京出版社，2011.
9. 李铁生.古希腊币.北京：北京出版社，2013.
10. 李铁生.古罗马币.北京：北京出版社，2013.
11. 收藏界钱币.总第1期至20期.
12. 袁水清.中国货币史之最.西安：三秦出版社，2012.
13. 戴志强.中国钱币收藏鉴赏.上海：上海古籍出版社，2010.
14. 中国钱币，2014年总第126期.
15. 中国历代钱币专场.杭州：西泠印社，2014.

（苏正喜系西吉钱币博物馆副研究员；马学珍系西吉钱币博物馆助理馆员）

从螺旋纹装饰探析乌氏戎与毛利人关系

李进兴

内容摘要 宁夏固原博物馆馆藏的战国怪兽纹金饰牌、西吉县苏堡乡出土的战国卧牛纹鎏金带饰，均出现单线锥螺旋纹，考证后得出结论，春秋战国时期固原生活着西戎民族的一支，并形成了一个区域文化。又从新西兰毛利人的文身和装饰图案，以及近代考古挖掘、DNA检测毛利人祖先来自中国之结论，进行综合分析，新西兰毛利人的祖先是最早就生活在固原秦长城以北地区的乌氏戎族的一支。

关键词 螺旋纹 乌氏戎 毛利人

春秋战国时期生活在陇山一带的戎族有以螺旋纹做装饰的习俗。宁夏固原博物馆馆藏的一件怪兽纹金饰牌、铜牛饰牌、西吉县苏堡乡出土的卧牛纹鎏金带饰均有这种“螺旋纹”，之后的器物上再也没有发现用这种纹饰装饰，这个游牧民族和文化随之消失了？后来又发现新西兰的毛利人也保留着这种“螺旋纹”并作为其民族的文身、装饰纹饰、图腾纹饰等，又从近代研究成果得出毛利人的祖先来自中国大陆之结论，进行综合分析，毛利人的祖先应该是来自宁夏西海固地区。为此，略列个人的几点看法，与各位专家、学者探讨。

一、中国宁夏南部西海固春秋战国墓发现的螺旋纹装饰

（一）西吉县苏堡乡出土的螺旋纹饰牌

1976年宁夏西吉苏堡乡出土战国卧牛纹鎏金饰牌[①]（见图1）。通长10.5厘米，腰宽4.5厘米。铜质鎏金，牛呈卧姿，头侧枕前腿，双角直竖，左蹄着地，右蹄仰靠腹侧。长尾下垂，全身满饰细线纹，腹侧阴刻似“S”形（实为螺旋纹）装饰，内填短线纹。从角尾及身上纹饰看，好似驯养成的牦牛。螺旋纹为不闭合式的螺旋纹。

图1 1996年于西吉县苏堡乡（今震湖乡）出土的战国鎏金卧牛饰牌

① 宁夏固原博物馆编：《固原文物精品图集（上册）》，银川：宁夏人民出版社，2011年，第110页。

苏堡乡因村得名，在西吉县西南部，距县城32公里，秦长城以北的地区，滥泥河上游，也是清水河支流，为典型的黄土丘陵沟壑区。为进一步利用海原大地震形成的震湖的知名度，促进旅游业发展，经自治区政府同意，从2010年3月25日起，西吉县苏堡乡正式更名为震湖乡。出土的饰牌上的螺旋纹均为不闭合式的螺旋纹。

（二）原州区中河乡出土的螺旋纹饰牌

1996年，宁夏固原博物馆在固原县（今原州区）中河乡征集战国怪兽纹金饰牌①（见图2）。通体呈长方形，长6.2厘米，宽4.7厘米，厚0.5厘米，重84.1克。兽形，似虎。低首，张口，大眼圆睁，目视前方，利齿外露，鼻部上卷，长尾下垂，做行进状。器表饰螺旋纹等，背部有一钮。原州区中河乡位于清水河支流的中河上游，因河名而得名，在秦长城南部，是义渠戎、空戎（绲戎）、乌氏戎居住地。

图2　原州区中河乡出土的战国怪兽纹金饰牌

2001年宁夏固原博物馆征集于原州区境内的战国卧牛纹鎏金带饰②，与西吉县文管所征集的饰牌，完全属于一类。饰牌整体为一膘肥体壮的卧牛，肩部与尾部隆起，腰部下塌，头部斜垂，怒目圆睁，两耳、两角直立，长尾下垂。牛身整体毛纹舒展流畅，形象逼真。螺旋纹为不闭合式的螺旋纹。

（三）海原县出土的螺旋纹饰牌

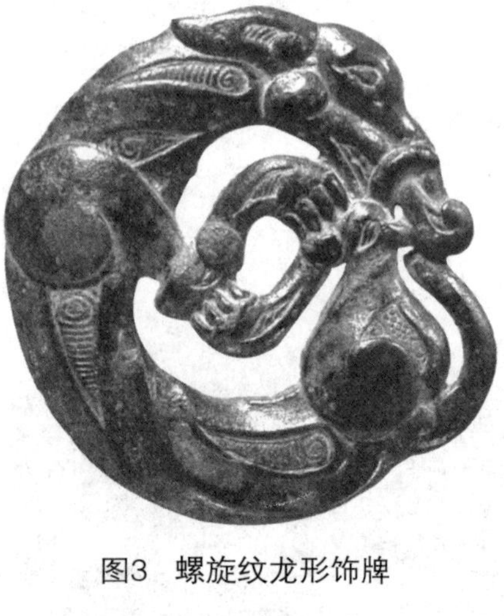
图3　螺旋纹龙形饰牌

1990年，海原县高台乡的堡子村出土了一件与宁夏固原博物馆征集于原州区境内的战国卧牛纹鎏金饰牌、西吉县文管所征集的饰牌完全属于一类的饰牌。画面中的牛，摇着尾巴、神态悠然。装饰的螺旋纹为线刻技法，有闭合和不闭合两种，线条单薄，突出体现螺旋纹饰。在李旺乡李旺村出土的是一件类龙形饰牌，上面装饰有闭合式螺旋纹（见图3），此件后被内蒙古鄂尔多斯博物馆征集。

（四）彭阳县出土的螺旋纹饰牌

1999年宁夏彭阳县草庙乡张街村出土动物纹铜饰牌③（见图4）。长7.6厘米，宽4.9厘米，青铜质，整器略呈长方形，造型为一虎，圆眼，粗颈，体肥硕，虎身阴刻细线、饰涡纹（应为螺旋纹），长尾下垂，张口噬一幼兽，左前肢弯

① 宁夏固原博物馆编：《固原文物精品图集（上册）》，银川：宁夏人民出版社，2011年，第100页。冯国富、程云霞：《固原青铜文化暨动物纹牌饰的地域特征及与相邻地区的关系》，《宁夏师范学院学报（社会科学）》2010年第31卷第4期，第56页。

② 冯国富、程云霞：《固原青铜文化暨动物纹牌饰的地域特征及与相邻地区的关系》，《宁夏师范学院学报（社会科学）》2010第31卷第4期，第56页。

③ 宁夏固原博物馆编：《固原文物精品图集（上册）》，银川：宁夏人民出版社，2011年，第110页。

曲踩踏幼兽，后肢呈蹲踞状。螺旋纹为闭合式的螺旋纹。

上述以螺旋纹做装饰图案的几种青铜饰牌，主要出土于长城以北的三县一区，即固原市彭阳县、原州区、西吉县，中卫市海原县，史称“西海固地区”，属于清水河流域的中上游地区。

图4　动物纹青铜饰牌

有专家研究后认为使用这种螺旋纹饰牌的族群可能是西戎族群中“空洞氏”“焉氏塞（乌氏）”及“义渠”三支。[①]“骆驼、牛等形象凭螺旋纹等装饰成为祥瑞系饰牌”。[②]因此，上述的这类饰牌主体为单体大型动物，健硕、粗狂、厚重，但造型和谐温顺，无侵略性，可能只是守护使用者的祥瑞系饰牌。笔者以为使用闭合式螺旋纹饰牌的是降服于秦国的“空洞氏”“焉氏塞（乌氏）及“义渠”等西戎少数民族，因为接受了秦国的统领，其螺旋纹则是闭合的；使用不闭合式螺旋纹饰牌的族群可能是西戎族群中不愿意降服于秦国的少数民族，被秦国称作“胡”，因在长城以北，史料记载很少，难觅其踪，后来他们又回到了这一地区生活，他们标新立异，使用了自己文化纹饰的图腾。

据史料，商代前的西方羌戎民族的分支有乌氏、义渠等戎族，原活动于今宁夏固原。戎人生活在当代的甘肃、宁夏、内蒙古、陕西北部地区，但确切生活范围，目前没有专家能讲述清楚。也有专家认为固原市原州区彭堡乡、杨郎镇，西吉县陈阳川等春秋战国墓葬出土数量众多的北方青铜器，反映了义渠、乌氏戎为主的西戎游牧民族文化风貌。[③]

“西戎八国”中义渠戎最为强大，筑堡修城，称王建国。秦人对付义渠，一方面和平相处，发展关系，另一方面不断进行军事蚕食。秦昭王时义渠戎王与秦国宣太后关系暧昧，且生有二子。到秦昭襄王三十五年（前272年）二人反目，“宣太后诈而杀义渠戎王于甘泉，遂起兵伐残义渠，于是秦有陇西、北地、上郡”，从此强大的义渠戎国灭亡，今之西海固一带纳入了秦国北地郡的管辖范围。尽管秦人占领了戎人之地，但边地并不平安，不断受到西走戎人及其他部族的侵扰，在这种历史环境中，为了加强防御，于是在新占领的边陲之地“筑长城以拒胡”。[④]同时在长城以南地区设置了朝那县、乌氏县。1979年，固原市彭阳县古城乡出土了一件西汉铜鼎，上有“乌氏”“朝那”等铭文，此鼎的出土，为乌氏县、朝那县的地理方位提供了很好的佐证。[⑤]朝那县、乌氏县的建立，加强了长城延边的行政管理与防御体系，从根本上解决了西走戎人及其他少数民族的侵扰，致使南北各民族之间能够在长城沿线和平相处，并设立商榷，进行贸易活动和

① 马燕：《战国至西汉鄂尔多斯式牌饰的物质文化讨论》［中山大学硕士学位论文］，2010年，第49页。

② 马燕：《战国至西汉鄂尔多斯式牌饰的物质文化讨论》［中山大学硕士学位论文］，2010年，第49页。

③ 苏银梅：《春秋战国至秦汉时期固原地域文化变迁的考古学观察》，《西北第二民族学院学报》2008年第1期，第47页。

④ 马建军编著：《二十世纪固原文物考古发现与研究》，银川：宁夏人民出版社，2004年，第47页。

⑤ 徐亮：《论秦朝乌氏县的地位》，《西北第二民族学院学报》2005年第3期，第47页。

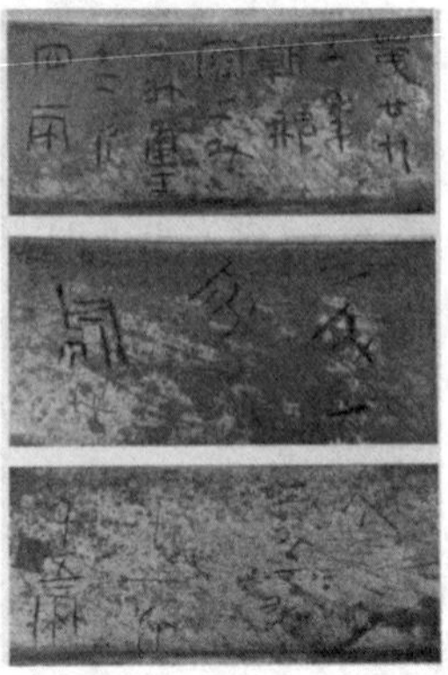

图5 朝那鼎与铭文

文化交流。

战国时期，在今宁夏境内修建的长城，主要是秦昭襄王在位期间修筑的，其主要目的是防止匈奴的南侵。秦长城工程之浩大，令人惊叹。今固原长城由甘肃进入宁夏西吉县南部，然后折向东北，绕固原市区明家庄到达清水河西岸，然后分两道至陈家沙窝再次合并，出宁夏境入甘肃省又折向东南，经城阳等地进入甘肃镇原县境。这段秦长城以北的清水河流域，因地势高而水草茂，为游牧民族乐于徙居之地。

这类装饰螺旋纹的器物，比较独特，其他地方均没有发现，虽然也有雷同的，但差异很大，而且有些饰牌为纯金和鎏金，档次非常高，非一般人所能佩戴，应该是首领佩戴的饰牌。如1999年宁夏彭阳县草庙乡张街村出土的动物纹青铜饰牌（见图4），时间应是公元前770年—至前221年，青铜质。整体略呈长方形，造型为一虎，圆眼，粗颈，体肥硕，虎身阴刻线，饰涡旋纹，长尾下垂，张口噬一幼兽，左前肢弯曲踩踏幼兽，后肢呈蹲踞状。其中的螺旋纹虽有类同，但头部是完全闭合螺旋，与原州区中河乡出土的怪兽纹金带饰、西吉县出土的卧牛鎏金饰牌有着明显差异。

毛里，喻父母之恩。语本《诗·小雅·小弁》：“不属于毛，不离于里。”毛传：“毛在外，阳为父；里在内，阴为母。”孔颖达疏：“今我独不连属于父乎？不离历于母乎？何由如此不得父母之恩也？”因此，有一支戎人，可能自称是“毛里”人。那么，这个戎人或称胡人、匈奴人中被称为“毛里”族群的少数民族，在战国晚期至西汉初期，一方面出于军事实力弱于秦国；另一方面长城内外有新文化因素的到来，吞噬主体饰牌可能与“空洞氏”“焉氏塞”（乌氏）及“义渠”三支西戎人一起退出历史舞台。[①]

二、新西兰发现的螺旋纹装饰

中国的戎人中持有螺旋纹图腾装饰的少数民族在历史的长河中融入汉族、其他民族去了吗？

① 马燕：《战国至西汉鄂尔多斯式牌饰的物质文化讨论》［中山大学硕士学位论文］，2010年，第52页。

消失了吗？当笔者在研究螺旋纹时，发现在新西兰国家有一个民族毛利人，他们依然保留着这种螺旋纹。当然我是没有去过新西兰，只是在一位游历新西兰国家的旅者拍摄的有关毛利人的图片中，惊奇地发现毛利人身上有着这种螺旋纹文身（见图6），之后，开始关注起新西兰毛利人及其文化。在新西兰毛利人民俗文化村，游客拍的片子中有很多雕塑品，其上有螺旋纹装饰（见图7），与固原市原州区中河乡出土的怪兽纹金饰牌，西吉县出土的卧牛鎏金牌，海原出土的青铜牌饰如出一辙，文化符号之间有着密切关系。毛利人是新西兰第一批居民，有着悠久的历史和灿烂的文化，雕刻艺术精湛。

图6 毛利人身上的螺旋纹纹饰

图7 毛利人民俗村各类雕刻艺术品上的螺旋纹

2011年7月22日至11月6日，在新西兰奥塔哥地区社团的大力支持下，上海博物馆举办了“毛利人的世界：新西兰奥塔哥博物馆珍藏文物展”。展出分为十个部分，分别是：长白云之乡的毛利族、西方文明的介入、塔胡人——南岛的毛利部落、木器、石器、玉器、玉器贸易、编织物、骨器和当代毛利人艺术，332件（组）展品将毛利人日常的狩猎、捕钓、编织、雕刻技艺，以及和他们休戚相关的神圣仪式直观地展示给观众。在展出的文物中，除了用传统毛利工艺加工制作的武器、吊坠、神器等物品外，也有毛利人与西方人接触以后利用其带来的新资源，如金属等制作的物品。毛利艺术是活着的艺术。正如毛利民族有史以来的活跃表现，他们的文化艺术也在适应历史潮流中不断演进、变化。这一点在展览的尾声部分“当代毛利艺术”中得到了充分的表现。在展出的文物中多件有螺旋纹的装饰品引人瞩目，与宁夏西海固地区古代戎人的螺旋纹装饰如出一辙。如议事厅边柱雕塑[①]（见图8），木质，高134厘米，宽58.5厘米，厚14厘米。这件木雕原本是支撑一座议事厅正面的山墙封檐板的边柱，这样的柱子一般有一对，一边一个。木雕纹饰被称为“奥希奈姆图”，上面就有螺旋纹雕刻纹饰（见图9）。还有议事厅木雕墙板（见图10），长138厘米，宽33.5厘米，厚6厘米。这种木雕墙板在毛利语中叫做“埃帕”，专门成组放置在议事厅

① 上海博物馆编著：《毛利人的世界：新西兰奥塔哥博物馆珍藏文物》，上海：上海书画出版社，2011年，第152页。

图8　议事厅边柱雕塑

图9　议事厅边柱雕塑局部

图10　议事厅木雕墙板

图11　议事厅木雕墙板局部

的后墙。议事厅木雕墙板上也有很多螺旋纹的雕刻纹饰①（见图11）。

笔者出差，在乘坐的航班上发现了一本供游客阅读的书籍《民族论坛》，其上有一篇文章《毛利人祖先来自中国》②：

> 新西兰的毛利族和太平洋其他波利尼西亚人的祖先来自中国。这是维多利亚大学科学家钱伯斯博士采用新技术分析人类脱氧核糖核酸（DNA）研究的结果，钱伯斯博士说，最终成为毛利人和其他波利尼西亚人的先民，起源于中国大陆，他们后来在许多世纪里，移居太平洋各处。

钱伯斯所做的脱氧核糖核酸的检验结果显示，毛利人和其他波利尼西亚人的祖先从台湾开始，从一个岛屿到另一个岛屿，一路穿越菲律宾和印尼，直达西波利尼西亚，再进入东波利尼西亚群岛和新西兰。钱伯斯在研究报告中说："他们现代后裔的脱氧核糖核酸保存着这些移民航程活生生的记录。他们的后裔仍然居住在沿途的这些地方。"维多利亚大学分子系统研究所分子生物学实验室使用志愿人士的血样本，将脱氧核糖核酸数据与世界各地其他人口的人类基因研究互相比较后发现，一般波利尼西亚人，尤其是新西兰毛利人的基因多样性，比许多其他种族更少。虽然发现两人具有相同的脱氧核糖核酸简况的可能性对亚洲人而言是11200万分之一，对高加索人是4700万分之一，对波利尼西亚是670万分之一，但对毛利人来说，却只是280万分之一。

钱伯斯说，这个结果与近代移民史完全吻合。几乎与此同时，新西兰北帕默斯顿的马西大学传出可以佐证的研究结果，马西大学的脱氧核糖核酸研究结果显示，纽西兰的波利尼西亚初民中有70人是女性。

① 上海博物馆编著：《毛利人的世界：新西兰奥塔哥博物馆珍藏文物》，上海：上海书画出版社，2011年，第153页。
② 付华林：《毛利人祖先来自中国》，《民族论坛》1999年第1期，第41页。

马西大学研究小组组长，也是大学分子生物学研究所副教授的默里-麦金托什说，有关结果否定了一两艘乘船失事者成为第一批毛利人的说法。她说："新的研究结果与波利尼西亚人总是周密探索，然后才移居别的太平洋岛屿的做法一致。"毛利人的传说和神话都称夏威夷是毛利人在太平洋的发祥地，纽西兰毛利人的祖宗就是从那里出发，按照有计划的探险和移民航程，南下穿越南太平洋地区，直到新西兰。但许多毛利人也相信，他们的老祖宗来自亚洲，然后远渡重洋。

之后深圳大学人口所的杨中新、钟若愚教授对毛利人口及其祖先进行了专门的研究和探讨，从人种、人口、民族、经济、遗传、考古、语言等方面对新西兰毛利人祖先源流问题进行引证，结论是：新西兰毛利民族源于中国古代百越民族，经过三次大变迁，在原新西兰所属库克群岛和北岛登陆；古物挖掘与 DNA 检测，也为毛利人祖先是中国人提供了有力证据；现代毛利人的生产工具、语言、习俗、宗教等与高山族、百越族基本相似，并没有因为地域与生态环境的差别而消失。[①]

但笔者倾向于钱伯斯教授的研究结果：毛利人和其他波利尼西亚人的先民，起源于中国大陆，他们后来在许多世纪里，移居太平洋各处。[②]

新西兰的毛利人，"他们头发乌黑，有的卷起、有的直竖；嘴唇偏厚、鼻子较短、鼻孔略大；他们特别健壮、精力充沛、行为敏捷。属于蒙古人种的黄皮肤人。"[③]

三、结论

综上所述，从今宁夏西海固地区古代戎人墓葬出土的青铜饰牌上的螺旋纹，与毛利人传承下来的螺旋纹装饰来看，两种文化符号之间有着密切关系。结合维多利亚大学科学家钱伯斯博士对人类脱氧核糖核酸（DNA）分析研究结果，我们有理由得出今新西兰毛利人先民为今宁夏西海固地区古代戎人的结论。

（作者系宁夏中卫市海原县文物管理所副研究员）

---

① 杨中新、钟若愚：《毛利人口及其祖先探源》，《深圳大学学报（人文社会科学版）》2008年第25卷第5期，第145页。

② 付华林：《毛利人祖先来自中国》，《民族论坛》1999年第1期，第41页。

③ 杨中新、钟若愚：《毛利人口及其祖先探源》，《深圳大学学报（人文社会科学版）》2008年第25卷第5期，第146页。

回族与回族文化是丝路文化交流互动的结晶

雷润泽　陈　坤

内容摘要　作者在梳理丝路古道上各类古遗址及出土文物饱含的历史文化和商品文化信息的基础上，对比研究了它们之间的相互关系，重点阐述了伊斯兰教兴起和阿拉伯帝国建立后，通过丝绸之路与我国的直接交往互动不断扩大。促使东西社会生活转型，在神州大地上形成了一个二元一体新民族——回族，并培育和创新发展成具有中国特色的伊斯兰新文化——回族文化。作者用众多文物遗迹，揭示出回族和回族文化是中世纪以来丝路商贸文化交流互动的结晶，阐明回族文化亦是古代丝路文化的延续和组成部分。

关键词　丝路与回族　丝路文化与回族文化

人类对奢侈品的喜爱是亘古不变的，商品的交换，通过人和部族之间的交往得以实现，人员迁徙流动促使道路交通运输业进一步开拓；大宗商品的输入和输出则是大陆文明彼此征服的重要手段。在汉代丝绸之路官方道路未开通前，东西方文明古国的交往，则是通过欧亚大陆，北方飘忽不定的草原游牧部落或经商的部族得以实现。这种间接或直接交往，在公元前虽无专门文献记载，但被东西方众多古代遗址中的出土物所证实。如在俄罗斯西伯利亚与蒙古国相邻地区冻土带发现的公元前四至公元前五世纪古墓中的整匹中国丝绸，证实了草原丝路的存在。如被IS国际恐怖组织破坏的叙利亚境内巴尔米拉古城遗址，西方考古发掘队在该古城遗址墓塔内发现众多中国汉代丝织物。[①]该城处在幼发拉底河与大马士革的中间地带的绿洲上，在公元3世纪前繁荣发展了数百年。古城城墙环绕，南北和东西各长2公里，城中有大门、神殿、列柱街道、墓塔等各类石雕建筑遗址。

一、宁夏自古以来是丝路商贸文化交流的重要通道

近几十年来，文物考古工作者，在宁夏山川各地勘察发现和出土的数以千计的古代文化遗存和各类文物，用鲜活的实例和实物，见证了宁夏在丝绸之路开通前后，两千余年来，一直是丝路交往的必经通道。

---

① 日本讲谈社编：《世界博物馆全集18——叙利亚国立博物馆》，台北出版家文化实业股份有限出版公司，1983年，第93－98页“第四室丝绸的王国”、第102－103页“沙漠的墓”、第117－124页“巴尔米拉的盛衰”。

（一）春秋战国之际草原民族文物见证的历史

宁夏南部山区，近几十年来，从春秋战国时期古墓葬、古遗址中发现和出土了数百件北方草原民族金属器物。①

1. 金属动物饰与动物牌饰：怪兽纹金带饰、动物纹金扣饰、虎噬鹿铜牌饰、虎噬羊镀锡铜带扣、虎噬羊铜牌饰（一对）、人驼纹铜牌饰、子母豹透雕铜扣饰、凤鸟纹透雕铜扣饰、鸟兽纹铜带钩等百余件。

2. 金属工具、刀具、车马饰：刀具有鹰首与兽头柄青铜短剑数十件、车马饰数百件。

纵观此类文物，应该是古代盘踞在陇东与陇西之地戎族乌氏、义渠人使用的佩饰。此物与鄂尔多斯、燕山一带的山戎文物有相近之处，但崇尚鸟兽用动物造型制作游牧民族衣带钩扣饰与佩饰的传统，来自南俄草原与南高加索地区，反映了习惯于猎牧生活的草原民族的情趣意绪和唯美的追求与喜爱。这种西域青铜文化，通过亚洲北方草原之路传播到我国北方，被戎、狄等游牧民族传承。近期南京师范大学历史系学者，据《史记·货殖列传》记载研究得出：战国秦时乌氏族人乌氏倮，是早期丝绸贸易的著名商人，他以内地珍贵的丝绸织品，与关外戎王贸易，曾换回大量马牛物资。亦用文献记载，见证宁南山区是草原之路丝绸贸易的重要中转站。②这类文物和文献记载见证了在丝绸之路开通前，西域通过草原之路途经宁夏与中国中原地区就发生着密切的人员和商品交往关系。

（二）汉唐之际丝绸之路文物见证的历史

宁夏境内发现和出土的丝路文物，极具代表性和特殊性，见证了汉唐之际这里曾是丝路之上的一条重要通道。③

1. 固原市南郊汉墓出土的西域风格的金饰：金花饰、镶松石金带饰，该饰件的星形造型与几何纹、联珠纹的镶嵌工艺，源于古代的波斯。

2. 固原市东郊北魏墓出土的西域风格的文物：透雕铜铺首、透雕铜牌饰、漆棺画，透雕铺首与牌饰中的佛教造像与金翅鸟，源自中亚犍陀罗佛教艺术；漆棺画中联珠纹与几何纹饰源自波斯，东王公与西王母孝子故事系中华传统文化中的样板。其中菩萨和神鸟则具中亚的艺术风格，是件难得的中西文化交融的艺术遗迹。

3. 固原市彭阳县新集窖藏出土北魏造像碑。此次发现与出土的造像碑，较为系统地展示出北魏时期佛教造像东传之后，人物造型和服饰的本土化过程。

4. 固原市郊北朝墓出土绿釉扁壶，壶腹浮雕胡人舞蹈图案，极具域外风格。

5. 固原市南郊北周李贤墓出土域外文物。鎏金银壶从造型到人物与装饰及錾刻工艺，均属波斯萨珊王朝时期典型器物类型。凸钉装饰玻璃碗更是西亚玻璃器的典型制品之一。而青金石指环中宝石出自阿富汗，而雕刻人物亦具中亚特征。环首铁刀更是中亚武士喜欢佩带的刀具，与中国古代佩带方式完全不同。

6. 宁南地区北魏和隋唐时期墓出土胡人俑。这类胡俑，不论是武士俑、骑马俑、俱甲俑、牵马俑，或牵驼俑，均为西亚与中亚人的形象。这类具有西域人物形象的胡人俑，见证了北魏和隋

① 宁夏固原博物馆编：《固原文物精品图集（上册）》，银川：宁夏人民出版社，2011年，第100页。

② 见2016年8月宁夏固原博物馆主编《丝绸之路暨秦汉时期固原区域文化国际学术研讨会论文集》36-39页晋文、丁佳伟《安定名人乌氏倮》一文。

③ 宁夏固原博物馆编：《固原文物精品图集（中册）》，银川：宁夏人民出版社，2012年，第13-14页、第80-82页、第124-131页、第167-173页、第214页“汉唐文物”

唐时期的官员与军队中，有众多的胡人在官府与军队中服役，反映了该时期的民族迁徙和融合。

7. 盐池县苏步井窨子梁唐代何都尉墓出土石墓门扇。门扇浮雕石刻的胡旋舞图，形象再现和记录了古代中亚音乐舞蹈在中原的盛行。①

8. 宁南地区北朝至隋唐时期墓葬中出土的中亚昭武九姓众多粟特人、铁勒人墓志铭。

（1）固原市南郊隋唐墓出土中亚昭武九姓粟特人史氏墓志石。

（2）盐池县苏步井窨子梁唐墓出土中亚昭武九姓粟特人《唐何都尉墓志石》。

（3）青铜峡市邵岗唐墓出土《大唐左屯卫将军皋兰州都督浑公夫人契苾氏墓志铭并序》志石。②

宁夏境内北朝至隋唐墓出土的这类墓志石，以翔实的文字记述了中亚地区昭武九姓粟特人和铁勒部突厥人，迁徙归顺中原北魏与隋唐王朝，为官定居数代的传承历史。

（三）宋元之际文化遗迹见证的历史

宁夏境内近几十年先后发现了宋元之际与西域伊斯兰地区交往互动的历史文化遗迹，见证了丝路延续的交往历史。

1. 贺兰山拜寺沟方塔，是西夏第三代皇帝李秉常和梁皇太后主持重修之塔，该塔的塔柱木上的汉文和西夏文题记，是利用原建筑的塔柱木削写上的，塔柱木题记下方残留有未刮削净的回鹘文字残迹。此类众多遗迹见证了此地曾是宋修《高僧传》和《续高僧传》中记载唐至五代时，新罗高僧赴西天取经，途经灵州，在灵州城讲经做法事，后在贺兰山百草谷结舍修炼；与此同时，有大批西域回鹘高僧赴西夏讲经说法译释佛经，已被西夏重修拜寺沟佛塔的历史遗迹所证实。③

2. 额济纳旗西夏黑水城是西夏王朝的故地，20世纪初俄国以科兹洛夫为首的探险队，曾从古城内发掘出土有《古兰经》手稿和波斯文《七智者》诗文残页，并发现有伊斯兰教礼拜寺和墓葬与商铺，说明这里曾有穆斯林商旅在此定居，见证伊斯兰教在该地的传播。④

3. 固原开城元代安西王府遗址，虽因地震坍毁湮没于尘埃之中，经自治区文物考古所组织的多次勘测发掘，清理出众多大型元代建筑基址遗迹和白、黄、绿各色琉璃瓦等建筑构饰残件及金饰件。证实这里是继承忽必烈安西王爵的儿子忙哥剌和其孙阿难答的王府夏宫遗址。西安元安西王府遗址曾出土阿拉伯数码铁幻方。阿难答自幼受穆斯林保姆抚育，信奉伊斯兰教，他承袭王位后，据元史记载，让其统辖下15万军士，大部分信奉伊斯兰教，使西北地区成为回回人聚集地，为回族形成奠定基础。⑤

4. 21世纪银川市城建施工中，在古城北苑沙滩发现18座伊斯兰教墓葬和大量墓盖石，对照墓地附近北塔村回民珍藏下一块清乾隆三年刻制的“元翁纳老太师”墓碑（碑额有纳斯赫体阿拉伯文书刻）。再对照《嘉靖宁夏新志》宁夏府城图中有礼拜寺坐落，其卷二《二十二》人物条内有

① 国家文物局主编：《中国文物地图集：宁夏回族自治区分册》“盐池县窨子梁唐墓”，北京：文物出版社，2010年，第188–189页。

② 宁夏文物考古研究所编：《青铜峡市邵岗唐墓发掘简报》《唐皋兰州都督浑公夫人墓志考释》，载《宁夏考古文集》，银川：宁夏人民出版社，1994年，第148–162页。

③〔俄〕彼得·库兹米奇·科兹洛夫著，王希隆、丁淑琴译：《蒙古·安多和死城哈喇浩特》，兰州：兰州大学出版社，2002年，第74页。第四章“哈拉浩特废墟”。

④ 陈育宁、汤晓芳、雷润泽著：《西夏建筑研究》，北京：社会科学文献出版社，2016年，第280–281页。第四章“佛塔建筑”。

⑤ 宁夏文物考古研究所编：《开城安西王府遗址勘探报告》，北京：科学出版社，2009年，第189页。“开城安西王府遗址文物选介”。

"纳速耳丁，先世回纥，居宁夏，任元至廉访使"之记载，结合永宁纳家户清真寺和该家族沿革史，考证可知：这座遗址，见证了元代政治家、中书省平章政事、咸阳王赛典赤·赡思丁长子系纳速剌丁的六子哈辛，元代曾在宁夏为官定居于府城，归真葬于此，至明代其后裔移居乡下务农，逐渐形成纳家户回族社区。赛典赤·赡思丁系跟随成吉思汗从中亚东归的回回人，为元帝国的建立和社会统治与治理立下不朽政绩，《元史》中有其传记。①

从上述发现与出土的文物和金石文献资料可以看出，丝绸之路在宁夏延续了两千余年，成为回族的聚集地是丝路交往和民族迁徙融合历史的必然。

二、丝路古遗址出土物见证阿拉伯与中国的密切交往

中世纪阿拉伯人的先知穆罕默德，用一场宗教变革，将众多分散落后的阿拉伯部落与部族，团结在伊斯兰教的旗帜之下，统一起来，有了民族的政权和武装组织，走出半岛，吸收与继承了中东和波斯地区优秀遗产，建立起横跨亚非欧大陆的阿拉伯帝国，创新发展出人类历史上一种后起的伊斯兰文明，实现了与中华汉唐文明的直接对接，扩大了丝路古道上的商贸和人员交往的规模与深度，带动了科学技术和思想文化的快速传播，促进东西两地建筑业、商品制造业、交通运输业、科教文卫等各项事业的发展和繁荣，极大地促进了东西两地社会文明的进程，促使众多民族的社会生产和生活转型。

（一）伊斯兰文物在中国

盛唐之际，阿拉伯地区与波斯地区的穆斯林商人和代之而起的回回人，成为陆海丝绸之路上的友好使者，继承丝路古道上的友好传统，将两地的高档消费品贩运到各方。故而，在中原各地唐宋古遗址、古墓葬中，陆续发现和出土了诸多伊斯兰古器物和建筑遗迹，其中有玻璃器、金属器、陶瓷器、玉器和金属货币及石刻等物，见证了古代中国与阿拉伯和伊斯兰世界商贸和人员交往的历史。②

1. 伊斯兰玻璃器在中国及其影响

玻璃、琉璃是人类古代生产生活实践中，发现和发明的一项石英等矿石焚烧冶炼冷却成形的制造技术。希腊和罗马时代，这种料器生产技术在中东地区被推广应用，制造成各种造型的玻璃器具和器皿，从西亚输入到东方，成为汉唐之际丝绸之路国际贸易返销的主要商品之一，故有人将丝绸之路称之为玻璃之路。我国汉唐众多文化遗址的出土物中发现有这种舶来品，还东传至韩国、日本与琉球。在宁夏固原的古文化遗址中也有发现。

阿拉伯帝国崛起西亚后，拯救了已经衰败的生产经济，将罗马与萨珊波斯的玻璃制造业精湛的生产技艺继承下来，将创新发展起来的伊斯兰文化艺术元素，熟练运用到水晶玻璃切削工艺和研磨工艺中，制作各类器皿，形成阿拉伯帝国新兴伊斯兰玻璃产业。伊斯兰玻璃工匠还通过往来的回回商人携带的商品文化信息，吸收中国文化元素装饰玻璃器皿，创造出描金釉彩玻璃器新品种，成为中世纪最精美的工艺品和国际贸易的主导商品，由阿拉伯帝国各族穆斯林商人以朝贡使团的名义携带来华。从全国各地唐宋辽古遗址发现与出土的品种与数量上看，大大超过罗马时

---

① 宁夏文物考古研究所编著：《银川沙雕墓地》，北京：科学出版社，2006年，第75页，"讨论与结束语"。又见杨占武主编：《中华回乡纳家户》（第一册），银川：宁夏人民出版社，2012年，第31-35页。

② 罗丰著：《胡汉之间——丝绸之路与西北历史考古》，北京：文物出版社，2004年，第232-234页，"六胡州地区"。

代，所分布的地域更为广阔，说明中世纪以来，我国与阿拉伯帝国交往比古代与罗马、波斯帝国的交往更为频繁和深入。①

表1 国内各地遗址发现与出土的伊斯兰玻璃器

出土遗物种类及件数	出土地点	出土年代	收藏地点
拉斯特彩盘1、刻花盘4、刻花描金盘4、素面盘4、贴塑网纹直筒杯1、素面直筒杯2、素面蓝色瓶1、网纹瓶1	陕西扶风法门寺唐塔	1987年	扶风法门寺博物馆
贴塑网纹玻璃瓶	陕西临潼县庆山寺舍利塔	1985年	临潼县博物馆
凸圈纹玻璃碗	西安南郊何家村唐代窖藏	1970年	陕西历史博物馆
素面矮直壁浅黄色玻璃杯			陕西历史博物馆
玻璃碎片200余片	江苏扬州唐城房址	1990—1991年	
细颈扁圆腹素面玻璃香水瓶	河南洛阳市关林唐墓	1970年	河南洛阳博物馆
素面玻璃香水瓶（8–9C）	河南洛阳古城	民国初年	加拿大多伦多皇家安德烈博物馆
淡黄绿色底贴花玻璃碗	湖南常德南坪乡七里	1987年	湖南常德市博物馆
玻璃碗残片	福建福州闽王墓（五代）	1981年	
长方形小玻璃瓶	陕西西安铁塔寺宋塔		传世品入葬
磨刻短颈折肩瓶1、细口卵形瓶1、蓝直筒杯2、白直筒杯2、方形小瓶1	河北定县静志寺宋代塔基	1969年	定州市博物馆
贴塑纹敞口细颈长圆腹蓝色小玻璃瓶、碗口浅黄色玻璃瓶、蓝色葫芦形小瓶	安徽寿县报恩寺宋塔	1977年	安徽省寿县博物馆
磨刻花敞口细颈折肩蓝色玻璃瓶	安徽无为市宋塔	1971年	安徽省博物馆
磨刻花盘口细颈淡蓝色玻璃瓶	浙江瑞安县宋塔	1966—1967年	浙江省博物馆
方形绿色调味玻璃盘	辽宁法库县叶茂台辽墓	1974年	辽宁省博物馆
素面深绿色单把玻璃杯、印纹淡黄色玻璃浅盘	辽宁朝阳市姑营子辽墓	1976—1977年	朝阳地区博物馆
素面淡绿色单把玻璃执壶	辽宁朝阳市北塔辽代天宫	1988年	朝阳市北塔博物馆
磨刻花平口细颈折肩瓶	天津蓟县独乐寺辽代白塔	1983年	天津市历史博物馆
磨刻花平口细颈折肩瓶1、磨雕乳钉纹把杯1、磨雕四棱锥纹盘1、素面把杯2、高颈瓶2	内蒙古奈曼旗辽代陈国公主墓	1986年	内蒙古考古研究所
无色透明高足玻璃杯（10–11C）	内蒙古通辽市吐尔基山辽墓	2003年	内蒙古考古研究所
长颈小口玻璃瓶残片	内蒙古赤峰大营子辽墓	1954年	

① 雷润泽课题组国家社科基金西部项目（08XMZ020）《中国回族文物的发现与研究》结项成果文稿上卷发现篇导语三、四《伊斯兰玻璃器》。

（1）从国内流失海外的伊斯兰彩色玻璃器

伴随着伊斯兰玻璃产业的发展，西亚地区在器物、器具上描金的技法，逐渐被应用到玻璃器的烧制之中。13世纪，这项釉彩技术被埃及阿尤卜王朝的玻璃工匠引进与应用到叙利亚玻璃器作坊中，并与描金技法相结合，吸收中国文化元素中的花卉图案，创新生产出各色描金釉彩玻璃器。这一全新的伊斯兰玻璃器新品种，受到伊斯兰世界各地的喜爱，有了广阔的市场需求，被推广开来，大批生产，行销世界各地。其中最耀眼的是富有伊斯兰文化艺术风格的描金釉彩玻璃灯，器型以侈口细颈鼓腹最为常见，器肩上有绳系，适于室内悬挂，器身彩绘着缠枝几何纹和各种书法体的阿拉伯经文图案，色彩华丽，造型美观，享誉世界，成为各清真寺、经学院、教堂陈设悬挂的必备之器。后为西方各大博物馆收藏。

图1　清真寺彩色玻璃灯

宋元时期古文献中有反映市面上见到伊斯兰玻璃器的记载，但在国内传世品和元明清真寺古建筑、古遗址中，截至目前还未出土和发现有伊斯兰描金釉彩玻璃器。中国社会科学院陶瓷考古专家，多年热心研究伊斯兰文物的回族学者阿卜杜拉·马文宽先生，在研究海外伊斯兰文物和流失海外的中国回族文物时，从海外多处博物馆藏品来源档案中发现有17件埃及阿尤布王朝和马穆鲁克王朝时期生产的伊斯兰描金釉彩玻璃器，是输入中国的。近代被外国传教士和商人，先后从山西、北京等地购得带回西方，出现在拍卖会上，后转为博物馆的藏品。笔者认为这17件伊斯兰玻璃器，应该是元明之际的回回人从海外购得，或者是传教的筛海携带来华，赠送给清真寺，受到回族珍爱，在清真寺传承下来的文化遗存，近代流失海外。

图2　也门苏丹使用彩色玻璃吊灯（开罗）

图3　清真寺玻璃灯

图4　清真寺灯

（2）伊斯兰玻璃器在中国的影响力

通过鉴赏在中国出土与发现的伊斯兰玻璃器，可使人们认识到回族先民与回回人在中世纪以来国际商贸史上的重要贡献。他们将伊斯兰精美的玻璃器皿带入中国，带进来有关伊斯兰世界商品生产的各种信息和穆斯林社会喜爱的生活和文化，作为中外交流的友好使者，增长了中国古代人对伊斯兰世界的了解，也使伊斯兰世界对中国有了更多的了解；同时也带进来众多商品生产的各种技艺，促进宋元以来中国制瓷产业的发展，启发了中国工匠借鉴伊斯兰器物造型，发挥中国制瓷业传统优势，在瓷器上彩绘、施釉；面对日益扩大的国际市场，创新开发新瓷品，使宋瓷、辽瓷、元瓷的生产，在器具、器皿上，取得造型、品种、施彩装饰等多方面突破性进展，散发出中国瓷艺的新光辉，享誉世界。

2. 伊斯兰金属器物在中国及其影响

火与矿石的熔炼，铸就了青铜器和金银器的辉煌。古老而雄奇的中国青铜宝器和西亚闪烁耀眼的金银器与饰物，以不同的文化内涵，向世人述说着人类先民的智慧和伟大的创造力，并成为东西方人类文明永恒的记忆。在古代的埃及和西亚文明时代，该地区的金属工艺就已相当发达，繁复的锤揲、錾刻、镶嵌、焊缀技术，被代代流传下来，经波斯人发扬光大。丝绸之路开通后，伴随着中亚商贸交往，以奇异造型和纹样为特征的波斯萨珊和中亚粟特金属器物的输入，充斥北方各朝，宁夏固原出土的金花饰和鎏金银壶见证了这样的交往，使汉唐之际的中国人耳目一新，为自秦汉以来日渐衰微的金属铸造业带来勃勃生机。阿拉伯帝国建立后，继承了中东和西亚古代的文明传统，伊斯兰金属器物和伊斯兰玻璃器物一样，浸透着伊斯兰文化和装饰艺术的魅力，成为中世纪国际贸易中输出的主要商品，故有人把“丝绸之路”称之为“黄金之路”。

（1）国内古文化遗址出土与发现的伊斯兰金属器物

伊斯兰金属器物也被回族先民大量输入。西域输入的金属器在造型、纹样、工艺诸方面，为唐、宋、辽、金、西夏各代金银器等金属器物的制作，带来了极大的影响，促进了我国金属制造业的发展。唐、宋、辽、金各朝，不但有这种输入的文献记载，而从唐、宋、辽、金各代古文化遗址考古发掘的出土物中也有发现。[①]

图5 银鎏金伊斯兰长颈瓶

图6 柳斗纹银杯

图7 金花银唾盂

图8 银盏托

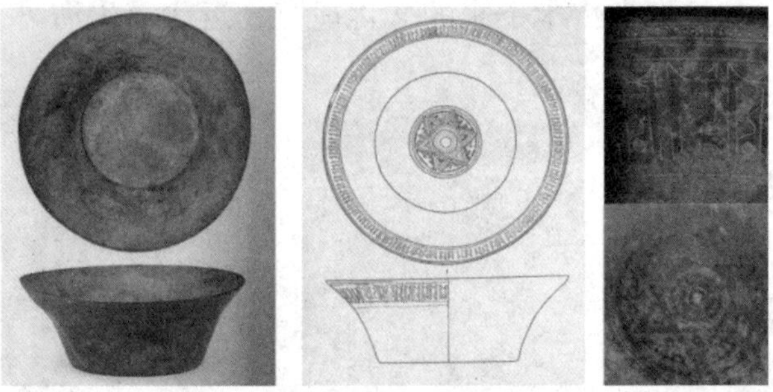

图9 阿拉伯经文錾花铜盆（辽）

图10 仿古纹六棱形铜壶（元）

图11 錾花垂腹铜瓶（元）

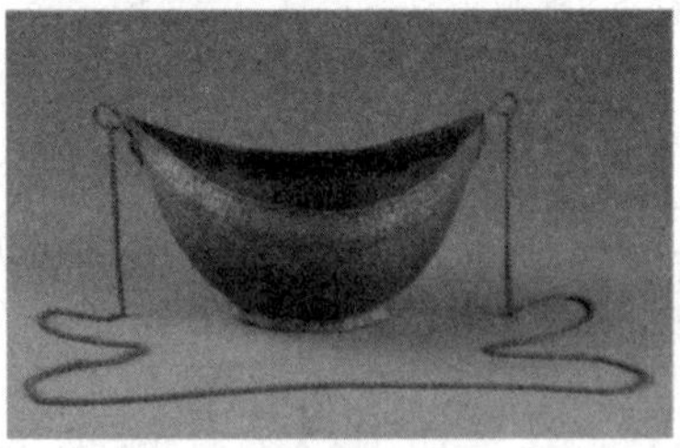

图12 船形阿拉伯纹錾花银秤斗（元）

图13 高足嵌银铜碗（元）

① 雷润泽课题组国家社科基金西部项目（08XMZ020）《中国回族文物的发现与研究》结项成果文稿上卷发现篇导语二《伊斯兰金属器》。

（2）伊斯兰金属器物对中国商品生产的影响

这些器物对中国的价值，超出了器物的使用功能，极大地影响了中国人的观念，使金属器物从神权宝器的禁锢下解放出来，变为满足社会各阶层消费和价值观需求的商品，促进金属器物生产的社会化和世俗化，影响着人们的思想和行为。伊斯兰金属器对中国金属器物的生产制造影响很大，特别是它对中国宋元以来青花瓷等艺术品生产与人们社会生活和审美情趣的影响特别巨大。

仿制伊斯兰金属器。这类金属器物在唐、宋、元各朝遗址内多有发现。其中较为典型的有：

图14 五瓣花口金杯（辽会同四年，941年）
口径7.3厘米，底径4厘米，高4.9厘米
内蒙古文物考古研究所藏

图15 金碗（蒙元时期，1206—1368年）
口径12.6厘米，底径9.1厘米，高4.5厘米，重270克
宁夏固原博物馆藏

图16 团龙戏珠纹鎏金银杯（辽应历九年）
口径9.8厘米，底径4厘米，高4.5厘米
内蒙古博物馆藏

图17 马鞍前桥金饰（蒙元时期，1206—1368年）
高5.3厘米，宽14.4厘米，厚1厘米，重45.3克
宁夏固原博物馆藏

图18 金饰
固原市原州区开城元代安西王府遗址出土

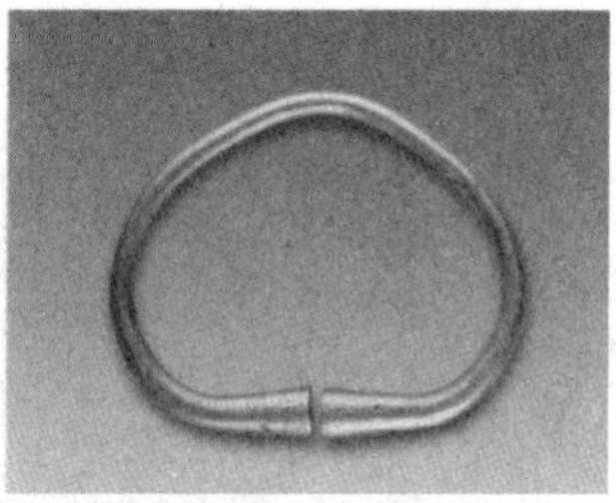

图19 手镯
固原市原州区开城元代安西王府遗址出土

（3）阿拉伯铭文香炉的生产制造

伊斯兰金属器物中，大量施用阿拉伯文经句和阿拉伯纹饰，进行器物的装饰和铸造。回族先民将阿拉伯文经句铸造在中国传统的金属礼器炉鼎之上，将其制成本民族喜爱使用的器具，置放在清真寺、道堂和居室内，用以彰显自己的宗教信仰和礼仪习俗。故自明代大兴“宣德炉”之风时，回族将各色阿拉伯文铜香炉和金属器具与器皿铸造出来。[①]如：

① 雷润泽课题组国家社科基金西部项目（08XMZ020）《中国回族文物的发现与研究》结项成果文稿上卷发现篇第五章第一、二、三节。

图20 桥耳阿拉伯文铜香炉
（明宣德五年）
上海小桃园清真寺藏

图21 阿拉伯文三足法桶铜炉
（明宣德）
上海小桃园清真寺藏

图22 象耳阿拉伯文铜香炉
（明宣德）
上海小桃园清真寺藏

图23 阿拉伯文宣德炉（明）
宁夏博物馆藏

图24 嵌金丝索耳阿拉伯文铜炉
（明景泰）
首都博物馆藏

图25 铜胎掐丝阿拉伯文三足双耳炉（
红太阳国际拍卖有限公司

图26 嵌赤铜阿拉伯文象鼻耳铜炉
（明正德）
甘肃省博物馆藏

图27 蚰龙耳阿拉伯文铜炉
（明正德）
中国国家博物馆藏

图28 阿拉伯文铜钵炉
（明正德）
中国国家博物馆藏

图29 双耳活环阿文长方铜炉
（明正德）
故宫博物院藏

3. 伊斯兰陶瓷在中国及其影响

阿巴斯王朝的陶工，在中国陶工的指导下学习仿制唐三彩、辽三彩，并利用本地钴料烧制出绘有各种几何与花卉装饰图案与纹样的青花陶、兰釉陶、黑釉陶器，并将雕塑剔刻技艺运用在陶瓷器的制造中，烧造出各种形制的陶瓷制品、彩色釉面砖，用于清真寺、经学院、陵墓的贴面装修。在伊斯兰化波斯文化和波斯化突厥文化的影响下，使阿拉伯帝国早期崇尚白、黑、绿色的民族文化风尚，向以蓝色为主色调的艺术氛围转变。在我国东南沿海地区唐与五代遗址中出土的孔雀蓝釉陶双耳罐、双系四耳瓶，是穆斯林蕃客自波斯地区带来的典型蓝釉陶制品，和该地区出土和传世的青花陶是一脉相承的系列产品。[①]

图30 白地蓝彩棕榈纹三脚付皿（9世纪）
口径24.5厘米
伊朗国立考古博物馆藏

图31 蓝釉刻文钵[②]（12世纪后半期）
高9.0厘米，口径21.0厘米
伊朗国立考古博物馆藏

图32 蓝釉刻花动物纹瓶
（12世纪后半期）
高24厘米
伊朗国立考古博物馆藏

图33 蓝地色绘金彩华文壶[③]
（公元13—14世纪，铅釉，伊朗）
高37.5厘米
米特罗波利坦美术馆藏

图34 蓝地色绘金彩华文钵[④]
（公元14世纪，来自Saveh）
高5.8厘米，直径24.0厘米

① 雷润泽课题组国家社科基金西部项目（08XMZ020）《中国回族文物的发现与研究》结项成果文稿上卷发现篇导语一《伊斯兰陶瓷器》。

② 该钵为单色，但是由于在阴刻的地方，釉彩很厚，所以给人一种有两个颜色的感觉。

③ 该壶所用的装饰手法与七色陶有一定的联系，但要简化一些，只用了釉彩的颜色而已。

④ 该作品是一个非常典型的样品，被称为lajvardineh 瓷。

（1）国内出土的伊斯兰陶瓷器

阿拉伯帝国阿巴斯王朝初期，在传统的琉璃工艺基础上发明了伊斯兰单色釉陶器，各类日用器皿以单纯朴素的黄、绿、蓝、黑色釉为主，利用钴料烧制的器皿日渐精美。回族先民来华经商定居沿海港口城市时，将这些单色伊斯兰陶器和贴花釉彩陶器，作为随身生活用品由商船带入中土，故在扬州和福州等唐与五代古文化遗址中出土而被发现。如：

表2 国内出土的伊斯兰陶瓷器

器物名称	出土地点	出土年代	尺寸	收藏地点
孔雀蓝釉双耳大陶罐	扬州城南汽车修配厂（唐）	1965年	高38厘米	扬州市博物馆
贴塑网纹孔雀蓝釉三耳大陶罐	福州战坂乡莲花峰闽王王延钧妻刘华墓（五代）	1965年	高77.5厘米	福建博物院
贴塑网纹孔雀蓝釉四耳大陶罐			高75厘米	国家博物馆
贴塑弦纹孔雀蓝釉四耳大陶罐			高74.5厘米	福建博物院
伊斯兰绿松石釉陶片	扬州（唐）			扬州市博物馆
伊斯兰绿松石釉陶片（8片）	桂林市4处五代遗址	1989年		桂林市文物商店
伊斯兰绿松石釉陶片（50片）	容县6处五代遗址			广西容县博物馆
绿松石釉陶器残片	宁波市公园路唐宋子城遗址			

图35 波浪纹弦纹绿松石釉双耳大陶罐（9世纪）
高38厘米，口径9厘米，底径10厘米
江苏省扬州市博物馆藏

图36 贴塑网纹绿松石釉四耳大陶罐（9世纪）
高75厘米，口径12~14厘米，腹径40~41厘米，底径16厘米
中国国家博物馆藏

图37 贴塑弦纹绿松石釉四耳大陶罐（9世纪）
高74.5厘米，口径12厘米，腹径42厘米，底径17厘米
福建省博物馆藏

（2）伊斯兰陶器对中国的影响

自唐宋以来中国瓷的器型、装饰纹样、色调，受伊斯兰文化艺术品的影响，发生明显的变化。从宋、辽、西夏、金各代汉、契丹、党项、女真各民族烧制的瓷器用品中，已经看到伊斯兰器型和彩绘装饰对陶瓷艺术品的影响。

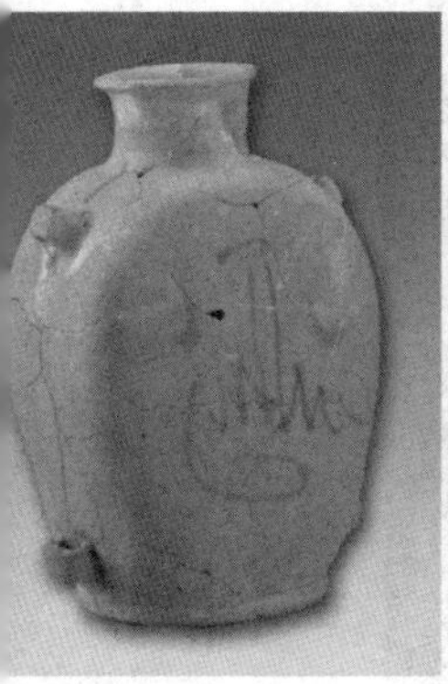

青釉绿彩阿拉伯文陶扁壶（扬州唐代遗址出土）
博物馆藏

图39 阿拉伯黑石号沉船上发现的阿拉伯文《古兰经》瓷盘

图40 青白釉瓜棱执壶[①]（宋）
通高23.5厘米，口径5.5厘米，底径9.5厘米
首都博物馆藏

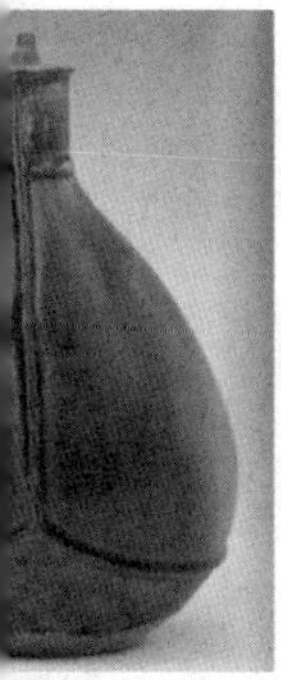

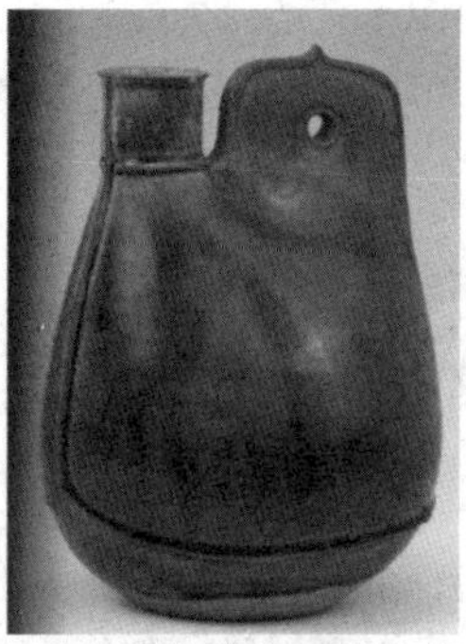

图41 茶釉单孔皮囊壶[②]（辽）
通高27.6厘米
巴林右旗博物馆藏

图42 白地剔花蝶纹皮囊壶[③]（辽）
高29厘米
台北国立历史博物馆藏

图43 褐釉双耳剔刻花扁壶[④]（西夏）
瓷质，高33.3厘米，口径9厘米，腹径32厘米
调中国国家博物馆藏

图44 黑釉线纹瓜棱罐[⑤]（金）
高21厘米，口径17.7厘米
河南博物院藏

---

① 敞口，长颈，丰肩，瓜棱形腹。盘形盖，平沿，盖沿有系，盖钮为花心状。青白釉瓷是宋代江西景德镇新兴的瓷器品种之一，色泽介于青、白之间，晚清以后称之为影青；执壶早期称作注子、注壶，北宋时受伊斯兰器型影响，器身由矮变高，通体多做成瓜棱形，流也变长微曲，器型修长秀美。

② 壶为管状口，鼓腹，上端鸡冠形耳有一圆形穿孔。受西亚器型影响，辽代生产实用器具，壶口与壶身连接处有一周附加装饰，壶身有凸起的仿皮囊壶的皮条、皮扣及细密的针脚纹，仿皮囊物件。1998年巴林右旗岗根苏木乌苏伊根出土。

③ 本件为辽式皮囊壶造型，褐胎施白化妆土，刻花碟纹图案，生动有趣。此类作品标本，于内蒙古赤峰缸瓦窑及辽宁江官屯窑均有出土，应为辽地所产制。

④ 仿西亚金属器扁壶器型，党项民族创新生产的器具。1985年宁夏海原县征集，调藏中国国家博物馆。

⑤ 此类器型是受西亚瓜棱器型影响女真人烧造的实用器具。1976年鹤壁市鹤壁集出土。

（3）伊斯兰造型瓷品的出现

为满足市场需求，在商业利益的驱动下，促使中国制瓷业在元明之际，器型发生了创新性转型；以青花为代表深受西亚穆斯林喜爱器型的瓷器，大批量生产出来，行销海内外各地，满足市场消费的需求。这些借鉴仿制西亚时兴器具的瓷器，其典型实例有如下12种。

① 仿西亚伊斯兰地区流行的壶形器

图45 镶银铜汤瓶（大马士革，1259年）
高34厘米
卢浮宫博物馆藏

图46 缠枝花卉纹执壶（元）
安徽省太湖县文物管理所藏

图47 甜白釉暗花牡丹纹执壶（明永乐）
口径7厘米，高32.7厘米，底径10厘米
纽约亚洲协会洛克菲勒美术馆藏

图48 镶银铜执壶（1180—1200年，赫拉特）
英国基金会捐赠，伦敦大英博物馆藏

图49 青花开光式缠枝花卉纹执壶（明永乐）
高35.9厘米

图50 青花唐草纹执壶（明）
高29.5厘米，胴幅18.5厘米
伊朗国立考古博物馆藏

图51 扁壶（13世纪中期，叙利亚）
镶银青铜
史密森协会博物馆藏

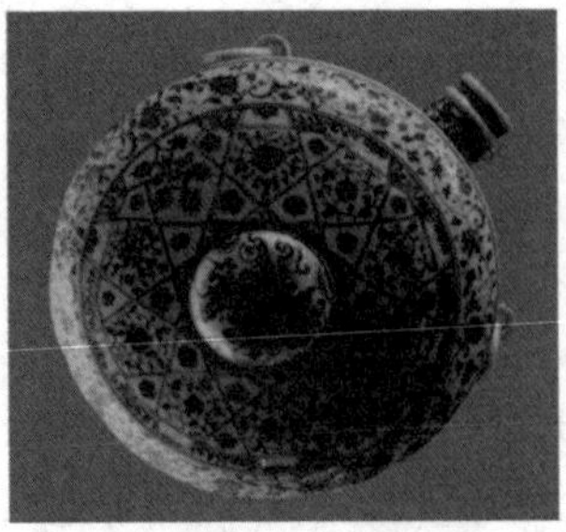
图52 青花缠枝辐射纹大扁壶（明永乐）
上海博物馆藏

图53 青花缠枝莲纹宝月壶
两岸故宫博物院均有收藏

4 镶乌银铜壶（1044/45）
和底座鎏金
埃尔省级博物馆藏

图55 甜白釉暗花莲纹葫芦式扁瓶[①]（明永乐）
口径4厘米，高31.8厘米，腹径21.4厘米，足径6厘米
纽约洛克菲勒美术馆藏

图56 青花锦纹如意耳扁壶（明永乐、宣德年间）
故宫博物院藏

图57 朝圣使用的玻璃扁壶[②]（1250~1260年）

② 仿西亚伊斯兰地区流行的瓶形器

8 青花轮花绶带葫芦扁壶[③]
明永乐、宣德年间）
2厘米，口径3.1厘米，足径6厘米
国国家博物馆藏

图59 青花烧瓶[④]
（明早期）
高30厘米
托普卡普宫博物馆藏

图60 描金釉彩长颈圆腹玻璃瓶
（14世纪上半叶）
高28厘米
德国柏林伊斯兰艺术博物馆藏

图61 卷莲龙纹青花天球瓶[⑤]（明永乐）
高43厘米，腹径34.5厘米
伊朗国立考古博物馆藏

图62 景德镇青花白拔龙纹天球瓶[⑥]
（明永乐）
高42厘米，腹径35厘米
伊朗国立考古博物馆藏

---

① 造型源自中东地区的金属和陶瓷器皿，而一对如意形的瓶耳却取自中国的文化传统。扁瓶的纹饰也反映中东的影响，以几何手法把莲花纹转化成的图案，亦是中东的装饰风格。

② 叙利亚或埃及的作品。朝圣用的扁壶等制品极多，都是献给寺院用的。制作中心地为大马士革与开罗。

③ 此瓶造型仿西亚阿拉伯铜器，又称为“抱月瓶”或“宝月瓶”。此类扁瓶海内外均有收藏。

④ 青花烧瓶圆鼓腹，瓶上敞口，颈两侧有一双如意儿与腹肩联连，瓶颈绘莲叶纹，瓶肩绘倒莲瓣。

⑤ 器腹硕壮如圆球，仿照叙利亚瓶式样烧制而成。同形器在故宫博物院共藏四件，而土耳其托普卡珀萨拉伊博物馆亦有类似藏品，不同之处在其龙纹留白而背景为青色的波涛纹，俗称反青花。

⑥ 直口长颈，球形腹，造型饱满。平底无釉露胎，底心微内凹，俗称“天球瓶”。此类瓶系永宣两朝烧造特殊器皿，在海外发现出土较多。

③ 仿西亚伊斯兰地区流行的罐形器

图63 钵（1351—1352年，伊朗，Turanshah制造）
伦敦维多利亚艾伯特博物馆藏

图64 景德镇青花缠枝四季花卉罐[1]（明宣德）
口径16.7厘米，高13.5厘米，足径14.9厘米
北京故宫博物院藏

图65 镶金银黄铜洗盆
（13世纪晚期，穆罕默
宾·艾尔赞思，叙利亚
直径50厘米
巴黎卢浮宫博物馆藏

图66 青花缠枝花卉纹折沿盆[2]（明永乐）
高15.4厘米，口径35.1厘米，底径24.5厘米
中国国家博物馆藏

④ 仿西亚伊斯兰地区流行的缸形器

图67 摩苏尔的黄铜水壶制品[3]（1232年）
大英博物馆藏

图68 伊朗萨法威王朝镶金铜把缸

图69 景德镇青花
浇[4]（明宣德）
高13厘米，口径7.9
足径5.2厘米
北京故宫博物馆藏

① 罐直口，短颈，丰肩，扁硬腹，圈足，内口沿施联珠纹，腹部绘折枝花卉纹，腹底施一周双层莲瓣纹。足内青花双圈“大明宣德年制”六字楷书款。

② 此器形制仿自伊朗黄铜折沿盆，而装饰是中国传统纹样，反映出明初中外文化交流与影响。

③ 水壶呈八角棱形，肩与腹围饰以八个叶瓣形的图画，上绘骑马战斗图与宴乐图，表示了当时著名的诗文中的场面。整个表面有极细密的图案装饰，略显呆板，但正是摩苏尔制品的特色。

④ 花浇圈口直径，颈部有凹棱，颈下突起一周，溜肩，肩部青花横书“大明宣德年制”楷书款。是仿自西亚伊斯兰地区黄铜水器式样，永宣两朝多有烧造。

⑤ 仿西亚伊斯兰地区流行的碗形器

图70 伊斯兰镶金银碗（15世纪初期）
美国佛利尔美术馆藏

图71 青花缠枝牡丹纹大碗（明宣德）
直径27厘米，“大明宣德年制”六字一行楷书款
中国嘉德

图72 哈萨克斯坦嵌银铜豆
（14世纪后半叶）
日本广岛县立美术馆藏

图73 青花缠枝花卉纹豆（明宣德）
连盖高13.5厘米，腹径9.8厘米，足径6.5厘米
上海博物馆藏

图74 玻璃高脚杯（出自阿勒波，产于13世纪晚期）
高19厘米
纽约大都会博物馆藏

图75 缠枝菊花纹高足杯（元）
口径9.5厘米，底径3.2厘米，高9.4厘米，足墙宽0.3~0.4厘米
2003年内蒙古乌兰察布市察右前旗土城子古城窖藏出土
内蒙古文物考古研究所藏

⑥ 仿西亚伊斯兰地区流行的座形器

图76 埃及鎏银黄铜器座（14世纪）
英国基尔基金会收藏

图77 清雍正仿明永乐青花阿拉伯文尊
高17.1厘米，口径17厘米，足径17厘米
故宫博物院藏

图78 镶银铜烛台（13世纪）
伊朗德黑兰巴士丹博物馆藏

图79 青花八角瓷烛台（明永乐）
高38.5厘米，口径9厘米，足径23.5厘米
仿中东伊斯兰地区银烛台、铜烛台式样烧造
故宫博物院藏

图80 镶金银铜烛台（13世纪，伊朗）
柏林穆斯林艺术博物馆藏

图81 青花花卉纹八角烛台（明宣德）
高29.8厘米，口径8.7厘米，底径21.8厘米
上海博物馆藏

（4）中国瓷器装饰色调的创新与发展

受伊斯兰文化的影响，使唐宋以来中国单色瓷向釉下彩瓷的方向发展，催生了青花瓷的诞生与崛起。大量引进和使用西亚“苏麻离青”钴料，作为釉下蓝彩的着色剂，绘制植物纹饰、几何与花卉图案、鱼虫水草图、水禽图、山石图、人物故事图、瑞兽动物图，于成形的瓷器壁面上，使彩绘装饰繁复有序、层次丰富、密布壁面而不乱，施釉烧制后呈现出蓝白相间、图案明快雅丽的艺术效果。这种装饰色调是伊斯兰艺术和艺术品崇尚的、穆斯林喜爱的色调。这些着色材料与技术和装饰色调的引进与创新使用，使得中国制瓷业的生产技术和生产规模达到空前的高峰，而精心生产的大气恢宏、造型多样的青花瓷，更富有美感和神韵，具有极高的艺术观赏价值和文物收藏价值。因而备受世人喜爱的青花瓷，成为元明海外贸易的畅销商品。西亚、东非各地古遗址发现和出土的中国古瓷，伊斯兰古文献记载和图书插图中的古瓷器皿与器具，以及伊朗国立考古博物馆和土耳其伊斯坦布尔圣宫博物馆收藏陈列展示的百十件中国元明青花瓷，见证了丝绸之路商贸交往的新特征，故丝绸之路又被一些学者称之为“瓷器之路”。

4. 伊斯兰金属货币在中国

货币是商品交换的媒介，金属铸币又是衡量商品价值的等价物，除流通使用外，还具有储存、借贷、赏赐、馈赠的功能。伴随着我国开展的古遗址勘测调查和古墓葬发掘，先后从西安和宁夏固原及新疆地区，唐、宋、元古文化遗址中，出土而发现的伊斯兰古钱币逐渐增多。其品种和数量大大超过汉唐之际古遗址中出土的罗马和波斯金银币，说明与阿拉伯伊斯兰地区的商贸交往的规模和频率大大超过前代。[①]

（1）国内古遗址、窖藏出土的伊斯兰金属货币

表3 国内古遗址、窖藏出土的伊斯兰金属货币

出土地点	出土时间	货币种类	数量
西安西窑头村唐墓	1964年	倭马亚王朝金币	3枚
宁夏海原县		倭马亚王朝银币	1枚
新疆博乐市达拉特古城		阿巴斯王朝金币	1枚
新疆乌恰县		阿巴斯王朝银币	1枚
新疆阿图什松他克乡托库尔村窖藏		喀喇汗王朝铜币	约18000枚
新疆疏附乌帕尔		喀喇汗王朝铜币	16枚
新疆霍城县		察合台汗国金币	2枚
新疆昌吉古城	1977年	察合台汗国银币	1370枚
新疆博州达勒特古城发现		察合台汗国金币、银币	6枚
新疆伊犁阿力麻里遗址		察合台汗国金币、银币	各1枚
新疆伊犁地区阿力麻里古城遗址		察合台汗国银币	1枚
吐鲁番亚尔乡“色依提迪汗”		察合台汗国银币	1枚
伊宁县弓月城		察合台汗国铜币	3枚

① 雷润泽课题组国家社科基金西部项目（08XMZ020）《中国回族文物的发现与研究》结项成果文稿上卷发现篇导语五《伊斯兰古钱币》。

（2）收藏品中的伊斯兰金属货币

全国各地一些国家博物馆，据悉征集收藏了部分伊斯兰古钱币，其中以上海博物馆和中国国家博物馆及西安大唐西市博物馆征集收藏的品种为多，其次是新疆。

表4 上海博物馆收藏的伊斯兰古钱币

器物名称	年 代	尺寸/数量
倭马亚王朝金币	661—750年	2枚
倭马亚王朝银币	661—750年	8枚
阿拔斯王朝金币	750—1258年	2枚
阿拔斯王朝银币	750—1258年	7枚，直径2.1～2.6厘米，重3.3~8.8克
阿拔斯王朝铜币	750—1258年	2枚
萨曼王朝金币	874—999年	4枚，直径2.4厘米，重4.2～5克
萨曼王朝银币	874—999年	14枚，直径2.7～4.6厘米，重2.2～12.6克
萨曼王朝铜币	874—999年	2枚
塞尔柱王朝银币	1037—1194年	6枚，直径2.2～2.3厘米，重2.8～3克
花剌子模王朝金币	10—13世纪	3枚
花剌子模王朝银币	10—13世纪	3枚
花剌子模王朝铜币	10—13世纪	7枚
成吉思汗金币	1206—1227年	1枚，直径2.4厘米，重量4.2克
蒙古帝国银币	1206—1635年	6枚，直径1.6～2.3厘米，重量0.8～4.2克
蒙古帝国铜币	1206—1635年	4枚，直径1.7～4.2厘米，重量2.2～7.3克
察合台汗国银币	1227—1369年	2枚
金帐汗国银币	1219—1502年	7枚，直径1.6～1.8厘米，重量1～2.3克
伊利汗国银币	1256—1335年	46枚，直径1.7～3.3厘米，重量1.1～11.8克

表5 中国国家博物馆收藏的伊斯兰古钱币

货币种类	数量
喀喇汗王朝马斯乌德铜币（11世纪）	1枚
喀喇汗王朝穆罕默德·阿尔斯兰汗铜币（11世纪）	1枚
察合台银币（回历733—734年）	1枚
铁木儿银币（回历878—912年）	1枚
伊朗萨法威王朝金币（1502—1736年）	1枚
土耳其银币（1861年）	1枚
奥斯曼帝国铜币（回历1255年）	1枚
阿富汗银币（回历1273年）	1枚
伊朗萨法威银币（回历1320年）	1枚
阿曼铜币（回历1315年）	1枚
埃及银币（回历1327年）	1枚
莫卧尔帝国银币（约18世纪）	2枚

表6 新疆各地博物馆收藏的伊斯兰古钱币

收藏单位	货币种类	数量
喀什地区博物馆藏	喀喇汗桃花石汗铜钱	1枚
喀什地区博物馆藏	喀喇汗桃形铜钱（清）	16枚
博乐文管所藏	察合台金币	30余枚

表7 西安大唐西市博物馆征集收藏的伊斯兰金属货币

货币种类	数量
倭马亚王朝铸造的金币（第纳尔）	数十枚
阿拔斯王朝铸造的金币与银币	数十枚
萨曼王朝与伽色尼王朝金银币	数十枚
塞尔柱克王朝与花剌子模王朝金币	数十枚
德里苏丹国金币	数十枚
伊朗卡加尔王朝金币	数枚
阿富汗帝国金币	数枚
金帐汗国金币	数十枚
察合台汗国金银币	数十枚
窝阔台汗国金币	数十枚
伊尔汗国金币	数十枚
帖木儿帝国金币	数十枚
昔班尼汗国金银币	数十枚
奥斯曼帝国金币	数十枚

大唐西市博物馆，是建在丝绸之路枢纽，唐长安城西市遗址之上，悬空构筑的一座陈列展示丝绸之路历史文化和文物的民办博物馆。该遗址区曾出土过阿拉伯倭马亚王朝的金币，被收藏在省博物馆。该馆近几年从新疆各地征集了数百枚阿拉伯伊斯兰诸王朝和西域各汗国铸造的古代金属货币，并在博物馆展厅里进行系统陈列展出。

阿拉伯帝国和衰亡后在其废墟上建立的各伊斯兰汗国，铸造发行的伊斯兰金属货币种类繁多，不但见证了伊斯兰国家和伊斯兰地区古代社会发展的历史，反映了不同历史时期各族穆斯林的经济生活和商贸交往状况，更为重要的是反映了他们十分重视开展国际之间的贸易和商品交换，特别是在中国出土和发现的伊斯兰古钱币，多为元明以前各王朝的金属货币，见证和反映了回族先民和回回人在其间所起的重要作用。这种不同于中国圆孔钱的古货币，也是伊斯兰历史文化的重要载体，是研究伊斯兰国家和地区政体和经济文化及对外商贸交往的珍贵实物资料，极具观赏价值与研究价值。

5. 伊斯兰玉器在中国

中国素有“玉石之国”的美誉，制玉已有近万年的历史。玉器工艺是最具中国文化特色的艺术门类之一。它的发展与中华民族的成长休戚相关，可谓历史悠久。阿拉伯人和伊斯兰世界各族穆斯林崇尚自然、崇信真主安拉，初始并不崇尚玉。由于蒙古汗王受中国传统文化的影响喜爱玉器，再加上回回人充当成吉思汗蒙古黄金家族理财人、税务官，将这种文化习俗和商品消费市场信息传递到中亚，促成对玉石的采集加工和伊斯兰玉器的生产。元代诗人马祖常有诗云：“波斯老贾度流沙，夜听驼铃识路赊。采玉河边青石子，收来东国易桑麻。”形象地描述了回族先民和回回人在丝路古道上从事玉石商贸贩运的事实，从而获得“回回识玉”“回回识宝”的美称。玉石在繁荣发达的中亚各汗国与南亚莫卧儿王朝和西亚奥斯曼帝国精巧工匠的创意雕琢下，成为超乎文人想象的精美艺术品，令明清两朝皇帝为之惊艳。精雕细镂的伊斯兰玉器的大量东传，掀起另一拨的艺术大交流，促进各地区各民族之间的友好交往。明清之际是玉器蓬勃发展的鼎盛期，输入的“痕都斯坦”（即印度与巴基斯坦）玉器，受到皇室和达官贵人的喜爱，经明清两代宫廷玉作坊借鉴仿制和雕琢加工，成为珍贵的把玩艺术品，供皇室与达官贵人使用、赏赐和珍藏。以北京和苏州为中心的各地玉作坊、珠宝店铺也蓬勃发展起来，从业人员中回族占多数，极大地促进中国玉雕工艺的发展和珠宝业的繁荣。清宫收藏的伊斯兰玉器和社会上流散的伊斯兰玉器与仿伊斯兰玉器，见证了中世纪晚期以来，中华民族与伊斯兰地区友好交往的历史。这也是回回人与回族，对人类文明进程和促进各国各地区之间和平友好交往做出的又一贡献。

（1）伊斯兰玉器在中国

蒙元时期蒙古贵族大量调集伊斯兰工匠为其生产玉器，供其享用。明初又有中亚帖木儿汗国向永乐皇帝敬献伊斯兰玉器，郑和下西洋吸引各伊斯兰邦国，向明廷敬献的贡品中也有伊斯兰玉器。这类传世的伊斯兰玉器在我国发现有300余件，主要收藏在海峡两岸的故宫博物院中，其他收藏单位也有些零星物件，还有许多仿伊斯兰玉器，见证了玉文化的交流互动和在商贸交往中的地位和作用。[①]该类器物较多，择其代表性物件展示。

（2）伊斯兰玉器在中国的影响

乾隆晚年，带有伊斯兰风味的玉器，成为官员们逢迎皇上，呈贡礼物的首选。在新的市场需求下，中国玉工热衷于吸收伊斯兰风格，将之融入自己的作品中。中国玉工虽然也选择了莨菪叶、羊头柄，也以蚌壳为器形，也雕琢花式双柄，甚至在花心镶嵌红宝石等，但是这些特征多已“中国化”了，甚至与传统的中国纹饰，如如意云头、太极、三阳开泰、福寿双全等，并存在一件器物上。而且中国玉工的作品多不追求细薄，常常还颇厚重。因为当时市场上流行以重量作为玉器计价的标准之一。更由于中国的瓷器工艺精良，成为食用器皿的主流。所以混有伊斯兰风味的玉容器，不以食器为主，主要作水盛、笔洗、香炉等文房器具或陈设器使用。

6. 伊斯兰经籍和阿拉伯语言文字在中国

《古兰经》是伊斯兰教的根本经典，是历史上各伊斯兰王朝和当代伊斯兰教国家的立法依据与信众社会生活的行为准则，是语言文字优美，富有哲理的韵律体散文巨著，也是研究阿拉伯伊斯兰历史文化的经典文献。长期以来，《古兰经》以背诵口传和手抄本流传，12世纪以后开始有译本，15世纪以后出现印刷本。伴随着伊斯兰教在中国的传播与发展，《古兰经》的传抄与书写

---

① 雷润泽课题组国家社科基金西部项目（08XMZ020）《中国回族文物的发现与研究》结项成果文稿上卷发现篇第三章第四节。

也在中华大地出现。阿拉伯的语言和文字伴随着诵念和传抄《古兰经》也进入了中国。唐代长沙窑烧造的瓷器上已出现阿拉伯文字，如：扬州发现的阿拉伯文扁壶，阿拉伯黑石号沉船上发现的长沙窑《古兰经》文瓷盘，是迄今为止国内发现最早的阿拉伯文字遗迹。中国现存有宋元时的阿拉伯文《古兰经》石刻，元明清时期完整的《古兰经》手抄本和有阿拉伯文字抄本与印本的古文献 。元明两朝曾设立了学习和翻译使用阿拉伯语言和文字的官方机构，如回回国子学、回回司天监、回回药物院。写有阿拉伯文字的器具自元明之际逐渐面世，珍善本《古兰经》和阿拉伯文与波斯文图书也传播开来。有些是中国回族书法家抄写的，有些抄本是从国外传入和回族先辈朝觐时带回来的。中国木刻印行《古兰经》，始于杜文秀在云南建立大理反清朝政权时期的同治元年（1862年），刊刻印行《宝命真经》三十卷，1895年马联元在穆斯林商家资助下，在云南昆明第二次刊刻《宝命真经》。19世纪中叶至20世纪，先后出现汉文《古兰经》选译本和汉文通译本及阿汉文对照本等多种译本与印本。阿拉伯语言文字是域外语言文字在华流传使用较早、较广的一种文字。阿拉伯语和文字主要是回回人和回族宗教职业家与学者在教学研究中使用，在宗教建筑和礼器上与宗教活动中使用。

图82 阿文青玉幻方（元末）
长3.6厘米，高3.5厘米，厚0.75厘米
上海博物馆藏

图83 瓜瓣杯（蒙兀儿帝国）
长16.6厘米，宽12.8厘米，高4.7厘米
台北故宫博物院藏

图84 墨瓶笔室（蒙兀儿帝国）
长21.7厘米，高8.1厘米
台北故宫博物院藏

图85 青白玉“绵绵瓜瓞”御制诗洗（清乾隆1736—1795年）
高4.5厘米，长15.2厘米，宽11.7厘米
首都博物馆藏

图86 玉盘（中亚）
口径24.7厘米，底径14.7厘米，高3.9厘米
台北故宫博物院藏

图87 平口花蕾形双柄碗（蒙兀儿帝国）
长18.8厘米，口径16.7厘米，底径8厘米，高7.8厘米
台北故宫博物院藏

图88 厚足碗（中亚）
口径13.6厘米，足径6.2厘米，高5.4厘米
台北故宫博物院藏

图89 玉罐（中亚）
口径9.3厘米，底径7.3厘米，高6.65厘米
台北故宫博物院藏

图90 长柄杓（奥斯曼帝国）
长26.8厘米，杓宽8.2厘米，杓深4.8厘米
台北故宫博物院藏

图91 雕花盖罐（奥斯曼帝国）
全高12厘米，腹径6.6厘米，底盘最大径9.6厘米
台北故宫博物院藏

图92 叶纹烛台（奥斯
高19.5厘米，盘径18厘米
台北故宫博物院藏

三、伊斯兰古建筑和古遗址内发现的中国文物

这类发现与出土地，主要集中分布在陆海丝绸之路沿途各地的伊斯兰古城镇与港湾，或哈里发和苏丹王宫与清真寺等古建筑遗址内，并以唐宋元明王朝时期各窑口烧造的瓷器为大宗，金石实物资料也有，有许多发现是在海底沉船内。

（一）海外伊斯兰国家古文化遗址中文物考古发现的中国瓷器

这些古遗址大多是陆海交通线上的重要城镇与港口中的建筑遗存，或是古代伊斯兰汗国的都府哈里发与苏丹的宫廷。其中主要的发现与出土物是中国的瓷器，以青花瓷为大宗，海底考古打捞上来的也多为运载中国瓷器的沉船。其典型实例是1998年，德国一家打捞公司在印尼勿里洞岛附近的爪哇海域发现了一艘古代沉船，因其靠近一块黑色大礁岩，所以将其命名为“巴图西塔姆号”，中文译为“黑石号”。“黑石号”是目前世界上发现的最早的阿拉伯沉船之一，被称为20世纪最重要、年代最久远的海洋考古发现之一。由于船上出水的长沙窑瓷碗中有唐代宝历二年的年号，沉船年代被确认为9世纪上半叶，是迄今打捞上来的最古老的航海帆船。“黑石号”是“海上陶瓷之路”的直接证据，证明在唐代，中国和阿拉伯地区已经存在直接的海上陶瓷贸易。专家推测，“黑石号”商船装载着货物从中国返回阿拉伯途中沉没在印尼海域。打捞者在船上发现了6.7万多件文物，基本上都是中国制造，其中98%是瓷器，主要有瓷碗、执壶、杯、盘、罐等生活器皿。另外，还发现了三件完好无损的唐代巩县窑烧制的青花瓷盘，曾引起陶瓷界的轰动。沉船上发现的瓷器既有来自中国北方邢窑的白瓷，也包括大量产自中国南方的青瓷。在发现的青瓷中，除有近200件产自越窑，还有大量产自长沙窑的瓷器。①

除此之外的遗址和遗迹如下图。②

图93 东非肯尼亚的穆斯林古墓③

图94 肯尼亚陈列中国古瓷的博物馆④

① 《新加坡展出唐代沉船“黑石号”珍宝》，原载于《中国文物报》2016年1月26日第1版，总第2410期。

② 雷润泽课题组国家社科基金西部项目（08XMZ020）《中国回族文物的发现与研究》结项成果文稿下卷研究篇第三章第一节（三）。

③ 位于滨海小镇曼布鲁伊，周围装饰有中国青花瓷盘的墓塔

④ 蒙巴萨基督堡现已改为博物馆，馆内陈列着当地出土的中国古瓷。跟随郑和下西洋的通事们（翻译人员）在航海笔记中曾提到，许多东非国家将中国瓷器作为通货使用。

图95 印度尼西亚爪哇发现的明永乐款青花牡丹唐草纹贯耳瓶

图96 印度尼西亚爪哇发现的明初建字铭青花牵牛花纹双耳瓷瓶

图97 印度尼西亚巴厘岛发现的15世纪明黑花瓷罐

表8 海外伊斯兰古遗址发现出土的中国瓷器一览表

出土地与出土时间	出土品种与数量
伊朗阿达比尔陵寺考古发掘中发现该寺窑藏	藏有中国元、明瓷器805件，其中有元青花37件，这些瓷器是萨法维王朝（1501—1722年）阿拔斯大帝（1588—1629年）于1611年捐赠给陵寺的
土耳其伊斯坦布尔托布卡普·赛拉伊圣宫博物馆	藏有元、明、清瓷器10351件，其中有元青花40件，多数是土耳其苏丹赛利姆一世（1512—1520年）占领伊朗大不里士和远征叙利亚、埃及时掠夺来的战利品
伊朗大不里士阿塞拜疆博物馆	藏有元末、明初的青花大盘、梅瓶、碗等
阿曼苏丹国马斯喀特老城博物馆	藏有1件精致的元青花飞凤牡丹纹罐
在印度德里图格拉克宫的考古发掘中	1960年出土72件元瓷，其中青花67件（盘44件、碗23件）、青瓷5件
大马士革东北的杜马	在城镇改造过程中出土几百件中国瓷器
大马士革和其他城市	已超过了800件
1936—1939年及1947年纽约大都会美术馆在伊朗厄尔布尔士进行大规模考古发掘	出土遗物中有唐宋时期的越窑瓷、邢窑瓷、长沙窑瓷、青白瓷等
1977—1978年法国考古队在波斯湾巴林堡进行考古发掘	出土约100片中国瓷器，其中有两片元青花瓶腹片
埃及古城福斯塔特（开罗）	出土元青花达数百片之多
埃及与苏丹交界处的埃得哈布港	曾出土有元青花碗片
肯尼亚马林迪西南约13公里	1948—1949年柯克曼在此进行了大规模发掘，出土大量中国瓷器，仅在大清真寺内就出土有305片
马林迪旧城外有两座镶嵌有中国瓷器的柱墓颇为壮观	发现许多14—16世纪的青瓷、青白瓷和青花瓷，其中有几片元青花梅瓶片
基尔朴瓦位于肯尼亚米达湾内的一个小岛上	发掘了一座小清真寺、两座柱墓和一组房子，出土了不少中国瓷器，以元青花龙纹瓶最为有名
基尔朴瓦岛位于坦桑尼亚西南海岸	奇蒂克在此长达7年的发掘，出土了大量的中国瓷器

（二）伊斯兰古文献记录下的中国青花瓷

伊斯兰自然科学领域中所产生的最富有创造性，而学识最为渊博的学者比鲁尼（973—1050年），在他的著作中详细描述了中国瓷器的品质和价位，并评述了它与伊斯兰陶器的区别，还讲述了一个关于中国瓷器的故事。他在赖伊遇到一位来自伊斯法罕的商人朋友，宴请他到家中做客，在商人家中他看到的碗、碟、瓶、盘、壶、炊具、浇罐、盆、灰碗、香炉、灯、灯架和其他的一些器物，每种均不止一件，都是中国瓷制品。并发出“我很惊奇他对有如此众多的奢侈品的渴望”的感叹！另据伊斯兰古文献记载，14世纪也门拉苏里德王朝苏丹阿尔·马利克·阿·阿什拉夫（1370—1401年）在为他儿子举行割礼的宴会时，骄傲地展示了从没用过的500件中国瓷碟。①

伊斯兰古代图书插图中也出现中国元明瓷器用品和商品，如：

图98 公元15世纪波斯宫廷宴席细密画中使用中国青花瓷器吃食的场景

图99 公元15世纪波斯细密画中绘制商贩出售中国瓷器的场景

① 雷润泽课题组国家社科基金西部项目（08XMZ020）《中国回族文物的发现与研究》结项成果文稿下卷研究篇第三章第一节（三）。

（三）海外传世瓷器上发现题刻有伊斯兰国王铭记的中国元明青花瓷器①

图100 缠枝牡丹纹梅瓶（元）
口径6.2厘米，高42厘米
原藏于阿迪比尔陵寺

图101 缠枝牡丹唐草纹梅瓶（元）
高42厘米，直径22.5厘米
伊朗德黑兰国立考古博物馆藏

图102 芭蕉竹石花果纹大盘（元）
口径40.5厘米，高7厘米
伊朗国家博物馆藏

图103 云肩凤纹大盘（元）
口径49.9厘米，高8厘米
伊朗国家博物馆藏

图104 莲池鸳鸯纹大盘（元）
口径41厘米，高7厘米
伊朗国家博物馆藏

图105 杂宝双凤纹大盘（元）
口径45.7厘米，高7.5厘米
伊朗国家博物馆藏

图106 莲池纹大盘（元）
口径40.5厘米，高6.5厘米
伊朗国家博物馆藏

图107 青花麒麟纹碟（元）
口径46.4厘米，高4.8厘米，足
纽约亚洲协会洛克菲勒美术馆

① 雷润泽课题组国家社科基金西部项目（08XMZ020）《中国回族文物的发现与研究》结项成果文稿下卷研究篇第三章第一节（三）。

图108 花草纹青花瓷扁壶（明永乐）
口径5.3厘米，高30厘米
伊朗国立考古博物馆藏

图109 青花松石纹大瓷碟（明永乐）
高9厘米，直径63.5厘米，足径42厘米
伊朗国立考古博物馆藏

图110 青花灵泉纹水注（明宣德铭）
高32厘米，直径16厘米
伊朗国立考古博物馆藏

图111 青花阿文瓷碗（明宣德铭）
高7.5厘米，口径18.5厘米，足径9厘米
伊朗国立考古博物馆藏

图112 青花阿拉伯文碗（明正德）
美国华盛顿佛瑞尔美术馆藏

图113 青花阿拉伯文圣句大瓷盘（明正德）
高11.5厘米，直径58.5厘米
伊朗国立考古博物馆藏

图114 缠枝牡丹唐草纹梅瓶（元）
高42厘米，直径22.5厘米
伊朗国立考古博物馆藏

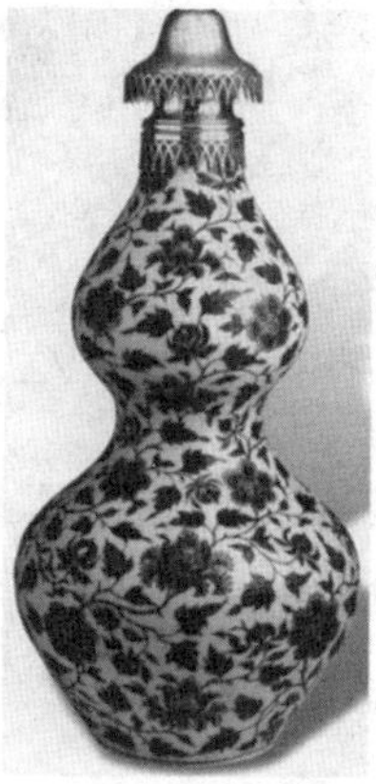

图115 景德镇青花葫芦瓶（元）
高71厘米，口径10厘米，底径20厘米，
腹径37与26厘米
土耳其托普卡珀宫博物馆藏

图116 高颈青花广口球瓶（1450年）
高55厘米
土耳其托普卡珀宫博物馆藏

图117 青花凤凰海马纹扁壶（元）
高36.7厘米，宽26.5厘米
伊朗国立考古博物馆藏

图118 青花龙纹四耳扁壶（元）
高36.8厘米
大英博物馆藏

（四）在海外伊斯兰国土上留下中国回族的遗迹

据访问学者和摄影记者采访获悉，在文莱和东南亚各地存有宋元以来中国回回人和回族移居和访问的众多墓地与构筑、石刻、遗物、遗迹，见证了中国回族古代进行友好交往的活动史迹。①

图119 坐落于泰国曼谷湄南河畔的三宝庙

图120 坐落于印度尼西亚三宝垅市的三宝庙

图121 三宝庙前雕造的三宝船模型

图122 大城府郑和船队造访处

图123 保存在锡兰的郑和布施碑

图124 坐落于马来西亚马六甲市区的三宝庙

图125 坐落于马来西亚马六甲市区的三宝井

图126 生活……清迈的郑和……

① 引自文化部、中国国家博物馆编：《云帆万里照重洋》，北京：中国社会科学出版社，2005年，第116-153页《海外流芳》中的图版。

图127 西洋琐里国淡弥尔文碑

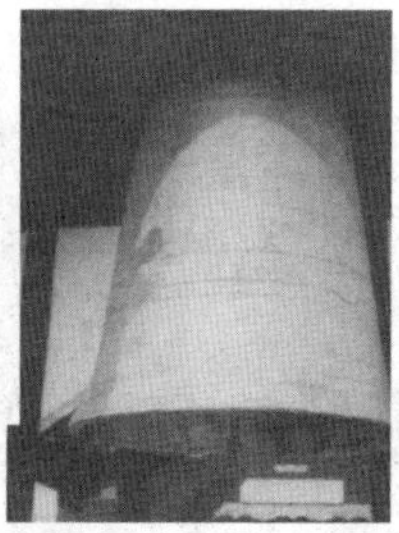

图128 保存在印度尼西亚苏门达腊班达亚齐郑和铸的铜钟

图129 保存在印度帕德玛南巴普兰王宫里的郑和赠送的大陶瓷罐

图130 据悉郑和七下西洋时失散遗民定居地东非肯尼亚帕泰岛西雨村的阿拉伯古城堡

图131 据悉郑和七下西洋时失散遗民定居地镶嵌中国瓷器的法茂人墓

综上所列举的各类传世文物和历史文化遗存，准确无误地验证了中外史家和旅行家撰写的中国与阿拉伯伊斯兰世界的友好交往史。昭示出这种双向互惠互利交往，给双方各地区社会经济文化的发展和科学技术进步带来的共赢，给广大民众生活带来的便捷与实惠。这种交往也促进各个国家、地区之间，各个民族之间的沟通与了解，推动社会历史和人类文明的进程。回顾历史，促进当代友好交往，重续中阿友谊，必会给各方带来更多的福祉。

四、在中华大地上留存的伊斯兰建筑遗迹，见证回族和回族文化形成的传奇历史

由于商贸交往带动人员交流和文化传播，在中华大地上留存有许多见证这类交流活动的文物古迹。这类遗迹多为阿拉伯人为代表的穆斯林先贤墓地和金石文字的石刻。中国回族为纪念和缅怀亡故的先贤，保护和翻修了这些建筑物，转达了中国人的友好情感。此类遗迹和遗物较多，遍布全国各地，东南沿海和西北地区极具代表性的遗迹和石刻如下图。①

图132 埋葬阿拉伯伊斯兰先贤的杭州市区卜合提亚尔墓

图133 埋葬阿拉伯伊斯兰先贤的广州流花古墓（宛葛思古墓）

① 雷润泽课题组国家社科基金西部项目（08XMZ020）《中国回族文物的发现与研究》结项成果文稿上卷发现篇第一章第一、二节，第二章第一节。

图134 扬州古运河边上埋葬阿拉伯伊斯兰先贤的普哈丁墓

图135 埋葬阿拉伯伊斯兰先贤的泉州灵山圣墓

图136 坐落于北京牛街礼拜寺跨院的阿拉伯伊斯兰元代两筛海修建的两座墓

图137 为从也门来华传教，后归真于银川克马伦丁长老修建的拱北

图138 坐落于四川阆中的为来华传教的长老修建的巴巴寺墓殿

图139 坐落于西宁市凤凰山的为来华传教的长老修建的拱北

图140 福建泉州石刻（记载泉州艾苏哈卜寺建造历史的阿拉伯文石刻拓本）

图141 福建泉州石刻（艾苏哈卜寺南围墙上的阿拉伯文石刻）

图142 福建泉州艾苏哈卜寺塔式墓盖中层石刻

图143 福建泉州艾苏哈卜寺尖拱状门楣石刻

图144 现存于福建泉州艾苏哈卜寺内明善堂寺门门楣石刻

图145 内蒙古赤峰市元代古遗址出土的伊斯兰墓盖石

图146 内蒙古锡林郭勒盟元上都遗址出土的伊斯兰教墓顶石

图147 见证泉州元大德年间奉使波斯的刻记碑铭拓本（福建省博物院）

图148 位于山东德州北郊北营村，见证东南亚伊斯兰邦国来华友好交往的苏禄王墓与御制苏禄国东王碑①

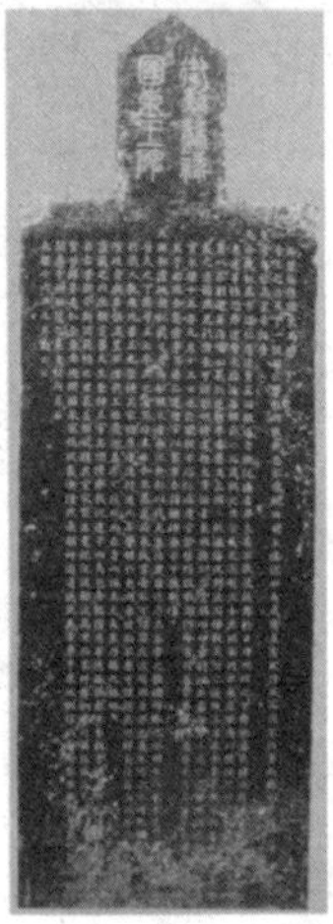

图149 苏禄国恭定王墓碑②

图150 位于江苏南京安德门外石子岗东向花村乌龟山下，见证文莱古代与中国友好交往的渤泥国王墓③

五、结论

文物不但是人类和各民族群体历史的无言述说者，同时也是人类社会发展规律、人和自然关系哲理的揭示者。综上列举的伊斯兰文物和中华文物，突破国界各在异域的发现，说明民族和国家之间的交流互动，是各文明之间创新发展和传承延续的动力。

中华民族的统一和强盛，不是仅靠军事力量的强大和物质财富的丰盛，而是凭借先进的哲学思想和文化艺术的引领。一代代文明奇迹不可复得地在这块土地上烟消云散，接着又有新的奇迹在其废墟上拔地而起。中华永续不衰的五千年文明传递，其动力就是从周边各地不断吸收涌入的

① 苏禄国在今菲律宾与加里曼丹岛之间的苏禄群岛上。永乐十五年，郑和使团来到了苏禄国，同年苏禄国东王巴都葛·叭哈剌和西王麻哈剌叱葛麻丁、峒王叭哈都葛巴喇卜，率领340余人来中国访问，并进金缕表文、珍珠、宝石、玳瑁等物。同年九月十三日，东王不幸病逝于德州。次子等10余人留下守墓，其中有的人员长期定居德州，入德州籍，成为中华民族的一员。

②墓碑原题“苏禄国恭定王墓”。碑文为永乐皇帝亲撰，赞扬东王为建立明朝和苏禄两国的友好关系做出了巨大贡献。御制碑至今仍然竖立。

③ 浡泥国即今北加里曼丹岛的文莱苏丹国。永乐六年（公元1412年）浡泥国王麻那惹那偕王妃、子女和陪臣一百五十人，前来中国南京，受到明朝朝廷隆重地接待。同年十月，浡泥国王不幸病逝，年仅28岁。临终遗嘱“体魄托葬中华”。永乐十年（公元1412年）新继浡泥国王来中国访问时，曾前往墓地祭扫父墓。

众多游牧民族、渔猎民族、商业民族，不断地换血造血，不断吸收域外的先进思想和文化科技成就，在不断丰富壮大自己的同时，让这种富有凝聚力、吸引力、影响力的文化向周边扩散，实现了亚欧大陆文明的交流互动。这些历史文物给我们传递的第一个历史信息，就是中世纪由匈奴、鲜卑、柔然、粟特、突厥等民族带入的印度、希腊、波斯文明促动的汉唐文明，发展到由鼎盛至日渐衰微的时候，渐被穆斯林蕃商胡贾和回回人带入的伊斯兰文明所促动，在与阿拉伯伊斯兰世界的直接交往互动中，创新发展出宋元新时期的开放式文明。以青花瓷为代表的中国瓷文化就像古代丝绸一样，独占世界的市场，为国家和民族赢得世界的赞誉，瓷器成为国名的代称。到中世纪后期，这种文明和伊斯兰后续的文明（奥斯曼帝国、波斯的萨法维王朝、印度的莫卧尔王朝）成为强力制衡兴起的西方文明的重要力量，使得殖民主义和帝国主义列强，从一开始无法在这些地区逞强，只能首先涉足非洲南部和彼岸的美洲、大洋洲，随后在18世纪才能在南亚、东南亚驻足。作为中世纪以来，丝绸之路商贸文化交流互动结晶的中国回族，虽是中世纪后期定型的中华民族56个民族中最年轻的一个民族，因为他受伊斯兰文明和华夏文明两种文明的熏陶和培育，是一个文化起点较高的民族，在中世纪后期中华文明的创新发展进程中，起过非常重要的作用。

盛唐以来（公元7世纪中叶），沿着陆海丝路古道，伴随着来华的穆斯林商贾使节日益增多，西亚兴起的伊斯兰教与其先进文化渐传入中土。这些大批东来入居的穆斯林，经唐、宋、元、明八百余年与汉、维、党项、蒙古等原住民族的交汇融合，在神州大地孕育出一个新的共同体——回族。回回民族在与汉等各民族与时俱进、共建美好家园的社会实践中，创造出辉煌的业绩和可歌可泣的动人故事，并流传下她们创造、享用、传承的众多活动史迹和优秀历史文化遗产，繁荣与丰富了中华民族的物质和精神财富，使中华文明散发出和谐、创新的光芒。伊斯兰教传入中国后，经与中华民族传统文化的长期磨合，逐渐相协调、相适应，形成独具中国地域特色的回族文化。中世纪两种强势文化在东方大地上，彼此并没有被吞噬和消灭，也未形成对抗，而是在相互吐故纳新、相互完善补充，有机融合创新成一种新型的民族文化；既丰富发展了中华民族的文化，也创新延续发展了伊斯兰文化，使得伊斯兰文化根植于中国的土地上，由回族在不断传承发展。回族文物体现出的文化和谐神奇，是缔造文物的民族和两种文化的先进性与包容性所决定的。所以，在两种优秀文化哺育下生成的回族文化物化的载体——回族文物，就成为有别于其他民族的伊斯兰文化遗产，成为中国回族文化的象征。借古喻今，要想实现中华民族的伟大复兴，实行和扩大改革开放，推行“一带一路”建设，无疑是继承丝路友好传统，实现互惠互赢的必然选择。

（雷润泽系中国回族博物馆馆长；陈坤系宁夏固原博物馆原馆长）

北周至隋唐时期西北地区的粟特人文化遗存[①]

马彩虹

内容摘要 北周至隋唐时期，大量的粟特人沿西北丝路沿线以贸易贵重商品进入中国。从二十世纪六十年代至今，在西北地区已考古发掘了大量的粟特人墓葬，为研究粟特人的文化经济及对西北地区的文化宗教影响，提供了珍贵的实物资料。本文将对西北地区发现的粟特人文化遗存点进行简要概述，为探讨入华粟特人对西北地区的其他少数民族的影响提供资料。

关键词 北周至隋唐　西北地区　粟特人　文化遗存

一、引言

粟特地区是位于阿姆河与锡尔河之间的泽拉夫善河区域。这里土地肥沃，物资丰富。自公元5世纪以来，这里相继形成了康、安、石、米、史、何、曹等城邦。据说，这些城邦居民始居于祁连山北昭武城，后被匈奴击破，西逾葱岭，到达粟特地区，枝庶皆以昭武为姓，以示不忘本。《新唐书》在以上七国之外加上了火寻（货利习弥，今阿姆河下游一带）和戊地（伐地，又名西安国，今乌兹别克斯坦布哈拉西），统称之为昭武九姓国。

从敦煌发现的写于4世纪初的粟特文古信札可知，当时在连接粟特本土与河西走廊的塔里木盆地周边绿洲王国，已经有从事路上丝绸之路贸易的粟特人活动。考古及文献资料表明，粟特人最初主要是走西域南道进出河西走廊，对塔里木盆地北缘的西域北道利用相对较晚一些。之后，随着政治形势、交通路线的变迁，西域南道的重要性也逐渐让位于北道，在北道沿线的各绿洲王国也出现粟特人的身影。

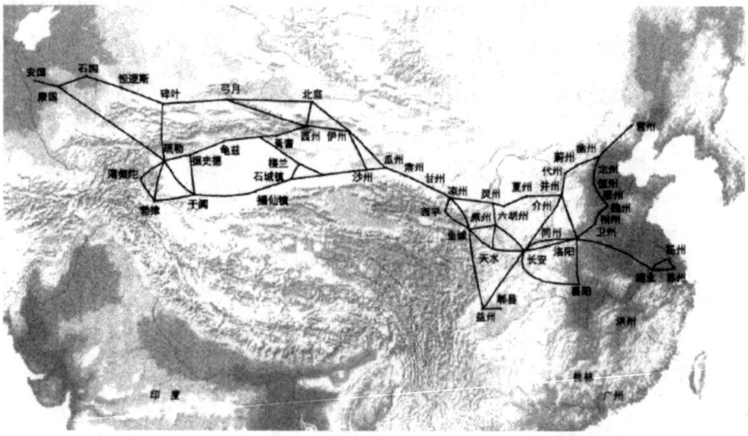

图1　南北朝时期至隋唐时期粟特人入华路线图

粟特人以商队的形式沿途经商，形成了聚落，在西北的丝路沿线上已经发掘出了很多粟特人

① 本文为国家社会科学基金西部项目“西北地区粟特人文化遗存与回族关系研究”（项目号13XKG004）阶段性研究成果。

墓葬（见图 1）。本文通过对这些墓葬的分析，来研究揭示北周至隋唐时期西北地区当时的商贸情况，以及生活在这里的粟特人自身的经济、文化、宗教情况，为探讨粟特人的文化对西北少数民族宗教文化的影响做基础研究。

二、西北地区发现的粟特人墓葬

（一）陕西地区发现的粟特人墓葬

1. 北周安伽墓

西北地区发现的首座粟特人墓葬是安伽墓，该墓是陕西省考古研究所2000年5月配合省政府二号小区工程文物清理工作中发现的，位于西安市未央区大明宫乡炕底寨村西北约300米处，西距汉长安城遗址3.5公里，地处西安北郊龙首原，是一座北周罕见的大型墓葬。墓葬形制为：长斜坡墓道多天井砖砌单室墓，坐北朝南，总长度 35米，由斜坡墓道、5个天井、5个过洞、甬道和墓室组成。在第三天井和第四天井东西两壁都绘有拄剑武士图。头戴兜黎，身着袍，领口、袖口及下摆涂红彩，脚蹬黑靴，双手于胸前握剑，剑尖着地，双脚外撇呈一字形。第四过洞上方绘有花卉图。在第五过洞与甬道之间有两道砖砌封门。第一道封门内面和第二道封门内外两面都有非常严重的烟熏痕迹，保留有黑色烟痕。甬道入口处绘有花卉图，与第四过洞上方的一致，在甬道里放有墓志一盒，在墓志的北侧、东侧放置有墓主人遗骨。墓室呈正四方形，砖砌，墓室四壁涂白灰，由于曾火烧，墓室四壁焦黑，白灰面脱落。在墓室的中偏北部放置一张围屏石棺床。出土的遗物有墓志一盒、围屏石榻一张、石门一组、铜带具一副。据墓志记载，该墓主人系安伽，曾任北周同州（今陕西大荔）萨宝，为粟特安国人。这与墓葬中存在的雕刻画面相印证。石门的门额雕刻有祆教祭祀图，石屏内面有浅浮雕贴金彩绘图案 12 幅，内容主要是宴饮、出行、狩猎、乐舞、家居等，人物、情景等充满异域风情。

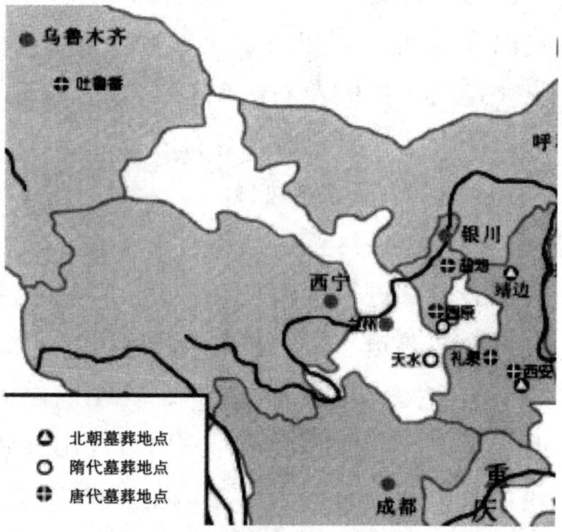

图2 西北地区粟特人墓葬分布图

2. 北周史君墓

史君墓于2003年6月至10月被发掘，该墓位于陕西省西安市未央区井上村东。形制为长斜坡土洞墓，坐北朝南。该墓由斜坡墓道、5个天井、5个过洞、甬道和墓室组成。全长47.26米。甬道内有砖封门，砖封门之后有石质墓门，由门楣、门框、门扉、门槛等 6部分组成。门楣以减地法浮雕的方式刻有图案，中央为四臂神图，左侧为露出半身的执角杯神，右侧刻有鸟首人身的神。每扇门扉上有3组飞天，均为彩绘贴金。石门四周还刻绘有联珠纹、忍冬纹元素。墓室由于盗扰，顶部坍塌。在墓室中出一石葬具，仿中国传统木构建筑式，上面有汉文题铭为“石堂”。石堂为歇山顶殿堂式样，坐北朝南，面宽五间，进深三间。石堂的门楣上有汉文和粟特文的题名。石堂内部有石榻一张。石堂内壁四周雕刻有四臂守护神、祆神、狩猎、宴饮、出行、商队、祭祀和升天等题材内容，内顶部刻有建筑结构图。石堂内外骨架散放，经鉴定，骨架为人骨和兽骨。人骨一具为男性，一具为女性。由于墓葬严重被盗，出土器物较少，在石堂内的填土中出土有金戒指、金耳坠、金币、鎏金铜带扣、陶器。

3. 北周康业墓

2000年西安市文物保护考古所发掘的北周康业墓位于西安市北郊未央路与北二环交汇处东南，南距北周安伽墓150米，东距北周史君墓约2000米，坐北朝南。墓葬形制为斜坡墓道穹隆顶土洞墓，由墓道、甬道和墓室组成。墓壁绘有壁画，剥落严重，仅可辨识画面界格。甬道处有砖封门，砖封门之后有石质墓门。墓室口有一墓志，墓志西侧有动物骨骼。墓室北壁处有围屏石榻一张，石榻上有尸骨一具。石榻围屏一周有线刻图10幅，局部贴金。石榻上的骨架头西脚东，仰身直肢，口内含罗马金币1枚，右手握有铜钱1枚，墓主人腰间束带，仅存铜饰件，身着锦袍，袍服丝绸痕迹清晰，纹理致密，上绣钱纹、菱形纹等图案。石门门楣正中间刻有一面目狰狞的兽首，两侧各一翼龙。龙与兽之间饰火焰纹。门框两边均刻有朱雀图和守门人。石榻围屏线刻图内容主要以会见宾客、出行、宴饮为主。榻板正面及两侧也有线刻图。榻板正面刻有四神图，内饰荷花、莲纹。左侧及右侧刻有山羊、骆驼、猛虎怪兽等，空隙间用缠枝莲纹相连。墓主人名业，祖籍粟特康国。出土遗物有石门、墓志、石榻、罗马金币、铜钱、铜带扣、铜带铐、铜扣针环。

4.唐代安元寿夫妇墓

1972年12月至1973年1月，昭陵文管所配合公路的修筑和农田的水利建设，对昭陵陪葬区的安元寿夫妇墓进行了清理。该墓在陕西礼泉县赵镇新寨村东南约1公里处，坐北朝南，全长60.2米，由封土、墓道、5个过洞、5个天井、甬道和前后双墓室六部分组成。前甬道可分南北两段：南段为土洞结构，北段为砖结构，在距前甬道北口1.35米处，有双扇石门。前墓室砖砌，穹隆顶，平面近似正方形，顶部坍塌，室内清理出一砖砌棺床，长2.7米、宽1.8米、厚0.3米，后室内有少量文物残片及棺灰、零碎人骨。该墓有两个盗洞，墓内文物多被盗走或扰乱。此墓有壁画，保存完好的10幅，分别在第五过洞和前甬道两壁。壁画制作工艺是在铲平的土坯上抹草泥，其上施白灰，然后在白灰上作画。壁画内容有侍女、男侍童、老年男侍。石门的门楣及门扇上均有刻画的图案，门楣原为半圆形，正面线刻朱雀。门额右端已残，正面浅减地线刻青龙、白虎。立颊和地栿线刻蔓草花饰。东门扇线刻一男侍，面有须，头戴软角幞头，身穿窄袖圆领长袍，束腰，足着长筒靴，拱手持剑。西门亦线刻一男侍，面无须，拱手，服饰和东扇男侍同。此墓出土的陪葬品有100多件，有三彩俑、彩绘灰陶俑、彩绘红陶俑、墓志。据墓志记载，该墓主人安元寿，《唐会要》有记载，甘肃武威人，死于永淳二年（683年），时年77岁，其曾祖父、祖父、父曾历仕北周、隋、唐，其家为历代官宦世家。安元寿16岁时即追随李世民。宣武门之变中，他宿卫嘉猷门，保卫秦王府，太宗李世民登基后，论功行赏，“特拜公千牛备身”，在贞观年间，曾任千牛备身、果毅督尉，出使过西域。在高宗时期，官至右威卫将军等职，曾参加过平息贺鲁叛乱的远征，因此在他死后，以“藩朝左右，备立勋庸而受恩诏”，“特令陪葬昭陵”。其妻翟氏，下邳人，死于圣历元年（698年），在其死后的近30年，其孙奉其“临终之命”，于开元十五年（727年），将她与安元寿合葬于昭陵。

（二）宁夏地区发现的粟特人墓葬

1982 年至1995 年，在距固原县城西南5000 米的南郊乡羊坊村、小马庄村、王涝坝村先后发掘了1 座隋墓、8 座唐墓，其中6 座墓葬出土有墓志铭。经考古发现，此墓葬群属中亚粟特人史系后裔。墓葬均坐北朝南，每座墓葬距离数百米不等，从东至西依次排列，顺序依次为史索岩墓、史铁棒墓、史诃耽墓、史道洛墓、史射勿墓、史道德墓。

1985年6月至7月，宁夏博物馆发掘了盐池县苏步井乡境内的6座唐墓，其中有墓志铭的1座。

根据铭文记载，墓主人为大周都尉何府，大夏月氏人，何姓。何姓为西域康国昭武九姓中的一支。6座墓葬排列有序，形制颇为一致，均有平底墓道石室墓，且有多人葬于一室的现象，显示这里曾是粟特人聚葬之地。

1. 隋代史射勿墓

1987 年7 月宁夏文物考古所发掘的北周史射勿墓位于固原市南郊乡小马庄村，墓形制为长斜坡土洞墓，坐北朝南，全长29米，由封土、斜坡墓道、2个天井、2个过洞、甬道和墓室组成。该墓的墓道、过洞、天井及墓室等处均绘有壁画，题材主要为执刀武士图、执笏侍从图、建筑图和侍女图。墓室门口放有墓志一盒，紧靠墓室北壁有一土棺床，床壁涂白色，并绘有红色波状线，靠近棺床的西壁有散乱人骨。该墓由于被盗数次，出土遗物较少，主要有白瓷钵、四系青瓷罐、金带扣、波斯银币、金戒指、铜镜、水晶珠饰等。

2. 唐代史索岩夫妇墓

1985 年8 月宁夏文物考古所发掘的唐代史索岩夫妇墓位于固原市南郊乡羊坊村北。该墓坐北朝南，由封土、墓道、过洞、天井、甬道和墓室六部分组成，全长41.25米。墓道斜坡状，在第五过洞上方绘有朱雀图，洞门用砖封堵，砖门下面有一石楣。甬道内有史索岩夫人安娘墓志一盒。墓室门为石质。墓门处有史索岩墓志一盒。墓室四壁涂有白灰层，其上原有壁画，因墓葬被盗进水，壁画已完全不存。墓室地面用条砖错缝平铺。墓室西侧有一长方形棺床，一面紧靠西壁，三面用砖砌成须弥座。棺床上仅存棺木残迹及零星棺钉。墓葬由于被盗，随葬品所剩无几，都是散落在淤土中，出土的遗物有壁画朱雀图一幅、石门、陶鞋、瓷器盖、鎏金铜铺首、玉钗、海贝、漆盘、条形骨片、剔墨花纹砖、开元通宝、鎏金水晶附饰、绿釉辟雍瓷砚、四系白瓷罐、白瓷豆、白瓷瓶。

3. 唐代史诃耽夫妇墓

1986 年6 月宁夏文物考古所发掘的唐代史诃耽夫妇墓位于固原市南郊乡小马庄村，距史射勿墓约400 米。该墓坐北朝南，由封土、墓道、5个过洞、5个天井、甬道和墓室六部分组成。墓道斜坡状，甬道用砖砌，在甬道的中部有石门，门扇均已倾倒、断裂。甬道土中遗有红色漆片和人骨残骸。后甬道完整无损，东壁口放一马头，西壁口放一羊头，中间放一墓志。墓室正方形，砖砌。墓室地面用土夯，夯土中掺杂有木灰屑和白灰。墓室中央紧靠北壁有石棺床。出土遗物有铜镜、鎏金铜盖、鎏金铜盘、鎏金花饰、鎏金带扣、金币、蓝色圆形宝石印章、小玻璃碗、铁刀、开元通宝、方形骨片、陶三角等。

4. 唐代史铁棒墓

墓葬位于固原市南郊乡羊坊村西北约900 米处，西距史诃耽夫妇墓400 米。1986 年经宁夏文物考古所正式发掘。该墓坐北朝南，由封土、墓道、3个过洞、3个天井、甬道和墓室六部分组成。甬道用土块封门，封门已被盗墓者打开，墓室偏于墓道的左侧，平面剖视图呈刀把状。墓室门口有一盒墓志，墓室坍塌，在墓室的西侧有一生土铲制的棺床。墓主人尸骨散于墓室淤土中。出土遗物有小陶钵、陶碗、鎏金小铜盘、鎏金铜勺、鎏金铜铸、小铜镜、开元通宝残币、金铊尾、萨珊金币。

5. 唐代史道德墓

墓葬坐北朝南，由封土、墓道、7个过洞、1个天井、甬道和墓室六部分组成，墓葬被盗。甬道用砖块封门，墓室基本呈方形，整个墓葬为刀把状。墓室四角各斜置一长条形砖，一示室界。墓室顶部已坍陷，四壁在1.2米处逐渐内收，顶高当在2.5米以上。墓室西壁下置长方形棺床，棺床长2.6米、南段宽1.4米、高0.6米。棺床为土台削制，表面稍加夯筑而成。墓葬严重被盗掘，墓室内进水淤塞，随葬品多已不在原位。甬道靠东壁有墓志一盒。志盖稍错落，志石上有一层木炭灰。在距墓门0.8米处有墓主人的头骨，头骨上有金覆面一具，金覆面上附着丝织物，已朽。金覆面稍离人头骨，部分已脱离原位。墓主人口内含外国金币一枚，旁置一陶罐。墓室中有三个小陶俑，其余遗物散置于墓室各处。淤土中还发现有朽木、棺钉和一些零散的骨骼。在棺床上发现的土块上残留有丝绸印迹，花纹为绿色，似菊花类。出土的其他遗物有金带扣、方形金铸、金币、鎏金铜泡钉、陶俑、陶罐、陶钵。

6. 唐代史道洛墓

史道洛墓位于史射勿墓东北100米、史诃耽墓西南280米处。该墓坐北朝南，由封土、墓道、5个过洞、5个天井、甬道和墓室六部分组成。靠近第5天井的甬道口为木封门。门框内外侧表面均发现黄、绿等颜色。门扇表面施白色颜料。门扇上有铁锁一把。在甬道底部靠近木封门甬道口中央处发现“L”形棒状铁制品一件，推测为钥匙，其侧有饰红、绿彩的编制木盒残迹，疑为墓主人盛装木封门钥匙的木盒。在第5天井和墓室之间，有盗洞。由于受盗洞的影响，墓室顶部完全坍塌，墓顶结构已不清楚。墓室平面基本呈方形，地面平整。墓门在南壁偏西，墓室中央有生土棺床，分别与东、西两壁之间保留夹道，用于摆置随葬器物。棺床表面被修整，但不十分规整，平面略呈梯形，上小底大。棺床平面上发现有白色痕迹，疑为棺木下铺垫物。

7. 盐池县苏步井乡窨子梁唐代墓葬群

1985年6月至7月，宁夏博物馆在盐池县苏步井乡窨子梁上发掘了唐墓6座。窨子梁，石膏岩质，墓葬位于窨子梁的西面到东面，编号从M1 ~ M6。

M1墓葬，墓室内的北壁处有石棺床。棺床上有一木棺，棺内有一尸骨，仰身直肢。

M2墓葬，西邻M1约10米，由墓道和墓室组成。墓道长16米，墓室北部有石棺床，上有腐朽的棺木和尸骨，墓道填土出土画像石一块。

M3墓葬，东距M2约11.5米，由墓道和墓室组成。墓道长13米，墓室后部有石棺床，出土遗物有墓志一盒、木质俑十多件、玻璃球2件。从墓志上的记载“大周□□□都尉何府君墓志之铭并序”“君□□□□□□大夏月氏人也”等清楚得知，M3墓主人为月氏人，何姓。何姓为西域康国姓氏，M3墓主人为月氏人，何姓，为西域康国昭武九姓中的一支。出土的木质俑皆残缺破损，类型有武士俑、文吏俑、侍女俑、镇墓兽、马和骆驼。人物俑身首分制，在颈部插合，形象生动、刻工精细。如武士俑，目圆高鼻，双眉上挑，双眸前视。头戴圆帽，身着铠甲战袍，腰系带。铠甲鱼鳞状，上贴金箔，现多已脱落。此俑衣纹自然流畅，显得威武雄壮。动物俑膘肥体硕，雕刻精细、技法娴熟。

M4墓葬，西邻M3约11.5米，墓道长14米，墓室北部有石棺床，棺床上未见尸骨痕迹，墓室东西北壁的壁龛上有尸骨，共有尸骨至少4具。

M5墓葬，位于窨子梁东部，西邻M4约30米，墓道长13.7米，墓葬形制与前面的4座墓葬有很多不同。首先，墓道末端的东西两壁各开一侧室，东西侧室的形制相似，东侧室门内有台阶，室内四壁有高0.4米、宽0.05~0.07米的石沿，侧室中部有一高度0.4米、宽0.1米的石梁。在石梁和后室石沿上搭有石板，上有一老年男性尸骨，头向南，仰身直肢。西侧室石板床上有一尸骨，可能是中年男性尸骨。墓室门道方形，墓室由中室和左、右耳室组成。中室北部有石棺床，棺床上面无尸骨，东西两壁各凿有三个门，门内为长方形耳室，室内尸骨散乱，东耳室至少葬有人骨4个个体，西耳室至少葬有人骨3个个体。在耳室和墓道的扰土中出土“开元通宝”3枚、“货泉”1枚。室东侧扰土中发现漆片数块，小竹棍、小木棍、小木板等木竹器残件10余件，灰陶1片。

M6墓葬，位于窨子梁东部，西南邻M5约15米，墓向123°。墓道长26.1米。墓门处有石门板两扇，两门扇的合缝处挂一铁锁。石门扇正面磨制平整，其上各刻一身着胡服、翩翩起舞的男子，画面以黑色涂染，十分清晰。墓室北部凿一石棺床，长3.5米、宽1米、高1米。棺床上无葬具。近门处凿一石阶。东、西、北三壁各有一小龛，三龛的形制大小基本相同，东、西两龛的龛口各立一块石板，龛内不见尸骨及随葬品。北壁龛内并置尸骨两具，头西脚东，仰身直肢。里侧一具身高1.83米老年男性，外侧一具已无头骨、身高1.65米以上的老年女性。因后龛的长宽有限，男性尸骨的头部已顶在龛壁上，而外侧的女性尸骨实际上是在棺床上。清理时在男性胸骨前发现一灰色陶罐。此墓多次被盗，未见其他随葬品。

（三）甘肃地区发现的粟特人墓葬

1. 天水市石马坪文山顶隋代墓

1982年6月，天水市上水工程指挥部在市区石马坪文山顶施工时发现一座隋代墓葬。该墓深埋地下5米，自东向西，规模宏大，全墓长8.2米，墓葬内全用绳纹砖铺，甬道末端有一砖砌弧形门通向墓室，墓室结构为方形盝顶砖室墓，墓室四周宽4.2米、高3.44米，墓顶呈弧形。石棺床置于距墓室南壁0.34米处，棺床上有残存的木棺痕迹和人骨痕迹。屏风式石棺床通高1.23米、宽1.15米、长2.18米。由床座、屏风和床板17块大小不等的画像石板和9方素面石板组成。整个石棺床画面部分贴金彩绘。床沿上雕刻有两条联珠纹带，中间以忍冬纹为装饰。床座上端雕有六个圆底莲瓣形门，内有六位男乐伎；下层对称雕刻了六个姿态各异的怪兽。石床正面左右两脚下各有一石兽，根据李宁民在《天水出土屏风石棺床再探讨》一文中分析，两端的石兽应该是一雌一雄的神犬，是粟特人“犬视”仪式的表现。屏风中间是一幅夫妇宴饮图，左右两侧刻画的是楼阁高台、水榭、花院、郊游、骑射、伎乐演唱、饮酒作乐、赏景休闲等日常生活场景。墓葬出土其他遗物有坐部伎乐俑5件、黄金鬓钗（重一两左右）1件、鸡首壶1件、烛台1件、铜镜1件、灰陶浅绳纹罐1件、墓志1件。墓志由于多年经泥水冲刷，看不清字迹，疑为墨笔或朱笔书写。

2. 天水市石马坪文山顶墓葬群

该墓位于天水市石马坪文山顶水厂，与之前发现的天水北朝入华粟特人石榻围屏墓相距不足30米。2002 年10 月至2003 年3 月，该墓被同一伙盗墓者多次盗掘。2002 年10 月，被盗出的文物有石榻围屏4 块、伏犬2 只、仗剑立俑2具、鎏金银壶2 个。2003 年2 月至3 月17 日，盗出20 余块大小不一、石块上均有贴金彩绘的各类图像的石板及部件。其中石棺的围屏10 曲、榻床1 副、仗剑立俑2 具、伏犬2 只被贩卖给比利时人康佳德，后被送往法国吉美博物馆修复。2004 年4 月13日至5 月24 日，这套文物与另外两座美国私人收藏家所提供的北朝石棺床座一起在吉美博物馆展出。据盗墓者交代，墓中尚有3 块大型石板及一些石板碎块。有1 块石板上面刻有密密麻麻的篆字，可能是墓志铭或志文。此墓是前后两室的双室墓，石板材质是汉白玉，石榻上的雕刻画面均施金彩绘，富丽堂皇。石屏上面有6 cm × 4.6 cm大小的石质浅浮雕刻人头像。该墓出土的鎏金银壶下落不明，其余被收缴的、未及脱手的全部涉案文物，被公安人员整体移交给天水市博物馆。

（四）新疆地区发现的粟特人墓葬

1. 吐鲁番交河故城沟西墓地

2004 年上旬至2005 年上旬，吐鲁番地区文物局对交河故城沟西墓地因自然、人为因素而裸露的墓葬进行了抢救性的发掘，清理出36 座墓葬，其中33 座墓葬位于一处由砾石围砌的茔院内，墓葬排列有序，方向一致，南北成行，东西成排。墓葬群出土了5 方灰陶方砖志，墓志铭证明这批墓葬是麹氏高昌晚期至唐西州早期的康氏家族墓地，墓主人是粟特地区康国人的后裔。

康氏茔院内33 座墓葬可分为斜坡道洞室墓和竖穴偏室墓两种葬制，其中30座为斜坡道洞室墓，3 座为竖穴偏室墓葬。

M1 墓葬，墓道开口于表土层下，平面呈梯形，东宽西窄。斜靠近墓室口处的南北两侧各有生土台，有工具痕迹。墓道填土为黄沙土，封门为土坯和生土块垒砌。封门顶部被椭圆形盗洞打破。墓室平面近方形，墓室后部有一宽1.1米、高0.14 米的南北向生土台，台上铺有“人”字纹苇席，台上有两具人骨架，一男一女，均为仰身直肢，头南脚北。男性面向东，骨架长1.68 米；女性面向上，骨架长1.5 米，头顶有铜钗、木梳和石珠，右手掌心向上，握一香包。两具骨架上均有衣服残迹。

M22 墓葬位于康氏家族茔院中部。墓室地表有圆丘状封土，封土表面铺有一层砾石块。墓道开口于表土层下，地表铺有一层与墓道形状较为一致的砾石块。墓道平面呈梯形，墓门为土洞。墓道南壁距东端处有一圆形土坑，土坑直径0.26 米，内有1 件陶罐，陶罐内装有木炭和人骨灰。墓室平面呈铲状，略偏于墓道北，土洞近平顶，四壁和顶上有工具痕迹，东西长3.52米、南北宽3米、高1.2 米。墓室后有长2.44米、宽1.24米、高0.12 米的长方形生土尸台，尸台上有“人”字纹苇席朽迹。尸台南端外和北端下各有一块较大的砾石块。尸台上有两具人骨架，腐朽严重，已不完整。里面的人骨架为成年男性，仰身直肢，无头，脚向北，外面的人骨架不完整，残存几节肢骨，葬式、性别、年龄不详。

M28墓葬位于康氏家族茔院东南角。该墓地表较为平坦。墓室地表有圆丘状封土，封土表面铺有一层砾石块。墓室中的生土台上有“人”字纹苇席朽迹。男性骨架位于尸台上，女性骨架位于尸台下，仰身直肢，头残，脚向北，骨架严重腐朽，年龄不详。两具骨架的头和脚下均有草木灰，应为枕和脚垫残迹。在墓室南壁有一土洞拱顶壁龛，壁龛外用自然生土块封堵龛门，龛内有一单耳陶罐，内装有人骨灰。M26墓葬位于康氏家族茔院中北部。地表有椭圆形封土，略高于地表，表面铺有一层砾石块，封土高0.36 米。

由于盗扰，随葬品数量多寡不一，除M8 被盗空外，其他墓少者3~5 件，多者20 余件，器类基本相同，以加沙灰陶罐、碗、盆为主。M1出土的1枚波斯萨珊银币，其形状、图案与阿斯塔那墓地、采坎M1出土的波斯萨珊银币相同。康氏家族茔院内的M4、M8、M6、M11、M20 各出土墓志1方，纪年最早的为延昌三十三年（544 年），最晚的为龙朔二年（662 年），从它们的形制、结构和随葬品来看，这批墓葬的时代应该相同或相近，为麹氏高昌国晚期至唐西州早期。从墓志志文分析，康氏是有一定政治地位的官宦家族，为粟特地区昭武九姓中康国人的后裔，而且已入籍汉化，成为高昌国及唐西州属民。粟特人信仰琐罗亚斯德教，即祆教。依照该教教义，人死后尸体变得非常不洁，为了避免污染神圣的火、水和大地，需将尸体搬离到远无人烟之地或如静默塔的高度，以便食腐肉的猛禽可以尽快啄食掉皮肉。待只剩下干净的骨头后，再前去收集到特制定号的容器中，这种容器就是纳骨器。M28 墓葬出土的骨灰罐应是粟特人固有丧葬习俗的遗留。

2. 吐鲁番巴达木墓地

2004 年，吐鲁番地区文物局发掘了巴达木墓地，发现墓葬82 座，分三组分布在三个台地上。其中2 号台地发现60 座墓葬，从出土的粟特文书、带有“康”字的土坯墓志与木头墓志及人体特征来看，2 号台地为麹氏高昌至唐西州时期的康氏家族茔院。

2 号台地内的墓葬均东西成排分布，南北错位排列。墓葬形制有斜坡道洞室墓和斜坡道带天井洞室墓两种。斜坡道洞室墓道口小底大，底面呈斜坡或不规则的阶梯状。墓室底后端有生土尸台，台高5~20 厘米。

M209 位于2 号台地北边中部。该墓为斜坡道洞室墓，墓室封门为规格不等的土坯残块垒砌。墓室后部有一生土尸台，尸台占墓室面积的一半。生土尸台和墓室底各铺一张“人”字纹苇席。尸台上和墓室口处各陈一具干尸，均头西脚东。尸台上干尸为男性，尸长1.58 米，身上覆盖一幅完整的伏羲女娲绢画；女性干尸身裹麻布，足穿压花系带皮鞋，头残断，被置放在墓室口处，尸长1.6 米。随葬品简单，数量较少，仅有陶碗、纺轮、铜钗等，另发现文书残片。

M252 位于2 号墓地东南康氏家族茔院门道内。墓平面呈“甲”字形，为斜坡道洞石墓。墓门用土坯堵封，土洞平顶，墓室后端有一高0.1 米的生土尸台，南北宽1.1 米。尸台上与尸台下各铺一张“人”字纹苇席，苇席长2.7米、宽1 米。台下苇席底铺垫黄沙土，席面与尸台上席面平齐，两张苇席陈置1 男4 女5 具干尸，由南向北一字排列，均头西脚东，除中间1 具俯身直肢外，其余4 具均仰身直肢。M252 是这次发掘中埋葬人数最多的一座墓葬，且保存状况较好。随葬品除陶器外，还出土12 件旋制的彩绘木碗、木罐，另出土木梳、铜眼罩、冥币、银币等，在4 号干尸嘴中发现1 枚仿罗马金币。

M217 位于2 号台地中部。由墓道、过洞、天井、封门、墓门、墓室组成。墓道平面呈梯形，在距墓道口向北0.6 米处西壁侧立垂拱二年（686 年）墓志砖一方。过洞为土洞，墓室门砖封，墓室后端有高0.5 米的生土尸台，尸台上铺“人”字纹苇席， 紧靠墓室北壁下置一具仰身直肢骨架，脚向东，头移位到尸台西北角，骨架长1.68 米。随葬品有陶碗、泥马、木笔筒及围棋木桌构件等。从出土的文书、墓志及人体特征来看，部分墓主为麴氏高昌国至唐西州时期汉化的胡人，他们在高昌国、唐西州管辖区内，吸纳、融合了中原葬俗，如墓葬的形制、汉文题写墓志等。

参考文献

1. 欧阳修.新唐书[M].北京：中华书局，2003.
2. 尹申平，邢福来，等.西安北郊北周安伽墓发掘简报［J］.考古与文物，2000（6）：28-35.
3. 杨军凯，孙武，等.西安北周凉州萨保史君墓发掘简报［J］.文物，2005（3）.
4. 寇小石，胡安林，等.西安北周康业墓发掘简报［J］.文物，2008（6）.
5. 陈志谦.唐安元寿夫妇墓发掘简报［J］.文物，1988（12）.
6. 罗丰.固原南郊隋唐墓地[M].北京：文物出版社，1996.
7. 吴峰云，何继英，田建国. 宁夏盐池唐墓发掘简报［J］. 文物，1988（9）.
8. 松莉.甘肃天水石棺床年代考［J］.西北美术，2006（1）.
9. 李宁民.天水出土屏风石棺床再探讨［J］.中原文物，2013（3）：85-91.
10. 屈涛.出生证：一个无法回避的问题——法文版《石屏，野蛮睡眠》一书的另外一种读后感［C］.粟特人在中国：考古发现与出土文献的新印证，2016，421-435.
11. 吐鲁番地区文物局.新疆吐鲁番地区交河古城沟西墓地康氏家族墓［J］.考古，2006（12）：12-26.
12. 吐鲁番地区文物局.新疆吐鲁番地区巴达木墓地发掘简报［J］.考古，2006（12）：47-72.

（作者系宁夏固原博物馆馆员）

宁夏丝绸之路重镇发现的中亚粟特人文化遗存[①]

魏 瑾

内容摘要 宁夏丝绸之路重镇主要有固原（原州）、灵武（灵州，包括吴忠、盐池），固原发现史姓粟特人墓葬，盐池发现何姓粟特人墓葬。本文就两地发掘的粟特人墓葬和遗物，谈谈丝绸之路东西方文化交流以及民族融合等。

关键词 宁夏 丝绸之路 原州 灵州 中亚粟特人 文化交流 民族融合

宁夏自古为北方游牧民族和中原农耕民族交往的舞台，丝绸之路必经之地，处于中西交通要道。隋唐时期，南部原州和北部的灵州是东西商贸集散地和东西文化交流的重镇。中亚的粟特人，早在魏晋南北朝时期就沿着丝绸之路往来于中西之间，成为商业贸易和文化传播的主要成员。有的定居内地，逐步融入当地民族之中，但仍然保留着一些固有的生活习俗。固原发现史姓粟特人墓葬，盐池发现何姓粟特人墓葬，墓葬中出土的墓志和异域风格的文物，是人们研究中亚粟特人在中国和东西文化交流中的重要文献资料和实物证据。

一、固原史姓粟特人及其墓葬出土遗物

固原南郊隋唐墓地发现的粟特人墓葬中，出土铭文墓志的有隋代的史射勿，唐代的史道德、史索岩、史诃耽、史铁棒、史道洛和史索岩的夫人安娘。

（一）史射勿

陕西西安发现的北周史君夫妇墓志（579年）刻有汉文和粟特文两种文字，墓志铭文中提到史君有三个儿子，分别是毗梨沙漫盘陀、射勿盘陀和拂露吐盘陀。[②]“盘陀”是粟特语“……之仆”之意。史射勿墓志记载其字“槃陀”，“槃”通“盘”。志铭记载史射勿为平凉平高县人，“其先出自西国，曾祖妙尼，祖波波匿，并仕本国，俱为萨宝”。[③]史射勿的官职为隋朝正议大夫，右领军骠骑将军，相当于四品官员。曾从李轨出兵凉州，与突厥作战。墓志中写到史射勿因功多次

---

① 本文为国家社会科学基金西部项目“西北地区粟特人文化遗存与回族关系研究”（项目号13XKG004）阶段性研究成果。

② 德金：《侨居地的粟特女性》［C］，《粟特人在中国：考古发现与出土文献的新印证》（上册），北京：科学出版社，2016年，第125页。

③ 宁夏固原博物馆：《固原历代碑刻选编》［M］，银川：宁夏人民出版社，2010年，第88页。

授奖，反映出粟特人骁勇善战的性格特征。史射勿埋葬于隋大业六年（610年）。

史射勿墓出土的重要遗物有史射勿墓志、金戒指、萨珊银币、金带扣、方形金铸、半圆形金铸、圆形金环饰、鎏金鸟饰、鎏金桃形花饰、镶玻璃条形饰、铜镜、鸟形骨器、水晶珠、四系青瓷罐、白瓷罐等二十余件。史射勿墓葬的重大发现是其墓道、过洞、天井、墓室绘有人物形象的壁画。墓道壁画有执刀武士、执笏侍从图，墓室绘有侍女图。①执刀武士面貌胡人特征鲜明，是研究胡人华化及其在华身份地位的重要资料。鎏金桃形花饰和条形饰外沿内镶嵌宝石的联珠纹，具有中亚波斯纹样。上有拜火教祭坛及卑路斯王肖像和铭文的萨珊银币，已经不是流通的货币，而是作为墓主生前的饰物出现在陪葬品中。

（二）史索岩

史索岩墓志称其官职为唐平凉郡都尉骠骑将军，四品官职。“健康飞桥人也。其先从宦，因家原州。”“曾祖罗，后魏备远将军、西平郡公。”“祖祠，镇远将军、通直散骑常侍，袭爵西平郡公，鄯廓二郡诸军事、鄯州刺史。”“父多，周三明上士，旷野将军、殿中司马、左卫掌设府、骠骑将军。”②从志文看，史索岩家族自魏以来，在西域、河西一带任武职，“经邦体国，树德立功。”史索岩埋葬于唐显庆元年（656年）。

史索岩夫妇墓葬出土的遗物有四系白瓷罐、白瓷豆、白瓷瓶、绿釉辟雍瓷砚、陶靴、铜镜、鎏金水晶饰、玉钗、金币（东罗马金币仿制品）、朱雀图壁画、石刻墓门等。③墓门石刻中朱雀脚踩的小圆毯，罗丰先生认为是从中亚或西亚输入的波斯制品。

（三）史道洛

史道洛为唐左亲卫，埋葬于显庆三年（658年）。墓志记载史道洛为“原州平高人也。”“祖父多悉多，周鄯州刺史、摩诃萨宝。父射勿盘陀，隋左十二府骠骑将军、开府义同三司。德允群望，声重二京。”如果陕西史君之子射勿盘陀和史道洛父亲射勿盘陀是一个人的话，那么，史道洛家族的关系很明确。史射勿的父亲尉各伽、祖父阿奴伽、曾祖父阿史盘陀，来自索格底亚那史国，居住在姑臧，几代人为萨宝。

史道洛墓虽然早年被盗，仍出土了一批珍贵遗物。主要有白瓷罐、东罗马金币、铜镜、开元通宝、海贝、玻璃器、鎏金马镫、镇墓武士俑、兽面人身镇墓兽等。④

（四）安娘

为唐故平凉郡都尉史索岩夫人，葬于龙朔元年（661年）。墓志载：“岐州岐阳人，安息王之苗裔也。”“族高西域，系芳蕤于地绪，道映中区。”“祖显，周上义同、掌设府车骑。父石生，隋上开府，本州中正。”⑤安氏家族是来自中亚安国的粟特人，北朝时期曾是河西一带的望族，后逐步迁徙中原。

（五）史铁棒

唐故司驭寺右十七监，五至六品官职，葬于咸亨元年（670年）。墓志记载史铁棒：“原州

① 罗丰：《固原南郊隋唐墓地》［M］，北京：文物出版社，1996年，第9-16页。
② 宁夏固原博物馆：《固原历代碑刻选编》［M］，银川：宁夏人民出版社，2010年，第91页。
③ 罗丰：《固原南郊隋唐墓地》［M］，北京：文物出版社，1996年，第34-46页。
④ 原州联合考古队：《唐史道洛墓》［M］，东京：勉诚出版社，2000年，第2-31页。
⑤ 宁夏固原博物馆：《固原历代碑刻选编》［M］，银川：宁夏人民出版社，2010年，第97页。

高平人也。”“曾祖多斯，周京师摩诃萨宝、酒泉县令。祖盘陀，皇朝左领军、骠骑将军。父大兴，皇朝上骑都尉、右卫安化府军头。”[①]史铁棒为史射勿的孙子，贞观三年被任命为“右勋卫”，曾“誉高戎校”。显庆三年，“授司驭寺右十七监”，成为趣马名官。唐朝原州设有朝廷养马场，史铁棒发挥粟特人善于养马的特长，为朝廷养马业尽职尽责。

史铁棒墓出土的遗物主要有萨珊金币仿制品、金铊尾、鎏金铜铸、鎏金铜勺、鎏金铜豆、鎏金小铜盘、小铜镜、陶碗、陶钵等。[②]

（六）史诃耽

唐故游击将军、虢州刺史、直中书省翻译，三品官职，葬于咸亨元年（670年）。墓志记载史诃耽：“原州平高县人，史国王之苗裔也。”“曾祖尼，魏摩诃大萨宝、张掖县令。祖思，周京师萨宝、酒泉县令。父陀，隋左领军、骠骑将军。”“义宁元年，拜上骑都尉、授朝请大夫，并赐名为马杂彩，特敕北门供奉进马。”“武德九年，以公明敏六闲，别敕授左二监。”“寻奉敕直中书省翻译朝会，禄赐一同京职。”[③]可见史诃耽为史射勿之子，文武双全，曾经抗击过黠戛斯人薛举的叛乱，关顾过国家的养马业，又担任直中书省翻译职务，充分发挥了粟特人的优势和特长，为大唐的边防、国防和对外交往做出了贡献。此外，史诃耽被赐名马姓，为中国一部分马姓来源提供了新证。

史诃耽夫妇墓出土的遗物有石棺床、石墓门、云母片、铜镜、鎏金铜盖、鎏金小铜豆、鎏金铜盘、鎏金小铜环、鎏金花饰、鎏金带扣、金铊尾、东罗马金币仿制品、蓝色宝石印章、小玻璃碗、黄色玻璃花结、开元通宝等。[④]其中蓝色宝石印章为典型的舶来品，印面雕刻狮子石榴图案和中古波斯帕拉维文字。石门上联珠纹天马图案，罗丰先生认为是中亚萨珊式纹样。

（七）史道德

唐给事郎蓝池正监史道德，疑为五品官职，埋葬于唐仪凤三年（678年）。墓志记载史道德为：“健康飞桥人氏。原夫金方列界，控绝地之长城；玉外分墟，抗垂天之大昂。稜威边鄙，挺秀河湟，盟会蕃酋……于是族茂中原。”“曾祖度，河、渭、鄯三州诸军事；祖多，隋开府仪同、左卫安化府骠骑将军。”[⑤]可见史道德的祖上曾在西域、河湟一带任职，后又迁徙至灵州，其祖上因做官来到高平。墓志里提到其远祖史鱼、史丹，其中史丹是汉代人，这就把粟特人迁徙中原的时间提前到汉代。墓志中的“蓝池”在今宁夏盐池县境内。从这些史姓粟特人仕途足迹分析，其远祖从中亚史国迁徙做官在今新疆的鄯善，河西的武威、张掖、酒泉等一带，子孙相继迁入灵州、原州、长安等地。

史道德墓随葬品虽然被盗，但仍然出土了一批重要遗物，主要有金覆面、兽面金饰、动物纹圆形金饰、金带扣、东罗马金币仿制品、小铜镜、男胡俑等。[⑥]

史道德墓出土的金覆面是所有史姓粟特人墓葬发现遗物中最为珍贵的随葬品，反映了粟特人的葬俗以及西亚、中亚人崇拜日月的习俗。动物纹圆形金饰亦是典型的波斯纹样，内边饰一周联

---

① 宁夏固原博物馆：《固原历代碑刻选编》［M］，银川：宁夏人民出版社，2010年，第101页。
② 罗丰：《固原南郊隋唐墓地》［M］，北京：文物出版社，1996年，第80–81页。
③ 宁夏固原博物馆：《固原历代碑刻选编》［M］，银川：宁夏人民出版社，2010年，第103页。
④ 罗丰：《固原南郊隋唐墓地》［M］，北京：文物出版社，1996年，第58–62页。
⑤ 宁夏固原博物馆：《固原历代碑刻选编》［M］，银川：宁夏人民出版社，2010年，第106页。
⑥ 罗丰：《固原南郊隋唐墓地》［M］，北京：文物出版社，1996年，第89–92页。

珠纹，所雕动物似有翼天马。

二、盐池何姓粟特人及其墓葬出土遗物

何姓粟特人墓葬发现于宁夏盐池县苏步井乡，为唐墓，共六座，发掘者认为是一家族墓地。其中发现的何姓墓志及其胡旋舞石刻墓门遗物弥足珍贵。

墓志文："大周□□□都尉何府郡墓志铭并序。""君□□□□□□□大夏月氏人也。"①何氏墓志给我们提供了史书中记载粟特人"本月氏人"的新证。月氏人原来生活在河西祁连山一带，西汉时期被匈奴逼迫，迁徙至中亚索格底亚那地区，与当地居民融合发展成九个国家，即康、史、石、米、曹、何、安、戊地、火寻，以康国为中心，居民善于经商。魏晋南北朝时，大批粟特人东迁，活跃于新疆、河西一带，在今洛阳、长安等地都发现了粟特人文化遗存。来华的粟特人以国名为姓氏，以此记忆自己的族源身份。粟特人在中国被称为"昭武九姓"，唐宋以后，逐步华化或融入其他民族之中，现今回族中的康、安、米、石等姓氏，一部分应源自中亚粟特人。

盐池何氏墓葬出土的重要文物为胡旋舞墓门石刻。墓门左右门扇中央各雕刻跳中亚胡旋舞的舞者，均为男子。史载胡旋舞源自康国，传入内地深受上层贵族青睐，北朝至隋唐时期风靡全国，对中国舞蹈影响颇深。

唐代盐池、灵州在今吴忠市境内。2003年吴忠市发现的"大唐故东平郡吕氏夫人墓志铭"墓志记载"夫人终于灵州私第"。②以上墓葬的发现，证明北朝至隋唐时期宁夏南部固原和北部吴忠是丝绸之路两个重要城镇，也是中亚粟特人的重要活动地。两地的粟特人保持着政治、经济或联姻等认同关系往来。粟特人在宁夏做官或经商的活动足迹，使人们进一步认识到民族融合的历史。粟特人墓葬出土的异域风格的文化遗存，如史道德墓金覆面、史诃耽墓蓝宝石印章、史道洛墓拜占庭金币、史射勿墓萨珊波斯银币、何氏墓地胡旋舞墓门等珍贵文物，是中西文化交流的重要实物证据。

（作者系宁夏固原博物馆馆长、副研究馆员）

---

① 宁夏回族自治区博物馆：《宁夏盐池唐墓发掘简报》［J］，《文物》1988年第9期。

② 宁夏文物考古研究所、吴忠市文物管理所：《吴忠西郊唐墓》［M］，北京：文物出版社，2006年，第325页。

落籍于丝绸之路重镇固原的中亚史国粟特人[①]

苏银梅

内容摘要 文献记载，特别是考古资料证明，宁夏固原在早期欧亚大陆各民族交往及汉唐丝绸之路东西文化交流中起到了不容忽视的作用。本月氏人的粟特人，经历辗转迁徙，汉以来不断来到东土。北魏时期落籍于原州（今宁夏固原）的史国史姓粟特人，隋唐时已基本汉化。有朝廷重用的高级将领、翻译官、养马官等。现代人们通过他们使用的遗物，发现异域人的异域特征。

关键词 丝绸之路 固原 中亚 粟特人 史国 史姓

一、隋朝正议大夫右领军骠骑将军史射勿[②]

史射勿，字槃陀，隋朝平凉郡平高县人，即今固原人。隋朝正议大夫，右领军骠骑将军，相当于四品官员。史射勿其人其事在存世文献资料中没有记载，有关他的祖籍、生卒年月、生平事迹，均来自1987年发现于宁夏固原原州区南郊区乡小马庄村史射勿墓葬出土的史射勿墓志资料。

史射勿的先祖“出自西国”。这里的“西国”就是指西域，狭义上讲，是指玉门关、阳关以西，葱岭（帕米尔高原）以东的新疆广大区域。广义上的西域，是指葱岭以西包括中亚、西亚和印度半岛等在内的广阔地区。史射勿的祖先是魏晋以来从乌兹别克斯坦沙赫里夏勃兹（Kesh）地区东迁，后定居于原州（固原）的“昭武九姓”中的史国人，也称粟特人（Sogdians），即生活于古代中亚锡尔河与阿姆河流域的索格底亚那地区，今天塔吉克斯坦、乌兹别克斯坦和吉尔吉斯斯坦境内的人。

谈及昭武九姓人，不得不提及古代月氏人，因为他们之间有着血缘关系。先秦时期在今天河西走廊祁连山下居住着一支北方少数民族——月氏人，他们过着悠闲自在的游牧生活。西汉时期，匈奴人看上了河西这块宜牧的土地，于是出兵把月氏人驱赶到新疆楚河一带，后来他们继续西迁，最后到达索格底亚那地区，和当地土著人及其他族群融合演化形成一个新的族群。在形成和发展的过程中粟特地区出现了九个城邦国，粟特城邦的居民借助便利的交通，多从事商贸活动。至迟从汉代丝路开通之时，粟特人就已经往来于中国和中、西亚之间。魏晋北朝，迁居中国

① 本文为国家社会科学基金西部项目“西北地区粟特人文化遗存与回族关系研究”（项目号13XKG004）阶段性研究成果。

② 罗丰：《固原南郊隋唐墓地》，北京：文物出版社，1996年，第16-19页。

的粟特人最多，其中一部分定居，成为朝廷命官。隋唐时，粟特人因擅长经商、养马等，被朝廷重用，担当宫廷侍卫、翻译官、监牧官等职务。这部分粟特人的汉文姓，一般取其国名，康姓居首，其次为安姓，还有史、石、米、曹、何等姓氏，在中国被称为“昭武九姓”。“昭武”是其故居住地的名称，“九姓”则源于他们在中亚建立的九个城邦国国名。粟特人是一个出塞又入塞，形成过程中融合了其他民族如塞种人、突厥等民族成分的族群。

史射勿墓志记载，其“曾祖妙尼，祖波波匿，并仕本国，俱为萨宝”。从名字可以看出，他的太爷妙尼和爷爷波波匿的名字都是粟特语的异音，二人都曾经担任过当朝重要官职“萨宝”。萨宝一职，是魏晋南北朝至隋唐时期，朝廷为来中国居住的粟特人专门设立的一个管理机构，一般由粟特人担任。萨宝府的重要职能是负责管理宗教事务，因为粟特人信奉祆教，祭祀仪式十分隆重。其次，萨宝也管理粟特人的商业活动，承担商队首领的职责。同时，萨宝还管理粟特人的日常事务，其性质为政教兼一。

史射勿的父亲史认愁，因各种原因，不再担任萨宝职务。史射勿小的时候聪灵机敏，风趣爽朗，悟性高，性格彪悍超群，智勇双全。北周武帝保定四年（564年），跟随晋荡公东讨。天和元年（566年），跟随平高公坐镇于河东。公元566年，被授予都督。当年，朝廷任命他跟随郯国公出征王壁城。建德五年（576年），又跟随申国公击破轵关（北魏和西魏、北齐和北周的边界线，在今河南济源城西），获得优厚待遇和奖赏。宣政元年（578年），跟随上柱国齐王宪掩讨伐汾州稽胡（匈奴别种，或山戎夷狄，生活在今山西吕梁以西固原以东的方圆七八百里地之内）首领刘受逻干的反叛。隋朝开皇二年（582年），突厥沙钵略可汗、达头可汗乘机作乱，史射勿跟随上开府岐章公李轨出兵凉州（今威武），在城北和突厥军作战。隋朝初年，突厥不断犯边，史射勿身先士卒，守护大隋边防。后来，他又跟随史万岁、罗截东征西讨。隋开皇三年（583年）响应号召，随上开府姚辩北征，与大将刘方共同剿灭突厥沙钵略可汗。也曾跟随安丰公高越，尽锐攻围。开皇十年（590年）正月，跟隋文帝“从驾幸并州”。开皇十四年（594年），转帅都督。开皇十七年（597年），升迁为大都督。开皇十九年（599年），又跟随越国公杨素北上大漠与外敌恶战，大获全胜。朝廷为了奖赏他的功绩，嘉授开府仪同三司的军衔。同年十一月，敕授骠骑将军。开皇二十年（600年），又随齐王行进大漠与敌人作战。仁寿四年（604年），先后获得赏赐粟1000石，甲第一区，以及奴婢、绫罗绸缎等。大业元年（605年），转授右领军、骠骑将军，又蒙赐物300段，米200斛。因当年从驾幸扬州有功，蒙赐物400段，钱60000文。

图1 史射勿墓出土执刀武士壁画

隋大业五年（609年）三月二十四日，史射勿因病殁于私第，享年66岁。大业六年（610年）葬于平凉郡的咸阳乡贤良里。后人有长子史诃耽，次子史长乐，还有史安乐（朝请大夫）、史大兴、史胡郎、史道乐、史拒达几个儿子。

史射勿一生经历北周和隋朝两代，可谓两朝功臣。他所处的时代，北周末年和隋朝初年，时局动荡，造就了像他这样的英雄。尤其在隋朝与突厥的战争中立有功勋，隋朝能使突厥分裂成东西两部，史射勿功不可没。历次战功，反映出粟特人骁勇善战的性格特征。正如他的墓志中所言，自从史射勿降生以来，他的家族载昌。他一生“扶韧从骠，挺刃勤王。位以公进，赏以诚来。暨登上将，即拟中台”。

史射勿是北朝至隋唐时期中亚粟特人入华成为名将的典型代表人物。他不像祖上，曾祖和祖父两代人担任萨宝职务，负责来华粟特人内部商业和宗教事务。逐步融入华夏的史射勿，以粟特人特有的勇猛、忠诚，常年征战沙场，为维护北周和隋朝边疆稳定做出了贡献。

二、唐平凉郡都尉骠骑将军史索岩①

史索岩，字元真，墓志记载其为健康飞桥人（今甘肃张掖市高台县）。其先祖是朝廷委派任命到固原（当时称原州）为官的官员，于是几代人定居于此地。史索岩的“岩”字，有美玉之意。先辈为河西望族，朝中元勋，享有较高的荣誉，他自己也非“钟鼎无闻，雕戈寂寞”之人，承继祖上遗训，品行兼优，耀祖光宗。史索岩的曾祖父名史罗，先后任职为后魏备远将军、西平郡（今西宁市）公，管理800户人口。见多识广、气度恢弘、深明大义，对朝廷忠心耿耿。祖父史祠，镇远将军、通直散骑常侍，承袭父亲西平郡公的爵位，为鄯州（今青海东部和甘肃南部）、廓州（今青海贵德县境内）两州的军事要员、鄯州刺史。性格坚韧，为人厚道，学富五车，明事理。父亲史多，曾经先后任北周三命上士、旷野将军、殿中司马、左卫常设府骠骑将军。经邦体国，为朝廷治理边疆解除忧患，并且树立了功德，德高望重、才学广达、享誉四方。史索岩本人也是位谦谦君子，品德如松树之引清风、皎皎之明镜、琳琅之映霄汉。少年时就很优秀，有理想抱负，二十岁的时候，著书立说。他的文字明鉴爽朗，成为同龄人学习的榜样。他心如美玉，温文尔雅，德才兼备。隋开皇中期出任官职，为晋王广库真（王府身边要员），虽然才学出类拔萃，然而其职位停滞于下僚，顿挫于门栏，驱驰于警卫。隋文帝仁寿四年（604年），因从辇驾于东宫，解除了大都督、长上宿卫的职务。大业元年（605年），隋炀帝继位，握图御历，招录宫臣。拜授史索岩为左卫御、安丘府鹰扬郎将。从此，史索岩开始了他的戎马生涯，被委以专门征讨夷狄的任务，控马扬旌，除凶涤暴。大业九年（613年），又授予平凉郡都尉头衔。自炎历数极，隋朝末年，各方势力虎视眈眈做着逐鹿中原的美梦。有打着王莽、董卓之旗号想光复刘氏汉室天下的，有以夷羿之名恢复夏家的。不仅如此，北方的少数民族也乘机起乱，于是九州百郡，到处是称帝称王的，各自给各自加冕，俱行正朔（改年号）。史索岩始终保持忠节，固守危城，羞于为伪庭效力，坚忍不拔。义宁二年（618年），捐款赈济。

唐朝武皇帝（李渊）拜授史索岩为朝请大夫，兼授右一军头。史索岩就与平凉郡太守张隆一起出兵讨伐黠戛斯人薛举的叛乱。在这次战争中，唐军大获全胜，史索岩立了大功，获得朝廷重奖。这对史索岩来说，是人生最为得志的一段经历，如墓志所书：“兰山雾卷，陇塞云撤。美矣哉！”史索岩的功劳得到朝廷的肯定。武德四年（621年），皇帝颁布诏书，解除史索岩左屯卫的职务，因功升为骠骑将军。在此期间，部下有一部分少数民族士卒，他“三令五申，肃穆军政，忠节紫极，功勒青史”。史索岩不仅能文，而且具有很高的军事才能。史索岩因在对黠戛斯的战

① 罗丰：《固原南郊隋唐墓地》，北京：文物出版社，1996年，第45-47页。

图2 史索岩墓出土朱雀图壁画

争中立有大功，不仅获得皇帝赏赐的锦衣，而且得到皇帝奖赏的美玉，兼荣誉和宠爱于一身，他自己也十分爱惜自己的声誉，谨小慎微，唯恐人格遭受玷污。到了唐太宗贞观元年（627年），由于身体不好，上奏朝廷，辞去官职。史索岩珍惜自己的荣誉，对他人的攻击深恶痛绝，常走中庸之道，居安思危，实属有雅量和操守之人。博学多才的史索岩，往往以史为鉴，超然脱俗，一旦遇风清月华之夜，就召集好朋友一起谈天说地，品天地幽玄。每每在风和日丽的清晨，给子孙们讲授做人之道。从来不提及自己的功德和福分，也不夸耀曾经为江山社稷所做的贡献。然而，天地悠悠，福运太短。唐高宗显庆元年（656年）五月十三日，因气疾暴增，死于原州万福里私第，享年78岁。

根据时间推测，史索岩经历了武德九年的“宣武门事变”。因为武德四年他任骠骑将军，五年之后，发生事变。我们不知道史索岩在这次事变中所扮演的角色，但从贞观元年他上奏朝廷辞去官位，可推测他在事变中的态度，采取中庸之道的可能性极大。当时他只有48岁，正值壮年，很可能是在此次事变中不作为所致，或因遭到排挤方辞官。30年后离世。

史索岩去世后，整个原州城罢市表示沉痛哀悼，人们更为他昔日曲折的一生感到惆怅。丧事之哀不亚于国相的离去，悲哀的气氛弥漫于乡里邻间。唐高宗显庆三年（658年）迁葬于原州城南高平南塬厚葬。后人长子史法僧，次子史德僧、史德威、史神义等人，为纪念先人，把史索岩的一生记于墓石上。

君子道长，如圭如璋。威仪济济，德行堂堂。问望俱美，玉润珠光。千夫之纪，五拔之纲。智逾伊霍，策迈陈张。其一。素志克申，厚礼兼备。华毂朱轮，连镳列骑。方陪瘗玉，翻悲隙驷。悼切挽夫，哀缠人事。其二。炎运道销，隋刚告圮；人多逐鹿，英雄鼎峙。太武拨乱，神威电气。陇躍参墟，凤翔渭涘。胙土列爵，建封诸子。其三。蒸蒸其孝，悃悃其忠。其孝奚若？资亲爱同。其中伊何？王臣匪躬。淳深内湛，高明外融。其四。弓弯钜黍，剑躍纯钩。截蛟惭勇，落雁非神。宏图命代，雄略超伦。邠郊佇德，渭浦怀仁。其五。天沉落日，地隔穷泉。腾城未晓，隧古长玄。松庭月冷，宰树凝烟。金石永古，海变成田。其六。

从后人对史索岩一生的总结看，他是一位堂堂君子，德高威严，仪表堂堂。知识丰富，博古通今，智谋双全。由于志向朴素，限制了他的大发展。他是在隋朝末年，太武帝拨乱群雄逐鹿乱世之后起家的，一路升官至平凉郡都尉骠骑将军（唐），四品官职。声誉响彻陇渭，后人也得到封爵。他孝敬父母，忠于职守，对有困难的亲戚朋友大加资助。无论王公贵族还是三教九流，他都广泛接触。外圆内方，淳朴干练，能文能武，雄略超群，也赶上时势造英雄的时代，在今陕西、甘肃一带留下仁德美名。从志文看，史索岩家族自魏以来，在西域、河西一带任武职，“经邦体国，树德立功”。

史索岩一生经历隋朝灭亡和唐朝建立两个朝代，并在太武帝时起家从戎。他身上，既有粟特人的武士风度，也不乏儒家文化熏陶下的儒雅风范。他并非一介武夫，而是一位饱读史书，深明大义，用现在的话讲，是一位十分接地气的将军。

史索岩的夫人安娘，葬于龙朔元年（661年）。墓志称其为“岐州岐阳人，安息王之苗裔也”，“族高西域，系芳蕤于地绪，道映中区”，“祖显，周上义同，掌设府车骑。父石生，隋上开府，本州中正”。安氏家族是来自中亚安国的粟特人，北朝时期曾是河西一带的望族，后逐步迁徙中原。

三、唐直书省翻译史诃耽[①]

史诃耽，字说（读yuè），“原州平高县人，史国王之苗裔也。”先祖为中亚粟特地区史国国王的后裔。“曾祖尼，魏摩诃大萨宝、张掖县令。祖思，周京师萨宝、酒泉县令。父陀，隋左领军、骠骑将军。”曾祖父史尼，曾任北魏萨宝、张掖县令。祖父史思，在北周京师萨宝府任职，在酒泉做过县令。父亲史陀，即史射勿，为隋朝左领军骠骑将军。

史诃耽远祖最初以兵起家，创立基业，因助轩辕黄帝而获得王族封号。“悠悠远派，掩妫水而疏疆。”妫水即今天中亚的阿姆河，希腊语译音为“Oxus”。这句话告诉我们史诃耽远祖是从西域远道而来，帮助轩辕黄帝打天下的。子孙定居于河右（今宁夏和甘肃大部分地区）。在中原一带也很有影响。子孙繁衍，家族兴旺，家族事迹在史书中有记载。史诃耽墓志里对其父亲史射勿仪表的描写较多，透过文字，一位气宇轩昂、英姿飒爽的将军形象便会出现在今人眼前。而史诃耽本人也是“濯质五材，资深六气”。少时好学，成年后学有所成。隋开皇中，荣升为平原郡（今山东德州境内）中正（初级九品）。史诃耽为人耿直坚韧，从不用诡诈奇异之术获得功绩。他淡泊名利，不以风华驰誉。隋朝末年，社会动荡不安，各地反朝廷势力四起，黠戛斯人薛举发动叛乱，攻伐幽州（今北京、河北部分地区）和岐州（陕西宝鸡境内）。敌人兵临城下，史诃耽“假狐鸣以挺祸，充仞王畿”。唐高祖建武皇帝在山西一带起兵，出征誓师秦川，奉三灵之命，打下了万业之基。高祖开始建立功业之初，史诃耽就跟随高祖，间行险阻，并献款资助。隋恭帝义宁元年（617年），太武帝拜授史诃耽为上骑都尉、朝请大夫，并赐名马杂彩。并特敕史诃耽在长安城北门负责管理向朝廷供奉进口的战马。唐高宗武德九年（626年），因史诃耽聪明机敏，善于养马，熟知六闲（马厩，六闲是隋至唐朝的官制，《新唐书·百官志二》记载，六闲有飞龙、祥麟、凤苑、鹓鸾、吉良、六群。这是殿中省的六闲。还有内左右六闲，指飞黄、吉良、龙媒、騊駼、駃騠、天苑）。史诃耽的这一特长，被朝廷发现，皇帝特敕授予他左二监的职务，专门负责监管养马业。史诃耽学识高，仪表美，声音洪亮，早朝时“清言直流如水之声”，晚归时“列骑动浮云之色”。因掌握粟特语言，被朝廷加封“直中书省翻译朝会”的职务，俸禄和在京畿任职的官员一样。据《旧唐书职官（志）二》，中书省是唐代早期设置的外事部门，其行政职能属

① 罗丰：《固原南郊隋唐墓地》，北京：文物出版社，1996年，第67-72页。

于决策部门，设中书令二人，正二品。外事职责是负责管理四夷来朝、大朝会、使节、纳贡等事务。唐太宗贞观三年（629年），加授其宣德郎。贞观七年（633年），又加授朝请郎。贞观九年（635年），又加授通义郎。贞观十三年（639年），又加授朝议郎。宣德郎属于中书省官员，正七品，主要职责是为外事联络员通事舍人做翻译，可以和通事舍人一起参加朝会翻译。贞观三年至十三年10年之间，史诃耽从正七品的宣德郎荣升为朝议郎，正六品。贞观十九年（645年），母亲生病，辞官尽孝。永徽四年（653年），皇帝下诏：朝议郎史诃耽，长期在直中书省任职，兢兢业业，可享游击将军待遇，继续担任直中书省翻译的职务。高宗继位后，去泰山封禅，史诃耽作为翻译随同，得到高宗皇帝的赏识。乾封元年（666年），被敕授为虢州诸军事、虢州刺史。唐总章二年（669年）九月，史诃耽于原州平高县劝善里家中去世，享年86岁。

史诃耽的夫人姓康，赣州张掖人。父亲康阿孩，隋朝上开府、右御卫、合黎府（今张掖市高台县）鹰扬郎将。康夫人贤惠恭顺，宅心仁厚。于唐贞观四年（630年）九月殁于雍州（包括今陕西、甘肃、宁夏部分地区）长安县延寿里私第，享年40岁。

史诃耽的第二任夫人姓张，河南南阳郡西鄂人，被称为南阳夫人。南阳夫人的父亲名张玄，为兖州任城县令（今山东济宁任城区）。张氏于唐高宗乾封二年（667年）正月因病逝于平高县劝善里私第，享年54岁。唐高宗咸亨元年（670年）合葬于原州平高县城南百达原。

图3 史诃耽墓出土
蓝宝石印章

墓志上记载，史诃耽善良朴素，志向远大。自从辞官回到家乡，很少见到他花天酒地；在私第悠闲生活，从未听到过什么不好的消息。不因位高而目中无人，也不因智慧和才学就凌驾他人之上。淡情毁誉之间，灰心名利之境，人英时杰，德才兼备。史诃耽去世后，儿子史护罹、史怀庆等，深感悲痛。为了记述父亲的生平，勒石刻铭称赞其父。曾经在西域和中亚一带作战，不仅相貌端美，且为人具仁德之心，声名远扬，有着抗霜傲雪的意志、临危不惧的气节。上知天文，下知地理，无所不通。熟悉七政（①春、秋、冬、夏、天文、地理、人道；②兵法指人、正、辞、巧、火、水、兵；③古人把金、木、水、火、五星，加上日月合起来称为七政或七曜），掌握天下事，消灾除障，拜谒天神。其功绩在朝廷对地方的考察中被推行。史诃耽的夫人们德高貌美，大家风范，贤淑颖慧，色茂铅华。生活朴素节俭，礼貌，不奢华。如同莲花披上夕雾，日出之朝霞。

史诃耽为史射勿之子，文武双全，曾经抗击过黠戛斯人薛举的叛乱，关顾过国家的养马业，又担任直中书省翻译职务，充分发挥了粟特人的优势和特长，为大唐的边防、国防和对外交往做出了贡献。此外，史诃耽被赐马姓，为中国一部分马姓来源提供了新证。

四、唐左亲卫史道洛[①]

史道洛，名道洛，无字，“原州平高县人”，即今固原人，隋左十二府骠骑将军史射勿的儿子。史道洛墓志记载，他的先祖早在轩辕黄帝创业之际，就帮助轩辕黄帝打天下，从而得到了最初的封爵。西周王室建立的时候，又协助周武王打败商纣。这些史实都记载于简册和缣缃（书写用的黄色细绢）中。为史道洛书写墓志者以为，史道洛的祖上英规素范，是人们学习的榜样。可惜，由于竹简和丝绢不好保存，刊载这些史料的简册丝绸早已石沉大海。史道洛的祖父多悉多，北周鄯州刺史、摩诃萨宝。父亲射勿盘陀，不仅为隋左十二府骠骑将军，还任开府义同三司的职务。“德允群望，声重二京”。“二京”指隋唐时期长安和洛阳，常称为“东西二京”。史道洛遗传了先辈的优秀基因，本人“圭璋博达，仪表绝伦”。他品行端正，表里如一。“依仁据道之业”，曾经在太子府讲学。史道洛起家于左亲卫，时常走在宫殿前的青石台阶上，也就是说史道洛和皇室来往密切，时常出入宫廷。然而，史道洛深明大义，从来不依此仗势自恃，宠辱不惊。史道洛为人谦恭礼貌，知道适可而止，恪守本分。从职位上退下来的时候，闲居在家，楼真乐道，祭祀读书，也不忘出去走走；他还喜欢音乐，赵瑟秦筝，经常约几个兴趣相投的人一起协奏娱乐。然而，光阴如梭，逝水难留。唐永徽六年（655年），因病在原州劝善里去世，享年65岁。史道洛去世后，行路的人都为他感到悲哀，百里之外的人都在议论他的卒亡，与他不相关的人们也表示哀悼。上至王公贵族，下至邻居，比他的亲戚还要感到悲伤，这在古今少见。

图4 史道洛墓出土白瓷壶

史道洛的妻子姓康，温婉贤淑，苹藻经心。为人中正，言归盛德，辅佐丈夫，讷言敏行，如琴瑟之美。史道洛去世后，她也到了暮年，“悲缠永夜”，唐太宗贞观二十年（646年）卒于私第，享年55岁。于显庆三年（658年）与史道洛合葬于原州百达原。来华的粟特人在婚姻关系中基本上保持着本族内通婚的习俗，从各地出土的粟特人墓志看，只有极少数男性娶汉人为妻或妾。史道洛的长子史德，对母亲的评价极高。“芝田结馥，桂畹传芳”，用仙人种植灵芝的地方的香气，桂树园传来的芬芳来比喻母亲的美德。

固原南塬，是一块风水宝地，向南眺望，山岚交错；向北望去是一座都邑（原州城）。东临长平，烟霞氛泊。西临脩陌，冠盖之所往来。山川形胜，如同“青鸟之卜，白鹤之相”。史道洛的儿子史德把他的双亲埋葬在这里，心里感到十分欣慰。

固原长期以来是中原通往西域的重要驿站，丝绸之路必经地。定居于原州的粟特人，与河西等地的粟特人保持着血缘或婚姻关系往来。

---

① 宁夏固原博物馆：《固原历代碑刻选编》，银川：宁夏人民出版社，2010年，第94页。

五、唐蓝池正监史道德①

史道德，字万安，唐给事郎蓝池正监，疑为五品官职，埋葬于唐仪凤三年（678年）。墓志记载史道德为："健康飞桥人氏。原夫金方列界，控绝地之长城；玉外分墟，抗垂天之大昂。稜威边鄙，挺秀河湟，盟会蕃酋……于是族茂中原。""曾祖度，河、渭、鄯三州诸军事；祖多，隋开府仪同、左卫安化府骠骑将军。"可见史道德的祖上曾在西域、河湟一带任职，后又迁徙至灵州，其祖上因做官来到高平。墓志里提到其远祖史鱼、史丹，其中史丹是汉代人，这就把粟特人迁徙中原的时间提前到汉代。

墓志中的"蓝池"在今宁夏盐池县境内。从这些史姓粟特人仕途足迹分析，他们远祖从中亚史国迁徙至今新疆的鄯善、河西的武威、张掖、酒泉一带，子孙相继迁入灵州、原州、长安各地。

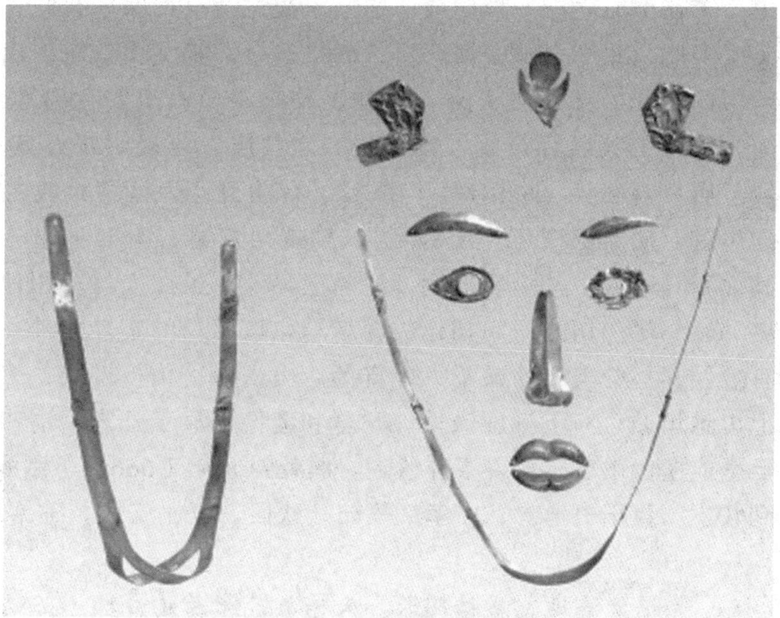

图5 史道德墓出土金覆面

史道德祖籍中亚，曾掌控长城一带地盘。后居玉门关关外，有凌云壮志，是边境杰出人物，在河湟一带享有盛誉。曾经作为朝廷代表在西域荒野月夜盟会各少数民族首领。几代人曾经到东土最东的地方当官（应该指今山东一带）。家族在中原十分显赫，声名远扬九州内。据史籍记载，史鱼为西周卫国官员，正直，敢于直言。补阙拾遗，史丹在汉代为朝廷辅佐，受朝廷恩宠，家族地位较高，子孙袭爵，基业延绵不断。史道德的远祖因为被朝廷派到地方上任职，便定居于此，子孙后代也成为固原人。史道德的太爷名史度，是河州、渭州、鄯州军事。爷爷史多，隋代开府义同、左卫安化府骠骑将军。史道德懂兵法，饱读诗书，服务三朝。提倡汉代考察官员的六条制度。曾以鹰扬将的身份出使玉门以西，下金城（兰州）逝考。升任隋朝正义大夫、平凉县开国候。史道德性情中正温和，其壮志如陵寒水，劲节冠于严霜。利见龙飞，绩宣鳌极。砺岳带河，疏封食邑。史道德起家于东宫左勋卫，功绩卓著。总章二年（669年）被拜授为给事郎，后升迁为玉亭监。仪凤三年（678年）因疾病终于原州平高招远里私第，享年66岁。史道德礼乐神怡，忠孝基性。含春云而等润，孕秋月以齐明。仪凤三年（678年）十一月葬于原州百达之原。嗣子史文環等。勒石刻碑：

① 罗丰：《固原南郊隋唐墓地》，北京：文物出版社，1996年，第93-96页。

玉关秀气，沙场界辟。重构崆峒，疏源积石，地灵肸乡，人英鸟弈，接乘明珠，分城曜壁。其一。联华鼎鼐，迭袭公侯。龙媒逸控，凤辖翔軿。襄城术妙，缙岩道优。荣班屡缛，睿渥频流。其二。植柳归来，吟芝独往。乍清鹤操，时横鸠杖。悦风长啸，向月高赏。方挹丹霞，处悽黄壤。其三。人间扰扰，陌上纷纷。终同逝水，倏若浮云。寂寥空随，萧索荒坟。山移海变，菊茂兰熏。其四。

六、唐司驾寺右十七监史铁棒[①]

史铁棒，字善集，原州平高县人，今固原市原州区人。家族地位十分显赫，是西至昆仑山，东临玉河之岸一带望族；按照志文记载汉代家族兴旺；后代繁衍成为河右一带大族。曾祖父史多斯，北周京师摩诃萨宝、酒泉县令。祖父史盘陀，唐代左领军、骠骑将军。史铁棒为史射勿的孙子，父亲史大兴，唐朝上骑都尉、右卫安化府军头。史铁棒为人宽宏大量，品格高尚，有好的英名和声望，英雄豪杰之莫属。年轻时嗜好读书，游精学府，引思文场，贞玉成器。唐贞观三年（629年），被授予右勋卫，为皇宫执戟之人，耸戈于宫殿，在戎校享有很高的声誉。唐显庆三年（658年），勒授司驭司右十七监趣马名官（给官方养马的人），并管理其他养马的人。“荆珍抵鹊，牛鼎烹鸡。”虽然大材小用他依然“阙里思于执鞭，蒙邑安于园吏”。想尽一切办法为朝廷牧养名马，按照马的本性牧养。虽劳苦功高，然不独自高于往录；有鲁候养鸟的美誉，又不大肆宣扬。史铁棒，精神俊朗，个性忠贞，道义无瑕，言必有信。对上忠悫坦诚，对下谦虚谨慎。聪慧和美德不显于外表，清明鉴于未形。俯仰规矩，周旋礼则。贬恶或遗留微小，褒善不弃秋毫。唐乾封元年（666年）因病终于原州平高县劝善里第，享年不到40岁。胄子史孝忠、史孝义等茹荼饮恨，泣血疚怀。碑铭总结史铁棒一生如下：

遥源濬远，盛绪绵长。天京族茂，葱滃分疆。五衢散叶，九畹分芳。绣衣发曜，朱黻斯皇。其一。懿德流庆，高门积祉。明哲寔生，雄姿碣起。挺拔奇秀，光晖淑美。桂馥兰芬，川停岳峙。其二。寝处谟训，执履忠贞。依仁沐义，戒满持盈。与人思誉，奉上轮诚。有光前载，克振家声。其三。人事浮促，神涂忽恍。一旦沉魂，千年长往。陇月宵映，松风曙响。式纪英猷，永旌幽壤。其四。

图6 史铁棒墓出土萨珊金币仿制品

（作者系宁夏固原博物馆研究馆员）

① 罗丰：《固原南郊隋唐墓地》，北京：文物出版社，1996年，第82-84页。

人造珠宝：丝路重镇固原中亚粟特人墓葬发现的玻璃器[①]

苏银梅　马　晴

内容摘要　宁夏固原在古代丝绸之路东西文化交流中起到了非常重要的桥梁和中转站的作用。北魏时期，中亚粟特人经新疆、甘肃，到达陕西、河南等地，固原为必经之地。来自史国的史姓人落籍于原州，从隋代史射勿至唐代的史铁棒，三代人的墓地相继在固原被发掘，出土了7盒价值珍贵的墓志和一批反映中西文化交流的文物，其中的玻璃器，是中西文化相互借鉴、交融的结晶。

关键词　丝绸之路　固原　中亚　粟特人　史姓　玻璃器

一、中国境内出土的历代玻璃器

玻璃，是人类先民在从事生产生活过程中偶发灵感认识并制作成形的一种器物。最早的玻璃器可与黄金、绿松石、玛瑙等宝石相媲美，为上层贵族钟爱的奢侈物。由于玻璃制造过程中所含物质的不同，在西方被称为“费昂斯（faience）”，中国古代称作“琉璃”或“颇黎”。1970年陕西西安唐代长安城兴化坊发现的何家村窖藏中，有一提梁大银罐，罐盖题记里有“颇黎”[②]等十六段铭文。中国社会科学院历史研究所研究员安家瑶先生，根据湖北江陵望山1号墓越王勾践剑上的蓝色玻璃、河南辉县琉璃阁吴王夫差墓夫差剑上的无色透明玻璃、河南固始侯古堆1号墓出土的镶嵌玻璃珠，综合分析，认为中国最早发现玻璃的时间为春秋末年。[③]战国中晚期，镶嵌玻璃珠较常见，深受上层贵族的喜爱，其作用相当于宝石。由于镶嵌玻璃珠上的同心圆图案似动物眼睛，中国人称“蜻蜓眼”，西方人称“复合眼珠”。1978年湖北战国曾侯乙墓出土的玻璃珠[④]，经中科院上海光机所使用科技考古中常用的X射线荧光仪器定量检测分析结果看，这类玻璃结构为钠钙硅酸盐体系，着色剂为锑基和锡基化合物（乳浊剂），与中国战国时期的铅钡玻璃不同，其体系符合西方玻璃成分和制作工艺特征。研究表明，曾侯乙墓出土的“蜻蜓眼”可能来自古埃及或东地中海沿岸地区，证明贵如珠宝的玻璃，是早期丝绸之路商业贸易中的贵重物品。

---

① 本文为国家社会科学基金西部项目“西北地区粟特人文化遗存与回族关系研究”（项目号13XKG004）阶段性研究成果。

② 安家瑶：《玻璃器史话》，北京：社会科学出版社，2011年，第11页。

③ 安家瑶：《玻璃器史话》，北京：社会科学出版社，2011年，第12–14页。

④ 图1–3，中国化工仪器网，《中国科学报》2014年8月7日。

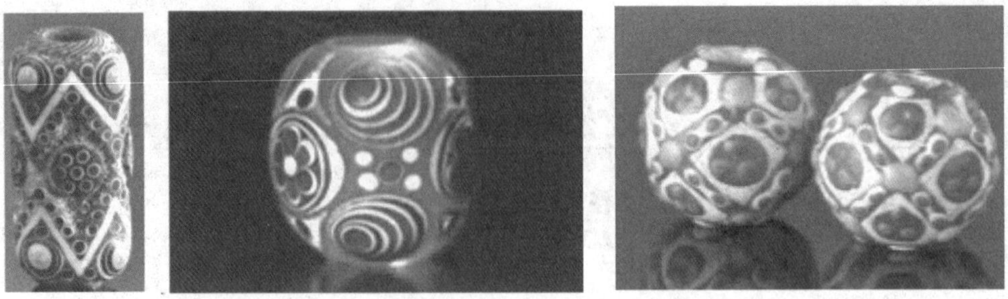

图1 中国风格玻璃制品

中国制作的玻璃制品出现于战国中晚期，有仿玉璧的玻璃壁、玻璃剑饰、玻璃印章、镶嵌于其他材料上的玻璃，多发现于中原地区的墓葬中，成分为铅钡玻璃。中国造铅钡玻璃向东传播到日本和朝鲜半岛。汉代中原地区铅钡玻璃数量和品种都明显增加。到了西汉中晚期，玻璃容器开始出现，丧葬玻璃和玻璃装饰品也出现，玻璃镶嵌物种类很多。在广西还出现钾玻璃。

在中国两汉魏晋南北朝时期墓葬中，发现有进口玻璃，主要是罗马玻璃和波斯萨珊玻璃。罗马玻璃和萨珊玻璃的东进，象征着丝绸之路东西方贸易进入一个新的阶段。魏晋时期，玻璃作为奢侈品，成为仕家大族证明财富和身份地位的物品之一。国内发现的汉代罗马玻璃如江苏邗江甘泉2号墓出土的马赛克玻璃钵残片、洛阳东汉墓出土的缠丝玻璃瓶；魏晋南北朝时期的罗马玻璃，如南京象山7号墓出土的罗马磨花玻璃杯、辽宁北票冯素弗墓出土的罗马玻璃器、河北景县封氏墓群北魏祖氏墓出土的罗马波纹玻璃碗。萨珊玻璃如北京西晋华芳墓出土的凸钉玻璃碗、湖北鄂城五里墩121号墓出土的磨花玻璃器、宁夏固原北周李贤夫妇墓出土的凸钉装饰玻璃碗。①

二、固原北周墓葬出土的玻璃器

魏晋南北朝时期为丝绸之路贸易繁荣时期，固原作为丝绸之路必经之地，这一时期也出现了产自西亚的玻璃器，而且都发现于当时地方要员的墓葬中。

1983年，在丝绸之路重镇固原南郊发现了举世闻名的北周李贤夫妇墓葬，出土的萨珊波斯鎏金银壶和萨珊玻璃碗（见图2），均被国家文物局定为国宝级文物。凸钉装饰玻璃碗属典型的波斯萨珊王朝玻璃制品。碗高8厘米，口径9.5厘米，腹深6.8厘米，最大腹径9.8厘米，重245.6克。碧绿色，透明，内含小气泡，分布均匀。直口，矮圈足，外壁饰以凸起的圆形装饰两周，上周8个，下周6个，共14个上下错位排列。安家瑶先生研究认为，这件玻璃碗属于钙钠玻璃，制作工艺采用了模具吹制技术，是中西文化交流的重要见证物。李贤为北魏、西魏、北周三朝元老，曾在河西一带做官，掌握丝路贸易大权，官至原州刺史，与皇室宇文氏保持密切关系。奢华的玻璃器皿出现在李贤的墓葬中，应有一定的历史背景，彰显了李贤显赫的权位。

图2 凸钉装饰玻璃碗

李贤夫妇埋葬时间为北周天和四年即公元569年。1996年在固原南郊葬于北周建德三年（575年）的田弘夫妇墓葬中，也发现了一批玻璃器（见图3）。②共出土玻璃小珠约900颗、花瓣形玻璃

① 宁夏固原北周李贤夫妇墓出土的萨珊玻璃碗，见《固原历史文物》（北京：科学出版社，2007年，第127页）。

② 原州联合考古队：《北周田弘墓》，东京：勉诚出版社，2002年，第51-52页，图版第35。

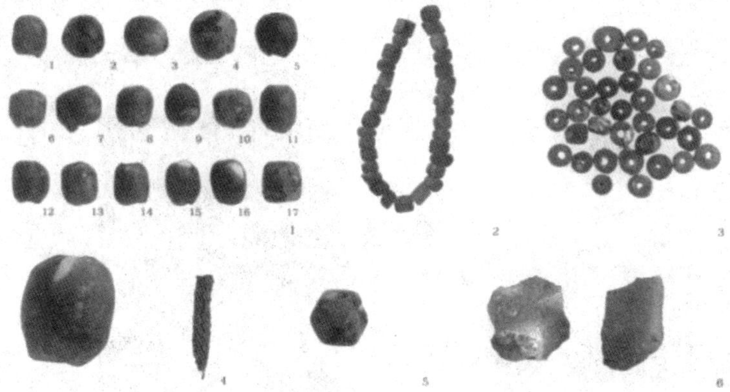

图3 田弘夫妇墓葬中出土的玻璃制品

小片2个、属于费昂斯的碎片2个。大玻璃珠高8～11毫米，宽8～11.3毫米。20个玻璃珠表面为多面体，光照后显色为深蓝色的透明玻璃。其中8个深蓝色玻璃珠镶嵌有白色不透明小玻璃片，即蜻蜓眼玻璃珠。这些玻璃小珠出土于田弘棺内，与玉器、水晶制品放置在同一位置，发掘者认为，可能是用于玉佩线上的穿珠。

小玻璃珠大约有880个，发现于墓室地面和田弘夫妇二人棺内。横径3～6毫米，纵径为2～4毫米。这些小珠采用了两种制作方法，一种玻璃小珠上下为圆形，呈收缩状；另一种是将玻璃棒切割成珠子，以后者居多。颜色主要以深蓝色和浅蓝色为多，黄色和绿色的分别只有4个和2个。2个玻璃小珠上包有金箔，还有一部分玻璃小珠在某部位附着有金箔。从出土位置分析，包金箔小珠用于装饰纱冠，在国内属首次发现。

玻璃花瓣发现于第五天井，为黄色透明玻璃，长9.5毫米、宽5毫米、厚5毫米、重0.05克，根据比重分析，推定为碱化玻璃。费昂斯表面为淡绿色，内部为白色。从田弘夫妇墓葬出土玻璃珠的作用推测，当时的玻璃制品与玉器、水晶都属于珠宝类，作为装饰物。在古代珠宝类饰品中，金镶玉或金包玉的饰品经常出现，而金包玻璃饰品十分罕见。

三、固原隋唐史姓粟特人墓葬出土的玻璃器

《北史·大月氏传》记载，北魏当时的首都大同有来自中亚的月氏人“能铸石为五色琉璃”，“光泽乃美于西方来者”。隋唐时期，中国的玻璃制造业水平进入了一个新的阶段。玻璃器受瓷器的影响，制造中追求晶莹剔透的质感，如西安隋李静训墓出土的绿玻璃盒，光洁透明，为无模自吹成型的玻璃器皿。其他各地发现的玻璃器也以绿色为主，器型模仿中国传统陶、瓷器形状。如西安隋李静训墓出土的无颈瓶和扁瓶，湖北郧县唐李泰墓出土的玻璃瓶、玻璃杯。隋代以后，玻璃制品工艺技术进一步发展创新，如把玻璃珠、玻璃花与金、铜等金属黏合制作出各种精美的工艺装饰品。固原南郊隋唐中亚史姓人墓出土的玻璃饰品就是最好的例证。

固原史姓家族为魏晋以来从中亚迁徙而来的粟特人，隋唐时发展成为原州望族，家族成员中有武官、翻译官、监牧官。家族坟茔选择在古原州南塬，目前发掘的墓葬中有墓志铭文的有7人，为史射勿、史道德、史索岩、史诃耽、史道洛、史铁棒和史索岩夫人安娘，其中史射勿、史诃耽、史道洛、史铁棒墓发现有玻璃器。

隋史射勿墓（609年）出土玻璃器2件，一件是鎏金桃形花饰，一件是镶玻璃条形饰。[①] 鎏金桃形花饰，长6.5厘米，宽5.2厘米。呈桃形，制作工艺为以鎏金铜做图案底框，然后镶嵌贝壳、玻璃等宝石，形成一周联珠纹。玻璃颜色为绿色。玻璃条形铜饰，长9厘米、宽2厘米，呈长条状。以铜条制作出长方形、联珠纹、花瓣形图案底框，再镶嵌珍珠、绿色玻璃，凸显立体效果。这两件

① 罗丰：《固原南郊隋唐墓地》，北京：文物出版社，1996年，第14-16页。

饰品的制作工艺，是波斯艺术风格与中原传统技艺的结合，体现了中国工匠的创新精神。两件花饰应为其他物品的装饰组成部件。

图4 隋史射勿墓出土玻璃器

图5 史诃耽墓出土小玻璃碗

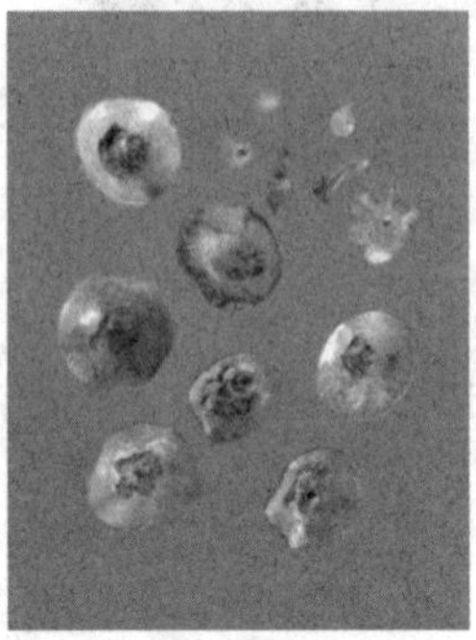

图6 史诃耽墓出土喇叭形玻璃花

史诃耽墓（669年）出土有小玻璃碗（见图5）和喇叭形玻璃花（见图6）。 小玻璃碗基本完整的2件，口径4厘米、底径2.2厘米、高8厘米，直沿，口外撇，腹壁呈瓜棱状，上贴有条形金箔，六瓣，凹底，通体呈绿色。喇叭形玻璃花有十余枚，直径2.3厘米、高0.7厘米。呈碧绿色，喇叭形，有的中间有黄色花蕾，并贴有金箔。5枚黄色玻璃花结为玻璃流节形成，形状不规则，长约1厘米。史诃耽墓玻璃器大多数为高铅玻璃，采用了吹制、铜丝连接花蕊、贴金工艺。史诃耽墓出土的玻璃花为国内发现的唐代最为精美的玻璃工艺品。

史道洛墓（658年）出土的玻璃器有六曲玻璃杯和玻璃花部件（见图7）。 玻璃杯残，直径3.8厘米、高约1.7厘米，底部和外侧内凹槽贴有金属片（起到固定或装饰作用）。玻璃花残件以绿色为主，花体断面呈八字形，底端有穿孔，周围镶嵌六瓣形金属花叶，从孔中穿出直径0.9毫米的金属线，其端部嵌入直径6.1毫米、高5.75毫米的宝珠状绿、黄绿、白、青色玻璃珠，组成花蕊状造型。根据玻璃花出土的位置分析，为墓主人头冠的装饰品。

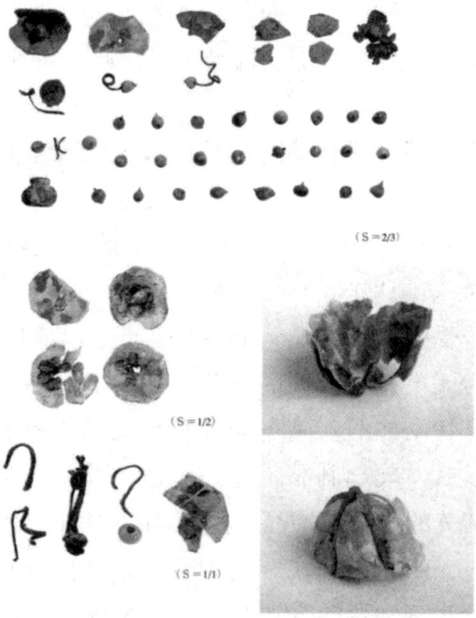

图7 史道洛墓出土玻璃制品

日本谷一尚先生认为，固原史姓家族墓地出土的玻璃器属于含铅70%以上的高铅玻璃，出自中国工匠之手，类似的玻璃制品在陕西隋唐墓中也有发现，并认为7世纪中叶在长安附近有制造玻璃的作坊。史道洛墓葬发掘之前，人们只能在敦煌壁画中看到玻璃花制品。《隋书 ·何稠传》中有关于何稠使用绿瓷技术制造琉璃的记载，何稠为中亚何国人，由此可见粟特人为繁荣中原文化所做的贡献。同时可推测，玻璃工艺品是粟特人钟爱的装饰品，其价值等同于珠宝。

（苏银梅系宁夏固原博物馆研究馆员；马晴系宁夏大学回族研究院副研究员）

宁夏丝绸之路上的西域乐舞探述

周佩妮

内容摘要 丝绸之路是世界历史上连接欧、亚、非三大洲的重要线路，在东西文化交流、商业贸易往来、民族迁徙融合等方面发挥了极其重要的作用。宁夏作为丝绸之路的要冲，境内考古发现了诸多西域乐舞文物，反映了西域乐舞在丝绸之路上的传播与发展。

关键词 宁夏 丝绸之路 西域乐舞

丝绸之路是人类历史上贯穿欧、亚、非三大洲的最重要线路之一，全程分东、中、西三段，东段自长安到凉州（今甘肃武威）有南、中、北三条路可以通行，其中中、北路经过今宁夏。境内考古发掘出土的诸多文物，反映了西域乐舞在丝绸之路上的传播与发展。

一、宁夏丝绸之路上发现的乐舞器物

二十世纪八十年代以来，宁夏丝绸之路考古发现获得了大量成果，尤其是丝路繁荣昌盛的北朝至隋唐时期，固原、彭阳、吴忠、盐池等市县境内发现了北魏漆棺画墓、新集北魏墓、北朝李贤墓葬、隋唐墓地、吴忠北郊北魏唐墓群、吴忠西郊唐墓群等。

近年来，宁夏境内考古发现的乐舞遗珍主要有：（1）关马湖汉墓群出土的伎乐百戏俑，一组共10 件，有吹奏俑、踏鼓俑、舞俑和倒立杂技俑，显现了汉代的百戏场面。[①]（2）北魏漆棺画右侧板左部画面上的裸体舞者形象，裸体，圆脸，眉目清秀，肩臂上缠绕飘带，有圆形头光，翩翩起舞。[②]（3）北周绿釉陶扁壶上浮雕的西域乐舞图案，一组7 人，腹部3个舞伎腾跃跳舞，中间一人脚尖踩踏在莲花台上，身躯跃动，翩翩起舞，周围4 人伴奏。[③]（4）彭阳新集北魏墓出土一组伎乐俑[④]，有8 件吹角俑、3 件击鼓俑、1 件抚瑟俑、1 件吹竽俑，其中吹角俑双手托一长角，鼓腮吹奏。击鼓俑左臂弯处有一扁圆形鼓，右臂执鼓桴做击鼓状。同墓还出土了陶制鼓、瑟、竽等乐器模型。[⑤]（5）北周宇文猛墓和李贤夫妇合葬墓中出土的骑马吹奏乐俑，其中宇文猛墓3 件，有

① 宁夏博物馆关马湖汉墓发掘组：《宁夏吴忠县关马湖汉墓》[J]，《考古与文物》1984年第3期，第28−36页。
② 固原县文物站：《宁夏固原北魏墓清理简报》[J]，《文物》1984年第6期，第46−57页。
③ 马建军：《浮雕西域乐舞的釉陶扁壶》[J]，《东方收藏》2012年第10期，第72−74页。
④⑤宁夏固原博物馆：《彭阳新集北魏墓》[J]，《文物》1988年第9期，第26−43页。

双手握箫吹奏者，也有右手执乐器放在嘴部做吹奏状者。[①]李贤墓出土10件，分3 种，一是骑者左手举至嘴部持乐器吹奏，二是骑者双手握排箫吹奏，三是骑者双手持长笛吹奏。[②]李贤墓出土的壁画，现存2 幅侍女伎乐图，一幅侍女右侧腰间有小圆鼓，双手执槌击鼓。另一幅侍女腰前挂一细腰鼓，左手拍击鼓面，正在表演。[③]李贤墓中出土的金戒指宝石戒面上雕刻一裸体人物，双手举一弧形花环，实为舞者。[④]（6）须弥山石窟中第45、46 窟中方形塔柱的佛龛基座雕刻乐伎，所持乐器有横笛、细腰鼓、排箫、笙、琵琶、箜篌、箫、鼓、筝9 种，分为弹拨、吹奏、打击三大类。（7）盐池窨子梁粟特人墓葬中出土的胡旋舞石门，正中减地浅浮雕男性舞者，踩在一小圆毯上，双人对舞，手举长巾，熟练挥旋，似腾跃于云气之中。[⑤]（8）西夏王陵出土的妙音鸟“迦陵频伽”，人首鸟身，双腿连爪跪骑于贴塑卷云纹的长方形座上，呈云端飞翔状。

二、宁夏丝绸之路上存在的乐舞形式

宁夏丝绸之路上考古发现的乐舞资料，主要有佛教乐舞、鼓吹和横吹的军乐、胡腾舞、执物舞、胡旋舞等。

（一）佛教乐舞

佛教乐舞随着佛教的传播而传至相关国家和地区，源于印度的佛教乐舞在推动佛教传播过程中，发挥了举足轻重的作用，不仅在中国丝绸之路沿途的石窟壁画与雕刻上留下了鲜明痕迹，而且诸多出土的器物上也有所表现，同时还丰富和充实了中国传统的乐舞艺术。在北朝时期，佛教乐舞随佛教一同涌入中国境内，成为当时中国的代表性乐舞。北朝至隋唐之后，漆棺画、伎乐壁画、宝石戒指、妙音鸟等器物及石窟中的乐伎雕刻，均含佛教乐舞的内容。宁夏固原北魏墓漆棺画左右侧板上联珠纹圆环内的画面中“有两个裸体状的人物，肩臂上缠绕飘带，有圆形头光，翩翩起舞，似为供养天人”。[⑥]从现存画面观察，人物是舞伎，且舞姿和形态不尽相同。总体上讲，每个圆环内的舞伎成对，为一对男女。其中女舞伎裸胸、丰乳、体态丰满、屈臂弯肘、耸肩歪头，所执长巾随舞绕臂飘逸，手臂和腿部动作各有不同，没有明显的扭腰出胯动作。其中有一幅壁画保存完好，其中女性舞者高绾发髻，面部圆润，裸胸丰乳，所执长巾随舞绕臂飘逸；男性舞者，高挽发髻，面相方颐，络腮胡须，左右腿向内弯曲，右脚尖向下着地，左脚提起，脚掌向内，舞姿动作看似幅度较大。

佛教在公元前3 世纪被孔雀王朝阿育王尊为国教后，向四周广为传播，从时间上看，先后形成了秣菟罗艺术、犍陀罗艺术、笈多艺术和萨珊波斯佛教艺术，这几种艺术都传至中国。影响深远者当属犍陀罗艺术，其实质是希腊化的佛教艺术，裸体舞蹈艺术是在古希腊特定文化背景下产生的，希腊罗马雕塑式裸体有翼天使和神像与舞蹈姿态，通过犍陀罗艺术传入，沿着克孜尔、敦煌、云冈等石窟一线，经长期流变，在诸多石窟中留下了深深的烙印。须弥山石窟便是其中之

---

① 宁夏文物考古所固原工作站：《固原北周宇文猛墓发掘简报》[J]，《宁夏考古文集》[Z]，银川：宁夏人民出版社，1994年，第134-148页。

②③④ 宁夏固原博物馆：《宁夏固原北周李贤夫妇墓发掘简报》[J]，《文物》1985年第11期，第1-21页。

⑤ 宁夏回族自治区博物馆：《宁夏盐池唐墓发掘简报》[J]，《文物》1988年第9期，第 43-57页。

⑥ 固原县文物站：《宁夏固原北魏墓清理简报》[J]，《文物》1984年第6期，第46-57页。

一，其内的乐伎身上长有羽翼，半裸，姿态各异，或盘腿而坐，或单腿跪地，或双腿跪地，或蹲坐，手持不同乐器，身体与手的姿势因所持乐器而不同，身心投入，尽情表演，细微动作表现出了演奏的愉悦。这些有翼乐舞人物形象和希腊、罗马神话中的有翼神像存在着一脉相承的关系，翼人、翼兽的形象在希腊、罗马、波斯的绘画和雕塑中常见。汉代末期，希腊凌空展翅飞翔的翼人、翼兽以及与佛教结合而形成的披巾飞天形象，沿着丝路传入并影响了中国绘画与雕塑艺术。漆棺画画面上长巾绕臂飘逸的裸胸舞伎无疑是受到这种艺术影响而产生的。北周的乐伎壁画，舞伎顾盼有情，神情怡然，表演击鼓舞，这种题材受到了佛教的影响。西夏陵出土的“迦陵频伽”更具佛教乐舞文化意味，“迦陵频伽”是梵语的音译，汉语译作好音鸟、妙音鸟，原为喜马拉雅山中的一种鸟，能发妙音，印度人崇敬它。后被佛教吸纳，作为“极乐世界”之鸟，将其美妙之声纳入佛的世界之中，使之成为佛教乐舞的种类，并把它变成了人面鸟身，出现在盛大佛事中。在敦煌莫高窟和日本“古代圣灵会想象图”中东大寺大佛殿前的乐舞中皆有其形象，斯坦因在新疆磨朗发现的“有翼童子”也是此类形象。①这种形象也来自于古希腊神话传说，“从古希腊神话来看，人面鸟身的怪物有两个，一个是哈尔帕，和佛家传说中的金翅鸟有点相似；另一个是‘西壬’（sirenes），是希腊神话中专以美妙歌声诱惑水手们的海妖。其上身是美丽的少女，胸部以下则完全是鸟的形状，长着双翅、鸟尾和鸟脚。”②

（二）“鼓吹”与“横吹”乐

宁夏境内宇文猛墓和李贤夫妇墓中出土的吹奏骑马俑意义重大，是北朝时期西北地区难得的高官配享“鼓吹”的实物资料，因为这种实物在南北朝墓葬中，屡见于中原地区，北方地区出土较少。这主要模拟墓主人生前配享的“鼓吹”制度，体现了两位墓主人生前地位，说明魏晋以来盛行于北方及中原的鼓吹乐。“鼓吹”是两汉魏晋时期的军乐队，兴起于西汉骑兵开始盛行之时，最早出现的形式是马上乐队，为北方边地雄豪班壹所创，“始皇之末，班壹避坠于楼烦。值汉初定，与民无禁，当孝惠、高后时，以财雄边，出入弋猎，旌旗鼓吹。”③鼓吹的形成显然受到游牧狩猎的北方民族影响。东汉时，这种军乐的配享与用途有了变化，只有边将、万人将军才能配以鼓吹。同时被采用于皇室仪仗和宴乐中，逐步成为皇帝、太子、诸王宴乐夸耀身份与富贵的手段，增加了与军乐无关的功能，成为宣扬威仪卤簿的组成部分。南北朝时期，其功能性质和组成与之前基本相同。只是鼓吹的人数各代不同，在7~16人之间，不同等级享用鼓吹人数多少不一，乐器的组合也有变化，铙逐步从乐队中消失，体现了“鸣笳以和箫声”。④

宁夏彭阳新集北魏墓中出土的伎乐俑群，是难得的“横吹”乐实物材料。相似的实物在西安南郊草厂坡北朝早期墓⑤、河北磁县北齐冯翊王高润墓⑥、东魏茹茹公主墓⑦均有出土。“横吹”是西汉时期出现的另一种军乐队。晋崔豹《古今注》载：“横吹，胡乐也。博望侯张骞入西域，传其法于西京……乘舆以为武乐，后汉以给边将军。和帝时，万人将军得用之。”⑧说明其源于西

①② 金秋：《古丝绸之路乐舞文化交流史》[M]，上海：上海音乐出版社，2002年，第132页。
③ 班固：《汉书·叙传》[M]，北京：中华书局，1962年，第4197—4198页。
④ 易水：《汉魏六朝的军乐——“鼓吹”和“横吹”》[J]，《文物》1981年第7期。
⑤ 陕西省文物管理委员会：《西安南郊草场坡北朝墓的发掘》[J]，《考古》1959年第6期，第285—287页。
⑥ 磁县文化馆：《河北磁县北齐高润墓》[J]，《考古》1979年第3期，第235—243页。
⑦ 磁县文化馆：《河北磁县东魏茹茹公主墓发掘简报》[J]，《文物》1984年第4期，第1—10页。
⑧ 崔豹：《古今注卷中》[M]，北京：商务印书馆，1956年，第14页。

域，后发展为军乐，且边地守将用之，其主要使用的乐器是鼓和角。据《宋史·乐志》载“西戎有吹金者，铜角，长可二尺，形如牛角，书籍所不载。或云出羌胡，以惊中国马。”[①]《晋书·乐志》也说：“胡角者，本以应胡笳之声，后渐用之横吹，有双角，即胡乐也。”[②]可见角源于西北游牧民族地区，称胡角，因胡角横吹，故称为“横吹”。两汉魏晋南北朝时期，流行于军中，使用者都是军事将领。十六国时期，匈奴、鲜卑、羯、氐、羌等北方少数民族相继进入中原并建立了自己的政权，其军队以骑兵为主，喜用“横吹”，致使其盛行。

（三）胡腾舞

宁夏固原出土的绿釉陶扁壶，腹部浮雕有西域乐舞图案，人物皆深目高鼻，头戴番帽，身着窄袖翻领胡服，足登靴，为胡人形象。舞者右足后勾，左足脚尖前腾，有明显的腾跳动作，应表演胡腾舞。相似或相同的器物在河南安阳北齐骠骑大将军范粹墓中出土4 件，为黄釉陶扁壶，腹部刻画有一组5 人的乐舞图，中间立于莲花座上的男舞者，踏节腾跳。伴奏者4 人，分别在吹笛、击钹、弹五弦和拍掌，是西域胡腾舞形象。[③]故宫博物院藏有一件同类扁壶，腹部两面均浮雕5 人一组的胡腾乐舞图案。瑞典探险家斯文·赫定在于阗古都约特干城址（今和田市附近）收集到一件残陶罐，上面浮雕塑造了于阗乐队，由12 人组成。[④]

胡腾舞，最早产生于中亚，典型特点在于“腾”字，即用双腿踢蹬腾跳，舞者以男性为主，由西域传入中原，舞者腾踏、跳跃，急蹴环行，反手叉腰，有弄目、合颌、耸肩等舞蹈动作，突出“腾”字，是一种节奏性很强又有乐器伴奏的男性舞，体现了西域雄豪奔放的民族性格和风趣诙谐的民族情调，形成了独具一格的西域舞蹈的艺术特色。北朝时期，胡腾舞在华滥觞，入华粟特人墓葬中发现的胡腾舞图案，应该是其标准图像。在考古资料中看到的胡腾舞资料，舞蹈者都是一人，伴奏者或多或少。乐器也是多种多样，其中使用最多的是琵琶和横笛。[⑤]唐代刘言史《王中丞宅夜观舞胡腾》和李端的《胡腾儿》两首诗，对胡腾舞有详尽的描述，向达先生据诗解释云：“就刘、李二人诗观之，胡腾舞大约出于西域石国，舞此者多属石国人。”“此辈舞人率戴胡帽，着窄袖衫儿……胡腾舞则舞衣前后上卷，束以上绘葡萄之长带，带之一端下垂，大约使舞时可以飘扬生姿。”“胡腾舞容不甚可知，依二诗所言，大率动作甚为急剧，多取圆形，是以‘环形急蹴’‘跳身转毂’云云。胡腾之腾或指其‘反手叉腰’，首足如弓形，反立毡上，复又腾起而言欤？”[⑥]相关的考古材料还有河南密县打虎亭汉墓二号墓后门东扇背面石刻中部[⑦]、北魏平城遗址中的石砚上的舞蹈雕刻图案[⑧]、寿阳县北齐库狄回洛墓甬道残存壁画上，即有胡腾舞的形象[⑨]，同样的扁壶在美国纽约大都会博物馆、芝加哥艺术博物馆、英国大英博物馆、加拿大多伦多

①《宋史·乐志》[M]，北京：中华书局，1962年，第559页。
②《晋书·乐志》[M]，北京：中华书局，1962年，第715页。
③ 河南省博物馆：《河南安阳北齐范粹墓发掘简报》[J]，《文物》1972年第1期，第47-51页。
④ 林梅村：《古道西风——考古新发现所见中西文化交流》[M]，上海：三联书店，2000年，第237页。
⑤ 张庆捷：《胡商 胡腾舞与入华中亚人》[M]，太原：北岳文艺出版社，2010年，第153页。
⑥ 向达：《唐代长安与西域文明》[M]，石家庄：河北教育出版社，2001年，第66-67页。
⑦ 河南省文物研究所：《密县打虎亭汉墓》[M]，北京：文物出版社，1993年，第237页。
⑧《文化大革命期间出土文物》[M]，北京：人民出版社，1972年，第163页。
⑨ 王克林：《北齐库狄回洛墓》[J]，《考古学报》1979年第3期。

博物馆也有收藏。山东临朐县博物馆藏北朝卢舍那佛的袈裟上也有胡腾舞形象①，在青州出土的北齐卢舍那佛袈裟上也可以看到②。在北周安伽墓石床榻图像中③、北周史君墓墓门左右门框上也有此舞蹈图像④。

（四）执物舞

通过仔细观察宁夏李贤夫妇墓出土的宝石戒指戒面上的微雕，可知人物是一舞者，裸体，左右两臂抬升弯曲侧伸，双手举一半环形物品，高过头顶，物品两端垂吊有物，整体似为花绳。舞者左腿前伸，脚向外展，右腿弯曲，右脚后收，脚尖着地，是为“蹉步式”，是一种舞蹈动作，应是当时的执物舞。执物舞一般以舞时所执物品命名，主要有飘带舞、花巾舞、花绳舞、碗舞、盘舞、鼓舞等。

飘带舞，飘带一般多用丝绸，取其轻飘炫目，神韵潇洒。这类舞蹈形象在克孜尔石窟中第100窟、110 窟、135 窟壁画伎乐图上有所展现。花巾舞，在龟兹石窟壁画中常见花巾舞的造型，克孜尔石窟第77窟的舞伎双手持丝绸两端，舞风古朴、活泼，有浓厚的生活气息。有的舞伎几近于全身赤裸，双手持丝巾，体态窈窕娇美。绳舞，又称花绳舞。森木塞姆石窟26 窟天宫伎乐图中有舞花绳的伎乐形象。所持花绳一般有两种，一种比舞蹈者身长稍短，缀有各种花饰，舞者以食指、拇指各持绳两端而舞。一种则为绳上无饰物的环行花绳，舞者双手套入绳环中舞蹈。一般舞者头戴花冠，胸前佩饰，双手持花绳两端，舞姿飘逸，神情妩媚。由于绳舞道具简单，易造成热烈气氛，所以很受欢迎。李贤墓中宝石戒面上微雕的舞者，手持道具，符合两端饰有物品的花绳特点。还有碗舞、盘舞、鼓舞，鼓不仅是伴奏的主要乐器，还以鼓为主，创造了各种鼓舞。克孜尔石窟壁画中有带着鼓表演的各种鼓舞。李贤墓中壁画上的女性舞伎，神情怡然，表演击鼓舞，这种舞既受到佛教思想的影响，又是当时流行的以鼓为道具的舞蹈。

（五）胡旋舞

宁夏盐池唐墓出土的石门，所刻图案即为胡旋舞。还有相似的实物资料，如西安碑林博物馆的半截石碑两侧刻着男子舞蹈形象；甘肃山丹县文物馆藏有一个胡旋舞铜俑，一边跳着舞一边用右手握着来通喝酒，形态逼真；太原唐墓出土长沙窑瓷壶上的舞蹈形象⑤；陕西冯晖墓壁画上的胡旋舞图等⑥。

胡旋舞，又有团乱旋、团圆旋等称呼，原出于中亚一带。《新唐书·礼乐志》载：“康国者，一曰萨末健……国人嗜酒好歌舞……开元初，贡……胡旋女子。”胡旋舞由西域传入后，受到中原各族人民的喜爱，尤其得上层统治阶级偏爱。并有不少唐诗描述了胡旋舞的风姿，白居易《胡旋女》最为著名，“胡旋女，胡旋女，心应弦，手应鼓。弦鼓一声双袖举，回雪飘飖转蓬舞。左旋右转不知疲，千匝万周无已时。人间物类无可比……”元稹《和李校书新题乐府十二首·胡旋女》也盛赞胡旋女的柔美，“胡人献女能胡旋……蓬断霜根羊角疾，竿戴朱盘火轮炫。骊珠迸珥逐飞星，虹晕轻巾掣流电……万过其谁辨终始，四座安能分背面……”可见，胡旋舞节

---

① 宫德杰：《临朐县博物馆收藏的一批北朝造像》[J]，《文物》2002年第9期。

② 中华世纪坛艺术馆、青州市博物馆：《青州北朝佛教造像》[M]，北京：北京出版社，2002年，第152−153页。

③ 陕西省考古研究所：《陕西发现的北周安伽墓》[J]，《文物》2001年第1期。

④ 西安市文物保护考古所：《西安北周凉州萨保史君墓发掘简报》[J]，《文物》2005年第3期。

⑤ 李效伟：《长沙窑》[M]，长沙：湖南美术出版社，2003年。

⑥ 咸阳市文物考古研究所：《五代冯晖墓》[M]，重庆：重庆出版社，2001年。

奏快、转圈急，难分正面、背面。《新唐书·礼乐志》也说："胡旋舞者立毯上，旋转如风。"胡旋舞传入的时间，有学者研究指出，可能早在北周①，比胡腾舞传入的时间略晚。相应胡旋舞传入的时间也晚于胡腾舞，二者的主要区别实际上是两个字的差别，即"腾"和"旋"，无论从文字资料分析，还是对考古发现的图案仔细对比，差异明显。胡腾舞文字描述为"环形急蹴""跳身转毂"，即腾跳旋转。据发现实物图案看，舞者脚尖着地，双手向上抬升，身体前后略有摆动，有明显的腾跳感，突出一个"腾"字。胡旋舞文字描述为"两足终不离于毯子上，旋转如风"，即舞者足不离地，两足交替，快速旋转，据发现实物图案看，舞者并非脚尖着地，而是前脚掌着地，双手上举，身体略有弯曲，便于身体快速旋转。

（作者系宁夏固原博物馆研究馆员）

① 柴剑虹：《胡旋舞散论》[J]，《敦煌吐鲁番学论稿》[M]，杭州：浙江教育出版社，2000年，第288-297页。

固原史道德墓出土的金覆面

石 磊

内容摘要 覆面是人类历史上遮盖死者面部使用的一种葬具，在中国古代、古埃及、墨西哥的玛雅文化和古希腊都普遍使用覆面葬俗，其体现了某种特定的埋葬思想。据考古发现而知，我国境内目前出土覆面的墓葬达到200多座，其中固原北朝隋唐墓地中史道德墓出土了一套金覆面，体现了中亚粟特人徙居固原后仍然保持了在中亚的葬俗文化以及丝绸之路上中西亚文化交流的事实。

关键词 固原 史道德墓 覆面

覆面是人类遮盖死者面部使用的一种葬具，这种葬俗历史悠久，使用范围广泛。在古代中国、古埃及、墨西哥的玛雅文化和古希腊都普遍存在着覆面葬俗，体现了某种特定的埋葬思想。[①]而在我国，据考古发现，不完全统计，目前出土覆面的墓葬多达200多座。从考古发掘资料可以看出，覆面的样式很多，材质各异，制作工艺和具体使用方法也不尽相同，而各个时代的“覆面”也不尽一致，各有特点。1982年，在宁夏固原北朝隋唐墓地史道德墓中出土了一套完整的金覆面，使用金片打押而成，其上钻有与丝织物缀合而用的穿孔。这组覆面体现了中西亚粟特人崇拜日月相关习俗和独特葬俗，为研究粟特人在固原境内随俗而葬后仍保留中亚先祖的某些丧葬习俗提供了依据。

一、史道德墓出土的金覆面

史道德墓[②]（唐仪凤三年，678年），1982年10—11月由宁夏博物馆和固原文物工作站发掘。墓葬南北向，由封土、墓道、过洞、天井、甬道和墓室组成。墓葬整体平面呈刀把形，墓室平面基本呈正方形。该墓虽遭严重被盗，但仍出土了一批珍贵文物，其中以金器为多，陶制品次之，共20余件。除此之外，还出土了“大唐故人史府君之铭”墓志一盒，志文题目为“唐给事郎兰池正监史府君墓志并序”。还有动物纹圆形金饰、兽面金饰、素面小铜镜和金带扣、方形金铐等器物。墓主人口含金币一枚，头骨旁有金覆面一套。金覆面由11件金质构件组成，分别为护额饰、护眉饰、护眼饰、护鼻饰、护唇、护颌饰、护鬓饰。

护额饰：圆形直径1.9厘米，半月形直径3厘米，其上为一半月形，半月间托一圆形。下端有一穿孔。

护眉饰：两件，一件长5.9厘米，宽1厘米。另一件长4.5厘米，宽0.9厘米。形似柳叶，上凸下

---

① 郭淑云：《北方丧葬面具与萨满教灵魂观念》，《北方文物》2005年第1期（总第81期），第29页。

② 韩孔乐、韩兆民：《宁夏固原唐史道德墓清理简报》，《文物》1985年第11期，第21-30页。

凹，两端尖弯，各有一穿孔。

护眼饰：两件，一件长4.3厘米，宽2厘米，孔径1厘米。另一件长3.9厘米，宽1.9厘米，孔径1厘米。均为鎏金铜片打制，已有锈蚀，左眼稍残，上有圆孔，孔边及边缘均起凸棱，端有一穿孔。

护鼻饰：残长6.3厘米，下宽2.5厘米，高1.5厘米。形似鼻状，上端稍残，有一圆孔。中部起脊，较平直，背面凹下，下端有两孔，两侧有斜对三穿孔。

护唇：两件，一件长4.4厘米，宽1.2厘米；另一件长4厘米，宽1.1厘米。合起之后形似上下嘴唇，表面稍鼓，背凹，两端稍尖，端有两孔。

护颌饰：长17.3厘米，宽1.4厘米。两侧为长条形，上端呈圆形，有一穿孔。每侧由三节铆接而成，上两节有四叶状铆片，四叶间各有一枚铆钉，下端则由两铆钉直接铆制。中部形似枣核。

护鬓饰：两件，一件残长5.1厘米，宽3.8厘米。另一件残长4.8厘米，宽4厘米。形制相同，均有残缺。下有一长条形扁片，上焊接一长方形片饰，一角削去，上锤揲凸起叶纹。

二、固原北朝隋唐墓地与“昭武九姓”人

从1982年至1995年，在距固原县城西南五公里的南郊乡羊坊村、小马庄村、王涝坝村先后发掘了一处隋唐墓葬群，包括9座墓葬，其中隋墓1座，余则为唐墓，7座墓葬出土有墓志铭。罗丰先生把考古发掘成果研究编撰成《固原南郊隋唐墓地》一书，南郊隋唐墓地因此而得名，也有称固原南郊“史氏墓地”者。[①]墓葬均坐北朝南，每座墓葬之间距离数百米不等，从东至西依次排列，顺序为史索岩墓、史铁棒墓、87M1、史诃耽墓、史道洛墓、史射勿墓、史道德墓、82M2。据墓志记载分析可知，他们并非出自同支。史射勿、史诃耽、史道洛、史铁棒同出一系，互为子孙。史索岩和史道德属一系，为叔侄关系，两支史氏同姓而不同系，却葬于同一墓地，有可能为认同关系下的聚族而葬。墓葬形制盛行长斜坡墓道、多天井、单室墓的做法，由封土、墓道、天井、过洞、甬道、墓室等组成，九座墓均有天井，天井数量2~7个不等，天井的多少仅与地质条件有关而与官职的高低无直接关系。单墓室分为砖室和土洞两类，只有史诃耽墓为砖室墓，规模较大，有石门、石棺床。余则为土洞墓，其中史索岩墓有石门。学术界通过研究表明，认为石棺床的使用是一种特殊荣誉，石门亦为三品以上的官吏和望族才能使用。[②]墓葬虽均遭盗掘，但仍然出土了一批珍贵的文物，尤其是中西文化交流的遗物，如罗马金币、萨珊银币、金覆面、蓝宝石印章等，为研究中西文化交流提供了极为重要的实物资料。[③]另外出土了大量的壁画，对研究当时的社会生活状况有极高的价值。[④]隋史射勿墓墓道、天井绘有武士、侍从壁画十幅，过洞有门楼、莲花壁画，墓室内绘侍女，是一座大型壁画墓，为隋代考古中少见，艺术价值颇高。唐墓中的史索岩墓、梁元珍墓均绘有壁画。史索岩墓中仅存的朱雀图，其目的被认为是引导墓主人的灵魂，是北朝传统的延续。[⑤]梁元珍墓的牵马图，风格别致，增添了对唐墓壁画的新认识。墓葬中出土的墓志，具有极高的史料价值，据载史氏墓葬的主人属中亚粟特侨民，即“昭武九姓”之一的史姓，为研究史系家族在中国的生活状况提供了极其可贵的史料。

---

① 罗丰编著：《固原南郊隋唐墓地》，北京：文物出版社，1996年。

②③④⑤ 马建军：《固原隋唐时期文物考古的发现与研究》，《宁夏大学学报》2006年第2期。

隋唐时期，中国史籍把活动于中亚地区阿姆河与锡尔河之间索格底亚那地区的粟特人统称为中亚“昭武九姓”，据《魏书·西域传》卷一〇二“康国”条记载，“其王本姓温，月氏人也，旧居祁连山北昭武城，因被匈奴所破，西逾葱岭，遂有国。枝庶各为王，故康国左右诸国并以昭武为姓，示不忘本。”子孙分王为政，建立九国，即康国、何国、米国、史国、曹国、石国、安国、火寻、戊地九国。[①]流寓中国的粟特人，均以国为姓，素以善于经商著称于世，利之所在，不远千里，他们通过丝绸之路来往于中亚与中国之间，进行国际商贸活动，不仅如此，而且也是中西文化交流的传播者。固原南郊隋唐墓地发掘的史系家族墓葬既属于“昭武九姓”之一的史姓，史道德就是史姓家族的成员之一。“昭武九姓”的史国人，是通过新疆、河西走廊到北朝时流寓原州的。他们大致沿着丝绸之路一线，从西向东发展。首先到达今天新疆塔里木盆地边缘位于丝绸之路上的一些著名城市，如和田、楼兰、龟兹、喀什等地，形成了新疆地区第一个粟特人的聚落分布区，再向东进入吐鲁番地区，形成新疆地区又一个粟特人的重要居住区。由于丝绸之路的畅通，粟特人又进入河西走廊的敦煌、酒泉、张掖、武威等地，并在这里进行商业贸易、农业生产，参与政治等活动，逐步把河西地区发展成为粟特人的重要聚散地，并通过这里向中国其他地区徙居。史铁棒墓志云：“曾祖多思……酒泉县令”。史诃耽墓志云：“曾祖尼……张掖县令”。史道德墓志云：“其先建康飞桥人氏”。因为史射勿墓志中称其为平凉平高县人，其先出自西国，史铁棒墓志也称其为原州平高县人，可见他们在这里居住很久了，视自己为当地人。而另一系的史索岩、史道德其先建康人，“从宦因家原州”。史氏在原州的势力很大，多为中级官员，史射勿担任骠骑将军、史索岩任平凉郡都尉、史诃耽为朝廷直中书省朝会翻译，史道德为兰池监、史铁棒为司驭寺右十七监，二者管理马政，史道洛任左亲卫。除史氏之外，当时原州之地还生活有其他“昭武九姓”人，如史索岩之妻安氏墓志记载了其出自中亚安国，还有史道洛之妻康氏。

三、覆面丧葬习俗的流变

所谓“覆面”，即直接掩盖于死者面部之上的覆盖物，除“覆面”外，还有“面罩”“布巾”“布衣”“面具”等其他不同的叫法，各种称谓都有其特色，而“覆面”作为其统称，无论在国内，还是国外，更直接、鲜明地涵盖了其文物特征与时代特色。据不完全统计，我国出土各类质地“覆面”的墓葬已达到200余座。据考古资料记载，我国覆面丧葬习俗最早起源于西周时期。山西天马曲村遗址西周晋侯墓地出土的双层缀玉覆面开启了玉文化与覆面丧葬文化完美结合的时代，而这一文化特征在两汉时期达到了顶峰，无论江苏徐州子房山汉墓发掘出土的缀玉覆面、玉覆面，还是山东长清县双乳山西汉济北王墓出土的玉覆面，都说明了覆面文化在我国丧葬习俗中占有的重要地位，也显示了中国古人对于覆面这一丧葬习俗的喜爱。随着历史的发展，覆面文化呈现出了鲜明的特色，南北朝至唐时期，我国出土的覆面多为绵、绢、绮、纸质地，以套帽式、锦面式居多。随着冶金技术的不断发展，唐至宋辽时期的覆面多以铜制鎏金、银质鎏金以及金制为主，多用薄银板或薄铜板加工打制而成。[②]

我国覆面文化习俗的发展，与当时的社会生产力与价值观念有着密不可分的关系。纵向看，

---

① 罗丰：《北周、隋唐时期的原州墓葬》，见宁夏固原博物馆、中日原州联合考古队编《原州古墓集成》，北京：文物出版社，1999年，第22页。

② 马沙：《我国古代“覆面”研究》，《汉江研究》1999年第1期。

从西周、两汉时期的早期玉质地覆面到南北朝、唐时期的丝织品织锦类覆面，再到宋辽时期的金属制覆面，不同时期地域间的文化赋予了覆面文化不同的特色。横向看，世界范围内覆面文化在丧葬文化习俗中同样有着举足轻重的地位与其存在的意义。生活在欧亚大草原上的游牧民族，有着使用金属覆面的悠长历史与习俗。公元前3000年左右，地中海东部以及美索不达米亚平原地区出土的随葬金面具、护眼与护嘴等器物已经出现了覆面习俗的雏形，而相似性质的器物在埃及、迈锡尼、色雷斯、塞浦路斯等地都有发现。①帕提亚人在公元纪年左右，将覆面这一习俗向辽阔区域内逐步传播，与我国出土的早期覆面不同，地中海地区的金属面具、护眼、护嘴等器物，没有用纺织品做底缀，而是通过金属线将面具固定于死者背颈部。帕提亚人通过改革与创新，创造出了丝织覆面与眼罩，而这种习俗在高加索、波斯海北岸和克里米亚半岛等地区迅速传播。在这种影响下，公元1000年前半期，中亚出现了丝绸覆面上缀缝各种贵金属的习俗，这种习俗深刻影响了中古时期生活在中亚两河流域的“昭武九姓”粟特人，徙居固原“昭武九姓”之中的史姓在去世后仍然保留了祖上在中亚使用的“覆面”习俗。②史道德墓中出土的金覆面就是中国古代内地贵族覆面丧葬习俗与欧亚大草原游牧民族金属覆面葬俗文化的完美结合，在包容迥异文明文化的同时，又彰显了兼收并蓄的厚重美感。就史道德使用金覆面这一墓葬习俗而言，其特征由于丝绸之路上中西文化不断地交融与接纳，仍然与我国古代传统覆面有着一定的差异。正如罗丰先生在其著作《固原南郊隋唐墓地》中《关于金覆面的问题》所陈述的：“高昌地区和史道德口含金币的习俗与覆面在高昌地区的普遍流行具有某种内在的联系”。③因此欧亚草原游牧民族所使用的金属面具与中国古代内地贵族葬俗中的覆面有着惊人的一致却也具有自己的特色。而固原史道德墓中出土的金覆面作为完美融合两种文明文化的艺术品，有着其独特的价值与意义。

四、丝路重镇固原的覆面文化交流

在魏晋南北朝至隋唐前期，丝绸之路鼎盛之际，固原作为丝路重镇，途经固原的丝路东段北道这条线路距离较短，行走便捷，商贾、贡使、僧侣往来频繁，络绎不绝，成为了关中通往河西走廊的主干道。在中西、南北文化交流，商业贸易往来，民族迁徙融合等诸多方面发挥了极其重要的作用。

固原南郊隋唐墓地出土了一批中西文化交流的遗物，进一步说明了在隋唐丝绸之路的昌盛繁荣时期，再现了固原的丝路重镇地位。史射勿墓中出土的一枚金戒指，正中原镶有宝石，这种镶宝石戒指据认为是中亚、西亚传入的。史诃耽墓中出土的蓝色宝石印章，一面抛光，一面中央雕刻卧狮与生命树，四边有一周铭文，在蓝色宝石上雕刻图案的做法，流行于传入中国的西方文物，其上的铭文属古波斯的帕勒维文，是萨珊王朝的一种祈祷文。也有学者认为铭文是中古波斯文。墓中石门门额刻有联珠纹，内填怪兽，联珠纹是起源于萨珊，在中亚地区流行后东渐传入我国的，在我国流行的时间有限，初唐以后既衰落。④固原南郊隋唐墓中发现口含金币和覆面的葬俗与中亚地区有着密切联系，口含金币的埋葬习俗与古希腊神话有着联系。古希腊神话传说中，人去世后要到遥远的地狱世界，灵魂要由赫尔墨斯领至冥界的门口，再由卡戎用渡船运过斯蒂克斯

①② 苏银梅：《固原出土的唐代金覆面源流初探》，《宁夏社会科学》2001年9月增刊，第87页。
③ 罗丰编著：《固原南郊隋唐墓地》，北京：文物出版社，1996年。
④ 林梅村：《固原粟特墓所出中古波斯文印章及相关问题》，《考古与文物》1997年第1期。

河，人们要付给卡戎摆渡钱，而希腊人把这种钱置于死者的口中，后来罗马人沿袭了这一习俗。20世纪后半期在中亚地区发掘的从公元1世纪至8世纪的许多墓葬中，都见到有死者口含或手握金银币的现象。[①]史道德墓中出土的金覆面、兽面金饰、动物纹圆形金饰等器物均表现出了西亚、中亚风格。覆面的葬俗与波斯、中亚的覆面习俗有着千丝万缕的联系，其中额饰上半月形间托一圆形，圆形或表示太阳，与西亚、中亚崇拜日月的习俗有关，这种覆面葬俗的发现，无疑是他们保留祖上在中亚的埋葬习俗。不难看出，北朝至隋唐间，随着中西文化交流的发展，丝绸之路上商贾络绎不绝，各种西亚、中亚的习俗、遗物源源不断流传到中国，固原作为丝路关隘要塞重镇，发现诸多反映中西文化交流的遗物就可想而知了，尤其史系家族本身作为中亚粟特人的后裔，又是丝绸之路上的权臣，充当经贸往来、文化交流的中间媒介情理所在。

在固原发现的史道德墓及其几位史姓家族成员墓葬，都发现了带有明显中西亚文化特征的文物。目前学界已然公认该史姓即中国“昭武九姓”中的史姓，其祖先为中亚粟特人，最初定居于阿姆河与锡尔河之间的索格底亚那地区。大概在魏晋时期，沿丝绸之路来到固原定居。粟特人，在中国古代史籍中被称为“昭武九姓”“九姓胡”，他们的故乡在中亚两河流域，以撒马尔罕（在今乌兹别克斯坦）为中心，被称为“东方腓尼基人”，以善于理财经商而闻名。其足迹到达丝绸之路各个角落，是亚洲经济与文化传播的中介民族，早于波斯人，即帕提亚人有着长期的外交与经济联系。因此，帕提亚人的习俗对粟特人有着深刻的影响。而就史道德墓中出土的金覆面的作用而言，学术界有着不同的声音。有一种观点认为：覆面的产生与我国古代先民对自然敬畏心理而产生的原始宗教信仰和崇拜有着直接的关系。随着社会的发展与进步，覆面从单纯遮掩死者面目，避免狰狞恐怖感的作用进而成为一种身份、地位的象征。而在中西亚发现的覆面无疑有着更为浓厚的宗教色彩与特征。固原史姓中最长者史射勿墓志记载，其“曾祖妙尼、祖波波匿并仕本国，俱为萨宝”，而萨宝是袄教中最高职位官员的称呼。这一说明直接道出了墓中金覆面的本质，即欧亚草原粟特人金属面具与中原汉族覆面丧葬文化的结合。由于贵金属深受游牧民族推崇与喜爱，长久以来一直是地位与身份的象征，加之相较于中原汉文化而言，对玉石这一质地的材料并无特殊感情，便将贵金属代替玉石装饰于覆面之上，进而形成了金覆面的独特形式。

（作者系宁夏固原博物馆馆员）

① 马建军：《二十世纪固原文物考古发现与研究》，银川：宁夏人民出版社，2004年，第118页。

固原出土的北魏镶松石金耳环

武 瑛 石 磊

内容摘要 耳饰作为首饰之一员，其设计与制作代表了一个时代的手工艺水平。本文围绕宁夏固原地区出土的两对北魏镶松石金耳环，就其材质与制作工艺、出现及传承作初步探究。

关键词 宁夏固原 北魏墓 镶松石金耳环

耳饰作为首饰之一员，位于人的头面两侧，这使得佩戴者会特别赋予耳饰设计以巧思和华贵的材质，使其更具审美价值，直观地展示出佩戴者的身份和品味。其体量小巧，但并不影响工匠们鬼斧神工之技艺的发挥。因此耳饰的设计与制作，也代表了其同一时代最为精湛的金、玉、宝石加工及镶嵌工艺。

一、耳饰的出现与流传

耳饰在中国的出现和使用可追溯到新石器时代，考古资料已经证明，在公元前8400年至公元前7200年，东北地区的兴隆洼文化遗址中就有发现，出土的玉玦是世界上最早的耳饰，反映了先民对美的追求和对灵魂的认识。

先秦以后，随着礼学的发展，中原地区受到“身体发肤，受之父母，不敢毁伤”观念的影响，古人注重身体的全德全形，因此不流行穿耳。当时的墓葬壁画中人物和陶俑等文物几乎看不到佩戴耳饰的，诸如长沙马王堆汉墓主人轪侯夫人辛追就没有耳洞。这种状况一直延续至盛唐。

而在南北各少数民族当中，耳饰却十分流行，被称做“耳镓”。《集韵·鱼藻》载：“镓，金银器名。”又“璩，环属，戎夷贯耳。通作镓。”《山海经·中山经》：“（青要之山）神武罗司之，其状人面而豹文……而穿耳以镓。”郭璞注：“金银器之名，未详也。”郝懿行笺疏：“（《说文》）新附字引此经则作‘璩’，云：‘璩。环属也。’”均说明耳镓即环状耳饰。《后汉书·张奂传》：“先零酋长又遗金镓八枚，奂并受之。”《魏都赋》载：“镓耳之杰。”清李伯元《南亭笔记》卷五：“幼时耳上有穿痕，至老犹存，宛施环镓。”目前能见到的有关耳饰的记载，以六朝为早，但其佩戴对象，主要是南北各地的少数民族，且不分男女，均可戴之。如《南史·夷貊上》：“林邑国……男女皆以横幅古贝绕腰以下……穿耳贯小环。”《峒溪纤志》：“苗妇人耳环盈寸。”《瀛涯胜览》：“阿丹国妇人耳戴金厢宝环。”《贵州通志》：“土人女子耳戴大环垂玉肩。”《郡大记》：“大邦妇人耳戴大金圈。”周去非《岭外代答·海外黎蛮》：“其妇人高髻绣面，耳带铜环。”如此等等，都说明长期以来，中原地区周边的少数民族一直保持着穿耳戴环的习俗。在五代时期，戴不戴耳环甚至成为区分番、汉的标志之一。与此同时，中国北方戎族、匈奴、鲜卑族墓葬中，出土了不少具有北方民族特色的耳饰，且男、女均有使用。

二、宁夏固原地区出土的耳饰

宁夏固原地区出土的金耳饰数量不多，在附近山西、陕西、甘肃、青海等地也均为零星出土，似乎至今尚难为之勾画起源与演变的清晰线索。但耳环和耳坠，先秦时代在北方青铜文化范围内即已流行，固原杨郎乡马庄村出土春秋战国时期金耳环一对，呈圆形，接口未焊接，下连有空心金圆球，球下有两条金丝组成的珠球；固原杨郎乡马庄村还出土春秋战国时期一对金耳环，耳环由金包耳环、金串链、葫芦形金叶片三部分组成；汉魏时期的耳环，最简单的形制就是光素的圆环或椭圆形环，比如固原东郊乡雷祖庙村北魏墓出土的金耳环一对，呈椭圆环状，中间略粗，两端渐细；固原寨科乡李岔村北魏墓和三营镇化平村北魏墓，也各出土一对镶松石金耳环，其样式精巧独特，工艺复杂多样，具有鲜明的北方游牧民族风格。

固原寨科乡李岔村北魏墓出土的镶松石金耳环（见图1），直径分别为3.4厘米和2.9厘米，重量分别是8.6克和6.6克。耳环呈椭圆形，大小不一，中空，两端尖细并各有一小孔，器表镶嵌三周梨形松石，红绿相间，错位排列，数量不等；外侧两周镶嵌松石的内边缘以及中间一周镶嵌松石两边缘焊联有四行大小不等的金珠；其中体积较大的金耳环，中央部分有断裂后用宽1.5毫米左右的薄金片串联修复的痕迹。

固原三营镇化平村北魏墓出土的镶松石金耳环（见图2），直径4.8厘米，重分别为14.7克和16.3克。为环状，中空，两端尖细，两端的内壁处各有一用同样大小金珠装饰的小孔；器表镶嵌三行椭圆形绿松石与珍珠，略突，错位排列，数量不等，部分绿松石脱落；围绕镶嵌宝石的外围均焊联有大小相同的金珠作为装饰。

图1 镶松石金耳环（北魏，1987年固原寨科乡李岔村北魏墓出土）

图2 镶松石金耳环（北魏，1991年固原三营镇化平村北魏墓出土）

三、材质与制作工艺

从出土耳饰的材质来看，在北朝时期北方游牧民族以金银质及黄金嵌宝为主，人们对于黄金饰品有着天生的推崇。这一时期的金银器物渐多，这固然得益于丝绸之路上频繁的贸易往来，西方产品的不断输入，但也更多地源于游牧民族喜爱贵金属的传统。马背上迁徙的生活最宜携带价格高、体积小的物品以保有财富。他们的社会地位和经济实力也往往借由装饰在身上的首饰、服饰乃至马具展示给众人，但是北方游牧民族因穿着厚重，致使其他饰物无法很好展示，所以耳饰则更容易显露于外。同时，游牧民族不分男女均佩戴耳饰，甚至某些墓葬中，男性佩戴的比例还高于女性，一方面应该是他们对于首饰佩戴的习俗所致；而另一方面黄金首饰作为一种财富的储存方式，对于家庭地位较高的男性来说自然也就成为了承载财富的主体，因此男性佩戴耳饰也就更为普遍。

从制作工艺上来说，固原出土的两副镶松石耳环，均采用西亚金属加工中的金叶锤揲，经过多次焊接而成，宝石的镶嵌也都采用了掐丝、包边镶嵌的制作手法，同时在包边镶嵌的外围焊联有细小的金珠，构思精巧，精美独特。但在制作细节上两副耳环也各有精巧，寨科乡李岔村北魏墓出土的镶松石金耳环，镶嵌的松石呈梨形（也叫水滴形），梨形宝石糅合了椭圆形和马眼形宝石的特点，使线条更显柔和，有一个圆形端和一个尖端，此独特形状被用于很多配饰设计上，佩戴梨形宝石能够巧妙地突显线条美，尤其适合镶嵌于项链及耳饰。而三营镇化平村北魏墓出土的镶松石金耳环，镶嵌的松石及珍珠均为椭圆形，结合整体耳环椭圆形的外形，使耳环显得更为圆润饱满；同时嵌宝边缘缀联的金珠，则更显耳环的制作精良与细腻的艺术效果。从考古资料来看，中国对金银的认识和使用要晚于对铜的认识和使用，而且中国的青铜铸造和装饰技法相当发达，所以在初期，中国金银的加工技术基本上也借鉴了青铜加工技术。直到汉代以后，借鉴、吸收、融合并逐步创新、发展，形成了一套富有特色的冷热加工装饰技法。总的来说，金银器的加工技法主要有范铸、锤揲、鎏金、焊接、錾花、掐丝、镶嵌、金珠、收挑、点翠等。

锤揲，即充分利用金银极佳的延展性能，用锤子将金块捶打成片，然后置于器物或模具上挤压捶打，即成有凹凸纹饰的器物。敲打出的既可以是器物的形体，也可以是花纹。锤揲是西方金银器成纹的主要方法，在拜占庭、波斯以及中亚都有悠久的传统。固原北周李贤墓出土的鎏金银壶的人物纹样就是用此方法制作。锤揲出的纹样凸出器表，造成浮雕一般的纵深视觉效果，使器物更具有空间感和立体感。伴随着丝绸之路上西方文化的东传，锤揲技术风行一时。

焊接，是在金银器和金银装饰部件之间的接触点上浇灌金属液体，使之冷却后牢固地结合在一起，此法多用于金属部件和其他金属器件的结合上。

镶嵌，是在金银器上嵌饰珍珠，水晶，绿松石，红、绿宝石等材料的饰物，以增加器物的富丽程度，有的器物往往装饰多种饰料。

而掐丝镶嵌和金珠缀饰这两种工艺在北朝时期通常一同使用，它们至迟自汉代开始就出现在我国的金银饰中，到唐代一直盛行。制作精细但费时，艺术效果却更加玲珑剔透。掐丝镶嵌、金珠常常是用焊接的方法依附于器物表面，焊接时对焊药与焊枪的选择及火候的把握，关系到焊接后的金丝、金珠等能够依然保持其形状的完整、颗粒的饱满，这就考验着制作匠人高超的金银加工技艺。

掐丝多用捶打至极薄的扁金丝编出纹样轮廓，后焊接到底板或器壁上，再镶嵌饰物。与镶嵌工艺中包镶技术有所联系，这种做法在西方起源较早。金饰上面饰物包边镶嵌则是使用掐丝工艺，将拍扁的金丝或金片按照宝石的形状围成一周对头焊接后再黏结或焊接在底托之上。我国北方匈奴、乌孙和早期鲜卑族的金饰上可以见到，因此这一技法应该是通过北方草原游牧民族从西方学习而来。汉晋时期，多镶嵌绿玉和绿松石，掐丝外框也以心形、圆形、水滴形、月牙形等简单的形状常见。直至北朝时期，镶嵌物日益丰富，扩大到各种材质，色彩斑斓，工艺日趋复杂而精致。

金珠工艺，在东汉时由波斯传入，到北魏时比较盛行，珠粒饱满圆润，与镶嵌工艺巧妙地结合起来，增加了立体效果。金珠主要用在金银器表面的装饰上，是根据器物上所需金珠的数量和直径大小而特制的。金珠通常焊接在金、银器物上以作装饰，形成如联珠纹、鱼子纹等。金珠的制作方法一般有吸珠、泼珠（炸珠）、研珠、赶珠、吹珠等多种。金珠工艺的使用在固原南郊乡九龙山汉墓出土的两件镶松石金带饰（见图3）和29件桃形金花饰（见图4）上也有所体现，虽造型不同但制作手法完全相同，采用掐丝工艺制作圆形、桃形或水滴形的外框，框内镶嵌松石，边缘缀饰呈联珠纹样的金珠，其造型具有明显的西亚风格，虽然所用原料较为单一，但线条极其流畅，主题突出。可见金珠工艺把黄金的精细特性推向了极致。

图3 镶松石金带饰（西汉，1983年固原南郊乡九龙山汉墓出土）

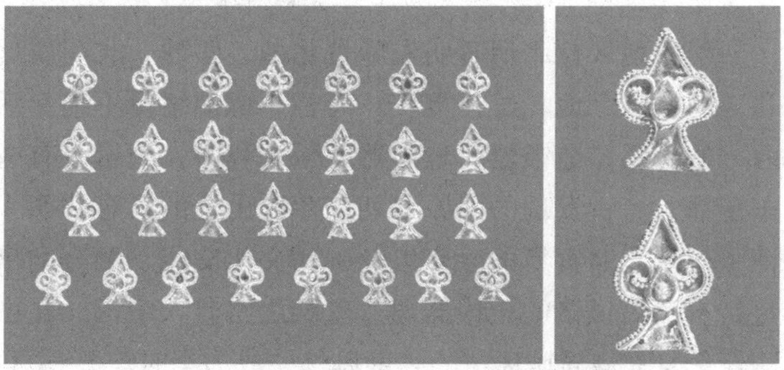

图4 桃形金花饰（西汉，1983年固原南郊乡九龙山汉墓出土）

而金珠缀饰是作为金银器制作工艺来说的，金珠缀饰在金银器的造型纹饰上，多形成联珠纹、鱼子纹等。联珠纹因在团纹的四周边饰以若干小圆圈，如同联珠而得名，常用于装饰主题纹样周围，围绕形似一串联珠，故称为联珠纹，主要来自波斯萨珊和粟特艺术。我国金银器在发展过程中受到外来元素的影响是很大的，对待外来文化既不全盘吸收也非置之不理，而是与外来文化相互交融发展，既有工艺技术上的影响又有造型纹饰上的影响。外来文化除了对金银器造型产生影响外，对其纹饰也有较多的影响，而且越是早期的器物，所受到的影响越大，来自域外的纹样主要有摩羯纹、立鸟纹、翼兽纹、缠枝鸟兽纹、联珠纹等。固原出土的两副北魏镶松石金耳环，恰恰使用的就是这种工艺，掐丝包边镶嵌宝石后，在边缘缀饰金珠，金珠连缀在一起形成联珠纹样。

使用同样工艺的还有内蒙古博物馆珍藏的两件北魏金步摇冠（见图5），出土于乌兰察布市达茂旗西河子村窖藏。其一头部轮廓似牛首，头部边缘饰鱼子纹，内作连弧纹装饰。在牛首之面部及双耳镶嵌红、白石料，部分已脱落。耳呈桂叶形，每个枝梢上环穿桃形金叶片。其二具有马头特征，头额部原镶嵌料石，现已脱落，眉梢上端另加一对圆圈纹，所有花纹和脸框周围饰鱼子纹。面部嵌白、淡蓝色料石。竖耳，做尖桃形，内嵌白色料石。角作三枝并列向上，分叉处嵌桃形白、绿色料石。枝梢环穿桃形叶片。该器物采用模铸、焊接、金珠细工、镶嵌、錾、冲等工艺，而其中金珠和镶嵌工艺的统一结合，成为北魏金器工艺的一个显著特征，可见外来文化对其影响甚多。

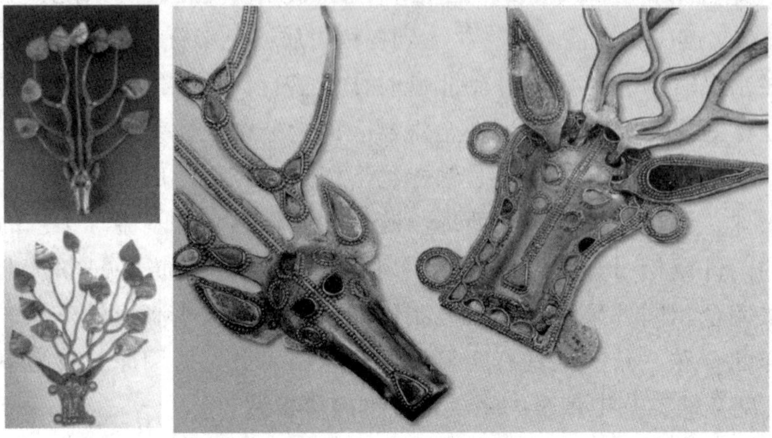

图5 牛首、马首金步摇冠饰（北魏，乌兰察布市达茂旗西河子村窖藏）

固原地区在北朝时期先后是北魏、西魏、北周属地。这一时期的固原处于中西丝绸之路东段北道的咽喉之地，过往贡使、商客、僧侣络绎不绝，活动频繁。中国丝织物在西去的同时，也将西方的香料、金银器、玻璃器等带入我国，大量带有或受到中亚和波斯风格影响的文化和技术向东传播。考古发现的固原北朝墓葬所出土的具有鲜明中西亚特点的金银器、玻璃器等，就充分见证了丝绸之路贸易的兴盛以及中西文化交流、融合的事实。通过丝绸之路上对外贸易的交流，大量带有西域风格的金银器通过丝绸之路流入中国，在中西文化的相互交融中，金银器形成了既富丽豪华又充满异域风情的艺术风格，成为当时重要并具有影响力的手工艺品。

参考文献

1. 杨小林.中国细金工艺与文物[M].北京：科学出版社，2008.
2. 李芽.汉魏时期北方民族耳饰研究[J].南都学坛，2013（4）.
3. 吴既.中国早期金珠工艺探讨[D].西安：陕西师范大学，2013.
4. 张景明.北方草原地区鲜卑金银器造型艺术研究[J].民族艺术，2008（1）.

（武瑛系宁夏固原博物馆馆员；石磊系宁夏固原博物馆馆员）

固原地区的馆藏石刻佛造像

王延丹　沈军民

佛教五世纪诞生于古印度，经过几百年的发展，通过陆路和海陆两条线传入中国。固原作为陆上丝绸之路东段北道的必经之地，是佛教从河西传入内地的主要通道，佛教所到之处，深深地影响着当地的信仰，具体表现为广修寺庙、开凿石窟。根据《中国文物地图集·宁夏回族自治区分册》的统计，固原境内（包括海原）修的大小寺庙和开凿的大小石窟有十多处。其中比较大的石窟有须弥山石窟、海原的天都山石窟、彭阳的无量山石窟、隆德的龙凤山石窟、泾源的延龄寺石窟、西吉的扫帚岭石窟。在盛行的石窟造像的影响下，小型可移动的石刻佛造像也趋于流行。1981年彭阳县新集乡出土北魏时期石刻佛造像7尊。1985年彭阳县红河乡出土北魏石刻佛造像9尊。除此之外还有比较大的几尊佛造像和雕有造像的摩崖石刻。

一、固原地区石刻佛造像概况

固原地区馆藏的石刻佛造像共计21件，其中北魏18件，唐代2件，明代1件，文中选取几件精美的造像予以介绍。

（一）北魏建明二年（531年）石造像碑（图1）

1981年宁夏固原县新集乡（现属彭阳县）出土，现藏于宁夏固原博物馆。用紫红色石英岩雕成，高48厘米，宽20.7厘米，厚3.7厘米，由于出土较晚，所以保存完好。顶部为弧形，碑阳面分上下两层雕刻，上层为一拱形龛，顶部略残，龛内雕刻着广为流传的佛教说法故事，说法者为释迦、多宝二佛。两佛相对，修眉细目，面相方圆，头束肉髻，身着褒衣博带式袈裟，内着僧祇，结跏趺坐于长榻上，衣纹下垂至地。右佛释迦右手施无畏印，左手屈肘伸于胸前。左佛多宝右手施无畏印，右侧衣襟搭披于左肘，沿体侧下垂。榻后雕刻有四个听法的弟子比丘，两两相对，皆为半身像。下层为长方形龛，内刻大至菩萨，背有莲瓣形火焰纹背屏，头光为莲瓣形圆形头光，菩萨头戴方形花冠，束髻，额头有三个圆形发饰，面相方圆，修眉细目，略带微笑，神态安详，洒脱自然。颈部戴桃形

图1　北魏建明二年石造像碑

项饰，窄肩平胸，着双领下垂式通肩大衣，内着僧祇，胸前束带打结，下垂至小腿部，下着羊肠大裙，跣足立于低圆台上。右手施无畏印，左手持物。菩萨两侧雕有供养弟子，由下至上，下层为两菩萨立像，束两髻，身着双领下垂式通肩大衣，右侧衣襟搭披于左肘，沿体侧下垂，在腹前形成“U”形衣纹，跣足而立，中上层各为供养弟子比丘，皆为半身像，面朝外侧。造像碑左侧至背面阴刻“使持节假镇西将军镇军将军西征都督泾川大中安戎县开国子金神庆敬造石像二区，建明二年二月十七日”铭文。

此造像碑采用浮雕技术整体雕刻而成，人物面相方圆，造型逼真，衣纹深刻，线条隆起，背光呈莲瓣状，具有明显的时代特征，而且纪年明确，也为同一时期的器物断代提供了理论依据。

（二）北魏飞天石佛造像（图2）

1981年宁夏固原县新集乡（现属彭阳县）出土，现藏于宁夏固原博物馆。红砂岩质，残高36.5厘米，宽42厘米，厚14厘米。造像自主尊顶部背光残缺，从残存现状看应为背屏式一佛二菩萨造像。主尊束高肉髻，有圆形头光三层。清癯秀丽，秀骨清风，颈部细长，头部前倾，戴桃形项饰，着双领下垂式通肩大衣，内着僧祇支，右手施无畏印，左手残缺。主尊两侧，从下到上分两层，下层为二菩萨，束高肉髻，面相清瘦，有双层桃形背光，两菩萨均身躯扭转，面向主尊。右菩萨颈部以下残，右侧雕有上下两尊束高髻的坐佛；左菩萨着双领下垂式通肩大衣，内着僧祇，下着长裙，裙带在胸前交叉穿环下垂至膝际，然后上扬穿肘飘下。上层为两飞天，飞天头戴花冠，面带笑容，朝向外侧，着束腰短襦，帔巾绕臂飘扬，身旁流云翻滚，似在空中飞扬。飞天一手托经箧，经箧朝向主尊。整件浮雕手法简练，而富于曲线变化，没有过分突兀犀利的线条和棱角，人物愉悦的神情饱含着纯净和虔诚。造像中飞天的应用，体现了西方的极乐世界。一佛二菩萨三尊立像，具有鲜明的时代特征和地方色彩。

图2　北魏残飞天石佛造像

（三）北魏供养菩萨石造像（图3）

1981年宁夏固原县新集乡（现属彭阳县）出土，现藏于宁夏固原博物馆。由一块红砂岩线刻而成，整体呈舟形，菩萨头戴花蔓冠，冠两边的宝缯向两边呈波浪形下飘。观音面相长方，颈配圆形项饰。身着通肩大衣，内着僧祇支，衣褶较密，宽大的帔帛绕肩在腹前交叉绕于臂上，沿体侧自然下垂。两臂较粗，双手对立，托物上举至胸前。下着长裙，双脚呈八字，跣足站立于实心台座，外有舟

图3　北魏供养菩萨石造像

形背光。

（四）一佛二弟子造像塔座（图4）

1996年宁夏隆德县神林乡出土，现藏于宁夏固原博物馆。红砂岩石质，整体呈梯形四面环刻。高29.2厘米，上部长宽均为17.5厘米，下部长宽均为20.5厘米。原塔应该是多层叠加，此为其中一层。四龛均为一佛二弟子造像，主佛均结跏趺而坐，两弟子分别站立于左右两侧。其中相对两龛呈拱形，拱上饰有莲瓣形花纹，主尊头梳束发式高肉髻，面相清癯秀丽，秀骨清风，颈部细长，着双领下垂式通肩大衣，内着僧祇支，一侧主佛衣襟沿体自然下垂，遮盖双手，右侧弟子头部已残。另一侧主佛右侧衣襟搭披于左臂绕肘外飘，右手屈肘于胸侧施无畏印，左手施触地印，两弟子分别站立于左右两侧，面相已经模糊，外着双领下垂式通肩大衣，内着僧祇支，跣足站立于实心台座。另相对两龛平顶，左右两角分别雕有圆形莲花装饰，主尊头梳束发式高肉髻，面相清瘦，身躯修长，着双领下垂式袈裟，右侧衣襟搭披于左肘，在胸前呈“U”形衣纹，内着僧祇支，右手屈肘于胸侧施无畏印，左手施触地印，结跏趺坐于方形台座上，裙裾覆搭座前，裙褶繁缛重叠四层。两弟子分别站立于两侧，外着双领下垂式通肩大衣，内着僧祇支，衣纹清晰，跣足站立于实心台座。此造像塔的特征是衣纹褶皱叠加，清晰可见。

图4　一佛二弟子造像塔

（五）北魏白石造像（图5）

1985年宁夏彭阳县红河乡出土，现藏于彭阳县文管所。白色滑石雕刻而成，高18厘米，宽11厘米，厚4厘米。此造像为背屏式一佛二菩萨造像，舟形背光，右角残。主尊高15.8厘米，头梳束发式高肉髻，肉髻已残，两耳贴面，鼻高且直，两唇轻合，下颌敦厚，面相饱满圆润，表情沉静恬然，背后以两圈联珠纹间饰宽带构成圆形背光。身着双领下垂式袈裟，左侧衣襟搭披于右肘，在胸前呈“U”形衣纹，右手已残，屈肘于胸侧施无畏印，左手施触地印，结跏趺坐于方形台座上，裙裾覆搭座前，裙褶繁缛重叠三层。两菩萨分别站立于两侧，面相与主佛相似，有桃形头光，着双领下垂式通肩大衣，下着羊肠大裙，帔帛绕左右臂向外飞扬，衣纹清晰。双手合十，跣足而立。此造像塔的特征也是衣纹褶皱叠加，清晰可见。

图5　白石造像

（六）北魏白石菩萨造像（图6）

1985年宁夏彭阳县红河乡出土，现藏于彭阳县文管所。白色滑石雕刻而成，高29厘米，宽18厘米，厚6厘米，整体呈舟形。菩萨高17厘米，有莲瓣形背光和圆形头光，头光内刻莲瓣。菩萨头梳束发式高肉髻，面相丰腴饱满，两眼微合，鼻高且直，嘴唇轻合，唇角上翘呈微笑状。身着双领下垂式通肩大衣，下着长裙，裙裾覆搭座前，裙褶繁缛重叠四层。双手置于腹前，施禅定印。结跏趺坐于方形高座上。整体画面布局合理，疏密有致，以刀代笔，线条流畅，刀法呈直线转折状。

图6　白石菩萨造像

（七）北魏白石菩萨造像（图7）

1985年宁夏彭阳县红河乡出土，现藏于彭阳县文管所。白色滑石雕刻而成，高18.5厘米，宽9厘米，厚3.5厘米，整体呈舟形。佛像袖手端坐，头梳束发式高肉髻，面相丰腴饱满，两眼微合，鼻高且直，嘴小轻合，唇角上翘呈微笑状。身着双领下垂式通肩大衣，内着僧祇支，下着长裙，裙裾覆搭座前，裙褶繁缛重叠四层。双手置于腹前，袖口处饰菱形格纹，结跏趺坐于方形高座上，整个画面布局合理，疏密有致，雕刻技法娴熟，以刀代笔，线条流畅。

（八）北魏菩萨石造像（图8）

1981年宁夏固原县新集乡（现属彭阳县）出土，现藏于宁夏固原博物馆。红砂岩石质，高29.5厘米，宽8.5厘米，整体呈舟形，造像自颈部断裂，已修复。菩萨头戴花蔓冠，冠两边的宝缯向两边呈波浪形下飘。观音面相方圆，颈配圆形项饰。身着通肩大衣，衣褶较密，下摆较宽，宽大的帔帛绕肩在腹前交叉绕于臂上，沿体侧自然下垂，两臂较粗，双手托物前举，双脚呈八字，跣足站立于实心台座，外有舟形背光，整体线条流畅。

（九）北魏石菩萨造像（图9）

1981年宁夏固原县新集乡（现属彭阳县）出土，现藏于宁夏固原博物馆。红砂岩石质，高38.5厘米，宽14.4厘米，整体呈舟形，造像自颈部断裂，已修复。从发髻残存现状看，菩萨束高肉髻，外饰两圈椭圆形头光，面相方圆，颈配圆形项饰。身着通肩大衣，衣褶较密，宽大的帔帛绕肩在腹前交叉绕于臂上，沿体侧自然下垂。两臂较粗，身形略胖，双手掌心相合举胸前，双脚呈八字，跣足站立于实心台座，外有舟形背光，整体线条流畅。

图7　白石菩萨造像

图8　菩萨石造像

图9　石菩萨造像

（十）北魏石菩萨造像（图10）

旧藏，现藏于宁夏固原博物馆。红砂岩石质，高24.3厘米，宽13.7厘米，整体呈舟形。雕工简单，基本上雕出了菩萨的造型。菩萨束高肉髻，面相方圆，五官模糊，身着通肩大衣，宽大的帔帛绕肩在腹前交叉绕于臂上，沿体侧自然下垂，衣褶线条较粗，结跏趺坐于方形台座上。

图10 石菩萨造像

（十一）北魏石佛造像（图11）

1985年宁夏彭阳县红河乡出土，现藏于彭阳县文管所。红砂岩质，高29厘米，宽18厘米，厚5厘米，荷叶形大背光连一四方座，座高6厘米。像高17厘米，释迦佛头梳束发式高肉髻，双耳垂肩，面相丰腴饱满，两眼微合，鼻高且直，嘴唇轻合，唇角上翘呈微笑状。身着右袒式袈裟，双手置于腹前施禅定印，结跏趺坐于方形高座上。

图11 石佛造像

（十二）北魏一佛二菩萨石佛造像（图12）

宁夏隆德县城关镇出土，现藏于隆德县文管所。红砂岩石质，高24厘米，宽12.3厘米，整体呈舟形，舟形背光上雕刻一佛二弟子站立像。主佛头束高肉髻，面相清秀，丰腴饱满，身着褒衣博带式袈裟，内着僧祇支，右侧衣襟搭披于左臂绕肘外飘，胸前束带打结，下垂至小腿部，跣足立于低圆台上，右手屈肘于胸侧施无畏印，左手弯曲，面相已经模糊。两边雕有供养弟子，舟形背光，面部模糊，身着双领下垂式通肩大衣，内着僧祇支，沿体侧下垂，跣足而立，衣纹线条清晰舒展。

图12 一佛二菩萨石佛造像

（十三）唐代水月观音石造像（图13）

1993年征集，现藏于原州区文管所。红砂岩雕刻而成，残高17.4厘米，宽18厘米，征集时头部就已经丢失。菩萨右腿支起，左腿下垂，右臂放在右膝上，神态优美。观音上身穿袈裟，下身着长裙，胸前及衣裙上饰联珠瓔珞，手臂戴臂钏，全身装饰十分繁缛。此尊观音菩萨造像坐姿随意而不失庄严，故称自在观音，也叫水月观音。

图13 水月观音石造像

（十四）明代叶片背光石佛像（图14）

接受捐赠，现藏于西吉县钱币博物馆，高35厘米，宽22厘米，底径22厘米，佛高28厘米，通高34.5厘米。红砂岩石质，叶片形背光。菩萨面相饱满，鼻子高挺，身披袈裟，右手自然下垂，搭在右膝盖上，左手手握念珠，结跏趺坐于莲花形方座上。整体看，佛像身体健硕，衣纹线条清晰。

图14 叶片背光石佛像

二、造像的取材内容

正因为佛教是以像设教的，所以其在传播上运用立体的雕塑形象。所谓以像设教的“像”，雕像表现形式主要是佛教创始人释迦牟尼及其弟子侍从们。佛教传入中国后，为了争取广大群众的信仰，就须适应中国的风习，才易于为人们所接受。因此，佛教一方面利用雕塑造像以达到宣传目的；另一方面，在造像的内容和形式上是对当时社会做出反映，这就使佛教艺术，主要是佛教造像必须面向现时，古代雕工塑匠们在这方面是充分发挥了才智的。关于佛和菩萨的名称，往往由经典而译。在南北朝时期，佛的名称有释迦、多宝、阿弥陀佛，菩萨则有文殊、普贤、观世音、大势至等。至于伽叶、阿难二弟子，是出现在南北朝后期。护法神王的名称也有多种。所有这些造像都有一定的组合，或多或少，或坐或立，都必须以佛为中心，且佛的形象比其他属从高大，以示尊卑之序。因此一个组合必须形成中央突出、左右对称排列的形式，且多以设计精美的窟室龛堂作为整体的括界。在窟龛范围之内，主要在佛、菩萨的身后，雕有华丽的“神光”，在窟顶或龛楣以及壁间空隙，雕出飘然飞舞的供养天人和伎乐。把整个窟龛装点得真如幻境，其用意在于以艺术形象感染信众，衍生向往佛国极乐世界的愿望。至于佛、菩萨的造型，佛被表现得尊敬而慈祥，垂目端坐，手足各作一定含义的动势。菩萨则以少妇少女为形象依据，宝冠花饰，修长婷立。这种成功的菩萨雕塑形象，博得信众的亲切好感，达到了佛教以像设教、广播教义的目的。

三、造像的特点

北魏时期佛造像的特点是褒衣博带、瘦骨清风。具体归纳如下：这一时期造像面相方圆、略瘦、额头较宽、肉髻较高；衣着多为通肩式或袒右肩式大衣，衣领呈“U”形或“V”形，对称分布、衣纹深刻、线条隆起。背光不再是同心圆，而是多呈莲瓣形，头光多为圆形，外面有一圈莲花瓣。

到了隋代，佛造像已经相当“胖”了，面相饱满圆润，眉毛纤细，鼻梁挺直，唇线分明，神情平和。这一时期佛造像的一个鲜明特点是：身材粗壮、头部较大、下身较短，比例略显失调、姿势较为僵硬、造型稍显呆板；此时的佛造像头顶肉髻已经全是螺纹发，菩萨多戴花冠。

唐代是佛造像水平最高的时期，此时的佛造像不仅有石质造像，而且出现了大量的鎏金铜造像。这一时期造像面相饱满，发型除了螺纹式，又发展出水波式，大耳下垂，神情庄重而又不失慈爱。造像的身材比例匀称，结构工整，体态丰腴饱满，袒露的胸肌有起伏而且体态自然伸展，具有很强的动感。佛像的衣饰也越来越多样化，有通肩式、袒右肩式和褒衣博带式，更多的是方领下垂式，衣料质感柔和轻薄，衣纹流畅，下身衣褶悬搭于座前，就像台布一样。佛像的台座多为束腰式，有六角、八角、圆形或花口形底边。这一时期的佛造像如果有鎏金，鎏金就会泛红，这也是当时造像的特征。

宋代佛造像面庞丰润，容貌端庄秀美，神情慈爱祥和，但头顶肉髻趋于平缓，螺发与肉髻之间的髻珠更加明显。其人物形体刻画完美，姿态随意活泼。

北方辽金的佛造像与宋有所不同，表现为两肩宽厚，体态饱满厚实，上身偏长，下身略短。菩萨像多头戴高冠或三叶形宝冠，两眼似闭未闭，鼻挺唇薄，上身袒露，项挂璎珞，帔帛绕肘，下身着裙，线条流畅，衣饰飘洒自然。北方佛造像莲座盛行束腰大仰莲，莲口向上，莲瓣肥硕，尖端略向外翘起，下层多为三层台阶状或是俯莲，莲口向下。这时的佛像台座开始流行方形。金代佛像身躯更壮，肩宽胸阔，施彩敷色讲究华丽繁缛。

元代地域辽阔，佛像深受印度及藏传佛教的影响，菩萨袒露上身，胸佩璎珞，璎珞的颗粒较大，下身着裙纹络简洁。佛像面部为颠倒的梯形，五官紧凑，菩萨蜂腰长身，姿态妩媚，高乳丰臀，具有印度巴拉王朝的造像风格。

明代佛像具有传统审美特点，面相丰润，细眉长目，高鼻，薄唇，额头较宽，大耳下垂，表情庄重而不失柔和。佛造像的身材比较匀称协调，衣着轻薄贴身，线条活动柔和，衣褶转折自如。其最大的特点是宝冠叶片呈镂空状，正中叶片呈弯月形，台座为束腰仰俯莲座，莲瓣宽肥，衣服边沿刻细碎的花纹。腿部装饰略呈椭圆形群褶，金水成色足，黄中泛红……这些都是明代佛造像独有的特征。

清代的佛造像，工艺水平极高，五官、身材比例、衣着、衣纹、饰品讲究精致。其特点在于佛造像多穿汉服，莲座底沿明显外撇，莲瓣规整、扁平，一般只围大半，其冠叶呈平板状，不镂空。

（王延丹系宁夏固原博物馆馆员；沈军民系原州区文管所助理馆员）

学术交流助推博物馆业务发展

——2016年丝绸之路暨秦汉时期固原区域文化国际学术研讨会闭幕词

尊敬的各位专家、学者：

大家下午好！

丝绸之路暨秦汉时期固原区域文化国际学术研讨会今天下午圆满闭幕。这里，我代表承办单位，首先感谢中国秦汉史研究会，给了我们这次办会的机会以及各方面的指导与支持；其次要感谢固原市政府、市委宣传部，宁夏回族自治区文化厅，固原市文体局，为举办本次会议做了大量工作，特别是固原市政府，从财力、物力给会议提供保障；再次，要感谢远道而来的各位领导和各位专家学者，积极撰文参加会议；还要感谢各个协办单位，“众人拾柴火焰高”，正是有了各方面的大力支持和无私帮助，才使得本次国际学术会议取得圆满成功。

在当前国家“一带一路”倡议背景下，在丝绸之路重镇固原召开与丝绸之路和秦汉时期区域文化相关的国际学术会议，具有重要的历史意义和现实意义。同时，为固原博物馆“学术兴馆”发展思路的一次具体实践。

宁夏固原博物馆虽然远在西北边陲，然而，我们的藏品特色在国内和国际上具有一定的影响力，尤其是丝绸之路文物，成为研究陆上丝绸之路的重要实物资料。也正是这些出土文物，使固原博物馆逐步发展成为国家一级博物馆。

2016年，国际博物馆日主题为“博物馆与文化景观”，旨在唤起人们意识到“博物馆是人类促进文化交流、文化丰富性，推进多元理解发展、合作与和平的重要手段”。博物馆文物承载着人类历史发展过程中大量的信息，需要深入挖掘研究。

借古知今，正确面向未来。博物馆在弘扬传统文化、培育社会主义核心价值观传播和教育中起着提供资源、交流、宣传、教育等各种作用。我们博物馆人真诚希望社会各界，尤其是专家学者，多关注博物馆，多做博物馆文物研究。让我们一起以文物资源为依托，以博物馆为窗口，加强学术交流与合作。相信通过学术互动交流，我们收获的不仅仅是对历史文化的感悟，还有人与人之间真诚的友谊。

最后，会议期间对各位领导和专家学者有照顾不周的地方，还请大家多多包涵。

宁夏固原博物馆馆长　魏　瑾

2016年8月14日下午

学术强馆是博物馆服务社会的重要途径

——记丝绸之路暨秦汉时期固原区域文化国际学术研讨会

苏银梅

2016年8月13日至16日，丝绸之路暨秦汉时期固原区域文化国际学术研讨会在宁夏回族自治区南部古丝绸之路重镇固原市召开，取得了预期效果。这次会议由中国秦汉史研究会、宁夏固原市政府、固原市委宣传部、宁夏回族自治区文化厅主办，宁夏固原博物馆、宁夏固原市文体广播电视新闻出版局承办，宁夏回族自治区文物考古研究所、宁夏博物馆、宁夏大学、宁夏师范学院协办。有80位来自海内外高校、科研院所、博物馆的专家学者莅临会议。会议收到论文和讨论稿60篇，内容涵盖丝绸之路研究、秦汉时期固原区域文化研究、固原博物馆馆藏文物研究、固原历史文化的特质与内涵、固原历史文化发掘与固原社会经济发展等方面。

8月14日上午，会议顺利开幕。开幕式由固原市文体广播电视新闻出版局局长李鹏霄主持。自治区文化厅副厅长刘浩就在固原召开丝绸之路暨秦汉时期固原区域文化国际学术研讨会的目的和意义做了发言。固原市委常委、副市长刘兴武介绍了固原厚重的历史文化，并向与会专家学者致热情洋溢的欢迎辞。中国秦汉史研究会会长卜宪群高屋建瓴，从“天时、地利、人和”三个方面对这次会议的学术意义和现实意义给予肯定，并表示，此次研讨会旨在推动固原历史文化特别是丝路文明的研究，进而为固原市的文化发展做出实实在在的贡献，固原应充分发挥本地区的历史文化资源优势，促进经济社会文化协调发展。

大会主旨发言人总计有10位专家学者：

1.中国秦汉史研究会顾问、中国人民大学国学院教授王子今先生的《“高平第一城”与丝绸之路“陇道”交通》，从文献学视角，解读了汉代“高平第一城”的含义及其与丝绸之路的重要关系。

2.中国秦汉史研究会顾问、西安曲江艺术博物馆馆长周天游先生的《西安曲江艺术博物馆收藏棺木画浅析》，对不久前从美国收藏家手中购得的一具北魏时期的木质棺材漆画上的图案纹饰、人物种族及文化内涵做了分析探讨。

3.中国军事科学院军事百科研究部原副部长、少将、研究员兰书臣先生的《文化丰碑屹千古——诅楚文与秦汉时期固原区域文化》一文，对与固原朝那湫渊相关诅楚文的性质、文献价值、选择朝那湫渊为诅楚文投石所在地的政治和军事背景作了分析，并发表了自己对秦汉时期固原区域文化的阐释。

4.中国秦汉史研究会副会长、华中师范大学历史文化学院教授赵国华的《两汉时期的安定郡》，通过对安定郡历经的三个重要时期——西汉武帝时期、两汉之际和东汉安顺时期，从中央决策与地方治理两方面，探讨安定郡发生的重大事件，进而说明安定郡的区域特征。

5.南京师范大学晋文教授的《安定名人乌氏倮》，对战国末年和秦始皇时期活跃于早期丝绸之路要道乌氏地区、专做丝织品生意的乌氏倮的住地和族属发表了独到的见解，同时证明中原与西域各民族友好往来的历史源远流长，乌氏地区构成早期丝绸之路重要一环。

6.韩国成均馆大学东亚学术院教授金庆浩的《东汉中后期西北边吏的性质——以〈曹全碑〉的记事为中心》，以山西碑林博物馆藏建宁二年（169年）曹全碑石刻内容中的曹氏家系为考察对象，解读了桓、灵帝时凉州的政治状况及官吏的性质，认为曹全碑不是单纯的颂扬一个人的碑文，而是了解汉代整个社会，特别是后汉灵帝时期的重要资料。

7.中国回族博物馆馆长雷润泽的《回族与回族文化是丝路文化交流互动的结晶》，通过历史文献和大量的文物资料证明回族文物是两种优秀文化哺育生成的回族文化物化的载体。

8.中国秦汉史研究会副会长、苏州大学历史系教授臧知非的《秦汉时期固原战略地位的演变》，阐述了汉代安定郡的重要性、战略地位及后期经济衰落的根源。

9.宁夏固原博物馆苏银梅研究员的《人造珠宝：丝路重镇固原中亚粟特人墓葬发现的玻璃器》，通过对宁夏固原出土的北周至隋唐时期，特别是来自中亚史国粟特人墓葬出土的玻璃器的梳理研究，认为当时的玻璃器的价值相当于人造宝石，从另一侧面反映出丝绸之路中西方之间民族迁徙与文化交流。

10.宁夏固原市地方志办公室研究员佘贵孝的《固原古代历史文化的亮点和特点》，从固原的地理环境、历代政治环境、历代文化遗存三方面对固原历史文化的特点和亮点做了分析介绍。

宁夏博物馆馆长、研究员李进增和江苏师范大学历史系教授王健的精彩主持词，给会议添彩。

8月14日下午，大会分组讨论。第一组以秦汉固原区域文化研究为主要讨论内容，第二组以固原丝绸之路文化研究为主要研讨内容。分别有32名专家学者就提交的论文发表了个人观点。

闭幕式上，宁夏固原博物馆馆长魏瑾发表了题为“学术研讨助推博物馆业务发展”的讲话。认为在丝绸之路重镇固原召开与丝绸之路和秦汉时期区域文化相关的国际学术会议，具有重要的历史意义和现实意义，也是固原博物馆学术兴馆发展思路的一次具体实践。

8月15日，会务组组织专家学者考察了萧关、瓦亭驿、战国——秦长城、固原古城、开城安西王府遗址，途中参观了固原二十里铺拱北。

会后，固原市委常委、宣传部部长王正儒会见与会部分专家学者，共同商讨今后固原经济文化旅游发展的切入点与方法途径。建议博物馆要充分发挥文物资源优势，在今后的发展中秉持“开门办馆、特色立馆、人才兴馆、学术强馆”的发展思路。

固原是古丝绸之路东段北道必经之地，又是重要的军事要塞，历代王朝都十分重视对固原的经营与开发，先祖们给后人留下了丰厚的文化遗产。原始社会马家窑文化、仰韶文化、齐家文化、菜园文化，两周时期的北方青铜文化，秦汉古迹遗址和出土文物，北朝隋唐丝路文化，宋元明清边塞文化，近现代回族文化、红色文化，异彩纷呈，成为固原发展文化旅游产业的支柱。当前，在国家“一带一路”发展背景下召开学术会议，对固原主动融入国家发展战略，进一步解放思想，促进经济发展、文化繁荣、民族团结、社会和谐，均有重要的历史意义和现实意义。

（作者系宁夏固原博物馆研究馆员）